A DESCOBERTA DO INSÓLITO

SERVIÇO SOCIAL DO COMÉRCIO
Administração Regional no Estado de São Paulo

Presidente do Conselho Regional
Abram Szajman

Diretor Regional
Danilo Santos de Miranda

Conselho Editorial
Áurea Leszczynski Vieira Gonçalves
Rosana Paulo da Cunha
Marta Raquel Colabone
Jackson Andrade de Matos

Edições Sesc São Paulo
Gerente Iã Paulo Ribeiro
Gerente Adjunto Francis Manzoni
Editorial Cristianne Lameirinha
Assistente: Simone Oliveira
Produção Gráfica Fabio Pinotti
Assistente: Ricardo Kawazu

A DESCOBERTA DO INSÓLITO

LITERATURA NEGRA E LITERATURA PERIFÉRICA NO BRASIL (1960-2020)

—

MÁRIO AUGUSTO MEDEIROS DA SILVA

2ª edição
—
REVISTA E AMPLIADA

© Mário Augusto Medeiros da Silva, 2023
© Edições Sesc São Paulo, 2023
Todos os direitos reservados

PREPARAÇÃO
Elba Elisa de Oliveira

REVISÃO
André Albert

CAPA E PROJETO GRÁFICO
Estúdio Daó

DIAGRAMAÇÃO
Camila Catto

Dados Internacionais de Catalogação na Publicação (CIP)

S5861d   Silva, Mário Augusto Medeiros da

A descoberta do insólito: literatura negra e literatura periférica no Brasil (1960-2020) / Mário Augusto Medeiros da Silva. – 2. ed. revista e ampliada. – São Paulo: Edições Sesc São Paulo, 2023.
592 p. il.

Bibliografia
ISBN: 978-85-9493-242-6

1. Literatura. 2. Literatura brasileira. 3. Literatura negra. 4. Literatura periférica. 5. Literatura marginal. 6. Literatura independente. 7. Literatura e sociedade. 8. Negritude. 9. História. 10. Crítica. 11. Mercado Editorial Negro. 12. 1960-2020. I. Título.

CDD B869.09

Ficha catalográfica elaborada por Maria Delcina Feitosa CRB/8-6187

Edições Sesc São Paulo
Rua Serra da Bocaina, 570 – 11º andar
03174-000 – São Paulo SP Brasil
Tel.: 55 11 2607-9400
edicoes@sescsp.org.br
sescsp.org.br/edicoes
f y @ ▶ /edicoessescsp

Em memória de
Maria Helena
Medeiros da Silva.

Para Oswaldo de Camargo,
Elide Rugai Bastos e
Mariana Chaguri.

SUMÁRIO

APRESENTAÇÃO
08 No limiar de um turbilhão
Danilo Santos de Miranda
Diretor do Sesc São Paulo

PREFÁCIO
10 A caixa de Pandora
Elide Rugai Bastos

INTRODUÇÃO
16 *A descoberta do insólito*, dez anos depois

CAPÍTULO 1
24 Literatura negra e marginal/periférica: ideias e problemas

CAPÍTULO 2
88 Marginalidade literária negra (anos 1970 e 1980) e literatura marginal/periférica (anos 1990)

CAPÍTULO 3
134 Encontro na encruzilhada: literatura negra e sociologia do negro

CAPÍTULO 4
196 Protesto, revolta e função social da literatura e do teatro negros (1950-64)

CAPÍTULO 5
244 Sociologia da lacuna

CAPÍTULO 6
256 O povo e a cena histórica: *Quarto de despejo* e a integração do negro na sociedade de classes (1960-64)

CAPÍTULO 7
314 Das ilusões perdidas à realidade das ruas: *Cadernos negros*, 1978

CAPÍTULO 8
388 Contrastes e confrontos: *Cidade de Deus*, 1997

CAPÍTULO 9
464 "Em que imprevisível dormita a História": *Capão Pecado*, 2000

CAPÍTULO 10
520 Pequena história sociológica de livrarias e editoras negras (1972-2020)

POSFÁCIO
564 Revisitando o todo e as partes

570 AGRADECIMENTOS

572 REFERÊNCIAS

590 SOBRE O AUTOR

NO LIMIAR DE UM TURBILHÃO

—

DANILO SANTOS DE MIRANDA
Diretor do Sesc São Paulo

Ter empatia por causas que visam reduzir as desigualdades observadas no país ao longo da História pode ser considerado um movimento importante. Mas empatia não basta. É preciso garantir e proteger o direito a pertencer e a reconhecer-se no conjunto de narrativas, visões de mundo e eventos compartilhados socialmente. Por isso, o trabalho de pesquisadores e ativistas torna-se essencial, no sentido de recuperar, difundir e preservar tradições de luta e resistência de gerações de sujeitos e grupos historicamente oprimidos e subalternizados.

Um dos pilares da democracia é a representatividade. A despeito dos avanços dos últimos anos, ataques e desmontes evidenciam que há muito a ser feito. Quanto mais derrubarmos barreiras e integrarmos contribuições plurais, melhor será para a sociedade atual e futura. Nesse cenário, a dimensão artístico-cultural se destaca como um importante lugar de fala, protagonismo, comprometimento e afirmação do orgulho de ser quem se é. A hegemonia de determinados grupos, familiarizados com os dispositivos de acesso e legitimação do que deve ser consumido pela sociedade, concorreu para segregar parte significativa da produção cultural autodenominada negra e periférica. Ampliar a visibilidade de criações desses sujeitos e coletivos, por vezes ocultadas por sucessivos apagamentos, constitui uma tarefa permanente.

É nesse contexto que se insere a edição revista e ampliada deste *A descoberta do insólito: literatura negra e literatura periférica no Brasil (1960-2020)*, de Mário Augusto Medeiros da Silva, um consistente e vigoroso itinerário sociológico que desvela a existência de um universo criativo em ebulição – repleto de possibilidades e contradições, de encontros e desencontros –, salpicado de estrelas invisibilizadas por longo tempo. O meticuloso trabalho do pesquisador reforça a tese de estranhamentos e redescobertas inusitadas, pela constatação de um premeditado e retumbante silenciamento, e abre caminho para que novos leitores possam usufruir da potência dessas contribuições ainda pouco exploradas e plenas de novas conexões e horizontes.

Para o Sesc São Paulo, que tem as memórias e a diversidade como valores basilares, trata-se de sublinhar os princípios que orientam suas ações: democracia cultural, equidade, autonomia e cidadania por meio de processos socioeducativos. Além disso, vislumbra-se a oportunidade de contribuir para a difusão e a circulação desse turbilhão de vozes, capazes de transformar sujeitos, histórias e trajetórias ocultadas e menosprezadas em fonte de inspiração e referência para expressivos grupos da população brasileira.

A CAIXA
DE PANDORA
—
ELIDE RUGAI
BASTOS

É preciso coragem para fazer perguntas, pois perguntar é obrigar-se a buscar respostas. Estas podem provocar novas perguntas, que se colocam como consequências das primeiras ou, complexificando o caminho, induzem o retorno às indagações originárias. O mundo de ponta-cabeça: voltar atrás para compreender o agora. Esse é o desafio que Mário Augusto Medeiros da Silva enfrenta neste *A descoberta do insólito: literatura negra e literatura periférica no Brasil (1960-2020)*. Uma constatação acionou seu interesse de pesquisa: tanto a literatura negra quanto a periférica são e/ou foram denominadas marginais. Por que alguns escritos ou escritores só são identificados se adjetivados, como ocorre com o livro *Quarto de despejo: o diário de uma favelada*, ou com *Cidade de Deus* – um romance etnográfico de um (ex-)favelado? Várias questões presentes numa só que demandam muitas respostas, buscadas pelo autor em escritores e ativistas, atores dos grupos e das associações, em obras envolvidas com a temática, no processo de criação e recepção dos livros e nas reflexões da sociologia empenhada na explicação da sociedade brasileira e compromissada com a emancipação humana. Mais ainda, respostas que o obrigam a fazer novas interrogações.

A arquitetura do livro revela a preocupação de compreender o labirinto que circunda uma incômoda perplexidade: a marginalidade *é* um bem simbólico; isto é, funda relações entre parte do mundo intelectual e a população consumidora de literatura. Considerar a marginalidade como tema ou problema insere ambos no debate do tempo, na discussão das mudanças que se fazem necessárias, promove sua exposição na mídia ou, falando dos anos 1960-70, envolve-os na temática do desenvolvimento, então na ordem do dia. A produção literária sobre a marginalidade anima o mercado cultural. Através dela, reordenam-se signos presentes na cultura[1]. O *é* – trata-se mesmo de uma afirmação – fica por minha conta, pois o autor, com competência e argúcia, constrói a narrativa de modo a que o leitor coloque o problema para si mesmo. Assim, desenrola a história; apresenta fatos, situações, livros, entrevistas, depoimentos; coloca perguntas incômodas; arrisca-se a fazer comentários um tanto irreverentes.

Lembro uma passagem significativa relatada por ele, que mostra Carolina de Jesus como "uma mulher entre dois mundos, perdendo lastro em ambos". Consagrada por seu primeiro livro, publicado em 1960, já morando em um bairro de classe média, a escritora vivencia plenamente a discriminação em relação à negra, à ex-favelada e à catadora de papéis, relato presente em *Casa de alvenaria* (1961). No início contente com a mudança de vida, pouco a pouco ela se torna crítica, deplorando não apenas o comportamento da vizinhança mas também o do público que a acolhe. Convidada a participar de debate após a apresentação da peça teatral baseada em *Quarto de despejo*, diz: "Circulei meu olhar pela plateia, contemplando aquela gente bem-vestida, bem nutrida. Ouvindo a palavra fome, abstrata para eles [...]. Percebi que *Dona Elite* encara o problema da favela com vergonha"[II]. Comentando as intervenções, ela reconhece que as opiniões nada têm a ver com o sentimento e as razões que a levaram a escrever sobre sua vida. Sente-se desnorteada, fora do lugar. Demonstra a dimensão de seu desencanto com a frase final do livro: "Tomei um táxi e fui para minha casa"[III].

Talvez Carolina não tenha plena consciência, mas vivencia o sentimento de perceber que os participantes da reunião veem cada um dos elementos constituintes de sua vida como autônomos – pobreza, fome, discriminação, profissão, lugar social. Essa visão fragmentada configura o cerne da tragédia, pois denuncia a naturalização dos conflitos por parte da sociedade que, aparentemente, se mobiliza para solucionar um ou outro entre aqueles que define como problemas. O conhecimento de que vários trabalhos anteriores, como os de Lino Guedes, Gervásio de Moraes, Solano Trindade, Ruth Guimarães, Eduardo de Oliveira, Oswaldo de Camargo, para citar alguns, colocavam direta ou indiretamente a questão conduz Mário Augusto Medeiros da Silva a analisar como se dá o encontro entre a pesquisa sociológica e as diferentes associações negras.

Primeiramente a investigação patrocinada pela Organização das Nações Unidas para a Educação, a Ciência e a Cultura (Unesco), em especial o estudo feito em São Paulo, onde a ligação entre Roger Bastide, Florestan Fernandes e essas associações é das mais importantes. Depois, em *A integração do negro na sociedade de classes* (1965), encontra a análise que dá conta do conjunto direcionado a dois eixos articulados: a situação do negro e a sociedade envolvente. Não apenas porque Fernandes reflete sobre as razões da emergência das expressões de protesto e dos movimentos negros – o crescimento da urbanização e o surgimento de uma nova ordem –, mas também porque põe em questão as possibilidades de igualdade de condições de participação na ordem social competitiva. Elencando como, em relação ao negro, operam em conjunto a precariedade das condições de existência, a discriminação, os limites a uma profissionalização inclusiva, o difícil acesso à educação formal de qualidade, a pobreza e a moradia na periferia urbana, Fernandes realiza um salto analítico. Não se limita a descrever a situação: demonstra como ela decorre da herança social, reconstrói os diversos passos dessa história, mostra a reprodução da assimetria nas relações sociais e como a combinação desses elementos resulta na desigualdade de condições de competição social. Aqui, segundo ele, se encontra o principal limite ao exercício de uma cidadania plena.

A proximidade com as associações negras e a participação de seus membros na pesquisa – tanto no momento do Projeto Unesco como no posterior, em que a investigação envolve outros professores e alunos da cadeira de Sociologia I da Universidade de São Paulo (USP) – permitem a Fernandes uma análise sociológica em profundidade. Ao explicitar o caminho da sociologia crítica, Mário, por comparação, faz ressalvas às análises anteriores. Arrisco-me a dizer que ele mostra que a polifonia analítica alcançada em *A integração do negro na sociedade de classes* se opõe ao cânon desenvolvido naquelas[IV]. Nesse caminho, aponta ao leitor o que significa pensar sociologicamente. Se o pluralismo das abordagens teóricas é fundamental para o desenvolvimento da sociologia, é também necessário indagar qual é o efeito de cada uma das posições para o encaminhamento dos problemas.

O golpe de 1964 atingiu duramente sociólogos, intelectuais negros e as organizações que os reuniam. Porém, novas associações surgem, e intelectuais negros e brancos voltam à discussão da discriminação racial. Em 1978, o Movimento Negro Unificado é fundado, resultado do processo em curso e dos vários projetos tanto no campo da política como no da literatura. As reflexões na área de ciências sociais retomam o tema, mesmo no período repressivo.

Volto ao modo pelo qual Mário Augusto Medeiros da Silva constrói sua análise sociológica. Ele parte de uma visão histórica do problema da literatura negra por especialistas nacionais, visão esta que dá atenção prioritariamente ao "sujeito autorreferenciado como negro e periférico como *autor* e *narrador* de sua construção artística [...] bem como pela sua *visão social de mundo*, política e culturalmente construída". Portanto, esta não é dedicada à denúncia política, mas à vivência e à representação de cada sujeito. O passo seguinte é a busca da inscrição dessa autorreferência e visão de mundo no quadro geral da formação da sociedade brasileira. A articulação entre as partes e o todo. A habilidade narrativa com que o autor trilha esse caminho, conduzindo o leitor a tirar suas conclusões sobre o procedimento, me traz à memória uma das passagens mais impressionantes do romance latino-americano. Alejo Carpentier, em *O reino deste mundo*, figura a tragédia do Haiti através da narração das duas visões de mundo desencadeadas pela condenação/morte de Mackandal. Quando o fogo lhe atinge as pernas, o mago estica-se no ar, voa e lança-se sobre o mar de negros escravizados. Eles, então, compreendem que seu protetor continua no reino deste mundo e se alegram. Comentando a morte do agitador, mantido na fogueira pelos soldados, e a indiferença dos negros ante esse fato, Monsieur de Mezy constata a desigualdade das raças humanas[V]. Duas visões sobre o mundo que não se encontram. A autonomia que cada uma ganha constitui o cenário para a compreensão do drama haitiano.

Mário Augusto Medeiros da Silva compreende a sociologia como a artífice do encontro explicativo das partes e do todo. Assim, em um dos capítulos de *A descoberta do insólito*, ele indica como intertítulo: "Sociologia como caixa de Pandora". Não porque teria sido ela a responsável pelos males do mundo, mas porque se torna o estojo que guarda a virtude da esperança. Basta saber abri-lo.

NOTAS

[I] Pela brevidade do texto, deixo de apresentar os elementos que ancoram a concepção de "bens simbólicos". Remeto às discussões de Pierre Bourdieu sobre o tema, em especial a *O poder simbólico* (Rio de Janeiro: Bertrand Brasil, 1992), no qual o autor lembra a aplicabilidade da expressão a vários objetos.
[II] Carolina Maria de Jesus, *Casa de alvenaria: diário de uma ex-favelada*, São Paulo: Francisco Alves, 1961, p. 180-3.
[III] *Ibid.*
[IV] No cânon, cada frase é repetida, mas num descompasso, ou melhor, cada grupo de cantores chega ao final, mas com sucessivos atrasos em relação ao primeiro.
[V] Alejo Carpentier, *O reino deste mundo*, Rio de Janeiro: Civilização Brasileira, 1985, p. 31.

A DESCOBERTA
DO INSÓLITO,
DEZ ANOS DEPOIS

Das artes, a literatura é das mais acessíveis na forma de concepção. Um pedaço de papel qualquer, uma ponta de lápis, uma pedra ou o resto de uma carga de caneta. A parede de uma prisão, um papel de cigarro, um embrulho de pão, os restos do que foi um caderno. Algo de instrução formal num idioma quando impossível o – embora desejado – processo educacional completo. Posteriormente, em diálogo com um interlocutor público, a imaginação e os sentidos atribuídos pelo criador, mediados por elementos de transmissão, amarrarão os vértices da circulação social das ideias.

Essa descrição, de fato, é pouco ortodoxa. Mas o que explica o aparecimento e a vontade de um criador literário, muitas vezes em condições e situações absolutamente adversas? Ou a criação de um grande livro longe de escrivaninhas, dos círculos cultos ou cultuados e do sossego das bibliotecas bem servidas?

É bem provável que, neste momento, nessas precárias condições, um grande autor ou uma grande autora esteja surgindo. Ou, ao menos, escritores e escritoras de criação respeitável e incontornável, que mereçam ser lidos e debatidos. A literatura é a maneira mais barata de viajar, de romper os limites do tempo e do espaço, de negar a negação, de veicular ideias, de influenciar semelhantes próximos ou além do alcance. Algo tão impressionante e fascinante assim é extremamente difícil de definir. O que é literatura, afinal?

Se é difícil definir a ideia substantiva, imagine-se quando ela é particularizada. O que é literatura negra? O que é literatura marginal ou periférica? A história de seus grupos sociais e as lutas travadas historicamente por eles informam, em grande medida, o entendimento da confecção literária. Mas a literatura, então, não tem autonomia?

Para quem cria e para que escreve o autor atrelado a uma ideia de literatura negra ou marginal/periférica? Quais são os efeitos que suas criações apresentam? Que relações mantém com a ética criativa e política quem não se atrela aos elementos formais dessa ideia, embora pertença ao mesmo grupo social de origem?

Essas questões são debatidas ao longo de um trabalho que começou pelo fim. O que interessava discutir no projeto inicial deste livro era por que se tratava tanto da literatura marginal nos anos 2000 e se haveria ligação entre ela, alguma ideia de literatura negra e a história desse grupo social no Brasil, já que vários escritores ditos marginais ou periféricos eram autorreferenciados como negros. Haveria certa recorrência de aspectos nas trajetórias e na consagração de Carolina Maria de Jesus e Paulo Lins, por exemplo? Como escritores negros e exitosos foram tratados pelo sistema literário e pela recepção midiática ao longo dos quarenta anos que separam as obras-chave desses dois autores?

Por que a pouca menção ao fato de que, em meio a esse arco, havia uma produção contínua de escritores nos *Cadernos Negros*? Que relações eles poderiam ter com os dois autores mencionados, já que alcançavam o fim de Carolina (e poderiam tê-la lido e conhecido, no caso dos membros mais velhos, quando adolescentes ou mesmo adultos) e o começo de Lins e dos autores periféricos? Entretanto, mesmo assim, eram menos notórios, exceto em alguns meios acadêmicos e militantes. Por quê?

O projeto propunha ainda discutir o fato de autores negros e periféricos – particularmente favelados, habitantes ou oriundos de áreas e grupos socialmente negativizados – chamarem a atenção de editoras, jornais e institutos culturais, nacionais e estrangeiros. Seus estigmas sociais de alguma maneira passavam a ser positivamente valorados como portadores de bens de alta significância simbólica. Porém, nem todos eram valorados igualmente.

Encaminhou-se, assim, a pesquisa para as fontes secundárias, à procura de trabalhos que já tivessem debatido o assunto, em particular a história da literatura negra. Quanto mais estudada era a história da imprensa e do ativismo negros, mais parecia interessante e indissociável o papel desempenhado pela literatura de autores e ativistas. O mesmo se repetia com os escritores periféricos, quase todos criadores de algum movimento cultural e ativistas na cena pública. Constatou-se, assim, haver possibilidades de *conexões de sentidos* entre aspectos da história da literatura negra e da recente literatura periférica.

A pesquisa abriu-se para novas perspectivas, propiciadas por aspectos das leituras feitas, das entrevistas realizadas e dos documentos encontrados, nessa ordem. Por exemplo: por que em diferentes momentos os cientistas sociais estão ligados à história da literatura negra brasileira, seja como analistas de sua produção, seja como aliados interessados?

Ao lidar com o intervalo entre 1960 e 2000, abordado a partir do quinto capítulo da edição anterior deste livro, articulamos o que é possível aproximar do que é possível afastar em relação aos problemas levantados por escritores negros e periféricos. Existem recorrências e invenções, retomadas e negativas de temas, bem como, independentemente de estarem atrelados a uma ética criativa e/ou política, variações sobre as mesmas questões do escritor negro e do escritor periférico, dadas sua especificidade no Brasil e mormente as condições sociais de sua produção, que envolvem um e outro terem de lidar com o fato de ser um *sujeito fora de lugar*, que nega o espaço sociocultural que lhe é naturalizado no senso comum e pela história social do país. Por outro lado, raras são as vezes que encontram facilmente um lugar entre seus pares e afins, no grupo social e político.

É possível dizer que estamos diante de um dilema do escritor, ativista e intelectual negro e periférico no Brasil. Nesse processo, também estamos diante de seu dilaceramento contínuo. Fora de lugar, negando adversidades várias, construindo com dificuldades um caminho autônomo em que seja protagonista. Recorrendo à memória precária que possui de aspectos de seu grupo social e de uma ancestralidade ligada ao universo africano, muitas vezes desconhecido concretamente – e, no mais das vezes, fabulando –, não raro, esse percurso que procura construir com os instrumentos e as condições que lhe são possíveis se faz entre lacunas, sejam de crítica literária, sejam de análise histórica ou, ainda, de biografias individuais/coletivas.

Errônea e apressadamente, este *A descoberta do insólito* pode ser lido como se eu fosse ou quisesse descobrir algo. Ao contrário: o *insólito* é o resumo de perguntas, muitas vezes preconceituosas, frequentemente feitas por diferentes autores, críticos, jornalistas e intelectuais quando do surgimento de cada um dos ativistas, intelectuais e escritores em processos histórico-sociais aqui estudados: *Como eles foram possíveis? Um escritor nessas condições? Isso é literatura ou documento social?* Na história literária brasileira, o escritor negro passou a ser visto como uma espécie de *avis rara*. Contudo, o *insólito* também assim se apresenta porque se constroem prejulgamentos sobre os lugares *naturais* e naturalizados para sujeitos nascidos e socializados em determinadas condições sociais. Quando ocorre a negação da negação, geram-se as perguntas de espanto. O *insólito* existe, portanto, porque, apesar de tudo, existe a História, e nela se desvelam horizontes de possibilidades, que se confirmam ou não.

Felizmente, durante esse tempo, o cenário mudou para a história das literaturas negra e marginal/periférica brasileiras.

Nestes anos 2020, acredito que ninguém seja capaz de perguntar de forma séria e inquestionável se existem e/ou quem seriam os autores e as autoras das literaturas negra e marginal/periférica brasileiras ou onde encontrar suas obras. Ou sobre quais são seus livros publicados e que editoras se interessam por essas literaturas. Ou, ainda, se haveria autores de referência, se não seriam um "modismo", um produto de "ideologias políticas"; se, ao explicitar a "cor", não se produziria o racismo na literatura e na sociedade brasileiras; se a marginalidade não seria apenas uma questão sociológica ou econômica; se a periferia não seria apenas uma referência geográfica. Ou, enfim, se aqueles escritores e escritoras não escreveriam "errado", e se isso poderia ser realmente chamado de literatura; ou se, ao escreverem "difícil" ou produzirem "uma obra-prima", os criadores da obra seriam realmente negros, periféricos, favelados. Questionamentos, entre outros, lidos e ouvidos por mim (e, também, por outros pesquisadores e pesquisadoras do tema) enquanto produzia o estudo que se tornaria este livro, com uma primeira edição publicada em 2013 pela editora Aeroplano.

O país oscilou entre mudanças e crises políticas, e as literaturas negra e marginal/periférica, dependentes de artistas com posicionamento político para sua existência, encontraram nesse meio-tempo diferentes enfrentamentos. Os artistas não deixaram de criar, e novas gerações entraram em cena. Todos adaptaram-se a momentos de maior interlocução com um contexto democrático e com políticas públicas de fomento à leitura, à educação, a novas editoras, a livrarias e a projetos pessoais, bem como a tempos de fechamento, escassez e quebra de negócios. Hoje, seu espaço na história da literatura brasileira é incontornável. As literaturas negra e marginal/periférica estão em currículos escolares do Ensino Médio; estão presentes em premiações importantes, como o Casa de las Américas (*Um defeito de cor*, de Ana Maria Gonçalves), o Jabuti (*Olhos d'água*, de Conceição Evaristo), o Prêmio Biblioteca Nacional (*Um Exu em Nova York*, de Cidinha da Silva) e o Prêmio APCA (*Dia bonito para chover*, de Lívia Natália); e são adaptadas para seriados televisivos e telas de cinema. Carolina Maria de Jesus figurou nos vestibulares da Universidade Estadual de Campinas (Unicamp), em São Paulo, e da Universidade Federal do Rio Grande do Sul (UFRGS). Os *Cadernos Negros* foram adotados nos vestibulares da Universidade Federal da Bahia (Ufba). Em 2017, a 15ª edição da Festa Literária Internacional de Paraty (Flip), em homenagem a Lima Barreto, contou com a maior participação de autoria negra até então, e assim a história segue[1].

Basta enunciar alguns dos escritores e movimentos aqui discutidos: a obra de Carolina Maria de Jesus tem sido redescoberta e revisitada por novas perspectivas, com valorização de seus arquivos e inéditos. Isso também ocorre com Maria Firmina dos Reis, Ruth Guimarães, Lino Guedes e Paulo Colina. Oswaldo de Camargo e Carlos de Assumpção são cada vez mais reconhecidos e lidos publicamente por sua força criativa e seguem escrevendo obras de grande importância. Conceição Evaristo se consolidou como uma escritora de renome internacional. Paulo Lins continuou seu antológico trabalho como romancista e roteirista. Os *Cadernos Negros*, coordenados por Esmeralda Ribeiro e Márcio Barbosa, têm mais de quatro décadas e permanecem confirmando seu espaço na literatura brasileira, valorizando seus pioneiros e apresentando novos e novas poetas e prosadores. Cuti e Miriam Alves produzem incansavelmente ensaios, livros de poesia e de contos, peças de teatro e antologias da literatura negra brasileira. Ferréz ampliou sua obra consideravelmente e manteve tanto seu compromisso ético com a periferia como seu ativismo empreendedor – como criador da loja 1daSul, que tem mais de vinte anos, e da editora Literatura Marginal, que abrange o Selo Povo e o Comix Zone, este último um selo de quadrinhos. A cena dos saraus periféricos se alargou e tem em referências como Sergio Vaz e a Cooperifa um pilar. Além de escritores como Allan da Rosa, Sacolinha, Ridson Dugueto Shabazz e Alessandro Buzo, que seguiram criando e expandindo seus horizontes em diferentes direções.

Na esteira deles, temos novas gerações encontrando seus caminhos: há uma literatura erótica negra contemporânea[II]; uma literatura LGBT negra e periférica; e uma literatura de ficção científica negra, em que debates dos anos 1980 (como se vê nas discussões de *Criação crioula, nu elefante branco*, apresentadas neste livro) se mostram dialogando contemporaneamente com a estética *afrofuturista* e a ideia de *afrofuturismo*[III]. São homens e mulheres negros e periféricos que fazem sua própria história literária, social e antirracista, sobrevivendo no capitalismo, demandando o direito à literatura e os direitos de existir, de forma cada vez mais ampla e irrefreável. Se houve enormes retrocessos na vida brasileira recente, não foram inferiores às mudanças sociais que deixaram suas marcas entre nós, negros, como sociedade.

Encontradas na forma de histórias em quadrinhos, as literaturas negra e marginal/periférica brasileiras têm tido grande sucesso. Os trabalhos de João Pinheiro e Sirlene Barbosa, com o livro *Carolina* (2016), e as obras de Marcelo D'Salete, autor de *Cumbe* (2014) e *Angola Janga* (2017), todos publicados pela editora Veneta, foram vencedores dos prêmios do Festival de Angoulême, Eisner e Jabuti, respectivamente.

Após uma década da primeira edição, procurei reeditar nesta obra, agora para as Edições Sesc São Paulo, algo que me parece continuar importante: as literaturas negra e marginal/periférica vistas como *ideias em movimento*, que se cruzam, se referenciam e se distanciam ao longo do tempo de sua enunciação, por diferentes sujeitos autodeclarados negros, pardos e periféricos (autores, editores, livreiros, público, críticos, apoiadores ou detratores). Essas literaturas conectam-se com variados campos da produção cultural, como o jornalismo e o teatro negros – ainda hoje, podemos observar as trajetórias de produções e grupos artísticos contemporâneos como Os Crespos, Legítima Defesa e As Capulanas e a revista *O Menelik 2º Ato*. Creio que isso permanece de pé, sendo mais do que apenas uma memória. Porém, é importante notar o que os próprios agentes da cultura fazem disso. Se são ideias dinâmicas, são sincrônicas às mudanças impostas pelo tempo e pelo espaço. Em uma década, a sociedade brasileira mudou em diversos aspectos. Em face disso, também mudaram a literatura negra e a literatura marginal/periférica em seus projetos estético e ético? Que novas gerações de pesquisadores e pesquisadoras respondam a essa pergunta.

Em minha avaliação, um fato muito importante no atual cenário é a intensa presença da autoria feminina, coletivamente organizada, que é bem diferente da de quando iniciei esta pesquisa. As mulheres sempre estiveram nessa história literária e aparecem com força neste livro. Porém, é inegável que a organização em torno de pautas feministas negras nos últimos anos mobilizou coletivamente uma cena impressionante de criadoras literárias, produtoras culturais, intelectuais e ativistas negras periféricas. Vejam-se as trajetórias de Elizandra Souza, Raquel de Almeida, Cidinha da Silva, Lívia Natália, Maria Nilda (Dinha), Mel Duarte, Eliane Alves Cruz e Kiusam de Oliveira, por exemplo, além de coletivos como Mjiba, Sarau das Pretas, Slam das Minas, Flores de Baobá – Coletivo de Escritoras Negras, entre outros. A cena não se esgota nesses nomes. Há hoje uma *literatura negra feminina* que organiza um espaço de enunciação próprio e mobiliza coletivamente diferentes escritoras. Em 2020, através do projeto *Margens*, Ketty Valêncio e Jéssica Balbino organizaram uma "lista com 100 escritoras pretas brasileiras" contemporâneas. A pesquisa sobre essa efervescência ganha novos fôlegos, como com a premiada análise feita pela crítica literária Fernanda Rodrigues Miranda, que estabelece um percurso histórico mais detalhado para essa autoria feminina negra em *Silêncios prescritos: estudo de romances de autoras negras brasileiras (1859-2006)* (Malê, 2019).

Para esta nova edição, acresci um último capítulo, do qual a edição anterior se ressentia: uma *pequena história sociológica de livrarias e editoras negras* ou especializadas, entre 1972 e 2020, voltada a empreendimentos majoritariamente femininos, em diferentes cidades do país e quase nada conhecidos, até mesmo por parte da bibliografia especializada, e com levantamento ainda insuficiente.

As editoras e livrarias periféricas, que em São Paulo foram capitaneadas pioneiramente pela Livraria Suburbano Convicto (de Alessandro Buzo), pelas Edições Toró (editora criada por Allan da Rosa) ou pelo Selo Povo (criado por Ferréz), não foram analisadas nesta edição por duas razões: 1) por eu não ter a mesma abrangência de dados e entrevistas sobre elas como já possuía sobre outros empreendimentos negros; e 2) pelo fato de a ONG Ação Educativa e a Câmara Periférica do Livro terem feito um importante trabalho de pesquisa sobre *Editoras e selos editoriais das periferias de SP*, com um perfil dos empreendimentos e seus catálogos de publicações até 2020[IV]. Mesmo assim, o panorama paulista é considerável: são 18 editoras ou selos literários mapeados apenas no estado.

Assim, este *A descoberta do insólito: literatura negra e literatura periférica no Brasil (1960-2020)* ainda pode ser útil como uma espécie de ponto de largada, um mapa metodológico de memória coletiva, em que talvez os novos pesquisadores e pesquisadoras aprendam mais com as minhas lacunas e meus erros, mas certamente também com o esforço recorrente de uma história literária e social que se afirma apesar das oposições. Este livro, portanto, ao cruzar experiências sociais e literárias, tenta contar aspectos de um percurso longevo de tudo o que hoje é possível ver e ler com bons olhos: o caminho das literaturas negra e marginal/periférica brasileiras – que me parece, felizmente, irreversível.

NOTAS

[I] A autora Maria Firmina dos Reis, primeira romancista negra do Brasil, foi a grande homenageada na 20ª edição da Flip, em 2022. [N.E.]

[II] São exemplos a antologia *Pretumel de chama e gozo: antologia da poesia negro-brasileira erótica*, organizada por Cuti e Akins Kintê (Ciclo Contínuo Editorial, 2015), ou os trabalhos de Carmen Faustino publicados em *Estado de libido ou poesias de prazer e cura* (Oralituras, 2020).

[III] Como nos romances *A cientista guerreira do facão furioso* (Malê, 2019) ou *O caçador cibernético da rua 13* (Malê, 2017), de Fábio Kabral.

[IV] Esse material encontra-se *on-line* e disponível para *download* em: https://acaoeducativa.org.br/wp-content/uploads/2020/12/EDITORAS-E-SELOS-EDITORIAIS-DAS-PERIFERIAS-DE-SP-digital-v6.pdf. Acesso em: 7 nov. 2022. [N.E.]

CAPÍTULO 1
—
LITERATURA NEGRA
E MARGINAL/
PERIFÉRICA: IDEIAS E
PROBLEMAS

As literaturas negra e marginal serão tratadas aqui como *ideias*. Não são confecções literárias suficientemente sistematizadas e sobre as quais haja um consenso analítico razoável para serem denominadas *conceitos*, embora muito citadas, defendidas ou atacadas. Todavia, também são mais que *categorias* explicativas de análise, como ferramentas que servem apenas para elucidar um problema maior. Elas, em si, já se constituem em problemáticas historicamente consistentes.

Sendo *ideias* – portanto menores que conceitos e maiores que ferramentas categóricas –, elas se apresentam como problemas de fôlego, que exigem ser pensados continuamente, e são detentoras de estatuto material (livros, autores, coletâneas etc., bem como críticas e análises) e imaterial (memórias coletiva e afetiva, ícones e cânones etc.). Como *ideias em movimento*[1], historicamente condicionadas, assim serão analisadas. Podem ser vistas também como *emblemas*, referentes, que abrigam diversas obras e posições históricas distintas; dialogam com e são submetidas a diversos conceitos e ideações: estereótipo, estigma, negritude; mobilidade social, integração social; racismo, marginalidade, exclusão, periferia; quilombo, quilombismo, diáspora negra; África, Brasil, africanidade e brasilidade etc.

As dificuldades de conceituação são semelhantes à de se definir o que é literatura[2]. Entretanto, a literatura negra e a marginal/periférica possuem um agravante particular: o que faz uma literatura ser *negra* ou ligada à *condição social marginal/periférica*? Trata-se de um ponto nevrálgico sobre o qual o consenso é igualmente difícil. E as respostas mais simples, como a de que a literatura negra é aquela escrita por um *autor* autorreferenciado ou identificado como negro, ou, ainda, a que apresenta um *eu lírico/narrador* que se queira negro – o mesmo vale para a questão marginal/periférica –, também abrem brechas significativas para divergências. No entanto, a recorrência dessas confecções estéticas na história literária mostra que, com raras exceções, nenhum autor que não tenha se autodenominado negro ou periférico assumiu o rótulo de ter escrito algo chamado de literatura negra ou periférica.

•

No que diz respeito ao primeiro caso, historicamente, o problema da literatura negra tem sido tratado no Brasil, seja por especialistas nacionais, seja por brasilianistas, e também por militantes de movimentos sociais, políticos, culturais ou jornalísticos negros, da seguinte maneira:

a) dedica-se *à análise de estereótipos* contidos na construção de personagens negros em romances, peças de teatro, contos etc., independentemente de seus autores serem negros, mestiços ou não negros; b) quando se trata da forma poética, à qual se concedeu primazia analítica, observam-se os *sinais de distinção do eu lírico negro* e o grau de conscientização ideológica e étnica quanto à sua condição de *ser-negro-no-mundo* (o que pode ser entendido como uma das acepções de *negritude*[3]).

Em outras palavras: geralmente analisam-se o negro *como personagem literário ou dramatúrgico* (construído majoritariamente por autores não negros) e as caracterizações que ele recebe nessa condição. Ou, quando se trata do negro como *autor*, privilegia-se a forma poética para a análise, observando-se, para além de suas qualidades e inovações formais (colocadas em segundo plano ou não destacadas), o conteúdo de sua poesia. No caso do livro em prosa, o interesse reside em direção relativamente oposta: interessa-se prioritariamente pelo sujeito autorreferenciado como negro e periférico como *autor e narrador* de sua construção artística na forma de prosa (diários, romances e contos), bem como pela sua *visão social de mundo*, política e culturalmente construída, de acordo com o conceito do sociólogo Lucien Goldmann:

> Uma visão de mundo é precisamente este conjunto de aspirações, de sentimentos e de ideias que reúnem os membros de um grupo (o mais corrente, de uma classe social) e os opõem a outros grupos [...] toda grande obra literária ou artística é a expressão de uma visão de mundo. Este é um fenômeno de consciência coletiva que atinge seu máximo de clareza conceitual ou sensível na consciência do pensador ou do poeta[4].

Autoria e narrativa, entes literários distintos, pouco discutidos sociologicamente em conjunto. A confecção literária permite a análise da construção de uma visão social de mundo do grupo a que o autor pertence ou que ele recusa? Este trabalho preocupa-se igualmente com as formas produtivas e distributivas das literaturas negra e marginal/periférica, situando ambas em relação à sua recepção em um público (ideal, idealizado, especializado e em geral) nas últimas décadas. E, no limite, busca discutir também a identidade construída para e sobre esse negro/marginal/periférico, por vezes excessivamente automatizada nas análises já efetuadas. Tais literaturas são então colocadas em escala de processo histórico e em contexto, com seus autores demonstrando, muitas vezes, menos homogeneidade que os termos podem supor.

LITERATURA NEGRA E ESCRAVIDÃO NO BRASIL: REPRESENTAÇÕES ESTÉTICAS DAS FORMAS SOCIAIS

O primeiro ponto a se notar, no que diz respeito à análise histórica da literatura negra brasileira, é que esta foi abordada por autores cuja formação ou cujo campo de estudo não se davam primordialmente na área de crítica literária[5], mas sim nas áreas de ciências sociais e história. Portanto, o negro como autor ou personagem literário também é tratado, na grande maioria das análises, como um objeto sociológico e histórico.

Desta forma, a *história literária do negro no Brasil está associada intimamente à formação social que o trouxe a este país: a escravidão*. Como ressaltam alguns autores, contudo, nos primeiros momentos da história literária brasileira, o que menos tem importância como tema do negro é o sujeito social escravo. O que se sobressai é o sistema social que o conforma, servindo tal literatura como uma ferramenta justificativa para tal situação abominável em grande parte dos casos, fosse na prosa, fosse no teatro[6]. Por outro lado, também serviu para sua negação: vejam-se os abolicionistas do período romântico. Porém, mesmo entre eles, o sujeito social é colocado em segundo plano. De acordo com o historiador Jean Marcel Carvalho França:

> Apesar de compor uma longa parcela da população colonial, os africanos [...] não mereceram, durante os três primeiros séculos que sucederam ao descobrimento, quase nenhuma atenção dos nossos homens de letras. Pode-se dizer, no entanto, que, muito ou pouco, nossos escritores não se deixaram de a ele se referir[7].

Essa visão é corroborada pela bibliografia, quando se pensa no romance urbano surgido no Rio de Janeiro, e até mesmo pelo aparecimento do teatro na vida nacional. Miriam Garcia Mendes fornece um dado importante sobre a participação do negro nos primórdios da dramaturgia nacional, que está diretamente ligada à sua condição degradada e socialmente desrespeitada de escravo:

> Como consequência da construção das casas de espetáculos, começaram a surgir, também, as companhias com elencos permanentes.

> A mais antiga de que se tem registro foi criada no Rio em 1780, e era constituída por cantores, dançarinos e cômicos, provavelmente negros ou mulatos, na maioria, segundo o costume e conforme se depreende de depoimentos de viajantes estrangeiros ilustres que nos visitaram desde fins do século XVIII e começo do XIX (Bougainville, 1767, Von Martius, 1818, St. Hilaire, 1819), todos unânimes em afirmar que os espetáculos a que tinham assistido eram representados por elencos de cor, "os brancos só raramente, em papéis de personagens estrangeiros." [...] *Essa predominância de negros e mulatos nos elencos teatrais da época se devia, provavelmente, ao preconceito generalizado contra a profissão de ator, julgada desprezível pelas camadas sociais superiores. Apelava-se, então, para o negro ou mulato, escravo ou liberto, já por si de condição degradada, indiferentes, portanto, ao preconceito*[8].

Segundo a autora, a partir de 1808, com a vinda da família real portuguesa, houve uma valorização do teatro pelas classes abastadas, uma vez que ao menos dom João VI e dom Pedro I gostavam dessa arte e/ou de suas atrizes. Por conseguinte, "o ator negro desaparece dos palcos fluminenses, pelo menos os que representavam papéis importantes"[9]. Mendes, no entanto, não menciona quem eram os autores ou se havia, porventura, dramaturgos negros. Referente ao romantismo, Heloísa Toller Gomes se ocupa de período histórico semelhante, fins do século XVIII e decurso do XIX. Para ela, em contrapartida do que ocorria em outras nações que conviveram com a escravidão, o tema do negro foi subaproveitado pela literatura nacional e acaba substituído, como se sabe, pelo da mitificação do indígena como bom selvagem.

> [...] o romantismo brasileiro deixou em palco secundário a figura do negro, elegendo outros assuntos como de maior interesse. O índio, por exemplo. Para que o tema do negro suplantasse o do índio, foi preciso esperar pelo realismo e pelo debate inicial que envolveu a intelectualidade brasileira nas três últimas décadas do século[10].

Suplantado pelo problema da escravidão, que passa a se tornar um incômodo a certa altura das relações comerciais internacionais e dos conflitos internos (o que ocorre particularmente no século XIX, a partir de 1850, com o fim do tráfico de escravos), o negro continua a ser visto socialmente de forma negativa. O sujeito social escravo passa a ser um entrave, ocupando de maneira perigosa as respostas ao que fazer consigo dentro da sociedade brasileira. Jean Carvalho França, no estudo que empreende, afirma que, na forma literária urbana carioca desse período, em que

> [...] heroínas e heróis se confrontavam com índoles más e viciosas, o negro quase sempre ingressou nas fileiras do segundo grupo. Ele representou, no Rio de Janeiro construído nas páginas de ficção, um toque de barbárie numa sociedade que se queria ordeira e moralizada, que se queria, na época, civilizada[11].

No que diz respeito ao texto teatral[12], no seu aspecto formal e de conteúdo, a perspectiva é semelhante. Analisando peças escritas entre 1838 e 1888 por Luís Carlos Martins Pena, Joaquim Manuel de Macedo, José de Alencar, Agrário de Menezes, Castro Alves, França Júnior, Visconde de Taunay, entre outros, Miriam Garcia Mendes afirma que o personagem teatral negro está sempre ligado ao cativeiro, e seu aparecimento em peças, no teatro do século XIX, não busca despertar o interesse por sua história própria, mas sim ser usado de duas formas: como elemento de comédia, presente na sociedade da época; ou como elemento representativo de um drama social. Contudo, em ambas as perspectivas, "[...] o negro, geralmente escravo, quando se tornou, se não personagem, pelo menos já figurante, fosse ainda encarado pelo autor dentro de um enfoque que o via apenas como alguém cuja convivência poderia perturbar a paz de um lar ou trazer prejuízos morais à família de seu senhor"[13]. Nesse aspecto, sempre como personagem de segunda ordem, refletindo sua posição no espaço social da época[14].

Essa discussão inicial leva a outra questão central presente na bibliografia sobre o negro como personagem de ficção na literatura brasileira: a das construções de estereótipos literários acerca desse sujeito social. O aspecto degradado, alimentado por séculos no espaço social, atinge a construção ficcional, caracterizando o negro como elemento potencialmente perigoso, lascivo, maligno, estúpido, interesseiro, um entrave etc. Resultado do período escravocrata e de suas decorrências na vida social brasileira, os estereótipos literários associados ao negro, segundo vários autores, cumpririam a função[15] de delimitar espaços, ou melhor, constituir barreiras sociais e literárias, em suas mais amplas acepções. E é sobre isso que refletiremos a partir de agora.

A FUNÇÃO SOCIAL DO ESTEREÓTIPO NA E EM TORNO DA LITERATURA NEGRA (DÉCADA DE 1940 À DÉCADA DE 1980)

Três estudos originais do sociólogo francês Roger Bastide inauguram uma perspectiva analítica que, em aspectos centrais, se demonstra rica na compreensão e denúncia do papel social do negro na sociedade (o papel que exerce, contra o qual ele luta, sob o peso das mais diversas perspectivas; como o negro é observado e o que pensa de si mesmo): *A poesia afro-brasileira* (1943), *A imprensa negra do estado de São Paulo* (1951) e *Estereótipos de negros através da literatura brasileira* (1953)[16].

Mesmo sem ser pioneiro em enunciá-la claramente, é possível afirmar que Bastide trabalha com uma hipótese que, ainda que não seja explícita, tornou-se padrão de pensamento para analistas posteriormente: a decorrência da forma social escravagista, no que tange ao sujeito escravo, é essencialmente um conjunto de atribuições socioculturais negativas para esse sujeito numa ordem *formalmente* livre e capitalista. E essas atribuições sociais têm ressonância nas representações coletivas sobre e para o próprio negro. Elas cumprem a função de lhe demarcar um lugar, socialmente inferior.

No texto acerca da *poesia afro-brasileira*, para tratar o problema em questão, Bastide anuncia claramente que trabalha, como método analítico, com os pressupostos teóricos de Lucien Goldmann. Ou seja: vale-se de uma análise sociológica da literatura, associando a construção literária com a forma social na qual está imersa, bem como com o grupo social do qual fazem parte, e/ou com o qual dialogam, o autor da obra e também seu público. Conforme uma de suas afirmações:

> Os preciosos estudos de meu saudoso amigo Goldmann, realizados no campo da sociologia da literatura, confirmam a procedência de minha posição. Parece-me muito acertada sua opinião quando afirma que a obra literária – caso tomemos como objeto de estudo as obras-primas da literatura e não (como o faria uma sociologia marxista, ao nível mais baixo) os frustrados – apresenta a visão do mundo ligada a um determinado grupo social, da qual esse grupo não tem suficiente consciência, mas o verdadeiro artista dá-lhe estrutura e coerência, demonstrando assim sua genialidade. *Foi a visão do mundo – a do mulato em ascensão e a do negro reivindicando – que procurei descobrir, uma vez que é aí e*

somente aí que se revela ao leitor deslumbrado toda a beleza secreta da obra[17].

Essa primeira afirmação leva à articulação do método de Goldmann com uma avaliação da história literária brasileira e, assim, a descobrir a existência de uma poesia cuja temática é afro-brasileira e dialoga – assim como o candomblé, religião africana no Brasil – com a memória de um continente redivivo nas obras. Chama atenção ainda seu interesse pelas expressões político-culturais do *mulato em ascensão* e do *negro reivindicativo*, dando um sentido de contemporaneidade às suas análises em relação ao momento das associações e dos movimentos nos meios negros organizados, o que será discutido nos próximos capítulos. A noção de pertença e permanência em relação a um grupo social, estruturada na produção literária, ganha força, ainda, quando o autor afirma que:

> Não existe, na aparência, diferença essencial nos trabalhos dos brasileiros brancos e de cor. Mas, justamente não passava de aparência, que dissimulava no fundo contrastes reais. [...] Deve ficar na alma secreta um halo desta África, um traço desta senzala que, penetrando o brasileiro, perdeu toda a sua aspereza dolorosa para se tornar somente uma música de sonho[18].

Contudo, poucas páginas depois, Bastide expõe um argumento que aparentemente contradiz esse primeiro. Ao suscitar uma comparação entre a poesia afro-brasileira e a afro-estadunidense, o autor afirma que esta última floresceu e se tornou potente em razão do sistema jurídico de distinção entre brancos e negros. Dessa forma, segundo o autor:

> Aos cantos religiosos e aos cantos do trabalho dos negros norte-americanos sucedeu uma poesia culta que encarna, esplendidamente, o gênio da raça. E ninguém contesta que teria sido impossível essa poesia sem a existência de uma linha de cor, afastando sistematicamente o africano do convívio dos brancos, e à qual ela deve seu extraordinário poder de sedução. [...] *É inteiramente diferente a situação no Brasil, onde não existem barreiras legais entre cidadãos desta ou daquela cor. Este fato, por isso mesmo justo e louvável, impede conflitos de que resultariam valores novos, e poderia ser apontado como um dos principais empecilhos à eclosão de uma poesia original afro-brasileira*[19].

Este *empecilho* de que fala o autor se constitui, assim, num impedimento para a criação de uma literatura afro-brasileira com caracteres próprios. Logo, a ligação com o grupo social e a ressonância na obra literária não existem de modo pleno. Fica a pergunta, portanto: o que é determinante para a existência da poesia afro-brasileira, o grupo social do qual ela se origina ou uma separação jurídica que a isole junto com seu grupo e a separe de outras formas literárias, criando assim um universo literário à parte? Os dois argumentos de Bastide são estruturalmente opostos, embora sejam mantidos ao longo do ensaio, bem como junto a outras oposições[20]. Para o sociólogo, entretanto, a literatura, transparecendo a visão do mulato ou do negro como autores, cumpre a função de inserção social do escritor e do sujeito. E isso se acentua, a seu ver, no período romântico, quando as classes médias e baixas ganham vozes mais expressivas no texto literário:

> Mas exatamente os pretos e os mulatos fazem parte desta classe inferior da população; alguns conseguiram elevar-se, penetrar na classe média, os mais claros de pele logrando ingressar na própria aristocracia. [...] Houve então oportunidades em que a ascensão à cultura e à criação estética das camadas inferiores da população teve como consequências uma elevação paralela dos africanos ou mestiços que constituíam uma parte das ditas camadas. E foi o que realmente aconteceu. O Romantismo é o momento da primeira eclosão da poesia afro-brasileira. Por isso mesmo, ele é muito interessante de estudar, para ver-se em que medida se adquiriu a consciência de uma originalidade estética racial[21].

Ao analisar poetas contemporâneos ao seu tempo, o autor sustenta os dois argumentos. Na busca da visão de mundo do mestiço, o mulato, isso se faz possível. A consciência ideológica de uma produção poética específica, segundo o autor, depende tanto de uma lembrança do passado *e da quantidade de sangue africano existente nas veias do escritor*[22] como, simultaneamente, das condições das relações sociais racializadas no Brasil – regradas por um estatuto imaginário de mestiçagem (imaginário na qualidade de condutor para uma pacificação das tensões); ao mesmo tempo, isso impede que a literatura assim produzida anuncie seu caráter específico, com todas as implicações políticas e culturais que dela decorrem, pois está visando à *integração social*[23].

É nesse ponto, portanto, que Bastide apresenta um segundo padrão de pensamento, que envolve boa parte da produção subsequente acerca da literatura negra no Brasil: seu caráter duplo e tensionado pelo jogo de integração ou assimilação na sociedade. Isso, em última instância, estaria de acordo com a situação do negro (enquanto grupo social e objeto de análise sociológica) na realidade brasileira. No excerto a seguir, esse tensionamento das relações sociais racializadas é explorado pelo autor na produção literária. Nele, o autor reflete sobre a ordem de competição capitalista e as posições ocupadas no espaço social pelos antigos sujeitos oriundos do ordenamento jurídico e cultural escravista – fossem eles negros, brancos ou mestiços:

> A literatura é um desses meios de ascensão. Sobretudo numa sociedade mista, cosmopolita como é criada pela imigração europeia, sobretudo nas grandes cidades, nas capitais onde todas as raças se acotovelam, onde não se conhece senão a situação atual de cada um, enquanto se esquece a origem das pessoas que se encontra, se jamais se chega a saber dela, em que a mobilidade é extrema, em que o *bluff*, a aparência, têm mais valor que a realidade, em que o verniz literário abre todas as portas, mesmo as dos salões aristocráticos. O preconceito de cor pode existir no fundo das consciências, mas não se mostrará, como numa sociedade tradicional, porque seria uma falta de gosto e porque não se pode saber, aliás, o que o futuro nos reserva...[24]

Na visão de Bastide, o impasse sobre a duplicidade de caráter da literatura e da poesia afro-brasileiras, que encontra seu ápice em poetas como Gonçalves Dias, Gonçalves Crespo ou Cruz e Sousa, se explicita em autores do início do século XX, poetas negros como Perilo D'Oliveira, Hermes Fontes, Bernardino Lopes, Paulo Gonçalves e, especialmente, Lino Guedes. Bastide se detém neste autor, objetivando demonstrar, comparativamente às produções de outros países da América, aquilo que chama de *aversão à solução marxista*[25], ou seja, à transformação (literária) do problema racial em problema de luta de classes, substituindo-o por um problema moral (aspecto presente na obra poética de Guedes). A literatura, de aspecto ambivalente, explicita também um *eu dividido*, social e politicamente[26].

Sendo a visão social de mundo do negro e do mulato expressa em sua produção poética extremamente tensionada, Bastide, no segundo ensaio que dedica ao problema, procede novamente a uma investigação histórica na literatura brasileira para evidenciar, em diferentes momentos, o que chama de *estereótipos de negros*. Em sua maioria, desfavoráveis e ocultos nas relações sociais, trazidos à tona em momentos de conflito ou para reafirmar uma posição no espaço social.

> Porque foi escolhida a Literatura para a descoberta dos estereótipos brasileiros sobre os negros – é a pergunta que provavelmente será formulada. Na verdade, outras formas de pesquisa se ofereciam, mais seguras à primeira vista, como é o caso dos questionários. *Mas num país de democracia racial como o Brasil*, os questionários podem não refletir fielmente a existência de imagens mais ou menos escondidas, que só se revelam verdadeiramente nos momentos de crise. [...] Além disso, os questionários só esclareceriam a situação presente, não nos fazendo assistir à evolução dos estereótipos que mudaram com a passagem do trabalho servil ao trabalho livre[27].

Essa senda aberta pelo sociólogo francês em seu pequeno ensaio, apesar das advertências[28], possibilita formalmente o aparecimento dos trabalhos de autores como Raymond Sayers e Gregory Rabassa (ambos brasilianistas da Universidade Columbia), que escreveriam, respectivamente, *O negro na literatura brasileira* (1958)[29] e *O negro na ficção brasileira: meio século de história literária* (1965)[30], bastante influenciados também por leituras de Arthur Ramos, Gilberto Freyre e Edison Carneiro. Entre sociólogos brasileiros, o trabalho de Bastide se faz perceber também. Em 1961, Florestan Fernandes é convidado pelo escritor negro Oswaldo de Camargo para prefaciar seu livro *15 poemas negros*. O convite, como Fernandes faz questão de aclarar, está associado menos ao seu conhecimento de crítica literária que à sua ligação com os movimentos negros políticos e culturais paulistanos do momento, aos quais Camargo[31] pertence. Nesse prefácio, o sociólogo objetiva apresentar ao menos dois problemas sobre o negro e a literatura brasileira: o da produção estética numa sociedade de classes; e o da dupla natureza do impasse na poesia negra.

No que diz respeito ao primeiro caso, o autor afirma que:

> Em uma civilização letrada, o poeta representa um dos produtos mais complicados do condicionamento educacional, intelectual e

moral. *É um contrassenso pensar-se que o negro brasileiro encontre na poesia (como em outros campos da arte) veículos fáceis de autorrealização. [...] O produtor de arte negro é, em si mesmo (isto é, independentemente da qualidade e da significação de sua poesia seja lá qual for), uma aberração de todas as normas e uma transgressão à rotina, num mundo organizado por e para os brancos. De outro lado, acham-se as fronteiras que nascem da situação humana do negro na sociedade brasileira. Em consequência, os "poetas negros" do Brasil caem, grosso modo, em duas categorias extremas. Ou são réplicas empobrecidas do "poetastro branco" ou são exceções que confirmam a regra, ou seja, episódios raros na história de uma literatura de brancos para brancos, o que se poderia exemplificar, em relação à poesia, com uma figura conhecida como a de um Cruz e Sousa. Não existe uma vitória autêntica sobre o meio. A "inteligência negra" é tragada e destruída, inapelavelmente, antes de revelar toda a sua seiva, como se não importasse para o destino intelectual da Nação*[32].

Sujeitos fora de lugar, produção literária dificultada pelas condições sociais, exceções que confirmam a regra: poetas negros como Cruz e Sousa são algo como uma subversão interna da forma pelo conteúdo. Essas afirmações, escritas no começo dos anos 1960, permanecem válidas para as confecções literárias negra e periférica passados mais de sessenta anos. Vale ressaltar, entretanto, que o texto do poeta catarinense de *Missal* e *Broquéis* (obras de primeira fase) é diametralmente oposto ao de *Emparedado* (obra final, pouco estudada no momento em que Fernandes faz essas observações). Contudo, Florestan apresenta com sucesso uma dicotomia da produção estética negra que permanece atual, em particular no que se refere à sua ligação com a sociedade. Ao explicitar o impasse na produção contemporânea em seu prefácio, o sociólogo pondera que:

> Ainda é cedo para emitir juízos definitivos sobre essa poesia negra, associada à liberação social progressiva do branco e do negro na sociedade urbana e industrial brasileira de nossos dias. Dois pontos, todavia, poderiam ser aprofundados. Primeiro, na sua forma atual, fixando o drama moral do negro de um ângulo meramente subjetivo, ela não transcende nem mesmo radicaliza o grau de "consciência da situação" inerente às manifestações iletradas do

protesto negro. *É certo que ela expõe as coisas de maneira grandiosa, chocante e pungente. Diante dela, até os relutantes ou os indiferentes terão de abrir os olhos e o coração: há torpezas sem nome por detrás dos iníquos padrões de convivência que regulam a integração do negro à ordem social vigente.* No entanto, essa mesma poesia se mostra incapaz de sublimar atitudes, compulsões e aspirações inconformistas, que a poderiam converter numa rebelião ativa, voltada para o processo de redenção social do negro. Segundo, ela se divorcia, de modo singular, dos *mores* das populações negras brasileiras. *Por enquanto, a poesia que serve de veículo ao protesto negro não se vincula, nem formal nem materialmente, ao mundo de valores ou ao clima poético das culturas negras do Brasil.* [...] *Se o "meio negro brasileiro" tivesse um mínimo de integração, os dilemas morais descritos poderiam ser focados à luz de experiências coletivas autônomas. Existiriam conceitos e categorias de pensamento que permitiriam apreender a realidade sem nenhuma mediação ou alienação, através de sentimentos, percepções e explicações estritamente calcadas nos modos de sentir, de pensar e de agir dos próprios negros.* Na medida em que o negro, como grupo ou "minoria racial", não dispõe de elementos para criar uma imagem coerente de si mesmo, vê-se na contingência de ser entendido e explicado pela contraimagem que dele faz o branco [...] até onde ele [este impasse] perdurar, o negro permanecerá ausente, como força social consciente e organizada, da luta contra a atual situação de contacto, sendo-lhe impossível concorrer eficazmente para a correção das injustiças sociais que ela encobre e legitima[33].

Fernandes explicita um problema sem enunciá-lo claramente (talvez pela natureza da publicação, financiada pela Associação Cultural do Negro): a natureza de classe da produção literária negra em contraposição a uma ideia de negritude. A separação entre a produção literária e o grupo social do qual ela partia – significando uma falta de voz aos anseios do grupo na literatura – talvez resida no fato de que existia também um distanciamento, na maior parte dos casos, entre a classe de origem dos escritores e o grupo social sobre o qual tratavam. Simplificando, tem-se a questão: escritores pequeno-burgueses ou de extração média poderiam tratar, com propriedade e com conhecimento total de causa, de assuntos e grupos marginalizados, periféricos? Ainda hoje, como se verá, o impasse permanece. E não é uma pergunta fácil de responder. Por outro lado, não fica suficientemente demonstrado que a organização do meio negro conduziria a uma conscientização capaz de se refletir automaticamente na obra literária. É uma aposta, que se mostrará eficaz ou questionável em diferentes momentos da história social literária do grupo.

Na mesma direção, embora sem tratar de escritores negros propriamente, Teófilo de Queiroz Jr. e Clóvis Moura, ambos sociólogos, tentam analisar estereótipos sobre negros presentes em produções literárias. Em 1971, Queiroz Jr., em sua dissertação de mestrado, analisa o *Preconceito de cor e a mulata na literatura brasileira*[34]. Moura, em 1976, empreende um ensaio acerca de *O preconceito de cor na literatura de cordel*[35]. Ambos os autores seguem um padrão monográfico de trabalho, observando obras pontuais e seus escritores que apresentam o negro como personagem sempre em papel desfavorável. Aqui caberia uma crítica a esse padrão analítico, especialmente no caso de Queiroz Jr., que objetiva claramente realizar uma *sociologia da literatura:* o viés sociológico se sobrepõe ao literário, servindo este último para justificar o primeiro. A análise das condições sociais propriamente ditas para a emergência da obra literária fica secundarizada, em detrimento da discussão e comprovação das teses sociológicas acerca do preconceito de cor e da estereotipia social. Moura, por sua vez, pretende realizar seu trabalho sem estudar o cordel em profundidade – como uma forma de produção artística –, assim como as condições sociais de sua produção, optando por apenas discutir o conteúdo de alguns exemplares. Ambos os autores são devedores de Bastide e Fernandes nesse aspecto, mas não ampliam seus objetos particulares dentro daquele padrão de investigação.

O trabalho que parece ter maior fôlego na linha analítica iniciada por Bastide é o do ensaísta inglês David Brookshaw, *Raça e cor na literatura brasileira*. Crítico literário[36], Brookshaw torna seu esforço analítico importante não apenas por se dedicar, como os outros, inicialmente aos períodos abolicionista, naturalista e modernista (primeira parte do livro), mas também por abranger a literatura produzida pelos *romancistas e contistas negros* – e não somente os poetas – no pós-Segunda Guerra Mundial (segunda parte do livro).

No que diz respeito à primeira parte do livro, esse autor está de acordo com as análises anteriores acerca da preponderância do tema da escravidão sobre o sujeito social escravo, e da visão sobre ele, no momento pós-abolicionista, como um degenerado moral, fruto de um sistema social que degradou tanto o dominante como o dominado. Em consonância com o viés sociológico dado ao darwinismo por Herbert Spencer, Brookshaw, referindo-se à estética naturalista, anuncia a tese de que os escritores dessa corrente estariam preocupados essencialmente com os efeitos do ambiente natural sobre o sujeito social ex-escravo e com a hereditariedade social de sua condição. Mas é quando trata do modernismo que o autor de fato apresenta problemas interessantes e originais, acerca do contato do grupo negro com os escritores desse movimento. Segundo ele:

> A reabilitação feita pelos modernistas do elemento não europeu no Brasil foi essencialmente artística. Eles não estavam interessados na situação adversa da população negra em massa que formava o *substratum* social ou nas tribos indígenas em face de futuras explorações ou exterminação. *Um movimento reivindicatório em favor dos negros só poderia vir dos próprios negros, como na realidade aconteceu durante os anos [19]30, mas como será visto, anunciando um sistema de valores muito diferentes daqueles pretendidos pelos modernistas brancos.* O negro, como o ameríndio, foi explorado como um símbolo de interesse pela vida e pela liberdade artística, que a *intelligentsia* branca no Brasil, como a sua contraparte em outros países ocidentais, exaltava em sua luta contra o intelectualismo de sua própria cultura e contra os valores sociais gerais da burguesia dominante[37].

A estética do *negrismo* (ou *primitivismo*), em certas áreas literárias do movimento modernista (Jorge de Lima, Raul Bopp, Mário de Andrade, Manuel Bandeira ou o grupo do *Leite Crioulo*, de Minas Gerais, do qual participou Carlos Drummond de Andrade), é completamente distinta dos anseios do grupo negro organizado. "Essa negra Fulô", *Urucungo*, *Macunaíma* ou "Irene no céu" não expressam a situação do negro em transição de uma ordem escravocrata para alguma outra, competitiva. Como bem salienta Brookshaw, isso acontecia na imprensa negra (desde 1910, em São Paulo) e na produção literária de alguns poetas negros do período. Por esse motivo, alguns autores chegavam a fazer a distinção entre as designações literatura negra (que poderia remeter àquele *negrismo*) e *literatura afro-brasileira*, que estaria mais próxima da expressão do grupo negro. Observe-se a designação empregada por Roger Bastide nos ensaios supracitados e analisados. Mais recentemente, o crítico literário Eduardo de Assis Duarte, da Universidade Federal de Minas Gerais (UFMG), durante o evento comemorativo do grupo Quilombhoje[38], fez a mesma distinção.

Entretanto, Zilá Bernd, por exemplo, emprega a definição de literatura negra em seus trabalhos, conectando-a a expressões literárias de negros em outras partes do mundo. Para Luiz Silva Cuti, poeta e membro fundador dos *Cadernos Negros*, presente ao mesmo evento que Assis Duarte, a ideia de literatura negra faz relação com a história das associações negras brasileiras, que não tratavam da questão em termos de afrodescendência (Associação Cultural do Negro, Frente Negra Brasileira, Legião Negra de São Paulo, *Cadernos Negros* etc.). A discussão entre os escritores que se identificam com essa acepção, seu projeto estético e projeto político, também não é consensual (como se verá adiante, no segundo e sétimo capítulos). Fala-se em literatura negra, literatura afro-brasileira ou literatura negro-brasileira.

Acentuando ainda mais o descompasso entre a estética modernista e os escritores negros que lhe eram contemporâneos, o crítico Brookshaw afirma que:

> É notável a ausência de colaboradores negros nos movimentos de inovação literária das décadas de 1920 e 30. Dizer que o elemento negro ou mestiço-escuro – o afro-brasileiro – da população era em grande parte analfabeto é verdadeiro apenas em sentido geral. Havia, e sempre houve, afro-brasileiros, reconhecidamente a exceção, e não a regra, que aspiravam pertencer às fileiras da burguesia. Outrossim, a existência de uma imprensa de negros na área de São Paulo a partir de 1915 indica que havia um determinado público de leitores negros e que havia negros com pretensões literárias. *Para explicar por que o grupo afro-brasileiro do Modernismo não tinha um defensor negro, é necessário colocar os modernistas e os negros literários em seus contextos sociais. O primitivismo dos modernistas era a expressão artística de membros de classes privilegiadas que estavam ansiosos por dar um golpe mortal nos ideais literários parnasianos cultuados pelos meios literários. [...] O seu código de valores artísticos, que buscava fundamentação em raízes populares, incluía tudo aquilo de que os negros educados (geralmente autoeducados), os representantes de uma pequena burguesia que começava a se formar, estavam*

tentando se livrar. Eles estavam, por assim dizer, movendo-se rumo à aptidão literária, enquanto os modernistas reagiam contra ela[39].

Contudo, o ensaísta inglês leva adiante o mesmo argumento polêmico de Bastide (sem citá-lo): o da hipótese da necessidade da linha de cor; ou seja, do regramento jurídico, tal qual nos Estados Unidos, para a existência de uma literatura negra no Brasil. Sociologicamente, a consequência dessa argumentação é a seguinte: quanto maior ou mais severa for a norma que impõe o distanciamento entre negros e não negros, mais forte e mais potente será a criação literária do primeiro elemento, em detrimento dos grupos sociais dos quais ele saia (tese de Goldmann). Como afirma o autor, tendo como foco comparativo os Estados Unidos:

> *O estudante de Literatura Brasileira não pode deixar de impressionar-se, em algum momento de seus estudos, com a evidente falta de escritores negros neste país. Na verdade, é estranho que o Brasil, com a discutível maior população negra de qualquer país excetuando a África, aparentemente não produziu nenhum poeta de projeção de Langston Hughes e nenhum romancista com a mesma fama ou capacidade de James Baldwin, Richard Wright ou Ralph Ellison, os quais deixaram sua marca como escritores negros na literatura estadunidense. A razão da ausência de uma tradição literária negra no Brasil e de sua presença na América do Norte encontra-se, sem dúvida, no maior desenvolvimento econômico dos negros nos Estados Unidos em comparação com os negros no Brasil e outros países da América Latina. Entretanto, esta explicação não estará completa se não for mencionado o fato de que o relativo progresso obtido pelos negros nos Estados Unidos tem origem, em parte, na natureza mais evidente das adversidades por eles enfrentadas. Uma maior segregação, ratificada por lei, levou a maior união racial e, consequentemente, produziu manifestação mais forte e mais unida contra as brutalidades da discriminação racial. Estimulou também o desenvolvimento de entidades autônomas para apoiar o progresso social dos negros, tais como negócios dirigidos por negros para negros, faculdades para estudantes negros e, na área literária, editoras para negros. No Brasil, a carência deste fator negativo peculiar de discriminação legal protelou o surgimento de escritores negros e, principalmente, escritores à altura dos supracitados*[40].

É possível criticar essa visão ao se afirmar que a literatura e o teatro negros no Brasil – como em qualquer país em que se manifestem, a meu ver – são *indissociáveis* de uma imprensa e um ativismo negros, ou que com eles mantêm relação, assumindo características próprias. Logo, ocupar-se apenas de autores isolados é ver parcialmente o problema em questão. Especialmente no Brasil. Brookshaw, no entanto, permanece original ao trazer à baila romancistas negros no pós-guerra, e não só poetas, como estabelecido no padrão analítico anterior. Esboça, inclusive, uma hipótese para as razões sociais da escassa presença da prosa literária em relação à poesia negra no Brasil.

> *Se é difícil determinar uma evolução contínua na área da poesia negra no Brasil, é ainda mais difícil procurar, identificar e classificar a obra em prosa de escritores negros.* Há razões sociais e culturais significativas por que isto deveria ser assim. Em primeiro lugar, a expressão de uma conscientização nacional ou racial tem sido invariavelmente manifestada através da poesia, cujo impacto é mais imediato que o da prosa. Na verdade, os movimentos literários baseados na poesia frequentemente prenunciaram movimentos de mudanças políticas, não apenas no Brasil, mas em todos aqueles países em que a atividade política aberta tem sido limitada. A obra dos poetas da Inconfidência Mineira no século XVIII constituiria a primeira expressão literária de uma separação política de Portugal, visando à independência do Brasil. No século XX, a poesia nativista do modernismo prenunciou a revolução nacionalista de 1930. Em segundo lugar, a essência da cultura religiosa e musical afro-brasileira encontra-se em suas qualidades rítmicas e de percussão, muito mais fáceis de serem captadas na poesia do que na prosa por aqueles escritores que desejavam incorporar tal material em sua obra. Igualmente, há fortes razões para que o escritor erudito prefira o instrumento poético. Do ponto de vista puramente literário, toda a galáxia de emoções pode ser abalada por alusões encobertas por símbolos poéticos: o escritor "assimilado" frequentemente prefere aludir a, ao invés de afirmar claramente, sua identidade, disfarçando suas alusões em um labirinto de símbolos que, por um lado, o protegem, por outro são projetados como prova de sua erudição. *Finalmente, a ficção em prosa nunca foi considerada como tendo o*

mesmo valor da poesia no contexto de uma classe média emergente, para quem a habilidade de escrever versos corretos é um sinal de cultura e, por isto, uma qualificação para cruzar a linha de comportamento. À parte dessas considerações, escrever um romance exige um esforço mantido por um período de tempo que, por sua vez, exige uma maior necessidade de profissionalização, e são poucos os que no Brasil vivem de sua literatura. A única profissão que tem conseguido conciliar o desejo de escrever de uma pessoa com sua necessidade de ganhar a vida é o jornalismo e, por isto, não é de surpreender que dois dos mais objetivos escritores negros de prosa, Lima Barreto, no início da primeira parte do século, e Oswaldo de Camargo, atualmente, estivessem envolvidos em atividades jornalísticas[41].

Nomes como Ruth Guimarães, Raimundo de Souza Dantas, Nataniel Dantas, Romeu Crusoé, Anajá Caetano e Oswaldo de Camargo surgem em sua análise. Todos romancistas negros, nos quais são estudados estereótipos de negros sobre o próprio grupo social ou sobre o branco e/ou o mestiço. Contudo, em sua visão, com exceção de Camargo (militante histórico da imprensa e ativismo negros, contrariando a ideia de linha de cor), todos ficam aquém de explicitar, de modo original, o problema da discriminação racial. E isso inclui até mesmo Romeu Crusoé, que escreveu a peça *O castigo de Oxalá* para o Teatro Experimental do Negro (TEN), de Abdias do Nascimento. Retomando Brookshaw:

> Concluindo, vale a pena observar-se mais uma vez que a presença de escritores negros de prosa na tradição literária brasileira não coincide automaticamente com as tendências de nacionalismo cultural africano. Tal como no caso da poesia, são os escritores brancos que tendem a cultivar o popular, e não os afro-brasileiros. Na verdade, [...] *a publicidade dada à cultura popular confirma todos os estereótipos de que os intelectuais afro-brasileiros tentam libertar-se* [...] *Na maioria das vezes, quando um escritor afro-brasileiro pega a caneta para escrever um romance, ele poderá fazê-lo para estudar os mesmos temas que um escritor branco estudaria, caso em que estará deliberada ou instintivamente evitando publicar algo que revela sua identidade racial.* [...] *Ele também pode querer descrever a experiência de ser negro, tendo de tratar com as contradições da linha de comportamento*[42].

Na maioria dos casos, portanto, o autor considera que o escritor negro rompe muito pouco com os estereótipos sociais que lhe são embutidos. Ou, quando o faz, esteticamente a experiência literária se aproxima de formas superadas pelas vanguardas. Será? Brookshaw representa o último analista de uma longa argumentação que começa a ser questionada nos anos 1970, como resultado do ressurgimento do movimento e da imprensa negros na década anterior, bem como das discussões acerca deles, o que traz trabalhos importantes, como os de Zilá Bernd, Miriam Ferrara, Oswaldo de Camargo, José Correia Leite e Cuti, Miriam Garcia Mendes e do coletivo Quilombhoje, buscando uma conceituação mais sofisticada da literatura e imprensa negras (de cunho existencial e político, respectivamente).

Entretanto, é bom assinalar que o traço do estereótipo demonstrado pelos autores indicados anteriormente serve, naquele momento, para balizar as discussões em torno de uma ideia e formatar um pensamento que se encontra difuso nas discussões sobre o negro no Brasil. Existe, evidentemente, um caráter redutor na busca apenas por estereótipos em obras literárias. Ele se mostra redutor até mesmo para o âmbito de trabalho do escritor negro: será negra a literatura produzida por autor negro que verse sobre temas de interesse dos negros (sua condição social). Mas, embora redutor, possui lastro concreto, baseado no que foi e tem sido a história dessa confecção literária. Esse dilema, um *estereótipo do escritor*, está presente também na discussão da segunda tendência analítica, que se abordará na sequência.

BUSCANDO UMA DEFINIÇÃO CONCEITUAL: ANOS 1980

É importante notar que, na década de 1980, existe uma alteração no padrão analítico acerca da ideia de literatura negra. A preocupação em analisar e definir estereótipos em diferentes momentos e manifestações da história literária no Brasil persiste[43], entretanto, surgem outros trabalhos bastante motivados pelo ativismo social negro, emergido da década anterior. Esses estudos propõem uma reavaliação dos movimentos sociais, da imprensa negra e, como estão ligados, da literatura produzida pelos negros no curso da história do país. Além disso, entra em pauta a problemática da negritude, sendo também discutida em âmbito literário.

Ao que tudo indica, o problema conceitual posto nessa década é que a literatura negra como ideia possui manifestações concretas há tempos no Brasil. Cabe conferir-lhe, então, estatutos definitivos, capazes de legitimá-la. Esses estatutos de definição passam por: a) vinculações com os temas da imprensa e do teatro negros; b) relações com a sociologia e a história do negro; c) relações com as disputas mais gerais em torno da ideia de negritude; ou d) relações de reapropriação simbólica e revisionista de escritores embranquecidos, esquecidos e/ou mal compreendidos ao longo da história literária brasileira; e) produção concreta e autorreflexiva de coletivos de escritores negros sobre seu ofício.

Os parâmetros definitivos são elaborados por a) teóricos engajados e/ou informados em discussões no meio negro organizado (Zilá Bernd); b) escritores comprometidos com vertentes desse meio negro (Oswaldo de Camargo, Quilombhoje etc.); c) autores tributários de certa interpretação histórico-sociológica sobre o negro no Brasil (Miriam Ferrara, Miriam G. Mendes, Octavio Ianni, entre outros); d) debates sistematizados em revistas acadêmicas (estudos afro-asiáticos).

Em âmbito acadêmico, dois estudos relevantes de Zilá Bernd retomam e organizam a discussão da ideia de literatura negra, visando propor-lhe uma definição. São eles: *Negritude e literatura na América Latina*[44] e *Introdução à literatura negra*[45]. O primeiro livro é baseado em sua tese de doutoramento pela Universidade de São Paulo (USP) e propõe uma discussão comparada entre as literaturas produzidas por negros no Brasil e no Caribe, majoritariamente francófono. O segundo possui um caráter de vulgarização científica e didática, com reflexões que se somam às do livro anterior.

Como afirma o título do primeiro trabalho, Bernd concebe a ideia de literatura negra mediante o problema da identidade social e política do negro, sintetizado, então, no problema da *negritude*. É sobre esse ser-e-estar-no-mundo que a autora disserta, sustentando o argumento de que, seja no ambiente caribenho, seja no latino-americano, a literatura negra teria cumprido a função de *fixar uma autoimagem positiva*.

> Analisar o processo de construção de uma identidade negra na literatura brasileira, à luz do processo de tomada de consciência de ser negro que revigorou as literaturas do Caribe e da América Latina, é o propósito desta investigação. [...] consideramos que merece ser mais detidamente analisada uma produção literária que, apesar de permanecer represada pelo aparelho legitimador constituído pelas

editoras, crítica especializada, livrarias, bibliotecas, academias e universidade, persiste com uma bibliografia significativa quanto ao número de obras e quanto à coerência do projeto ideológico: *a fixação da autoimagem positiva*[46].

Esse *projeto ideológico* de que fala a autora possui problemas na definição de seu *agente*. Estética ou politicamente, o projeto não pode ser reduzido exclusivamente à cor da pele do autor, com o que esta crítica literária está de acordo. Para Bernd, então, a caracterização do agente desse projeto está vinculada ao eu lírico (ou narrador), enunciador de traços distintivos de uma negritude e de uma identidade de ser-negro-no-mundo, o que a analista denomina *evidência textual*.

> Para que se confeccione um conceito consistente será preciso atentar para os seguintes elementos: a) a existência de uma articulação entre textos dada por um certo modo negro de ver e sentir o mundo; b) a utilização de uma linguagem marcada tanto a nível do vocabulário quanto dos símbolos usados pelo empenho em resgatar a memória negra esquecida[47].

Zilá Bernd se vale ainda de três argumentos e dois autores para construir a definição de literatura negra nesse momento: a) o *sistema literário*, no qual opera a literatura negra (autores, editoras, público leitor)[48]; b) seu caráter historicamente transgressor[49]; c) o traço distintivo marcado no plano da linguagem empregada para expressão[50]. As afirmações de Domício Proença Filho e Antonio Candido, no evento *Perfil da Literatura Negra – Mostra Internacional de São Paulo*, em 1985, levam a autora a concluir, portanto, que essa produção literária é algo *sui generis*. Alicerçada na *identidade do eu lírico/narrador*, na experiência histórica de ser-e-estar-no-mundo, em seu caráter transgressor, em sua autoafirmação positiva e nas peculiaridades do emprego linguístico: a definição articulada por Bernd é excessivamente ampla, até o momento, para se constituir como conceito. Quem seria o agente, de fato, daquele projeto ideológico (estético e político) que a literatura negra condensaria? Nos termos que a autora oferece, a ideia de literatura negra, até então, seria facilmente vítima da *paródia* ou da mimese, quando, por exemplo, o *"proscrito está na moda"*, como afirmou o historiador inglês James Campbell[51].

De acordo com o trabalho de Zilá Bernd, portanto, uma literatura forjada em identidade cultural, seja esta do autor e/ou reafirmada pelo narrador/eu lírico, necessita de uma sofisticação conceitual para atingir a produção concreta de obras e autores, explicitando-os. Por isso, no decorrer do estudo, a autora propõe alguns caminhos para se chegar a uma definição próxima da experiência concreta. O primeiro é uma discussão acerca do conceito de identidade, apoiando-se na antropologia cultural – especialmente em trabalhos de Claude Lévi-Strauss e Manuela Carneiro da Cunha –, para afirmar que a identidade negra na literatura negra é algo em construção permanente, uma entidade abstrata, sem existência real, e que serve, apenas, como ponto de referência. Nesse ponto, a ideia de negritude, de um ser-negro-no-mundo, que poderia se restringir à cor da pele, torna-se o que a autora chama de identidade *de primeira ordem*. Bernd propõe, então, algo que extrapolaria a cor da pele e que conectaria o negro às suas outras identidades. Seria, segundo ela, uma identidade *de segunda ordem*, denominada por *negridade*[52]. Os passos seguintes da autora são para situar a produção literária negra em relação ao sistema literário brasileiro e apresentar a hesitação crítica na conceituação do problema: *literatura negra ou afro-brasileira*? Como já visto, um embate entre denominações que se dá também no meio negro produtor dessa confecção.

> Parece que o problema está ligado à dificuldade em estabelecer um conceito de literatura negra. Optar por literatura *negra* implica reconhecer que há um estilo, um léxico, uma temática etc. que particularizam um discurso literário de forma marcante e definitiva; optar por literatura *afro-brasileira* corresponde a reconhecer uma literatura empenhada em resgatar uma ancestralidade africana. [...] considerando-se que os elementos que caracterizam esta literatura não são *unicamente* as suas raízes afro, mas toda uma série de outros elementos observáveis a nível do próprio discurso literário, preferimos a designação literatura *negra*, por ser menos limitadora e por transcender os limites de nacionalidade, época, idioma, geografia etc., revertendo a um espaço ou *território* supranacional e supraidiomático no qual os autores constituem uma mesma *comunidade de destino*[53].

O PROTAGONISMO TEÓRICO DO EU ENUNCIADOR

A conexão do primeiro com o segundo livro que Bernd dedica ao assunto – *Introdução à literatura negra* – reside justamente neste ponto: *comunidade de destino*. A autora parte do pressuposto de que a literatura negra existe por conta de seu caráter autoenunciativo. Ou seja: existe porque há escritores negros que dizem que ela existe. Na proposição da autora, o eu enunciador assume o papel de elemento de definição do que é, para ele, um conjunto de produção literária, unificado em torno, vale reforçar, de uma identidade cultural de ser-negro-no-mundo.

> De um lado observamos, portanto, um querer desvencilhar-se da asfixia que representa para alguns a circunstância de serem rotulados, pois consideram que a criação literária transcende as delimitações impostas por fatores como geografia, nacionalidade, sexo, raça ou religião. Por outro lado, verificamos, igualmente, a ânsia de certos grupos se autoproclamarem a determinada categoria. [...] O que nos interessa, sobretudo, é discutir a questão da legitimidade da expressão *literatura negra*. [...] Na verdade, se pode ser nefasto colocar um autor ou movimento através de classificações, muitas vezes arbitrárias e estereotipadas, em guetos, ou seja, em compartimentos estanques que certamente reduzem a recepção de sua obra, será igualmente nefasto ficar alheio às reivindicações do autor. *Isto é, quando o desejo de um rótulo provém dos próprios autores, consideramos que este elemento não deva ser desprezado*. [...] No que concerne à literatura negra, sua característica maior talvez seja aquela ligada aos procedimentos de (re)nomeação do mundo circundante. [...] *Assim, ao referendar uma expressão reivindicada pelos autores, a crítica está atuando como instância legitimadora dessa produção literária*[54].

Em Bernd, o problema que aparece em torno da figura do eu enunciador[55] revela que a fundamentação acerca da identidade cultural *oculta a articulação de um projeto estético com um projeto ideológico*. E, por esta polaridade complementar, entende-se aquilo que é formulado pelo crítico literário João Luiz Lafetá no trecho a seguir:

> O estudo da história literária coloca-nos sempre diante de dois problemas fundamentais, quando se trata de desvendar o alcance e os

exatos limites circunscritos por qualquer movimento de renovação estética: primeiro, é preciso verificar em que medida os meios tradicionais de expressão são afetados pelo poder transformador da nova linguagem proposta, isto é, até que ponto essa linguagem é realmente nova; em seguida, e como necessária complementação, é preciso determinar quais as relações que o movimento mantém com outros aspectos da vida cultural, de que maneira a renovação dos meios expressivos se insere no contexto mais amplo de sua época. [...] Decorre daí que qualquer nova proposição estética deverá ser encarada em suas duas faces (complementares e, aliás, intimamente conjugadas; não obstante, às vezes relacionadas em forte tensão): enquanto projeto estético, diretamente ligada às modificações operadas na linguagem; e enquanto projeto ideológico, diretamente atada ao pensamento (visão de mundo) de sua época. [...] na verdade o projeto estético, que é a crítica da velha linguagem pela confrontação com uma nova linguagem, já contém em si o seu projeto ideológico. O ataque às maneiras de dizer se identifica ao ataque às maneiras de ver (ser, conhecer) de uma época; se é na (e pela) linguagem que os homens externam sua visão de mundo (justificando, explicitando, desvelando, simbolizando ou encobrindo suas relações reais com a natureza e a sociedade), investir contra o falar de um tempo será investir contra o ser desse tempo[56].

E é compreensível esse encobrimento: no âmbito da discussão do eu enunciador, encontram-se diversos autores, de diferentes períodos históricos (desde o século XIX), distintos entre si. O que há entre Luiz Gama, Lima Barreto, Lino Guedes, Carlos de Assumpção, Oswaldo de Camargo, Eduardo de Oliveira, Solano Trindade, Cuti etc. para além de serem negros, terem escrito sobre o negro em suas obras, com maior ou menor ênfase? A especificidade de cada um desses autores, as particularidades de suas trajetórias e a singularidade de seus momentos históricos são interligadas por uma ideia que se organiza em questões contemporâneas muito específicas.

Na verdade, a ideia de eu enunciador é importante e opera no ponto da singularidade do negro como autor, haja vista a história social e literária brasileira, expressando sua visão de mundo ou de uma fração dele, de um grupo ou de uma fração de grupo social. Todavia, o eu enunciador, isolado, parece pouco explicativo para outras questões que atravessam a vida social do negro. Ele é o início. Pode ser um índice, efetivamente, de uma forma de expressão; contudo, jamais um fim em si mesmo, sob o perigo de banalizar-se, sofrer uma redução ou um procedimento mimético. Qual o projeto existente entre as formas de dizer e as formas de viver?

De forma mais clara: Zilá Bernd elenca todos aqueles autores, e muitos outros, no centro da problemática da *negritude* – como um sentimento e uma conscientização unificadora – e ao redor do que denomina *quatro leis fundamentais da literatura* – agora entendida como *poesia negra*[57] –, em que seria mais fácil e comum *visualizar a conscientização do negro*: 1) a emergência do eu enunciador; 2) que teria por tarefa a construção de uma epopeia negra, capaz de resgatar a saga do negro – ou melhor, do africano escravizado no Brasil; 3) isso empreenderia uma reversão dos valores, positivando o que sempre foi considerado negativo; 4) o que, por fim, instauraria uma nova ordem simbólica acerca do negro no Brasil[58].

Essa análise do protagonismo teórico do eu enunciador, observado atenciosamente sob a ótica da poesia negra por Zilá Bernd, tenta evidenciar uma articulação de escritores e grupos negros em torno da literatura e em outras esferas, para além de si mesmos, que vai construindo um discurso político e ideológico ao longo do tempo, sobre o qual o consenso é tão difícil quanto a definição objetiva do fazer literário negro.

É nos anos 1980 que os projetos culturais e políticos do meio negro brasileiro organizado melhor se articulam, fundando uma estética engajada, e são reavaliados. Anteriores a Bernd, têm-se as análises de Miriam Ferrara[59] e Miriam Garcia Mendes, sobre imprensa e teatro negros no Brasil. Simultaneamente, os coletivos de escritores negros Quilombhoje e Negrícia publicam e/ou participam de dois livros reflexivos sobre a produção literária negra brasileira[60]. Da mesma forma, outros escritores negros, como Paulo Colina e Oswaldo de Camargo, organizam antologias e livros históricos de/sobre autores negros na literatura brasileira[61].

É muito interessante observar como há aqui um duplo movimento. Por um lado, opera-se a revisão de dois espaços, a imprensa e o teatro, privilegiados por associações negras, historicamente, para se projetar na cena pública, nos quais a literatura (seja a poesia, a prosa ou a dramaturgia) esteve como aliada, como base de um discurso, coprotagonista;

e, por outro, conjuntos de escritores da década de 1970, ou mais velhos, assumem a literatura como discurso principal, definindo-a em torno de uma *"militância ativa da palavra"*[62] ou de um *"ativismo negro-literário"*[63]. Este, um ativismo artístico e político que pôde ser coroado com a fundação de um Centro de Cultura e Arte Negra (Cecan)[64], em 1978, e a criação dos *Cadernos Negros*, e ainda contar com a recuperação do depoimento de um militante histórico da imprensa negra, José Correia Leite, ao fim da década, por um escritor importante da literatura negra contemporânea, Cuti, confirmando a união desses dois campos[65].

O PROTAGONISMO CONCRETO DO EU ENUNCIADOR

O trabalho de Miriam Ferrara vem atualizar o ensaio de Bastide sobre a imprensa negra paulista (discutido na primeira parte deste capítulo), corrigindo algumas de suas imprecisões, confirmando-o e indo além. O interesse pelo livro de Ferrara já se inicia pelo prefácio, assinado por Clóvis Moura, no qual o sociólogo negro afirma que:

> O negro no mundo dos brancos consegue, conforme nos mostra a autora, organizar-se *para si* transmitindo ao grupo que se sente discriminado [por] normas de conduta através das quais ele poderá se integrar. Porque, conforme podemos ver no presente estudo, todo o discurso dessa imprensa é integrativo, isto é, do negro querendo ser cidadão, conseguir integrar-se, ser reconhecido, como igual. Mesmo quando se refere à África (o que faz raramente) nunca é um referencial de memória para mostrar que tem um passado, ancestralidade que deve ser lembrada e reverenciada. Por outro lado, as referências à África são quase que meramente simbólicas, muitas vezes míticas. Somente quando um fato como a guerra entre a Abissínia e a Itália acontece esses jornais registram. No mais já é o negro lutando por sua cidadania[66].

Esse caráter integrativo de que Moura trata é explicitado pela análise de Ferrara. Sua nova periodização tripartite[67] propõe um crescendo sistemático de conscientização na imprensa negra paulista. E é o que a leva a observar agudamente que os "jornais feitos por negros para negros, no período de 1915 a 1963, no Brasil, esboçam uma camada social descendente de escravos e que, após três décadas de liberdade, consegue articular-se socialmente imprimindo suas ideias ou reivindicações"[68].

Vale lembrar a incredulidade de David Brookshaw, discutida anteriormente, acerca da aparente incapacidade da imprensa negra em gerar profissionais brasileiros da escrita (ou diletantes profícuos e talentosos narradores). Incredulidade essa igualmente assinalada pelo escritor negro Oswaldo de Camargo, em seu livro analítico sobre a presença do negro na literatura brasileira:

> Mas o negro quase nada escreveu nas primeiras décadas da República, em ficção, tirante – repetimos – Lima Barreto. O negro foi e é poeta, quase só poeta. Fato que surpreende, visto que, ao menos em São Paulo, já aparecia, em 1911, uma imprensa alternativa negra, onde assinalamos os primeiros títulos com *A Pérola*, seguido de *O Menelick*, em 1915, *A Princesa do Oeste*, *A Rua*, *O Xauter*, *O Alfinete* (de São Paulo, estes); *Bandeirante* (Campinas); *União* (Curitiba [sic]); *Patrocínio* (Piracicaba), escritos evidentemente em prosa... Daí o espanto: que foi que travou a realização da "prosa" ficcional, com o conto, a novela? A Imprensa Negra não poderia ter sido uma escola de se escrever também ficção? Nem lembramos o romance, obra que, por seu porte e meandros, exige relativa "escravidão literária", esforço grande e contínuo[69].

Pode-se reformular esse problema a partir do trabalho de Ferrara, e observar quão significativo é o fato de, após somente três décadas de libertação formal, ter-se um esforço empreendido *coletivamente*, em um meio negro organizado, paulista, na expressão letrada[70].

E é esse esforço coletivo que gerou, igualmente, as associações negras. E com maior ou menor dispersão, elas conceberam os próprios jornais, e, deles, emergiram escritores desde os anos 1920 até a década de 1970[71], que, caso a imprensa negra não houvesse existido – entre outros tipos de associações –, não teriam se alçado a qualquer patamar da cena pública. E é fato que naqueles jornais, de acordo com a antropóloga Ferrara, literatura nunca esteve separada de integração, orientação, controle social do grupo negro, o que se observa: em sua forma inicial de acontecimentos frugais do primeiro período[72]; no acirramento da conscientização política, limitado pelo golpe de 1937[73], com o surgimento, inclusive, da Frente Negra Brasileira (FNB)[74], explicitando o alijamento dos negros da política; em seu ápice, num curto interregno democrático, entre 1945 e 1963, em que o negro se faz presente como sujeito político ativo, seja em suas associações e grupos teatrais (como o Teatro Experimental do Negro do Rio de Janeiro e de São Paulo e a Associação Cultural do Negro), seja em jornais[75].

Especialmente nesse último período, as interligações entre literatura, teatro e imprensa negra se fazem mais fortes. No Rio e em São Paulo, grupos de teatro têm, com sucesso e longevidade relativos, jornais que lhe servem como ponte para um público maior. O Teatro Experimental do Negro, surgido em 1944 na cena carioca, após quatro anos de atividades artísticas e políticas, na figura de seu criador Abdias do Nascimento, funda o jornal *Quilombo*. Em São Paulo, a Associação Cultural do Negro (criada por José Correia Leite, Jayme de Aguiar, entre outros, em razão da exclusão do negro nas comemorações do quarto centenário da cidade) cria em 1960 a revista *Níger*, que, segundo seu editor-chefe, Oswaldo de Camargo, "[...] *era uma espécie de órgão da Associação Cultural do Negro. E do Teatro Experimental do Negro* [de São Paulo]"[76].

Isso, de certa forma, anuncia um *procedimento metodológico* para a análise de literatura, teatro ou imprensa de grupos negros no Brasil até os anos 1980. E como já foi assinalado: *é quase impossível separá-los, enquanto manifestações autônomas*. Suas interligações permitem checar trajetórias, biografias, lançamentos, estreias, reivindicações e acontecimentos políticos. Talvez até mesmo música, artes plásticas e cinema adentrem esse terreno, uma hipótese a ser testada.

MARGINALIDADE PRODUTIVA, DISTRIBUTIVA E CONSUMIDORA

Tanto a imprensa como a literatura e o teatro de negros brasileiros, desde seu surgimento e ao longo do século XX, devem ser observados como *produções de caráter marginal*. Marginalidade compreendida como participação desigual e subalternizada no sistema social e literário, o que se dá na forma *produtiva* (no que tange aos recursos), *distributiva* (enquanto acesso a um público) e de *consumo* (referente à recepção) dessas manifestações em seus respectivos sistemas culturais de atuação[77].

Logo, por analogia, a marginalidade é *constituinte* dessas produções e *sistêmica*, tal qual a definição de *sistema literário*, operada por Antonio Candido. Considera-se que, nos anos 1920, 1930 e 1940, O *Clarim da Alvorada*, *A Voz da Raça* ou o *Quilombo* vivem momentos de apogeu da imprensa negra, assim como o Teatro Experimental do Negro, nas décadas de 1940 e 1950, dirigido por Abdias do Nascimento; o que se intensifica com o contínuo surgimento de poetas e ficcionistas negros, no âmbito do sistema literário, jornalístico ou teatral. Apesar disso, essas produções são, geralmente, internas e retroalimentadas pelos pequenos grupos negros intelectualizados que as produzem e consomem, com momentos e figuras singulares de alcance nacional ou internacional.

Ressalva seja feita ao jornal *Quilombo*[78] e ao Teatro Experimental do Negro, cujo alcance no grupo negro e além dele é significativo, haja vista, como analisa Miriam Garcia Mendes[79], sua *função pedagógica*, aliada às relações estabelecidas entre dramaturgos, atores brancos (Eugene O'Neill, Albert Camus, Nelson Rodrigues, Augusto Boal, Lúcio Cardoso, Cacilda Becker etc.) e uma classe média liberal, para o contexto do Rio de Janeiro da década de 1940.

De toda maneira, o debate anterior sobre literatura, imprensa e teatro negros, ainda que não seja de todo sistematizado, será também elaborado dentro dos próprios grupos criadores negros, ao longo dos anos 1980. Quer nas antologias, quer nas primeiras edições de encontros sobre literatura negra – sem citar os prefácios e as introduções da série *Cadernos Negros*, objeto posterior de análise –, a recuperação da marginalidade produtiva, distributiva e de consumo histórica da confecção cultural dos grupos negros está posta em questão. E será nesses termos, assombrados pelo espectro próximo do centenário da Abolição, que críticos, sociólogos, poetas e ficcionistas negros continuarão seu enfrentamento.

A NEGAÇÃO DA NEGAÇÃO

A revista *Estudos Afro-Asiáticos* surge vinculada ao Centro de Estudos Afro-Asiáticos (CEAA) da Universidade Cândido Mendes, que, no fim da década de 1970, passa a sediar debates sobre o negro no Brasil e no mundo, em diferentes vertentes. No tocante à literatura, já no seu segundo número, David Brookshaw escreve um artigo no qual antecipa vários pontos analíticos de seu livro *Raça e cor na literatura brasileira*, comentado na primeira parte deste capítulo: as razões do descompasso entre a estética negra e a vanguarda do modernismo; crítica a essa vanguarda pela construção de uma ideologia nacional em que o negro é ausente ou entra de forma estereotipada; o papel da imprensa negra para a literatura do mesmo grupo social; a análise de Roger Bastide como linha motriz de seu pensamento etc. Seu artigo se debruça sobre a produção de três poetas negros e um sambista (Lino Guedes, Solano Trindade, Eduardo de Oliveira e Nei Lopes, respectivamente). Para o objetivo imediato desta parte do trabalho, suas observações mais importantes são as que se referem ao primeiro autor:

> A retomada do escravo como tema, principalmente por um escritor negro, pode parecer estranha. No entanto, à época [anos 1920], isso fazia sentido porque a instituição escrava estava ainda viva na memória dos negros, e seus efeitos, fortemente sentidos. Para Guedes, os negros não tinham senso de solidariedade racial ou de classe porque haviam esquecido quem os tinha feito sofrer. O neto de Pai João, isto é, a jovem geração pós-Abolição, havia perdoado seu opressor branco, com ele confraternizado, e, eufórico com a liberdade, tinha-se permitido estar à mercê do paternalismo de seus antigos senhores. A marginalização dos negros foi, assim, parcialmente autoimposta, e cabia à nova geração progredir e suprimir a lassidão de seus pais. [...] Esta é tônica do "Poema das mãos enegrecidas": O neto de Pai João/ Logo após a Abolição/ Não pensou em se vingar/ De quem tanto o escravizara,/ Daquele que o obrigara/ Rudemente a trabalhar.// Despovoada a senzala/ Recebeu em sua sala,/ Cavalheiresco e amigo,/ E ao seu algoz penitente/ Estende a mão sorridente:/ – Divirta-se aqui comigo!// E o neto de Pai João/ Sofreu a desilusão/ De ficar por toda a vida/ – Como a pedir esmola/ Para a mísera sacola –/ Com a sua mão distendida...[80]

O ataque que Guedes faz aos descendentes de escravos, simbolizado pela figura pejorativa de Pai João nesse excerto, talvez justifique o fato de o autor nunca ter sido à sua época, segundo um contemporâneo[81], bem-aceito ou lido no meio negro. A solução para a situação do negro, em Lino Guedes e alguns de seus coetâneos, está dada ao próprio negro: pela educação, assimilação cultural, criação de uma moral ilibada, organização familiar, abstinência alcoólica etc. De certa forma, é curioso pensar que *os bisnetos ou trinetos de Pai João* serão aqueles que colocarão a crítica do poeta em prática. Não nos termos do autor, visando a uma integração; mas no sentido de uma *negação da negação*: a luta do negro não se daria no plano moralista e assimilacionista, e sim no do reconhecimento social; a literatura negra não serviria como controle do grupo, mas, antes, como sua arma ideológica. O que também valeria para escritores periféricos contemporâneos, agudizando a crítica.

O número 8-9 da mesma publicação edita as comunicações do *Encontro Nacional Afro-Brasileiro*, que se realiza no CEAA entre 29 de julho e 1º de agosto de 1982. Um dos tópicos de discussão do encontro é o tema *Literatura Afro-Brasileira Pós-1970*. Os expositores publicados são, majoritariamente, membros do Quilombhoje/*Cadernos Negros* (Cuti, Oubi Inaê Kibuko, Estevão Maya-Maya), antigos poetas (Carlos de Assumpção, Eduardo de Oliveira) e um novo escritor (Edu Omo Oguiam).

O texto de Oliveira[82] se propõe a discutir a presença do negro na literatura brasileira, como personagens e autores (começando por esse último grupo). O autor cita um conjunto grande de escritores negros, desde o século XVIII até o XX, iniciando com seus contemporâneos pelo pavilhão dos mortos. A literatura negra passa a ser existente a partir da presença do negro nela, na perspectiva de Oliveira. Ou seja: desde sempre. O trabalho seguinte é o de Cuti, igualmente escritor e, à época, diretor dos *Cadernos Negros*, organizados pelo Quilombhoje. Sua comunicação, "Literatura negra brasileira: notas a respeito de condicionamentos"[83], reeditada dois anos mais tarde no livro organizado pelo grupo que dirigiu, será discutida ainda neste capítulo.

Por ora, vale dizer que sua concepção de literatura negra é bastante diferente da de Oliveira. Cuti se propõe a pinçar como alguns poetas modernistas (Mário de Andrade, Raul Bopp) e outros (Cassiano Ricardo e Ferreira Gullar) trataram o negro enquanto personagem em suas obras e, ainda, como o negro é observado por narradores e poetas endógenos contemporâneos (Solano Trindade, Oswaldo de Camargo, Eduardo de Oliveira).

A reflexão seguinte é também de um membro do coletivo Quilombhoje: Oubi Inaê Kibuko (Aparecido Tadeu dos Santos). Em seu texto, o problema da marginalidade produtiva e distributiva da literatura negra aparece imediatamente no primeiro parágrafo:

> A literatura afro-brasileira está sendo desenvolvida em condições financeiras, bibliográficas e editoriais precárias. É uma literatura feita mais na raça, no muque, pois os escritores negros brasileiros, devido à falta de apoio cultural, subvencional, a realizam segundo suas condições financeiras, ou seja, autofinanciamento [d]a publicação dos seus trabalhos, poupando alguns trocados dos seus míseros salários. A maioria deles é composta de trabalhadores e em alguns casos também de chefes de família ou

trabalhadores-estudantes, que estão no banco escolar mais pela necessidade de obter um diploma para conseguir um cargo e um salário melhor, sem esquecermos também das mulheres, que, se não são trabalhadoras, são donas de casa, estudantes, mas sem mesada mensal, etcetras. Vamos encontrar entre os principiantes contemporâneos alguns aspectos comuns: a necessidade de pôr pra fora a raiva, a sede de respirar livremente, as pressões psicológicas sofridas no dia a dia, ou seja, repressão policial, desemprego ou pressão patronal ou de chefia, falta de material didático sincero nos bancos escolares, direitos civis, humanos e etcetra e até mesmo o pessimismo que "os senhores brancos" nos injetaram nesses quatro séculos de trabalho servil em terras brasilíndias, hoje denominadas brasileiras[84].

Confirmando o que diz Kibuko, Carlos de Assumpção, um velho poeta dos anos 1950, entusiasmado com a nova geração, contribui para o encontro afirmando a importância dessa produção emergente de literatura negra[85]. Entretanto, se a década de 1970 pode ser lida como um momento, para o grupo negro, de trazer à baila sua confecção literária[86] – coincidindo com a reorganização do meio negro, aparentemente desestabilizado desde o golpe civil-militar de 1964, nos principais centros do país –, também é um momento de repensá-la, em termos de forma, conteúdo, produção, distribuição e recepção.

É o que objetivam os trabalhos sequenciais na mesa-redonda: "Por uma literatura dinâmica e participante", de Edu Omo Oguiam, e, por fim, "Um caminho para a literatura afro-brasileira", de Estevão Maya-Maya. No primeiro texto, o poeta baiano e membro de uma comunidade religiosa de matriz africana em Salvador coloca como plataforma para a produção uma espécie de reinvenção da confecção cultural negra, fazendo coro com as críticas constantes de que ela estaria distante do grupo de origem[87].

Síntese mais articulada do mesmo assunto está no texto-manifesto de Maya-Maya, colaborador dos *Cadernos Negros*. Seu trabalho foi dividido em oito pontos propositivos, que deveriam, em sua opinião, ser cumpridos pela literatura negra na nova década que se iniciava:

> Partindo da necessidade de uma verdadeira integração do negro na sociedade, temos nós, como afro-brasileiros, a obrigação de

exaltar veementemente a nossa contribuição à formação cultural do país, reavivando a nossa memória. [...] devemos utilizar nosso veículo de expressão, no caso a literatura, como um instrumento de resistência, de denúncia e também aglutinante, associando-nos também aos intelectuais de outras áreas afins. [...] Cabe, a nosso ver, aos escritores afro-brasileiros aglutinar-se num organismo legal que lhes permita reivindicar e conquistar aquilo que corresponde aos seus anseios. [...] É através de uma instituição forte, congregando também autores de outras etnias, que poderemos encaminhar aos organismos competentes a nossa disposição, como autores marginalizados, de sermos inseridos no ensino oficial em todos os níveis, contestando o argumento de que não têm sido adotados autores africanos, em livros didáticos, por falta de uma consistente literatura afro-brasileira contemporânea. [...] Propomos a elaboração de uma antologia de autores afro-brasileiros atuais, organizada de forma eminentemente didática, visando atingir, numa primeira instância, estudantes de 1º e 2º graus. E também a elaboração de uma obra de autores afro-brasileiros "branquificados" intencionalmente pela história oficial, contendo dados biográficos e apreciação crítica de sua criação literária. [...] Alertamos que essa caminhada sugerida não deve ter caráter sectário, isolacionista. Somos afro-brasileiros mas não podemos perder a perspectiva, por nenhum instante, de que antes de tudo nascemos aqui e somos donos da terra também. [...] Por isso, nossa luta contra a opressão não deverá descartar a participação dos demais oprimidos. [...] Propomos também a criação de uma literatura infantojuvenil afro-brasileira inspirada em nossas lendas, mitos, enfim, em todos os elementos culturais a nós legados, visando dar a conhecer à nossa juventude que ela não é desprovida de tradições culturais. [...] Aproveitando o assunto em curso, sugerimos também a dinamização da dramaturgia afro-brasileira ressuscitando as criações de autores que nos antecederam e ao mesmo tempo o desenvolvimento de uma dramaturgia voltada para a nossa experiência atual, com característica popular, tendo como meta principal as nossas crianças e nossos jovens, oferecendo-lhes uma opção de lazer construtiva, inclusive. [...] Urge que o escritor afro-brasileiro assuma a conduta da interpretação da experiência de sua comunidade através de debates democráticos não só no seu meio, mas penetrando também no meio estudantil, nas entidades de classe, instituições beneficentes [...][88].

ATIVISMO NEGRO LITERÁRIO OU MILITÂNCIA ATIVA DA PALAVRA

Até o fim dos anos 1980, a literatura negra não pararia de refletir sobre si própria e ser repensada por estudiosos. No plano da *autoanálise*, em 1985, o Conselho de Desenvolvimento e Participação da Comunidade Negra de São Paulo[89] publicou o livro *Reflexões: sobre a literatura afro-brasileira*, de autoria do coletivo Quilombhoje. A origem do livro está na "Noite da literatura afro-brasileira", realizada durante o III Congresso de Cultura Negra das Américas, em 1982, na Pontifícia Universidade Católica de São Paulo (PUC-SP). Ali foi lançada uma pequena antologia de textos, com oitenta exemplares, de forma apostilada. O Conselho da Comunidade Negra afirmou na apresentação do livro que a publicação era uma forma de reconhecimento do Quilombhoje no campo literário, bem como uma forma de o movimento negro se manifestar de maneira livre e independente.

REFLEXÕES: SOBRE A LITERATURA AFRO-BRASILEIRA

Reflexões traz elementos que seriam marcas registradas do Quilombhoje: na capa, aparece o desenho, de Márcio Barbosa, que se tornaria o símbolo do grupo: três máscaras negras diferentes, dispostas de forma triangular, irmanadas por um livro. A outra marca, que perdurou durante muito tempo na série dos *Cadernos Negros*, são as fotografias dos autores presentes em cada volume, na contracapa. Por fim, a discussão do coletivo em face do que se fala sobre o negro e a literatura negra: "[...] objeto de escalpelação perpetrada por literatos e pelos chamados 'antropólogos' e 'sociólogos'"[90]. Esse trecho é uma citação de Guerreiro Ramos pelo grupo, a partir de sua obra *Introdução crítica à sociologia brasileira*.

Parece que, nesse sentido, a delimitação de um projeto estético e ideológico para a literatura negra começa a se articular. Embora possua o problema de origem de não saber exatamente como se denominar[91], a assunção do fazer literário negro como algo específico, cuja reflexão por prosadores e poetas negros faz-se urgente, é demonstrativa desse fato. A partir desse momento, a literatura negra deixa de ser uma estética pura e/ou epidérmica para se tornar, sob a ótica de seus produtores, uma estética engajada, enunciadora de uma visão social de mundo a partir de uma fração de grupo social, ao menos para alguns coletivos de escritores negros, cuja proposta está inicialmente anunciada neste ponto da introdução de *Reflexões*:

> [...] Quando o Quilombhoje foi criado, sua atuação não tinha sido delineada. A experiência com as discussões, Rodas de Poemas e outras atividades, a saída e entrada de pessoas, deu-nos uma perspectiva mais nítida. Resultado desse caminhar, este livro não se propõe a ser começo nem fim. É parte de uma luta que nos transcende, pois teve início muito antes e vai continuar depois de nós. Isso enquanto persistirem as pressões que fazem da nossa vida uma subvida. Portanto, não vamos escamotear a questão ideológica ligada à literatura nem tampouco reduzir esta àquela[92].

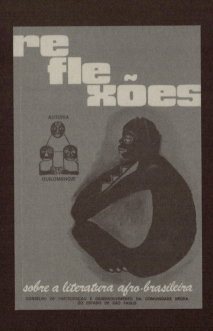

CAPA DE *REFLEXÕES SOBRE A LITERATURA AFRO-BRASILEIRA*, DO QUILOMBHOJE (SÃO PAULO: CONSELHO DE PARTICIPAÇÃO E DESENVOLVIMENTO DA COMUNIDADE NEGRA DO ESTADO DE SÃO PAULO, 1985).

Passados dois anos, o texto apresentado por Cuti no seminário do CEAA, "Literatura negra brasileira: notas a respeito de condicionamentos", é republicado sem alterações. Como já foi dito, é um trabalho que visa passar em revista autores modernistas (adeptos do *negrismo*) e autores negros contemporâneos ao modernismo para pensar o papel do negro em ambos os grupos. Escritores contemporâneos do autor do artigo, negros ou não, também são rapidamente analisados (Ferreira Gullar, Ruy Dias, Oswaldo de Camargo, Solano Trindade etc.).

Condicionamento, portanto, no sentido do artigo, deve ser compreendido como regulagem, controle, imposição. Sejam os impostos pela sociedade brasileira, sejam os autoimpostos pelo criador negro, com os quais este, se quiser ou puder, terá de lidar. De acordo com Cuti:

> *Blitz* no sentimento negro é uma constante. Acusado de rancor, resta a alternativa de viver acuado em si mesmo, enquanto aprende as regras da vista grossa e do escamoteamento da expressão. Na pauta do permitido todos devem se esforçar para o sustento de todas as notas da hipocrisia nas relações raciais. [...] Hoje há um dado considerável na transformação, a presença dos descendentes mais visíveis dos escravos. O texto escrito começa a trazer a marca de uma experiência de vida distinta do estabelecido. A emoção – inimiga dos pretensos intelectuais neutros – entra em campo, arrastando dores antigas e desatando silêncios enferrujados. É a poesia feita pelo negro brasileiro consciente[93].

Esse *negro brasileiro consciente* de que fala o autor é, como escritor, um ser em crescendo, cuja oscilação histórica é patente no percurso da literatura negra brasileira[94]. Ele se inicia com Cruz e Sousa e Lima Barreto, e como expressões atomizadas, culminando num projeto coletivo. Projeto esse que, como questão ideológica, *parece* estar bem resolvido; no âmbito do plano estético, entretanto, apresenta rusgas significativas. Assim, o debate se dá em torno da *qualidade* da produção literária negra, como apresenta rapidamente o autor:

> Em 1978 surgiram os *Cadernos Negros*, primeira tentativa de agrupamento, de literatos e aspirantes, em torno de uma publicação coletiva, já em seu quinto número alternando poesia e prosa. Os nomes aumentam e a aproximação se efetua, e com ela, os debates.

> Surge a questão da qualidade: conflito! É o momento da busca dramática do reconhecimento público que compense tantos sacrifícios (o rompimento com a autocensura, o custeio das edições ou peregrinações às editoras, e também a venda dos livros)[95].

A discussão sobre a *qualidade*, que aparece de maneira elegante no trecho anterior, apresenta-se bastante agressiva em meio a esse coletivo de escritores. O suficiente para que, quatro anos após a criação da série *Cadernos Negros*: três de seus membros fundadores a deixem (Abelardo Rodrigues, Paulo Colina e Oswaldo de Camargo, a partir de então, por certo tempo, denominados pejorativamente *O Triunvirato*); essa discussão se estenda para outra produção reflexiva (*Criação crioula*, que se comentará na sequência), com tintas mais fortes, e da qual o *Triunvirato* não vai participar; retorne num livro situacional da literatura negra no contexto brasileiro (*O negro escrito*, de Oswaldo de Camargo); seja apontada pela crítica literária como um fator limitante à eficácia produtiva da literatura negra[96]; e, por fim, continue viva, de certa forma, nos dias atuais[97].

Entrementes, em 1982, quando esse texto de Cuti é escrito, a discussão está relativamente situada em torno das articulações da literatura negra com os movimentos sociais e da lida do escritor com os entraves do condicionamento[98]. Segue-se ao texto do autor: uma tentativa de pensar a necessidade de uma produção literária negra infantojuvenil[99]; uma nova discussão sobre a questão dos condicionamentos, com uma crítica ao livro de David Brookshaw[100]; uma apresentação de uma série de poemas de autores negros, explicitando a característica do protesto e da consciência crítica[101]; e a afirmação de que vale a pena discutir mais detidamente algumas "Questões sobre a literatura negra", por Márcio Barbosa, como veremos a seguir.

A abordagem de Barbosa, desenhista e estudante de filosofia à ocasião, é inspirada no repertório analítico de Frantz Fanon, que não é citado diretamente em seu texto, senão na bibliografia, retomando-o posteriormente em outro trabalho, *Criação crioula*, de forma mais explícita e vigorosa. As consequências da apropriação de Fanon nos *Cadernos Negros* serão discutidas adiante.

Nesse texto em particular, Barbosa usa o léxico fanoniano com a intenção de demonstrar que a literatura negra existe em larga razão de haver sua contraparte branca, o que retoma a famosa expressão do pensador martinicano de que foi o branco que criou o negro; e, criada numa posição subalterna e oprimida, à literatura negra resta o desenvolvimento de uma autoconsciência, fundada no desenrolar da luta histórica do grupo negro contra sua condição de oprimido. O autor desenvolve esses argumentos no trecho seguinte:

> Entende-se por literatura a universalidade da literatura branca, isto é, literatura e literatura branca sempre significaram a mesma coisa. [...] Essa posição privilegiada garante à cultura branca a hegemonia do fazer histórico. [...] Vemos então como a história é feita a partir, e somente, das ações de brancos que escrevem. [...] Quanto aos negros que escrevem, estes se deparam com um dilema fundamental: as técnicas e a linguagem são técnicas e linguagens brancas. Portanto, a existência de negros que escrevem não garante por si só a existência de uma literatura negra. O dominador exerce um duplo papel: além de fazer a sua história, faz também a história do dominado. *Paralelamente, o dominado também faz a sua própria história: a história das marginalidades, a história que fica ao fundo, no segundo plano.* [...] *Eis, portanto, a especificidade da literatura negra no Brasil: é uma arte feita a partir de uma perspectiva do dominado, do oprimido. Mesmo os negros que entraram para a história da literatura branca não escaparam dessa condição, já que nunca deixaram de ser fisicamente negros, e, portanto, sujeitos a todas as condições que se impõem aos oprimidos em geral.* [...] *Se a história da literatura no Brasil é a história da literatura branca, uma nova questão surge: a partir de que momento pode-se falar de uma literatura "negra"? Ampliemos a pergunta: pode-se realmente falar de uma literatura negra?*[102]

O problema seguinte trabalhado pelo autor pode remeter imediatamente à discussão de Zilá Bernd: em que momento surge uma literatura negra? Tanto para essa crítica literária como para Barbosa, o grau zero da produção negra é a consciência social do ser negro, desembocando uma vez mais em *negritude*. Nesse autor, o argumento se sofistica, alcançando a espinhosa discussão da *dupla consciência* do escritor negro – desenvolvido a partir do repertório fanoniano sobre a dupla consciência do intelectual colonizado. No que tange ao escritor, o problema se dá na forma e no conteúdo expressivos. O escritor negro, a fim de se libertar do molde de sua contraliteratura, deveria criar uma nova forma de expressão, não conservadora, como sua contraparte. Na visada de Barbosa, a assunção de ser negro, antes de ser escritor, lhe conferiria algo mais:

> [...] A diferença é fundamental: a anterioridade da condição de escritor lhe determina um papel social diferente daquele que seria determinado pela anterioridade da condição de ser negro. A anterioridade de ser um escritor (que por acaso era negro) lhe dá uma especificidade que tem a ver com o papel social dos demais escritores. A anterioridade da condição de ser negro (por acaso escritor) lhe daria uma especificidade que teria a ver com o papel social dos demais negros. O fato de ser escritor lhe garante uma universalidade em que as demais coisas lhe aparecem como qualidades adicionais. O fato de ser negro lhe daria uma particularidade que o envolveria nas responsabilidades do seu presente político, na sua especificidade cultural enquanto oprimido. Esta diferença é, sobretudo, temporal e gerada por uma opção consciente. Uma opção que depende unicamente do escritor e seu direcionamento aos problemas do seu grupo social é que vai defini-la[103].

O corolário dessa afirmação é que o caminho para o escritor negro ser um *agente social de mudança* é reconhecer a sua condição. Nesse momento, todavia, no texto de Barbosa há uma aposta muito grande, que é dada quase como fato consumado: o reconhecimento dessa condição social garantiria um conteúdo revolucionário, mesmo que a forma criadora não se alterasse. A forma literária subsume-se, então, ao conteúdo expressivo que, por sua vez, é o produto de sua consciência; e, no caso de um negro intelectual, de sua *negritude. Mas, se a forma de escrever não escapar ao ordinário, o conteúdo escapará?* Para esse autor, portanto, a consciência do escritor negro é a solução para todos os problemas de sua forma de expressão, em seu campo de atuação. Sintetizando: o problema da dualidade é o de assumir uma identidade.

> Por isso a existência de uma literatura negra é posterior à existência de uma consciência negra. Como a arte do opressor é, em si, conservadora, a arte do oprimido, como seu reflexo, vai ser duplamente conservadora. *Só que a arte do oprimido não é, em si, conservadora. Ela é conservadora apenas enquanto reflexo da arte do opressor. A arte do oprimido, quando este se dá conta do seu papel como agente histórico, é, em sua essência, transformadora, pois o oprimido é*

> o agente social que não tendo mais nada a perder não se vê comprometido inteiramente com esta sociedade e assim é o único que pode transformá-la. Desse desejo de transformação é que surge a transformação das formas e como consequência a forma de uma "literatura negra"[104].

Uma vez mais se impõe, então, *o problema da marginalidade produtiva, distributiva e consumidora*. Observe-se atentamente que, *resolvido* o impasse da consciência, o escritor negro vem a se chocar com as vias pelas quais sua confecção acessa o sistema literário. Produção marginal, cuja forma de acesso ao sistema de literatura é igualmente precária.

> [...] Como o oprimido se define em relação ao opressor, sua arte sofre uma determinação essencial: está vinculada diretamente às relações de poder. Os escritores não lançam seus livros porque os editores são brancos e, assim, extremamente comprometidos com o grupo opressor. Além disso, o opressor possui os meios de produção e circulação dos livros, determinando assim o que é e o que não é cultura. [...] *Eis como a literatura negra sobrevive: na eterna marginalização*. [...] Como a existência da literatura negra pressupõe também a sua existência como agente social, vemos que sua ineficácia, sua falta de resultados práticos, indica sua total inexistência. *Essa é a sua grande tarefa histórica: realizar-se no social como agente efetivo*[,] *e como agente social deve estar comprometida com seu presente político*. [...] *A afirmação radical de uma cultura do oprimido é o primeiro passo para a afirmação do oprimido e, portanto, o primeiro passo para a mudança social*[105].

Entretanto, cabe observar que é também no fim dos anos 1980 e ao longo dos anos 1990 que, pelo menos no caso dos *Cadernos Negros* e para os escritores que em torno deles orbitam, alguns pontos de acesso a determinado público se tornam possíveis. Nesse momento se destacam: o papel desempenhado pelo Conselho de Participação e Desenvolvimento da Comunidade Negra do Estado de São Paulo, ao publicar *Reflexões*; o papel da Secretaria de Cultura e da Imprensa Oficial do Estado de São Paulo, com as publicações de *O negro escrito, Criação crioula, ... E disse o velho militante José Correia Leite*, além de artigos de escritores negros em jornais do estado; alguns críticos engajados (Zilá Bernd e Moema Parente Augel), que publicam antologias da criação negra, no Brasil e no exterior; traduções e interesses de instituições estrangeiras (revista *Callaloo*, da Universidade Johns Hopkins). Isso será retomado mais detidamente à frente. Ainda em *Reflexões*, Miriam Alves, poeta paulistana, continua o debate de Barbosa e Cuti, fixando-se, porém, na concretude de poemas contemporâneos[106]. Oubi Inaê Kibuko, por sua vez, perfaz um itinerário pessoal, desde sua origem familiar até conhecer o coletivo Quilombhoje. Seu texto objetiva mostrar o nascimento de sua conscientização como militante e escritor negro[107]. O tema é retrabalhado no último e mais curto texto da coletânea, de Sônia F. Conceição, com uma discussão interessante, mas não aprofundada, sobre os significados de ser negro[108].

CRIAÇÃO CRIOULA, NU ELEFANTE BRANCO

Se *Reflexões* é uma obra coletiva do Quilombhoje, com uma base discursiva relativamente homogênea e distribuída entre debates teóricos e depoimentos de um cotidiano do escritor negro, a próxima coletânea de textos a ser analisada é um exemplo de multiplicidade de visões, por vezes conflitantes, sobre a confecção literária negra. Parte-se, no entanto, do princípio de que ela exista – e há muito tempo – expressa pela concretude de sua produção. Não à toa, a capa de *Criação crioula, nu elefante branco* apresenta uma disposição aleatória de vários livros de poetas e prosadores negros, desde autores do século XIX até os da contemporaneidade de 1985.

Criação crioula é o resultado do I Encontro Nacional de Poetas e Ficcionistas Negros. O volume é publicado pela Imprensa Oficial do Estado de São Paulo em 1987, durante a vigência do governo de André Franco Montoro, e o encontro, realizado entre 6 e 8 de setembro de 1985, na Faculdade do Ipiranga, na capital paulista. As motivações para o encontro, segundo a comissão organizadora, são as seguintes:

> É de 1983/84 a ideia de realização de um encontro de escritores Negros de âmbito nacional. Era necessidade de se fazer uma avaliação profunda da Produção Literária Negra recente e seu redimensionamento com a produção do passado – Luiz Gama, Cruz e Sousa, Machado de Assis, Lima Barreto, Lino Guedes, Solano Trindade e outros. Pretendia-se também a revisão crítica do caráter etnocêntrico da indústria cultural traduzida em "bloqueio editorial" ou em solidariedade "negrófila". Outro objetivo era o de situar essa mesma produção dentro dos espaços explosivos dos

movimentos políticos Negros de hoje no Brasil. Estas foram algumas das principais motivações do Encontro. As articulações datam precisamente de 1984, quando os grupos Quilombhoje (São Paulo) e Negrícia (Rio de Janeiro) aventaram a possibilidade de se reunirem para discussão de propostas e perspectivas da Literatura Negra no Brasil. [...] Na ocasião do evento intitulado *Perfil da Literatura Negra: Mostra Internacional*, em São Paulo, no mês de abril/1985, houve uma reunião/almoço na qual estavam presentes os escritores dos estados de São Paulo (Arnaldo Xavier, Miriam Alves, Cuti, Zenaide, Valdir Floriano, Abelardo Rodrigues, Oswaldo de Camargo, Oubi Inaê Kibuko e Roseli Nascimento), Rio de Janeiro (Selma Maria da Silva, Éle Semog e Hermógenes Almeida S. Filho), Bahia (Jônatas C. da Silva e Edu Omo Oguiam) e Rio Grande do Sul (Oliveira Silveira e Paulo Ricardo de Moraes)[109]

CAPA DE *CRIAÇÃO CRIOULA, NU ELEFANTE BRANCO*, 1987.

A edição é composta de vinte textos e da transcrição parcial de uma sessão de debates (de que se reproduzem excertos nas notas de fim de capítulo) entre pelo menos 15 participantes. É particularmente interessante atentar aos tópicos principais dessa discussão: o problema da editoração e do escritor[110]; literatura negra e analfabetismo[111]; partidos e revolução[112]; literatura negra e Estado[113]; literatura negra e produção marginal[114]. Aliás, este último, junto com as possibilidades e reticências de relacionamento com o Estado, ocupa vários momentos de preocupação, transcrita, dos escritores àquela ocasião, como pode ser sintetizado no último momento do debate reproduzido a seguir, que dará o mote para o próximo capítulo deste trabalho:

> [*Márcio Barbosa*]: O Cuti falou "sonho do escritor em ser empresário". É um conflito. Nós estamos dentro dele. É um conflito que, se não existir a solução a curto prazo, desconfio que não iremos chegar nos dez anos, previsto pelo Semog, para a explosão da Literatura Negra. Despendemos muita energia para fazer isto. Se não houver resultado a curto prazo, não sei se esta energia não irá se esgotar e não teremos mais escritor negro para o público que está pintando. [...] Pergunto: se não resolvermos o conflito de escritor e empresário, será que teremos fôlego para resistir mais dois anos ou três, imprimindo nossos próprios livros, tirando grana do bolso e dando lá para o branco, para ele monopolizar? Não detemos os meios de produção mesmo, detemos os textos, os originais e o fato de conseguirmos chegar a determinado público. [...] Aí entra uma coisa interessante: o nosso relacionamento com o Estado que o Arnaldo fala, talvez possamos ir por aí. Há um medo de se relacionar com o Estado, que é extremamente justificado. O Estado visa o interesse do Estado. Nem sempre está a nosso favor. Mas acho que podemos estabelecer um certo relacionamento, sem perder nossa autonomia. O Arnaldo falou "que não estamos aqui para pedir reconhecimento". Gostaria de refutar: nós estamos querendo o reconhecimento sim, queremos o reconhecimento pelo menos da nossa comunidade[115].

A contemporaneidade e percurso histórico dessa afirmação é algo tão forte, com suas frases finais assumindo o papel de uma síntese arguta e inegável, que ressoa sempre nos discursos dos escritores negros e periféricos de hoje. Algo que se tentará demonstrar deste ponto em diante.

NOTAS

1   Entenda-se por *ideia em movimento* o fato de essas confecções literárias estarem permanentemente em trânsito de definição, podendo nomear e significar coisas distintas para diferentes obras, autores, críticos, em diferentes momentos, como se verá a seguir, tendo como eixo o negro e o periférico representantes ou representados na literatura.

2   Anatol Rosenfeld confere a essa questão uma primeira abordagem bastante interessante: "Geralmente, quando nos referimos à literatura, pensamos no que tradicionalmente se costuma chamar de 'belas-letras' ou beletrística. Trata-se, evidentemente, só de uma parcela da literatura [...]. Dentro deste vasto campo das letras, as *belas*-letras representam um setor restrito. Seu traço distintivo parece ser menos a beleza das letras do que seu caráter fictício ou imaginário". Cf. Anatol Rosenfeld, Literatura e personagem, em: Antonio Candido et al., *A personagem de ficção*, 10. ed., São Paulo: Perspectiva, 2004, p. 11-2.

3   *Grosso modo*, negritude significa a percepção e assunção de ser negro; e negritude significa o movimento político histórico em torno dessa percepção, criado no final dos anos 1930, em Paris, por Léopold Sédar Senghor, Léon-Gontran Damas e Aimé Césaire. Cf. Zilá Bernd, *Negritude e literatura na América Latina*, Porto Alegre: Mercado Aberto, 1987. Para um dos trabalhos mais sistematizados sobre o assunto no Brasil, cf. Kabengele Munanga, *Negritude: usos e sentidos*, São Paulo: Ática, 1986. Em língua portuguesa, há ainda a análise sociológica de Maria Carrilho, *Sociologia da negritude*, Lisboa: Edições 70, 1975. Além disso, há os trabalhos sobre a recepção da ideia de negritude no Brasil: Muryatan Santana Barbosa, O TEN e a negritude francófona no Brasil: recepção e inovações, *Revista Brasileira de Ciências Sociais*, v. 28, n. 81, fev. 2013, p. 171-84; e Muryatan S. Barbosa e Thayná Gonçalves dos Santos da Costa, Negritude e Pan-Africanismo no pensamento social brasileiro: a trajetória de Ironides Rodrigues (1923-1987), *Revista Brasileira de Ciências Sociais*, v. 34, n. 100, 2019.

4   Lucien Goldmann, *Le Dieu caché: étude sur la vision tragique dans les pensées de Pascal et dans le theatre de Racine*, Paris: Gallimard, 1959, p. 26 e 28, (tradução minha).

5   O que chama atenção é o porquê de a crítica literária, quando ela se constitui no Brasil do século XX em ofício especializado, silenciar acerca do tema. No máximo, Machado de Assis, Lima Barreto e Cruz e Sousa são objetos de análise para a crítica, sendo que o fato social de o primeiro autor ser mestiço raramente é observado.

6   Cf. Roger Bastide, *Estudos afro-brasileiros*, São Paulo: Perspectiva, 1973; Miriam Garcia Mendes, *A personagem negra no teatro brasileiro (entre 1838 e 1888)*, São Paulo: Ática, 1982; Id., *O negro e o teatro brasileiro (entre 1889 e 1982)*, São Paulo: Hucitec/Rio de

Janeiro: Ibac/Brasília: Fundação Cultural Palmares, 1993; Heloísa Toller Gomes, *O negro e o romantismo brasileiro*, São Paulo: Atual, 1988; Jean M. Carvalho França, *Imagens do negro na literatura brasileira (1584-1890)*, São Paulo: Brasiliense, 1998; entre outros.

7 França, 1998, *op. cit.*, p. 8. Ressalve-se, no entanto, que um *sistema literário* no Brasil, propriamente dito (com produtores, distribuidores e receptores), somente se inicia no período do arcadismo, no século XVIII, cf. Antonio Candido, *Formação da literatura brasileira: momentos decisivos*, v. 2, 5. ed., Belo Horizonte: Itatiaia/São Paulo: Edusp, 1975.

8 Mendes, 1993, *op. cit.*, p. 2-3 (grifos meus).

9 *Ibid.*, p. 3.

10 Gomes, 1988, *op. cit.*, p. 1. Vale observar que essa supervalorização do índio como ícone nacional funciona também, no momento histórico, como uma espécie de invenção de tradição, de linhagem do autêntico homem brasileiro, distinta da tradição lusitana, da qual a separação política seria necessária.

11 França, 1998, *op. cit.*, p. 8. Esse debate sobre o grupo social negro como um entrave ao progresso e à civilização é recorrente e retornará, ao menos em São Paulo, no início do século XX, como se analisará no terceiro capítulo deste livro.

12 Cabe observar que não se ignora que o teatro, enquanto forma literária e representativa, possui especificidades no procedimento artístico. Entretanto, no que diz respeito à discussão estabelecida, de natureza da história social, os problemas de construção textual dos personagens teatrais, do papel social dos autores e a relação com o público (seja leitor, seja espectador) podem ser equiparados à ideia do sistema literário, como aventada por Antonio Candido em *Formação da literatura brasileira: momentos decisivos*, e que foram levadas adiante por Miriam Garcia Mendes na análise da história do negro no teatro brasileiro.

13 Mendes, 1982, *op. cit.*, p. 21-2.

14 Como afirma a autora, a "[...] partir de 1850, entretanto, cessado o tráfico de escravos, o negro começou a ser encarado pela literatura e pela dramaturgia dentro de uma nova perspectiva, embora sempre ligada ao cativeiro. Apesar das limitações que o tolhem, já é gente, pode ser personagem, ainda que de pouca importância [...]". *Ibid.*, p. 174-5.

15 Como bem lembra Jean C. França: "O africano e seus descendentes, figurantes de primeiras horas dessas importantes páginas, não escaparam, como é óbvio, aos efeitos dessa *forja literária*. Basta confrontarmos as *imagens* que foram descritas com as concepções que acerca do negro circulam no senso comum do brasileiro, para rapidamente nos apercebermos do alcance e do poder que tiveram tais construtos. Dos *tipos negros* criados pela literatura colonial e oitocentista, sobretudo por esta última, muitos ainda são moeda corrente no imaginário nacional. [...] Nunca é demais lembrar que os *tipos negros* de que

falamos, as tais *moedas gastas*, foram elaboradas por escritores que viveram e produziram numa sociedade escravocrata e que tais elaborações, como não poderiam deixar de ser, trazem consigo a marca dessa sociedade. É, pois, no mínimo preocupante que tais *tipos* ainda se mantenham em circulação no universo referencial de que nos servimos". Cf. França, *op. cit.*, 1998, p. 92.

16 Todos os ensaios, publicados em boletins da então Faculdade de Filosofia, Ciências e Letras da Universidade de São Paulo (FFCL-USP) e em jornais, foram reunidos, posteriormente, no livro *Estudos afro-brasileiros, op. cit.*

17 Bastide, 1973, *op. cit.*, p. XVIII.

18 *Ibid.*, p. 3-4 (grifos meus).

19 *Ibid.*, p. 10 (grifos meus).

20 Bastide sustenta ainda, no mesmo ensaio, que a poesia afro-brasileira, no período que estuda, seria marcada pelo *estigma da imitação*, sendo isto uma característica positiva, que a faria original. "[...] O homem de cor que quer se assimilar à cultura dos brancos procurará em bloco, em primeiro lugar – antes de encontrar sua própria originalidade – o mais aparente, isto é, tomará emprestada a cultura ao gosto do dia. Eis por que essa literatura dos homens de cor é tão interessante para o sociólogo: ela lhes fornece uma espécie de repertório das representações coletivas da época. [...] A literatura afro-brasileira está marcada pelo estigma da imitação. Porque as representações coletivas só existem encarnadas nas consciências individuais e é justamente ao passar através da alma de um homem de cor que elas adquirem matiz diferente, se diversificam e se enriquecem. É através desta imitação que se opera a conquista de uma originalidade saborosa." *Ibid.*, p. 12 (grifos meus).

21 *Ibid.*, p. 26. Contudo, o autor enuncia que, mesmo no período romântico, esta porta aberta na literatura pelo mulato visa a algo diferente: "Nós pensávamos encontrar, começando este capítulo, no movimento literário do século XIX, a aquisição da consciência de uma poesia *originalmente africana*. E vemos pelo contrário que os mulatos chegam à cultura em consequência da revogação da antiga estrutura social que se seguiu à independência, procuram no romantismo não um meio de se distinguir, mas pelo contrário, um meio de penetrar mais impunemente na grande família branca". *Ibid.*, p. 31 (grifos meus).

22 "[...] Salvo raras exceções, os poetas de origem africana parecem ter esquecido seus antepassados e, a julgarmos as suas produções apenas pelos assuntos nelas tratados, parecem nada ter de realmente original. Mesmo os poucos que falaram do passado de sua raça não o fizeram senão tardiamente, depois dos brancos, e sem acrescentar nada de novo ao que os brancos já tinham achado. [...] Seria, entretanto, um erro grave acreditar que não exista uma poesia afro-brasileira, com seus traços próprios, seus sinais distintivos e suas descobertas líricas. Apenas a África não é o assunto aparente. Ela está, como a filigrana, inscrita na transparência do papel, na textura, na trama da obra escrita, no segundo plano dos sentimentos expressos, e sua música é ouvida em surdina, ressonância longínqua e sutil, a cada pausa do verso ou da estrofe. [...] *Bem entendido, ela é mais ou menos sutil, segundo a quantidade de sangue africano que o escritor tenha nas veias* [...]". *Ibid.*, p. 93 (grifos meus).

23 "[...] o homem de cor não aspira à liberdade senão para melhor se fundir na sua pátria verdadeira, o Brasil. A abolição da escravatura tornará possível a unidade de um povo em que não haverá mais segregação de castas raciais, mas em que todos os homens serão iguais, seja qual for a cor da sua pele. [...] *E é justamente isso, a ausência de toda a linha jurídica de cor que faz que não haja uma poesia negra aqui, mas apenas uma poesia brasileira. O descendente de escravos, seja em que grau for, sente-se o irmão mais ainda do descendente dos marinheiros de Cabral, dos bandeirantes e dos primeiros colonos* [segundo uma poesia do poeta negro paraibano Perilo D'Oliveira, de 1925] [...] *Mas essa igualdade é uma igualdade teórica, uma igualdade de ponto de partida.* [...] *A maior parte dos homens de cor permanece nas classes mais baixas, economicamente falando, da população*". *Ibid.*, p. 94 (grifos meus).

24 *Ibid.*, p. 94 (grifos meus).

25 "No Brasil, foi um branco, Jorge Amado, que deu, em *Jubiabá*, ao problema do negro, contra a antiga solução do Candomblé, a solução marxista. Mas essa solução não parece agradar ao preto brasileiro [diferentemente de como agradaria ao cubano ou ao estadunidense]. Ela repugna à sua sensibilidade cristã, ou pelo menos profundamente religiosa, ela repugna à sua afetividade feita de amor, de resignação e de bondade inatas." *Ibid.*, p. 98.

26 "Essa poesia puritana [do poeta paulista Lino Guedes, anos 1920] torna-se altamente interessante quando comparada a outros poetas de regiões americanas. Alhures, o processo empregado para passar a linha de cor é transformar a luta racial em luta de classe, é fazer uma poesia marxista. No Brasil, é a ascensão ao padrão da moral burguesa que permite tal passagem, porque aqui (e até nas trovas populares) a luta racial assumiu o aspecto de uma oposição entre duas morais, ou entre a moral e a imoralidade." *Ibid.*, p. 109. É interessante lembrar que este debate estava sendo travado também no movimento negro e na imprensa negra paulistas da época (1924-30), dos quais Guedes participava como editor do jornal *O Getulino*, de Campinas (SP). Acerca disso, cf. José Correia Leite e Cuti, *... E disse o velho militante José Correia Leite*, São Paulo: Secretaria de Cultura, 1992 (2. ed. São Paulo: Noovha América, 2007); e Miriam N. Ferrara, *A imprensa negra paulista (1915-1963)*, São Paulo: FFLCH/USP, 1986.

27 Bastide, 1973, *op. cit.*, p. 113 (grifos meus).

28 Que são as seguintes: "É verdade que a Literatura apresenta vários perigos para quem quer, por meio dela, atingir os estereótipos. A poesia lírica só nos mostra

uma alma que canta as experiências individuais, enquanto a poesia satírica exagera, caricatura e, por conseguinte, ultrapassa o estereótipo banal. Mesmo limitando-nos aos romancistas seria necessário distinguir os estereótipos do autor dos estereótipos de seus personagens – os primeiros sendo característicos de uma só pessoa, talvez peculiares a ela, os segundos tendo mais probabilidade de refletir o pensamento coletivo. [...] Esta objeção, que fazemos até a nós mesmos, tem duas faces; pois o escritor, mesmo quando expressa os seus sentimentos, exprime-se sempre em suas relações com o grupo que vive; num certo sentido, suas experiências são experiências sociais e, se no decorrer de determinado período, encontramos repetidas em autores diversos as mesmas imagens do negro, podemos com boas probabilidades dizer que estas imagens são imposições coletivas". *Ibid.*, p. 114.

29 Raymond Sayers, *O negro na literatura brasileira*, Rio de Janeiro: O Cruzeiro, 1958.

30 Os trabalhos são complementares. Sayers estuda aspectos da história literária do negro no Brasil até 1888. Rabassa objetiva analisar o assunto a partir desse ponto, fixando-se especialmente no período regionalista. Para este último, a tese da miscigenação seria explicativa da inexistência de movimentos literários e políticos referentes ao negro no Brasil. Como afirma equivocadamente o autor: "*O Brasil contemporâneo situa-se entre as nações do mundo como um modelo de relações raciais livres de preconceito. Os índios que os portugueses encontraram ao chegar em suas praias desapareceram, não através de sangrenta exterminação, mas por meio de uma gradual miscigenação [...] O Brasil foi uma das muitas nações americanas que viram a introdução de milhões de negros da África, na qualidade de escravos. E, embora tenha sido um dos últimos desses países a libertar seus escravos – a abolição não se consumou antes de 1888 –, a razão parcial dessa luta reside no fato de que no Brasil os negros eram tratados de um modo que chega a parecer benevolente quando comparado ao tratamento dispensado aos escravos em outras terras. [...] Não houve na literatura um movimento negro real como nas nações do Caribe, talvez devido ao fato de que no Brasil o negro está integrado na vida nacional num grau que não é encontrado em nenhum outro lugar [...] [sic]*". Cf. Gregory Rabassa, *O negro na ficção brasileira: meio século de história literária*, Rio de Janeiro: Tempo Brasileiro, 1965, p. 13-4 (grifos meus).

31 Escritor e jornalista, Oswaldo de Camargo é um nome importante da literatura e da imprensa negra. Estreia na literatura com o livro *Um homem tenta ser anjo* (1959). Liga-se à Associação Cultural do Negro nos anos 1960. Torna-se fundador da revista *Níger* também nessa década. Publica os *15 poemas negros*. Na década de 1970 publica o livro de contos *O carro do êxito* (1972); em 1977, junto com outros membros do movimento negro e a tendência de esquerda Convergência Socialista, aliados a Marcos Faermann, editor do jornal alternativo *Versus*, escreve a seção *Versus Afro-América Latina*; torna-se cofundador do coletivo de escritores negros paulistanos *Quilombhoje* e da série *Cadernos Negros* (1978). Em 1979, publica sua novela *A descoberta do frio*.

32 Florestan Fernandes, Prefácio: A poesia negra em São Paulo, em: Oswaldo de Camargo, *15 poemas negros*, São Paulo: Associação Cultural do Negro, 1961, p. 10 (grifos meus). Esse artigo foi reeditado com o título "Poesia e sublimação das frustrações raciais" no livro de Fernandes *O negro no mundo dos brancos*, 2. ed. rev., São Paulo: Global, 2007.

33 *Ibid.*, p. 18-9.

34 Como afirma o autor: "Como expressão da *Intelligentsia*, a literatura tem se prestado, relativamente ao papel da mulata na sociedade brasileira, a preservar atitudes e valores que, como procuramos assinalar atrás, atendem ao interesse de manter superpostas as diferentes categorias étnicas". Cf. Teófilo de Queiroz Jr., *Preconceito de cor e a mulata na literatura brasileira*, São Paulo: Ática, 1982.

35 "Já é de conhecimento mais ou menos generalizado a existência de estereótipos contra o negro no Brasil, estereótipos que se refletem, de uma forma ou de outra, sutil e veladamente, ou de maneira aberta e explícita, no nosso folclore, na nossa história e na nossa vida social. [...] Isto vem demonstrar a existência daquilo que se convencionou chamar *preconceito de cor* nessas áreas [entre folcloristas, historiadores, etnólogos e sociólogos], ou seja, uma atitude hostil (aberta ou sub-reptícia) contra os descendentes daquela etnia que constituiu a massa escrava no Brasil durante os quatrocentos anos em que vigorou o escravismo entre nós." Cf. Clóvis Moura, *O preconceito de cor na literatura de cordel*, São Paulo: Resenha Universitária, 1976, p. 5.

36 Alinha-se à discussão sociológica ao afirmar: "Um estereótipo pode ser inicialmente definido como sendo tanto a causa quanto o efeito de um prejulgamento de um indivíduo em relação a outro devido à categoria a que ele ou ela pertence. Geralmente esta categoria é étnica. Na verdade, poder-se-ia ir mais longe e dizer-se que todos os grupos étnicos são estereotipados para a conveniência dos outros". Cf. David Brookshaw, *Raça e cor na literatura brasileira*, Porto Alegre: Mercado Aberto, 1983, p. 9.

37 Brookshaw, 1983, *op. cit.*, p. 96 (grifos meus).

38 Seminário *Cadernos Negros Três Décadas: Literatura, Escola e Cultura*, São Paulo, 15 mar. 2008. Gravação e transcrição de Mário Augusto M. da Silva. Essa discussão reaparecerá de maneira aprofundada no sétimo capítulo.

39 Brookshaw, 1983, *op. cit.*, p. 172 (grifos meus). Cabem aqui duas observações: a primeira, relacionada à ausência de menção ao nome de Afonso Henriques de Lima Barreto. Como se sabe, ele é anterior ao modernismo, inaugura as bases do romance social moderno no Brasil, e Brookshaw o associa, ao lado de Luiz

Gama, à tendência do protesto na literatura negra, o que é correto, mas pode ser redutor. A segunda observação é que, certamente, David Brookshaw homogeneíza o grupo modernista, de forma que as figuras de Oswald de Andrade e Patrícia Galvão, que se direcionariam para a criação de uma arte política socialista (o que uma mera expressão da classe dominante não faria), fiquem apagadas e sua crítica funcione. Ou mesmo Mário de Andrade, que é sublocado. Entretanto, tem razão ao assinalar o descompasso e a ausência do elemento negro no projeto estético e ideológico daquele grupo.

40 Ibid., p. 148 (grifos meus).
41 Ibid., p. 201-2 (grifos meus).
42 Ibid., p. 221-2 (grifos meus).
43 Cf. os trabalhos já citados de David Brookshaw, Heloísa Toller Gomes, Miriam Garcia Mendes e, também, o de Benedita G. Damasceno, *Poesia negra no modernismo brasileiro*, Campinas: Pontes, 1988.
44 Bernd, *op. cit.*, 1987.
45 Id., *Introdução à literatura negra*, São Paulo: Brasiliense, 1988.
46 Ibid., p. 14.
47 Bernd, 1987, *op. cit.*, p. 18 (grifos meus). Entretanto, a autora não se furta a duvidar da própria definição que acaba de enunciar, como se pode ver na página anterior: "A caracterização da literatura negra, assim como da literatura feminina, constitui-se em um ponto bastante delicado e ainda não foi devidamente estudada pela crítica literária. Somente após uma cuidadosa análise textual se poderá chegar, com base numa criteriosa descrição do discurso, a uma conceituação realmente científica". *Ibid.*, p. 17.
48 "O processo literário [afirma Domício Proença Filho, segundo a autora Zilá Bernd] envolve basicamente a inter-relação entre quem faz o que, como o realiza e quem usufrui, vale dizer, o autor, o texto e o leitor. Logo, em um **sentido restrito**, *será negra a literatura feita por negros ou descendentes de negros reveladora de ideologias que se caracterizam por uma certa especificidade. Em um* **sentido lato**, *será negra a arte literária feita por quem quer que seja, desde que reveladora de dimensões peculiares aos negros ou aos seus descendentes*". *Ibid.* (grifos meus; negrito indica grifos da autora).
49 "Já Antonio Candido, embora sem pretender uma análise sistemática deste assunto, aponta o fator que é a condição essencial a conferir uma especificidade à literatura dita negra: a transgressão. Luiz Gama seria o primeiro escritor que, ainda no período escravagista, teria transitado na *contramão*, isto é, teria representado o momento de inversão em que o negro passa a fazer troça do branco." *Ibid.*
50 Essas considerações são feitas a partir das conferências de Domício Proença Filho e Antonio Candido de Mello e Souza durante o evento *Perfil da Literatura Negra – Mostra Internacional de São Paulo*, ocorrido entre 20 e 26 de maio de 1985.
51 Algo que ocorreu quando o escritor francês Boris Vian, admirador de músicos e escritores negros estadunidenses, como Richard Wright (autor de *Filho*

nativo, Rio de Janeiro: Best-Seller, 1986), publicou, sob o pseudônimo Vernon Sullivan, o romance *J'irai cracher sur vos tombes* [*Vou cuspir no seu túmulo*, Rio de Janeiro: Nova Fronteira, 1986], em 1947. Campbell, analisando esse episódio, afirmou: "em 1947, o livro mais falado do ano em Paris foi a obra de um escritor negro americano, mas este não era Richard Wright. O livro foi publicado em francês como *J'irai cracher sur vos tombes* (*Vou cuspir no seu túmulo*), de Vernon Sullivan. O título inglês seria *I will spit on your graves*, mas, como era explicado no prefácio pelo tradutor – Boris Vian, mais uma vez –, Sullivan não tinha esperança de ver o livro publicado em seu país natal. Em primeiro lugar era obsceno, com muitas descrições de atos sexuais. Depois, era extremamente violento, e a violência era de um negro contra brancos. *Vou cuspir no seu túmulo* registra as aventuras eróticas de um negro de pele clara, Lee Anderson, depois de se empregar como gerente de uma livraria na pequena cidade sulista de Buckton. [...] Segundo o tradutor, a pele clara de Sullivan o teria habilitado a viver entre os brancos, como seu protagonista, mas ele preferiu '*les noirs*'. Embora *vou cuspir no seu túmulo* [sic] tenha obtido um sucesso estrondoso, Sullivan continuou um enigma. De fato, esse romance afro-americano era um embuste. O livro tinha sido escrito em francês, e 'Sullivan' era um pseudônimo. Seu nome verdadeiro: Boris Vian. [...] Será que Vian leu *Filho nativo*? *Vou cuspir no seu túmulo* foi escrito em 1946 (em duas semanas), enquanto Wright estava em Paris. *Filho nativo* só seria publicado em tradução francesa vários meses após a publicação do pseudorromance americano, mas Vian lia inglês, estava por dentro de todas as novidades americanas – especialmente afro-americanas – e parece improvável que tivesse ignorado a grande obra do americano negro que todo mundo estava comentando. Na realidade, ele traduziu o conto de cinquenta páginas de Wright, 'Bright and Morning Star', para a publicação franco-americana *Présence Africaine*, que veio à luz no mesmo mês que *Vou cuspir no seu túmulo* [...] o tema do romance 'negro' é quase idêntico ao de *Filho nativo*, no qual um jovem negro mata uma moça branca, meio acidentalmente, mas também com sentimentos de vingança triunfante [...] pela morte lenta que sofreu durante a vida inteira". James Campbell, *À margem esquerda*, Rio de Janeiro: Record, 1999, p. 30-1 e 130. As marcas de violência e obscenidade, vinculadas a um discurso politicamente engajado e reflexivo sobre a situação racial – e, embora Campbell não o afirme, também de uma estereotipia de Vian sobre o que seria um negro e o sul dos Estados Unidos – fizeram de *Vou cuspir no seu túmulo* o alvo do Cartel d'Action Sociale et Morale, bem como sua editora, Les Éditions du Scorpion: ambos foram multados em 100 mil francos e declarados culpados de cometer ofensa contra os bons princípios morais.

52 "A literatura negra brasileira, em sua busca por uma nova dicção, revela-se como o lugar privilegiado de uma luta pela construção de uma identidade negra, a qual chamamos de negridade. [...] como todo sentimento de identidade, se dará também por oposição, mas não é exclusiva porque nesta instância o negro não esqueceria suas outras dimensões: paralelamente à sua reivindicação de ser reconhecido como negro ele também quer ser reconhecido como operário, como brasileiro, como latino-americano ou como mulher, no caso dos membros femininos do grupo." Cf. Bernd, 1987, *op. cit.*, p. 44.

53 *Ibid.*, p. 80.

54 *Id.*, 1988, *op. cit.*, p. 19-21 (grifos meus). Um pouco adiante a crítica afirma: "*Literatura Negra:* à primeira vista, a expressão pode remeter a um conceito etnocêntrico e reacionário, pois é evidente que sensibilidade artística não constitui fator inerente a uma dada etnia. Assim, parecer-nos-ia totalmente descabido afirmar, por exemplo, que Carlos Drummond de Andrade é um escritor *branco*. [...] Se concordarmos com Franz Fanon quando este afirma que "foi o Branco que criou o Negro", poderíamos concluir que, ao se autoproclamarem negros, os autores ainda uma vez estão enunciando seu discurso de acordo com o contrato estabelecido pelos brancos. Acreditamos, ao contrário, que o fato de assumirem essa nomeação, conscientemente, pode ser interpretado como um sinal de que os negros estão querendo *criar* a si mesmos e que uma das etapas desse processo seria justamente a de particularizar sua escrita, dando-lhe feição própria" (p. 21).

55 A dimensão que assume o eu enunciador negro, para Bernd, é uma prova disso: "Nesse sentido, é preciso sublinhar que o conceito de literatura negra não se atrela nem à cor da pele do autor nem apenas à temática por ele utilizada, mas emerge da própria evidência textual cuja consistência é dada pelo surgimento de um eu enunciador que se quer negro. Assumir a condição negra e enunciar o discurso em primeira pessoa parece ser o aporte maior trazido por essa literatura, constituindo-se em seus marcadores estilísticos mais expressivos". *Ibid.*, p. 22.

56 João Luiz Lafetá, *1930: a crítica e o modernismo*, São Paulo: Livraria Duas Cidades/Editora 34, 2000, p. 19-21. O autor complementa ainda, neste ensaio escrito em meados dos anos 1970, que "é possível concluir que, a despeito de sua artificialidade, a distinção estético/ideológico, desde que encarada de forma dialética, é importante como instrumento de análise. O exame de um movimento artístico deverá buscar a complementaridade desses dois aspectos mas deverá também descobrir os pontos de atrito e tensão existentes entre eles" (p. 20-1).

57 A justificativa da autora para a predominância da poesia sobre o conto e o romance na literatura negra é que: "[...] para a maturação de um romance negro brasileiro, algumas etapas ainda precisam ser vencidas, como o resgate da sua participação na História do Brasil, sobre a qual tantas sombras se projetaram, e a

definição de sua própria identidade, *para que exista um discurso ficcional do negro é preciso que o negro defina a imagem que possui de si mesmo e que consolide o processo já iniciado de construção de uma consciência de ser negro na América*". Cf. Bernd, 1988, *op. cit.*, p. 76 (grifos meus).
58 "As quatro leis fundamentais que sustentam a poesia negra possuem um mesmo conector: o princípio da resistência à assimilação, o qual organizará uma produção poética que proverá grupos negros dos fatores necessários ao seu tão buscado processo de singularização, fornecendo-lhes mitos, símbolos e valores, em suma, os elementos todos que irão viabilizar a total possessão de si próprios." *Ibid.*, p. 93.
59 Ferrara, 1986, *op. cit.*
60 Quilombhoje, *Reflexões sobre a literatura afro-brasileira*, São Paulo: Conselho de Participação e Desenvolvimento da Comunidade Negra, 1985; e I Encontro de Poetas e Ficcionistas Negros Brasileiros (org.), *Criação crioula, nu elefante branco*, São Paulo: Imprensa Oficial do Estado, 1987.
61 Paulo Colina (org.), *Axé: antologia contemporânea de poesia negra brasileira*, São Paulo: Global, 1982; Oswaldo de Camargo (org.), *A razão da chama: antologia de poetas negros brasileiros*, São Paulo: GRD, 1986; Id., *O negro escrito: apontamentos sobre a presença do negro na literatura brasileira*, São Paulo: Imprensa Oficial do Estado, 1987.
62 Quilombhoje, 1983 *apud* Bernd, 1987, *op. cit.*, p. 82.

63 Camargo, 1986, *op. cit.*, p. 107.
64 O Cecan foi criado em 1978, no bairro do Bixiga, em São Paulo. Membros do centro foram responsáveis pela criação dos *Cadernos Negros* e do grupo Quilombhoje, além do jornal *Jornegro*. Sobre ele, cf. Joana M. F. da Silva, *Centro de Cultura e Arte Negra: trajetória e consciência étnica*, Dissertação (mestrado em Ciências Sociais) – PUC-SP, São Paulo, 1994.
65 Leite e Cuti, 1992, *op. cit.*
66 Moura, 1986, *op. cit.*, p. 20.
67 Ferrara propõe três períodos para a imprensa negra paulista, que podem ser resumidos assim: 1) 1915-1923: tentativa de integração do negro na sociedade e formação de consciência; 2) 1924-1933: fundação do jornal *Clarim da Alvorada* (1924); ápice, em 1931, com a criação da Frente Negra Brasileira; e, em 1933, com a criação de *A Voz da Raça* – o período se encerra com o Estado Novo; 3) 1945-1963: reivindicações políticas, com membros do grupo negro em partidos políticos de época ou se candidatando a cargos eletivos. Ana Flávia Magalhães Pinto publicou um livro que sofistica essa cronologia: *Imprensa negra no Brasil do século XIX*, São Paulo: Selo Negro, 2010.
68 Ferrara, 1986, *op. cit.*, p. 33.
69 Camargo, 1987, *op. cit.*, p. 74.
70 Não se trata de tarefa desprezível, tampouco banal, quando se leva em conta que o uso da palavra escrita é um símbolo dominante da classe dominante do momento, e o grupo negro organizado paulista é um punhado diminuto de pessoas em meio a uma massa de

analfabetos e subempregados. Para se ter uma ideia da urgência dessa proto--organização, José Correia Leite, no depoimento que concedeu ao escritor Cuti, afirma a certa altura que: "[...] Tanto que a Santa Casa era de 'Misericórdia'. Era tudo por meio de favor. Eu achava isso injusto, com relação a nós negros. Pois as colônias estrangeiras resolviam isso formando associações beneficentes e de mútuo socorro. Os italianos tinham essas associações. Quando eu estava numa roda de negros, eu procurava discutir isso: 'Mas por que nós também não podemos ter uma associação assim? Formavam-se sociedades beneficentes, mas logo se tornavam sociedades de baile e já ia tudo por água abaixo'". Cf. Leite e Cuti, 1992, *op. cit.*, p. 55.

71 Para ficar apenas em alguns mais relevantes: Lino Guedes, Abdias do Nascimento, Solano Trindade, Oswaldo de Camargo, Cuti etc. Ver o quadro demonstrativo no capítulo seguinte, p. 93-8. Todos eles estiveram ligados a veículos informativos da imprensa negra, no Rio de Janeiro ou em São Paulo.

72 "Estes jornais possuem uma característica comum, publicam versos, notas de aniversário, casamentos, falecimentos, quermesses, festas religiosas etc..., e principalmente mexericos, através dos quais é exercido o controle sobre o grupo. As matérias de conteúdo reivindicatório são em número reduzido; contudo, neste período começa a formação de uma consciência de grupo que mais tarde irá ganhar força. [...] De modo geral, os jornais eram mantidos com os escassos recursos do grupo negro. Os anunciantes eram poucos e os jornais eram vendidos nos bailes. Mas como relata [José] Correia Leite, 'ninguém comprava e nós dávamos os jornais gratuitamente. Pagávamos o papel com nosso dinheiro e sempre tínhamos prejuízo'." Cf. Ferrara, 1986, *op. cit.*, p. 51-2.

73 "Com o jornal [...] fundado por José Correia Leite e Jayme de Aguiar a 6 de janeiro de 1924, as reivindicações ganham força e expressão. Foi um dos jornais que mais se destacaram em São Paulo, marcando a história da imprensa negra. Fundado para ser um jornal literário, tornou-se arma de luta contra a situação do negro na sociedade brasileira. Este teve duas fases: de 1924 a 1927 e de 1928 a 1932. No primeiro momento guardou o caráter literário, porém com aspectos combativos; no segundo, assume o papel reivindicatório e de cunho político. O subtítulo do jornal indica a tendência do mesmo; assim, O Clarim da Alvorada é fundado como 'órgão literário, noticioso e humorístico' e permanece, com algumas variações ('órgão literário, noticioso e científico', 'órgão literário, noticioso e político'), até 1928. Neste ano, o registro do subtítulo do jornal é outro: O Clarim da Alvorada – Pelo interesse dos homens pretos. NOTICIOSO, LITERÁRIO E DE COMBATE". *Ibid.*, p. 55-6.

74 "A 16 de setembro de 1931 foi fundada a Frente Negra Brasileira por Arlindo Veiga dos Santos, Isaltino Veiga dos Santos, Alfredo Eugênio da Silva, Pires de Araújo e Roque Antônio dos Santos.

Temos, com a Frente Negra, o ponto alto dos movimentos, reivindicações e presença do negro na sociedade brasileira, entrando em declínio em 1937, não mais recuperando sua força anterior. [...] A Frente Negra Brasileira tinha objetivos e metas a serem atingidos; seu objetivo primordial era a ascensão social do negro, e para tanto [as] metas seriam: estímulo para estudar, trabalhar, ter casa própria e progredir. Com este intuito, sempre presente, eram feitas as domingueiras, tendo por finalidade educar e conscientizar os negros. Nesta ocasião, eram ministradas aulas de higiene e puericultura, aulas de religião e catecismo, conferências sobre filatelia; as poesias de Luiz Gama eram comentadas, bem como as datas nacionais. Também foram feitas campanhas para que os negros depositassem seus salários na Caixa Econômica a fim de possibilitar aquisição de casa própria. [...] Assim, os negros começaram na prática a sua ascensão social, conforme depoimento de Pedro Paulo Barbosa: 'E muitos negros começaram a comprar terrenos na periferia: São Judas, São Mateus, Barra Funda, Freguesia do Ó, Bairro do Limão, Cantareira. E todos eram pobres, viviam de salário. Assim, nosso movimento agiu de baixo para cima. Nosso movimento formou padres, vários professores, políticos, dentistas, todos negros'." *Ibid.*, p. 62-7.

75 "Com a volta ao regime democrático em 1945, inicia-se o terceiro período da imprensa negra. O que diferencia este dos dois anteriores é a situação política geral, que, de certa maneira, reflete-se nos jornais negros. Temos a propaganda política aberta e o apoio a candidaturas tanto de negros quanto de brancos. Isto seria o reflexo ou decorrência da formação de outros partidos políticos da sociedade brasileira. Partido Social Democrático (PSD), o Partido Trabalhista Brasileiro (PTB), a União Democrática Nacional (UDN), o Partido Social Progressista (PSP), a legalização do Partido Comunista Brasileiro (PCB), o Partido Socialista Brasileiro (PSB), o Partido Social Trabalhista (PST), o Partido de Representação Popular (PRP) e outros. [...] A Frente Negra Brasileira tenta rearticular-se como partido político, funda-se a Associação do Negro Brasileiro (ANB) e é realizada a Convenção Nacional do Negro. Como aponta Roger Bastide, 'o ponto de vista dos jovens de esquerda parece agora prevalecer-se' [...] Sinal de amadurecimento foi a fundação da Associação dos Negros Brasileiros, que fez uma revisão dos erros anteriormente cometidos, no sentido de uma autocrítica, e se apresenta como a saída possível para o negro. Assim, no jornal 'Alvorada', de 1945, os artigos, de modo geral, têm uma finalidade: mostrar aos negros os objetivos e a importância da ANB, criada para que os negros não se dispersassem [...]." *Ibid.*, p. 141-2.

76 Entrevista concedida a Mário Augusto M. da Silva em 29 jul. 2007, em São Paulo.

77 Esses aspectos de marginalidade se estendem também ao *samba*. Apenas para pinçar dois exemplos, em São Paulo, que se cruzam com a argumentação desenvolvida até aqui: Geraldo Filme, importante sambista paulistano, participou do Teatro Popular, de Solano Trindade, nos anos 1960. B. Lôbo, sambista carioca radicado na capital paulista, escreve letra de samba para Carolina Maria de Jesus, publicando-a na revista *Níger*.

78 Cf. *Quilombo: vida, problemas e aspirações do negro*, São Paulo: Fundação de Apoio à Universidade de São Paulo; Editora 34, 2003. Trata-se da edição fac-similar do jornal dirigido por Abdias do Nascimento entre 1948 e 1950, com apresentação do próprio e de Elisa Larkin do Nascimento, bem como introdução de Antonio Sérgio A. Guimarães. Para se ter uma ideia de sua amplitude, veja-se um excerto da introdução: "congregava [...] gente da envergadura de Guerreiro Ramos, Ironides Rodrigues, Edison Carneiro, Solano Trindade; ou do quilate de Nelson Rodrigues, Rachel de Queiroz, Gilberto Freyre, Arthur Ramos, Murilo Mendes, Carlos Drummond de Andrade, Péricles Leal, Orígenes Lessa, Roger Bastide, para ficar nos maiores. O *Quilombo* publicou também intelectuais estrangeiros, como George Schuyler (jornalista do *Pittsburgh Courier*), o argentino Efraim Tomás Bó, Estanislau Fischlowitz, Paul Vanorden Shaw e Ralph Bunche; mantendo-se em sintonia com o que acontecia em Paris, Nova York ou Chicago, traduziu e deu a conhecer o texto 'Orpheu Negro', de Jean-Paul Sartre, entrevistou Albert Camus, reproduziu artigos do *The Crisis*, o jornal dirigido por [W.E.B.] Du Bois em Nova York; manteve contato regular com a equipe do *Présence Africaine*" (p. 11).

79 Mendes, 1993, *op. cit.*

80 David Brookshaw, Quatro poetas negros brasileiros, *Estudos Afro-Asiáticos*, ano 1, n. 2, 1978, p. 32. De acordo com o autor, o poema de Lino Guedes foi publicado em *Urucungo*, São Paulo: Coleção Hendi, 1936.

81 Como afirma José Correia Leite: "[...] Era um negro isolado. Foi na época o único negro a publicar livros de poemas. [...] O Lino Guedes nem sempre agradava o meio negro com o trabalho literário dele. A poesia. A poesia social não estava ainda em voga. Só veio mais tarde com traduções (feitas por Sérgio Milliet, Guilherme de Almeida...) dos primeiros poetas negros da América do Norte, como por exemplo Langston Hughes. Aí começaram as pessoas a perceber que era possível se fazer poesia de sentido social, com denúncias, reivindicações e clamor contra certas injustiças. Mas isso apareceu mais tarde. No tempo em que Lino Guedes publicava, os negros faziam poesia como Olavo Bilac". Cf. Leite e Cuti, 1992, *op. cit.*, p. 38. Ponderei melhor essa argumentação no artigo: Rastros do Cisne Preto: Lino Guedes, um escritor negro pelos jornais (1913-1969), *Estudos Históricos*, v. 30, n. 62, 2017. Disponível em: https://bibliotecadigital.fgv.br/ojs/index.php/reh/article/view/69143/70173. Acesso em: 3 set. 2022.

82 Eduardo de Oliveira, A presença do negro na literatura brasileira, *Estudos Afro-Asiáticos*, n. 8-9, 1983, p. 205-14.

83 Cuti, Literatura negro-brasileira: notas a respeito de condicionamentos, *Estudos Afro-Asiáticos*, n. 8-9, 1983, p. 215-9.

84 Oubi Inaê Kibuko, Lamentos, ressentimentos, vingança... Ou um alerta de resistência e sobrevivência?, *Estudos Afro-Asiáticos*, n. 8-9, 1983, p. 220 (grifos meus).

85 "Até o início deste século, poucos foram os literatos negros que, assumindo sua negritude, escreveram sobre si mesmos, sobre os brancos, sobre nosso país. Contudo, ultimamente o número de escritores negros tem crescido consideravelmente, apesar de todos os obstáculos, de todas as adversidades existentes neste mundo branco, em que o negro que almeja sair de sua dolorosa situação de miséria e humilhações, em que o negro que reivindica direitos é acoimado de subversivo etc. [...] De alguns tempos para cá, talvez de uns dez, quinze anos atrás, apareceu no *pedaço* uma constelação de jovens escritores que, unidos aos mais velhos, denunciam a pobreza extrema, a discriminação racial, a segregação das favelas, mocambos e alagados, a espoliação, o subemprego, o desemprego, as humilhações e perseguições sem conta e outras mazelas sociais que parecem querer levar o negro à extinção. Mostram o ridículo do branco ou brancoide brasileiro que teima em se dizer cristão, mas trata a seu semelhante como animal ou coisa." Cf. Carlos de Assumpção, Uma nova literatura emergente, *Estudos Afro-Asiáticos*, n. 8-9, 1983, p. 228.

86 O entusiasmo de Assumpção prossegue, como se pode ver a seguir: "Além do valor artístico das produções literárias dos *Cadernos Negros*, há que se destacar a união desses jovens literatos negros, que, conscientes de sua missão, se cotizam para editá-los periodicamente, num cooperativismo inusitado. Esses rapazes têm lutado arduamente. Com suas 'rodas de poemas' e outras atividades intelectuais têm formado um público ouvinte e ledor cada vez maior, driblando o silêncio inimigo da grande imprensa, que, instrumento de domínio do capitalismo insensível, não divulga reivindicações de negros, por mais justas que sejam. [...] Mas os moços estão aí, no *pedaço*, falando e escrevendo, em prosa e versos, a um público certo, sob a liderança incansável de Cuti (Luís Silva), um dos maiores poetas e contistas dessa plêiade de jovens escritores [...]". *Ibid.*, p. 230. É bom assinalar que, no ano anterior [1982], Assumpção acabara de lançar uma coletânea de poemas chamada *Protesto*, homônima ao longo texto que o revelou em 1956, quando o declamou na Associação Cultural do Negro e na Biblioteca Municipal de São Paulo, a convite do seu diretor, o sociólogo Sérgio Milliet. Nesse meio-tempo, Assumpção esteve ausente da produção literária, tendo sido recuperado pelo grupo dos *Cadernos Negros*, no início dos anos 1980.

87 Edu Omo Oguiam, Por uma literatura dinâmica e participante, *Estudos Afro-Asiáticos*, n. 8-9, 1983, p. 232. Como afirma o autor: "[...] Dinâmica no conteúdo: com uma clara proposta de

elevação da consciência étnico-político-cultural-social e religiosa do negro afro-brasileiro. [...] Dinâmica na forma: usando-se uma linguagem de fácil entendimento, ou seja, uma linguagem corrente, usual, para a comunidade à qual é dirigido o trabalho, levando-se em conta (inclusive) o regionalismo, haja vista que somos um povo de tradição cultural basicamente oral. Que seja uma literatura dinâmica, de modo que estas informações cheguem à comunidade de maneira clara, para que a questão "O negro brasileiro" não fique confiada (?) a um número reduzido de homens politizados. É preciso trazer um maior número de mentes à tona. [...] Portanto, faz-se necessário que todos aqueles que usam da palavra escrita desprendam esforços na dinamização de uma literatura que lute pela elevação da consciência do povo negro".

88 Estevão Maya-Maya, Um caminho para a literatura afro-brasileira, *Estudos Afro-Asiáticos*, n. 8-9, 1983, p. 233-5.

89 Órgão criado junto ao poder estadual, ligado ao PMDB e ao movimento negro, durante a vigência do governo de André Franco Montoro. Sobre o conselho, checar o livro de Ivair Augusto Alves dos Santos, baseado em sua dissertação de mestrado defendida na Unicamp, em 2001: *O Movimento Negro e o Estado (1983-1987): o caso do Conselho de Participação e Desenvolvimento da Comunidade Negra no Governo de São Paulo*, São Paulo: Prefeitura Municipal de São Paulo/Coordenadoria dos Assuntos da População Negra, 2007.

90 Quilombhoje, 1985, *op. cit.*, p. 13.

91 Observe-se atentamente que os próprios escritores manifestam um embate terminológico ao tratar da confecção literária negra como *literatura negra, literatura negro-brasileira, literatura afro-brasileira* etc.

92 Quilombhoje, 1985, *op. cit.*, p. 13-14.

93 Cuti, 1983, *op. cit.*, p. 16.

94 "Lino Guedes, um dos primeiros poetas negros a revelar em seus trabalhos a busca de uma identidade em nosso século, abriu e se manteve com frequência na linha do lamento, extravasado em versos aproximados do cordel. O flagelo da escravidão ocupou lugar predominante em sua obra. [...] Também a presença do movimento apelativo à religião, tanto para explicar quanto para amenizar as amarguras, continua hoje marcando os textos. Achar que Deus nos esqueceu é um desencanto que a religiosidade, católica, sobretudo, nos legou diante da exploração do homem sobre o homem. [Crítica ao livro de estreia de Oswaldo de Camargo, 1959, *Um homem tenta ser anjo*] [...] Tanto Oswaldo de Camargo [...] quanto Eduardo de Oliveira [...] estreavam com livros onde suas vivências de negros estão submersas em queixumes. Evoluíram, sem dúvida [...] Solano Trindade, a figura mais conhecida da poesia negro-brasileira, antecedeu os dois autores citados. A obra de Solano, com *Poemas de uma vida simples* e *Cantares ao meu povo*, deu o grande salto político-poético, apesar do reduzido alcance psicológico de seu trabalho. [...] É de 1956 o surgi-

mento, no meio das reuniões de debate da questão racial, do poema 'Protesto', de Carlos [de] Assumpção, marcando assim um dos grandes lances de contundência na poesia negra que muitos ainda hoje estranham e evitam. [...] marca uma ruptura ou propõe que ela seja feita – tendo em vista a pertinência de condicionamentos que ainda confundem o literato negro." *Ibid.*, p. 20-2.

95 *Ibid.*, p. 22.

96 "[...] Alguns autores, como Cuti e Jamu Minka, seus fundadores, participam desde a primeira edição, enquanto outros, como Miriam Alves, Éle Semog e Carlos Limeira, colaboraram em várias edições, além de publicarem outras obras isoladamente. Eduardo de Oliveira e Oswaldo de Camargo, representantes da velha guarda, produziram para os números 1 e 3, desistindo depois por não concordarem com o sistema de seleção dos textos a serem incluídos nas antologias. Outros dois poetas que contribuíram nos primeiros *Cadernos* e que posteriormente preferiram ir para a publicação individual foram Oliveira Silveira e Paulo Colina. [...] *Estas antologias, sobretudo nos últimos anos, têm revelado uma importância mais social e cultural do que propriamente artística. O que efetivamente tem ocorrido é que o critério editorial parece estar sendo o de dar oportunidade a jovens poetas inéditos que mantêm a poesia muito próxima dos referentes imediatamente reconhecíveis sem a mediação da linguagem simbólica, sem a qual não há poesia, mas um mero extravasar de sentimentos. O tom de panfleto, dominante em muitos trabalhos, sufoca a linguagem poética que, construindo-se com uma intencionalidade ideológica muito precisa, acaba configurando-se como repetitiva e redundante. O que foi o ato criador nos primeiros poetas do grupo Quilombhoje torna-se ritual; o que foi sacrílego se banaliza.*" Cf. Bernd, 1987, *op. cit.*, p. 129-30 (grifos meus).

97 "[...] Foi um lance muito bom. Foi um lance que obrigou as pessoas a escreverem, a se olharem de novo como escritores. Os mais velhos, sem dúvida, eram o Eduardo de Oliveira e eu. [...] Mas eu sempre tive uma crítica muito forte, aos *Cadernos*, no começo. Os *Cadernos* surgiram para colocar textos. Tudo bem. Mas textos sem passar pelo crivo de nada. Punha texto quem pagasse. No começo, era mais ou menos assim. Pagava, punha. E eu achava que na altura que nós estávamos já, depois... bons autores negros, autores com certa tarimba, era necessário educar esse pessoal, que pega um poema da gaveta e fala: 'Eu também sou poeta!' O que era necessário, era fazer um Caderno que contemplasse, sobretudo, as pessoas que estavam iniciando. Mas eu fui vencido. Fui vencido e saí dos *Cadernos*. Não comecei a publicar mais. [...] Não havia discussão de textos, não havia nada. Eu estava sempre pedindo isso, que nós fizéssemos alguma coisa... Que podia ser, ao mesmo tempo, uma espécie de escola. [...] até que o Quilombhoje acordou,

os *Cadernos* acordaram e começaram a fazer a triagem também. Aquilo que eu propunha, depois de tanto tempo, eles perceberam que era necessário, de fato. Daí começaram a fazer. Hoje em dia é triado; hoje em dia, os *Cadernos* têm, passam por leituras, não sei o quê...". Entrevista de Oswaldo de Camargo concedida a Mário Augusto M. da Silva em 29 jul. 2007, em São Paulo.

98 "O contexto histórico em que atua o literato negro hoje, apesar de suas condições precárias, apresenta possibilidade de múltiplos relacionamentos com outras áreas daquilo que se costuma chamar de Movimento Negro. As entidades negras e grupos dos mais diversos estados brasileiros acenam com a esperança de um público consumidor dessa literatura, não apenas comprador do livro, mas leitor e interessado [...], no entanto, a questão de valor é fonte de conflito [...]. Se a questão da qualidade é relevante, *o problema do condicionamento* é quem vai garantir que forma e conteúdo não fiquem brigando por privilégios, porque, ao escritor, o maior privilégio é poder mergulhar com a sua arte na medula do seu povo, redimi-lo, consolá-lo e sobretudo lutar com ele". Cf. Cuti, 1983, *op. cit.*, p. 22-3 (grifos meus).

99 Esmeralda Ribeiro, Literatura infanto-juvenil, em Quilombhoje (org.), *Reflexões sobre a literatura afro-brasileira*, São Paulo: Conselho de Participação e Desenvolvimento da Comunidade Negra, 1985.

100 José Abílio Ferreira, Considerações acerca de um aspecto do fazer literário ou de como um escritor negro sofre noites de insônia, em: Quilombhoje (org.), *Reflexões sobre a literatura afro-brasileira*, São Paulo: Conselho de Participação e Desenvolvimento da Comunidade Negra, 1985.

101 Jamu Minka, Literatura e consciência, em: Quilombhoje (org.), 1985, *op. cit.*

102 Márcio Barbosa, Questões sobre a literatura negra, em: Quilombhoje (org.), 1985, *op. cit.*, p. 50 (grifos meus).

103 *Ibid.*, p. 50-1. Nessa acepção de dupla consciência, o autor ainda afirmará que a "História da literatura brasileira mostra-nos alguns outros escritores negros. Dentre eles, interessa-nos em especial Lino Guedes. Este dá um passo fundamental em direção a uma 'literatura negra'. Sua opção primordial é o lamento. Seu tema, a história de seu grupo social. Como a escolha subjetiva do tema envolve a escolha objetiva da forma, Lino Guedes se vê num dilema crucial: ora, a arte do oprimido deseja ser idêntica ao seu modelo, que é a arte do opressor, e aperfeiçoa-se mais e mais até atingir esse objetivo. Só que, quando é colocada frente a si mesma, a arte do oprimido revela nesse caso o que realmente é: inteiramente nova. Lino Guedes não inventa essa arte, nem os seus antecessores" (p. 51).

104 Barbosa, 1985, *op. cit.*, p. 51 (grifos meus).

105 *Ibid.*, p. 54 (grifos meus).

106 Miriam Alves, Axé Ogum, em: Quilombhoje (org.), 1985, *op. cit.*

107 Oubi Inaê Kibuko, 1955-1978: 23 anos de Inconsciência, em: Quilombhoje (org.), 1985, *op. cit.*

108 Sônia F. Conceição, Ser negro, povo, gente: situação de urgência, em: Quilombhoje (org.), 1985, *op. cit.*.

109 I Encontro de Poetas e Ficcionistas Negros Brasileiros (org.), Simplesmente Histórico, em: *Criação crioula, nu elefante branco*, São Paulo: Imesp, 1987, p. 5. A Comissão ainda lembra que num "clima de bastante discussão, ficou de consenso a escolha de dois temas básicos: 1) Intervenção dos poetas e ficcionistas negros no processo de participação política; 2) Avaliação crítica da produção literária dos últimos dez anos [...]. *Igualmente, de maneira polêmica, definiu-se o caráter político e ideológico do Encontro, o qual deveria ser efetuado de forma autônoma e independente, isto é, sem verbas oriundas do poder público ou privado* (aspecto este que também serviu para explicar a dissidência anteriormente citada)" (p. 6, grifos meus). A dissidência a que se refere a comissão é a de um escritor, Abelardo Rodrigues, que não concordava com os termos do encontro.

110 "[*Cuti*]: [...] É importante notar como o editor branco raciocina sobre a nossa produção. No texto, ele [Oliveira Silveira] aborda a insegurança deste editor em relação à compra, ao mercado. Lembro um texto do Semog que falava ser o editor branco no mínimo burro de não estar investindo na gente. Agora, a preocupação que o Oliveira apresenta da nossa concorrência possível – daqui [a] alguns anos, para os editores – porque estamos abrindo mercado e amanhã este mercado será tirado de nossas mãos – é uma preocupação séria, mas que não diz respeito muito profundamente a escritores, mas a possíveis e prováveis editores negros" [*Kilamba*]: "A ideia que o editor tem é que o nosso produto só serve a nível de consumo na comunidade negra [...] A nossa dificuldade de escritores negros é que temos de pagar 400 mil cruzeiros para colocar dois contos numa coletânea e sair vendendo de mão em mão para poder ressarcir o dinheiro empregado, para custear mais alguma coisa e publicar novamente neste processo". *Ibid.*, p. 12-3.

111 "[*Arnaldo Xavier*]: *O Semog falou que a função primeira é ensinar o pessoal a ler. Tem 50 milhões de negros analfabetos no país. Então é barra. A quem estão dirigidos estes textos? Qual o retorno disto?*" "[*Cuti*]: Quando o Semog levanta o problema do analfabetismo, não é problema do escritor. O escritor não tem nada a ver com isto. Não posso me imaginar escrevendo para analfabetos. É o educador que deve se preocupar com o problema da aprendizagem. O escritor deve se preocupar em produzir, colocar este povo que não sabe ler dentro do seu texto. O escritor não deve estar se propondo pegar uma série de funções: editor, vendedor etc. [...] Não temos a obrigação de fazer com que o pessoal saiba ler, mas criar uma forma para que nosso trabalho chegue a eles." *Ibid.*, p. 15 e 17, respectivamente (grifos meus).

112 "[*Miriam Alves*]: [...] Acredito que a literatura, o poema, a ficção, não irão fazer revolução. A literatura é a própria revolução, tem frente de batalha e de atuação."

"[*Éle Semog*]: Estamos passando por um processo de reflexão intensa sobre a questão do partido. Partido não é o caminho para esta questão de transformação social. Agora, com relação à literatura, me soa tão anos [19]68, 69, 70. Isto de associar livro a fuzil foi uma experiência feita numa escala razoavelmente significativa. Temos de procurar outro discurso. [...] Se pretendemos uma transformação social através da literatura, podemos tirar o cavalinho da chuva, é uma coisa a longo prazo. Longo prazo mesmo! Falo em 20, 30 anos, tranquilo. Fazer transformação social através de literatura... [...] Pra mim a literatura tem uma função, o fuzil tem outra". Ibid., p. 14.

113 "[*Hermógenes*]: Faço uma proposta aos companheiros de que o resultado deste Encontro seja enviado para todas as entidades ligadas ao ensino, à educação, a começar pelos irmãos negros como Carlos Moura, que está agora na Assessoria para Assunto[s] Afro-Brasileiro[s] do Ministério da Cultura, assim como ao próprio Marco Maciel, ministro da Educação, no sentido de que eles tomem conhecimento. Isto falando das autoridades a nível federal, proponho também o envio para os secretários de Educação das principais cidades brasileiras. Se pretendemos introduzir poesia negra no currículo, temos que fazer chegar as questões polêmicas ao conhecimento público. Faço esta proposta para ver concretizados todos os nossos objetivos" "[*Ari Cândido*]: Se a gente entrega o material para o Estado, tem que haver formas de negociação [...] Tem que haver condições. Não devemos entregar coletâneas de poemas para edição, sem saber a distribuição econômica disto. [...] O Estado não pode pegar de graça." Ibid., p. 21.

114 "[*Márcio Barbosa*]: Sabemos o sufoco que é fazer livros e *Cadernos Negros*. Infelizmente fazemos de fim de semana. É preciso admitir isto. Vivemos a coisa diariamente, mas trabalhamos em fins de semana, em tempo livre. É a questão que o grupo Negrícia tem colocado aqui: ninguém é remunerado para isto. Não existe profissionalismo para fazer isto." "[*Oubi*]: Um dos grandes problemas que estamos enfrentando é o papo da divulgação [...] Penso como poderíamos fazer para agilizarmos a informação do nosso trabalho [...] Precisamos urgentemente criar um esquema de divulgação, passar durante um período fazendo aviso sobre o livro em todos os locais de concentração do nosso pessoal, para que o livro não seja consumido por uma pequena parcela que chamo a nata da ralé negra". "[*Kilamba*]: Concordo com a Miriam, quando diz que nós estamos nadando neste rio, mas sem rumo. Vamos dizer que este rio é a indústria cultural existente. Nesses termos, estamos sem rumo porque não fazemos parte dela. Com relação a ela, somos marginais, uma literatura marginal. [*Cuti*]: Estamos criando os rumos. Discordo do Kilamba. Nós não somos purinhos e não podemos continuar com esta ideia [de] que somos negrinhos purinhos." Ibid., p. 23-4 e 26, respectivamente.

115 | Encontro de Poetas e Ficcionistas Negros Brasileiros (org.), Palavras 'jongadas' de boca em boca (gravação dos debates), em: *Criação crioula, nu elefante branco, op. cit.*, p. 29.

CAPÍTULO 2
—
MARGINALIDADE
LITERÁRIA NEGRA
(ANOS 1970 E 1980)
E LITERATURA
MARGINAL/PERIFÉRICA
(ANOS 1990)

Ademais, tudo o que se lê sobre a década de [19]60 faz crer que a questão racial não existiu naquele período. Relatos e análises apaixonadas sobre o CPC [Centro Popular de Cultura] e a UNE [União Nacional dos Estudantes], sobre o PCB, sobre o período [19]45-64, a respeito do qual já se disse que foi um tempo em que o país estava irreconhecidamente [sic] inteligente, quando havia uma "política externa independente", "reformas estruturais", "libertação nacional" e "combate ao imperialismo e latifúndio" não tocam na questão racial; a movimentação operária, começada em 1950 e que recrudescia paulatinamente, não incluía os negros em especial, nem mesmo o Movimento de Cultura Popular (MPC), em Pernambuco, sob o governo Miguel Arraes, com o método de alfabetização criado por Paulo Freire sendo desenvolvido em favelas e bairros pobres, mesmo aí evita-se falar dos negros participando do processo. [...] Ocorre que há uma insistência em manter a questão racial, como a de outras minorias menos numerosas, diluída no gigantesco espectro da luta de classes. Um exemplo: em maio deste ano, por ocasião da Mostra Internacional de Literatura Negra, realizada no Centro Cultural São Paulo, o senhor secretário de Cultura, Gianfrancesco Guarnieri, um dos expoentes do famoso Teatro de Arena [...] afirmou para o auditório abarrotado algo como "a partir do momento em que estiver solucionada a questão socioeconômica, a racial também o será automaticamente"[1].

José Abílio Ferreira

Dada a multiplicidade de temas e autores em *Criação crioula*, pretende-se perseguir aqui três elementos sempre articulados, mais frequentes e mais bem desenvolvidos em todos eles: *o problema da marginalidade da literatura negra; o relacionamento com o Estado; e a questão da qualidade*. Todos os textos, com maior ou menor empenho, fazem uma recuperação de prosadores e poetas negros ao longo da história literária, ressaltando ou denunciando seus aspectos positivos e negativos. O momento político da Nova República e a situação de diferentes movimentos negros nesse contexto também é algo que não escapa à maioria das reflexões. No entanto, vale atentar que os acontecimentos políticos sintetizados em 1984 – as Diretas Já, as campanhas pela redemocratização e pelo voto direto para as eleições presidenciais – não passam por uma análise mais detida por parte desses escritores. Teria, como explicita a epígrafe escolhida, o negro estado ausente (ou se ausentado) desse momento também? Ou o teria vivenciado sob uma ótica particular?

No que diz respeito à literatura, entretanto, no artigo de Hermógenes Almeida S. Filho "Reflexões sobre a literatura negra na realidade política brasileira", a problemática da marginalidade produtiva da literatura negra situa-se tanto em relação à ausência de fomento estatal[2] como em relação ao momento em que a forma marginal de se fazer poesia, especialmente no Rio de Janeiro, estava em voga. Neste último caso, observe-se que as interpretações consagradas sobre *poesia marginal dos anos 1970*, a chamada Geração Mimeógrafo (Carlos Alberto Messeder Pereira e Heloisa Buarque de Hollanda, notadamente), desconhecem absolutamente a poesia negra ou não a consideram nesse movimento. O autor do artigo afirma o seguinte sobre essa questão:

> *A produção literária negra procurou formas alternativas como impressão de poemas em mimeógrafo e xerox, sendo estes trabalhos distribuídos em filas de teatro, cinemas, shows etc., sempre a preços módicos, pois o autor não gastava muito e o que mais lhe interessava era veicular sua poética.* [...] Em seguida, veio uma nova safra, tendo de um lado a turma da classe média, ligados à revista *Anima* e *Música do Planeta Terra*, esta última editada por Júlio Barroso (suicidou-se recentemente em São Paulo), e ao grupo de artistas denominados "Nuvem Cigana"; de outro lado, a turma proletária, publicou as antologias: *Ebulição da Escrivatura*, no Rio de Janeiro, e a *Antologia Contemporânea de Poesia Negra Brasileira*, organizada pelo poeta Paulo Colina, de São Paulo. [...] Mas estas produções, tanto da turma classe média, das quais destaco a poesia de Chacal, quanto da turma proletária, dos quais destaco os nomes de Salgado Maranhão pelo Rio de Janeiro e Cuti por São Paulo, tiveram de enfrentar os preconceitos e o capitalismo selvagem das editoras [...][3].

Essa equiparação à Geração Mimeógrafo não é descabida, ao menos quanto à forma produtiva. Como se pode observar na bibliografia de todos os autores dessas coletâneas e dos que eles citam (ou são citados em outros trabalhos), com contáveis exceções, todos os livros são *edições do autor*, autofinanciadas, publicadas, distribuídas e consumidas limitadamente, que poucos leram ou sobre as quais poucos ouviram falar.

TABELA 1: AMOSTRA PARCIAL DA PRODUÇÃO MARGINAL DA LITERATURA NEGRA (1900-1988)[4]

AUTOR(ES)	LIVRO/TEXTO	FORMA DE EDIÇÃO	LOCAL	ANO	GÊNERO
Hermes Fontes	Pão de Lot, Dois por um e Futuro	Sem indicação	Rio de Janeiro	19?	Teatro
Bernardino da Costa Lopes	Cronos, Pizzicatos, Dona Carmem, Brasões, Sinhá Flor, Val de lírios, Helenos	Sem indicação	Sem indicação	1900	Poesia
Hermes Fontes	Apoteoses	Papelaria Brasil da Costa Pereira	Rio de Janeiro	1908	Poesia
Lima Barreto	Recordações do escrivão Isaías Caminha	Livraria Clássica de Lisboa, editora de A.M. Teixeira & CIA	Lisboa	1909	Romance
Lima Barreto	As aventuras do dr. Bogoloff	A. Reis e Companhia	Rio de Janeiro	1912	Romance/novela
Hermes Fontes	Gêneses	Tipografia W. Martins	Rio de Janeiro	1913	Autobiografia
Hermes Fontes	Mundo em chamas	Sem indicação	Rio de Janeiro	1914	Poesia
Hermes Fontes	Ciclo de perfeição	Imprensa Nacional	Rio de Janeiro	1914	Poesia
Lima Barreto	Triste fim de Policarpo Quaresma	Tipografia Revista dos Tribunais	Rio de Janeiro	1915	Romance
Lima Barreto	Numa e a Ninfa	Oficinas d'A Noite	Rio de Janeiro	1915	Romance/novela
Hermes Fontes	Juízos efêmeros	Sem indicação	Rio de Janeiro	1916	Prosa
Hermes Fontes	Miragem do deserto	Livraria Editora Leite Ribeiro & Maurillo	Rio de Janeiro	1917	Poesia
Lima Barreto	Vida e morte de M. J. Gonzaga de Sá	Edição da Revista do Brasil	São Paulo	1919	Romance
Lima Barreto	Histórias e sonhos: contos	GianLorenzo Schettino	Rio de Janeiro	1920	Contos
Hermes Fontes	Despertar!	Sem indicação	Rio de Janeiro	1922	Conto
Lima Barreto	Os Bruzundangas	Jacintho Ribeiro dos Santos (editor)	Rio de Janeiro	1922	Romance/novela
Lima Barreto	Bagatelas	Empresa de Romances Populares	Rio de Janeiro	1923	Crônica
Perilo D'Oliveira	Canções que a vida me ensinou	Imprensa Oficial	Paraíba (hoje João Pessoa)	1925	Poesia
Lino Guedes	Canto do cisne preto	Tipografia Áurea	São Paulo	1926	Poesia

AUTOR(ES)	LIVRO/TEXTO	FORMA DE EDIÇÃO	LOCAL	ANO	GÊNERO
Lino Guedes	Ressurreição negra	Sem indicação	São Paulo	1928	Prosa
Lino Guedes	Negro preto cor da noite	Coleção Hendi	São Paulo	1936	Poesia
Lino Guedes	Urucungo	Coleção Hendi	São Paulo	1936	Poesia
Lino Guedes	O pequeno bandeirante, Mestre Domingos	Coleção Hendi	São Paulo	1937	Poesia
Lino Guedes	Sorrisos do cativeiro	Sem indicação	São Paulo	1938	Poesia
Lino Guedes	Dictinha	Coleção Hendi	São Paulo	1938	Poesia
Gervásio de Morais	Malungo	Gráfica Revista dos Tribunais	Santos	1943	Contos
Raimundo Souza Dantas	Sete palmos de terra	Vitória	Rio de Janeiro	1944	Romance
Solano Trindade	Poemas d'uma vida simples	Sem indicação	Rio de Janeiro	1944	Poesia
Ruth Guimarães	Água funda	Editora Globo	Rio de Janeiro	1946	Romance
Lima Barreto	Clara dos Anjos	Editora Mérito	Rio de Janeiro	1948	Romance/novela
Lino Guedes	Suncristo	Coleções Hendi	São Paulo	1950	Poesia
Lino Guedes	Nova inquilina do céu	Sem indicação	São Paulo	1951	Poesia
Romeu Crusoé	A maldição de Canaan	Irmãos Di Giorgio e Cia.	Rio de Janeiro	1951	Romance
Carlos de Assumpção	Protesto	Associação Cultural do Negro	São Paulo	1958	Poesia
Eduardo de Oliveira	Além do pó	Edição do autor	São Paulo	1958	Poesia
Solano Trindade	Seis tempos de poesia	Editora H. Mello	São Paulo	1958	Poesia
Oswaldo de Camargo	Um homem tenta ser anjo	Edição do autor	São Paulo	1959	Poesia
Carolina Maria de Jesus	Quarto de despejo	Editora Francisco Alves	São Paulo	1960	Diário
Eduardo de Oliveira	Ancoradouro	Edição do autor	São Paulo	1960	Poesia
Abdias do Nascimento (org.)	Dramas para negros e Prólogo para brancos	Teatro Experimental do Negro	Rio de Janeiro	1961	Teatro
Carolina Maria de Jesus	Casa de alvenaria	Editora Francisco Alves	São Paulo	1961	Diário

MARGINALIDADE LITERÁRIA NEGRA (ANOS 1970 E 1980)
E LITERATURA MARGINAL/PERIFÉRICA (ANOS 1990)

AUTOR(ES)	LIVRO/TEXTO	FORMA DE EDIÇÃO	LOCAL	ANO	GÊNERO
Oswaldo de Camargo	15 poemas negros	Associação Cultural do Negro	São Paulo	1961	Poesia
Solano Trindade	Cantares ao meu povo	Editora Fulgor	São Paulo	1961	Poesia
Eduardo de Oliveira	Banzo	Editora Obelisco	São Paulo	1962	Poesia
Oliveira Silveira	Germinou	Edição do autor	Porto Alegre	1962	Poesia
Carolina Maria de Jesus	Pedaços da fome	Editora Áquila	São Paulo	1963	Romance
Anajá Caetano	Negra Ifigênia	Editora Edicel	São Paulo	1966	Romance
Eduardo de Oliveira	Gestas líricas da Negritude	Editora Obelisco	São Paulo	1967	Poesia
Oliveira Silveira	Poemas regionais	Edição do autor	Porto Alegre	1968	Poesia
Nataniel Dantas	Ifigênia está no fundo do corredor	Gráfica Record Editora	Rio de Janeiro	1969	Romance
Oliveira Silveira	Banzo saudade negra	Edição do autor	Porto Alegre	1970	Poesia
Oswaldo de Camargo	O carro do êxito	Editora Martins	São Paulo	1972	Contos
Bélsiva	Lamentos, só lamentos...	Edição do autor	São Paulo	1973	Poesia
Arnaldo Xavier (coautoria)	Pablo	Edição dos autores	São Paulo	1974	Mistura de gêneros
Hermógenes Almeida S. Filho	Oito anônimos	Edição dos autores	Salvador	1974	Poesia
Oliveira Silveira	Décima do Negro Peão	Edição do autor	Porto Alegre	1974	Poesia
Oliveira Silveira	Praça da palavra	Edição do autor	Porto Alegre	1976	Poesia
Arnaldo Xavier	Cara a cara	Edições Pindaíba	São Paulo	1977	Mistura de gêneros
Vários	Ebulição da escrivatura (antologia)	Editora Civilização Brasileira	Rio de Janeiro	1977	Poesia
Éle Semog (coautoria)	Incidente normal	Edição dos autores	Rio de Janeiro	1977	Poesia
Oliveira Silveira	Pelo escuro	Edição do autor	Porto Alegre	1977	Poesia
Abelardo Rodrigues	Memória da noite	Edição do autor	São Paulo	1978	Poesia
Arnaldo Xavier e outros	Contramão	Edições Pindaíba	São Paulo	1978	Poesia

AUTOR(ES)	LIVRO/TEXTO	FORMA DE EDIÇÃO	LOCAL	ANO	GÊNERO
Cuti	*Poemas da carapinha*	Edição do autor	São Paulo	1978	Poesia
Ramatis Jacino (coautoria)	*Desgraçados*	Edição dos autores	São Paulo	1978	Conto/poesia
Vários	*Cadernos Negros*	Edição dos autores	São Paulo	1978	Poesia
Hermógenes Almeida S. Filho	*Quintal Literal I e II*	Edição dos autores	Rio de Janeiro	1978/1981	Poesia
Cuti	*Sol na garganta*	Edição dos autores	São Paulo	1979	Conto
Éle Semog	*O arco-íris negro*	Edição dos autores	Rio de Janeiro	1979	Poesia
Geni Guimarães	*Terceiro filho*	Editora Jalovi	Bauru	1979	Poesia
José Carlos Limeira	*O arco-íris negro*	Edição dos autores	Rio de Janeiro	1979	Poesia
Oswaldo de Camargo	*A descoberta do frio*	Edições Populares	São Paulo	1979	Novela
Vários	*Cadernos Negros*	Edição dos autores	São Paulo	1979	Conto
Eduardo de Oliveira	*Túnica de ébano*	Tribuna Piracicabana	São Paulo	1980	Poesia
Oubi Inaê Kibuko	*Como se fosse pecado*	Edição do autor	São Paulo	1980	Poesia
Paulo Colina	*Fogo cruzado*	Edições Populares	São Paulo	1980	Conto
Vários	*Cadernos Negros*	Edição dos autores	São Paulo	1980	Poesia
Solano Trindade	*Cantares ao meu povo*	Editora Brasiliense	São Paulo	1981	Poesia
Geni Guimarães	*Da flor, o afeto, da pedra, o protesto*	Edição da autora	Barra Bonita	1981	Poesia
Oliveira Silveira	*Roteiro dos tantãs*	Edição do autor	Porto Alegre	1981	Poesia
Oubi Inaê Kibuko	*Sobrevivência*	Edição do autor	São Paulo	1981	Poesia
Oubi Inaê Kibuko	*Mergulho*	Edição do autor	São Paulo	1981	Poesia
Vários	*Cadernos Negros*	Edição dos autores	São Paulo	1981	Conto
Arnaldo Xavier	*A roza da recvsa*	Edições Pindaíba	São Paulo	1982	Mistura de gêneros
Carlos de Assumpção	*Protesto*	Edição do autor	Franca	1982	Poesia

MARGINALIDADE LITERÁRIA NEGRA (ANOS 1970 E 1980) E LITERATURA MARGINAL/PERIFÉRICA (ANOS 1990)

AUTOR(ES)	LIVRO/TEXTO	FORMA DE EDIÇÃO	LOCAL	ANO	GÊNERO
Cuti	*Batuque de tocaia*	Edição do autor	São Paulo	1982	Poesia
Estevão Maya-Maya	*Regresso triunfal de Cruz e Sousa e os segredos de "seu" bita dá-nó-em-pingo-d'água*	Editora Kikulakaji	São Paulo	1982	Poesia
Estevão Maya-Maya (coautoria)	*Cantiga pra gente de casa chegada em cima da hora*	Editora Kikulakaji	São Paulo	1982	Poesia
Hermógenes Almeida S. Filho	*Vidigal em poesias*	Edição dos autores	Rio de Janeiro	1982	Poesia
Vários	*Cadernos Negros*	Edição dos autores	São Paulo	1982	Poesia
Marilene Felinto	*As mulheres de Tijucopapo*[5]	Editora 34	São Paulo	1982	Romance
Cuti	*Suspensão*	Edição do autor	São Paulo	1983	Teatro
Hermógenes Almeida S. Filho	*Reggae – Ijêxá*	Edição do autor	Rio de Janeiro	1983	Diversos
Márcio Barbosa	*Semeando I*	Edição dos autores	São Paulo	1983	Poesia
Miriam Alves	*Momentos de busca*	Edição da autora	São Paulo	1983	Poesia
Oubi Inaê Kibuko	*Semeando I*	Edição dos autores	São Paulo	1983	Poesia
Ramatis Jacino	*Fogo no catalouco*	Edição do autor	São Paulo	1983	Conto
Vários	*Cadernos Negros*	Edição dos autores	São Paulo	1983	Conto
Éle Semog	*Atabaques*	Edição dos autores	Rio de Janeiro	1984	Poesia
Jônatas Conceição da Silva	*Miragem de Engenho*	Edição do autor	Salvador	1984	Poesia
José Carlos Limeira	*Atabaques*	Edição dos autores	Rio de Janeiro	1984	Poesia
Oswaldo de Camargo	*O estranho*	Roswitha Kempf	São Paulo	1984	Poesia
Oubi Inaê Kibuko	*Poemas para o meu amor*	Edição do autor	São Paulo	1984	Poesia
Vários	*Cadernos Negros*	Edição dos autores	São Paulo	1984	Poesia
Miriam Alves	*Estrelas no dedo*	Edição da autora	São Paulo	1985	Poesia

AUTOR(ES)	LIVRO/TEXTO	FORMA DE EDIÇÃO	LOCAL	ANO	GÊNERO
Vários	Cadernos Negros	Edição dos autores	São Paulo	1985	Conto
Oubi Inaê Kibuko	Canto à negra mulher amada	Edição do autor	São Paulo	1986	Poesia
Vários	Cadernos Negros	Edição dos autores	São Paulo	1986	Poesia
Cuti	Quizila	Edição do autor	São Paulo	1987	Conto
Cuti	Flash crioulo sobre o sangue e o sonho	Mazza Edições	Belo Horizonte	1987	Poesia
Éle Semog	Cartões e posters de poesia	Edição dos autores	Rio de Janeiro	1987	Poesia
Éle Semog	Curetagem	Edição do autor	Rio de Janeiro	1987	Poesia
Márcio Barbosa	Paixões crioulas	Edição do autor	São Paulo	1987	Prosa
Vários	Cadernos Negros	Edição dos autores	São Paulo	1987	Conto
Cuti	A pelada peluda no largo da Bola	Editora do Brasil	São Paulo	1988	Infantojuvenil
Vários	Cadernos Negros	Edição dos autores	São Paulo	1988	Poesia

Nesse cenário em que, como afirma a poetisa Marise Tietra (Maria Helena do Nascimento Araújo), para a história contextual da literatura negra:

> Cumpre não perder de vista suas profundas raízes sociais, que a distinguem dos movimentos apenas estéticos ou ditados preponderantemente pela dialética interna dos meios de expressão artística. Delineia-se uma literatura de cunho cultural popular onde a mulher discute a mulher, o negro o negro, o homossexual o homossexual[6].

E nesse contexto em que a possibilidade de acesso e ventilação a um grande público permaneceria interditada, por questões estruturais:

> Podemos concluir que os papéis inverteram-se na nação, considerando que a condição da maior parte da população brasileira é a marginalidade [...]. Junta-se a isso o fato de: uma nação de mais

de cem milhões de habitantes fazer apenas 10% (dez por cento) de leitores; a crescente e incômoda presença das editoras estrangeiras, verdadeiras multinacionais da área livreira, lançando *best-sellers* de péssima qualidade; as impossibilidades de lançamentos de novos escritores e inclusive a circulação mais ampla dos já consagrados ou reconhecidos. Portanto, em face de tantas barreiras e dificuldades, resta aos novos escritores, em especial aos poetas, continuar optando pelas chamadas edições marginais ou independentes, que possibilitam a saída para a publicação e um planejamento artesanal cuidadoso ou ao menos criativo, abrindo em certo grau a desierarquização da poesia[7].

O ativismo negro-literário/militância ativa da palavra dos coletivos de escritores seria, então, uma saída encontrada para driblar um pouco aquele círculo vicioso da marginalidade literária. Deley de Acari (Wanderlei da Cunha), membro do extinto coletivo carioca Negrícia[8], apresenta alguns exemplos dessa tentativa nesse grupo; o que lhe permite criticar certa tendência tida como pequeno-burguesa da literatura negra, bem como de frações do movimento negro, não nominadas em seu texto, cujo discurso literário é endógeno de uma classe média intelectualizada e aparentemente progressista. É o que relata ao recuperar que, no início dos anos 1980:

> [...] Na última Noite da Beleza Negra promovida pelo grupo Afro Agbara Dudu, Rio de Janeiro, o Negrícia abriu a festa recitando, durante 30 minutos, poesias para 1.600 pessoas. [...] Um recital de poesias bem dirigido e bem coordenado, alternando poemas e músicas, leva a obra poética onde o livro não pode levar, aos ouvidos e às consciências da maioria negra marginalizada, analfabeta, mas culta em sua cultura de oprimido nas favelas, presídios e escolas municipais [...]. Quando um poeta diz seu texto num presídio, escola ou associação de moradores de favela, ele não precisa se perguntar angustiado se seu "leitor" é analfabeto ou não. Ele tem certeza que será lido e entendido e, se não for entendido, será perguntado no mesmo momento da leitura. [...] A literatura negra produzida pelo integrante do Grupo Negrícia, no Rio de Janeiro, tem chegado onde o discurso político do movimento negro, em seus 10 anos de existência, jamais chegou. O conjunto dos militantes

do movimento negro, no entanto, não reconhece a arte negra e na literatura negra uma arma de luta com características próprias e únicas, como por exemplo o poder de conscientização, reidentificação racial e mobilização das massas, através do discurso subliminar. As armas de luta que o movimento adota são herdadas da classe média branca, esquerdizoide e racista[9].

Naquele momento, era presente, especialmente nos autores mais jovens e membros de coletivos de escritores, essa busca por alcançar, em termos de fração de classe, um público literário diferente do grupo produtor da prosa e poesia negras. Isso ajuda a refletir sobre o porquê de, volta e meia, ser necessário o retorno à crítica de aspectos dos movimentos modernistas, notadamente em sua variante paulista e no que se refere à forja de uma identidade nacional. Para eles, o modernismo paulista foi insuficiente em seu projeto e acabou por representar parcialmente o Brasil, excluindo ou explicitando mal o grupo negro na formação nacional.

José Abílio Ferreira encaminha essa discussão[10], como já feito anteriormente em *Reflexões* ou em David Brookshaw. Entretanto, assim como no trabalho do estudioso inglês, a insuficiência da crítica de Abílio Ferreira é presente. Mais que demonstrar o porquê de, em algumas obras de alguns autores modernistas paulistas e nordestinos, o negro figurar como estereótipo negativo, seria interessante um esforço crítico de se verificar a razão de, *no projeto modernista*, a uma certa fase de suas diferentes expressões, o personagem negro figurar como tal. Outro ponto problemático está no aparente desconhecimento da revisão operada por ao menos um dos escritores modernistas atacados: Mário de Andrade. Em 1942, convidado pelo Itamaraty a refletir sobre a Semana de 1922, o escritor desenvolveu uma densa revisão de sua obra e de sua geração, em que o aspecto aristocrático do modernismo e sua incapacidade de penetrar profundamente em aspectos da cultura brasileira são colocados em evidência[11].

Todavia, o trabalho de Ferreira traz muitos outros pontos interessantes para discussão. Por exemplo, a perspicaz observação que faz sobre a literatura negra em descompasso com a vanguarda[12]. Ou sobre a invisibilidade, para a crítica especializada, da experiência negra em momentos recentes da história cultural e política brasileira, reafirmando, mais uma vez, sua marginalidade:

> Os anos [19]70, então, presenciaram a explosão da comunidade negra, representada por entidades culturais e políticas, pelo ressurgimento da imprensa negra e pela proliferação de escritores financiando seus próprios livros. Esta década assistiu também ao início do que se aprendeu a chamar de processo de abertura, que deu condições para que as vozes negras se levantassem contra a discriminação racial nacional e internacional; vozes que, durante todo o tempo, com certeza, estiveram se manifestando de diversas formas, sufocadas, sem condições de aflorar. [...] A imprensa negra que começava a ressurgir não suportou (ou não soube lidar com) o espírito empresarial que hoje determina o tempo de sobrevivência de qualquer empreendimento que se queira levar avante – merece aqui uma digressão que diz respeito à situação do que ficou conhecido como imprensa alternativa, maneira de fazer jornalismo que trouxe à baila nomes como *Pasquim*, *Movimento*, *Opinião*, jornais que, com exceção do primeiro, não conseguiram sobreviver, do mesmo modo que a imprensa negra, que faz parte desta fase importantíssima e que merecia ser citada nos textos sobre jornalismo de resistência; o jornal *Capoeira* e o *Jornegro* entre outros, porém jamais aparecerão nos compêndios de história sobre o tema se da própria comunidade não brotar[em] elementos interessados em reacender a chama [...]. Os escritores negros – que a um só tempo são editores, divulgadores e vendedores de seus livros –, no entanto, permanecem persistentes, produzindo uma literatura que deverá amadurecer, porque deverá, como neste encontro, discutir a si própria em busca de caminhos sólidos e influentes [...][13].

Essa invisibilidade histórica – ou, para fixar uma imagem de Clóvis Moura, título de um de seus livros, *As injustiças de Clio* – é muito bem retomada por Miriam Alves, poetisa e colaboradora assídua dos *Cadernos Negros*/Quilombhoje. A crítica recai sobre um aspecto da esquerda política, em um momento de clandestinidade, exílio e produções marginais também para o grupo negro. Para a historiografia da esquerda do período, no entanto, a experiência negra é ausente desse processo, ou subsumida na de cunho mais geral. A literatura, o teatro, a imprensa negros, então, seriam *atos políticos de memória*, para a autora, em face das injustiças históricas. Em seus dizeres:

Ressalto nesta produção o ato político. Falo em atitude política não para designar passeatas de ficcionistas e poetas negros, exigindo seus direitos à publicação e circulação, exigindo a criação livre, permeada por sua vontade e inspiração, ou ainda exigindo reconhecimento dos órgãos públicos (secretaria disto ou daquilo), ou ainda reclamando suas entradas nos bares acadêmicos fechados (livrarias e editoras), onde somos literalmente barrados e discriminados por trás de discursos de má qualidade, subliteratura e desinteresse dos leitores. Não é deste ato político, que não fizemos, que falo. Falo do ato político que praticamos, escrevendo-nos em nossa visão de mundo. [...] Nos tempos não tão idos assim, todos nós brasileiros criadores de artes éramos obrigados a esconder nossa criação na gaveta e nos tornarmos artistas gaveteiros, ou desengavetar e tornarmo-nos exilados. Neste tempo, a nossa produção de negros artistas engavetou-se. Mais tarde, desengavetou-se na forma de livrinhos mimeografados, distribuídos nos botecos da vida, onde a esquerda tramava a revolução cultural. Aí nossos livrinhos foram recusados várias vezes (a esquerda nos olhava com seus olhos canhestros)[14].

E aqui se enceta, em *Criação crioula*, o debate sobre a qualidade literária da produção negra. *Qualidade* esta associada à sua marginalidade, criando uma espécie de conjunto de círculos concêntricos cada vez mais fechados. A ideia de alguma espécie de peneiramento de textos, uma crítica pelos pares, é rejeitada pela autora por não estreitar alianças. Antes, promoveria desentendimentos entre os escritores, provocando dissidências e críticas ácidas de uns contra outros. Então, passa a ser lida tal ideia, de distinção qualitativa, como uso interno da arma do mercado editorial, tido como reacionário, para não se publicar a confecção literária negra[15]. Se Alves faz essa crítica com extrema elegância, o mesmo não pode ser dito da discussão do assunto por Arnaldo Xavier. Num texto dividido por diferentes tópicos e marcado graficamente por uma tentativa de expressão inovadora, o autor afirma a certa altura que:

> [...] O Manifesto do Triunvirato, subtitulado "O escritor negro no Brasil – Quem é ele?", subscrito por Paulo Colina, Oswaldo de Camargo e Abelardo Rodrigues, lançado por ocasião do livro *O estranho*, de Oswaldo, é um documento de índole excludente que tinha direção certa: o Quilombhoje. O receituário do Triunvirato

> reza em torno de seu próprio umbigo e, da pretensão de escola, reconhece nas "agruras", "esperanças" e "alma lírica" as únicas fontes repertoriais da Literatura Negra como caminhos do fazer literário, calcado nas lições do passado – "dos mestres" – e de um pessimismo pedante em relação à inflação de poetas Negros... de Negros escrevendo. Elitismo à parte, o Manifesto do Triunvirato busca apontar para procura de novas ideias, novos rumos. E assim se coloca como autoexemplo ao exaltar o livro *O estranho*, de um dos subscreventes [...] o que só evidencia uma teoria diferenciada da prática e de uma contradição na forma de resgatar o passado, como está refletido no referido livro, resultado de leitura mal digerida de Cruz e Sousa, uma poesia obscurantista e subsimbolista, o que realmente os diferencia por Obra y Graça [...][16].

A não consolidação do debate sobre a *avaliação de qualidade* literária dessa confecção cultural restaria como impeditivo para que o desejo de um veterano poeta negro gaúcho, Oliveira Silveira, permanecesse não realizado: "Vamos criar uma editora, se possível. Vamos reforçar nossas conquistas, por mínimas que sejam"[17]. Se o discurso ideológico de uma produção literária como arma de denúncia do racismo, de recuperação histórica e evidenciação das particularidades do ser-negro-no-mundo é quase unânime, o mesmo ainda não pode ser dito, nesse momento, de sua faceta estética.

"Entretanto, contra todas as expectativas, somos potentes, capazes e pensantes. Portanto, bem-sucedidos"[18], é o que afirma uma das autoras da coletânea. O espírito do I Encontro de Poetas e Ficcionistas Negros Brasileiros que resultou em *Criação crioula* parece estar resumido nessa frase. O *elefante branco* posto a nu, saindo de sua estereotipia de ser inútil ou de algo sem grande importância. Apesar da precariedade produtiva e distributiva, do consumo limitado e insuficiente, da invisibilidade. Assim, a assunção da ideia da literatura marginal torna-se cada vez mais forte entre aqueles escritores, revelando posições que somente se concretizariam ao fim dos anos 1990 e com sentido um pouco alterado, o que fica claro no argumento de Kilamba (Adivair Augusto Francisco), poeta paulista:

> Dentro da indústria cultural brasileira, a nossa literatura é designada de duas formas: desempregada e quando não subempregada.

Como fazer parte de um mercado cultural hipócrita, ostentando nas costas tal peso? Fica muito difícil ou quase impossível. No entanto, para combater isto, só nos resta lutar no seio da comunidade negra e juntamente com a mesma criar nossa própria indústria cultural e nosso próprio mercado cultural, com nossa própria linguagem, sem deixar a luta para adentrar na indústria e no mercado cultural deles, para que o quanto antes possamos encontrar mais e mais caminhos na busca de mudanças práticas que visem somente uma realidade que só nós conhecemos muito bem[19].

Para alguns, estar à margem, *aparentemente não incluso*, é sinônimo de desejável liberdade extrema, já que, como explicita Oubi Inaê Kibuko: "Tudo o que fazemos de forma contrária às regras ditadas pelas classes dominantes termina ficando escondido no porão da ignorância"[20]. E é isso que permite, no raciocínio do escritor, não querer sofrer qualquer tipo de apreciação minuciosa, naquele momento confundida com censura ou patrulhamento ideológico:

> [...] Já não basta os problemas enfrentados por nós para editar e veicular um livro e ainda temos que brigar e desmitificar um preconceito às avessas: de negro pra negro. E isto, a meu ver, ocorre devido à frustração dessas pessoas não estarem bebendo o leite das bestas sagradas e comendo a grama da consagração no pasto da Academia Brasileira de Letras e vestidos com o fardão da hipocrisia. Mas há uma satisfação [de] que nos podemos deleitar, apesar que ela está correndo um certo perigo: é a de podermos editar nossos textos nos *Cadernos Negros* sem crivo editorial ou patrulhamento ideológico[21].

Todavia, não há consenso entre todos da coletânea sobre o fato de a marginalidade literária ser algo completamente positivo. Ela é, em larga medida, apenas a expressão direta da situação de grande parte do seu grupo social de origem. É nesses termos que há uma separação entre a Geração Mimeógrafo e esses poetas. Aqueles optam pela marginalidade, sobretudo, por questão estilística formal ou *estilo de vida*. No caso da literatura negra, o problema é de natureza histórico-sociológica, em seu cerne. Nesse sentido, para alguns poetas, o vislumbre da organização da atividade editorial ou de fomento estatal não é demonizado por princípio. Subjaz a problemática do reconhecimento social e literário, como forma estratégica de sobrevivência de um projeto em longo prazo. Nas palavras de Éle Semog [Luiz Carlos Amaral Gomes], então membro do coletivo Negrícia:

> A necessidade de nos agregarmos em grupos como o Quilombhoje, Palmares, Capoeirando, Negrícia respondeu por um período pelos livros coletivos, pelas antologias. Esta prática tem que evoluir, porque o discurso do Estado mudou. É inconcebível que os trabalhos coordenados pelo Quilombhoje sejam financiados pelos próprios autores, após oito persistentes anos de prática e produção literária. É um despropósito da cultura nacional e para o povo brasileiro que a República Popular de Angola reconheça e financie o trabalho de 50 poetas brasileiros (livro *Tetos de aurora nos punhos*), de diversos estados do Brasil, dentre os quais Oliveira Silveira, Oswaldo de Camargo, Cuti, Paulo Colina, José Carlos Limeira, Deley de Acari, Miriam Alves. Embora com grossura da omissão do nome de outros escritores, são nomes que sem dúvida alguma deveriam constar no planejamento anual dos senhores editores [...]. Ora, estamos no Primeiro Encontro de Escritores Negros, em São Paulo, somos os próprios, e daqui teremos que arrancar soluções diferentes de nossa prática de militantes do Movimento Negro e das entidades negras. Nesse encontro temos que criar uma entidade de atuação nacional e internacional que não seja menor que um Centro Brasileiro de Literatura Negra, ou um "instituto", ou uma "união". Esta entidade deve agregar os escritores negros, financiar e distribuir as suas obras, resguardados, evidentemente, alguns princípios inerentes à literatura universal e à dignidade dos povos. [...] *Se por um lado carecemos de um Centro, um Instituto, por outro, mais urgente, carecemos também de uma editora e de uma gráfica*[22].

Por fim, um dos coordenadores nacionais do encontro e membro fundador do Quilombhoje/*Cadernos Negros* comparece com o trabalho "Fundo de quintal nas umbigadas". Cuti, com esse texto: faz o balanço histórico da produção literária negra no começo da década de 1980; apresenta aquelas que seriam as três fontes matriciais da literatura negra, expostas em Cruz e Sousa, Lima Barreto e Machado de Assis[23]; confere uma discreta cutucada à produção recente de Paulo Colina, Eduardo de

Oliveira e Oswaldo de Camargo, cujos prefácios dos livros por Tristão de Athayde e Gilberto de Mello Kujawski (no caso dos dois últimos, respectivamente) iriam, na sua opinião, de encontro ao que os escritores negros tentavam fazer naquele momento – tentando contê-los para não protestar. O resultado disso, em sua argumentação, é que:

> Quando legitimaram Carolina de Jesus, legitimaram um horizonte para o negro na literatura brasileira. Escrever como se fala, cometer erros de ortografia e fazer do naturalismo jornalístico a razão de ser da nossa arte. A própria Carolina chegou a reclamar quando alguém a repreendeu por estar ela perdendo a "autenticidade" com o uso de certas palavras "difíceis" [...]. *Nenhuma legitimação é apenas estética. No mais das vezes é ideológica.* [...] O que fizemos (livros autofinanciados) sem depender de paternalismo de ninguém já animou a vida literária entre negros[24].

Para Cuti, é nesse contexto de animação de uma *vida literária* que o escritor negro depara-se, novamente, com a necessidade de equacionar o tema e não *se estereotipar enquanto autor*[25]. Além de lidar, simultaneamente, com o sistema literário brasileiro, que à época, mesmo nas vertentes mais progressistas, ainda não abria facilmente uma via de acesso à confecção literária negra:

> Um escritor negro certa vez contou-me que a recusa de uma editora aos seus originais prendia-se ao argumento de não terem parâmetros para julgar seu trabalho, por ele ser negro. Ouvi também de uma mulher, que se dizia editora de livros, a declaração pública sobre o fato da literatura de negros fugir à linha editorial de sua empresa por não se adaptar à sua clientela. Em carta-resposta, de 18/8/1980, à apresentação dos originais do meu livro *Batuque de tocaia*, o editor Ênio Silveira assim se expressou: "V. Sa. se propõe ser um poeta da negritude, mas só consegue exprimir sua revolta, que o leva, embora o negue, a uma outra forma de racismo, contra o branco"[26].

Reforçando linhas atrás, a marginalidade literária da produção negra *não* é uma opção estilística formal, ato contracultural, estilo de vida ou expressão de vanguarda, nesse momento. É a indissociabilidade entre uma produção literária e a situação de seu grupo cultural, a internalização dos fatores externos à obra. Na argumentação de Cuti, o coroamento de tal fato é expresso nas incômodas questões que principiam o fim de seu texto: "O que dizer da senzala, da favela, do cortiço, do alagado e dos conjuntos apertadinhos do BNH? Quem pôs a gente lá?"[27].

O PAPEL LITERÁRIO E SOCIAL DAS ANTOLOGIAS E DAS MOSTRAS DE LITERATURA NEGRA

Os jornais da imprensa negra, desde a década de 1910[28], traziam em suas páginas poemas e pequenos textos em prosa de autores dos grupos negros organizados em associações ou orbitando em torno delas e, ainda, daqueles consagrados no âmbito de uma literatura brasileira mais ampla (Cruz e Sousa, Luiz Gama, algumas referências a Lima Barreto etc.). Essa prática se consolida, para além das publicações individuais, na burla à invisibilidade crítica e social da produção literária negra que foi em diferentes momentos entre os anos 1960 e 1980 efetivada pelas antologias poéticas, além dos *Cadernos Negros* e jornais de associações do grupo negro em São Paulo.

Entretanto, no que diz respeito ao ato literário e ideológico de juntar autores, prefaciá-los, organizar uma biobibliografia crítica sobre eles, tendo como intuito oferecer uma amostragem de certo tipo de produção, as antologias de literatura negra encontraram em 1967, em Léon-Gontran Damas, um ponto interessantíssimo, por ao menos três razões: o organizador da *Nouvelle Somme de Poésie du Monde Noir* (*Nova reunião de poesia do mundo negro*) era, junto com Aimé Césaire e Léopold Sédar Senghor, um dos criadores do movimento estético da Negritude, em Paris, na década de 1930; essa antologia reunia poetas negros de diferentes partes do mundo, editados pela revista *Présence Africaine*; e poetas brasileiros, como Oswaldo de Camargo, Luiz Paiva de Castro, Natanael Dantas e Eduardo de Oliveira, entre outros, estavam inclusos nela e foram traduzidos e publicados nessa edição, o que lhes confere (e à literatura negra no Brasil) certo grau temporário de legitimação[29].

Dez anos mais tarde, em 1977, a editora Civilização Brasileira publicou *Ebulição da escrivatura: treze poetas impossíveis*, de autores cariocas negros, dentre os quais Éle Semog, atrelado ao Grupo Garra Suburbana. Em 1976, a Editora Cooperativa de Escritores publicara em São Paulo a antologia *Ventonovo*, com trabalhos de Arnaldo Xavier e Aristides Klafke, no esteio da literatura marginal da década de 1970.

Em agosto de 1982, a Global lança uma publicação premiada pela Associação Paulista de Críticos de Arte (APCA) como melhor livro de poesias do ano. "Fato inédito para antologias"[30], assinala Oswaldo de Camargo ao tratar de *Axé: antologia contemporânea da poesia negra brasileira*, organizada pelo escritor paulista Paulo Colina. Este realiza à ocasião uma apresentação bastante esclarecedora quanto aos motivos da organização do trabalho:

> Assim como a prosa, a poesia é a arte da palavra. E por arte da palavra, entendo a briga constante com a mesma para transmitir, através de imagens e agulhas, o bem-bom e/ou as rebordosas da vida. Quer dizer, não só as alegrias e tristezas advindas de um amor, uma paixão, mas, também, toda a implicação político-econômica-social a que estamos sujeitos. Que os negros foram o alicerce da estrutura econômica deste país e do luxo de mercenários d'além-mar, não há mínima dúvida. Que estamos encravados fundo na cultura seiscentista brasileira é algo tão efetivo quanto o dia e a noite. Mas não somos só comida e capoeira, umbanda e candomblé, malandragem e sexo avantajado. Os negros sempre dominaram a palavra. [...] Os poucos escritores negros brasileiros, publicados por editores ou não, sempre sucumbiram ou tiveram seu valor tardiamente reconhecido (?) pelos donos da cultura tupiniquim (Quem sabe que há um medalhão de Cruz e Sousa – escondido entre matos e pichações e cartazes rasgados – cercado de reluzentes estátuas ou bustos que circundam a Biblioteca Municipal de São Paulo?). [...] O que importa é que o leitor conhecerá aqui talvez não os melhores ou os mais importantes, mas alguns dos poetas negros atuais de quilate, que brigam constantemente com a palavra no afiador. [...] Tenho certeza de que os autores negros tiveram, ao fazer os trabalhos reunidos nesta antologia, não a preocupação de criar uma obra-prima poética, mas sim de, usando nossos símbolos, unir, atiçar na consciência de um povo usurpado/usurpador a brasa da dignidade humana/histórica a ser fundamentalmente resgatada[31].

Propósito semelhante encontra-se no trabalho, como antologista, de Oswaldo de Camargo. Em *A razão da chama* e *O negro escrito*, existe a preocupação com as ideias de continuidade e contemporaneidade do labor artístico negro. Como se afirma no prefácio da primeira coletânea:

"Esta antologia [...] acaba revelando que o negro que escreve não é tão somente Luiz Gama e Cruz e Sousa. É – queremos aqui demonstrar – prosseguimento deles [...]"[32]. Cobre-se então, desde o século XVIII até os últimos quartéis do XX, para comprovar, como afirma Paulo Colina, que: "se não [o] maior, o negro sempre foi um dos grandes temas da literatura brasileira. Sem ele, não teríamos, com certeza, a ficção que temos"[33].

Os anos 1980 e 1990 apresentam conjuntura favorável a uma visibilidade da literatura negra, especialmente no âmbito da poesia. Além das edições regulares dos *Cadernos Negros*, os trabalhos avaliativos, como *Reflexões* e *Criação crioula*, ou as antologias de Camargo e Colina, existem ainda um movimento de circulação internacional e a legitimação crítica nacional dessa produção marginal. A crítica Moema Parente Augel e o tradutor Johannes Augel são os responsáveis, em 1988, pela edição da antologia bilíngue *Schwarze Poesie* (*Poesia negra*), em alemão e português[34]. Mais tarde, em 1993, editam *Schwarze Prosa* (*Prosa negra*). No mesmo ano, Júlia Duboc publica *Pau de sebo: coletânea de poesia negra*[35]. Quatro anos mais tarde, Zilá Bernd organiza *Poesia negra brasileira: antologia*[36]. Em 1995, a colaboradora dos *Cadernos Negros* Miriam Alves e Carolyn R. Durham editam *Finally... Us* (*Enfim... nós*), nos Estados Unidos, coletânea de textos de escritoras negras brasileiras em edição bilíngue português/inglês, junto a uma longa análise crítica sobre o assunto, de sua autoria[37]. Nesse ano também, o projeto bilíngue editado e organizado por Luiz Silva (Cuti) e Charles Rowell, da *Callaloo*, revista estadunidense de artes e letras afro-americanas e africanas da Universidade Johns Hopkins, publica um número especial sobre literatura afro-brasileira e traz entrevistas, textos, desenhos e estudos de autores como Arnaldo Xavier, Cuti, Miriam Alves, Paulo Colina, Abdias do Nascimento, Leda Martins, Éle Semog e outros[38].

Todavia, em 1985 e 1986, dois eventos tornam-se particularmente notáveis para a produção literária negra, pelo fato de que são capazes de alcançar um público diferente da produção endógena do grupo: a Mostra Internacional de São Paulo – Perfil da Literatura Negra (1985, sediada no Centro Cultural São Paulo) e a III Bienal Nestlé de Literatura (1986, no Centro de Convenções Rebouças). Elas promovem o encontro dos escritores negros com seus críticos, e também com um público leitor mais amplo. É possível medir seus alcances pelas matérias de periódicos na época, tanto do *Jornal do Conselho da Comunidade Negra de São Paulo* como de *O Estado de S. Paulo*, *Folha de S.Paulo* e *Jornal da Tarde*.

Para esta seção, utiliza-se o material do primeiro. O *Jornal do Conselho* publica que:

> O papel da Literatura tem sua especificidade no processo histórico. Ela realiza aquele diálogo mais íntimo junto ao ouvido, olhos e espírito do leitor ou público. Por ser arte de palavras tem um jeito peculiar de dialogar e propor visão de mundo, espalhando um *húmus* muito especial que pode contribuir muito como fertilizante da recodificação. E ela tem sido uma das principais expressões do movimento negro, não só na atualidade, mas também na sua história antiga. Este foi um trecho do trabalho apresentado pelo poeta e escritor gaúcho Oliveira Silveira, intitulado "A recodificação do mundo pelo negro na diáspora através da literatura", apresentado dentro do Perfil da Literatura Negra, Mostra Internacional de São Paulo que aconteceu de 20 a 26 de maio, no Centro Cultural São Paulo. [...] A exemplo do texto citado acima e muitos outros de excelente qualidade, o evento foi sem dúvida alguma o mais importante acontecimento cultural, ligado à literatura, dos últimos 20 anos. Patrocinado pela Secretaria Municipal de Cultura, tendo a frente desses trabalhos a teatróloga Thereza Santos, que, com uma equipe de profissionais competentíssimos, conseguiu um fato quase que inédito: lotar as salas do Centro Cultural por uma semana inteira, atraindo as atenções do público da Capital e do Interior, interessados em saber dos caminhos percorridos por escritores negros e brancos, através de seus trabalhos com relação à recodificação do mundo pelas palavras. Participaram especialistas renomados do território nacional e internacional, como Abdias do Nascimento, Gianfrancesco Guarnieri (Secretário de Cultura do Município), Domício Proença, Éle Semog, Oswaldo de Camargo, Dom Lee e Michael Mitchell, dos Estados Unidos, Maximilien Laroche, do Haiti, entre outros. Não resta a menor dúvida [de] que um grande passo foi dado, façamos votos que eventos dessa natureza não sejam atrações de 10 em 10 anos, mas que possam ocorrer pelo menos a cada dois anos, a fim de que o exercício da troca de experiências em todos os setores das atividades literárias contribuam para o enriquecimento e fortalecimento da atitude crítica perante a vida e o mundo[39].

A esperança do texto em relação à Mostra não prosperou. Este evento não se repetiu. Adveio, sim, um outro, sem a mesma amplitude ou participação, no ano seguinte, durante a programação da III Bienal Nestlé de Literatura. Mas aquilo que foi uma semana de debates no ano anterior converteu-se, em 1986, em um dia específico, durante a Bienal. E vale recordar que aquela conjuntura favorável de que se está tratando aqui tem muito a ver com os papéis desempenhados pelos governos estadual e municipal de São Paulo e seus secretários de Cultura (Thereza Santos, Gianfrancesco Guarnieri e Marilena Chaui), que tinham compromissos políticos com a questão da desigualdade; além, evidentemente, do da mobilização dos grupos negros organizados à ocasião, alguns deles orbitando o Conselho de Participação e Desenvolvimento da Comunidade Negra de São Paulo, criado no governo Franco Montoro. Sem falar nos papéis da crítica literária engajada e das editoras interessadas.

No tocante à Bienal Nestlé, a matéria publicada no *Jornal do Conselho* traz sutilmente as divergências sobre um ponto já apresentado aqui e discutido pelos escritores negros em *Criação crioula*: o desencontro programático de autores e críticos em torno daquela ideia, permanentemente em debate. O excerto da matéria é longo, mas sua reprodução é válida:

> A importância e o caráter específico da literatura negra fizeram-na merecer um dia de debates e estudos na 3ª Bienal Nestlé de Literatura Brasileira, realizada em julho, no Centro de Convenções Rebouças, com a participação de alguns dos mais importantes escritores brasileiros do momento. [...] Os trabalhos começaram pela manhã, com uma mesa composta por Léo Gilson Ribeiro, Clóvis Moura, Abelardo Rodrigues e Octavio Ianni. Ribeiro, crítico literário do *Jornal da Tarde*, falou da tentativa de branqueamento da sociedade brasileira iniciada no começo do século, o que levou a um abafamento da cultura negra, com reflexos na literatura brasileira. Nessa mesma linha de raciocínio, o escritor, poeta e sociólogo Clóvis Moura declarou que o negro nunca é visto como herói, na literatura oficial. E o professor e escritor Octavio Ianni ressaltou que o escritor negro precisa resgatar a verdadeira história brasileira, apresentada até agora, sempre do ponto de vista da cultura da classe dominante. [...] À tarde, o numeroso e interessado público voltou a lotar o auditório do Centro de Convenções Rebouças, para ouvir os depoimentos de escritores negros. Sentaram-se à mesa

Audálio Dantas, Adão Ventura, Éle Semog, Oswaldo de Camargo, Oliveira Silveira, Paulo Colina e Ruth Guimarães. À exceção de Dantas, que falou sobre a escritora negra Carolina Maria de Jesus, autora de *Quarto de despejo*, descoberta por ele há vinte anos na favela do Canindé [sic], em São Paulo, os escritores falaram de suas obras e de suas experiências literárias. Poetas de produção independente, e que se envolvem em todos os momentos da feitura do livro, desde a impressão até a divulgação, eis a característica comum a esses escritores. Paulo Colina, poeta e tradutor, organizador da antologia *Axé*, de poetas negros, disse que gostaria de ver mais prosadores negros. Entretanto, ele mesmo, a princípio um ficcionista, aderiu à poesia por sentir que há coisas que só se pode dizer através dela. [...] Para Oliveira Silveira, poeta gaúcho, com sete livros publicados, a literatura negra é a que está comprometida com a veiculação de dados culturais referentes ao negro. Já Paulo Colina prefere falar de uma literatura afro-brasileira, que diga o que somos e o que não queremos ser. Oswaldo de Camargo, paulista de Bragança, poeta e jornalista, um dos decanos dos escritores negros atuais, é de opinião que a literatura negra é uma tentativa de prosseguirmos sendo nós mesmos. Ruth Guimarães, que ressaltou ser professora, estabeleceu a diferença entre a literatura do negro, onde o mesmo é sujeito, e a literatura sobre o negro, onde é objeto das ações. Para o carioca Éle Semog, a literatura negra é a que apresenta a oralidade, a ginga e a resistência próprias do negro. É a que visa ao aperfeiçoamento da cultura negra, independente de quem a faz. [...] As intervenções mais marcantes da tarde foram as de Ruth Guimarães e Éle Semog. Ruth, que se definiu mulher, negra e caipira, deu depoimento altamente otimista, embora marcado pelo realismo. Depois de dizer que a máquina de escrever é a sua arma, afirmou que é totalmente livre, e que conquistou cada centímetro de seu espaço. Disse ainda que seus personagens negros são feitos de pedra e de aço, e que por meio de sua literatura ou mesmo falando a plateias como aquela, pregava sempre o orgulho: Nós estamos aqui. Queiram ou não. Só falta sermos o povo brasileiro. Para Ruth, lugar de negro é em todos os lugares, principalmente a escola. E indagou: sem escola, sem orgulho e sem um livro nas mãos, o que nos resta? Éle Semog lembrou que os coletivos de escritores negros ainda não está reunindo como devia, e que ainda há muito que lutar contra os capitães de mato da criação. Ressalvou, porém, que o livro, acima de ser um instrumento ideológico, deve ser uma obra de arte. E que o grupo a que pertence, no Rio de Janeiro, o Negrícia, pretende estabelecer, acima de tudo, uma estética desgarrada do eurocentrismo. [...] Apesar da reclamada ausência de outras escritoras negras e de pelo menos um representante do grupo Quilombhoje, uma das mais importantes experiências no gênero, no Brasil, o dia de debates sobre literatura negra, dentro da 3ª Bienal Nestlé de Literatura Brasileira, foi dos mais produtivos. Espera-se que outras iniciativas nesse sentido sejam tomadas, bem como que haja continuidade deste trabalho[40].

Infelizmente, também a esperança manifestada nessa matéria não se realizou, a não ser em lançamentos individuais ou da série *Cadernos Negros*, com alcance mais limitado[41].

LITERATURA NEGRA MARGINAL E GERAÇÃO MIMEÓGRAFO

Se aquelas antologias e encontros – junto com a constância dos *Cadernos Negros* – cumpririam o papel estético e político de aglutinar o que é disperso, indigente, desconhecido ou inédito, conferindo assim estatuto de cidadania à produção marginal da literatura negra, o mesmo não pode ser dito acerca da produção crítica, executada simultaneamente ao grosso da confecção literária dos anos 1970. Ao contrário, a produção da literatura negra, autoeditada, produzida, distribuída e consumida de forma precária, não figura no repertório analítico do que se denominou *Surto da poesia marginal* ou *Geração Mimeógrafo*. Não porque inexistisse, como já demonstrado, mas porque – e isso pode ser lido como uma pergunta – não foi incluída. Portanto, há de se tentar compreender os fundamentos analíticos da Geração Mimeógrafo, partindo de seus principais críticos e divulgadores, para não só situar a literatura negra do período, como também, subsequentemente, buscar a reapropriação da ideia de marginalidade.

Produção centrada e consagrada criticamente na zona sul do Rio de Janeiro a partir do início da década de 1970, o movimento conhecido como *poesia marginal* é algo dispersivo, que inclui elementos de gerações etárias diferentes e de distinta participação no processo cultural[42]. O que uniria Chacal, Charles, Geraldo Carneiro, Francisco Alvim, Roberto Schwarz, Antônio Carlos de Brito (Cacaso), Afonso Henriques Neto,

Ana Cristina César e vários outros, de acordo com a bibliografia, seria, *grosso modo*: a situação de *sufoco* de algumas frações de classes sociais, provocada pelo golpe civil-militar de 1964; o estreitamento cultural da década, instigando a necessidade de fazer algo novo, ou seja, diferente do que era feito até então, oriunda do concretismo; uma síntese das duas causas anteriores, pois, para a maioria dos poetas, havia a necessidade de se posicionar de uma forma contracultural no mundo também pela maneira de lidar com o objeto livro, em todas as etapas do sistema literário – o livro, não mais produto, e sim *artefato*, seria algo vivido tanto quanto a ideia de literatura marginal, assim como a síntese naquele momento de um estilo de vida na contramão da cultura e, no jargão de época, desbundado; por fim, a tentativa de recuperação do coloquial, do íntimo e comezinho em literatura, perdido na experimentação formalista e no engajamento social dos anos pregressos.

Os trabalhos de Heloisa Buarque de Hollanda e Carlos Alberto Messeder Pereira são, certamente, as melhores referências ainda hoje sobre esse assunto. Não só pela pesquisa, como detalhamento arquivístico e analítico (característicos particularmente do segundo), mas também por um detalhe que chama atenção, singularmente na primeira autora: a aproximação e o relacionamento íntimo da crítica especializada com a produção literária. Antônio Carlos de Brito (Cacaso) pode ser tido como um *teórico* da poesia marginal, considerando-se seus artigos dedicados ao assunto em jornais e revistas de crítica; Buarque de Hollanda é a *madrinha* do movimento, consagrando a produção dessa geração com a coletânea *26 poetas hoje*[43] e incentivando a reflexão sobre ela; no caso de Messeder Pereira, o *intérprete*, seu estudo é a tentativa de compreensão antropológica do fenômeno da poesia marginal, antes de tudo, para seus produtores e, posteriormente, como um elemento específico de uma dinâmica social precisa[44].

Nessa dinâmica, contudo, Pereira ressalva, ao final da introdução de seu trabalho, que um livro e um lançamento, apesar de estarem próximos da ideia de poesia marginal, não seriam incluídos no escopo analítico:

> Lançamento do livro *Ebulição da escrivatura: treze poetas impossíveis*, editado pela Civilização Brasileira. O lançamento foi realizado no dia 22/5/1978, no Teatro Tereza Raquel, às 20 horas. *O surgimento deste livro se deu dentro de todo o contexto desta movimentação em torno da poesia, que eu estava estudando. No entanto, o tipo de*

trabalho dos diversos autores bem como o próprio tipo de edição se afastavam em pontos significativos dos grupos que eu estava estudando; o que será discutido adiante [...][45].

Como foi visto na tabela 1 deste trabalho (p. 91-96), *Ebulição da escrivatura* é a reunião de escritores negros publicada pela Civilização Brasileira. Entre eles, Éle Semog, então membro dos coletivos Negrícia e Grupo Garra Suburbana, que esteve presente nas discussões sobre a produção literária negra como literatura marginal na década de 1980. O prefácio dos autores autointitulados *"treze poetas impossíveis"* traz elementos interessantes para essa discussão:

> O livro *Ebulição da escrivatura* não é manifesto ou síntese de um movimento. É a mais deliberada união de poetas novos e inéditos no propósito de fazer seu recado chegar às mãos do público. [...] Se por um lado aquela experimentação formalista [até 1968] trouxe alguma contribuição válida, num momento em que a liberdade de se expressar era um fato indiscutível, momentos em que várias correntes se expunham no panorama da poesia brasileira, propiciando disso tudo uma reciclagem qualitativa, por outro, numa situação em que qualquer manifestação de cultura autêntica é duramente reprimida, uma pregação formalista, desvinculada das necessidades do momento histórico e do acesso às diversas camadas da população, é historicamente obsoleta e reacionária [...]. Esta é praticamente uma geração que descobriu por conta própria o caminho da batalha. Uma geração cujos integrantes, não podendo reunir-se em grupos para criar movimentos de grande repercussão, tiveram que produzir sozinhos seu trabalho. E como o momento é de grande opressão, mas ao mesmo tempo de síntese do que existia de maior coerência, *dela está nascendo uma poesia reflexiva e bastante consciente quanto aos usos da palavra. Desta vez, não mais uma linguagem elitista e inconsequente, mas diretamente ligada aos problemas sociais enfrentados, sem se deixar cair no panfletismo*[46].

Duas das características aventadas por Salgado Maranhão são apontadas por Messeder Pereira como impróprias à Geração Mimeógrafo: a ideia de *poesia consciente*, redundando em algum *engajamento político*; e a poesia diretamente ligada a uma reaproximação do *artista* com um *povo*.

Pereira apresenta os grupos de *Ebulição da escrivatura* e do coletivo que edita o livro de poemas *Contramão*, pelas Edições Pindaíba/Edições Populares, também em 1978. Transcreve os dois prefácios dos livros desses grupos[47] excluídos de sua pesquisa e afirma que: "um dos problemas centrais que me preocupam neste trabalho é a delimitação de uma linha de postura crítica cuja originalidade e especificidade está em representar a reorientação da cultura brasileira, ocorrida com a passagem dos anos 1960 para os 1970"[48]. Em nenhum momento é dito que os coletivos são formados por negros. O grande problema em sua produção, no entender de Pereira, é a distribuição por meio de editoras ou um sistema de cooperativa de autores.

A IDEIA DE LITERATURA MARGINAL TOMADA DE ASSALTO EM TRÊS ATOS

> Você provavelmente já se acostumou a ouvir a palavra *marginal* usada para xingar "maconheiros" e "trombadinhas", ou então para designar algumas avenidas que contornam a cidade de São Paulo. Mas quando esse termo é aplicado a poetas e poesia, torna-se um rótulo confuso. É natural que desperte indagações do tipo: Como um poeta pode ser marginal? Existe uma poesia marginal? Marginal é o poeta ou a poesia? E por aí afora. [...] Tratando-se de arte, toda obra e autor que não se enquadram nos padrões usuais de criação, apresentação ou veiculação seriam também marginais, inclusive a poesia e o poeta[49].
>
> Glauco Mattoso

O que interessa agora é a *tomada de assalto* da ideia de marginalidade em literatura. Utilizo essa imagem para afirmar que o parentesco da nova produção na última década do século XX, no Brasil, está mais relacionado com a condição marginal histórica da ideia de literatura negra do que com a Geração Mimeógrafo, da década de 1970. Não deixa de ser significativo que a marginalidade em literatura brasileira seja retomada no contexto dos anos 1990 e, espacialmente, *em termos de ideação*, no Capão Redondo, na periferia da zona sul de São Paulo, irradiando-se posteriormente para outras áreas semelhantes do país.

Debitada da conta da Geração Mimeógrafo, *a nova configuração da ideia de literatura marginal* tem muito pouco a dever. A iniciar pela transposição discursiva do que é marginalidade: não se situa, como se disse antes, num estilo de vida, solução para um sufoco contextual, que leva a um descrédito estrutural e ao desbunde. *Agora, é vista como um dado espacial e sócio-histórico.* Dito de outra forma: não é um estilo circunstancial de vida, *é a própria vida,* de cuja condição não se pode abdicar tão facilmente, pois é fenômeno estrutural e estruturante.

O mapa virtual das estações de metrô da cidade de São Paulo[50] afirma, em 2007, que, no quesito pontos de interesse no entorno, a de Capão Redondo não tem nada a oferecer. Todavia, é de lá que o escritor Reginaldo Ferreira da Silva, mais conhecido pelo pseudônimo Ferréz, com, então, um livro publicado, faz uso da ideia de literatura marginal e a reconverterá num novo sentido, para dar conta de algumas produções individuais que se manifestam no momento. Ferréz, após o lançamento de seu romance *Capão pecado,* torna-se colaborador da revista *Caros Amigos.* Em 2001, lança o projeto *Caros Amigos/Literatura Marginal,* que, de acordo com o escritor, é elaborado pela necessidade de aproximar a produção literária da *periferia das cidades,* assim como os autores que ali surgem.

> Bom, Literatura Marginal: Por que Literatura Marginal? Pelo desespero. [...] eu escrevia na revista *Caros Amigos...* E aí em todas as escolas que eu ia fazer palestras, em todas os lugares que eu ia, sempre chegava um moleque [...] com uns textos rabiscados num caderno velho ou até em carteira de trabalho [...]. Porque os caras acreditavam que um cara escrevendo na *Caros Amigos,* uma revista que sai todo mês nas bancas, já deu esperanças para também outros escritores quererem fazer, né? E eu chegava no Sérgio [de Souza], que é o editor da *Caros Amigos,* que é da Casa Amarela Editora, e falava: "Sérgio, eu preciso fazer uma versão maloqueira da *Caros Amigos.* Ou seja: eu preciso trazer mais gente comigo na revista. Tem um monte de gente que tá me cobrando, gente de vários lugares. As pessoas querem falar, querem escrever sobre a realidade...". E assim: chegavam textos do Ceará, sobre o... que os caras tavam fazendo lá, um pessoal bem mais pobre, que trabalhava no campo... Então, um cara que trabalhava no campo escrevia pra mim e mandava. [...] Então, eu cheguei no Sérgio e falei: "Tenho a ideia de fazer uma revista, que chama Literatura Marginal". "Por que Literatura Marginal?", ele perguntou. Eu falei: "Ó, primeiro porque tem uma pá de cara que tá escrevendo aqui que era ladrão ou é ladrão, entendeu? Tem uma pá de cara que escreve aqui que

foi já do mundo criminal e não é mais. Tem um monte de cara que tá escrevendo que tava preso em Febem ou que tá preso ainda. Outros estão soltos. E marginal pra mim... Não tem ninguém mais marginalizado que o trabalhador brasileiro[51].

O manifesto escrito por Ferréz, que apresenta o primeiro dos três atos dos escritores marginais contemporâneos no projeto *Caros Amigos/Literatura Marginal*, traz as principais balizas em que se busca organizar a retomada da ideia:

> O significado do que colocamos em suas mãos hoje é nada mais do que a realização de um sonho que infelizmente não foi vivido por centenas de escritores marginalizados deste país. *Ao contrário do*

TRÊS ATOS DE *CAROS AMIGOS/LITERATURA MARGINAL*.

bandeirante que avançou com as mãos sujas de sangue sobre nosso território e arrancou a fé verdadeira, doutrinando nossos antepassados índios, e ao contrário dos senhores das casas-grandes que escravizaram nossos irmãos africanos e tentaram dominar e apagar toda a cultura de um povo massacrado mas não derrotado. Uma coisa é certa: queimaram nossos documentos, mentiram sobre nossa história, mataram nossos antepassados. Outra coisa também é certa: mentirão no futuro, esconderão e queimarão tudo o que prove que um dia a periferia fez arte. Jogando contra a massificação que domina e aliena cada vez mais os assim chamados por eles de "excluídos sociais" e para nos certificar que o povo da periferia/favela/gueto tenha sua colocação na história e não fique mais quinhentos anos jogado no limbo cultural de um país que tem nojo de sua própria cultura, o Caros Amigos/Literatura Marginal vem para representar sua cultura autêntica de um povo composto de minorias, mas em seu todo uma maioria [...]. Como João Antônio andou pelas ruas de São Paulo e Rio de Janeiro sem ser valorizado, hoje ele se faz presente aqui e temos a honra de citá-lo como a mídia o eternizou, um autor da literatura marginal. Também citamos a batalha da vida de Máximo Górki, um dos primeiros escritores proletários. Mas não podemos esquecer de Plínio Marcos, que vendia seus livros no centro da cidade e que também levou o título de autor marginal [...]. Fazemos uma pergunta: quem neste país se lembra da literatura de cordel? [...] A literatura de cordel, que cem anos completou, é literatura marginal, pois à margem esteve e está, num lugar que gosta de trabalhar com referências estrangeiras. Mas estamos na área, e já somos vários, e estamos lutando pelo espaço, para que no futuro os autores do gueto sejam também lembrados e eternizados [...][52].

A necessidade de produzir uma revista que cumpra o papel de uma antologia se faz presente na apresentação de Ferréz como aqueles *atos políticos de memória* de que a escritora Miriam Alves tratou, uma década e meia antes, em *Criação crioula*. A literatura opera como uma arma contra o esquecimento. No caso dessa nova configuração da ideia de marginalidade, a operação da memória coletiva, aliada a um espaço geográfico e a grupos sociais ocupantes desse espaço, trata da condição marginal como elemento identitário inalienável. A matéria-prima literária e o que uniria esses escritores, portanto, seriam dados a partir de seu lugar de enunciação, do qual eles não poderiam ou não deveriam abrir mão.

[...] Então, acho que a literatura marginal se resume nisso, assim. Muita gente fala assim: "Ah, mas o nome é forte, o nome é isso e aquilo". Mas eu vou me encaixar em que tendência de escritor? Eu sou contemporâneo? Sou um escritor da criminalidade? Então, eu preferi adotar este nome, preferi este nome que é mais usado na escola de Plínio Marcos e João Antônio. Falavam: "Ah, isto é uma literatura marginal". Realmente a gente pegou este com orgulho e transformou num símbolo de cobrança, a gente transformou numa marca que outros autores hoje usam e falam que é uma literatura marginal ou literatura periférica ou literatura só. O importante é ter feito o trabalho, assim, e ele foi realizado[53].

O *ato político de memória*, traduzido nessa operação literária, requisita, inclusive, que se elenquem alguns ícones: escritores que partilharam em momentos distintos do passado a condição de marginalidade social ou artística. O acionamento do passado serve, segundo o viés sociológico que o estudou, *grosso modo*, como uma ferramenta explicativa e justificativa do presente[54]. Sendo Ferréz o porta-voz e o criador dessa nova vertente da ideia de marginalidade, são os seus ícones literários que servem de figuras referenciais para o projeto atual: João Antônio, Plínio Marcos, Górki (e, em outras ocasiões, Carolina Maria de Jesus, Charles Bukowski, Paulo Lins, Edward Bunker). No caso do contista João Antônio, a identificação se faz tão forte que Ferréz chega a incluir, ao final da introdução do manifesto, um trecho de um dos seus textos, *Abraçado a meu rancor*, como um *aviso ao sistema*:

> Evitem certos tipos, certos ambientes. Evitem a fala do povo, que vocês nem sabem onde mora e como. Não reportem povo, que ele fede. Não contem ruas, vidas, paixões violentas. Não se metam com o restolho que vocês não veem humanidade ali. Que vocês não percebem vida ali. E vocês não sabem escrever essas coisas. Não podem sentir certas emoções, como o ouvido humano não percebe ultrassons[55].

Existem, portanto, diferenças programáticas entre as décadas de 1970 e 1990, no que tange à ideia de literatura marginal. No caso dessa última, anuncia-se – em certo sentido – a ideia de um projeto em que se formula a indissociabilidade entre o vivido e o narrado, cujo apego não se dá no plano passageiro. O fato de a antologia sair por uma editora comercial de circulação nacional não invalida, para Ferréz, a proposta dos escritores marginais dos anos 1990, como o faria à Geração Mimeógrafo. Ao contrário, é passo pensado e desejado, mesmo em suas produções individuais[56]. Além disso, a antologia anuncia a fundação da editora Literatura Marginal, da qual Ferréz se torna o editor, organizador e criador do projeto, agradecendo primeiramente aos mentores intelectuais João Antônio, Plínio Marcos e Afonso Henriques de Lima Barreto.

O *happening* dos anos 1970, do *tráfico de emoções* – como afirmou um poeta marginal entrevistado à época por Messeder Pereira[57] –, cedeu lugar ao ato de memória politizado, do *tráfico de informações*, na década de 1990, num espaço de trinta anos[58]. Como disse Ferréz em 2007, no evento realizado no Sesc Carmo, na praça da Sé, se necessário for, para se discutir literatura marginal, vale a pena até mesmo ser *cooptado* por grandes editoras, produções cinematográficas etc., para que essa produção chegue até onde se almeja.

> [...] E tem mais: o cara pode ser cooptado e sair por um selo grande, uma editora grande, e pode continuar com o mesmo discurso. Pode continuar com a mesma ideologia. Não quer dizer que ele foi cooptado e que ele vai mudar. Quer dizer que ele vai ser elevado a um patamar a mais. É inevitável isso! Hoje em dia se fala muito disso, se tem muita qualidade nos textos, as coisas tão melhorando e ainda vai melhorar mais. Então, eu acho que é 100% de certeza disso mudar. Agora, que a literatura marginal sempre vai existir como uma coisa paralela, que vai chegar mais autores, isso vai. Não tenho dúvida nenhuma [...] Então, tem várias formas também de você fazer. Na verdade, quando eu falei "cooptado", por que assim: não dá pra [...] também a gente ficar mentindo: "não, a gente vai ser sempre puro, sempre bom". Ninguém é puro, ninguém é inocente no bagulho! Tá todo mundo querendo se envolver também. Mas só que tem formas de se envolver. Tem formas dignas de se fazer a coisa e tem formas que não são tão dignas. Vai até onde você quer ceder. Esse é o jogo do mercado: não tem como eu lançar um livro se eu não ceder também. Mas vai até onde eu quero ceder[59].

Em 2002, o primeiro ato do projeto *Caros Amigos/Literatura Marginal* conquista o prêmio da APCA, pelo melhor projeto literário do ano. Em seu Ato II, a introdução de Ferréz, denominada "Terrorismo literário", cumpre o papel de tentar tornar mais preciso para que e para quem a coletânea foi organizada.

> Mó satisfação em agredir os inimigos novamente, voltando com muito mais gente e com grande prazer em apresentar novos talentos da escrita periférica. [...] A revista é feita para e por pessoas que foram postas à margem da sociedade. [...] Ganhamos até prêmios, como o da APCA. [...] a Literatura Marginal, sempre é bom frisar, é uma literatura feita por minorias, sejam elas raciais ou socioeconômicas. Literatura feita à margem dos núcleos centrais do saber e da grande cultura nacional, ou seja, os de grande poder aquisitivo. [...] Temos assim duas pessoas de que eu particularmente sou fã e não estou sozinho na admiração, estou falando de Plínio Marcos e João Antônio, como autores marginais, ou seja, à margem do sistema, já que falavam de um outro lugar com voz que se articulava de uma outra subjetividade (tá vendo, quem disse que maloqueiro não tem cultura?) [...]. Afinal, um dia o povo ia ter que se valorizar, então é nós nas linhas da cultura, chegando devagar, sem querer agredir ninguém, mas também não aceitando desaforo nem compactuando com a hipocrisia alheia. Bom, vamos deixar de ladainha e na bola de meia tocar o barco [...][60].

O caráter inusitado de certas ações do *centro* se expressa no texto *periférico* acima: ele se inicia afirmando o prazer de atacar novamente inimigos não nomeados, que podem ser tanto o pouco definido *sistema* como aqueles que criticaram o exclusivismo da antologia. Ferréz fica surpreso com o fato de uma proposta como aquela receber uma premiação relativamente importante, o que pode significar consagração, reconhecimento ou cooptação. A certa altura, ele fecha barreira com os ícones propostos no primeiro ato, mas tenta também estabelecer alianças com outros eventos/artistas marginais, nas mais diferentes acepções – Boca do Lixo, cinema marginal, Hélio Oiticica e seu "Seja herói, seja marginal" –, mesmo que anacronicamente. E, por fim, a apresentação do segundo ato dos escritores periféricos, organizados novamente por Ferréz, termina em reticência com o princípio do texto, ao afirmar que não pretende agredir ninguém (que foi feito dos *inimigos*?).

Trata-se então de um *entreato* vacilante, um interregno de recomposição e autoavaliação. É necessário, haja vista o intervalo de dois anos que o separa do terceiro e derradeiro lançamento do projeto. Nesse meio-tempo, autores que fizeram parte das duas coletâneas (e, depois, também da terceira) abandonam a ideia em prol de uma tentativa de inclusão em outros campos da literatura brasileira, de acordo com Ferréz. "[...] isso foi uma decepção pra mim, tá ligado? Pôr o cara num livro chamado *Literatura marginal* e depois o cara negar o nome? 'Ah, eu tô lá, mas é porque o Ferréz quis me pôr.' Não, eu não quis pôr ele: ele veio participar, entendeu?[61]" Essa tensão interna do grupo será examinada mais adiante.

"Contestação" é o título atribuído à apresentação do ato final do projeto antológico. Desta vez, algumas das hesitações do entreato saem de cena, aportando algumas características do projeto literário marginal, ideadas por Ferréz, que somente sua longevidade demonstrará:

> [...] Como sempre acontece a todo movimento feito por pessoas que estão "à margem", as críticas vieram aos montes também, fomos taxados de bairristas, de preconceituosos, de limitados, e de várias outras coisas, mas continuamos batendo o pé, cultura da periferia feita por gente da periferia e ponto-final, quem quiser que faça o seu, afinal quantas coleções são montadas todos os meses e nenhum dos nossos é incluído? A missão que todo movimento tem não é de excluir, mas sim de garantir a nossa cultura, então fica assim, aqui é o espaço dos ditos excluídos, que na verdade somam toda a essência do gueto [...]. *Muitas foram as madrugadas para finalizar essa edição, mas creio que um grande homem como Solano Trindade ou uma grande mulher como Carolina Maria de Jesus se sentiriam orgulhosos de pegar essa edição nas mãos, pois é pensando neles, e numa quantidade gigantesca de autores marginais injustiçados desse país, que ainda temos força para tocar a missão.* [...] a palavra que mais admiro é contestação, temos que ter o poder de duvidar, retrucar, de refazer e recriar, um parceiro me disse esses dias que a parada da Literatura Marginal é a revolução sem o r, então meus queridos, vamos evoluir e que cada talento que está no gueto não seja algemado um dia, e sim tenha estudado na melhor universidade do país [...] *não precisamos de cultura na periferia, precisamos de cultura da periferia.* [...] *A questão agora é que terão que surgir muitos iguais ao Rui Barbosa para dar conta de sumir com tudo o que estamos fazendo*[62].

O derradeiro ato antológico se fecha com a aproximação da ideia de literatura marginal dos anos 1990 a aspectos da literatura negra. Não apenas pela retomada de dois autores do passado (Trindade e Jesus), mas também pela afirmação final que faz alusão à queima de arquivos oficiais da memória da escravidão no Brasil. Além disso, anuncia-se uma tentativa de autonomia e autoafirmação, ao se falar da necessidade de gestar uma *cultura da periferia*, autoproduzida e autoconsumida. A operação do recordar, além de uma luta contra o esquecimento social e individual, quer igualmente pavimentar o devir. "A revolução será silenciosa e determinada como ler um livro à luz de velas em plena madrugada", anuncia Ferréz, finalizando sua introdução. Só o tempo poderá confirmar essa posição otimista. O anúncio do quarto ato – que não se concretizaria – foi feito com uma chamada de pé de página abaixo da introdução.

Todavia, no ano seguinte, o autor organiza o livro *Literatura marginal: talentos da escrita periférica*. Dos 53 autores publicados nos três atos – repetidos ou não, conhecidos ou não –, 11 comparecem com textos nessa publicação da editora Agir, cujo prefácio de Ferréz é um amálgama ampliado de suas apresentações anteriores. Ampliado na direção, inclusive, de outro público, que não aquele considerado o ideal, mas com um propósito já anunciado em suas discussões sobre o que se entenderia por *cooptação*: veicular sua mensagem para mais pessoas, atingindo o *centro* e a *periferia*, tentando fixar um lugar no espaço social do sistema literário. *A ideia de literatura marginal, reconfigurada, atingiria assim um projeto estético e um projeto político* – lembrando João Luiz Lafetá –, *com maior ênfase no primeiro, empreendendo a crítica pela linguagem, a confecção literária com um propósito*. E, agora, a memória como uma arma de reivindicação. O longo excerto a seguir tenta condensar essas novas balizas.

> A capoeira não vem mais, agora não reagimos com a palavra, porque pouca coisa mudou, principalmente para nós. [...] Cala a boca, negro e pobre aqui não tem vez! Cala a boca! [...] Cala a boca uma porra, agora a gente fala, agora a gente canta, e na moral agora a gente escreve. [...] *Quem inventou o barato não separou entre literatura boa/feita com caneta de ouro e literatura ruim/escrita com carvão, a regra é só uma, mostrar as caras. Não somos o retrato, pelo contrário, mudamos o foco e tiramos nós mesmos a nossa foto.* [...] O sonho não é seguir o padrão, não é ser o empregado que virou patrão [...]. *Um*

dia a chama capitalista fez mal a nossos avós, agora faz mal a nossos pais e no futuro vai fazer a nossos filhos, o ideal é mudar a fita, quebrar o ciclo da mentira dos "direitos iguais", da farsa do "todos são livres", a gente sabe que não é assim, vivemos isso nas ruas, sob os olhares dos novos capitães do mato, policiais que são pagos para nos lembrar que somos classificados por três letras classes: C, D, E. [...] *Literatura de rua com sentido, sim, com um princípio, sim, e com um ideal, sim, trazer melhoras para o povo que constrói esse país mas não recebe sua parte.* [...] *Sabe de uma coisa, o mais louco é que não precisamos de sua legitimação, porque não batemos na porta para alguém abrir, nós arrombamos a porta e entramos.* [...] *Muitas são as perguntas, e pouco o espaço para respostas. Um exemplo para guardar é o de Kafka. A crítica convencionou que aquela era uma literatura menor. Ou seja, literatura feita pela minoria dos judeus em Praga, numa língua maior, o alemão* [...]. *A Literatura Marginal, sempre é bom frisar, é uma literatura feita por minorias, sejam elas raciais ou socioeconômicas. Literatura feita à margem dos núcleos centrais do saber e da grande cultura nacional, isto é, de grande poder aquisitivo. Mas alguns dizem que sua principal característica é a linguagem, é o jeito como falamos, como contamos a história, bom, isso fica para os estudiosos* [...].

Cansei de ouvir:

– Mas o que cês tão fazendo é separar a literatura, a do gueto e a do centro.

E nunca cansarei de responder:

– O barato já tá separado há muito tempo, só que do lado de cá ninguém deu um gritão, ninguém chegou com a nossa parte, foi feito todo um mundo de teses e de estudos do lado de lá, e do de cá mal terminamos o ensino dito básico. [...] Sabe o que é mais louco? *Neste país você tem que sofrer boicote de tudo que é lado, mas nunca pode fazer o seu, o seu é errado, por mais que você tenha sofrido você tem que fazer por todos, principalmente pela classe que quase conseguiu te matar, fazendo você nascer na favela e te dando a miséria como herança* [...][63].

LITERATURAS COMO PROTESTOS: MUNDOS FICCIONAIS EM DISPUTA COM O MUNDO REAL

As ideias de literaturas negra e marginal/periférica foram tratadas nestes dois primeiros capítulos como forças sociais, em permanente disputa e trânsito constante. *Ideias em movimento*, sofrendo mutações ao longo dos anos, ao sabor das demandas e interpretações históricas, acionadas por diferentes agentes interessados em afirmá-las ou negá-las, seja no âmbito de negros produzindo a própria literatura, seja no de cidadãos periféricos – com parcela significativa de negros oriundos do proletariado ou do lumpesinato – formulando uma expressão artística. O ponto comum que as une pode estar expresso naquilo que o sociólogo Octavio Ianni afirma, em 1988, quando se propõe a refletir sobre os fundamentos da expressão literária de negros escritores:

> A literatura negra é um imaginário que se forma, articula e transforma no curso do tempo. Não surge de um momento para outro, nem é autônoma desde o primeiro instante. Sua história está assinalada por autores, obras, temas, invenções literárias. É um imaginário que se articula aqui e ali, conforme o código de autores, obras, temas e invenções literárias. É um movimento, um devir, no sentido que se forma e se transforma. Aos poucos, por dentro e por fora da literatura brasileira, surge a literatura negra, como um todo com perfil próprio, um sistema significativo. Um sistema no sentido de "obras ligadas por denominadores comuns", com "notas dominantes" peculiares desta ou daquela fase, deste ou daquele gênero. [...] O negro é o tema principal da literatura negra. Sob muitos enfoques, ele é o universo humano, social, cultural e artístico de que se nutre essa literatura. Naturalmente o negro sempre implica o branco, no outro do negro: senhor de escravos, capataz, feitor, fazendeiro, empresário, lavrador, político, governante, intelectual e assim por diante. Implica a escravatura, época colonial, período monárquico, várias repúblicas, várias ditaduras, urbanização, industrialização, formas de trabalho e vida. Compreende diversidades, multiplicidades, desigualdades e antagonismos. Mas não há dúvida [de] que o negro brasileiro é o tema principal dessa literatura. [...] Podemos, pois, distinguir duas polarizações principais, não únicas, na formação da literatura negra. Uma diz respeito ao

desenvolvimento de um sistema, um todo aberto. Outra se refere ao negro brasileiro como tema principal, como universo humano, social, cultural e artístico. É claro que essas polarizações se constituem em conjunto, mesclam-se, vivificam-se[64].

O que é afirmado para o negro vale para o periférico – se for entendido como um novo sujeito social, amálgama que combina inclusive o próprio negro. A arte de escrever, no entanto, é uma arte técnica. Anterior a eventualidades emocionais, conjunturas sociais e historicamente dadas, a técnica de recriação da realidade no mundo ficcional deve ser, antes de tudo, preponderante. Assim, nesse caso, os imaginários negro e periférico são o diferencial dessa técnica.

As singularidades complexas e desiguais das relações sociais e racializadas no Brasil é que impregnam esses mundos ficcionais, articulando-os ao longo da história em projetos estéticos e políticos, mais ou menos bem-sucedidos, efetivados na forma de associações, coletivos, movimentos, jornais, prosa, poesia, antologias, dramaturgias etc. capazes de enunciar a visão social de mundo de frações desses grupos, seus pontos de vista, suas reivindicações, suas proposições alternativas ou inclusivas. A técnica de escrever, todavia, foi e será constantemente testada. O debate sobre a qualidade literária, dos anos 1980, alcança também os dias atuais. Não se trata de algo a ser ignorado – com o perigo preconceituoso da condescendência –, mas sim anunciado como um desafio à durabilidade de ambas as produções e seus autores, ladeados por seus projetos sociais implícitos.

A assunção da ideia de marginalidade não implica algo essencialmente bom ou ruim. Infelizmente, no caso brasileiro, a marginalidade literária está condicionada, em grande parte, à precariedade, ao desinteresse ou ao amadorismo do próprio sistema literário maior, refém de um mercado enxuto, de editores pouco percucientes, em um país com condições sociais inóspitas para a leitura (*vide* a escolarização pública e privada média, primária, secundária ou superior). Isso sem se tratar das relações sociais, desiguais e racializadas, articuladas com a literatura.

O caráter endógeno dessa produção ainda é visível: surgiram e desapareceram nos últimos anos editoras e livrarias especializadas para a confecção literária negra e periférica: Livraria e Editora Eboh (SP), livraria Contexto (SP), Mazza Edições (MG), editora Nandyala (MG), Sobá Livaria e Café (RJ), Kitabu Livraria Negra (RJ), Selo Negro (SP),

Edições Toró (SP) e Literatura Marginal Editora (SP)[65], além do próprio *Cadernos Negros* (SP). Entretanto, em 2007, a Global criou uma Coleção de Literatura Marginal, editando os escritores periféricos (Sérgio Vaz, Sacolinha, Allan da Rosa etc.).

Com o tempo, como se pôde e poderá ver mais, essa marginalidade histórica vai se diluindo ou assumindo novas formas. A prova dos nove da técnica de recriação do mundo, portanto, poderia começar a ser posta em prática por seu valor literário inato. Essas seriam condições ideais, longe das realidades pregressa e atual. Nem toda consagração nem toda ruína literária poderiam ser atribuídas às condições sociais desiguais e racializadas, perversas. Mas quanto tempo ainda para se chegar a esse cenário?

Gostaria de ressaltar que os autores elencados neste livro condensam, em diferentes aspectos e momentos, essas reflexões anteriores. São frutos dessas condições sociais e literárias precárias, de singularidades históricas que os fizeram aparecer ou desaparecer. O teste da qualidade de seus textos, da arte de recriar no mundo ficcional, foi e é permanentemente colocado em questão, especialmente por suas origens sociais e étnicas, como se intenta demonstrar. E todos, sem exceção, fizeram de suas confecções literárias negras ou periféricas uma forma de protesto, realizado em literatura, com graus variados de sucesso artístico e inflexão política. Mas o ponto de partida permaneceu o mesmo. E o mais importante: *de personagens,* por muitas vezes *estereotipados,* converteram-se em *autores de suas próprias expressões*, explicitando as múltiplas visões sociais de mundo de suas frações de classe e grupos de origem. O que foi feito disso é o que se deve começar a questionar a partir deste momento.

NOTAS

1 José Abílio Ferreira, A formação de um conceito nacional, em: I Encontro de Poetas e Ficcionistas Negros Brasileiros (org.), *Criação crioula, nu elefante branco,* São Paulo: Imesp, 1987, p. 75. A expressão de um "Brasil irreconhecivelmente inteligente" está presente no ensaio clássico de Roberto Schwarz, Cultura e política: 1964-1969, em: *O pai de família e outros ensaios,* São Paulo: Paz & Terra, 1974.

2 *"Evidente que no campo da literatura negra vicejaram muitas publicações importantes, fossem através de editoras ou de formas alternativas. Como exemplo devo citar a poética de Lino Guedes, que* *inspirou em muito a nova safra de poetas paulistanos, e mais: Oswaldo de Camargo, Paulo Colina, membros do Quilombhoje etc.* [...] *Pois bem, nenhum destes poetas citados e de certa forma anônimos para o grande público* [...] *receberam qualquer apoio oficial – nem poderiam – da caixa baixa do Ministério da Educação e Cultura (MEC) para subsidiar a literatura. O que houve em termos de financiamento foi investido em publicações que exaltavam o binômio Segurança e Desenvolvimento e os feitos da ditadura militar."* Cf. Hermógenes Almeida S. Filho, Reflexões sobre a literatura negra na realidade política brasileira, em: I Encontro de Poetas e Ficcionistas Negros Brasileiros (org.), 1987, *op. cit.*, p. 42.

3   S. Filho, 1987, *op. cit.*, p. 46 (grifos meus).

4   As informações da tabela foram cruzadas nestas fontes: Roger Bastide, Considerações sobre alguns poetas afro-brasileiros de hoje, em: *Estudos afro-brasileiros*, São Paulo: Perspectiva, 1973, p. 93 e ss.; David Brookshaw, Quatro poetas negros brasileiros, *Estudos Afro-Asiáticos*, ano 1, n. 2, 1978, p. 31-43; *Id., Raça e cor na literatura brasileira*, Porto Alegre: Mercado Aberto, 1983; Zilá Bernd, *Negritude e literatura na América Latina*, Porto Alegre: Mercado Aberto, 1987; *Id., Introdução à literatura negra*, São Paulo: Brasiliense, 1988; Paulo Colina (org.), *Axé: antologia contemporânea de poesia negra brasileira*, São Paulo: Global, 1982; Quilombhoje (org.), *Reflexões sobre a literatura afro-brasileira*, São Paulo: Conselho de Participação e Desenvolvimento da Comunidade Negra, 1985; I Encontro de Poetas e Ficcionistas Negros (org.), 1987, *op. cit.*; Oswaldo de Camargo, *A razão da chama: antologia de poetas negros brasileiros*, São Paulo: GRD, 1986; *Id., O negro escrito: apontamentos sobre a presença do negro na literatura brasileira*, São Paulo: Imesp, 1987; Quilombhoje (org.), *Cadernos Negros: os melhores contos*, São Paulo: Quilombhoje, 1998; Nei Lopes, *Dicionário literário afro-brasileiro*, Rio de Janeiro: Pallas, 2007 (vários verbetes); http://www.casadamemoriaararuna.com/peryllo.htm#Bibliografia, acesso em: 15 abr. 2018; http://www.infonet.com.br/luisantoniobarreto/ler.asp?id=31024&titulo, acesso em: 15 abr. 2018; https://www.literaturabrasileira.ufsc.br, acesso em: 30 set. 2022; https://digital.bbm.usp.br, acesso em: 30 set. 2022; e https://www.worldcat.org/pt, acesso em: 30 set. 2022. Os critérios para construção da tabela foram a atribuição da bibliografia sobre os autores como um escritor ou uma escritora de literatura negra ou, quando possível, a autoatribuição do escritor ou da escritora. O recorte temporal abrange o século XX, 12 anos após a abolição formal da escravidão até o centenário desse processo. A tabela foi construída sob o critério de explicitar como a bibliografia tratava as "edições de autor", autofinanciadas ou pagas em gráficas, forma empregada para editar a autoria negra no escopo temporal,

marginalizada no sistema literário. Junto de Ruth Guimarães, Oswaldo de Camargo e Carolina Maria de Jesus, Marilene Felinto e Lima Barreto são as contáveis exceções.

5 A obra de Marilene Felinto foi vencedora na categoria Autor Revelação do Prêmio Jabuti de 1983. Seu livro *As mulheres de Tijucopapo* foi relançado em 2021 pela editora paulistana Ubu. [N.E.]

6 Marise Tietra, Avaliação crítica da produção literária dos últimos 10 anos, em: I Encontro de Poetas e Ficcionistas Negros Brasileiros (org.), 1987, *op. cit.*, p. 52.

7 *Ibid.*, p. 53-4.

8 De acordo com o verbete no *Dicionário literário afro-brasileiro*, de Nei Lopes: "Coletivo de Escritores Negros: entidade do movimento negro criada no Rio de Janeiro, RJ, no fim da década de 1980, como consequência do grupo Negrícia, Poesia e Arte de Crioulo ou Negrícia Poesiação. Dele participaram Hélio de Assis, Éle Semog, Conceição Evaristo, Salgado Maranhão e Deley de Acari". Cf. Lopes, 2007, *op. cit.*, p. 46.

9 Deley de Acari, Movimento negro e educação, em: I Encontro de Poetas e Ficcionistas Negros Brasileiros (org.), 1987, *op. cit.*, p. 70-1.

10 "Há, contudo, muito a questionar sobre a autenticidade do movimento modernista como fator de participação política daqueles indivíduos nos quais se inspirava para formar sua conceituação estética. Há muito o que questionar, do mesmo modo, sobretudo o que se escreveu sobre tudo neste país. É absurdo, por exemplo, acatar a afirmação de que Monteiro Lobato visualizou, como Lima Barreto, uma literatura negra já no começo do século. Seria mais plausível colocar no lugar de Monteiro um Cruz e Sousa. É oportuno também que se tire de seus pedestais autores como Jorge de Lima, Ascenso Ferreira, Raul Bopp e boa leva deles. Todos estes aspectos hoje, felizmente, já estão recebendo um tratamento mais crítico, graças ao trabalho de alguns escritores que não se contentam apenas em criar [...]." Cf. Ferreira, 1987, *op. cit.*, p. 74.

11 A conferência no Itamaraty foi realizada em 30 de abril de 1942 e está transcrita parcialmente no livro de depoimentos organizado por Edgard Cavalheiro *Testamentos de uma geração*, Porto Alegre: Globo, 1944. Bem como, com excelente análise contextual, no livro de Carlos Guilherme Motta, *Ideologia da cultura brasileira (1933-1974)*, São Paulo: Ática, 1977, p. 105-9. Especialmente, p. 107-9. Foi publicada ainda no livro do próprio Mário de Andrade, *Aspectos da literatura brasileira*, Rio de Janeiro: Americ-edit, 1943. Agradeço a Mariana Chaguri por esta última informação.

12 "Certo é que a produção artística e cultural negra esteve sempre em descompasso com as estéticas que costumam dar o tom das épocas. E isto é significativo. Enquanto os modernistas estavam buscando dados populares a fim de contrapor, na forma e no conteúdo, os rigores parnasianos, os escritores negros estavam fazendo sonetos. Enquanto os concretistas propunham uma adaptação da poesia com os novos tempos e sintonizavam-se com os tropicalistas da MPB, os escritores negros, no mínimo, nem se deram conta da discussão em torno do comportamento artístico [19]50-60 em face da afirmação cada vez mais veemente do processo de industrialização. Os escritores negros, como artistas em geral, estavam tratando de questões mais prementes que só a eles interessavam." Cf. Ferreira, 1987, *op. cit.*, p. 74-5.

13 *Ibid.*, p. 76-7 (grifos meus). A atualidade da crítica de Ferreira, infelizmente, permanece. O livro referencial sobre imprensa alternativa dos anos 1970, do jornalista e professor da USP Bernardo Kucinski, não registra, nem mesmo em sua última edição revista e ampliada, nada sobre a imprensa negra do período. Menciona apenas a seção *Afro-América-Latina* do jornal *Versus*. Cf. Bernardo Kucinski, *Jornalistas e revolucionários nos tempos da imprensa alternativa*, 2. ed., São Paulo: Edusp, 2003.

14 Miriam Alves, O discurso temerário, em: I Encontro de Poetas e Ficcionistas Negros Brasileiros (org.), 1987, *op. cit.*, p. 84.

15 "A necessidade de discutirmos juntos este nosso produto, caminharmos mais, avançarmos mais. E uma pergunta surge: Como? Se ninguém nos paga para fazermos o que fazemos? Ao contrário, nós pagamos o tributo pela constante ousadia. E logo divergimos, distanciando-nos do papo, estocando-nos, usando como espada as mesmas espadas rombudas pela qual o sistema fechado de publicação nos estoca. Ficamos nos autoacusando: – Aquele não pode vir porque faz poemas de má qualidade. O outro, também não, pois o trabalho dele não reflete a nossa condição de negro. Aquele? Aquele não! O trabalho dele cheira a ranço disto e daquilo. Resultado: *solidão*. Certo, está tudo certo. Não questiono o questionamento. Precisa existir, sempre. Mas temos que trocar estas velhas espadas rombudas de análise e cunharmos as armas, ao nosso jeito." *Ibid.*, p. 85-6.

16 Arnaldo Xavier, Dha Lamba à Qvizila: a busca dhe hvma expressão literária negra, em: I Encontro de Poetas e Ficcionistas Negros Brasileiros (org.), 1987, *op. cit.*, p. 94-5.

17 Oliveira Silveira, A produção literária negra (1975-1985), em: I Encontro de Poetas e Ficcionistas Negros Brasileiros (org.), 1987, *op. cit.*, p. 88.

18 Zenaide Cecília P. da Silva, Reconciliação, em: I Encontro de Poetas e Ficcionistas Negros Brasileiros (org.), 1987, *op. cit.*, p. 114.

19 Kilamba, Intervenção dos poetas e ficcionistas negros no processo de participação política, em: I Encontro de Poetas e Ficcionistas Negros Brasileiros (org.), 1987, *op. cit.*, p. 126-7.

20 Oubi Inaê Kibuko, Cadernos Negros: um reduto de escritores quilombolas desafiando um país, também literariamente racista, em: I Encontro de Poetas e Ficcionistas Negros Brasileiros (org.), 1987, *op. cit.*, p. 135.

21 *Ibid.*, p. 139. O autor está brigando aqui com o denominado Triunvirato.

22 Éle Semog, A intervenção de poetas e ficcionistas negros no processo de participação política, em: I Encontro de Poetas e Ficcionistas Negros Brasileiros (org.), 1987, *op. cit.*, p. 142-3 e 145 (grifos meus).
23 "De Cruz e Sousa, a vertente trágica, o profundo mergulho psicológico, a estética da velocidade, o domínio da métrica e recursos musicais. De Lima Barreto, a objetividade irônica, o despojamento na abordagem da questão racial, a visão do cotidiano. De Machado de Assis, a monumental ironia com que focaliza a sociedade dominante, o refinado domínio técnico da elaboração narrativa." Cuti, Fundo de quintal nas umbigadas, em: I Encontro de Poetas e Ficcionistas Negros Brasileiros (org.), 1987, *op. cit.*, p. 152.
24 *Id.*, p. 155-6 (grifos meus).
25 "A vida do negro é tudo o que o negro vive. As relações raciais são relações sociais. Não há mundo paralelo. O branco e o mestiço também fazem parte do nosso tema. A mudança de foco (pois ainda há uma tendência a nos considerarmos objeto de estudo de nós mesmos) traz muitas novidades. O que mais importa é o olho aceso. Incomoda, evidentemente, mas é necessário e desaliena. Do gol à bomba atômica, temos direito de fazer literatura e imprimir a nossa vivência." *Ibid.*, p. 157.
26 *Ibid*, p. 157-8.
27 *Ibid.*, p. 158.
28 Clóvis Moura e Miriam N. Ferrara, *Imprensa negra*, São Paulo: Imprensa Oficial do Estado, 2002. Essa publicação traz edições fac-similares de alguns jornais da imprensa negra paulista, desde 1915, que reproduzem o material doado à Biblioteca Mário de Andrade, pesquisado por Ferrara. Agradeço a Daniela R. A. Rosa pelo presente. Cf. também o *site* da USP organizado por Ana Barone e Edilza Sotero, com jornais da imprensa negra paulista entre 1903 e 1963: http://biton.uspnet.usp.br/imprensanegra. Acesso em: 30 set. 2022.
29 De acordo com Oswaldo de Camargo, o contato de Damas com os escritores brasileiros se deu através da Associação Cultural do Negro. "Ele veio ao Brasil, Léon Damas veio ao Brasil e fez uma coletânea, uma antologia, de poetas [...] Quer saber onde estão os poetas? [...] Vá à Associação [...] A Associação era o grande tambor que repercutia tudo. Era muito respeitada! Nenhum estudioso de questões negras deixava de ir à Associação. Nenhum! 'Quer saber onde...?' Era lá. Basta dizer o seguinte. Não é muito difícil entender, não. [José] Correia Leite estava lá. Correia Leite era uma espécie de guru. Era um pedaço de história. Naquele tempo já era". Entrevista de Oswaldo de Camargo concedida a Mário Augusto M. da Silva em 29 jul. 2007, em São Paulo.
30 Camargo, 1987, *op. cit.*, p. 100.
31 Colina, 1982, *op. cit.*, p. 7-8.
32 Camargo, 1986, *op. cit.*, p. X.
33 Colina, 1982, *op. cit.*, p. 11.
34 Moema Parente Augel (org.), *Schwarze Poesie/Poesia Negra*, St. Gallen; Köln: Edition Diá, 1988. *Schwarze Prosa/Prosa Negra* foi publicada em 1993.
35 Júlia Duboc (org.), *Pau de sebo: coletânea de poesia negra*, Brodowski: Projeto Memória da Cidade, 1988.

36 Zilá Bernd, *Poesia negra brasileira: antologia*, Porto Alegre: AGE/IEL/Igel, 1992.
37 Miriam Alves e Caroly R. Durham, *Finally... Us: Contemporary Black Brazilian Women Writers*, Colorado: Three Continent Press, 1995.
38 Charles H. Rowell e Luiz Silva Cuti (org.), *Callaloo*, The Johns Hopkins University, v. 18, n. 4, 1995.
39 Mostra Internacional de Literatura, *Jornal do Conselho da Comunidade Negra*, São Paulo, ano I, n. 3, ago./set. 1985, p. 8.
40 Literatura Negra na 3ª Bienal Nestlé, *Jornal do Conselho da Comunidade Negra*, São Paulo, ano II, n. 6, jun./jul. 1986, p. 12.
41 Aprofundei as discussões sobre as Mostras Literárias Negras neste artigo: Por uma militância ativa da palavra: antologias, mostras, encontros e críticas sobre literatura negra, anos 1980, *História: questões de debates*, v. 63, n. 2, 2015. Disponível em: https://revistas.ufpr.br/historia/article/view/46706/28024. Acesso em: 30 set. 2022.
42 Como afirma Carlos Alberto Messeder Pereira: "[...] Por outro lado, uma característica desta produção poética dita marginal que me chamava atenção, cada vez com maior intensidade, era sua capacidade de aglutinar pessoas diferentes não apenas de um ponto de vista social, cultural, mas também literário". Cf. Carlos A. M. Pereira, *Retrato de época: poesia marginal anos 70*, Rio de Janeiro: Funarte, 1981, p. 16.
43 Heloisa B. de Hollanda (org.), *26 poetas hoje*, 4. ed., Rio de Janeiro: Aeroplano, 2001.
44 "[...] A literatura me interessava, não enquanto fenômeno especificamente literário, mas sim enquanto uma determinada faceta do fenômeno cultural [...]. A arte em geral, bem como a literatura em particular, são parte da vida social e como tal devem ser compreendidas. Se o núcleo da vida social são as relações sociais que as constituem, é para a análise destas mesmas relações que temos que voltar nossa atenção. Portanto, para compreender tanto a arte em geral quanto a literatura em particular é necessário atentar para as relações sociais que aquelas pressupõem ao mesmo tempo que engendram." Cf. Pereira, 1981, *op. cit.*, p. 12-3.
45 *Ibid.*, p. 24 (grifos meus).
46 Salgado Maranhão, Prefácio, em: *Ebulição da escrivatura: treze poetas impossíveis*, Rio de Janeiro: Civilização Brasileira, 1978, p. 9-10 (grifos meus).
47 Trechos do prefácio do grupo de *Contramão* fornecem o tema de contraste que Pereira apontou: "Verdadeiramente está comprovado: no Brasil fazer um livro de poemas é mais fácil que votar. Como cidadãos nós lutamos pela liberdade de expressão, pela igualdade de direitos. Como poetas nós lutamos pela liberdade de expressão, pela igualdade de direitos. [...] Contudo, apesar de tudo, acreditamos que a poesia provoca mudança na cabecinha das pessoas. Somos poetas. Utópicos [...] Qualquer crítico de literatura poderá dizer que este livro representa a insatisfação e as contradições estéticas de jovens poetas sitiados na cidade de São Paulo. Uma bela amostra de rebeldia

poética. Tolice. Estamos na *contramão* porque todo brasileiro está cometendo infração [...] Por isso publicamos este livro. E este é mais um livro possivelmente insignificante. Como são todos os livros publicados neste país, que clama, não por teorias ou futilidades mas por pão e trabalho justo". *Ibid.*, p. 66.

48 *Ibid.*, p. 67.

49 Glauco Mattoso, *O que é poesia marginal?*, São Paulo: Brasiliense, 1981, p. 7-8.

50 Cf. www.metro.sp.gov.br. Em 2021, aponta-se o Parque Santo Dias como ponto de interesse.

51 Transcrição da palestra de Ferréz no evento *Terceira Margem: limites e fronteira da literatura marginal – Panorama sobre a diversidade das produções literárias no Brasil*. Ocorreu no Sesc Carmo, na praça da Sé, em São Paulo, em 12 abr. 2007. Além de Ferréz, estavam presentes o escritor e desenhista Lourenço Mutarelli, a antropóloga Érica Peçanha (autora da dissertação *Literatura marginal: os escritores da periferia entram em cena*, defendida em 2006 na USP) e a pedagoga Olga Arruda. Gravação e transcrição de Mário Augusto M. da Silva. Sérgio de Souza faleceu em 2008.

52 Ferréz, *Caros Amigos/Literatura Marginal: a cultura da periferia*, Ato I, São Paulo: Casa Amarela Ltda./Literatura Marginal Ltda., 2001 (grifos meus). Dez autores são editados nesse ato: Alessandro Buzo, Erton Moraes, Paulo Lins, Ferréz, Jocenir, Garrett, Edson Véoca, Atrês, Sérgio Vaz e Cascão.

53 Transcrição da palestra de Ferréz no evento *Terceira Margem: limites e fronteira da literatura marginal – Panorama sobre a diversidade das produções literárias no Brasil*, São Paulo, 12 abr. 2007.

54 Cf. Maurice Halbwachs, *A memória coletiva*, São Paulo: Vértice, 1990; Pierre Bourdieu, *Meditações pascalianas*, Rio de Janeiro: Bertrand Brasil, 2001; Michael Pollak, Memória, esquecimento e silêncio, *Revista Estudos Históricos*, Rio de Janeiro: CPDOC, v. 2, n. 3, 1989, p. 3-15; *Id.*, Memória e identidade social, *Revista Estudos Históricos*, Rio de Janeiro: CPDOC, v. 5, n. 10, 1992, p. 200-12; Myriam S. Santos, *Memória coletiva e teoria social contemporânea*, São Paulo: Annablume, 2003.

55 A citação de Ferréz está incompleta. O conto *Abraçado a meu rancor*, em uma pobre síntese, retrata um homem que retorna à cidade de São Paulo após ter ficado muito tempo ausente dela. Ele não reconhece mais os lugares e as pessoas, pois tudo está muito diferente do que era em seu tempo, e, em sua opinião, pior. Ele refaz caminhos e lembranças, num monólogo interior atormentado. O excerto escolhido por Ferréz trata de um momento em que o personagem manifesta sua indignação com o trabalho de *sociólogos urbanos*, que se disporiam a tentar estudar *o povo*, que desconhecem absolutamente. Cf. João Antônio, *Abraçado ao meu rancor*, São Paulo: Cosac & Naify, 2001.

56 O texto de contracapa desse Ato I, assinado por Ferréz, afirma que: "Este é um produto desenvolvido e criado 100 por cento na periferia. Todos os artistas que participaram deste projeto representam a verdadeira cultura popular brasileira. As editoras Casa Amarela e Literatura Marginal criaram este projeto com o intuito de passar informação, e de trazer novos talentos juntamente com alguns nomes já conhecidos, para que a informação, que tanto é vital para vivermos, seja divulgada também para o povo sofrido de toda a periferia. *Caros Amigos. Literatura Marginal*. Do gueto para o gueto, nada mais verdadeiro".

57 "[...] recitar poesia é como aprender a falar, a usar a palavra via oral, antes a gente balbucia, depois a gente ordena as coisas, depois a gente volta ao que sempre foi: passa a emoção. Então recitar é isso, passar uma emoção, arrepiar, é endovenosa via oral. E aí eu acho que não é a voz, é o corpo, é o sentimento completo do que está acontecendo ali, mais o que acontece no que vai ser dito, recitar poesia não é contar estórias, é traficar emoções". Cf. Pereira, 1981, *op. cit.*, p. 97. O depoimento utilizado por Messeder é de Ronaldo Santos à revista *Escrita*, n. 19, 19 abr. 1977.

58 "[...] Mas a gente não vive de literatura, não tem como de viver de literatura. E a gente milita nisso, sabe? Eu tenho livro, a gente trafica ali pra onde vai; a gente tá traficando, a gente é traficante de informação e a gente tem porte ilegal de inteligência." Transcrição da palestra de Ferréz no evento *Terceira Margem: limites e fronteira da literatura marginal – Panorama sobre a diversidade das produções literárias no Brasil*, São Paulo, 12 abr. 2007.

59 Entrevista de Ferréz concedida a Mário Augusto M. da Silva em 16 maio 2007, em São Paulo. Esse trecho da entrevista de Ferréz se assemelha às discussões do I Encontro de Ficcionistas e Poetas Negros, especialmente às do escritor Cuti.

60 Ferréz, *Caros Amigos/Literatura Marginal: a cultura da periferia*, Ato II, São Paulo: Casa Amarela Ltda./Literatura Marginal Ltda., 2002, p. 2. Vinte e quatro autores aparecem no segundo ato.

61 Entrevista de Ferréz concedida a Mário Augusto M. da Silva em 16 maio 2007, em São Paulo.

62 Ferréz, Contestação, em: *Caros Amigos/Literatura Marginal: a cultura da periferia*, Ato III, São Paulo: Casa Amarela Ltda./Literatura Marginal Ltda., 2004, p. 2. Dezenove autores são editados aqui.

63 Ferréz (org.), *Literatura marginal: talentos da escrita periférica*, Rio de Janeiro: Agir, 2005, p. 9-13 (grifos meus). O excerto sobre a literatura de Franz Kafka faz referência ao estudo de Gilles Deleuze e Félix Guattari, *Kafka: por uma literatura menor*, Rio de Janeiro: Imago, 1977.

64 Octavio Ianni, Literatura e consciência, *Estudos Afro-Asiáticos*, Rio de Janeiro: Ceao, n. 15, 1988, p. 208-17.

65 Sobre as editoras e livrarias negras, ver o capítulo 10, último deste livro.

CAPÍTULO 3

ENCONTRO NA ENCRUZILHADA: LITERATURA NEGRA E SOCIOLOGIA DO NEGRO

Ignoro as razões que levaram Oswaldo de Camargo a dar-me o privilégio de prefaciar a presente coletânea de poemas. Não sou crítico literário. Tampouco tenho competência ou sensibilidade para apreciar judiciosamente sua produção poética. Considero a crítica literária uma especialidade complexa e difícil, que exclui a improvisação e requer não só *talento e bom gosto*. Sendo evidente que não reúno essas condições (pelo menos em relação à capacidade de ser crítico literário...), entendi que o convite se endereçava ao sociólogo, algum tanto conhecedor da situação do negro na sociedade brasileira[1].

Florestan Fernandes

[...] *Mas foi o homem ideal, sem eu saber, foi o homem ideal, porque ele teve uma infância pobre, foi engraxate etc.* Então, a pobreza nivela até a cor. Em parte, o Florestan, você percebia que ele também era um negro, em alguns aspectos[2].

Oswaldo de Camargo

A literatura *não* é um elemento acessório na trajetória do grupo negro paulista. Ela chega a articular, no cotidiano da socialização e em escala estrutural de reivindicação sociopolítica, a história de associações e movimentos ao longo do século XX. Ao falar em *literatura negra*, quase que obrigatoriamente se trata de indivíduos e autores que assumiram tal termo e se ligaram a essas associações e movimentos historicamente. O mesmo vale para esse sujeito social do fim do século XX, *o periférico*, bem como para os autores de literatura periférica. Em ambos os casos, porém, existem escritores isolados, cuja filiação aos termos não é automática e merece discussão.

A confecção literária é uma formulação mormente *solitária* e, por vezes, *exótica* para a grande maioria dos sujeitos nesses grupos sociais. Para o caso dos autores elencados aqui, os dois adjetivos são adequados: mesmo quando em coletivos literários, a formulação dos mundos ficcionais em seus textos parte de um *sujeito fora de lugar*. Entre os negros ou entre os periféricos, no seio familiar – na maior parte dos casos – ou em grupos políticos, a criação literária não aparece como um fato facilmente compreensível ou aceitável, puro e sem função. Ela é um corpo estranho, moldado por uma ideia fora de lugar – a criação literária e seu esforço de publicação, cujas funções e utilidades são sempre questionadas –, mantendo com o entorno um diálogo por vezes tenso, com sucesso relativo e consagração, conseguida a custos significativos, no próprio âmbito grupal e com independência relativa dos movimentos sociais.

Esse argumento acerca dos *sujeitos fora de lugar* nasce da análise das histórias de vida dos autores estudados – coletadas em entrevistas concedidas a mim ou a outros pesquisadores, jornais, eventos –, bem como de outros escritores associados às ideias de literatura negra e literatura periférica. Carolina Maria de Jesus, vivendo na favela entre os anos 1940 e 1960; Ferréz, periférico na década de 1990; Paulo Lins, em alguma medida, em seus anos de formação, nos anos 1970-80, morando na favela; os escritores do coletivo Quilombhoje e dos *Cadernos Negros,* em meio ao movimento negro e a espectros da esquerda, a partir da década de 1970: todos se inserem nessa categoria, com as devidas nuanças a serem apresentadas.

A confecção literária aparece como um *dado extravagante* para esses grupos sociais (negro e periférico), cujas parcelas geralmente estiveram sujeitas a pelo menos duas experiências socialmente antagônicas: um extremo diz respeito a uma ética exacerbada do trabalho e de uma boa conduta social, após a abolição, que conduziu a uma relação pragmática com a atividade literária – o *trabalhador* contraposto ao *malandro* –, concluindo-se que o trabalho deveria trazer algum benefício imediato, historicamente maior que a educação (vista como algo dispendioso ao ambiente familiar), capaz de alterar sua situação social[3]; o outro polo antagônico está associado a uma ideia difusa sobre a *marginalidade social*, vivenciada nas frações mais baixas. Ser desocupado é ser malvisto, entre as precárias classes médias negras – ou, ainda, entre os sujeitos periféricos.

A ética do trabalhador e *cidadão exemplar*, aliada, geral e contraditoriamente, à empregabilidade precária e a uma certa entronização de discursos racistas a serem negados sobre o grupo negro (de que não gostaria de trabalhar, por exemplo), leva algumas frações desse grupo social ao afastamento ou à tentativa de negar qualquer atividade comumente ligada ao ócio, boêmia, inatividade devido ao estudo prolongado etc. A figura do malandro ou de uma ética da malandragem, muitas vezes enaltecida no imaginário do senso comum, aqui não se aplica como algo positivo.

Por outro lado, no ambiente marginalizado da favela ou da periferia urbana, a condição socialmente imposta do *fracasso* – seja no âmbito familiar, seja no escolar, ou ainda no meio social em si – é tão forte que a busca e o exercício de *uma atividade que seja o desvio da norma vigente* tornam-se assustadores, vistos com desconfiança, chegando a ser motivos de chacota em alguns momentos. A compreensão do ato criativo literário não é imediata, e ele passa a ser observado como uma *perda de tempo*, um dispêndio de energia; para não se dizer, *perigoso ao meio*, visto que, por meio dele, podem ser feitas acusações pessoais, explicitações de comportamentos, questionamentos de condutas ou proposições alternativas, nem sempre bem-vistas. São sintomáticos os relatos de alguns escritores, como Carolina Maria de Jesus[4]. Veja-se também o que dizem o autor de *Cidade de Deus* e, em seguida, o de *Capão pecado*, quando questionados acerca de como suas famílias e vizinhos viam seu interesse por literatura:

> Ao contrário das outras crianças, quando eu fazia uma coisa errada, minha mãe falava: "Ó, então não vai escrever!" [...] Então, fiquei ilhado [por gostar de ler e ouvir histórias], eu e algumas pessoas, porque só eu lia, então isso dificulta um pouco a relação [...]. Eu era meio otário! Sempre fui meio otário, não sei jogar bola, soltar pipa... [...] Porque na favela tem a questão do respeito, o cara que bate uma bola é respeitado [...][5].

> Ó, cara, se eu falar pro cê que as pessoas sabiam o que tava acontecendo, nem eu sabia! Ninguém tava nem aí também... Tipo: só achavam engraçado o cara ficar lendo, em vez de sair pra soltar pipa, tá ligado? [...] pensavam às vezes até que eu tinha problema. Falavam: "Nossa, o moleque não sai, o moleque fica em casa", tá ligado? [...] E aí depois até... teve uns comentários, saiu briga na rua por causa disso aí. O pessoal falava: "O filho do Raimundo ou vai ficar doido lendo ou é meio viado...!"[6].

No caso dos escritores e das associações de negros, trata-se de uma *minoria de produção cultural* em meio a uma *minoria politicamente reivindicativa*. A vivência precária de seus jornais e a marginalidade sistêmica de sua produção literária são vistas desde a primeira (seu surgimento) até quase a última década do século XX. Não sendo a literatura um elemento acessório, têm-se condições sociais extremamente inóspitas para a sua produção. Dessa forma, a pergunta "Como é/foi possível isso?" é mais interessante que "Por que ele escreve(u) isso?". A busca por respeito e por um espaço – dentro até mesmo de seus grupos de origem e público visado – é uma batalha longa e penosa.

Contudo, vale recordar que, menos de três décadas após a assinatura da lei revocatória da condição de escravo-coisa, aparece uma imprensa negra em São Paulo, com uma literatura escrita por negros, ainda que incipiente. Esta alcança aos poucos uma agudização crítica através da linguagem como expressão de juízo, atrelada aos processos sociais e à socialização da vida experienciados pelos negros do estado de São Paulo.

A literatura não era um caminho óbvio para esses grupos. Nada indicava que, numa época em que o ensino público não era obrigatório, universal e gratuito, e a massa de semianalfabetos era grande, seria por meio de veículo escrito que algumas ideias circulariam e operariam na nova ordem social. Não cabe buscar exaustivamente as causas objetivas que levaram indivíduos isolados a escrever – que podem ser muitas, e nenhuma explicativa do problema enfocado –, mas sim observá-las enquanto projeto coletivo. Se os motivos não são puramente estéticos, ao menos são louváveis, dada a dificuldade da empreitada (que ainda nos dias correntes é de enorme monta). A partir do "Como é/foi possível?", vale questionar as condições sociais de produção de uma literatura negra e periférica. Essas condições são formadas histórica e socialmente, envolvendo: as possibilidades objetivas e subjetivas de criação do escritor e seu grupo social; a emergência de ideias e pensamentos; as relações com o público e o mercado editorial; bem como a recepção criada às ideias e literaturas em questão. Igualmente, as relações com os processos sociais nos quais essas condições estão inseridas não podem ser desprezadas.

Todo o cenário apresentado até aqui tenciona também chamar a atenção para a íntima relação que as literaturas negra e periférica assumem com os processos sociais vividos pelo negro e pelo periférico historicamente. Entre os anos 1940 e 1960, isso não passa despercebido a uma vertente sociológica que se ocupou do problema do atraso e da mudança social no Brasil, tomando São Paulo como unidade empírica de pesquisa e o grupo negro como sujeito social estudado. Todavia, existe uma história anterior às pesquisas, que pode explicar a *colaboração decisiva das associações negras com os cientistas sociais*, nesse período (entre os anos 1940-60), revelando também um encontro providencial de objetivos, dilemas e questões, em que a literatura desempenha papel importante e pouco conhecido. É necessário, então, um esforço inicial de compreensão da história a partir do sujeito social, em particular o da *baixa mão* ou *subalterno*. Como diz Florestan Fernandes, ver "[...] como o Povo emerge na história"[7]. Qual o seu papel? Que lugar ocupam as representações a seu respeito, formuladas interna e externamente, dentro e fora do grupo social? Que fez com essas representações? Como as operou política e culturalmente?

SOCIOLOGIA COMO CAIXA DE PANDORA

Embora ocupe papel central enquanto irresoluta, a discussão das relações sociais racializadas é algo que se apresenta marginalmente, em momentos históricos facilmente discerníveis. O paradoxo está no aparecimento bastante pontual da questão e na recorrência dos argumentos: quando não é um caso de polícia, encontra-se no silêncio; quando não está relegada ao ocaso, afirma-se seu perigo e potencialidade para *dividir a nação*; quando não é temerária, dormita num equilíbrio tenso das contradições da cultura brasileira, entre alguns de seus produtores e suas condições de vida etc. (por exemplo, a maravilhosa capacidade do negro favelado para criar sambas). E, ainda, quando sua discussão acontece de maneira sistemática, é abruptamente interrompida por questões extracientíficas, como um golpe de Estado, levando muito tempo para retornar de forma privilegiada à sociedade, aos movimentos sociais e aos meios universitários.

Entretanto, não se cansam de aparecer vozes afirmando que problema não há; e, se existir, é invenção, quiçá de sociólogos. A título de nota: em 2006, o poeta Ferreira Gullar, então colunista do jornal *Folha de S.Paulo*, aventa essa possibilidade no artigo "Somos todos irmãos", no lançamento do livro *Não somos racistas: uma reação aos que querem nos tornar uma nação bicolor*, do diretor de jornalismo da Rede Globo Ali Kamel, pela editora Nova Fronteira. O articulista afirma:

> Participo da preocupação de que se provoque o surgimento do ódio racial no Brasil. Esse ódio, felizmente, não existe, muito embora ainda não estejamos livres do preconceito racial, que existe e deve ser rechaçado, onde e quando se manifeste, conforme, aliás, prevê a legislação brasileira. [...] Abordo esse problema em razão do livro *Não somos racistas*, que Ali Kamel acaba de publicar, onde o examina com seriedade e lucidez. O assunto, evidentemente delicado e polêmico, exige ser tratado com isenção, o que o autor, no meu entender, consegue. Lendo-o, deduzi que ninguém, no Brasil, está

pregando abertamente o conflito racial. Não obstante, a defesa de certas teses sociológicas, surgidas na década de 1950 e que visavam desfazer o "mito da democracia racial brasileira", lançaram as sementes desse possível conflito. Os defensores daquelas teses afirmavam que a referida "democracia racial" fora inventada para encobrir o racismo, que seria a verdadeira causa da desigualdade social entre negros e brancos. Tal desigualdade não podia ser explicada, afirmam eles, apenas pela pobreza dos negros e pardos, pois tinham um fundo racial. Esse racismo, segundo eles, por ser disfarçado, seria pior que o dos brancos norte-americanos. [...] Já ouvi afirmações semelhantes e, em resposta, lembrei que a luta dos negros norte-americanos, durante os anos [19]60 e [19]70, que obteve importantes vitórias contra o racismo, na verdade, o que conseguiu foi eliminar discriminações que os negros brasileiros desconheciam, como não poder frequentar os mesmos restaurantes que os brancos, não poder usar os mesmos banheiros nem estudar nos mesmos colégios. [...] E sabem por que o racismo disfarçado, segundo eles, é pior? Porque impede o negro de lutar por seus direitos. Mas, se o que importa são os direitos e os negros brasileiros já gozavam de mais direitos que os seus irmãos norte-americanos, custa aceitar que o racismo daqui fosse pior que o de lá. Torna-se então evidente que o objetivo daquelas teses era provocar o conflito entre negros e brancos, sob a alegação de que é o preconceito racial que impede a ascensão social dos negros, e não a pobreza. Logo, o inimigo do negro é o branco. Conforme demonstra Ali Kamel, essas teses fizeram a cabeça de muita gente, contribuindo para que o nosso ideal de nação miscigenada e tolerante vá sendo substituído por uma suposta nação bicolor, na qual os brancos oprimem os negros. [...] Para comprovar que os brancos brasileiros oprimem os negros, usa-se o exemplo de que negros e pardos ganham a metade do salário dos brancos, ainda que tenham o mesmo nível educacional. Ali Kamel argumenta, porém, que ter o mesmo diploma não significa ter o mesmo nível de conhecimento nem o mesmo preparo; se os brancos estudaram em colégios bons e os negros em colégios péssimos – e é o que acontece – aqueles estarão mais aptos a exercer determinadas funções [...]. A conclusão certa é que ganha mais quem estuda mais. Eis por que a solução para o problema da desigualdade social é precisamente a educação, isto é, oferecer aos brasileiros pobres, sejam negros, mulatos ou brancos, ensino de qualidade [...][8].

O que parece ser uma questão contemporânea tem origem bem mais antiga, com argumentos semelhantes e mais sofisticados. Em 1947, por exemplo, o problema também parece estar resolvido, haja vista que, para alguns cientistas sociais ou para o senso comum, a contribuição dos negros em certos aspectos da formação da sociedade brasileira, quando pode ser valorizada, restringe-se à malemolência da língua, à plasticidade e fleuma nas relações sociais, ao rico aparato cultural, entendido como um complexo culinário, musical e rítmico etc. Todos esses aspectos são não operativos politicamente e não dão conta de explicar, apesar da aparente inclusão, a persistência do preconceito social e dos estereótipos negativos que grassam naquela nova ordem. Todavia, reconhecer positivamente esses elementos, como aparece no livro de Gilberto Freyre, publicado na década anterior, *Casa-grande e senzala* (1933), é um avanço tremendo, em face de trabalhos de outros autores, anteriores a ele, ou de discursos oficiais do Estado sobre a desaparição do negro da sociedade brasileira[9].

O ano de 1947 é decisivo para este estudo porque, em 16 de abril, Paulo Duarte publica no jornal *O Estado de S. Paulo* o artigo intitulado "Negros do Brasil", que, entre outras coisas, afirma o seguinte:

Começa a surgir no Brasil, com todo horror que o caso encerra, um problema que, por não existir, era o capítulo mais humano talvez da nossa história social: o problema do negro. O curioso porém é que aparece agora não criado ou agravado pelo branco, mas por uma prevenção agressiva que se estabelece da parte do negro contra o branco. É mais um legítimo fruto podre entre tantos com que nos aquinhoou a ditadura. [...] *De uma maneira geral, o negro no Brasil nunca chegou a receber sequer a instrução primária.* [...] *Por esse motivo e mais ainda pela vida miserável que sempre levou, minado, como todas as classes desprotegidas, pelas endemias patológicas ou sociais, como o álcool, a miséria e a fome, a sífilis e a tuberculose, o negro brasileiro nunca chegou a libertar completamente os recalques da escravatura, comunicados, de geração em geração, não biologicamente, está claro, mas sociologicamente, isto é, pela transmissão oral ou escrita robustecida por um ou outro caso isolado* [...] *a confirmar a legenda de ódio deixada através de uma tradição, em parte falsa, da crueldade dos feitores, dos horrores da senzala e dos castigos aos escravos* [...]. *O Estado Novo, porém, destruiu a disciplina social.* [...] Postos ao chão os instrumentos da ditadura, esse tóxico não está e muito tempo levará ainda para ser eliminado. Nessas condições, o que, com o restabelecimento do regime legal, essas massas adquiriram não foi a liberdade, foi a licença. *Porque desapareceu a polícia política que reprimia a manifestação do pensamento, mas o atraso perdura, sem a polícia administrativa, agora anulada ou desorganizada, para cobrir as manifestações da falta de educação que aparece em tudo* [...]. Ora, as consequências dessa situação de verdadeira delinquência social teriam que atingir evidentemente as classes mais miseráveis. E, destas, a mais miserável entre nós, a mais desprotegida e abandonada mesmo pela sua posição marginal, é aquela constituída pela gente de cor [...]. Não possuímos, evidentemente, o preconceito "social", que inferniza a vida do negro dos Estados Unidos, mas possuímos ainda, embora muito atenuado, o preconceito "pessoal" que inferniza a vida, senão de todos, mas de muitos negros brasileiros, pelo menos do negro educado, que constitui entre nós uma minoria ínfima. [...] Essa inclinação, nota-se há muito, mesmo antes da ditadura, mas isso que era apenas embrião de sentimento, há dez ou quinze anos, tendência fácil de destruir-se, hoje, mercê da calamidade que se abateu sobre o Brasil, em 1937, cristaliza-se rapidamente num verdadeiro e gravíssimo problema social. [...] No Brasil está acontecendo o contrário [dos Estados Unidos]: o negro aparenta o desejo de separar-se do branco. *Já na revolução de 1932, fizeram eles questão de um batalhão negro; nas suas sociedades negras só excepcionalmente pode entrar um branco e é comum a gente estar ouvindo organizações artificiais e sem a menor justificativa, como frentes negras, legiões negras etc.*

A ditadura Vargas, para o paulista Duarte, é a responsável por toda a desordem social, especialmente aquela que – nas suas palavras – fez surgir as principais associações negras em São Paulo, entre o fim dos anos 1920 e 1937. Ele cria um falso mito de origem, uma vez que essas associações surgiram antes da Revolução de 1930, à parte do regime, lutando contra ele em 1932, inclusive. O destacamento da Legião Negra, do qual se tratará sucintamente adiante, surge como um exemplo disso. O articulista prossegue, no entanto:

[...] Mas tudo isso foi tomando corpo, para hoje se transformar em quase repulsa do negro contra o branco. Nos Estados Unidos são os brancos que lincham os negros, aqui o que se começa a ver é o negro agredir o branco, sem o menor motivo, levado apenas pelo ódio de um preconceito que principia a criar raízes também negras. [...] Mas não só o desleixo criminoso e incompetente e a inconsciência da ditadura [são] as causas do surgimento em nosso país desse aspecto odioso da vida social que vai desaparecendo paulatinamente de nosso meio. Contribuiu para isso também essa pequena sociologia do nordeste que procura impor, como verdade científica, o romantismo mestiço de que o tipo característico do brasileiro é o mulato. [...] Isso ficaria muito bem não na boca dos homens cultos, mas na cabeça dos ignorantes, ou no devaneio de alguns poetas sentimentais ou doentios, ou na de observadores superficiais, mas despidos de qualquer tintura científica. [...] Hoje, alguns romancistas que passaram a girar em torno da sociologia do sr. Gilberto Freyre, agradável pela leveza, muitas vezes real, mas em muitos pontos colorida de fantasia, pretendem impor um tipo brasileiro negro ou mulato como o único legítimo tipo brasileiro. Algumas das conclusões do sr. Gilberto Freyre, não puderam vestir-se da imparcialidade absoluta, da objetividade a mais pura que deve presidir à estrutura de qualquer conclusão sociológica[10].

Com o anúncio de que "o assunto estende-se ainda, voltaremos a ele amanhã"[11], Duarte encerra a primeira parte de seu artigo. O autor, um antigo colaborador do jornal e arqui-inimigo de Getúlio Vargas, tece considerações que mesclam a negação de uma questão racial brasileira autêntica com o quase, no seu artigo, inexplicável surgimento de um preconceito pessoal (e não social, nos seus termos). Elabora, em vários momentos, uma comparação esquemática dos resquícios da escravidão e da socialização da vida nos Estados Unidos, a fim de demonstrar que, no Brasil, o grupo negro não teria de que reclamar; tampouco motivo para se associar coletivamente, formando uma espécie de *classe perigosa* e *delinquente*. Por fim, atribui a Gilberto Freyre, o *pequeno sociólogo do Nordeste*, e a seus companheiros escritores algo que não faziam ou não tiveram a intenção de fazer.

É importante que neste ponto esteja clara a aproximação do problema entre 1947 e 2006. Quase sessenta anos antes do artigo de Gullar, as teses da mestiçagem e do contributo do grupo negro para a sociedade brasileira eram algo incômodas. Freyre não era uma unanimidade e ainda tinha de se opor a argumentos racistas. No início deste século, a mestiçagem e o culturalismo são teses fortes, tendo perdido fôlego as discussões sobre o patrimonialismo e a mudança social – com enfoque no negro e no racismo – empreendidas pelos *sociólogos dos anos 1950*, apenas para usar a expressão capciosa de Gullar. Essa inversão argumentativa é chamativa porque, tanto em um viés quanto em outro, o ponto central é a inautenticidade do problema racial no Brasil, causado por *fontes externas à nossa realidade*. Outras questões secundárias e entrelaçadoras de Duarte e Gullar são a defesa do argumento da educação (no primeiro, enquanto norma e disciplina; no segundo, enquanto forma social da desigualdade; em ambos, enquanto *ausência*, capaz de gerar problemas) e a de uma experiência social mais branda vivida no Brasil. As consequências argumentativas não tardam a aparecer.

No dia seguinte à publicação de seu artigo, 17 de abril de 1947, Duarte retoma a virulência contra a ascensão das *"massas"* e *"hordas negras"*, mesclando novamente aquilo que pode ser um traço do Estado Novo (1937-1945) com a *"imaginação deturpada"* da sociologia de Freyre, aliada à ignorância daquelas massas, cuja instrução se daria, nos seus termos, pelo então *livro dos analfabetos*: o rádio. Todavia, no segundo artigo, o autor foca o problema no grupo negro. Ou melhor: nos prognósticos positivos, com dados científicos e apoiados em certa *opção brasileira*, da desaparição do negro, de sua importância relativa na formação nacional e na *dúvida sobre a formação de um tipo nacional ligado ao mestiço mulato, em detrimento de um mediterrâneo ibérico*. Na sua visão, longamente exposta:

> Falávamos pois do equívoco de Gilberto Freyre, que, firmado em observações realizadas em documentos sociológicos do Nordeste, tirava a conclusão de que o tipo, o verdadeiro e único tipo brasileiro era o mestiço, ou melhor, o mulato [...]. Discordando dessas conclusões, íamos a pique de negar mesmo a possibilidade de estabelecer-se nos tempos atuais um tipo padrão que pudesse ser cientificamente aceito como o mais representativo do homem do Brasil [...]. Quanto ao negro [...] Parcela étnica com maior importância em alguns pontos do norte, vem diminuindo de intensidade para o sul, rareando gradualmente, quanto mais se caminha nessa direção, até desaparecer por completo nos Estados meridionais do

> Brasil. [...] *Na realidade o tipo antropológico brasileiro não existe e, se se quisesse impor algum como o único legítimo, esse não seria de forma alguma nem o mulato nem o curiboca, seria o tipo moreno, o tipo ibérico, mais chegado ao Mediterrâneo europeu do que à Ásia ou à África.* [...] Além disso, o tipo mulato, como o mais representativo brasileiro, não é verdadeiro nem para o nordeste [...] o tipo nortista ou nordestino aproxima-se na verdade muito mais do índio do que do negro; a cor da pele, a braquicefalia, a forma do cabelo, e dos olhos, saliência dos pornulos [sic], lembram mais o asiático do que o africano[12].

O ataque a Freyre, numa disputa simbólica e política no âmbito da identidade nacional, sob argumentos questionáveis de certo tipo de antropologia física (Duarte a estudou na França, em seu exílio no período Vargas, e se especializou em pré-história, com Paul Rivet, o fundador do *Museé de l'Homme* de Paris), esconde argumentos que, no limite, questionam a forma como o país (melhor dizendo: as classes dirigentes) quer ser visto, significando *vincular-se a uma certa tradição* e a traços que, *com certo esforço teórico,* o levariam ao progresso e à civilização, e não ao atraso e à barbárie. A tipologia do brasileiro não é questão biológica; trata-se de debate sociopolítico, de um futuro em aberto, de um devir histórico.

Restringindo-se aos motivos científicos, a virulência do ataque ao autor de *Casa-grande e senzala* pode ser justificada por este ter iniciado um dos mais famosos capítulos desse livro da seguinte maneira – colocando em xeque justamente o que Duarte postula em seus artigos:

> Todo brasileiro, mesmo alvo, de cabelo louro, traz na alma, quando não na alma e no corpo – há muita gente de jenipapo ou mancha mongólica pelo Brasil –, a sombra, ou pelo menos a pinta, do indígena ou do negro. No litoral, do Maranhão ao Rio Grande do Sul, e em Minas Gerais, principalmente do negro. A influência direta, ou vaga e remota, do africano[13].

Entre outros argumentos cruciais, Freyre desenvolve uma tese importantíssima nesse capítulo: a de que o escravizado africano, no Brasil, teria operado como elemento colonizador do país, redundando como sujeito civilizatório[14] – por vezes com papel mais importante que o dos indígenas ou mesmo dos portugueses. Em diferentes momentos, o autor é incisivo nessa direção. Em um deles, a argumentação aparece assim formulada:

> Os escravos vindos das áreas de cultura negra mais adiantada foram um elemento ativo, criador, e quase que se pode acrescentar nobre da colonização do Brasil; degradados apenas pela sua condição de escravos. Longe de terem sido apenas animais de tração e operários de enxada, a serviço da agricultura, desempenharam uma função civilizadora. Foram a mão direita da formação agrária brasileira, os índios, e sob certo ponto de vista, os portugueses, a mão esquerda[15].

É uma inversão simbólico-política considerável a que o autor realiza; mesmo que as consequências ou suas intenções possam ser questionadas (como exemplos: a tese sobre o patriarcalismo na formação da sociedade; os elementos culturais não operativos politicamente que seriam a influência negra; a escolha do escravizado de origem muçulmana como exemplo avançado da cultura africana etc.; os antagonismos sociais em equilíbrio)[16] e sustentem a tese da democracia racial, sua argumentação leva à conclusão sobre o papel inescapável que o negro africano exerceu na construção nacional. Vertebrou-a, deixando marcas determinantes; ou, quando residuais, irredutíveis. Qualquer devir histórico do país, então, está em íntima ligação com um passado insuperável, que possui inclusive uma natureza orgânica, constitutiva de um povo. Sua negação consistiria numa espécie de suicídio identitário. Explica-se, então, o ataque do articulista paulista. Quase quatrocentos anos de escravidão, e a constituição de uma das maiores nações negras fora do continente africano subsaariano, teriam, na visão de Duarte, deixado *marcas mínimas*, fáceis de superar, caso *a opção brasileira* fosse levada adiante e confirmada historicamente[17]. O autor continua:

> Uma coisa porém existe e existirá com absoluta nitidez: a deliberação marcada pelo *consenso unânime dos brasileiros lúcidos: o Brasil quer ser um país branco e não um país negro*. [...] O que prevalece é a decisão brasileira de ser um país branco e mais nada. E este propósito, sólido, inabalável, existe, é a realidade. *Ora, assim sendo, há duas maneiras, para os países brancos que receberam um contingente grande de negros, de conservarem-se brancos. Ou têm que adotar o*

> *método cruel e desumano, sociologicamente mais perigoso, da segregação completa dos negros, meio escolhido pelos Estados Unidos, ou o método, embora mais lento, preferido pelos latinos, em geral, mais humano, mais inteligente, embora moralmente mais perigoso durante o período de transição, isto é, a fase mais ou menos prolongada, da eliminação do elemento negro pela miscigenação. [...] Nós escolhemos o segundo, sem nunca, entretanto, perder de vista que queremos ser um país branco [...]. O branco é que vai absorver o negro e não o negro que, no futuro, tenha que prevalecer sobre o branco. [...] É decisão expressa de um país em pleno processo de evolução e desenvolvimento, propósito coletivo que a investigação e os documentos sociológicos permitem hoje seja afirmado com certeza absoluta*[18].

Se Duarte tivesse escrito que o elemento negro é uma raça inferior, sendo necessária sua erradicação para a construção de uma civilização ordenada e digna do nome, teria sido muito mais claro e distinto[19]. No entanto, ele não poderia ser assim. Isso entraria em franca contradição, talvez, com o homem combatente da ditadura Vargas, exilado no exterior, fundador da Universidade de São Paulo, entusiasta da Semana de Arte Moderna de 1922, criador do Instituto de Pré-história e Oceanografia de São Paulo, articulista de um jornal renomado (e que se engajara na campanha abolicionista), criador da revista de cultura *Anhembi*; enfim, um homem cultivado[20], formado em direito no Largo São Francisco, versado nas ciências sociais – a expressão científica da modernidade – e nas artes. Seus argumentos precisam, portanto, ser necessariamente mais sofisticados que os dos racistas e racialistas vulgares. Nas entrelinhas, a tese da *opção brasileira* coloca um problema crucial das elites acerca de "Que país queremos?". Todavia, *opta* e *quer* quem pode historicamente mandar, e, naquele momento, não eram os negros que podiam, embora tentassem, opinar mais amplamente sobre sua situação. E Duarte, quando é necessário ser mais explícito, abre mão da sofisticação, e sai de cena o intelectual combatente e polemista, engajado no moderno. Aparece, então, o cidadão preocupado, o cronista consciente da cidade:

> *Ora, aquele lirismo sociológico [de Gilberto Freyre] aliado à quebra de disciplina social permitindo a confusão e o fermento que se nota hoje entre as classes menos esclarecidas levou ao negro analfabeto a convicção de que ele é o verdadeiro brasileiro, o "brasileiro*

> *legítimo", para empregar uma expressão que vive na boca dessa pobre gente obscurecida mais pela ignorância do que pela cor da pele* [...]. Deposto o ditador, a palavra liberdade envolveu as massas como uma atmosfera dentro da qual tudo pudesse ser feito, sem o menor freio ou restrição. [...] Os comícios de todas as noites na praça do Patriarca e as concentrações também à noite de negros agressivos ou embriagados na rua Direita e na praça da Sé, os botequins do centro onde os negros se embriagam, já estão provocando protestos, justíssimos protestos, até pela imprensa, pois não é possível uma cidade como São Paulo ficar à mercê de hordas grosseiras e malcriadas [...] para vergonha nossa na parte mais central da civilizada capital do Estado que se tem pelo mais culto do Brasil[21].

O autor não poupa ao interlocutor advertências sobre o que pode ou deve acontecer em razão desse comportamento do negro, do *novo negro da nova ordem social*:

> [...] ante a imutável indiferença do poder público, veremos, fatalmente, após um incidente mais grave, a organização de grupos punitivos que em si levarão, como acontece todas as vezes em que se procura fazer justiça pelas próprias mãos, as violências e as lamentáveis consequências de acontecimentos dessa espécie. *Foi assim que surgiu nos Estados Unidos essa sociedade que se chama Klu--Klux-Klan* [sic], *que é hoje uma vergonha para um país civilizado, mas nasceu e nasceu imposta pela necessidade dos brancos se defenderem ante os excessos da população negra desenfreada* [...]. A mudança que se tem operado entre nós é um indício terrível. Desapareceu, pelo menos das cidades, aquele tipo tradicional de negro bom. *Cada um de nós da geração de antes da primeira guerra guarda na lembrança a memória agradável das velhas empregadas negras tidas como pessoas da família e que, com o mesmo carinho, a mesma amizade e dedicação, substituíram as mucamas, do tempo da escravatura que os nossos pais viram e nós conhecemos. Hoje isso desapareceu. As empregadas de servir, em geral, e as de cor em particular, são ingratas, descabidamente exigentes, vadias, pouco asseadas, grosseiras e agressivas. E quase sempre os negros são piores do que os brancos.* [...] Oxalá não sejam as terríveis consequências das tragédias já desencadeadas os únicos argumentos capazes de convencer o país da necessidade de

uma ação enérgica e imediata. *Por enquanto a solução do problema se reduz apenas a um pouco de polícia, um pouco de compreensão e um pouco de educação.* [...] Muito mais agradável continuar-se a usar essa expressão natural: negros do Brasil do que quando a eles por qualquer motivo alguém se referir ter à boca essa outra expressão que já vai ficando mais frequente do que devia: a negrada[22].

O articulista defende, portanto, um lugar social destinado ao negro que, naquele momento, possui relação direta com seu passado recente no sistema escravista: o negro como cidadão não é nem jamais seria um igual – isso se, tal qual o autor defendeu, a miscigenação fosse pensada como uma técnica socialmente triunfante para a desaparição desse grupo. O negro organizado ou que reivindica a igualdade em termos de cidadania é um sujeito fora de lugar em relação ao branco, ou seja, do lugar imaginado pelas elites desde o século XIX e condensado nesses pequenos artigos polêmicos publicados em *O Estado de S. Paulo*.

No debate contemporâneo, opera-se algo semelhante. Há um diferencial, no entanto: o retorno dos argumentos biológicos – já superados pela antropologia social e sociologia – sobre a inexistência das raças (o que é correto), para redundar na inexistência do racismo ou das relações sociais racializadas.

Já muito conhecidos dos estudiosos do pensamento social e dos estudos raciais, esses textos de Duarte foram aqui mais longamente considerados para se ter alguma medida do impacto, menos notório, que eles provocaram no meio negro paulista organizado de então. Infelizmente, não há registro de respostas direcionadas a esses textos pelos leitores de *O Estado de S. Paulo* nos dias seguintes à publicação.

Entre alguns leitores negros organizados, no entanto, elaborou-se um contra-argumento, que veio a público em maio de 1947, no jornal *Alvorada*. O artigo se intitula "O esgar do sr. Paulo Duarte", escrito por José Correia Leite, militante histórico da imprensa negra paulista. De acordo com o depoimento de Leite ao escritor Luiz Silva Cuti, o *Alvorada* era um jornal ligado à Associação dos Negros Brasileiros, entidade fundada por ele, Fernando Góes, Raul Joviano do Amaral (do antigo grupo do jornal *Clarim d'Alvorada*) e Francisco Lucrécio, Roque dos Santos, entre outros (ligados à antiga Frente Negra Brasileira). Uniram-se, portanto, grupos antagônicos para fundar uma associação e um jornal que retomasse

> [...] o que ficou estacionado durante o Estado Novo. Depois de lançado o manifesto, houve uma certa dispersão [...] não tínhamos meios para alugar uma sede, então ficamos agregados a uma entidade situada à Rua Formosa [...] chamava-se Associação José do Patrocínio [...] E saiu o primeiro número do *Alvorada* [...][23].

A reorganização da imprensa negra no período pós-guerra e no interregno democrático (1945-1963) se dá ainda num ambiente de precariedade de produção, consumo e distribuição. Sobre isso, Correia Leite fala especificamente da associação a que estava vinculado o jornal *Alvorada*, que fecharia em 1948[24]. Mesmo com todas as dificuldades, é possível a publicação de uma resposta à altura na época, como vemos no artigo assinado em resposta a Paulo Duarte, que diz o seguinte, nestes que são seus excertos decisivos:

> *Se formos ligar a sorte do nosso destino* com as advertências esporádicas que atualmente aparecem por aí *na gangorra das concepções sociológicas, em relação à vida do negro brasileiro, verifica-se que estamos numa encruzilhada. Isto quer dizer que estamos atingindo, matematicamente, o ponto culminante de uma questão debatida e até aqui negada.* [...] *São resultados de fases e transições onde aparecem, com toda a sua agudeza, a materialidade dos erros e, sobretudo, da má vontade, sempre praticada por todos os senhores de escravos do Brasil, pela dissídia [sic] notória e o injusto desamparo que foi dado aos negros.* [...] Essa má vontade, com alguma exceções, evidentemente não desapareceu dos quadros da nossa vida política, nem mesmo com a evolução dos tempos. Ela, portanto, tinha que crescer e cresceu, como crescem os tumores, no decorrer destes últimos 50 anos. [...] No mesmo instante em que o *Jornal de Notícias* profligava, entusiasticamente, as considerações absurdas de um certo teólogo paranoico que inculca os negros como "fruto da depravação do homem", eis que somos surpreendidos pelo jornal *O Estado de São Paulo*, que estampou dois longos artigos assinados pelo Sr. Paulo Duarte. [...] *Apavorado e lúgubre, tresandando a miasma do escravagismo, como um senhor antigo na casa-grande, adverte o povo desta nação mestiça contra o fantasma de uma imaginação retrógrada.* [...] *O Sr. Paulo Duarte veio do exílio com ranços de arianismo. Não conhece mais o seu Brasil mestiço. Responsabiliza o "Estado*

Novo" pelo desrespeito (?) que o negro vem demonstrando contra os brancos. E esquece que a mística desse regime afetou desde os mais altos de toda a nossa cultura, quanto mais os da raça semianalfabeta. Esquece-se também que, logo após o 13 de maio de [18]88, armavam-se os negros, os mestiços, para toda espécie de arruaças; haja vista as famosas "guardas negras". Aqui, até 1930, não havia político beócio – e quase todos o eram – que não tivesse um negro de guarda-costas. Quem distribuía cachaça aos negros nas eleições, a fim de que se verificassem distúrbios? Sabe muito bem o articulista do Estado *que eram os supostos brancos [...]. E, assim, as cousas se processavam até que a mística do "Estado Novo" colheu os negros e os brasileiros em geral, com todas a mazelas da politicalha, em suas malhas. [...] Ora, os artigos de* O Estado de São Paulo *dos dias 16 e 17 do mês findo não se fundam no juiz da nossa realidade. São capciosos e longos demais para tantas injustiças contra uma raça que tantas provas de afetividade tem dado aos brancos do Brasil. [...] Não é justo, e sobretudo, não é verdade o que o Sr. Paulo Duarte afirma: primeiro, que existe uma hostilidade dos negros para com os brancos; segundo, os negros é que não querem se aproximar dos brancos. Não é possível uma aproximação de baixo para cima... E o sociólogo que o ardoroso articulista quer ser, depois que voltou de Paris, deveria saber disso... [...] Façam os brancos do Brasil, embora tardiamente, um movimento sadio de salvação e valorização do negro – sem qualquer exploração de manobras eleitorais – e verão como a consciência do negro é muito outra do que este esgar de ódio e menosprezo do sr. Paulo Duarte*[25].

O texto de Correia Leite apresenta dois momentos distintos nos trechos grifados. Depois de intitular seu artigo chamando as considerações de Duarte de um gesto de escárnio aos negros brasileiros, o autor inicia um contra-ataque às acusações, retomando e interpretando aquela história recente do ponto de vista que lhe parece mais acertado: o do negro, seu grupo social. Chama atenção a expressão inicial: "gangorra das concepções sociológicas". No depoimento concedido para a confecção do livro de Cuti, é visível o apreço de Correia Leite por Arthur Ramos, Roger Bastide e Florestan Fernandes, mas não por Nina Rodrigues ou Gilberto Freyre. Ele e outros membros de algumas associações negras estão a par, em alguma medida, da produção das ciências sociais sobre o seu grupo social (como se demonstrará adiante), bem como das oscilações dessa área em torno de uma posição mais homogênea sobre o assunto. Na sequência do artigo, aparece a ideia de *encruzilhada*, proposição interessante que supõe uma tomada de posição e *ação* – em geral se está num ponto em que é necessária uma decisão determinante do sentido a seguir.

No entanto, a retomada da história e o rebate dos argumentos de Duarte feitos por Correia Leite estão em descompasso com a última parte de seu texto. "Uma raça que tantas provas de afetividade tem dado aos brancos do Brasil" não está anunciado nem afinado com o tom inicial do artigo. Há aqui um dado hesitante, que culmina num pedido para que se faça um "movimento tardio de salvação e valorização do negro [...]". Ora, a encruzilhada a que chegaram os negros, à parte da História, não atrela a *sorte de seu destino* a esse pedido final de salvação. E a sociologia de que eles se aproximam (e o farão ainda mais nos anos seguintes) não é salvacionista, mas tem o ideal emancipatório como central. A hesitação é um sinal dos novos tempos? Da pouca capacidade de mobilização das associações? Da exploração eleitoral ou do lançamento de candidaturas negras em partidos políticos convencionais? Embora democrático, o interregno 1945-63 recoloca os negros, outrora associados, numa posição em que tudo ainda está por fazer. E o muito já feito, que não é desprezível, em face dos novos tempos, os coloca na difícil condição de ter de optar por qual direção seguir. Dilemas da encruzilhada.

A partir deste ponto, faz-se crer que a compreensão – mesmo que insuficiente, dada a quantidade pequena de arquivos públicos e jornais preservados – de aspectos do cotidiano dessas associações negras é importante para demonstrar o problema vivido pelo grupo negro paulista na emergência da sociedade de classes. E seu encontro com as pesquisas da Unesco, em São Paulo. O artigo de Duarte teria deflagrado também uma resposta de Florestan Fernandes, escrita ao jornal *O Estado de S. Paulo*. O uso do condicional aqui se impõe, pelo fato de esse texto do sociólogo ser ainda uma joia rara escondida, não constando em arquivos ou nas matérias dos jornais dos dias seguintes à publicação do texto de Duarte. Achar esse texto fortaleceria ainda mais a hipótese do encontro na encruzilhada; no entanto, após pesquisa em arquivos, feita por diferentes pesquisadores, ele não foi localizado[26].

Antes de tudo, é necessário pensar sobre quem eram aqueles homens e mulheres, anônimos e invisíveis, que andaram por aí, capazes de, apesar das dificuldades, mobilizar personagens sociais importantes na metrópole emergente (Guilherme de Almeida, Mário de Andrade, Oswald de Andrade, Camargo Guarnieri, Colombina, Sérgio Milliet, Roger Bastide, Florestan Fernandes etc.) e no exterior (Robert Abbott, Nicolás Guillén, Léon Damas etc.) em torno da causa e de seus projetos. E de que maneira a literatura apareceu como um meio de expressão reivindicatória, através da imprensa, das associações e dos escritores que se formavam naqueles cadinhos, chegando aos ouvidos supracitados, sensíveis a aspectos dessa questão social. As peças-chave para isso são o depoimento de Correia Leite, que organizará a exposição, bem como o arquivo restante da Associação Cultural do Negro, que fornecerá os dados e documentos para a construção argumentativa.

À SORTE DO DESTINO, NUMA PARTE DO CAMINHO

O sujeito histórico tem consciência do momento em que vive? Tem a percepção de que é, efetivamente, um ator socialmente importante do processo histórico? Está à altura dos desafios do momento vivido? No caso de escritores, são capazes de ser diapasões do tempo? Em se tratando de cientistas sociais, são capazes de interpretar com sutileza e argúcia o momento em análise? Qual o intervalo necessário entre o vivido e o narrado, entre a análise e o processo, a crise e suas sínteses, que garantiria respostas seguras a essas questões?

À margem da vida na sociedade de classes, *quem é o negro em São Paulo nas décadas seguintes à abolição*? Se forem admitidas a configuração e a organização da trajetória de Correia Leite como *um aspecto exemplar possível* (mas não a síntese de todos) e a reconstituição de ambientes de socialização de diferentes ordens, lugares de memória, eventos históricos, fatos e pessoas, torna-se exequível conduzir esta pesquisa com clareza.

A recuperação dos anos 1920-60, obtida a partir de iniciativa dos anos 1980, coloca o problema da memória coletiva como central, permitindo discutir o entrelaçamento entre biografia e política, literatura e processo social, além do uso político do passado. A ponte entre o passado de um *velho militante* negro e o cotidiano de seu interlocutor, um jovem defensor de causas semelhantes – a questão racial, o jornalismo e a literatura negra[27] –, constrói-se tendo em vista as necessidades do momento presente. Um bem executado trabalho de recuperação histórica – ... *E disse o velho militante José Correia Leite*[28] – fornece os dados necessários para, em alguma medida e direção, recompor os aspectos de socialização de frações do grupo negro paulista desde as décadas iniciais do século XX até seus meados.

Correia Leite foi um dos principais informantes ou fornecedor de fontes para pesquisadores como Roger Bastide, Florestan Fernandes, Clóvis Moura, Miriam Nicolau Ferrara, Michael Mitchell e George Reid Andrews. A guarda e doação do material da imprensa negra que ele possuía – hoje depositados no Instituto de Estudos Brasileiros da Universidade de São Paulo (IEB-USP), na Biblioteca Mário de Andrade, no Arquivo do Estado de São Paulo, no Arquivo Edgard Leuenroth da Universidade Estadual de Campinas (AEL-Unicamp) etc. –, bem como as entrevistas diretas com o ativista, que afirmava ser um autodidata intelectual e político, permitiram diferentes teses e interpretações sobre as associações reivindicativas negras e suas manifestações político-culturais.

Nascido no bairro paulistano do Bixiga, em 23 de agosto de 1900, filho de empregada doméstica e pai desconhecido, autodidata e com processo educacional constantemente interrompido[29], o autor vivencia aquilo que Florestan Fernandes classificou como sendo a construção de São Paulo nas primeiras décadas do século XX: diferentes cidades coexistindo, distintos grupos sociais ladeando-se, o passado e o presente dividindo o mesmo espaço[30]. E essa experiência do autor se dá inicialmente na convivência com os migrantes italianos do bairro, que marcam diferentes aspectos da sua vida, positivos e negativos[31], fornecendo-lhe, na sua racionalização da memória, o começo da consciência da discriminação racial.

Uma socialização secundária de Correia Leite ocorre por meio de sua formação educacional truncada. Após o enlouquecimento da mãe, a convivência agregada aos italianos, o trabalho e as brincadeiras de rua levam-no a conhecer, quase simultaneamente, Jayme de Aguiar[32] – um rapaz negro, protegido da família Paula Souza –, a escola e um clube recreativo para negros paulistanos[33].

Esses três movimentos, na memória do autor, articulam-se no sentido de discutir e intervir mais, ainda que difusamente, na *situação do negro*. Embora contemporâneo aos primeiros jornais negros paulistanos (ele teria 15 anos quando *O Menelick* foi lançado na capital), não fica claro o exato momento em que ocorre tal guinada. É possível deduzir, no entanto, que o contato com a sociedade de baile Elite Flor da Liberdade seja o ponto de toque: é a mesma sociedade, de acordo com o estudo de Miriam Ferrara, responsável pela publicação do jornal *Elite* – Órgão Oficial do Grêmio Dramático, Recreativo e Literário Elite da Liberdade[34]. É em 1924 que também surge o jornal que Correia Leite e Jayme de Aguiar fundam juntos: *O Clarim*, publicado pela primeira vez em 24 de janeiro. Inicialmente, surge como um jornal de divulgação literária – sem conotação política –, especialmente para os trabalhos de Aguiar não publicados em outros lugares. Isso progressivamente se altera.

> O jornal saiu em 24 de janeiro de 1924. Com ele, eu comecei a conhecer bem mais as sociedades negras. Eram muitas: Kosmos, Treze de Maio, Brinco de Princesa, 28 de Setembro, Auriverde, Paulistano... Todas elas promoviam bailes, embora tivessem nascido com a ideia de serem beneficentes para ajudar negros. Entretanto, uma das poucas que mantinham esse objetivo era o Kosmos. Havia nessa sociedade um corpo cênico e um jornal. O presidente era funcionário da Faculdade de Direito, um grande homem chamado Frederico Baptista de Souza [...]. *A comunidade negra tinha necessidade dessa imprensa alternativa.* Não se tinha outro meio a não ser copiar o que as colônias estrangeiras faziam. O negro, de certa forma, era também uma minoria como os italianos, os alemães, os espanhóis. E todos eles tinham jornais e sociedades. *As publicações negras davam aquelas informações que não se obtinha em outra parte*[35].

Quase todos esses jornais iniciais têm como subtítulo a tríade *literário, noticioso e humorístico*, ou suas variações. A radicalização de *O Clarim* e de Correia Leite acontece por volta de 1929, quando ele já havia modificado o nome da publicação, acrescentado *d'Alvorada* no título, em razão da ameaça de processo de outro periódico homônimo e registrado. Efetiva-se uma cisão pessoal entre Aguiar e Correia Leite, que faz com que o jornal fique a cargo deste último, exclusivamente. Nesse ínterim, os dois, sem definir como, afirmam ter obtido alguma notícia do que acontecia com os negros nos Estados Unidos, associada aos resquícios da Primeira Guerra Mundial[36].

Em 1929, a inflexão definitiva em direção a uma postura de reivindicação se dá em torno do propósito de comemorar o 28 de setembro, Dia da Mãe Negra, como uma data importante para a contribuição desse grupo ao Brasil[37]. Difundido na cidade, em ambientes conhecidos de convivência dos negros na época – como a praça João Mendes e o pátio do Colégio –, o *Clarim d'Alvorada* alcança certa notoriedade, mesmo que de maneira endógena. No entanto, já se trata de algum avanço, haja vista a precariedade de informação entre os próprios negros sobre sua participação social na cena histórica e político-cultural, como afirma Correia Leite a uma certa altura:

> Falava-se muito de um negro que chegou a alcançar grande projeção no meio político nacional. Ele vivia no Rio de Janeiro. Diziam ter sido um advogado que morreu louco. O nome dele era Monteiro Lopes. Nunca pude saber muito da história desse homem, apenas falavam do nome dele. [...] Havia também um negro velho que andava com uma pasta e se chamava Salvador de Paula. Era presidente dos "Amigos da Pátria". Ele vivia à custa desse título, porque políticos, advogados, eram membros dessa sociedade. Mas não havia ninguém mais, era ele só. Então, todo mês, ele ia receber a mensalidade, a contribuição[38].

A socialização no meio negro, incipientemente organizado em torno de associações de baile, futebol de várzea e recreações diversas, alcança Correia Leite em torno de seus 18 a 22 anos, ao mesmo passo que as discussões políticas em voga na capital paulista se fazem presentes: anarquistas, comunistas, monarquistas patrianovistas (como Arlindo Veiga dos Santos)[39] etc. As várias cidades convivendo coetaneamente com seus grupos migrantes, em diferentes patamares da escala social. Frações do grupo negro paulistano, de acordo com as memórias de Correia Leite, vivem isso de maneira lateral. Para algumas delas, nas décadas de 1910 e 1920, o foco são as sociedades religiosas, como a Irmandade dos Homens Pardos (igreja da Boa Morte), Irmandade dos Homens Pretos (igreja do Rosário), Irmandade de São Benedito (igreja de São Francisco), igreja dos Remédios – da qual Antônio Bento, o abolicionista, teria sido provedor – ou a igreja de Santa Ifigênia, que cumprem um papel socializador de ordem distinta. Correia Leite afirma ainda: "[...] o negro sempre esteve no descompasso. E uma das nossas ideias era essa: se unir para ter uma retaguarda, para não ser um que apanhasse sozinho. Mas, nunca conseguimos nada de união, sem que houvesse uma motivação de lazer, recreação. Só havia participação maciça em coisa que fosse pra divertir, dançar, senão..."[40]. Síntese triste para esses anos iniciais. Todavia, não se deve esquecer que estão sendo lidas as memórias políticas de um homem público. A maneira de observar certos eventos possui tendências a negativizar tudo o que não possua caráter de mobilização direta. Esse traço se repetirá em diferentes momentos de suas recordações.

QUEREMOS SABER O QUE OS SENHORES VÃO FAZER COM A RAÇA NEGRA

Quase quarenta anos após a abolição, em São Paulo a consciência sobre a *situação do negro pelo próprio negro* galga patamares cada vez mais elevados de agudização crítica. Pode-se errar pelo sentido, mas não pela falta de ação. Cotidianamente o passado coaduna com o presente. A frase que subtitula esta parte do capítulo, segundo Correia Leite, foi proferida por Vicente Ferreira – o tribuno negro que não sabia escrever, cujos artigos eram ditados e que era dono de uma memória prodigiosa – durante uma ronda promovida à porta dos principais jornais paulistanos ao final da década de 1920. Como nos diz o ativista:

> Houve um fato que é digno de nota. Um dia o Vicente Ferreira fez uns dez ou doze discursos. Num só dia. Para atender um pedido dele, o *Clarim d'Alvorada* patrocinou uma passeata na cidade, em homenagem à grande imprensa [...]. Eu sei que tinha um grupo pequeno, mais ou menos 20 pessoas com lanterninhas. E nós saímos pela cidade. O Vicente Ferreira falou à frente de todas as redações dos jornais [...]. Ele falou diante dos dois grandes jornais da época: o *Correio Paulistano* e *O Estado de São Paulo*. Depois fomos ao jornal *A Plateia*. Era uma passeata que o Vicente Ferreira entendeu fazer em homenagem à grande imprensa. Mas, no fundo, a gente aceitou porque era uma oportunidade dele praticar sua profissão de fé [...]. Ele fez discursos violentos que metiam o pau em Oliveira Viana, Nina Rodrigues e todos esses caras que estudaram mal o negro. E ele gritava [...] – Queremos saber o que os senhores vão fazer com a raça negra. Qual o destino que os senhores vão dar pra raça negra? [...] Isso na frente do *Correio Paulistano* [...]. E toda aquela gente (porque as luzes se acenderam todas) que apareceu na sacada era constituída de redatores do jornal e alguns políticos. Eram eles que tinham de se preocupar, pelo menos, por alguns minutos, com uma raça abandonada. E o Vicente Ferreira fez aquele discurso debaixo de empurrões da cavalaria [...]. Na redação do *Jornal do Comércio*, que era na Rua Direita, quem respondeu lá de cima ao Vicente Ferreira foi o Lino

Guedes. Mas a gente mal ouvia o que ele falava. Nós saímos da Praça da Sé (a igreja ainda não estava terminada, mas já havia o começo da escadaria) e terminamos dentro da redação do *São Paulo Jornal*, ali mesmo na praça, num prédio que ficava próximo à Senador Feijó[41].

Mesmo se não corresponder inteiramente ao ocorrido, o fato relembrado, sem precisão de data – a não ser por uma das reconstruções da praça da Sé, iniciada em 1911 e finalizada nos anos 1950 –, é uma excelente imagem, boa para pensar. O *Correio Paulistano* e *O Estado de S. Paulo*, em fim do século XIX e início do XX, congregaram e difundiram as ideias da base de apoio do movimento republicano paulista e do abolicionismo. *A Plateia*, em que o próprio Caio Prado Jr. divulgaria seus artigos[42], tinha ligação com os elementos democráticos e comunistas. Houve, portanto, um engajamento relativo desses jornais e/ou de seus membros em processos de modernização aparentemente revolucionários – as campanhas abolicionista e republicana – que não se efetivaram plenamente, não assumiram as formas liberais e burguesas clássicas, não cumpriram adequadamente as expectativas.

Lembrando Caio Prado Jr.[43], a simultaneidade dialética dos tempos da história brasileira se encontrava, assim, naquele curioso embate entre a sacada dos jornais e os discursos na rua. Atraso e progresso, arcaico e moderno, passado e presente questionando-se mutuamente na constituição do cotidiano, não sabendo muito bem de que lado estão, o que fazer um com o outro, como se resolver. A possibilidade da dúvida, no entanto, era razoável a apenas um dos lados: ao grupo negro; a resposta a "O que fazer?" tem implicações imediatas.

Vicente Ferreira é um personagem mítico nas memórias de Correia Leite. Seus rastros, deixados nos poucos textos ditados e publicados na imprensa negra paulista ou nas reminiscências do amigo, não permitem a recuperação em profundidade de sua trajetória. Fato, aliás, não muito distinto do ocorrido com muitos desses personagens. Todavia, nas memórias de Leite, ele aparece em momentos decisivos para a discussão da questão social negra nos anos 1920: nas romarias a túmulos abolicionistas; nos embates com as classes dirigentes; na criação de uma entidade precursora da Frente Negra Brasileira – o Centro Cívico Palmares, entre 1926 e 1929[44]; e na participação do grupo negro paulista na Revolução Constitucionalista de 1932, com a Legião Negra[45].

O período do meio ao fim dos anos 1920 (por volta de 1924 a 1930, época da radicalização d'*O Clarim*) traz elementos para discutir que, enquanto ação política em meio à dificultosa organização do negro paulista, as temáticas da visibilidade e do reconhecimento se fazem centrais. Depreende-se isso da importância que Correia Leite atribui a quatro eventos, sendo que dois objetivam criar fisicamente *lugares de memória* (para usar a expressão de Pierre Nora) para o negro em São Paulo: o malfadado Congresso da Mocidade Negra (1928-1929); a ligação com o jornal *Chicago Defender*; a Herma de Luiz Gama, no Largo do Arouche (1930)[46]; e o erigir do Monumento à Mãe Negra, no Largo do Paiçandu, resultado do projeto do vereador Elias Shammass. Monumento que, na visão do militante, foi construído excessivamente deformado, à revelia do esperado pelo negro organizado.

Todavia, embora se anunciem com grandes esperanças para algumas frações de classes, inclusive as populares – tendo em vista os setores descontentes com a política dos governadores e a oligarquia da República Velha –, os anos 1930 têm fôlego curto, em particular para o grupo negro paulista. Embora o período não possa ser desprezado, haja vista o surgimento da Frente Negra em 1931, acaba ficando certamente abaixo das expectativas geradas pela movimentação da década anterior.

> Aí começou outra fase do Movimento Negro, a mais agitada e mais forte. Porque foi quando o negro teve uma motivação para se aglutinar. E como o negro tinha também de enfrentar a crise econômica que vinha de [19]29, envolvendo os Estados Unidos, houve uma pressão para que se procurasse resolver os problemas [...]. Se a situação estava difícil, para nós estava muito mais difícil. Então, nessa fase de [19]29 e [19]30, procurava-se uma coisa que trouxesse uma segurança, uma melhoria de vida[47].

A Frente Negra Brasileira (FNB) surge com esse propósito, entre outros, nas memórias de Correia Leite, um de seus fundadores e membro do Conselho. Discordâncias ideológicas entre o militante e um dos primeiros presidentes dessa organização – Arlindo Veiga dos Santos – fazem com que Correia Leite se desligue dela, opondo, nesse momento, o grupo do *Clarim d'Alvorada* à FNB. A polarização chega a ponto de levar, a 1º de julho de 1932, Correia Leite e outros dissidentes a criar o Clube Negro de Cultura Social (CNCS). Oito dias depois, inicia-se a Revolução Constitucionalista, em que São Paulo rivaliza com o governo federal de Vargas. O meio negro paulista organizado, cuja representação maior é a FNB, não se envolve diretamente no conflito, em razão da orientação de Veiga dos Santos. Isso não impede que, à revelia da FNB, alguns de seus participantes se engajem no movimento em prol da Constituição, com a criação da Legião Negra.

Além do período de duração da FNB (1931-37), outro momento importante da década, exígua para o meio negro organizado paulistano, são as tentativas de comemoração do Cinquentenário da Abolição (1938). Entre 1937 e 1938, após a outorga da Constituição de 10 de novembro de 1937, que instaura o Estado Novo – determinando, entre outras medidas, a cassação de atividades políticas tidas como subversivas (nelas, inclusa a FNB) –, Mário de Andrade, então diretor do Departamento de Cultura da Prefeitura de São Paulo, está, segundo Correia Leite, em contato com Francisco Lucrécio – ex-secretário da extinta FNB – para ajudar a organizar o cinquentenário da assinatura da Lei Áurea. Os membros da FNB não se entendem quanto ao apoio a Andrade. Lucrécio decide, então, contatar os ativistas do CNCS, não atingido pelo golpe por ser visto como uma associação exclusivamente cultural, sem atividades políticas.

> [...] Então combinamos de ir ao Edifício Trocadero, ali nos fundos do Teatro Municipal [...]. Naquele tempo se chamava Salão Trocadero. Era a sede do Departamento de Cultura. Combinamos de ir eu, o Francisco Lucrécio e o Fernando Góis [...]. O Mário de Andrade conversou com a gente e expôs a situação dele. Ele queria apenas o aval, o contato de representantes da coletividade negra, pessoas representativas, porque o plano dele já estava todo estabelecido e a verba não dava para mais nada. Então não fizemos objeção nenhuma e ele contou qual era o plano dele. Tinha entrado em contato com vários grupos folclóricos e havia gasto dinheiro nas roupas para esses mesmos grupos. Na praça da Sé ia ter congada, folias de reis e tudo quanto fosse dança de cunho afro-brasileiro. Seria uma festa que levaria dias naturalmente. Nessa ocasião poderiam ser intercaladas as festas do Departamento de Cultura e a que o Clube Negro de Cultura Social estava preparando [...]. O Mário de Andrade propôs fazer no Trocadero uma série de conferências, em que participaria num dia um conferencista branco e no outro um conferencista indicado pela comissão negra. E assim foi feito. Então apareceram as pessoas interessadas em falar pela

> Coletividade Negra. Dentre essas estava o Lucrécio. Para a comissão do Departamento de Cultura, vinha do Rio o professor Arthur Ramos. [...] A festa teve início e, já no meio do desenvolvimento do programa, acontece um imprevisto. Quem criou o Departamento de Cultura foi o prefeito Fábio Prado, por intermédio do Sr. Paulo Duarte, especialmente para o Mário de Andrade, que era um especializado em cultura popular. Mas, no meio da programação, cai o governo. Entra o Prestes Maia, indicado pelo interventor Adhemar de Barros. O Mário de Andrade caiu e a programação por ele idealizada não pôde prosseguir, pois logo foi indicado um substituto, o Mário Patti, desinteressado pelo programa[48].

Apesar de Mário de Andrade estar destituído, as comemorações continuam, com o intelectual sendo considerado presidente de honra da Comissão pelos negros. Esses, por sua vez, estabelecem (com Arthur Ramos)[49] e refutam (com Oswald de Andrade e Rossine Guarnieri)[50] contatos com outros estudiosos e escritores, dependendo do grau de conveniência ou visibilidade política do momento. O ponto alto das comemorações é justamente o dia 13 de Maio de 1938, ainda não proibido por Vargas. Sobre ele, as memórias de Leite trazem apontamentos igualmente importantes:

> Chegou o dia da realização da grande sessão solene no Municipal. De manhã teve a Prova 13 de Maio. O dia 13 de Maio era feriado. Bem depois foi abolido pelo regime ditatorial de Getúlio Vargas. [...] No Largo do Arouche havia uns 3 a 4 mil negros. A prova se realizou, houve discursos em frente à herma de Luiz Gama, e depois nós fomos de lá para o Cemitério da Consolação, onde se repetiu a concentração [...]. Depois teve uma sessão solene muito bonita. O Teatro Municipal ficou cheio de gente. E no auditório havia gente que depois se tornou famosa. Estava o Jorge Amado (ainda moço), Mário Donato, o Edgard Cavalheiro, Rossine Camargo Guarnieri, Oswald de Andrade... A sessão solene foi presidida pelo Justiniano Costa [membro da FNB] [...] na presença do Arthur Ramos, Mário de Andrade e outros convidados brancos e negros. [...] A sessão solene foi encerrada com grande sucesso[51].

É possível afirmar que, entre 1938 e 1945, os acontecimentos para o meio negro organizado paulista se dão de maneira fragmentária e subterrânea. Aquilo que vinha em ascensão sofre um golpe duro com o Estado Novo, esboroando-se. De acordo com o que lembra José Correia Leite, outras demandas surgem no período, encontram o grupo negro e se colocam, de certa maneira, em disputa com o realizado (ou suas tentativas) nos anos 1920-30: a ligação com diferentes vertentes do marxismo, por exemplo, por meio do militante Luiz Lobato e a organização Jabaquara; ou, ainda, a regularização dos cultos religiosos de matriz africana em São Paulo, por volta de 1943.

A reorganização de associações, tal qual Leite idealizava, visando a alguma aglutinação política, retorna apenas ao fim do Estado Novo. Como visto anteriormente, é nesse momento que ressurge também a imprensa negra paulista, a exemplo do jornal *Alvorada*, cofundado pelo velho militante, bem como a Associação dos Negros Brasileiros. Se há, por um lado, maior dispersão das atividades, por outro, ocorre alguma visibilidade de outra ordem desse grupo negro, gerando maior reação a ele.

Uma delas já pôde ser vista no começo deste capítulo, com os artigos de Paulo Duarte, publicados nessa fase, em 1947. Outra passa a ser a ligação entre o grupo negro organizado e as pesquisas sociológicas sobre as relações raciais em São Paulo. O processo social desenrolado ao longo de quatro décadas, envolvendo momentos de intensa organização, disputas e atividades desenvolvidas em condições raramente ideais, conforma esse encontro. Até aqui, a literatura propriamente dita apareceu pouco, e como personagem secundária. A partir desse encontro, ela passa a vir mais ao centro da cena histórica, bem como o discurso sociológico.

CONFLUÊNCIA E DIVERGÊNCIA ENTRE PROCESSO SOCIAL E ANÁLISE SOCIOLÓGICA: ANOS 1950

> [...] *Então, por meio da revista que ele tinha, de nome* Anhembi, *o Paulo Duarte pretendeu fazer uma pesquisa sobre a relação entre brancos e negros em São Paulo. Nessa ocasião apareceu um representante da Unesco, o antropólogo Alfred Métraux. O Paulo Duarte entrou em acordo com esse francês e a pesquisa foi entregue à orientação do Prof. Roger Bastide, juntamente com o Prof. Florestan Fernandes. Eles partiram para a realização de alguns seminários*[52].
>
> José Correia Leite

Na visão de José Correia Leite, entre 1948 e 1954, com o fim da Associação dos Negros Brasileiros (1948) e a realização do I Congresso do Negro Brasileiro (1950), há um intervalo de crise na organização autônoma do meio negro. O grande evento desse período é, em suas memórias, a pesquisa patrocinada pela Unesco.

No segundo número de sua revista, de janeiro de 1951, na seção intitulada "Jornal de 30 dias", Paulo Duarte publica o artigo noticioso "A Unesco e a questão racial", que visa dar conta dos propósitos do órgão da ONU destinado à educação e à cultura, aprovados entre 1948 e 1949, a respeito de "[...] pesquisa e a difusão dos 'dados científicos relativos à questão de raça', e enfim 'a preparação de uma campanha de educação baseada nesses dados'"[53].

Após a Segunda Guerra Mundial, pelo menos dois movimentos são considerados centrais para atacar os eventos que a motivaram: a necessidade de redistribuição de riqueza e de justiça social, culminando em proposta para constituição de Estados de Bem-Estar; e a aposta na educação e na cultura contra as manifestações de barbárie, visando atacar radicalmente o ódio da intolerância racial, considerado um dos elementos centrais do nazifascismo e das ideias eugênicas de décadas anteriores. É nesse contexto que surge a Unesco[54]. Duarte transcreve o texto da declaração *A questão racial* publicado por essa organização, em 18 de julho de 1950, que tomava o Brasil como um *laboratório de civilização* (expressão de Arthur Ramos, segundo Marcos Chor Maio) para se estudar, privilegiadamente, o fenômeno da integração e convivência de diferentes grupos étnicos. O editor, após a transcrição do documento, afirma: "Com prazer pois o divulgamos, oferecendo aos nossos leitores e chamando para ele a atenção que merece". Não parece ser o mesmo autor cujos textos foram comentados aqui.

Evidentemente, a história do projeto Unesco e da sua implementação no Brasil é mais complexa que a relatada nas memórias de Correia Leite. Todavia, é interessante observar como se deu a legitimação do projeto no âmbito da instituição e, além disso, as razões que levaram São Paulo e Rio de Janeiro a se tornarem cidades importantes para o desenvolvimento da pesquisa, sendo que, entre outros motivos, a atuação de associações e grupos ligados a organizações do meio negro dessas cidades, à época, foi decisiva.

A tese de Marcos Chor Maio, *A história do Projeto Unesco: estudos raciais e ciências sociais no Brasil*, é ainda o trabalho que possui a maior capacidade de esmiuçamento dos problemas envolvidos na formulação e execução daquele programa de pesquisa. Chor Maio discute tanto do ponto de vista institucional – pesquisando seja em arquivos da Unesco, seja nas resoluções e cartas oficiais – como do âmbito da atuação dos pesquisadores envolvidos, entrevistando-os e discutindo seus trabalhos decorrentes daquela iniciativa. Para ele, a pesquisa Unesco:

> [...] levou a mudanças significativas na reflexão sobre o tema das relações raciais. A primeira delas diz respeito à superação de qualquer associação determinista entre características físicas, comportamentos sociais e atributos morais, ainda em voga na década de [19]30 [...]. *A segunda, refere-se ao deslocamento do interesse das pesquisas etnográficas sobre a vida cultural dos negros no Brasil [...] para as investigações de natureza sociológica, que privilegiavam as relações entre brancos e negros, tendo por objetivo abordar as mudanças sociais ocorridas no Brasil, a partir do fim do regime escravocrata [...].* Por fim, o projeto Unesco contribui para o processo de institucionalização das ciências sociais no Brasil [...][55].

A segunda característica que Chor Maio elenca pode ser, indubitavelmente, atribuída aos trabalhos desenvolvidos nos estados de São Paulo e do Rio de Janeiro, respectivamente por Roger Bastide, Florestan Fernades, Oracy Nogueira e Luiz de Aguiar Costa Pinto. O trabalho desenvolvido na Bahia pelo antropólogo Thales de Azevedo, acerca das *Elites de cor*, ainda possui o caráter etnográfico comentado por Maio, além de seus objetivos e sua forma de execução serem bastante diversos dos apresentados nos trabalhos de seus colegas baseados em São Paulo e no Rio. A discussão de René Ribeiro, em Pernambuco, é tributária direta de Gilberto Freyre – intelectual de prestígio, leitura obrigatória dos cientistas sociais vinculados à Unesco, que deveria participar também das pesquisas, mas recusou-se – e próxima à de Azevedo, dando enfoque à temática religiosa.

As capitais paulista e carioca são o contraponto da visão de paraíso terreal gozada pelo Brasil, conservada em grande parte pelos entusiastas da iniciativa Unesco e compartilhada por Alfred Métraux, Otto Klinenberg, Arthur Ramos, Torres Bodet, Robert Angell, Paulo Berredo Carneiro, entre outros. Sem dúvida, trata-se da convergência de intelectuais engajados política e historicamente na luta contra o eugenismo, o racismo e o racialismo, como analisa Chor Maio. No entanto, suas percepções, influenciadas pelos trabalhos de Franz Boas e pelo impacto das leituras de Freyre, formatam então o país como um exemplo de convivência de diferentes grupos étnicos, sendo a Bahia, no tocante aos negros, seu ícone máximo.

É interessante atentar às discussões iniciais nesse sentido, debatidas por Chor Maio com farta documentação, em particular nos capítulos "O Brasil como modelo para a Unesco" e "Da Bahia para o Brasil: o Projeto Unesco de Relações Raciais". A morte prematura de Arthur Ramos (coordenador do Departamento de Ciências Sociais da Unesco, elo forte da instituição com o país e seu grande entusiasta), em outubro de 1949, não inviabiliza as esperanças dos intelectuais envolvidos na organização: "[...] fundada na Europa, sob as cinzas de uma grande crise da civilização ocidental"[56]. O substituto de Ramos, Alfred Métraux, auxiliado pelo cientista social brasileiro Ruy Coelho – que o assistirá entre 1950 e 1953 –, leva a iniciativa adiante.

Há aí, no entanto, uma grande disputa político-científica entre sociologia e antropologia travada nas entrelinhas. A inserção de estudos de natureza crítica e sociológica se dá por dupla intervenção: de um lado, Costa Pinto, fazendo Métraux convencer-se da "importância da pesquisa no então Distrito Federal, tendo em vista os argumentos do sociólogo brasileiro que considerava de suma importância estudar as relações raciais inseridas num contexto de industrialização"[57]; de outro, a estatura intelectual de Roger Bastide, amigo de Métraux e um dos principais nomes internacionais das ciências sociais, em São Paulo (o outro, Donald Pierson, da Escola Livre de Sociologia e Política [Elsp], não pôde trabalhar na pesquisa). Dos seus encontros com os intelectuais no Brasil, mesmo antes de sua principal visita, entre 16 de novembro e 20 de dezembro de 1950, "[...] o antropólogo [Métraux] começou a reconhecer o fato de que o Brasil não era a Bahia"[58]. Mesmo que a contragosto.

Até o início dos anos 1950, São Paulo e Rio de Janeiro eram ilustres desconhecidas para as pesquisas sistemáticas sobre relações raciais entre brancos e negros, após as crises monárquica e abolicionista. "O Projeto Unesco deu vazão à primeira pesquisa sociológica sobre relações raciais entre brancos e negros no Rio de Janeiro."[59] O foco anterior eram as discussões sobre as ressignificações simbólicas e religiosas da africanização no Brasil; ou a assimilação cultural dos descendentes de africanos no país. Frações da região Nordeste, portanto, serviram de palco privilegiado a pesquisas nesse sentido, tendo antropólogos e cientistas sociais do porte de Charles Wagley, Pierre Verger, Ramos e Freyre envolvidos em trabalhos com aqueles objetivos. Já a discussão sobre *o negro enquanto cidadão*, presente numa sociedade de classes, urbano-industrial, se deu no contexto de frações do Sudeste. Em especial no caso paulistano, "região que atraiu um número elevado de imigrantes brancos e onde o negro seria uma minoria, apresentando um quadro de tensões raciais"[60].

Desde os anos 1940, em São Paulo, discutiam-se problemas étnicos e raciais no estado, tendo as equipes da Elsp e da USP publicado artigos e realizado pesquisas nesse sentido: "A primeira tese de mestrado, a ser defendida em instituição brasileira, sobre o preconceito racial no Brasil foi de Virgínia Leone Bicudo, na Elsp, em 1945, sob orientação de [Donald] Pierson"[61]. Os trabalhos pioneiros de Bastide acerca de imprensa, poesia, suicídios e religiões negros ilustram isso, bem como as investigações de Florestan Fernandes acerca do folclore e do culto religioso ao líder negro e místico João de Camargo, em Sorocaba (1943).

Há ainda Paulo Duarte. Se, por um lado, os artigos publicados em abril de 1947, em *O Estado de S. Paulo*, vinculam seu nome sempre negativamente aos estudos das relações sociais racializadas, por outro, como faz notar Chor Maio:

> É interessante observar que a "pré-história" do Projeto Unesco em São Paulo contempla duas versões. A primeira [...] que se traduz pela ação de diversos atores que conseguem finalmente inserir o estado na investigação promovida pela agência internacional, e a segunda, que concebe a pesquisa da Unesco como um "desdobramento natural" de uma ideia que já estava em andamento no interior da elite intelectual paulista [...] Paulo Duarte [...] em seu encontro com Alfred Métraux manifestou a intenção prévia de realizar uma pesquisa sobre o problema do negro em São Paulo[62].

Afora arranjos institucionais, analisados detidamente por Maio, o cenário estava montado, já ao final de 1950, para o desenvolvimento da pesquisa. Enfocaremos seus desenvolvimentos nos casos paulistano e carioca. A atuação de associações negras político-culturais reivindicativas nessas cidades é particularmente interessante por estabelecer relações – nem sempre amenas – com os sociólogos que atuariam na pesquisa Unesco. Particularmente em São Paulo, a figura de Roger Bastide é emblemática, pois:

> Ele acabava de representar a França no 1º Congresso do Negro Brasileiro, realizado em agosto de 1950, no Rio de Janeiro, sob o patrocínio do Teatro Experimental do Negro (TEN). O evento tinha por objetivo aproximar cientistas sociais e intelectuais em geral do movimento negro [...] [Bastide] revela a Métraux sua intenção de criar um centro de estudos da comunidade negra de São Paulo, abrangendo brancos e negros e que, entre outras coisas, poderia intervir junto aos poderes públicos [...] Desde sua chegada ao Brasil, em 1938, ainda no contexto da Missão Francesa para a USP, Bastide se interessou pelo estudo do negro [...] psicologia [...] a situação racial brasileira [...]. Conhecia líderes religiosos e políticos negros, frequentava suas residências e chegou a praticar os rituais de iniciação no candomblé. Bastide mobilizava seus alunos para fazerem trabalhos de final de curso, levantamentos documentais sobre os mais diversos aspectos da vida dos negros[63].

BRANCOS E NEGROS EM SÃO PAULO: ASSOCIAÇÕES NEGRAS E SOCIOLOGIA USPIANA

> Apareceu aqui em São Paulo um rapaz de Ribeirão Preto, com o nome de Jorge Prado Teixeira. Era um rapaz que quase ninguém conhecia. Ele apareceu como intermediário dos pesquisadores com o meio negro. Ele estava autorizado e começou a fazer os convites [dos seminários] e a participar de reuniões com os membros da pesquisa[64].

Nas memórias do velho militante José Correia Leite, no período dos anos 1950, ao tratar das pesquisas sociológicas sobre o meio negro organizado paulista, também Roger Bastide enceta um papel decisivo. A circulação do sociólogo francês naquele meio e seu interesse pelos *assuntos brasileiros*, instilado em seus jovens alunos das primeiras gerações da Faculdade de Filosofia, Ciências e Letras, também transparecem nas relações, até mesmo afetivas, com seus objetos de estudo, evocadas por Leite a seguir.

> [...] a mais bem-feita foi a de São Paulo, pois na metodologia os professores utilizaram os alunos para saírem pelas ruas, irem à porta de fábrica etc. Eu fui procurado, também, por um rapaz que depois se tornou muito meu amigo. Ele se formou em sociologia e foi aluno do Prof. Roger Bastide. O nome dele era Renato Jardim Moreira. Ele fez comigo um trabalho sobre a minha participação nas lutas sociais, nas entidades e nos jornais [...]. Em 1950 eu completei 50 anos. O Fernando Góis resolveu me oferecer um jantar e deu o nome de Cinquentenário de José Correia Leite. [...] Houve almoços e jantares interessantes. Como o Renato Jardim Moreira estava integrado nas nossas reuniões, convidou os professores Roger Bastide e Florestan Fernandes para um jantar, devido o Prof. Bastide ter chegado de Paris em suas primeiras férias [...]. O Prof. Roger Bastide, em sua conhecida humildade, não queria aceitar ser ele o homenageado no momento, já que se tratava do meu aniversário. A festa terminou auspiciosamente[65].

Nesse sentido das relações entre os sujeitos pesquisadores e os pesquisados, veja-se também a homenagem póstuma a Bastide, publicada na *Revista do IEB*, em que uma das mesas é composta pelos depoimentos de velhos e novos ativistas das associações negras paulistanas, conhecidos e amigos do sociólogo francês: Raul Joviano do Amaral, José Correia Leite, Jayme de Aguiar e Eduardo de Oliveira e Oliveira. O relato de Amaral é distintivo:

> Estávamos na década de 1940 a 50. Num antigo casarão, transformado em casa de escritório, que ainda resiste ao tempo, Bastide me conheceu [...] foi o Mestre que de mim se aproximou. Naquele casarão imperial da rua Formosa, na Capital Paulista, funcionava a Associação "José do Patrocínio", entidade devotada à defesa da gente negra [...] semanalmente eu proferia uma aula de orientação histórica-educativa para um grupo de senhoritas e rapazes selecionados [...]. Numa dessas tertúlias despretenciosas [sic], entre outros assistentes brancos e pretos, notei a presença de um cidadão de porte pequeno fisicamente, que parecia absorver minhas pobres palavras e concordar com os conceitos e apreciações apresentados. A cada encontro de nossos olhares, o cidadão acenava com a cabeça em sinal de aprovação ou concordância. Concluída

[a] exposição dessa noite [...] o circunstante referido, após formular com naturalidade algumas questões pertinentes ao tema que fora tratado, num português que denunciava o estrangeiro, inquiriu-me [se Amaral era sociólogo]. Nesse instante, um jovem participante da caravana do cidadão, o futuro acadêmico e condutor de movimento, falecido Jorge Prado Teixeira, negro retinto que provinha de Ribeirão Preto, para ingressar na Faculdade de Filosofia, encarregou-se da apresentação formal [...]. Claro que conhecia, de referência, o apresentado. Lera alguns de seus trabalhos. Mas a emoção do contacto direto com o eminente especialista bem pode ser calculada. Desmanchei-me em desculpas e justificativas ante o Mestre, alegando minha condição de curioso, de autodidata da Sociologia e das Ciências Sociais. Expliquei-lhe que cursara a Escola [Livre] de Sociologia e Política, no seu início, muito mais preocupado com a disciplina que me fascina – a Estatística [...] Comecei, então, a ter contatos mais frequentes com o Mestre, ora na Faculdade, ora em meu escritório, ora em minha casa, que ele honrava [...]. Mais intensa e mais íntima se tornou a convivência com Bastide quando Mário Wagner Vieira da Cunha – meu colega na Comissão do Serviço Civil do Estado – anunciara-me a próxima realização dos estudos regionais sobre o negro, sob os auspícios da Unesco, pesquisas coordenadas por Bastide com o inconfundível concurso de Florestan Fernandes e assessoramento preciso de Lucila Hermann[66].

Essas relações afetivas – ou para além da objetividade científica[67] – não se restringem ao sociólogo francês e ao militante histórico de imprensa e associações negras. Em seu esforço de autoanálise, Florestan Fernandes discute em diferentes momentos como seus processos de socialização primária e secundária o aproximaram dos seus temas de pesquisa empírica mais famosos[68]. Recorde-se também as epígrafes que iniciam este capítulo, tanto a justificativa do sociólogo quanto a do escritor Oswaldo de Camargo acerca de seus encontros no prefácio de um livro de poemas. O grau de interpenetração é muito significativo, atingindo, nas memórias do escritor, uma construção imagética sobre o processo de enegrecimento da epiderme de um lumpemproletário de origem – "Em parte, o Florestan, você percebia que ele também era um negro, em alguns aspectos" – , tal qual Fernandes aborda em suas memórias:

> Antes [do Ginásio Riachuelo] eu encarava a realidade através de um espectro simplista, que se mantém vivo em minha mente até hoje. Para mim, havia dois tipos de seres humanos e dois mundos. Uns viviam dentro do poço e não conseguiam sair dele. Quando tentavam, ou os que andavam na superfície pisavam em suas mãos, e eles caíam, ou os que estavam lá dentro puxavam-nos para baixo. Não havia um sentimento de ódio contra isso: o fato era aceito como "natural", o preço que muitos tinham que pagar por sua sina. De outro lado, contudo, custou-me entender o sentido profundo do comportamento dos que estavam dentro do poço. Somente mais tarde, estudando o negro, é que iria descobrir que não se tratava de uma manifestação rústica de falta de solidariedade. Era uma forma extrema de amor, de apego humano aos entes queridos. Os que saíam se separavam, eram perdidos. Aos poucos, tornavam-se outras pessoas, mudavam-se do bairro [...]. *Essa situação, por sua vez, voltou à minha observação mais tarde, na pesquisa com Bastide: o tema do "emparedamento do negro". Esse tema foi agitado pelos movimentos de protesto [...]. Todavia, antes de investigá-lo em relação aos outros eu conhecera a realidade que ele evoca bem de perto e muito a fundo. Uma sociedade de classes em formação não é tão aberta quanto muitos pensam e, tampouco, é aberta em todas as direções.* O chão da superfície exigia uma viagem muito difícil e poucos chegavam até ele, naquele época. Era normal, portanto, que eu sentisse uma grande alegria de viver e uma esperança sem limites, como se o mundo me pertencesse e, a partir daí, tudo dependesse de mim[69].

Há, portanto, uma ligação entre interesses analíticos e políticos, postura ética, método científico e trajetórias particulares que permite, em São Paulo, o decisivo sucesso da pesquisa sobre as relações sociais racializadas, fazendo dela um marco da sociologia brasileira. Afirmou-se, linhas atrás, que o grupo negro estava à margem do caminho, num ponto da encruzilhada do processo social. Em São Paulo, suas ações, desde o início do século XX, organizam-se no sentido de criar formas de solidariedade e coesão internas, capazes de integrar frações do grupo num ideal socialmente compartilhado. Todavia, o que se passa com as ciências sociais?

A discussão sobre as relações sociais racializadas, até o início dos anos 1950, recebeu diferentes tratamentos. *Grosso modo*: a abordagem das teses racialistas, envolvendo os discursos médico e biológico como formas de hierarquizar as *raças* (tendência registrada desde meados do século XIX cujo expoente-mor é Raimundo Nina Rodrigues); o interesse acerca dos resquícios e ressignificações de aspectos culturais do continente africano no Brasil (figurando aí Arthur Ramos, entre outros); a discussão ambígua sobre os aspectos culturais, envolvendo os negros como civilizadores da sociedade patriarcal (notadamente, Gilberto Freyre); por oposição, numa discussão histórica e marcadamente paulista, um debate sobre a participação reduzida ou quase insignificante do grupo negro na sociedade brasileira (situe-se Alfredo Ellis Jr. nessa categoria); um longo debate sobre o processo abolicionista e/ou o escravismo e suas decorrências, discutindo-os, por vezes, como marcas insuperáveis do passado no contínuo temporal da sociedade, plasmando-a (Perdigão Malheiros, Caio Prado Jr. etc.)

A inserção da *ideia de uma crise social* posta pela abolição e pelo fim do regime monárquico (1888-1889), discutindo os aspectos de uma *sociedade em transição*, de uma cidadania precária e de uma revolução burguesa incompleta, embora se valendo de diferentes aspectos das discussões anteriores – e se opondo a vários deles –, é deveras original como princípio heurístico. E surge como tese de Bastide e Fernandes, notadamente. Isso coloca, então, *a investigação sociológica em outro extremo da encruzilhada*, ao questionar a efetividade dos processos revolucionários abolicionista e republicano como ações de modernização social e o embate entre processos de modernização e sua plenitude moderna, decorrente daí. Ou seja: qual grau de emancipação pôde ser alcançado pelos grupos sociais subalternos? Admitindo-se, a partir de dados empiricamente coletados, que a emancipação passa pelo reconhecimento dos direitos civis, implicando a formação de uma cidadania republicana, por que na nova ordem social o grupo negro ainda é um cidadão de segunda classe? Que aspectos do passado persistem e convivem na ordem socialmente competitiva, capazes de impedi-la de se realizar plenamente, mantendo a dominação pretérita no presente? Quais as possibilidades dadas ao e forjadas pelo grupo negro de superar seu ponto de partida desvantajoso e socialmente desigual? Por fim, o modelo de dominação social persistente do antigo regime teria origem numa sociedade identificada com a organização da dominação patriarcal ou com a configuração social do patrimonialismo? Dessa forma, dados esses questionamentos, pergunta-se: quais seriam, daí, os impeditivos para a mudança social?

Executada a partir de 1951, a pesquisa inicial de Bastide e Fernandes foi publicada na revista *Anhembi* ao longo de 1952 e 1953, sendo formatada em livro em 1955. Ao retomá-la aqui, *deseja-se colocá-la em contexto*: seus principais pressupostos e consequências vêm ao encontro das ações e anseios das frações organizadas do grupo negro paulista, bem como de seus intelectuais. A sociologia estava na outra margem do caminho: a discussão crítica das relações raciais não era priorizada sistematicamente pela grande maioria das teses do momento. *A encruzilhada, portanto, é a cidadania republicana e seus impeditivos para*, como fala Florestan Fernandes: "[...] forjar nos trópicos este suporte de civilização moderna". Assim, há um encontro fecundo, polêmico, que possui consequências que nos interessam aqui.

O livro *Brancos e negros em São Paulo* apresenta as condensações e o desenvolvimento daquilo que, com muito cuidado, pode ser chamado de *Escola Paulista de Sociologia*[70]. No plano inicial da pesquisa, são apontadas as limitações impostas pela Unesco que delimitaram as preocupações dos pesquisadores – um trabalho de curto prazo, financiamento pequeno e que servisse de instrumento para a *reeducação dos adultos*. Bastide e Fernandes (este, responsável por escrever o plano da pesquisa e três quintos do trabalho) colocam como hipótese básica ao trabalho que a desagregação do antigo regime servil e da velha ordem escravocrata se processou na razão inversa à efetividade da igualdade jurídica entre ex-senhores e ex-escravizados. Elementos residuais do antigo regime – por exemplo, o preconceito de cor – regram as relações entre brancos e negros na aparente ordem social competitiva, impedindo-a de se realizar plenamente. O preconceito de cor é, portanto, entendido como um processo sócio-histórico, visto de maneira relacional, entre brancos e negros, abrangendo os discursos sobre suas motivações, implicações na construção da desigualdade social e as reações a ele. O preconceito é igualmente provocador de reações, como os movimentos associativos entre negros, manifestações explícitas entre brancos etc.

O estudo de Bastide e Fernandes mobiliza densamente o que pode ser chamado de uma *análise sociológica da história* de São Paulo, vasculhando a documentação sobre a formação dos grupos humanos no estado – entre eles, o grupo negro e sua participação –, a constituição do papel do escravizado; a crise abolicionista e o artifício criador da desigualdade no pós-abolição (igualdade jurídico-formal sem mecanismos legítimos de emancipação). Na terceira edição de *Brancos e negros em São Paulo*,

Fernando Henrique Cardoso, então um dos assistentes da pesquisa, aponta diferentes fatores que fazem dele um trabalho clássico. Entre eles, o sociólogo afirma que:

> [...] *há um esforço pioneiro para entender o papel dos movimentos sociais e de seus líderes no esforço de revisão da posição dos negros na sociedade. Para compreender esses processos foi essencial a decisão inovadora de chamar os líderes daqueles movimentos para participarem das discussões e mesmo para orientarem muito das interpretações acolhidas na pesquisa. Houve um ensaio de sociologia participativa.* Essa técnica, bem como a combinação dela com outras, desde a reconstrução histórica da vida social dos negros e das formas do preconceito até a utilização de técnicas de pesquisa de campo, mostram a ousadia metodológica do empreendimento de Bastide e Florestan[71].

O *esforço de uma sociologia participativa* se processa a partir da formação de uma Comissão de Estudo das Relações Raciais entre Brancos e Negros em São Paulo. Por meio de reuniões na Faculdade de Filosofia ou na sede das associações negras, cria-se um estreitamento de relações, decisivas para o sucesso da empreitada, contando com:

> [...] o secretário da Comissão para o Estudo das relações raciais entre negros e brancos em São Paulo, Jorge Prado Teixeira, que foi também colaborador nas pesquisas ecológicas [...] Da mesma forma, o reconhecimento dos orientadores do inquérito vai às diversas associações de negros em São Paulo: Associação José do Patrocínio de São Paulo, Irmandade de Nossa Senhora do Rosário dos Homens Pretos, a Legião Negra de São Paulo; aos informantes de cor[72].

Do ponto de vista dos sujeitos pesquisados, segundo as memórias de José Correia Leite, o primeiro encontro entre os membros das associações e os sociólogos do projeto Unesco frustra um pouco as expectativas, de ambos os lados, pela aparente falta de compreensão de algumas pessoas dos significados do trabalho, de sua envergadura ou de seus propósitos principais:

O primeiro seminário foi na Biblioteca Municipal. Estiveram lá no auditório negros importantes, graduados em especialidades, com floreios de oratória... Mas com relação às pesquisas, o que podia sair disso? O doutor Edgar Santana, um médico baiano muito importante, chegou falando da sua formação germânica, do seu caráter polêmico, de suas amizades no meio social e assinalando que ele estava ali não tanto porque acreditasse na pesquisa, mas por ser um admirador e amigo do Prof. Roger Bastide... E assim por diante. Apareceu um outro falando de seu tempo de acadêmico e de outras fases da vida... Surgiu um tal de Dr. Abataiguara (um nome indígena!) e dizia que o negro e o branco iam desaparecer e ia surgir uma sub-raça, uma nacionalidade com nome de brasiliense... Eu não sei o que os homens da pesquisa podiam fazer com esse tipo de informação. O doutor Edgar Santana acabou dando os palpites dele como conhecedor da situação do negro e não quis ser, como se costuma dizer, um "pesquisado". Queria ser um pesquisador também[73].

A incompreensão já está presente na própria perspectiva da Unesco. A pesquisa de São Paulo realiza um trabalho de fôlego. O primeiro capítulo do livro, escrito por Fernandes, alicerça a tese desenvolvida por diferentes membros da equipe paulista. A discussão sobre o preconceito racial, dadas a sua dificuldade e lacuna bibliográfica de então, deve se iniciar por uma perscrutação histórica, e não apenas servir como um instantâneo fotográfico que demonstre a premissa de que o Brasil é um paraíso terreno. Ao contrário, se dá a entrada no problema, portanto: "A história do negro em São Paulo se confunde, durante um largo período de tempo, com a própria história da economia paulista. Os africanos, transplantados como escravizados para a América, viram a sua vida e o seu destino associar-se a um terrível sistema de exploração do homem pelo homem"[74].

A história do negro paulista no pós-abolição, portanto, está diretamente associada à história da escravidão e ao modo de produção vigente. Trata-se de uma leitura caiopradiana dos eventos históricos, empreendida por Fernandes, que se agudiza na afirmação de que: "[...] a escravidão, como instituição social, se articula dinamicamente com o sistema econômico de que faz parte; se era por ele determinada, reagia sobre ele por sua vez, e o determinava"[75]. Existe, assim, uma relação que não é de estranhamento entre capitalismo e trabalho escravo; ao contrário, tal imbricação plasma a própria sociedade. Ele constitui uma instituição social, influenciando outras; posiciona indivíduos nesse quadro, demarcando-lhes lugares; estabelecendo-se, assim, para além das relações produtivas, relações de comportamento.

A tese da passagem de escravizado a cidadão será, então, longamente desenvolvida a partir da discussão acima. A integração se dará a partir do desenvolvimento da exploração econômica em torno da mineração e, principalmente, através da grande lavoura, dos ciclos da cana-de-açúcar e do café, em São Paulo.

> A evolução da escravidão em São Paulo apresenta algumas peculiaridades, porque a expansão da "grande lavoura" nesta província coincide com o período em que se inicia e se processa o colapso do sistema de trabalho escravo no Brasil. A renovação ilimitada do "braço negro" tornara-se praticamente impossível desde a cessação do tráfico. [...] Admita-se que o escravo se transformaria em trabalhador livre e que o problema da mão de obra encontraria na libertação dos escravos um corretivo natural. Os fazendeiros mais empreendedores de São Paulo, porém, tentaram corrigir as limitações do mercado interno de trabalho através da importação imediata de trabalhadores brancos. O trabalho escravo encontrara finalmente um sucedâneo no trabalho livre, mas no trabalho livre proporcionado pelos imigrantes europeus. [...] o fenômeno em apreço representa o produto de um conjunto de causas muito mais complexas que determinaram, ao longo da segunda metade do século XIX, um dos processos mais dramáticos que já abalaram a sociedade brasileira: o da desagregação do regime servil. Assim, não é a proporção do elemento negro na população de São Paulo que se altera [...]. É o *status* do escravo que se modifica, a própria escravidão que desaparece, condenada pelas novas condições de existência social[76].

O lugar do escravizado entra em ocaso, com a desagregação da principal instituição social, fundada num amálgama intrincado de produção econômica, igualmente em crise. Na análise de Fernandes, esse argumento é central. Partindo dele, o autor questiona os impasses vividos pela agitação abolicionista em lidar com o esfarelamento progressivo da ordem social vigente. O impasse social transforma-se em desfaçatez, como nos demonstra o autor:

> Apesar dos ideais humanitários que inspiravam as ações dos agitadores abolicionistas, a lei que promulgou a abolição do cativeiro consagrou uma autêntica espoliação dos escravos pelos senhores. Aos escravos foi concedida uma liberdade teórica, sem qualquer garantia de segurança econômica ou de assistência compulsória; aos senhores e ao Estado não foi atribuída nenhuma obrigação com referência à pessoa dos libertos, abandonados à própria sorte daí em diante. [...] foram abandonadas as antigas preocupações de recuperação humana do escravo como homem livre [...]. Ninguém mais se preocupava oficialmente com o "mandato da raça negra" [...]. Os anos posteriores à abolição foram extremamente duros para as populações negras concentradas nas cidades. Depois de decorrido mais de meio século, ainda se fazem sentir agudamente, no seio dessas populações, os efeitos das comoções que destruíram a ordem social escravocrata e projetaram os ex-escravos na arena de competição aberta com os brancos. De fato, a lei de 13 de Maio nada concedeu ao elemento negro, além do *status* de homem livre[77].

A análise do período de transição é particularmente importante para que Fernandes descreva o cenário das primeiras décadas do século XX e a posição ocupada pelo grupo negro no momento posterior à abolição. Esta, vista como evento crítico, coloca em colapso o ordenamento de um mundo antigo, necessitando-se, portanto, explicar como ocorre a reordenação das peças no novo cenário. A análise do autor conclui que o desenrolar do processo dramático da transição do antigo regime para a ordem social competitiva: "[...] é a flagrante desigualdade que separa o negro do branco na estrutura profissional de São Paulo. [...] A proletarização dos indivíduos de cor e a integração concomitante de uma porção deles às classes médias marcam o fim de um período e o começo de uma nova era na história do negro na vida econômica de São Paulo"[78].

Fernandes prossegue, e é no quinto capítulo – *A luta contra o preconceito de cor* – que a discussão sobre o encontro entre os anseios das associações negras e a pesquisa sociológica se faz mais evidente. A luta contra o preconceito de cor, portanto, é uma das manifestações, na nova ordem, relacionadas às mudanças ocorridas no cenário social. Frente à precariedade e às ineficiências destas, na razão inversa, originam-se mecanismos de reivindicação internos ao grupo negro, denunciando o preconceito e objetivando a aglutinação dos sujeitos sociais negros. Em São Paulo, segundo o autor,

> [...] com a progressiva assimilação dos negros e dos mulatos à ordem social produzida pelo regime de trabalho livre e pelo sistema de classes, começaram a surgir na população negra e mestiça da cidade tendências para a elaboração social e a expressão coletiva dos sentimentos provocados pela desigualdade econômica e social das duas "raças" e pelas manifestações da discriminação e do preconceito com base na cor. [...] Os ideais de integração nacional acima das diferenças raciais e de igualdade fundamental entre todos os brasileiros sofreram no "meio negro" uma reelaboração cultural, que se caracterizou pela eliminação das inconsistências ocultas atrás de ambas as noções, nas atitudes dos brancos, e pelo desdobramento da perspectiva crítica, pois alimenta avaliações em que não são poupados nem os "brancos" nem a "raça negra" [...] os elementos dinâmicos da nova ideologia nascem da crítica dos aspectos negativos e insatisfatórios das relações dos negros com os brancos e da definição do "preconceito" como um *problema social*. [...] *A emergência e a canalização social do "protesto negro" contra as manifestações da discriminação e do preconceito com base na cor constituem um fenômeno recente, cuja explicação se encontra nas transformações operadas na situação dos negros e dos mulatos na sociedade paulistana*[79].

A ideia de um *protesto negro* emergente é deveras interessante. Ela se apresenta como um tema de época (do fim dos anos 1940 ao início dos anos 1960), inclusive literariamente, como se verá. *Em São Paulo, é ela que articula as reivindicações das associações paulistas ao mote da análise de Bastide e Fernandes sobre o período estudado, de 1930-50.*

O *protesto* se faz presente na crítica crescente dos jornais da imprensa negra paulista e de suas associações, bem como na expressão literária dos escritores que nelas orbitam ou que lhes são externos (como Solano Trindade, Oswaldo de Camargo, Carlos de Assumpção ou Carolina Maria de Jesus, entre outros). Enquanto ideia, assume menos uma característica de manifestação violenta ao *status quo*, na luta pela equidade dos direitos civis; e assume-se mais como uma ferramenta de reconhecimento social, de equalização da cidadania republicana; torna-se um tema de denúncia (da situação do negro) e de sua potencialidade – expressa na capacidade de frações desse grupo de ter consciência de sua situação precária, fazendo algo socialmente com ela.

Se o encontro na encruzilhada social, em São Paulo, parece promissor, o mesmo não pode ser dito das relações travadas – no âmbito da pesquisa Unesco – entre sociologia e associações negras do Rio de Janeiro. Embora, como dito anteriormente, os propósitos e conclusões entre os grupos carioca e paulistano sejam próximos e convergentes, fato semelhante não se processa nas relações entre Luiz de Aguiar Costa Pinto e, fundamentalmente, o Teatro Experimental do Negro (TEN), capitaneado por Abdias do Nascimento, em atividade desde 1944 na então capital federal.

O negro no Rio de Janeiro: relações de raças numa sociedade em mudanças é a pesquisa mais próxima de *Brancos e negros em São Paulo*, da mesma forma que o TEN é uma espécie de parente mais velho, enquanto instituição, da Associação Cultural do Negro (ACN). Para entender, então, as divergências, é necessário analisar o caminho analítico, seus pressupostos e consequências.

No livro, publicado em 1953 na Coleção Brasiliana, cuja pesquisa e redação tenta enfocar uma espécie de *fotografia* daquele tempo presente sobre a situação do negro no então Distrito Federal, Costa Pinto não realiza grande esforço de reconstrução da trajetória histórica do negro na cidade – o que torna o trabalho paulista original e excepcional –, tendo, de acordo com Chor Maio, outro objetivo, que, na verdade, seria duplo: empreender: "[...] um esforço de afirmação da sociologia como ciência capaz de interpretar o quadro de tensões sociais [...] [,contrapor] os estudos etnográficos, antropológicos e históricos, que, a seu ver, estariam comprometidos com o modelo tradicional de relações sociais [...]", e, simultaneamente, analisar: "[...] as relações raciais [...] a partir do desenvolvimento tenso e contraditório do capitalismo no Brasil. [...] a questão racial seria um indicador preciso do processo de mudança social em curso"[80].

Costa Pinto tenta cumprir tais objetivos dividindo o trabalho em duas partes. A primeira – "A situação racial" – cumpre o caráter de captura instantânea da situação, problematizando dados sobre demografia, estratificação social, distribuição e ocupação do espaço social (ecologia), sobre o acesso à educação e cultura, bem como sobre as relações sociais estabelecidas entre negros e não negros (redundando em atitudes discriminatórias, estereótipos etc.). Duas das conclusões mais interessantes a que chega o autor nessa primeira parte dizem respeito a aspectos semelhantes a que Bastide e Fernandes chegaram em São Paulo. Todavia, enquanto neste estado elaborou-se a tese sobre o ponto da passagem do *escravizado* a *cidadão*; aqui se enuncia que: "[...] em face desses dados parece não haver dúvida de que de *escravo a proletário* foi a maior distância percorrida pela grande massa de homens e mulheres de cor no Distrito Federal nos últimos setenta anos de mobilidade social"[81].

Cabe uma ressalva: a pesquisa de São Paulo incorpora a questão da proletarização do liberto dentro de uma perspectiva mais ampla: a da *cidadania incompleta*, que só poderia ser discutida a partir de uma reconstrução histórica que a pesquisa carioca não realiza. Mesmo assim, uma outra conclusão importante de Costa Pinto aproxima os trabalhos: refere-se ao problema da segregação socioespacial do negro nas favelas cariocas:

> Um dos aspectos mais odiosos da discriminação racial é a segregação residencial que obriga – pela força do costume, da lei, ou de ambos – a população de determinado grupo étnico, inferiorizado pelo grupo dominante, a limitar o seu direito de morar no âmbito de determinados bairros e ruas, vedando-lhe o acesso a outros lugares nos quais o grupo privilegiado monopoliza o direito de se instalar. [...] Diversos fatores têm histórica e sociologicamente contribuído para a formação de favelas no Rio de Janeiro, mas nem a análise desses fatores, nem o estado atual do problema *per se* constituem, aqui, nosso objeto fundamental de estudo. Interessa-nos apenas demonstrar: a) que nas favelas vive elevada quota da classe operária do Distrito Federal e que não é apenas a *mala vita* que ali é obrigada a viver; b) que como nessa classe se encontra a maior parte da população de cor que vive no Distrito Federal, daí resulta uma alta representação destes grupos de cor na população das favelas; c) que a presença de núcleos favelados em todas as zonas da região oriental do Rio de Janeiro [...] influi como fator ponderável na dispersão desses grupos por toda a região, mascarando assim, até certo ponto, a segregação desses grupos na estrutura da comunidade [...] [que] as favelas apresentam-se como núcleos segregados de população pobre e de cor exatamente nos bairros onde

os brancos constituem a maioria e que elas encontram menores razões econômicas e sociais para se formarem naqueles bairros onde maior é o número de habitantes de cor e menor a distância social e étnica entre favelados e não favelados. Se concordarmos em que grande parte da população da favela vive em função e a serviço dos mais afortunados que residem nas áreas não faveladas adjacentes e se verificarmos que, em regra, o favelado que tem atividade econômica definida tem sua atividade na mesma zona em que reside, a hipótese parecerá ainda provável[82].

Nessa primeira parte do trabalho, é possível dizer que há, em alguma medida, convergência de interesses entre uma sociologia crítica, preocupada com o tema da mudança social, e as aspirações de associações e organizações negras, no que diz respeito à exposição criteriosa da situação do grupo negro no cenário pós-abolição. Sobre isso Marcos Chor Maio apresenta um dado interessante acerca de um certo nível de vinculação de Costa Pinto com elementos dessas organizações:

> Para a realização da pesquisa sobre as relações raciais no Rio de Janeiro, sob o patrocínio da Unesco, Costa Pinto contou com a colaboração do jornalista e etnólogo Edison Carneiro (1912-1972). Baiano e mulato [...]. A partir de 1933, influenciado por Arthur Ramos, envolveu-se com pesquisas sobre os cultos afro-brasileiros, tendo participado do I Congresso Afro-Brasileiro, em Recife, e sendo um dos organizadores do II Congresso Afro-Brasileiro, em Salvador [...]. Em 1949 foi coorganizador com Abdias do Nascimento e Alberto Guerreiro Ramos da Conferência Nacional do Negro e, no ano seguinte, do I Congresso do Negro Brasileiro [...]. O intelectual baiano teve papel fundamental na pesquisa sobre as relações entre brancos e negros no Rio de Janeiro, na parte relativa aos movimentos sociais de corte étnico. [...] Costa Pinto escolheu Edison Carneiro não apenas pelos méritos de suas investigações, mas por ser, ao mesmo tempo, um homem de cor que tinha ligações próximas com as lideranças do movimento negro [...]. Embora estivesse voltado para os estudos históricos e etnológicos, ou seja, aquilo que [...] Costa Pinto criticava como a fase afro-brasileira dos estudos sobre o negro, Edison Carneiro se identificava com a visão do sociólogo no que tange à consideração

dos problemas do negro como fundamentalmente vinculados à estrutura social capitalista [...]. Nesse sentido, havia um ponto de convergência essencial para a pesquisa entre os dois intelectuais baianos[83].

O NEGRO NO RIO DE JANEIRO E O NEGRO REVOLTADO: SOBRE MICRÓBIOS E SUAS SANDICES

O argumento de Chor Maio, todavia, é também algo complicado. Na segunda parte do livro de Costa Pinto encontra-se o ponto polêmico de sua divergência com, talvez, a principal organização negra carioca de então, com projeção internacional inclusive: o TEN, de Abdias do Nascimento. A briga entre o sociólogo e o ativista negro não é discutida fortemente por Maio, sequer mencionada, sem que se apresentem as razões para isso.

Essa segunda parte de *O negro no Rio de Janeiro* discute os movimentos sociais, separando-os em "organizações tradicionais"[84] e "organizações de novo tipo". Sobre estas últimas, contrapostas às Irmandades de Nossa Senhora do Rosário e de São Benedito dos Homens Pretos, escolas de samba, terreiros, gafieiras etc., Costa Pinto afirma que:

> Elas são novas não apenas no sentido cronológico; são, também, *sociologicamente* novas, no sentido de que resultam de situações relativamente recentes na história social deste país, das quais surge, inclusive, um novo negro *não escravo*, um negro *não africano*, um negro *não servil*, um negro *não trabalhador rural*, um negro *não ignorante*; ou visto ao reverso, um negro brasileiro, livre, proletário, de classe média, ou intelectual, urbano, inconformado com as pechas e os clichês que sobre ele existem, com a situação objetiva e com as expectativas de comportamento que a respeito dele existem – *exprimindo tudo isso, de diversa forma, quase todas larvárias, desconexas, informes e também não raro, altamente sofisticadas e mesmo, até pretensamente científicas*[85].

Para o sociólogo carioca, as associações negras de *novo tipo* surgiram a partir de 1930, foram interditadas entre 1937 e 1945 e retornaram à ativa no interregno democrático subsequente. Nelas se formaria uma espécie de *elite negra*, urbano-industrial, à qual o autor tem severas reservas, já que, como afirmou anteriormente, são: "[...] *associações de elite, de elite negra, que em face da massa negra age, reage e se comporta como toda elite em face de qualquer massa*". Embora aponte a singularidade do *novo negro*, que romperia com a estigmatização de seu passado escravo, a contraposição da formação dessa nova elite, que sai de seu lugar predeterminado, é ao enorme número de – nos termos do autor – *negros-massa*:

> A elite que se forma nessas associações, e que as formou para si, para resolverem problemas seus, de *status*, de aspirações, de mobilidade e de resistência que encontra à sua mobilidade e às suas aspirações, sofre, por sua vez, do mal incurável de não saber falar outra linguagem que não seja a do seu horizonte de estrato médio, duplamente asfixiado por sua condição de raça e de classe[86].

A elite negra ascendente, alicerçada numa classe média intelectualizada, faz uso mistificador, na análise do autor de *O negro no Rio de Janeiro*, de sua própria ideologia: a ideia de negritude. Para o sociólogo, a principal crítica a essa ideia reside no seu caráter irreflexivo e mais sentimental.

> Para desempenhar essa função de ideologia do movimento negro, útil como mito nas horas de ascensão, necessária como consolo e como comunhão mística entre os iniciados nas horas de adversidade, é que surgiu – e continua hoje em plena elaboração – a ideia de negritude. [...] É preciso que se diga que os próprios intelectuais negros que falam de negritude, e os brancos que em torno do tema fazem variações, jamais lhe deram uma formulação explícita e sistemática; dir-se-ia que eles "sentem" a negritude, o que seria melhor do que afirmar que eles a "pensaram", ou, ao menos, que a formularam como corpo coordenado de ideias e interpretações sobre o problema atual do negro brasileiro. [...] A negritude, portanto, é uma ideologia por vir a ser, vivendo sua fase larvária e indefinida, algo informe, muito mais sentido do que pensado, já refletindo nitidamente uma situação social, mas ainda longe das massas, das pugnas, das formulações pragmáticas, dos esquemas de conceitos definidos[87].

Nesse caso, portanto, a ideia de *negritude* operaria, segundo Costa Pinto, como uma espécie de *mito* para aquela classe média. Há um tom de deboche crescente nas suas críticas, apoiadas apenas no vazio de uma observação sem mediações ou estudo mais aprofundado, demonstrado na página seguinte de seu trabalho, em que constrói a afirmação de que a negritude *"por enquanto, cheira ao incenso místico das ideias de seita, sentido, apenas, pelos iniciados – está longe ainda de ganhar o odor do suor das massas em movimento perseguindo uma ideia-força"*.

O sociólogo expressa seu maior apreço por outra associação negra, contraposta ao TEN: a União dos Homens de Cor (UHC/Uagacê), criada em 1949, que apresentaria, de acordo com Costa Pinto, uma maior aproximação ao *negro-massa* e um caráter mais ativo e menos elucubrador de ideias[88]. A UHC, fundada por José Bernardo da Silva e presidida, então, por Joviano Severino de Melo, era ligada ao Centro Espírita Jesus do Himalaia, em Niterói, sendo responsável pelo jornal *Himalaia*. Além disso, Bernardo da Silva teria sido recebido pelo presidente da República, após o sancionamento da Lei Afonso Arinos (1951), e a UHC era responsável por cursos destinados à população negra de baixa condição.

E é aqui que o ponto da divergência se torna nebuloso. Por que as associações negras deveriam ter uma única direção a seguir? Por que Costa Pinto opta pela de caráter mais assistencialista ou de intervenção direta junto às classes baixas como molde para o ativismo negro? Qual o problema em associações e ativistas – como os do TEN – formularem ideias, forjarem projetos intelectuais, elaborarem uma visão de mundo – mesmo que, porventura, equivocada – a respeito de sua própria condição? Responder a essas questões apenas levando em conta a biografia de Costa Pinto, ligado historicamente ao Partido Comunista, será tão insuficiente quanto as críticas que o autor elaborou.

Para compreender a contenda é necessário retomar os embates ocorridos três anos antes da publicação de *O negro no Rio de Janeiro*, quando do acontecimento do I Congresso do Negro Brasileiro (1950), promovido pelo TEN, do qual participam intelectuais (Alberto Guerreiro Ramos, Roger Bastide, Edison Carneiro, Oracy Nogueira, Charles Wagley, Thales de Azevedo, Darcy Ribeiro etc.) e ativistas negros, entre 26 de agosto e 4 de setembro de 1950. Costa Pinto participa do congresso, chegando a presidir duas mesas. Ali colhe informações ou trava contatos que utilizará em seu livro para a pesquisa Unesco[89]. Entretanto, sua análise sobre o grupo promotor do congresso, por diversas vezes, alcança o nível da crítica por meio de chacota. As discussões sobre a ascensão e queda do TEN, sobre a teorização dos *psico* e *sociodramas* promovidos por Guerreiro Ramos e, ainda, sobre a ideia de negritude são exemplares nesse sentido.

> O período áureo do TEN não foi pura e originalmente artístico, foi o pré-eleitoral (1949-1950), quando o entusiasmo de seus dirigentes e a generosidade interessada de candidatos brancos a postos eletivos forneceu os meios psicológicos e financeiros para o TEN ter uma sede própria, editar um jornal e melhorar sua apresentação [...] a aumentar sua envergadura, seus propósitos, sua influência aos olhos dos negros, dos brancos e, principalmente, aos seus próprios olhos [...] [o] despertar do sonho eleitoral revelou uma realidade bastante crua [...] e o sonho cândido da negritude adestrada nos estilos das classes dirigentes declinou, murchou, morreu. [...] Em verdade, significa ["os passes de terapêutica catártica"] a existência de negros de classe média querendo se adestrar nos estilos de sua classe [...] e a tentativa de contornar emocionalmente essas barreiras por meio de um mecanismo dramático de *faz de conta que somos brancos* [...][90].

Todavia, se o TEN, os intelectuais ou os ativistas negros dos anos 1950 não formalizaram uma análise sistemática da ideia de negritude, Costa Pinto também não o faz em *O negro no Rio de Janeiro*. Toma-a como fenômeno nascente do meio século XX quando, na verdade, era um debate em aberto desde o fim dos anos 1920 em Paris. Sua crítica fica aquém do propósito, restando a aparência onde deveria constar uma análise mais profunda. Não se questiona como aquelas ideias chegaram ao Brasil, como e se os intelectuais negros brasileiros tinham contato com os intelectuais africanos e negros da diáspora criadores do movimento de negritude, entre outras perguntas relevantes. E não é à toa que, quando puderam, seus objetos de estudo, acidamente criticados, reagiram ao seu trabalho.

As teses, pareceres e atas remanescentes do I Congresso do Negro Brasileiro foram publicados por Abdias do Nascimento em 1968, no livro *O negro revoltado*. À ocasião, o antigo diretor do TEN discute, na introdução, a visão de alguns cientistas e ativistas sobre o congresso, louvando uma fala de Roger Bastide[91] sobre aquela iniciativa. Na sequência, o ativista negro afirma que:

> Infelizmente o comportamento dos "cientistas" impediu que se concretizasse o "bom exemplo" preconizado por Roger Bastide e Arthur Ramos. E tal foi o abismo que se abriu entre as duas correntes que se viram irremediavelmente afetados os resultados do Congresso. [...] Várias teses, pareceres, discursos e atas, por exemplo, foram, em confiança, emprestados ao Sr. L. A. Costa Pinto, que, na época, realizava um trabalho para a Unesco sobre o negro no Rio de Janeiro. A maior parte do material emprestado jamais me voltou às mãos. O extravio desses documentos foi denunciado por Guerreiro Ramos em artigo no *O Jornal* (17-1-54) ao analisar a autoridade científica do Sr. L. A. Costa Pinto [...]. Aliás, Gilberto Freyre também se refere a "antropólogos e sociólogos, *alguns talvez tendenciosos*, encarregados pela Unesco de realizar no Brasil um inquérito sobre relações de raça" [...] o que naturalmente não se aplica nem a René Ribeiro (Pernambuco) nem a Roger Bastide e Florestan Fernandes (São Paulo), cujos trabalhos em suas respectivas áreas mereceram o respeito de todos [...][92].

O embate entre os ativistas e o sociólogo cresce rapidamente, até chegar a uma contrarreação bastante conhecida (e não explorada pela fortuna crítica do pensamento social brasileiro) de Costa Pinto, publicada em *O Jornal*, o mesmo lugar de onde lhe eram dirigidas as críticas: "Duvido que haja biologista que depois de estudar, digamos, um micróbio tenha visto esse micróbio tomar da pena e vir a público escrever sandices a respeito do estudo do qual ele participou como material de laboratório"[93].

Essa tensão no estudo das relações raciais cariocas, oriunda do Projeto Unesco, não é enfocada por Marcos Chor Maio em sua tese nem no prefácio que faz à segunda edição de *O negro no Rio de Janeiro* (1998). Ao contrário, o pesquisador sintetiza as críticas do sociólogo dos anos 1950 da seguinte forma:

> Mesmo com a organização de eventos científicos, como a Convenção Nacional do Negro (1949) e o I Congresso do Negro Brasileiro (1950), ou a participação no processo eleitoral de 1950 – além da elaboração de cursos de alfabetização, de atividades sócio-psicológicas como o sociodrama, a edição do jornal *Quilombo* –, o TEN, segundo Costa Pinto, não logrou ir além dos limites classistas dos seus membros. Em outras palavras, a atuação do TEN obteve pequena repercussão[94].

Será mesmo? Há aqui uma interessante discordância, que será explorada neste livro, no próximo capítulo. Que a grande maioria das ações negras nesse momento sofra de um caráter internalista, retroalimentado e restrito a uma fração cultural dentro dos grupos negros, há relativo entendimento. Entretanto, não há como ignorar ou menorizar o esforço dessas iniciativas, cujas ressonâncias ou ações similares se fazem sentir em períodos subsequentes, ou mesmo nos dias correntes.

Os anos 1950 e meados dos 1960 são grandes momentos em que há um encontro fecundo entre as ciências sociais e as aspirações das associações reivindicativas. Todavia, há que se lembrar (ou *evidenciar*) – uma vez que a cronologia dos fatos e uma larga bibliografia sobre eles falam por si – de que aqueles grupos, associações, jornais, ativistas e escritores estavam há muito tempo *correndo por fora*, realizando feitos e alcançando pessoas ou posições que muitas vezes suas socializações primárias e suas origens de classe não permitiam conquistar tão facilmente.

Nesse sentido, as ideias de obtenção de uma *pequena repercussão* ou *incapacidade de romper os limites de classe* têm de ser matizadas à luz do contexto, postas *em situação*, balanceando-se os alcances conquistados por esses grupos na mesma medida que os obstáculos encontrados e impostos a eles. Tanto os intelectuais negros de São Paulo quanto os do Rio de Janeiro, entre as décadas de 1940 e 1960, estão num patamar absolutamente inédito de posicionamento e possibilidades objetivas de realização de seus intentos a favor dos seus grupos sociais de origem. Não por acaso, chamam a atenção de uma sociologia crítica, igualmente florescente na mesma época, como ficou demonstrado. Assim, na medida do possível, ocorre uma conformação de interesses.

Haver o encontro com as ciências sociais não significa que não ocorram atritos ou que o protagonismo dos propósitos seja unilateral. Ao contrário: é no embate e no estranhamento, na aliança e na contraposição, que se abre um *horizonte de possibilidades*, tanto para os sociólogos como para os grupos negros. A um só tempo, trajetórias sociais e um caminho para as ideias sobre as relações sociais racializadas, com consequências dignas de estudo, serão definidos. A literatura, em variadas formas, como expressão do juízo por meio de universos ficcionais, permeia esses desdobramentos.

NOTAS

1 Florestan Fernandes, Prefácio: A poesia negra em São Paulo, em: Oswaldo de Camargo, *15 poemas negros*, São Paulo: Associação Cultural do Negro, 1961, p. 7. Esse prefácio foi reeditado no livro de Fernandes *O negro no mundo dos brancos*, em 1972 (Difel) e em 2007 (Global), com o nome "Poesia e sublimação das frustrações raciais" (grifos meus).

2 Entrevista de Oswaldo de Camargo concedida a Mário Augusto M. da Silva em 29 jul. 2007, em São Paulo (grifos meus).

3 Apoio-me aqui no debate realizado por Florestan Fernandes no primeiro volume de *A integração do negro na sociedade de classes*, em que me deterei mais pormenorizadamente adiante.

4 Em diferentes momentos de seu *Quarto de despejo*, a autora defende a atividade de escrever como um contraponto ao ambiente da favela. A título de exemplo, estes excertos de 22/07/1955: "... Eu gosto de ficar dentro de casa, com as portas fechadas. Não gosto de ficar nas esquinas conversando. Gosto de ficar sozinha e lendo. Ou escrevendo! [...]"; e 24/07/1955: "[...] Sentei ao sol para escrever. A filha da Sílvia, uma menina de seis anos, passava e dizia: – Está escrevendo, negra fidida! [...] A mãe ouvia e não repreendia. São as mães que instigam". Cf. Carolina Maria de Jesus, *Quarto de despejo: diário de uma favelada*, São Paulo: Francisco Alves, 1960, p. 26 e 28, respectivamente.

5 Paulo Lins, Sem medo de ser, *Caros Amigos*, ano 8, n. 74, maio 2003 (colchetes meus).

6 Entrevista de Ferréz concedida a Mário Augusto M. da Silva em 16 maio 2007, em São Paulo.

7 Florestan Fernandes, Nota explicativa (1964), em: *A integração do negro na sociedade de classes (o legado da raça branca)*, v. 1, 3. ed., São Paulo: Ática, 1978, p. 9 (grifos meus).

8 Ferreira Gullar, Somos todos irmãos, *Folha de S.Paulo*, Ilustrada, São Paulo, 17 set. 2006. O lançamento do livro de Kamel e a discussão se dão em meio ao debate sobre políticas de ações afirmativas, especialmente as cotas no ensino superior para negros e descendentes. Kamel, Gullar, entre outros intelectuais – notadamente cientistas sociais –, colocam-se em oposição àquelas políticas, lançando manifestos e livros a respeito e promovendo debates públicos. Os favoráveis às cotas têm respondido nos mesmos espaços.

9 Cf. Célia Marinho de Azevedo, *Onda negra, medo branco: o negro no imaginário das elites*, Rio de Janeiro: Paz & Terra, 1987; Lilia Schwarcz, *O espetáculo das raças: cientistas, instituições e questão racial no Brasil (1870-1930)*, São Paulo: Companhia das Letras, 1993.

10 Paulo Duarte, Negros do Brasil, *O Estado de S. Paulo*, São Paulo, 16 abr. 1947a, p. 5 (grifos meus).

11 Id., Negros do Brasil, *O Estado de S. Paulo*, São Paulo, 17 abr. 1947b, p. 5.

12 *Ibid.*, p. 5.
13 Gilberto Freyre, *Casa grande e senzala: introdução à história da sociedade patriarcal no Brasil*, 43. ed., Rio de Janeiro: Record, 2001, p. 343.
14 "Porque nada mais anticientífico que falar-se da inferioridade do negro africano em relação ao ameríndio sem discriminar-se antes que ameríndio; sem distinguir-se que negro [...]. Por todos esses traços de cultura material e moral revelaram-se os escravos negros, dos estoques mais adiantados, em condições de concorrer melhor que os índios à formação econômica e social do Brasil. Às vezes melhor que os portugueses." E ainda: "[...] Uma vez no Brasil, os negros tornaram-se, em certo sentido, verdadeiros donos da terra: dominaram a cozinha. Conservaram em grande parte sua dieta". *Ibid.*, p. 346 e 349, respectivamente.
15 *Ibid.*, p. 364.
16 "Não que no brasileiro subsistam, como no anglo-americano, duas metades inimigas: a branca e a preta; o ex-senhor e o ex-escravo. De modo nenhum. Somos duas metades confraternizantes que se vêm mutuamente enriquecendo de valores e experiências diversas; quando nos completarmos num todo, não será com o sacrifício de um elemento ao outro". *Ibid.*, 2001, p. 390. Em outro ponto, o autor afirma: "Vê-se quanto foi prudente e sensata a política social seguida no Brasil com relação ao escravo. A religião tornou-se o ponto de encontro e de confraternização entre as duas culturas, a do senhor e a do negro; e nunca mais uma intransponível ou dura barreira". *Ibid.*, p. 410.
17 Esse tipo de discussão sobre a tipologia e o devir social brasileiro já era debate antigo e frequente entre as elites brasileiras. Os estudos de Célia Marinho de Azevedo e Lilia Schwarcz demonstraram isso com acuidade, ao final dos anos 1980.
18 Duarte, 1947b, *op. cit.*
19 O autor, entretanto, faz questão de diferenciar-se: "Não vai nisso [na absorção do negro pelo branco] nenhum desprezo pelo negro, nem desprezo coletivo da parte da maioria branca, do povo brasileiro, nem pessoal do alinhavador destas linhas". *Ibid.*
20 Para aspectos biográficos de Duarte, cf. Erasmo Garcia Mendes, Paulo Duarte, *Revista de Estudos Avançados da USP*, São Paulo, v. 8, n. 22, 1994, p. 189-93; e também a descrição técnica de seu acervo vendido à Universidade Estadual de Campinas (Unicamp) e sediado no Centro de Documentação Alexandre Eulálio (Cedae) do Instituto de Estudos da Linguagem (IEL).
21 Duarte, 1947b, p. 5 (grifos meus).
22 *Ibid.* (grifos meus).
23 José Correia Leite e Cuti, ... *E disse o velho militante José Correia Leite*, São Paulo: Secretaria de Cultura, 1992, p. 142-4.
24 "Continuamos na Associação para ver se conseguíamos recuperar o passado, mas estava difícil. Os negros estavam mesmo insensíveis, a mentalidade era outra. No tempo do Estado Novo, o movimento ficou paralisado e foi formada

uma outra mentalidade. Ninguém estava mais a fim de participar desse tipo de associação." *Ibid.*, p. 148.

25 Leite *apud* Leite e Cuti, 1992, *op. cit.*, p. 258-9 (grifos meus).

26 Elide Rugai Bastos me afirmou em conversa que, sendo colega de Florestan Fernandes, quando ambos lecionavam na PUC-SP, nos anos 1980, ele lhe contara ter escrito uma carta ao jornal *O Estado de S. Paulo*, em resposta aos artigos de Duarte. Todavia, não guardara cópia dela. A mesma informação ela fornecera a Marcos Chor Maio, presente em sua tese sobre o Projeto Unesco. Tanto Bastos quanto o autor deste livro, além do colega e amigo sociólogo Antônio da Silveira Brasil Jr. (estudioso da obra de Florestan Fernandes), pesquisaram-na, sem sucesso, em diferentes arquivos, a saber: Biblioteca e Arquivo Florestan Fernandes (Universidade Federal de São Carlos – UFSCar); Arquivo Paulo Duarte (Cedae-Unicamp); Hemeroteca do Arquivo do Estado de São Paulo; jornal *O Estado de S. Paulo* (ano de 1947) e seu setor de documentação.

27 "[...] Então, foi uma pessoa que pegou todo esse início do movimento negro em São Paulo e praticamente deu a vida pelo movimento negro, porque deixou de fazer carreira em qualquer profissão e tudo para se dedicar à imprensa negra. E isso também era um exemplo para todos nós. Eu me recordo muito bem que, certa vez, o Correia Leite perguntou: 'Como está o *Jornegro*?'. Aí o Isidoro Telles falou: 'Está muito difícil, muito caro...'. O Correia Leite virou para ele e disse: 'Olha, é bom que seja difícil, porque assim você valoriza esse trabalho; uma coisa muito fácil não é militância'". Cuti *apud* Verena Alberti e Amílcar Araújo Pereira (org.), *Histórias do movimento negro no Brasil: depoimentos ao CPDOC*, Rio de Janeiro: Pallas; CPDOC-FGV, 2007, p. 92-3. O *Jornegro* marca o ressurgimento da imprensa negra nos anos 1970. Cuti foi um de seus redatores e correspondentes.

28 "Quando principiei a gravação dos depoimentos de José Correia Leite, em 1983, eu estava movido por um sentimento catalisador de algumas opiniões de amigos e companheiros, que discutiam muito a necessidade de preservarmos a nossa memória." Leite e Cuti, 1992, *op. cit.*, p. 12. Ver, ainda, o texto escrito aos 20 anos do falecimento de Leite: Cuti, O velho militante, *Irohin*, Brasília, ano 13, n. 24, mar. 2009, p. 33-4; Lunde Braghini, Histórias da imprensa negra a lembrar em 2009, *Irohin*, Brasília, ano 13, n. 24, mar. 2009, p. 32.

29 "[...] Com a ajuda de minha mãe fui trabalhar como entregador de marmitas, menino de recados e ajudante numa carpintaria. Tudo isso enquanto menino pequeno. Nós morávamos na Saracura Grande, lá no Bixiga, onde hoje é rua [Almirante] Marques Leão [...] aliás, não foi um bairro só de italianos. O bairro tinha ainda residências da alta burguesia, como o Altino Arantes, que veio a ser presidente de Estado, o grande engenheiro Teodoro Sampaio, o Dr. Antonio Coveiro, um grande advogado, filho de calabrês com uma mulata, além de altos funcionários públicos." *Ibid.*, p. 23-4.

30 "[...] tornei-me o típico morador pobre da cidade na década de [19]20, que só era urbano pela localização espacial e pela relação tangencial com o sistema de trabalho. Todos éramos rústicos e desenraizados, mesmo os que procediam do interior do estado de São Paulo, e todos estávamos aprendendo a viver na cidade, mesmo os que, como eu, nasceram dentro de seus marcos e de seus muros. [...] Portanto várias 'cidades' coexistiam lado a lado, dentro do mesmo espaço urbano, que não impunham nenhuma idade cultural, mas harmonizava, horizontalmente, os contrários que se toleravam sem se comunicarem." Florestan Fernandes, *A sociologia no Brasil: contribuição para o estudo de sua formação e desenvolvimento*, Petrópolis: Vozes, 1977, p. 144. Fernandes faz, nesse texto, uma espécie de *esboço de autoanálise* – para usar a expressão de Pierre Bourdieu; é interessante ver o quanto sua trajetória inicial e seus processos de socialização primários são semelhantes aos de Leite.

31 "[...] Depois os italianos começaram a gostar de mim porque, apesar de eu ser um menino abandonado, era educado, maleável e sabia responder o que devia e o que não devia. [...] Assim, eu passei a conviver no meio dos italianos, a gostar de ópera e outro tipo de música." E ainda: "[...] No tocante à discriminação, eles seguiam a regra dos brasileiros brancos. Tratavam os negros com distância. Agora, quando eles gostavam de um negro, não faziam restrição. Isso é, sendo empregado deles [...]". Cf. Leite e Cuti, 1992, *op. cit.*, p. 25 e 52, respectivamente.

32 "Fui crescendo e conheci um rapaz chamado Jayme de Aguiar. Ele morava na Rua Rui Barbosa. Nós brincávamos juntos. Ele era um menino bem-educado, a família dele protegida por antigos senhores de escravos – os Paula Souza. Era matriculado no Coração de Jesus, um colégio em que não entrava qualquer um naquele tempo. Eu ficava despeitado com aquilo, porque ele interrompia a brincadeira para ir se arrumar e ir para a escola." *Ibid.*, p. 26.

33 Sobre a escola e o clube: "[...] Um dia descobri que a maçonaria tinha formado um conjunto de escolas pela cidade para meninos impossibilitados de pagar. Consegui entrar numa delas e passei a me inteirar mais um pouco. Até que a escola terminou. Mais tarde, fui fazer curso de alfabetização criado por um abade do Mosteiro de São Bento, ali na Rua Florêncio de Abreu [...]. Aprendi mais um pouco. No entanto, nunca chegava a aprender o suficiente para dizer que eu sabia ler e escrever". E ainda: "Eles [os italianos] queriam me pôr num clube chamado Duque de La Bruse, na Rua [do] Glicério. Lá, durante a semana, tinha uns ensaios aonde se dançava, homem com homem. [...] Quando terminou [o ensaio], notei que ia começar o baile de uma sociedade negra de nome Elite Flor da Liberdade [...]. Eu disse comigo: 'Estou perdendo tempo com esses italianos. Eu tenho uma sociedade que é minha, meu povo, minha gente'". *Ibid.*, p. 26 e 27, respectivamente.

34 Cf. Miriam N. Ferrara, *A imprensa negra paulista (1915-1963)*, São Paulo: FFLCH/USP, 1986, p. 249. Um dos criadores do jornal é Frederico Baptista de Souza, de quem Leite falará adiante e que considera ser um ativista ímpar da causa negra.

35 Leite e Cuti, 1992, *op. cit.*, p. 33 (grifos meus).

36 "No início d'*O Clarim d'Alvorada*, comecei a verificar muita coisa acontecida no processo de discriminação racial dos Estados Unidos. Houve evoluções: o surgimento do Harlem, do Cotton Club [...]. Era um clube de negros, frequentado por Duke Ellington [...]. Isso chegou ao conhecimento da gente aqui. Nós também começamos [a] usar esses fatos como exemplo. De vez em quando saíam notas nos jornais, principalmente do Cotton Club." *Ibid.*, p. 38-40.

37 Após o desentendimento com Aguiar, Leite se esforça para que o jornal volte a circular: "Então eu peguei um velho artigo do Vicente Ferreira, feito no Rio de Janeiro, com o título 'Hoje é Dia da Mãe Negra'. Fui procurar o Lino Guedes, para fazer a página de fundo. Ele topou a ideia. No Rio de Janeiro tinha sido aventada a proposta de se criar lá um monumento dedicado à Mãe Negra. Mas, na realidade, o monumento seria em homenagem à raça negra simbolizada na figura da Mãe Negra. A imagem dela ficaria no pedestal e em volta vinham figuras do processo de luta e trabalho do negro na formação do Brasil. O autor dessa iniciativa foi o Dr. Cândido de Campos. Eu escrevi uma carta para ele expondo a ideia da realização daquele jornal especial e solicitei uma foto dele, que foi estampada no jornal. [...] o jornal saiu e a imprensa toda de São Paulo aceitou a ideia. Estava pra ser oficializado o Dia da Mãe Negra, 28 de setembro. Alguns jornais da grande imprensa publicaram em primeira página: 'Hoje é Dia da Mãe Negra'. Outros jornais deram a notícia internamente". A partir desse marco simbólico, então, nas memórias de Correia Leite, "*O Clarim d'Alvorada partiu para ser um jornal de luta, de denúncias, de reivindicações de direitos. Ficou um jornal diferente dos outros existentes antes ou que ainda existiam. Por isso ele foi criando uma certa fama*". *Ibid.*, p. 40-1, respectivamente (grifos meus).

38 *Ibid.*, p. 43. Sobre Manoel da Motta Monteiro Lopes (1867-1910), deputado negro da Primeira República, doutorado pela Faculdade de Direito do Recife, republicano e abolicionista, ver a entrevista com a pesquisadora Carolina Vianna Dantas feita por Ana F. M. Pinto, O que você sabe sobre o primeiro deputado negro republicano?, *Irohin*, Brasília, ano 13, n. 24, março, 2009, p. 3-6. Sobre Salvador de Paula e os Amigos da Pátria, uma associação beneficente responsável pelas escolas Progresso e Aurora, abertas em 13 de maio de 1908, ver Petrônio Domingues, *Uma história não contada: negro, racismo e branqueamento em São Paulo no pós-abolição*, São Paulo: Senac, 2004, p. 354.

39 Sobre o patrianovismo e sua ligação com intelectuais negros, como Veiga dos Santos, ver o estudo de Petrônio Domingues, O "messias" negro? Arlindo

Veiga dos Santos (1902-1978): "Viva a nova monarquia brasileira; Viva Dom Pedro III!", *Varia Historia*, v. 22, n. 36, p. 517-36. Disponível em: http://www.scielo.br/scielo.php?script=sci_arttext&pid=S0104-87752006000200015&lng=en&nrm=iso. Acesso em: 30 set. 2022.

40 Leite e Cuti, 1992, *op. cit.*, p. 57.

41 *Ibid.*, p. 70-1. Nas memórias de Correia Leite, Vicente Ferreira é um dos personagens mais interessantes. De uma trajetória truncada, pouco se sabe dele, além de ter morrido em Petrópolis, entre 1934-35. Antes disso, foi membro da Frente Negra Brasileira, participou da Revolução de 1932 junto com a Legião Negra de São Paulo. Fez discursos inflamados diante de túmulos de abolicionistas. Não foram encontradas outras fontes em que se pudesse encontrar informações sobre esse personagem, além das situadas em *Ibid.*, p. 59-72.

42 Cf. Paulo Iumatti Teixeira, *Caio Prado Jr.: uma trajetória intelectual*, São Paulo: Brasiliense, 2007; e Maria Helena Capelato, *Os arautos do liberalismo: imprensa paulista (1920-1945)*, São Paulo: Brasiliense, 1989.

43 Caio Prado Jr., Introdução; Sentido da colonização, em: *Formação do Brasil contemporâneo: colônia*, São Paulo: Brasiliense, 1971, p. 9-32.

44 "Tudo que acontecia de importante no meio negro era discutido em grupos que se reuniam na Praça da Sé, no Largo do Piques, nos cafés... Numa dessas rodas apareceu um dia um sargento da Força Pública, chamado Antônio Carlos, com a ideia de se fundar uma biblioteca que ajudasse os negros a se elucidarem, uma biblioteca que desse pro negro bater um papo. Mas ao invés de sair apenas uma biblioteca, saiu o Centro Cívico Palmares [...]. Alugaram uma sala pro lado [do] Cambuci e lá surgiu a entidade [...]. O objetivo do Palmares foi de fazer a aproximação do negro pra uma tentativa de levantamento para acabar com aquela dispersão que havia e está tendo até hoje. [...] Não precisava que toda raça negra se reunisse, mas pelo menos, parte dela tivesse consciência." Leite e Cuti, 1992, *op. cit.*, p. 73-4.

45 "[...] a Legião Negra, instalada na Chácara do Carvalho, uma antiga mansão situada no Bom Retiro aqui na Capital. A Legião era uma entidade militar que reunia negros de todo o Estado de São Paulo para lutar na Revolução de [19]32. [...]" *Ibid.*, p. 69. "Muitas vezes saíram caminhões da Chácara do Carvalho para dar reforço. Eles não desfilavam aí pela cidade para ganhar flores. Iam direto para as trincheiras." *Ibid.*, p. 104. Sobre a Legião Negra, cf. Petrônio Domingues, Os Pérolas Negras: a participação do negro na Revolução Constitucionalista de 1932, em: *A nova abolição*, São Paulo: Selo Negro, 2008, p. 96-146.

46 "[...] Nesse ínterim, o Argentino Celso Wanderlei – que foi presidente do Cordão Carnavalesco Campos Elíseos – também já estava se conscientizando que aquele negócio de só cordão carnavalesco não era um bom serviço [...]. Então, ele teve a ideia de se preparar para o aniversário do nascimento do Luiz Gama, o centenário

que ia ser em 1930. Nós estávamos em 1928. A ideia era a de erigir uma herma em praça pública. [...] O Largo do Arouche ficou coalhado de negros. E houve também a presença de políticos e intelectuais brancos, como por exemplo, o Dr. Macedo Soares, um político de família tradicional [...] o escritor Afonso Schmidt, o autor do romance abolicionista *A Marcha* [...]. *A maior parte do financiamento da herma a comissão conseguiu arrecadar no meio negro*. Parece que a herma custou 11 contos. Eles foram falar com o Dr. Macedo Soares, levaram o livro de ouro pra ele assinar e ele disse que assinaria por último, nas proximidades da execução do trabalho. O que faltasse ele assinaria. E foi isso que aconteceu. O Macedo Soares completou o que estava faltando para entregar ao escultor." Cf. Leite e Cuti, 1992, *op. cit.*, p. 83-8 (grifos meus).

47 *Ibid.*, p. 93.

48 *Ibid.*, p. 132-3. Ainda sobre o Cinquentenário da Abolição, Lucrécio comentaria, anos mais tarde, sobre seu contato com Andrade e outros intelectuais: "Para fazermos as manifestações na rua, era preciso tirar uma licença. No cinquentenário da Abolição, está em meu nome um alvará concedido para fazer uma manifestação no Teatro Municipal. Foi um evento em que estava presente o grande escritor Oswald de Andrade e outros que não me lembro o nome. Quem presidiu a sessão foi o professor Raul Briquet, fundador da Escola Paulista de Medicina. Eles estavam interessados. Na época, surgiu depois do movimento de [19]22, o Pau-Brasil, o petróleo é nosso, o movimento nacionalista. E a Frente fazia parte desse movimento, junto com os intelectuais brancos [...] embora o Mário de Andrade sempre tenha se escondido. E ele constantemente era abordado. Ele chegou a me dizer: 'Falam que eu sou negro'. Perguntei: 'O que você responde?' 'Eu digo: vou passando bem, obrigado.'". Cf. Márcio Barbosa, *Frente Negra Brasileira: depoimentos*, São Paulo: Quilombhoje, 1998, p. 56.

49 Cf. Leite e Cuti, 1992, *op. cit.*, p. 134.

50 *Ibid.*

51 *Ibid.*, p. 136-7.

52 *Ibid.*, p. 150-1.

53 Paulo Duarte, A Unesco e a questão racial, *Anhembi*, São Paulo, n. 2, v. 1, jan. 1951, p. 332-8.

54 Marcos Chor Maio, *A história do Projeto Unesco: estudos raciais e ciências sociais no Brasil*, tese (doutorado em Ciência Política) – Iuperj, Rio de Janeiro, 1997, p. 14-57.

55 *Ibid.*, p. 3 (grifos meus).

56 *Ibid.*, p. 55.

57 *Ibid.*, p. 71.

58 *Ibid.*, p. 70.

59 *Ibid.*, p. 95.

60 *Ibid.*, p. 104.

61 *Ibid.*, p. 107. Editada somente em 2010. Cf. Virgínia Leone Bicudo, *Atitudes raciais de pretos e mulatos em São Paulo*, São Paulo: Editora Sociologia e Política, 2010.

62 Maio, 1997, *op. cit.*, p. 107.

63 *Ibid.*, p. 116-7 e 138-9, respectivamente.

64 Leite e Cuti, 1992, *op. cit.*, p. 152. Jorge do Prado Teixeira nasceu em 3 de maio de

1925, em Ribeirão Preto, e morreu em 4 de dezembro de 1960. Fundou e dirigiu a Associação José do Patrocínio, cuja finalidade era alfabetizar, instruir e qualificar o negro como eleitor e cidadão pleno. Cf. Eduardo de Oliveira (org.), *Quem é quem na negritude brasileira*, v. 1, São Paulo: Congresso Nacional Afro-Brasileiro; Brasília: Secretaria Nacional de Direitos Humanos do Ministério da Justiça, 1998.

65 Leite e Cuti, 1992, *op. cit.*, p. 153 e 159-60, respectivamente.

66 Raul J. Amaral, Roger Bastide: no coração do negro, *Revista do Instituto de Estudos Brasileiros*, n. 20, 1978, p. 126-7.

67 Aprofundei essa discussão posteriormente no artigo: Órbitas sincrônicas: sociólogos e intelectuais negros em São Paulo, anos 1950-1970, *Sociologia e Antropologia*, v. 18, n. 1, jan./abr. 2018. Disponível em: https://www.scielo.br/j/vh/a/K7h4tBfsCVhMX3pstG3nznf/?lang=pt. Acesso em: 30 set. 2022.

68 "Fazendo o que me via forçado a fazer também era compelido a uma constate busca para vencer uma condição em que o *lumpen-proletário* (e não o operário) definia os limites ou as fronteiras do que não era 'gente'. *Antes de estudar esse processo na pesquisa sobre o negro, vivi-o em todos os matizes e magnitudes.* [...] *A experiência concreta, por sua vez, não me fora inútil. Na pesquisa com Bastide, sobre relações raciais em São Paulo, eu saberia dizer por que a incapacidade de obter uma posição no sistema ocupacional da cidade pesara tão negativamente na história do meio negro na longa e penosa transição do trabalho escravo para o trabalho livre.*" Cf. Fernandes, 1977, *op. cit.*, p. 143 e 148, respectivamente (grifos meus).

69 *Ibid.*, p. 150.

70 Fernandes rejeitou essa ideia em 1977 ao explicar o surgimento de seu texto "Em busca de uma sociologia crítica e militante", afirmando ter recebido "[estímulos] para escrever uma espécie de autobiografia ou, pelo menos, para explicar como surgiu o que alguns chamam, por falta de imaginação, de 'a escola paulista de sociologia' [...]. Não tenho importância intelectual para tanto [escrever uma autobiografia]. *E ainda menos para explicar uma 'escola' que não existe e nunca existiu*". Cf. Fernandes, 1977, *op. cit.*, p. 140. Elide Rugai Bastos, no entanto, sugere que existia uma *unidade metodológica* em diferentes trabalhos e autores que compunham o grupo uspiano e que ela se mantém após o período de cassações, o que permitiria pensar numa *escola sociológica paulista*. A respeito, cf. Elide R. Bastos, Pensamento social na Escola Sociológica Paulista, em: Sergio Miceli (org.), *O que ler na ciência social brasileira*, São Paulo: Anpocs/Sumaré; Brasília: Capes, 2002, p. 183-230.

71 Fernando H. Cardoso, Uma pesquisa impactante, em: Roger Bastide e Florestan Fernandes, *Brancos e negros em São Paulo: ensaio sociológico sobre aspectos da formação, manifestações atuais e efeitos do preconceito de cor na sociedade paulistana*, 3. ed., São Paulo: Global, 2008, p. 15-6 (grifos meus).

72 Roger Bastide, Introdução, em: Bastide e Fernandes, 2008, *op. cit.*, p. 24.

73 Cf. Leite e Cuti, 1992, *op. cit.*, p. 152-3.
74 Florestan Fernandes, Do escravo ao cidadão, em: Bastide e Fernandes, 2008, *op. cit.*, p. 27.
75 *Ibid.*, p. 42.
76 *Ibid.*, p. 58 e 62-3.
77 *Ibid.*, p. 65, 67 e 71.
78 *Ibid.*, p. 77 e 89.
79 *Ibid.*, p. 229.
80 Maio, 1997, *op. cit.*, p. 197 e 185, respectivamente (grifos meus).
81 Luiz de A. Costa Pinto, *O negro no Rio de Janeiro: relações de raças numa sociedade em mudança*, 2. ed., Rio de Janeiro: Editora UFRJ, 1998, p. 114.
82 *Ibid.*, p. 125, 136 e 139, respectivamente.
83 Maio, 1997, *op. cit.*, p. 181-2.
84 "[...] As associações que aqui chamamos de tradicionais são negras, portanto, no sentido [de] que são populares – neste sentido são tão negras quanto por exemplo o futebol –, enquanto que as de novo tipo são, por excelência, associações de elite, de elite negra, que em face da massa negra age, reage e se comporta como toda elite em face de qualquer massa. Não é possível compreendê-las, por consequência, sem primeiro traçar, ainda que sumariamente, o perfil deste grupo de negros social e culturalmente evoluídos, que aqui estamos chamando de 'elite negra'". Pinto, 1998, *op. cit.*, p. 235, respectivamente.
85 *Ibid.*, p. 232 (grifos meus).
86 *Ibid.*, p. 245 (grifos meus).
87 *Ibid.*, p. 255.
88 "Na verdade, o que acontece é que há, em relação aos 'intelectuais' do TEN, uma profunda desconfiança por parte dos dirigentes da Uagacê, que aliás neste ponto refletem uma atitude de maior sobriedade [...] por outro lado, em relação aos líderes da Uagacê, os dirigentes do TEN não escondem uma noção de superioridade e certo desprezo pelos 'reivindicadores contumazes' [...] O TEN atraiu principalmente, com o tipo de atividades a que se dedicou, os intelectuais, os artistas, os estudantes, os escritores; definiu-se a si mesmo como uma 'espiritualidade'. A Uagacê recrutou e atraiu mais outros setores sociais da população negra e nela parece não haver, como há entre intelectuais mais sensíveis do TEN, nenhum receio de serem confundidos com o tipo de 'reivindicador contumaz'". *Ibid.*, p. 260-1.
89 Cf. Pinto, 1998, *op. cit.*, p. 114.
90 *Ibid.*, p. 250 e 254, respectivamente.
91 "Acho que o Congresso do Negro Brasileiro não deve ser unicamente um congresso de estudos afro-brasileiros, mas deve distinguir-se pelo seu trabalho de ação. É um congresso onde se discutem ideias por um Brasil maior. Estou feliz porque neste congresso ninguém dorme. Todos discutem, dando um bom exemplo de democracia racial e política." Roger Bastide *apud* Abdias do Nascimento, (org.), *O negro revoltado*, 2. ed., Rio de Janeiro: Nova Fronteira, 1982, p. 60.
92 Nascimento, 1982, *op. cit.*, p. 60-1 (grifos meus).
93 *Ibid.*, p. 61-2.
94 Maio, 1997, *op. cit.*, p. 194.

CAPÍTULO 4
—
PROTESTO, REVOLTA
E FUNÇÃO SOCIAL
DA LITERATURA E
DO TEATRO NEGROS
(1950-64)

Trem sujo da Leopoldina/ correndo correndo/ parece dizer/ tem gente com fome/ tem gente com fome/ tem gente com fome [...]/ Tantas caras tristes/ querendo chegar/ em algum destino/ algum lugar/ [...]/ Só nas estações/ quando vai parando/ lentamente começa a dizer/ se tem gente com fome/ dá de comer/ se tem gente com fome/ dá de comer/ [...]/ Mas o freio de ar/ todo autoritário/ manda o trem calar/ Psiuuuuuuuuuuu[1].

Solano Trindade

A José Correia Leite e Abdias do Nascimento, pelo muito que fizeram (ou tentaram fazer) em prol da democratização racial da sociedade brasileira[2].

Florestan Fernandes

Desde meados dos anos 1940 no Rio de Janeiro, com o Teatro Experimental do Negro (TEN), e ao longo dos anos 1950 em São Paulo, com a Associação Cultural do Negro (ACN), a expressão literária da ideia de *protesto negro* já possuía *as condições sociais para seu surgimento*, propiciadas simultaneamente por alguns fatores: a distância e proximidade temporal da abolição; *os portadores sociais que a enunciavam* (Abdias do Nascimento, Solano Trindade, Oswaldo de Camargo, Carlos de Assumpção, Romeu Crusoé, Carolina Maria de Jesus etc.), mesmo que de modo algo difuso; *um público interessado em ouvi-la e interagir com ela* – ainda que restrito a, inicialmente, intelectuais e/ou militantes negros ou de frações políticas da esquerda (Bastide, Fernandes, Sérgio Milliet, Guerreiro Ramos, Costa Pinto, Darcy Ribeiro); e, por fim, *uma realidade social desafiadora*, que lhe impunha *testes de concretização* e o problema crucial da *integração do negro à sociedade de classes*, no auspicioso título de Fernandes, de 1964.

Entre 1947 e 1951, há a criação e o desenvolvimento do Projeto Unesco, com a posterior publicação das pesquisas e relatórios (1951-1955). Assim sendo, o começo dos anos 1950 se impõe aos cientistas sociais com o dilema sintetizado de maneira precisa por Gláucia Villas Bôas: *Fazer ciência, fazer história*[3]. Não se desejando nem havendo separação clara entre as esferas da pesquisa e do engajamento, os sociólogos têm em foco o problema da *mudança social* no Brasil, visando, a partir da análise de problemas histórico-estruturais (como as questões racial e agrária e o desenvolvimentismo), debater, interferir, normatizar, fornecer soluções e/ou protagonizá-las na realidade social brasileira.

Formata-se, então, um projeto da e para as ciências sociais (em particular, a sociologia, chegando-se, por exemplo, ao Seminário Internacional Resistências à Mudança, realizado em 1959 e cujos anais datam de 1960), que toma a questão racial como uma espécie de campo de teste, aliado ao comprometimento do analista, à sua capacidade interpretativa, bem como à eficácia simbólico-prática de seu discurso, interpelado pela realidade social.

Entretanto, se o interesse dos sociólogos na questão racial tem como foco a temática da mudança social, qual será o ânimo que levará associações e grupos negros a colaborarem com essas pesquisas, fornecendo-lhes dados, entrevistas, documentações, procurando dialogar com aquela geração de cientistas sociais etc.? Parte da resposta está no capítulo anterior. Todavia, por vezes, o encontro na encruzilhada dos anseios de ambos os lados não se fará sem tensão e algum arranjo, e, quando inevitável, se dará com choque. Mas o que será buscado, efetivamente, pelos ativistas negros nesses encontros?

Isso leva a pensar que, ao dilema-proposta explicitado por Villas Bôas, é permitido criar um paralelo para o grupo negro. Nesse, a ideia-síntese é *fazer história, fazer sentido*. Em meio ao interregno democrático e turbulento (1945-64), ressurgirão associações, tendo de se ajustar ao compasso dessa nova realidade e aos seus desafios. Sobre uma delas e seus escritores, na emergente metrópole paulistana, se discutirá logo mais.

UMA ASSOCIAÇÃO CULTURAL DO NEGRO NO MEIO DO SÉCULO XX

Mesmo que voltem as costas/ às minhas palavras de fogo/ Não pararei/ Não pararei de gritar/ [...] Senhores/ Atrás do muro da noite/ Sem que ninguém o perceba/ Muitos de meus ancestrais/ Já mortos há muito tempo/ Reúnem-se em minha casa/ E nos pomos a conversar/ Sobre coisas amargas/ Sobre grilhões e correntes/ Que no passado eram visíveis/ Sobre grilhões e correntes/ Que no presente são invisíveis/ [...] Mas, irmão, fica sabendo/ Piedade não é o que eu quero/ Piedade não me interessa/ Os fracos pedem piedade/ Eu quero coisa melhor/ Eu não quero mais viver/ No porão da sociedade/ Não quero ser marginal/ Quero entrar em toda parte/ [...] Eu quero o sol que é de todos/ Ou alcanço tudo o que eu quero/ Ou gritarei a noite inteira/

Como gritam os vulcões/ Como gritam os vendavais/ Como grita o mar/ E nem a morte terá força/ Para me fazer calar! [...][4].
Carlos de Assumpção

Entre 1948 e 1953, em São Paulo, as atenções do grupo negro organizado estão voltadas para o Congresso do Negro Brasileiro e a pesquisa Unesco, da qual participam como sujeitos pesquisados, entre outras ações menores. O cotidiano da cidade se impõe de maneira impactante, dadas as transformações pelas quais a metrópole vem passando, notando-se alterações arquitetônicas, intervenções no espaço público, mudanças na dinâmica das relações pessoais. Além disso, *as várias cidades dentro da cidade*, desde o fim dos anos 1940, vêm se preparando para o seu grande evento, supostamente unificador, da década seguinte: as comemorações do quarto centenário de São Paulo (1554-1954).

De acordo com o historiador Sílvio Lofego, o evento se propõe a ser, simultaneamente, grandioso e excludente, tendo São Paulo como "uma espécie de resumo do Brasil ou seu ponto de convergência"[5]. A grandiloquência das comemorações procura abarcar: "[...] diversos setores da vida cultural da cidade e do estado, como a dança, a música, o teatro, o cinema, as artes plásticas e, conjuntamente, eventos esportivos e de negócios em geral, entre outros", envolvendo um debate ferrenho sobre o mito fundador do bandeirante e a herança de seu passado como responsável pelo protagonismo dos paulistas, naquele cenário de então[6].

Sílvio Lofego é bastante feliz ao expressar que "o IV Centenário transformou-se num significante de muitos significados". O principal deles é o elogio do *progresso* associado à *identidade paulista*, dos quais o negro, enquanto grupo social, não é tomado como elemento importante. É interessante pensar na convergência desses três eventos – IV Centenário, Pesquisa Unesco e ACN –, ordenando-se numa disputa simbólico-política de grande monta, sendo que os dois últimos operam como contestação ao primeiro. "Só comemora quem se sente parte do que é comemorado."[7] Ao grupo negro, a participação nos atos simbólicos das comemorações é vedada, uma vez que o foco é outro; como escreve Maria Arminda do N. Arruda: "O elã comemoracionista de São Paulo no IV Centenário é, a médio prazo, uma resposta à derrota política e à vitória econômica. Perdeu-se a batalha de 1932, mas não a guerra da industrialização e do desenvolvimento"[8].

Estando correta essa afirmação, entende-se o porquê da exaltação de alguns grupos sociais/políticos/culturais em detrimento de outros na maciça propaganda em torno do IV Centenário, estudada atentamente por Lofego. E daí se depreende também, em meio aos jogos de poder, a exclusão simbólica da participação do negro no processo social que culmina naquele momento; até mesmo burocraticamente, pelas duas comissões organizadoras do evento em 1954:

> [...] entre as sugestões e propostas enviadas ao diretor do serviço de comemorações culturais, Roberto de Paiva Meira, havia a proposta da Comissão de Festejos para Ereção de um Monumento à Mãe Negra que, como o próprio nome diz, pretendia inaugurar um busto no Largo do Paiçandu, em homenagem à mãe preta, inserindo-se no espaço da capital paulista como símbolo da cultura negra em São Paulo. [...] A proposta, rejeitada por diversas ocasiões, somente foi aceita quando a Comissão em defesa do monumento entregou à Comissão do IV Centenário um abaixo-assinado. Diante de tal apelo, além de tal homenagem integrar as comemorações do quarto centenário, diversas autoridades estiveram presentes na inauguração, inclusive o governador do Estado [...]. Entretanto é contrastante observar que a proposta encaminhada pelo Grupo de Industriais e Artistas, representados por Teodoro Procópio, para construção de um grandioso Museu de Cera na marquise do Ibirapuera foi aceita sem maiores restrições[9].

Inventa-se uma tradição para o progresso e o *destino manifesto* de São Paulo; funda-se uma genealogia de bravura e uma história épica – condensada nas Bandeiras –, apagando-se os conflitos e as mortes promovidos pelos bandeirantes e jesuítas; oculta-se a participação da escravatura negra e dos libertos nesse processo, inserindo-se, quando conveniente, a imagem do imigrante. Tenta-se forjar uma metrópole moderna, mesmo que padeça de dilemas vergonhosamente periféricos, como as *favelas*:

> [...] O território escolhido para ser símbolo das festas [o futuro Parque Ibirapuera] estava ocupado por populações que, no entender dos poderes que estavam à frente daquele projeto, não integravam a grandeza de São Paulo, por isso era preciso removê-las e deixar o território ficar livre para a edificação dos marcos da "pauliceia"

triunfante [...]. Em 15 de outubro de 1952, o engenheiro responsável pelas obras de infraestrutura do Parque, Luiz Gianecchinni [...] em correspondência ao presidente [da comissão] Francisco Matarazzo [Sobrinho], afirma encaminhar relatório técnico [...] no qual pede a remoção dos favelados do terreno situado entre as ruas Abílio Soares e Manoel da Nóbrega [...]. No mesmo processo, de n. 1267/1952, do Arquivo Histórico Municipal, consta que, ao final das operações solicitadas e executadas pelo poder público, foram removidos 186 barracos, que abrigavam 204 famílias. Nas correspondências do engenheiro, não encontramos qualquer menção à sorte dessa população[10].

É significativo, portanto, que frações do grupo negro paulistano tivessem do que reclamar e tentassem arregimentar membros para suas reivindicações. O estudo do surgimento e desenvolvimento da Associação Cultural do Negro, que se dá em meio a esse cenário e tem como tema a exclusão do grupo que procura representar, possui diferentes complicadores, entre os quais, a ausência de bibliografia específica. É necessário retornar às memórias de José Correia Leite, à entrevista que me concedeu Oswaldo de Camargo, bem como à sua produção literária (e à de outros escritores). A consulta ao arquivo da associação é imprescindível, embora o que sobrou seja pouco. Porém, além das notas no livro já citado de Camargo, *O negro escrito*, a produção sobre a ACN e outras associações negras tem aumentado significativamente[11].

O meio século XX de São Paulo pode ser analisado como: "um objeto prismático, no qual se acomodam atividades culturais nobres, como o teatro, as artes plásticas, a nascente sociologia universitária e práticas de intervenção urbana e institucional que alteraram, de modo duradouro, o perfil paisagístico e a qualidade dos acervos aqui disponíveis"[12]. Apesar disso, curiosamente, em se tratando desse fato da *metropolização da cidade que mais crescia no país*, os negros e sua produção cultural e/ou ativismo político no período não compuseram um fragmento significativo para a bibliografia, do prisma analítico-interpretativo, ao longo dos anos.

Manipulando-se o prisma, por outro ângulo é possível observar que as comemorações do IV Centenário da cidade de São Paulo são, também, um estopim de criação, por exemplo, de uma das principais associações negras reivindicativas do século XX. Nas memórias do velho militante José Correia Leite, apresenta-se o seguinte:

> Em 1954, nas comemorações do Quartocentenário [...] houve muitas festas, mas o negro não se fez presente, isto porque naquele ano não havia uma entidade organizada para tratar do assunto [...] eu achei que esse negócio não estava certo e então nós tínhamos de fazer uma outra entidade mesmo. Por casualidade encontrei-me com o Borba [José de Assis Barbosa], que já tinha dado uma iniciativa sobre a ideia da fundação de uma entidade cultural [...]. Achei que uma entidade cultural, de propaganda em defesa dos valores negros, isso era o suficiente para a presença do negro no movimento cultural e cívico da cidade [...][13].

O intervalo de período democrático, visto com desconfiança, reaviva alguns medos do momento de fechamento das organizações (1937-45), colocando impeditivos iniciais até mesmo ao nome de Associação Cultural do Negro[14]. Aprovada, de acordo com Correia Leite, a associação começa a funcionar efetivamente em 1956, procurando se afastar de qualquer tipo de partidarização mais explícita, ou mesmo de candidatos políticos negros e não negros.

Em que pese a quantidade de entidades associativas de negros no estado de São Paulo em meados do século XX, verificável em documento do acervo da ACN[15], colocando em questão o ineditismo dessa associação, cabe ressaltar sua singularidade. Situa-se inicialmente no centro da capital paulista, no terceiro andar de um edifício na praça Carlos Gomes, 153. Sua localização espacial não é de importância menor: o centro da cidade é um lugar de passagem considerável, permitindo o encontro com sujeitos diversos da vida cultural e política, bem como a concentração de associados ou simpatizantes da associação. O ponto inicial é bom, mas não o suficiente para atender às especificidades de suas atividades e seus frequentadores, como afirma Correia Leite:

> A Associação Cultural do Negro estava ali naquela sede, mas não estava bem. Era um apartamento num edifício velho, que tinha no regulamento a hora de fechar: 10 horas da noite. E a gente não sabia o que fazer. Subornar o zelador não dava. Ele explicava as responsabilidades dele. Então, toda vez que promovíamos uma atividade, a gente começava numa hora em que não tinha ninguém. Quando o pessoal ia chegando já era depois das 9 horas. [...] O José de Assis Barbosa (mais uma vez o Borba), um dia chegou e

disse que tinha arranjado no prédio Martinelli um conjunto para a Associação[16].

Assim, por ação de José de Assis Barbosa, a ACN muda-se, antes de julho de 1956, para o edifício Martinelli, na rua São Bento, centro velho da capital paulista. Embora haja agora uma elasticidade no tempo das atividades noturnas, existe também algum receio inicial no aceite da mudança. A ACN se apresenta como uma entidade com diferentes propósitos, entre os quais o de não partidarizar a causa do negro e, também, o de criar uma aura de respeito em torno da imagem pública do grupo que procura representar. Aparentemente, o Martinelli, apesar de sua importância histórica e localização, coloca em xeque as duas coisas.

> Quando ele conseguiu aquele espaço no prédio Martinelli, a gente ficou naquela dúvida de mudar ou não. Porque o prédio Martinelli era um lugar de má fama, um prédio em que famílias não gostavam de ir. Lá dentro havia marginais, viciados... Nós resolvemos, não havia outra saída. São Paulo só tinha aquele prédio que funcionava a noite inteira. Lá nós não tínhamos hora de fechar. O conjunto era no 16º andar. No 17º havia a sede do Clube 220, dos que chamavam a Associação Cultural do Negro de Associação Comunista dos Negros [...]. Havia comunistas no nosso meio, mas não era permitido que se fizesse política dentro da entidade[17].

Vencidas as desconfianças iniciais em relação à nova sede, a ACN dá prosseguimento às suas atividades. Já em 1956, é feita uma Quinzena 13 de Maio, junto com o TEN de São Paulo (dirigido por Geraldo Campos de Oliveira). Nas memórias de Correia Leite, a quinzena resulta na I Convenção Paulista do Negro, contando com a participação de ativistas cariocas como Sebastião Rodrigues Alves e Ironides Rodrigues – ambos ligados ao jornal *Quilombo* e ao TEN de Abdias do Nascimento.

Entre os diferentes teores de moções apresentadas à Convenção Paulista, distingue-se o de Henrique Losinskas Alves, propondo a realização de uma Semana Nina Rodrigues, em comemoração ao antropólogo e médico nordestino, pioneiro do estudo negro e/ou africanista no Brasil. A semana ocorre de 17 a 24 de julho de 1956, segundo a contracapa do livro *Nina Rodrigues e o negro do Brasil*[18]. No primeiro dia, Alves, intelectual filho de lituanos migrantes, pronuncia a conferência "A Realidade de Nina

Rodrigues", no auditório da Biblioteca Municipal Mário de Andrade. No terceiro dia, na antiga sede da ACN, Edison Carneiro faz nova conferência sobre Nina Rodrigues. No dia 23, penúltimo dia, às 20h, Ironides Rodrigues realiza outra conferência no auditório da Biblioteca Municipal.

Embora não se saiba hoje exatamente o teor dos enunciados (com exceção do texto de Alves, publicado posteriormente pela ACN), é interessante notar a importância simbólica dos lugares das conferências e de seus palestrantes. De acordo com a documentação coligida no acervo da ACN, os diretores da associação têm plena consciência disso. Efetua-se a preparação da I Convenção Paulista do Negro desde abril de 1956, para a qual é elaborado um regimento com vinte artigos dispondo sobre a organização do evento[19]. Além disso, a diretoria da ACN envia carta-convite para, entre outros, o então governador do estado, José Porphyrio da Paz. Este, por sua vez, responde a 12 de maio de 1956, em telegrama endereçado a Geraldo Campos de Oliveira: "Impossibilitado comparecer 1ª Convenção Paulista do Negro vg Agradeço gentileza convte pt Cordiais Saudações"[20].

Há aí uma *estratégia de visibilidade e reconhecimento*, que se repete ao longo da curta existência da associação. É possível encontrar, em outras ocasiões, respostas dos governadores Jânio Quadros (13 de abril de 1957 e 5 de fevereiro de 1958), José Porphyrio da Paz (23 de julho de 1957, interinamente) e Carlos Alberto Carvalho Pinto (23 de abril de 1960 e 12 de maio de 1961) a solenidades e comemorações promovidas pela ACN. Todos respondem telegraficamente e com o mesmo texto citado de Porphyrio da Paz. Mas, cabe perguntar: *visibilidade e reconhecimento almejados para qual público?* Além da diretoria, composta de sujeitos ungidos com experiências políticas anteriores – oriundos da Frente Negra Brasileira (FNB) ou de outras associações –, e da trupe do TEN-SP, com seus atores e escritores, quem mais frequenta a ACN? De acordo com Oswaldo de Camargo, à ocasião em que convivia e participava na associação, já no edifício Martinelli (entre julho de 1956 e meados dos anos 1960, portanto):

> [...] Negros que têm uma casa boa mesmo, são dois, três. Contam-se nos dedos. Não há um negro em política militando. Militando não: não há um negro em cargo político, de verdade. A história recente do negro é uma história de domésticas. Aquelas meninas lindas estão ali, quase todas são domésticas. Trabalham em casa de família, raras professoras. De vez em quando uma professorinha, muito difícil [...]. Uma boa parte de negros trabalham em empregos

> [de] funcionário público [...]. Você tem que levar em conta que a Associação, ela tem um impasse tremendo. A intelectualidade, o grupo de intelectuais, era um grupo minoritário. O grupo mais forte da Associação era o grupo que me levou à Associação, que é o grupo do convescote, do piquenique, do esporte, que era mais forte que a Literatura [...]. A Associação tinha crise de aluguel, os sócios não pagavam a tempo. Era assim. Era uma associação pobre, eram dois cômodos, no décimo sexto andar[21].

Todavia, mesmo sendo o grupo literário/intelectual minoritário e havendo limitações monetárias entre associados, a ACN se organiza para o ano de 1958, ano de comemoração do septuagésimo aniversário da abolição da escravatura. E será nesta ocasião que muitos eventos relevantes para a discussão aqui empreendida se realizarão.

1958: O QUE HÁ PARA COMEMORAR NO ANO 70 DA ABOLIÇÃO?

Entre o fim de 1956 e o início de 1958, a diretoria da ACN se organiza para e faz saber das comemorações em torno do que ficou simbolicamente batizado como *O Ano 70*. A documentação do seu acervo, embora limitada, é preciosa nesse sentido. Após o quinquagésimo aniversário da data (1938), que não pôde ser comemorado e utilizado publicamente em razão da ditadura varguista, e o sexagésimo (1948), que não suscitou tantas agitações conhecidas, sendo sublimado por outras atividades, é curioso observar o porquê de 1958 se tornar uma data tão importante para frações do grupo negro.

Ao que parece, do que é possível deduzir das fontes, não há força maior que o próprio contexto. Uma brecha democrática, um conjunto de associações disponíveis, grupos e sujeitos interessados, alguma receptividade interna e externa àqueles grupos em relação ao assunto. E, em particular à ACN, representa uma estratégia de dar visibilidade maior aos seus feitos.

> A primeira proposta de grande impulso na Associação Cultural do Negro foi a de se comemorar o ano 70 da Abolição. Mas, para não se dizer que queríamos açambarcar as comemorações, formamos uma comissão e foi lançado um pequeno manifesto. Ficou estabelecido que a festa seria o ano inteiro com conferências e festivais literomusicais na sede, festivais esportivos...[22].

A criação de um Movimento Cívico-Cultural comemorativo do aniversário da abolição do trabalho escravo no Brasil[23] ocorre com um conjunto de entidades e sujeitos organizados, nem todos diretamente tocados pela questão negra. Os procedimentos adotados vão desde dar ciência à sociedade, de maneira ampla, do que se pretende e do que ocorrerá no evento até os pedidos de doação financeira para que ele efetivamente ocorra. É nesse sentido que, por exemplo, a comissão organizadora envia ofício à Secretaria de Educação do Governo do Estado de São Paulo, em 24 de fevereiro de 1958, informando as intenções e, porventura, solicitando apoio[24]; recebe votos de auxílio da Câmara Municipal de São Paulo[25]; homenagem da Sociedade MMDC Veteranos de 1932, pela participação do negro na Revolução Constitucionalista[26]; donativo do Banco do Estado de São Paulo (Banespa)[27]; e uma carta do então vice-governador de São Paulo, general José Porphyrio da Paz[28].

A organização atinge o ponto alto almejado, distribuindo o manifesto lançado em São Paulo, em janeiro de 1958, o que propicia as ações mencionadas, entre outras. O documento afirma que:

> Neste ano de 1958 em que comemoramos o 70º aniversário da abolição da escravatura no Brasil, as organizações culturais, esportivas, recreativas e as pessoas que a este subscrevem uniram-se para homenagear os grandes vultos que, no passado, batalharam nas tribunas, na imprensa, nos parlamentos, nos eitos, nas senzalas e nos quilombos por causa tão justa e humana. [...] Tais vultos merecem a homenagem e o respeito de todo o povo brasileiro, e os ideais de liberdade e independência que nortearam suas grandes ações elevam e enobrecem os sentimentos de humanidade de nossa gente. [...] No momento em que se exaltam no Brasil os sentimentos de nacionalidade, independência e liberdade, adquire ainda maior oportunidade a comemoração do grande feito de 1888 [...]. Através de sessões cívicas, conferências culturais, representações de teatro, festejos populares, atividades esportivas e recreativas, desejamos que todos os brasileiros participem das festividades comemorativas do "O Ano 70 da Abolição", contribuindo dessa maneira para elevar ainda mais alto a chama democrática da igualdade jurídica e social das raças.
>
> *Salve O Ano 70 da Abolição*
> São Paulo, janeiro de 1958[29].

Assinam o documento: Geraldo Campos de Oliveira (presidente da ACN), Solano Trindade (diretor do Teatro Popular Brasileiro), Dalmo Ferreira (diretor do TEN de São Paulo), Milton Freire de Carvalho (diretor da Associação Paulista dos Homens do Norte e do Nordeste), César Fernandes Leite (presidente do Fidalgo Club), José Maria Bernardelli (diretor do Grêmio Estudantil Castro Alves) e José Maria César (presidente da Sociedade Recreativa José do Patrocínio, de São Manuel). Trata-se de uma carta de tom conciliador e agregativo. Informa e convida, menos que denuncia ou propõe. Mas tal *modulação discursiva* foi eficaz em congregar elementos tão díspares para um evento de importância maior. A crítica *a posteriori*, como já observado, pode ser feita à maneira de agir, mas não à inação. Para José Correia Leite, numa síntese, parece ser positivo o saldo de toda a articulação em torno do Ano 70:

> Dentro daquele ano dos festejos do ano 70 da Abolição, a Associação conseguiu do governador do Estado, o Jânio Quadros, uma colaboração. Ele não deu dinheiro, mas pôs a gráfica do Estado à disposição da nossa entidade para que fossem confeccionados os impressos para divulgação. Nós tínhamos entrado em contato com vários intelectuais para fazerem conferências, como o Sérgio Milliet, Artur Neves e outros. Numa dessas conferências, feita na Biblioteca Municipal, quem falou foi o Prof. Carlos Burlamáqui Köpke. Ele discursou sobre André Rebouças, um negro pouco falado, pouco conhecido [...]. Quanto às publicações, depois que terminaram as comemorações do Ano 70 da Abolição, foi publicado o primeiro Caderno da série *Cultura Negra*, contendo uma espécie de anais dos trabalhos apresentados em 1958. Foi custeado por uma pessoa, que não fiquei sabendo quem, através do secretário Américo Orlando. Depois, na outra gestão, quando o Henrique L. Alves apareceu para dar sua colaboração, ele insistiu na continuidade da publicação dos Cadernos de *Cultura Negra*. Assim, saiu o livro n. 2, sobre Cruz e Sousa, com uma edição da Associação Cultural do Negro, mas financiado pelo autor. Mais tarde vieram os *15 Poemas Negros*, um livro de versos do Oswaldo de Camargo, custeado por ele, Nair Araújo e outras pessoas. Saiu também uma publicação sobre Nina Rodrigues, assinada também pelo Henrique L. Alves, e uma outra sobre Cultura Negra, assinada pelo Nestor Gonçalves. Saíram ao todo cinco números [...][30].

Por outro lado, é também nesse ano de 1958 que se declama o poema de Carlos de Assumpção, que, em memórias diversas, é considerado uma espécie de síntese daquele momento para uma fração cultural organizada do meio negro paulista. "Protesto" possui uma força enunciadora valiosa. Sobre ele, Sérgio Milliet proferiu palestra no auditório da Biblioteca Municipal de São Paulo, sob o título "Alguns aspectos da poesia negra", publicada em 1958 na série *Cultura Negra* da ACN e, posteriormente, em 1966, em livro do autor[31].

> O [Carlos de] Assumpção se tornou uma espécie de porta-voz de reivindicações que estavam escondidas dentro da Associação Cultural do Negro, descontentamentos: com o Treze de Maio, a tentativa de uma visão crítica de datas históricas... Tudo você vai encontrar

PRIMEIRO CADERNO DA SÉRIE *CULTURA NEGRA*, TRATANDO DOS 70 ANOS DA ABOLIÇÃO DA ESCRAVATURA NO BRASIL.

no "Protesto". E, subjacente, aquela coisa: "Eu quero respeito, eu não quero piedade". Na verdade, ele começa já a trazer a modernidade que vai aparecer na literatura negra. Que o Cuti vai trabalhar muito isso. Cuti, Paulo Colina, Abelardo Rodrigues [poetas dos anos 1970-80]. Que ele vai começar: "Não quero piedade"[32].

O alcance dos versos de "Protesto" e sua absorção nessa fração cultural negra podem ser medidos pelas memórias e entrevistas que lembram dele como um momento importante, capaz de estabelecer pontes entre gerações e momentos distintos (anos 1950-70). "Protesto" é sempre retomado como catalisador, agregador e antecipador de questões, mesmo tendo sido mais declamado que lido, mais enunciado que discutido.

A modulação discursiva da ideia está precisamente formatada para seus diferentes públicos à época: a) *intelectuais* que buscam alguma autenticidade e especificidade da literatura negra no Brasil (como no ensaio de Milliet); b) *sociólogos* que tentam observar alguma potência organizativa nesse grupo social (por exemplo, Florestan Fernandes); c) *uma associação de negros*, a ACN, em que um dos pilares é a afirmação de uma respeitabilidade pública do grupo que representa; d) e, efetivamente, *homens e mulheres, com pouca ou média instrução formal, funcionários públicos, professores, empregadas domésticas, balconistas dos comércios ou revisores de jornal*, que circulam por eventos, solenidades e salas da ACN e outras organizações[33].

"Protesto", do autor nascido em Tietê, interior de São Paulo, a 23 de maio de 1927, foi publicado apenas em três ocasiões: em 1958 (pela ACN), em 1982 (como edição do autor) e em 1990, com apoio da Universidade Estadual Paulista (Unesp), figurando em antologias desde então[34]. O autor, desde os anos 1970, adotou a cidade de Franca como residência[35]. Se geralmente é lembrado como capaz de ter conferido sentido a atos dispersos, cabe agora perguntar sobre que uso cotidiano suas ideias possuem, efetivamente, para a fração cultural negra da ACN entre 1958 e meados dos anos 1960.

ENTRE O ASSISTENCIALISMO E A AUTODETERMINAÇÃO: O TEMA DA INTEGRAÇÃO DO NEGRO

De repente, eu por pertencer à Associação Cultural do Negro, que foi um momento importante, e lá estavam alguns autores: o Sérgio Milliet era um frequentador. O Affonso Schmidt, velhinho, já pouco antes de morrer, conheceu. [...] Aí eu conheço a Colombina [Yde Schloenbach Blumenschein] na Associação Cultural do Negro. Ela frequentava quando havia efemérides, quando havia acontecimentos. Noite Luiz Gama, Noite Cruz e Sousa, Noite Auta de Souza [...] o Florestan Fernandes frequentava a Associação Cultural do Negro [...] estava sempre lá vendo tudo isso: Noite Cruz e Sousa, Noite Luiz Gama, Noite Nina Rodrigues [...] o prefácio [de 15 poemas negros] saiu porque o Florestan frequentava a Associação [...] Léon Damas veio ao Brasil e fez uma coletânea, uma antologia de poetas. Quer saber onde estão os poetas? Vá à Associação. [...] A Associação era o grande tambor que repercutia tudo. Era muito respeitada! Nenhum estudioso de questões negras deixava de ir à Associação [...] Basta dizer o seguinte. Não é muito difícil entender, não. Correia Leite estava lá[36].

Oswaldo de Camargo

Encravada no centro da capital paulista, a ACN assume progressivamente graus de importância – capazes de chamar a atenção de uma parcela específica de intelectuais paulistas, com interesses circunstanciais ou mais duradouros. O historiador Petrônio Domingues afirma que: "no seu apogeu, [a ACN] chegou a ter mais de 700 sócios. Tinha entre seus afiliados membros hoje conhecidos, como o bibliófilo José Mindlin, os sociólogos Florestan Fernandes e Octavio Ianni. O penúltimo, inclusive, tornou-se o representante da entidade para fins culturais"[37].

Todavia, não é apenas neles que a ACN desperta curiosidade. Léon-Gontran Damas, para organizar com poetas brasileiros a sua *Nouvelle Somme de Poésie du Monde Noir* [Nova coletânea de poesia do mundo negro], editada pela Présence Africaine[38], recorre àquele conglomerado de ativistas. Ali, segundo Camargo, toma conhecimento e recolhe para antologia os poemas de Nataniel Dantas, Eduardo de Oliveira, Carlos de Assumpção, Luiz Paiva de Castro, Oswaldo de Camargo e Marta Botelho. Quase uma década antes, o poeta cubano Nicolás Guillén também travou contato com alguns dos frequentadores da agora ACN – em particular, Correia Leite.

Contudo, a ACN ou seus membros são procurados não só por intelectuais e escritores. Criada como um fato político-cultural, por mais que seus mentores queiram minimizar o primeiro adjetivo, ela se torna uma referência do ativismo negro, sendo chamada a emitir opinião ou se posicionar sobre os mais diversos assuntos, em diferentes momentos, acerca de questões às quais nem sempre pode dar a resposta esperada.

Assim pensa, por exemplo, a Associação Beneficente Pio XII – entidade beneficente que visa à "Integração social e cultural da coletividade negra do Brasil" –, fundada em 8 de maio de 1956[39]. Entre 1956 e 1959 (datação imprecisa, infelizmente, do documento disponível), envia correspondência à ACN, no sentido de que esta seja uma das benfeitoras para a aquisição de um canal de rádio e TV, bem como da organização de uma Universidade Afro-Brasileira[40].

A Associação Beneficente Pio XII chega a formular um Plano de Integração Social e Cultural da Coletividade Negra do Brasil, com 12 pontos que visam:

> 1 – promover o recenseamento da raça negra em todo o território nacional;
>
> 2 – normalizar a situação social e civil de todos os elementos da raça;
>
> 3 – organizar meios de subsistência e independência econômica para os elementos necessitados;
>
> 4 – conseguir com os governos da União e dos estados glebas de terreno para nelas localizar as famílias negras necessitadas;
>
> 5 – possibilitar aos negros o acesso ao estudo médio e superior;
>
> 6 – criar o serviço de assistência social aos elementos da raça;
>
> 7 – criar e fomentar na raça a mentalidade de sua capacidade e independência;
>
> 8 – conseguir a solidariedade de todos para essa obra genuinamente nacional;
>
> 9 – criar a rádio Beneficência Popular e conseguir um canal de TV para a propaganda desse programa;
>
> 10 – criar a Universidade Afro-Brasileira, em que preferentemente elementos da coletividade da raça negra estudem;
>
> 11 – recrutar entre eles os elementos que colaborem nessa obra;
>
> 12 – criar o Banco de Crédito Negreiro, responsável pela manutenção do Plano[41].

Não há notícia de que ele tenha sido levado a cabo. Entretanto, na entrada dos anos 1960, *o tema da integração social e cultural do negro se torna candente*. Mesmo entre os estatutos de fundação da ACN (28 de dezembro de 1954), de acordo com Petrônio Domingues, o tema já aparece, aliado ao problema da *marginalidade social*. Os presentes à reunião criam os estatutos para, entre outras razões, agregar naquela associação pessoas que tenham: "[...] por finalidade fundamental a desmarginalização e recuperação social de todos os elementos que vivem em situação marginal, principalmente o negro"[42].

Essa ambiência dos temas da *marginalidade social* e da *integração negra* é interessante, a ponto de uma associação como a Pio XII, vinculada à Igreja católica, ser criada e se mobilizar para arrecadar fundos, inclusive entre os negros, para tal fim. Mas voltemos ao universo das associações negras.

Ó ÁFRICA! Ó ÁFRICA!

> Meu grito é estertor de um rio convulso.../ Do Nilo, ah, do Nilo é o meu grito.../ E o que me dói é fruto das raízes,/ ai, cruas raízes!,/ das bruscas florestas da terra africana/ Meu grito é um espasmo que me esmaga,/ há um punhal vibrando em mim, rasgando/ meu pobre coração que hesita/ entre erguer ou calar a voz aflita:/ Ó África! Ó África! [...] / Meu deus, porque é que existo sem mensagem,/ [...] Senhor! Jesus! Cristo!/ Por que é que grito?[43]
>
> Oswaldo de Camargo

> Eu sei, eu sei que sou um pedaço d'África/ pendurado na noite do meu povo./ Trago em meu corpo a marca das chibatas/ [...] / pelos quais, as carretas do progresso/ iam buscar as brenhas do futuro/ [...] Eu vi nascer mil civilizações/ erguidas pelos meus potentes braços;/ mil chicotes abriram na minha'lma/ um deserto de dor e de descrença/ anunciando as tragédias de Lumumba/ [...] Eu sinto a mesma angústia, o mesmo banzo/ que encheram, tristes, os mares de outros séculos,/ por isso é que ainda escuto, o som do jongo/ que fazia dançar os mil mocambos.../ e que ainda hoje percutem nestas plagas./ [...] Eu sei, eu sei que sou um pedaço d'África/ pendurado na noite do meu povo[44].
>
> Eduardo de Oliveira

Por ocasião do II Congresso Mundial dos Escritores e Artistas Negros, que se realizará em Roma, de 28 de março a 2 de abril de 1959, organizado pela Sociedade Africana de Cultura (responsável pela *Présence Africaine*), a ACN formula carta para jornais, na qual se afirma o seguinte:

> [...] A "Société Africaine de Culture", ciente da importância da contribuição dada pelo elemento africano à cultura do Brasil, acolheria com imensa satisfação uma representação de nosso país. Por isto, solicitou à Associação Cultural do Negro – com sede nesta capital à Rua São Bento, 405 – 16º andar – para que [se] tornasse intérprete de tal desejo, pedindo outrossim divulgar as notícias referentes ao conclave e possivelmente tomar contato com o ambiente cultural do país, assinalando as figuras que dele desejam participar. *Solicitamos então aos intelectuais negros e aos estudiosos eventualmente interessados no assunto, o envio de sua adesão, para que a ACN possa transmiti-la à "Société Africaine de Culture", recolhendo, outrossim, os pormenores sobre a viagem para conhecimento daqueles que desejam participar do Congresso.* [...] A "S.A.C.", com a qual a Associação Cultural do Negro deseja estabelecer laços de amizade e de profícua colaboração, sugeriu também a criação no Brasil de uma associação "Amis de Présence Africaine" [Amigos da Presença Africana], com membros brancos e negros, objetivando estudar os problemas ligados à cultura afro-brasileira e a divulgação de todas as manifestações relativas a ela. [...] A Associação Cultural do Negro aproveita então esta oportunidade para lançar o seu apelo aos intelectuais brasileiros, negros e brancos, para que seja fundado em São Paulo um centro filiado à "S.A.C." digno de representar no estrangeiro a cultura africana no Brasil. Com este objetivo a A.C.N. fará realizar dia 27 de fevereiro próximo, em sua sede social, uma reunião para tratar do assunto, estando desde já convidados todos os interessados [...]. Finalmente, o senhor Alioune Diop, Secretário-Geral da "Société Africaine de Culture", solicita o apoio e a solidariedade da intelectualidade brasileira, das associações culturais e das entidades que congregam o elemento negro, traduzidos no envio de mensagens por ocasião do congresso[45].

Sarah Frioux-Salgas esclarece que o projeto de Alioune Diop e do grupo da *Présence Africaine*, explicitado nessa carta, tem ambições maiores, articuladas com notáveis em outras partes do mundo, o que torna muito significativo o seu contato com a ACN no Brasil, legitimando-a como sua interlocutora autorizada:

> A rede de trocas e difusão de ideias imaginadas por Alioune Diop assume forma institucional depois de 1956, com a criação da Sociedade Africana de Cultura (SAC). Esta organização permitiria realizar certos objetivos postos aos agentes do Primeiro Congresso de Escritores e Artistas Negros [...]. Tratava-se de reunir os intelectuais e artistas negros do mundo todo engajados no combate pelo reconhecimento das culturas negras e da luta antirracista e anticolonial [...]. Sua direção foi confiada ao etnólogo haitiano Jean Price-Mars. Josephine Baker pertencia ao grupo de vice-presidentes. Encontram-se ainda no conselho executivo [...] muitas personalidades intelectuais e artísticas negras de diferentes gerações: os norte-americanos, com o músico Louis Armstrong, o sociólogo W. E. B. du Bois, o cantor Paul Robeson, o poeta Langston Hughes, o escritor Richard Wright, a dançarina Katherine Dunham; os africanos: o ator Habib Benglia, os escritores Alexandre Biyidi (Mongo Beti), Amos Tutuola, Hampâthé Bâ, o cientista Cheikh Anta Diop; os antilhanos: o filósofo Frantz Fanon, os poetas Édouard Glissant e Aimé Césaire, o escritor René Maran, o ativista George Padmore; entre os malgaxes, o poeta Jacques Rabemananjara[46].

Consoante às memórias de Correia Leite, o então presidente da ACN, "[...] Geraldo Campos de Oliveira [...] tinha ido ao II Congresso de Escritores e Artistas Negros realizado em Roma. Foi como observador. [...] O Geraldo Campos trouxe de lá uma porção de documentos, teses e outras coisas"[47]. Para viajar, Oliveira tem de fazer pedidos de concessão de passagens, em cortesia, à Panair do Brasil e à Alitalia[48].

No pêndulo da autoafirmação e determinação do sujeito social há, dentro da ACN, uma espécie de descoberta do continente africano, pela via cultural e política. Assinado por diferentes entidades em São Paulo, o manifesto de 25 de março de 1960, criticando as ações da União Sul-Africana, faz com que haja um posicionamento da associação em face do que ocorria naquele continente e nos Estados Unidos:

> As entidades e pessoas reunidas no memorável ato público promovido pela Associação Cultural do Negro, na sede da Associação

Paulista de Imprensa, na noite de 25 de abril [sic] do corrente ano, e que subscrevem o presente manifesto, entendem que ninguém pode ficar indiferente aos clamores por liberdade, justiça e democracia, partidos das vítimas de massacre determinado pelo governo da União Sul-Africana [...]. Os acontecimentos sangrentos de Sharpeville, Langa e Carte Manor representam o ressurgimento de tudo aquilo contra o que a Humanidade lutou duramente no último conflito mundial. O Mundo se encontra diante de uma absurda tentativa de restauração dos fundamentos ideológicos do nazi-fascismo, que são os fundamentos do *apartheid*, com sua violenta negação do direito à liberdade, à igualdade, à justiça e à vida aos homens, mulheres e crianças negras sul-africanas. [...] A ONU não pode continuar permitindo [que] permaneça em seu seio uma nação que pratica o genocídio e intranquiliza o Mundo, estarrecido diante de manifestações obscurantistas, características da Idade da Pedra Lascada [...]. Aceitar de braços cruzados os atentados contra a Humanidade, cometidos na pessoa dos povos da África do Sul, é aceitar a regressão à barbárie [...]. Por isso, com base nas convenções internacionais que o Brasil honradamente subscreveu [...] entendemos de apelar para o governo brasileiro, no sentido de que rompa definitivamente as relações diplomáticas e comerciais com a União Sul-Africana, em defesa da Humanidade[49].

Como afirma Correia Leite: "1960 foi considerado o Ano Africano [...]. Aquela manifestação deixou os negros aqui entusiasmados"[50]. Sendo assim, é importante observar as ligações que se vão criando entre a ACN e outros organismos com igual interesse. A 9 de fevereiro de 1960, por exemplo, a União dos Cabo-Verdianos Livres, sediada em São Paulo, remete correspondência de agradecimento à associação por seu pronunciamento contra a situação dos presos políticos das colônias portuguesas. Além disso: "[...] vinha juntar as edições já publicadas do jornal *Portugal Livre*, órgão da oposição ao governo de Salazar, em cujas colunas combatemos a tirania salazarista e procuramos mostrar ao Mundo Civilizado quanto esse governo representa de pernicioso para a Dignidade Humana"[51]. Internacionalmente, portanto, a questão africana e a segregação estadunidense, nesse momento, tornam-se um tema de interesse para uma fração dos negros associados. Inclusive, um tópico chamativo, até mesmo literário, apreciado como uma *grande novidade*, *o ilustre desconhecido* – embora muito falado – *continente africano*, como afirma Oswaldo de Camargo:

> Naquele tempo, não. Você não conhecia a África. A África que você tinha era a África literária. Que foi traduzida por *Navio Negreiro* [...] [no] meu poema, "Meu grito", eu pergunto: "Oh, África! Oh, África!". É um desconhecimento. A África que nós temos é uma África mítica. É uma África de gravuras. [...] Então, a capa do *Níger* aqui é o Patrice Lumumba. Então, a África começa a se agitar. Começa a começar o movimento de independência na África. Esse movimento de independência da África vai colocar a África, dar uma visibilidade maior, desperta o interesse... Aí chegam de Angola alguns rapazes que chegam refugiados, vieram refugiados da África, de Angola, falando português. Tanto que nos espantava o sotaque lusitano deles. Eram dois, pelo menos. Um deles era o, me lembro muito bem, Paulo Matoso. Eles vêm com alguns livros africanos. Primeira vez que nós vimos alguns livros vindos da África! Primeira vez, pelo menos para mim, que eu deparo, que eu topo um africano. Um homem negro africano. Para mim, o início de conhecer a África foi aí. E foi mediante o Paulo Matoso, que me deu um livro da Noémia [de Sousa] – deu não; emprestou um livro da Noémia, que era uma poetisa de Moçambique ou Angola, não vem ao caso agora – eu talvez seja um dos primeiros autores que escreveu sobre um poeta africano, no *Novo Horizonte*. [...] Porque daí começam também Angola, movimento em Moçambique, Angola... Isso repercute aqui. Até pela leitura dos jornais em geral. Os jornais em geral começam a falar sobre isso[52].

Paulo Matoso, estudante e jornalista angolano, fez a revisão geral do livro *Banzo*, do poeta negro paulistano Eduardo de Oliveira. Acerca dele, há poucos dados informativos além destes: sabe-se que foi militante do Movimento Popular de Libertação de Angola (MPLA) e do Movimento Afro-Brasileiro Pró-Libertação de Angola (Mabla), mantendo contatos com ativistas no Brasil[53]. Noémia Carolina Abranches de Sousa Soares, segundo nota biográfica de Léon-G. Damas, nasceu em Lourenço Marques (atual Maputo, Moçambique), em 1927, tendo estudado no Brasil e trabalhado em Lisboa de 1951 a 1964, quando se exilou na França devido à sua contestação ao governo de Salazar. Poeta e jornalista, engajou-se nas lutas pela libertação nacional africana, publicando artigos e viajando por diferentes países daquele continente. Faleceu em 2003, em Lisboa[54]. Como se vê, há o contato com uma perspectiva revolucionária da literatura africana, gerando algum interesse nos escritores negros paulistanos ligados à ACN e provocando discussões e textos.

Por outro lado, em 1960, internamente e de maneira inesperada, a questão do negro marginal e favelado, *presente enquanto disposição de princípios gerais nos estatutos da associação*, eclode e se faz ouvir através da literatura. Isso mobiliza a atenção também de parcelas do meio negro organizado, compondo um desafio da realidade às suas intenções, como se verá a seguir.

O NEGRO MARGINAL E AS ASSOCIAÇÕES NEGRAS: *QUARTO DE DESPEJO* (1960)

> Agora sei que a terra me pertence/ como pertence ao branco e a descoberta/ do que é meu por fim me arrebata/ e a minha velha alma está liberta/ Agora está liberta a minha alma.../ e cresce em mim o ardor de sonhos novos:/ Ah, todo negro é homem entre os homens/ e pode, irmãos, erguer-se entre os povos/ Festejais minha entrada entre as faces risonhas,/ aplaudi o findar do meu longo lamento,/ este se esvai ao longe, leva-o o vento.../ Derrubei as estátuas de faces tristonhas/ que choravam meu ser, ah, irmãos, festejai!/ É primavera e o inverno longe vai! [...][55]
>
> *Níger – Publicação a serviço da coletividade negra*

O ano de 1960 marca a edição de *Quarto de despejo: diário de uma favelada*, lançado em agosto. A ACN promove em seu salão uma homenagem à sua autora, Carolina Maria de Jesus, em 28 de setembro, Dia da Mãe Negra. Para tanto, convida diferentes entidades civis, como a Academia Paulista de Letras e o Grêmio da Faculdade de Filosofia, Ciências e Letras da USP[56]. Desde julho desse mesmo ano, a associação passou a editar um jornal mensal chamado *Níger*. O terceiro número (setembro de 1960) traz a escritora na capa.

O *Níger – Publicação a serviço da coletividade negra* presta homenagem à autora que será o sucesso literário de vendas do ano, bem como a grande expressão de um autor negro nacional, e sem precedentes, evocando-a como um fato de extrema importância cultural e social ao grupo que esse jornal e associação buscam representar. Nessa edição, publicam-se um editorial (sobre a figura de Carolina de Jesus e a mulher negra), o poema apócrifo de Oswaldo de Camargo e um samba em deferência à escritora, de autoria de B. Lôbo. O editorial da publicação é uma exaltação, com ressalvas, à figura da mãe negra atribuída à escritora, bem como uma tentativa de construir a sua imagem como uma síntese dos propósitos do meio negro organizado:

> *Carolina Maria de Jesus é a expressiva figura, por nós escolhida, para simbolizar a homenagem que hoje rendemos à "Mãe Negra", num ato de nosso civismo, pelo transcurso da data de 28 de setembro, e do 89º aniversário da Lei do Ventre Livre. [...] A nossa homenageada – a "Mãe Negra" – é uma imagem emotiva que vive em nossa recordação, e por isso mesmo não podemos jamais olvidá-la pelos feitos que no passado ela concretizou [...] deu ao Brasil suas melhores tradições e soube encher os velhos solares das famílias de tantas ternuras e poesias [...]. Carolina Maria de Jesus é uma contradição histórica de tudo isso. Ela vem malsinada, tal qual uma sombra errante, do submundo da sociedade moderna, para contar uma história, a sua história, que galvanizou os sentidos de toda opinião pública, pelas suas revelações estarrecedoras. [...] O diário da favelada Carolina é um depoimento que não só retrata, em seu triste conteúdo, as nossas mazelas sociais do momento, como remontam [sic] aos erros políticos – em matéria de justiça social – desde o alvorecer da República. [...] Pelo menos para nós esse livro foi mais que isso [sucesso de vendas], porque nele encontramos uma advertência fora do comum [...] O significado dessa advertência tem suas ressonância nos fundamentos daqueles pontos básicos que são a razão de ser dos anseios de nossa luta [...]*[57].

Segundo as memórias de Correia Leite, foi oferecido em sua casa: "um grande almoço e foi a primeira homenagem que a Carolina de Jesus recebeu por causa de seu livro, *Quarto de despejo* [...]. Foi uma homenagem que me deixou sensibilizado por causa da Carolina, que praticamente ofuscou o aniversariante que era eu"[58]. Após a publicação do primeiro livro, a figura de De Jesus passa a ser alvo de disputa, de diferentes interesses e matizes intelectuais ou políticos. No meio negro organizado, embora em menor escala, não foi diferente.

Se, por um lado, a ACN promove um número de seu recém-lançado jornal e um almoço na casa de um de seus principais líderes em homenagem à escritora, por outro, o Clube 220, espécie de *organização rival* sediada no mesmo prédio da ACN, a partir da publicação de *Quarto de despejo* passa a promover o Ano Carolina Maria de Jesus (1960-61). A disputa fica clara na carta-resposta que o 220 remete à ACN, por ocasião do convite que esta lhe fez para o evento de promoção do Ano Cruz e Sousa:

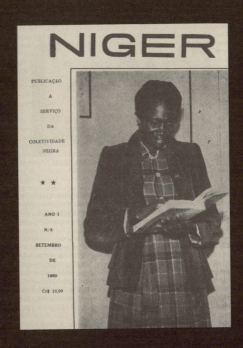

ANÚNCIO FEITO NA CAPA DE *NIGER*, EM SETEMBRO DE 1960, SOBRE A PUBLICAÇÃO DE *QUARTO DE DESPEJO*, VEICULADO NA REVISTA *LEITURA* PELA EDITORA FRANCISCO ALVES.

> Acusamos o recebimento de seu estimado ofício s/nº que embora datado de 31 de Janeiro pp., somente chegou às nossas mãos no dia 6 do fluente (?), cujo conteúdo mereceu a nossa proverbial consideração [...]. Como já é sabido do conhecimento Vv. Ss., e também do domínio público, esta comissão – supervisionada pela diretoria do Club "220" instituiu o Ano "Carolina Maria de Jesus", programando para o decorrer do ano em curso uma série de festividades em homenagem ao êxito nacional e internacional conquistado por aquela escritora, com seu livro *Quarto de despejo*, *best-seller* de 1960, contando já esta comissão com todas as Associações interioranas à margem enumeradas [...]. Como ponto alto de tais festividades, desejamos comunicar Vv. Ss. que a Câmara Municipal de São Paulo acolheu a nossa iniciativa, aprovando a concessão do título de "Cidadão Paulistana" àquela escritora, que será entregue no próximo dia 9 de março p. vindouro [...]. Eis os motivos por que este Clube lamenta a impossibilidade de atender o gentil convite de Vv. Ss. [...]. Outrossim, no sentido de dirimir dúvidas, apreciaríamos que Vv. Ss. consultassem novamente seus registros, uma vez que de acordo com dados oficiais que mantemos em nossos arquivos, o nascimento do emérito poeta João da Cruz e Sousa ocorreu a 09 de março de 1892 [sic] transcorrendo portanto o centenário do seu nascimento no próximo ano e não neste ano[59].

A ACN exalta De Jesus como um exemplo de afirmação do negro e, particularmente, de mãe negra, talvez inaugurando uma das imagens mais associadas à escritora: a mãe negra, uma espécie de reserva moral e benigna. Todavia, é importante observar um embate entre essa organização e a autora. A mãe negra em questão é solteira, com três filhos, de três pais diferentes, e dois anos de instrução formal apenas. Isso causa certo empecilho para os propósitos da associação (o *elevamento moral do negro*, que, em grande parte, passa pela valorização/normatização do comportamento mundano). São sintomáticos, nesse sentido, os depoimentos de Correia Leite e Oswaldo de Camargo, referências política e cultural da ACN. Leite afirma:

> [...] o Audálio Dantas me chamou de lado e disse: [...] – Leite, você que tem um certo prestígio, vê se dá uns conselhos para a Carolina porque parece que ela está deixando subir na cabeça

certas bobagens por causa do sucesso do livro... [...] Eu fui falar com a Carolina e ela me prometeu que ia continuar a mesma, que não ia deixar aquilo acontecer. Só que, não demorou muito tempo, ela se desligou do Audálio Dantas e andou fazendo algumas bobagens, como aparecer no carnaval com roupas excêntricas, querer frequentar certos meios que ela não tinha condições... E homens também que ela começou a encontrar. *Uma mulher sofrida que se vê, de repente, numa situação daquela, se não tiver muita força de vontade, vai fazer das suas mesmo, vai querer passar pelo que não é* [...][60].

Camargo acentua a crítica por outro ângulo, o da repentina obsolescência que a autora de *Quarto de despejo* ganha em meio à ACN:

A única pessoa que, se não me engano, falou que a Carolina era um modelo para os escritores negros foi um marxista: Clóvis Moura. [...] Talvez ele quisesse dizer que todo autor negro deveria entrar nesse campo. Não. Entra quem vive, quem quer. Há outros campos muito poderosos da Literatura que não são exatamente de desmesura social. Porque, na verdade, a Carolina era desmesurada: ela tava fora de todo padrão. Mas você não precisa viver daquele jeito, para ser escritor. [...] Não altera nada a Literatura nossa. A Literatura continuou sendo feita pelos mesmos autores. As reuniões que nós fazíamos na década de [19]60, na casa da Nair Araújo [membro do TEN-SP e do setor cultural da ACN] e outros autores, na minha casa... *ninguém pensou: "Ah, convida a Carolina para..."*[61].

Se a ACN possui resistências à figura e ao tema de Carolina – embora ambos lhe tenham sido úteis no princípio e, mesmo que como verniz, tenha sido simpática aos dois –, a mesma reserva com a conjugação das imagens não possui o Clube 220. Pelo contrário: é esta associação – autointitulada Entidade Orgulho da Família Negra Brasileira – que, além de promover o Ano Carolina Maria de Jesus, lança a campanha para outorga do título de Cidadã Paulistana à autora. Frederico Penteado Jr., presidente do Clube, afirma em carta à ACN:

Conforme já é do conhecimento Público, foi esta entidade autora do manifesto público contendo mais de cinco mil assinaturas,

> dirigido à Câmara Municipal de São Paulo através do edil Italo Fittipaldi, pelo seu ofício n. 51 datado de 12 de setembro de 1960 o qual solicitava que a autora do livro *Quarto de despejo*, mineira, cor Preta, de 46 anos, mãe solteira de filhos e que foi, há pouco, ocupante do barraco n. 9 da Rua A, na Favela do Canindé, fosse agraciada por essa Edilidade, como "Cidadão Paulistana", cuja literatura contemporânea foi revolucionada por um livro, *Quarto de despejo* [...] deseja esta entidade contar [...] com sua presença no próximo dia 28, para o seguinte programa: [...] Pela manhã na igreja da Irmandade Nossa Senhora do Rosário dos Homens Pretos no largo do Paiçandu, missa em homenagem a esta babá, Mãe de duas gerações da Branca e da Preta, às 9,30hs [...]. Em seguida, com a presença da escritora Carolina Maria de Jesus e outros, colocará no Monumento à Mãe Preta diversos ramalhetes de flores como gratidão da família brasileira àquela ilustre personalidade [...]. Às 15h no Plenário da Câmara Municipal de São Paulo quando os edis em sessão especial entregará [*sic*] a Carolina Maria de Jesus o título de "Cidadã Paulistana", iniciativa deste clube [...][62].

Vejamos como ocorre, então, esse processo de conversão simbólica de Carolina Maria de Jesus, intermediado pelas associações negras paulistanas, com seus interesses em disputa.

DE HABITANTE DO MONTURO A "SHAKESPEARE DE COR"

> Outorgamos, hoje, com a pompa necessária, o Título de Cidadã Paulistana à maravilhosa figura da mineira Carolina Maria de Jesus [...]. Ela é cidadã de São Paulo – cidadã do Brasil [...]. Trata-se de uma personalidade invulgar, da mensageira de um protesto assombroso, de uma alma literária que, como a planta ressurge do chão, e vive, e respira, e se ramifica, pelos descendentes, no futuro [...]. Da favela obscura, misérrima – quem o poderia supor? – aparece um Shakespeare de cor, um Molière que é mulher, um Dante que descreve o inferno em terra, e a linguagem vibrante, ágil, pura e sonora que indica o verdadeiro poeta, que transporta a carne, o sangue para o papel, na pungente descrição das angústias e decepções dum canto da humanidade[63].
>
> Vereador Ítalo Fittipaldi

Se as ideias de *protesto e revolta negros* até então se consumavam de maneira abstrata, galvanizando sujeitos ligados a associações – e, internamente, em número menor, aqueles afeitos à literatura –, a concretização dessas ideações em *Quarto de despejo: diário de uma favelada* é absolutamente inesperada.

A revolta e o protesto não estão ali organizados; a autora é oscilante em meio às suas constatações. Suas ligações com as associações negras foram contatos ocasionais, na rua, quando ainda não era famosa. Até então, o lugar de onde fala, a favela, é suspeito para o surgimento de algo como o que foi expresso em *Quarto*. A um só tempo, ela consegue, por meio da literatura, colocar em pauta os problemas da fome, das favelas, do racismo, do clientelismo político, da marginalidade social, do negro no pós-abolição etc., a partir do olhar dos despossuídos. Entretanto, talvez por tudo isso amalgamado, Carolina Maria de Jesus desperte o interesse quase imediato – e conflituoso, seja entre si seja com a escritora – de negros organizados, em seu movimento pendular do assistencialismo à autodeterminação.

O projeto de resolução n. 54, arquivado no processo n. 5.480 de 1960, guardado na Câmara Municipal de São Paulo, apresenta os passos efetuados para a outorga do título de Cidadã Paulistana a De Jesus. O Clube 220, em tempo recorde, encaminhou carta e abaixo-assinado, com cerca de 6 mil adesões, subscritas em 46 páginas, à Câmara, em 12 de setembro de 1960. O livro de De Jesus fora lançado no mês anterior. A carta enviada ao vereador Ítalo Fittipaldi solicitava a aprovação de seus termos em regime de urgência pela edilidade, com a seguinte afirmação:

> Como é do conhecimento público, a literatura contemporânea está sendo revolucionada por um livro, cuja procedência o identifica como uma das mais arrojadas páginas [...]. Trata-se de *Quarto de despejo*, que tem como autora a favelada Carolina Maria de Jesus [...]. *Quarto de despejo*, pela força do realismo com que foi escrito, consiste, longe de *crítica destruidora*, um índice do caminho a seguir para exterminar com os focos malignos das sórdidas favelas do nosso país. [...] Ainda em se tratando de regime de urgência [...] seja-nos permitido indicar a data de 28 de setembro corrente para esta solenidade, tendo em vista que transcorre neste dia mais um aniversário da "Mãe Preta", Mãe das gerações de ontem, de hoje e de amanhã[64].

A repercussão de *Quarto* justifica, em parte, a solicitação do Clube. O 220 não queria ficar de fora disso, assim como não o quis a ACN. Ambos elegeram o mesmo dia para homenagear a autora, disputando o impacto causado. Todavia, dados o adiantado do tempo e os entraves burocráticos, embora a outorga tenha sido aceite por mais de dois terços dos vereadores, não seria possível realizar a cerimônia naquele mês de setembro de 1960. O parecer final sobre o pedido foi emitido entre 27 de outubro e 13 de dezembro do mesmo ano, passando por diferentes comissões, sendo que as discussões estenderam-se até 1961.

Isso permite afirmar a estratégia do Clube 220 em construir uma espécie de campanha, criando o Ano Carolina Maria de Jesus como forma de não desaquecer o ímpeto da iniciativa, enredado pela burocracia. A redação final do projeto de resolução só ocorreu em 30 de maio de 1961, e o convite para que De Jesus recebesse o título foi enviado em 15 de setembro[65].

A outorga efetua-se em 28 de setembro de 1961, durante a 38ª Sessão Especial da Câmara Municipal, conta com a presença (anunciada e taquigrafada) do vice-governador de São Paulo, general Porphyrio da Paz, do presidente da Câmara Municipal, Manuel Figueiredo Ferraz, do escritor e teatrólogo Solano Trindade, de membros do 220, além de Fittipaldi, vereadores e da homenageada. O discurso proferido por Fittipaldi[66] associa De Jesus, exagerada e retoricamente, a distintas figuras da literatura mundial e/ou a suas obras: Shakespeare (*Hamlet*), Zola (*L'Assommoir*), François Villon e Christopher Marlowe, Verdi (*Rigoletto*), Dickens (*Oliver Twist*), Machado de Assis (*Memorial de Aires*). No plano da questão social, relaciona-a a Josué de Castro (*Geografia da fome*). A tudo isso, a autora responde em seu discurso de agradecimento, do qual se extraem os excertos a seguir.

> [...] A transição da minha vida foi impulsionada pelos livros. Tive uma infância atribulada. Não me foi possível concluir o curso primário, mas desde que aprendi a ler passei a venerar os livros fantasticamente, lendo-os todos os dias. [...] Se não fosse por intermédio dos livros que deu-me boa formação, eu teria me transviado, porque passei 23 anos mesclada com os marginais. [...] Devo agradecer aos brancos de São Paulo que deram oportunidade aos pretos, aceitando as nossas criações e acatando-nos no núcleo social. Este gesto contribui para abolir preconceitos raciais [...][67]

Não é bem isso que as associações negras querem ouvir, pelo menos não a parte final do discurso. A igualdade deve ser uma conquista, e não uma concessão, para a maioria dessas associações. Abre-se espaço para o discurso do presidente da Câmara, Manuel Figueiredo Ferraz, que exorta a falta de preconceito racial em São Paulo e no país. Como devem ter reagido Solano Trindade, os membros do Clube 220 e outros a isso? Das fontes, nada consta. Além disso, Ferraz trata o problema da favela como se De Jesus tivesse descortinado uma cena oculta da metrópole emergente. Na verdade, ela o inseriu numa pauta sociopolítica. As favelas estão à vista dos olhos de todos. Ferraz propõe medidas que vão do assistencialismo à ação direta, fornecendo poucos elementos para a concretização de qualquer uma delas:

> [...] é preciso que este eco tenha ressonância nesta Casa; que não fiquemos, nós outros, indiferentes ao clamor daqueles que menos favorecidos clamam por aqueles que podem acolhê-los ou socorrê-los na sua miséria e no seu abandono. [...] Por isso, escritora Carolina Maria de Jesus, o seu apelo será atendido, por certo. [...] *Esta cidade* [...] *lhe é grata pelos serviços que você prestou a nossa coletividade, chamando a atenção para um problema que sabíamos conhecer mas que preferíamos desconhecer. E agora os nossos olhos estão abertos. É preciso que alertemos os demais para que este problema não constitua um problema mas que seja agora um movimento para a solução desse mal, que é o mal da favela de São Paulo* [...][68].

No curto espaço de tempo até o começo de 1964, os temas da favela, da marginalidade social e da integração do negro entram na ordem do dia, para diferentes setores sociais. De Jesus estará no centro desses debates até a altura de 1962. A mobilização de alguns setores da sociedade em busca de uma *solução* para o problema *descortinado* permite uma análise interessante sobre a forma recorrente de se lidar de maneira precária com problemas sociais na verdade irresolutos desde muito tempo. Ironicamente, *Quarto de despejo: diário de uma favelada* é que traz a cidadania daqueles debates.

APENAS PALAVRAS NÃO BASTAM: CONDICIONAMENTO SOCIAL PARA A PRODUÇÃO DAS IDEIAS

> Estamos na hora de trabalhar para o efetivo soerguimento do nível socioeconômico dos homens de cor, descendentes dos escravos que alicerçaram nossa nacionalidade. Protelar esta importante tarefa seria descurar uma das mais elementares obrigações para com a nossa Pátria, devedora dessa pobre gente, que abolida da escravatura não conseguiu livrar-se das suas nefastas consequências, refletidas no mais inglório e doloroso marginalismo[69].
>
> Apresentação da Comissão Organizadora do
> I Congresso Mundial da Cultura Negra

E como fica o meio negro organizado? Encerrada a sessão no começo da noite de 28 de setembro de 1961, o Clube 220 alçou alguma visibilidade promovendo o Ano Carolina Maria de Jesus. Além disso, e da homenagem na Câmara Municipal, é difícil afirmar quais foram seus frutos mais efetivos. A ACN, cujos principais líderes e mentores se opõem ao fato de uma associação negra ser exclusivamente festiva ou de convescote, segue organizando a série *Cultura Negra*. Os *15 poemas negros*, de Oswaldo de Camargo, por exemplo, são publicados ainda em 1961.

Contudo, a tentativa de se fazer uma série de *Cadernos de Cultura Negra* se estanca no quinto número. Camargo observa que: "a Associação não tinha dinheiro para isso. Mal conseguia pagar aluguel, essa é a realidade. Quem bancava isso era o próprio autor, geralmente. A não ser que ele achasse alguém que bancasse no lugar dele"[70].

A dificuldade das condições de manutenção dos projetos da ACN não obsta, entretanto, a intenção de realizá-los ou as demandas que lhe chegam até os primeiros anos da década de 1960. As comemorações do centenário do Poeta do Desterro são um exemplo disso. No relato de José Correia Leite sobre o assunto, percebe-se, duplamente, o esforço coletivo empreendido por membros da associação preocupados com a questão cultural (não raro, sintetizada pela literatura), bem como a importância que a ACN confere aos grandes feitos e aos grandes nomes.

> Mas *o mais importante deste ano foi quando nós estudamos fazer o medalhão de Cruz e Sousa e colocar em praça pública*. Conseguimos um escultor que não cobrou nada para fazer o medalhão, só cobrou

o material. Depois de pronta a matriz em gesso, foi outra dificuldade arranjar uma pedra que tivesse a nosso alcance. Acabamos escolhendo uma pedra bruta, barata. Daí foi a hora de saber da prefeitura como é que a gente devia proceder para colocar em praça pública. O Henrique L. Alves se incumbiu de falar com uma pessoa no gabinete do prefeito. Foi falar com o doutor Freitas Nobre, então vice-prefeito [...]. Ele foi à Associação e começou a fazer uma porção de objeções, achando que o medalhão era muito pobre, dizendo que por ele o medalhão estava desaprovado. Mas ele não podia dar a última palavra, porque dependia da Secretaria de Cultura. O prefeito era o Prestes Maia. Nós conseguimos descobrir um oficial de gabinete do prefeito, um tal de doutor Galo. Falamos com ele e ele, com a melhor boa vontade, resolveu o assunto e o local escolhido ficou sendo a Praça Dom José Gaspar, ao lado da biblioteca municipal [...]. O Henrique L. Alves se incumbiu de levar a matriz em gesso do medalhão para a Academia Brasileira de Letras e, nesse ensejo, convidou o doutor Austregésilo de Athayde para vir a São Paulo inaugurar o medalhão, embora muita gente do meio intelectual não acreditasse que ele viesse. Mas ele aceitou o convite. [...] O medalhão ficou pronto para ser inaugurado à tarde, como de fato aconteceu. A boa vontade do presidente da Academia Brasileira de Letras foi demonstrada pela maneira como ele veio, de trem, com sua senhora [...]. E ele foi à Associação e viu a simplicidade da nossa sede. [...] Na Praça Dom José Gaspar estava um número pequeno de negros e brancos, inclusive o Florestan Fernandes, que tinha sabido do evento na véspera, e o diretor da biblioteca que é ali do lado [...]. Eu comecei a sentir que o doutor Austregésilo de Athayde estava constrangido. Porque uma festa daquela ninguém vai olhar quem está promovendo, se é uma entidade de alto nível cultural ou uma entidade de classe mais baixa. [...] *Mas, é de se lamentar que não tenha comparecido ninguém da Academia Paulista de Letras, da União Brasileira de Escritores ou do Instituto Histórico e Geográfico. Todas essas entidades receberam convites da Associação Cultural do Negro* [...]. A nossa sorte é que a sessão da Banda da Força Pública estourou num toque de continência e desceu dum carro o vice-governador Porfírio da Paz, que foi assistir à inauguração. Aquilo deu uma nova alma ao presidente da Academia, que fez um discurso muito inflamado [...]. E se tratava de uma entidade de gente pobre, sem a importância de letrados, mas pondo em brios os intelectuais do Brasil que iam deixar passar em brancas nuvens um evento tão importante como aquele. Depois ele [...] pediu desculpas em nome da Academia Brasileira de Letras, pelo erro de não ter sido o Cruz e Sousa colocado no rol dos fundadores da academia[71].

Esse longo relato de Correia Leite sobre como se dá a inauguração do monumento a Cruz e Sousa (hoje destruído ou desaparecido)[72] na praça Dom José Gaspar, ladeando a Biblioteca Mário de Andrade, com seus bustos de Camões e Dante, é exemplar na síntese do esforço coletivo empreendido por uma fração cultural negra em São Paulo. O Ano Cruz e Sousa – coincidente com o Ano Carolina Maria de Jesus – também demarca outras iniciativas para as quais a ACN é acionada, evidenciando alguma efervescência no biênio 1960-61. Por exemplo: em 29 de agosto de 1961, a agente de viagens (*tour manager*) Estela Grunebaum, da International Travel Promotion Ltd., envia correspondência à associação em que afirma:

> Temos recebido de nosso correspondente dos Estados Unidos várias cartas, com referência consulta sobre vindas ao Brasil de grupos e pessoas individuais de homens de cor dos Estados Unidos [...]. O desejo destas pessoas é vir ao Brasil para intercâmbio de ideias e confraternização com os associados daqui, e portanto, gostaríamos de saber quais os programas que poderiam oferecer aos vossos irmãos do Norte, a fim de que possamos recepcioná-los bem[73].

O conjunto de ações empreendidas anteriormente por aqueles homens e mulheres os colocou num ponto significativo de um mapa de visibilidade e importância social, reconhecidos como referência aos olhos de outros sujeitos interessados em aspectos da vida do negro, ao menos em São Paulo. No rodapé da carta, alguém da associação escreveu um esboço de resposta a Grunebaum, que deveria conter um programa social, cultural e profissional da ACN. Não há menção sobre o seu envio.

Em 1961, ainda, a Irmandade de Nossa Senhora do Rosário dos Homens Pretos, através de seu então presidente Raul Joviano do Amaral, velho ativista negro e colaborador da pesquisa Unesco em São Paulo, anuncia:

> O Departamento Hospitalar da Irmandade de Nossa Senhora do Rosário tem a satisfação de convidar Vv. Ss. [...] a fim de prestigiarem com Vv. honrosas presenças o lançamento da pedra fundamental do futuro "Hospital Nossa Senhora do Rosário", a ser realizado às 11,20hrs, no dia 15 de Outubro [de 1961], no terreno situado à Av. Marginal Esquerda, junto à Ponte da Vila Maria [...]. Na oportunidade será consagrado e inaugurado valioso "Cruzeiro", confeccionado em madeira de lei, testemunhando as melhores esperanças na conclusão de obra destinada a bem servir a coletividade e a enriquecer o sistema médico-hospitalar do paiz [sic][74].

Embora haja atualmente um Hospital Nossa Senhora do Rosário na Vila Maria, em São Paulo, não há informação sobre sua ligação com a Irmandade do Rosário dos Homens Pretos. Talvez houvesse à época em que o hospital foi erigido, e depois essa ligação se perdeu, por diferentes motivos. O fato importante é a intencionalidade da ação. Uma irmandade beneficente existente desde 1711, de corte étnico, e que se ocupava de tentar criar um hospital direcionado ao grupo negro. Um passo ousado, em que as dificuldades seriam grandes certamente (arrecadar fundos interna e externamente, contratar médicos e enfermeiros, realizar a manutenção do hospital, escapar da acusação de racismo às avessas etc.), mas que possuía fundamentos concretos e imediatos, por exemplo, a tentativa de organizar um Congresso Mundial da Cultura Negra em São Paulo, como se daria no ano seguinte.

Em maio de 1962, a comissão organizadora dessa iniciativa enviou comunicação à ACN. Estava ligada à Associação Beneficente Pio XII e algo de suas intenções está transcrito aqui. Além disso, afirma:

> Temos a elevada honra de apresentar a V. Excia. o anexo, programa das solenidades comemorativas do dia 13 de maio, no Parque São Domingos, Lapa, às 8,30 e no Theatro Municipal às 20 horas [...] primeiro número oficial com que a Comissão Organizadora do 1º Congresso Mundial da Cultura Negra e a Associação Beneficente Pio XII festejam o lançamento simbólico do "Encontro Estadual", da instalação da Rádio Educadora Popular e a visita à Exposição da Maquete da Universidade Afro-Brasileira, tendo em vista o aludido Certame Cultural pretendendo porem-se em contato com

a sociedade paulistana, para a evolução de seu programa beneficente da coletividade negra do Brasil[75].

Era do interesse dos organizadores que as cerimônias de 13 de Maio preparassem um "[...] 'Encontro Nacional', que se dará em novembro deste ano, tendo em vista o 1º Congresso Mundial da Cultura Negra, pondo diante dos novos olhos a realidade da situação [...]". Se a referida realidade era tão precária e urgente, já não a havia exposto dois anos antes Carolina Maria de Jesus? A que teria vindo, exatamente, semelhante congresso? Nesse sentido, em suas memórias, José Correia Leite é bastante crítico ao caráter dispersivo daquela organização, acusando-a de desmobilizadora. No entanto, o programa do Congresso, datado de 13 de maio de 1962 e anexado ao convite citado, inicia-se assim:

> 6,30 – Missa de ação de graça oficiada pelo Monsenhor Rafael Arcanjo Coelho, diretor e fundador da Associação Beneficente Pio XII. [...] 8,45 – No Parque São Domingos, Lapa, ao lado dos terrenos da futura Universidade Afro-Brasileira, recepção às autoridades: Dr. Tancredo Neves, 1º Ministro, Dr. Carvalho Pinto, Governador do Estado, Dom Carlos Carmelo de Vasconcellos Motta, Cardeal Arcebispo Metropolitano de S. Paulo, e outras personalidades ilustres [...]. Palavras de Saudação pelo Sr. Eduardo de Oliveira, às autoridades e aos presentes em geral [...]. Palavras do Sr. Paulo dos Santos Matoso Netto em nome dos Bolsistas Africanos. Srta. Ana Florença de Jesus, agradecendo os que cooperam para a realização do 1º Congresso [...]. 20,30 – No Teatro Municipal, realização de um Concerto pela Banda Sinfônica da Força Pública do Estado, precedido de uma Conferência a cargo do Prof. Dr. Florestan Fernandes, da U.S.P., cujos convites se encontram na bilheteria do Teatro.

"O orador oficial dessa solenidade foi o professor Florestan Fernandes. Ele fez uma conferência sobre o Movimento Negro em São Paulo e, por várias vezes, citou o meu nome. Eu não estava presente porque não fui convidado [...]"[76], concluiu um Correia Leite textualmente irritado com o fato e ao mesmo tempo satisfeito com a evidência de que as pretensões do Congresso estariam além das possibilidades dos organizadores, entre os quais, desertores da ACN.

ALCANCES E LIMITES, IMPASSES E OBSTÁCULOS

[...] Um dia sob ovações e rosas de alegrias/ Jogaram-me de repente/ Da prisão em que me achava/ Para uma prisão mais ampla/ Foi um cavalo de Troia/ A liberdade que me deram/ Havia serpentes futuras/ Sob o manto do entusiasmo/ Um dia jogaram-me de repente/ Como bagaços de cana/ Como palhas de café/ Como coisa imprestável/ Que não serve mais pra nada/ Um dia jogaram-me de repente/ Nas sarjetas do desamparo/ Sob ovações de rosas e alegria./ Sempre sonhara com a liberdade/ Mas a liberdade que me deram/ Foi mais ilusão que liberdade [...][77].

Carlos de Assumpção

Relações com intelectuais negros africanos, cubanos, guianenses ou estadunidenses; ligações com ativistas e intelectuais da metrópole paulistana não negros; série *Cultura Negra*; Ano 70 da Abolição; tentativa de construção de um hospital beneficente; Congresso Mundial de Escritores Negros; *Quarto de despejo*, Ano Carolina Maria de Jesus, Ano Cruz e Sousa, Congresso Mundial da Cultura Negra etc. Aonde tudo isso levaria o grupo negro organizado paulista? Estaria ele já pronto para o teste da realidade social, da mudez e obstaculização diante do racismo e da precariedade? Por outro lado, essa realidade estaria pronta para reconhecê-lo da maneira inquirida em ações, poemas, ideias gestadas e proferidas em sessões solenes, reuniões, atos, cartas, ofícios, posicionamentos?

Os anos subsequentes demonstraram que não. Se o protesto e a revolta vinham sendo enunciados com força por uma fração organizada negra – e bem recebidos, igualmente, por uma fração cultural não negra – em quase uma década de atuação político-cultural, o desafio de conferir alguma concretude maior aos feitos caminhava justamente para alcançar círculos cada vez mais amplos. Entretanto, isso demandaria um esforço de realização e compreensão do objetivo cada vez maior, de negros e não negros sensibilizados por aqueles ideais. Todavia, o fim da ACN se mostrou melancólico, bem como daquele tipo de organização negra em São Paulo. José Correia Leite (e também Oswaldo de Camargo, mais adiante) o enuncia claramente, demonstrando os limites e os alcances que foram possíveis àquela fração político-cultural organizada.

[...] houve um litígio entre a Associação e o proprietário do conjunto. Mas antes de terminar, houve um esforço de um grupo de moços. Um era professor de inglês, outro formado em agrimensura e ótimo em matemática, e apareceu também uma alemã, Dona Dóris, que se propôs a dar aulas de inglês, no sentido dela poder aprender melhor o português, mas infelizmente os alunos não puderam devolver a ela o que ela queria receber em troca. Ela acabou desistindo depois de ter tentado também fazer uma ópera de Mozart adaptada para artistas negros [...]. Teve uma ocasião em que apareceu um pianista. Queria fazer um recital e demonstrou para nós que tipo de espetáculo que seria [...]. Mas ele só deu aquela demonstração e, como viu que nós não tínhamos condições de fazer o espetáculo como ele queria, não voltou mais. Não tínhamos realmente condições de empresariar espetáculos [...]. Quando eu dei pela coisa já era mil novecentos e sessenta e cinco. Eu tinha completado meu tempo de serviço na prefeitura e entrei com meu pedido de aposentadoria. Aí resolvi me aposentar também da minha militância e acabei me afastando da associação. [...] Não passou muito tempo eu soube que a Associação tinha fechado. Soube também que um grupo, tendo uma senhora advogada [...] o Eduardo de Oliveira e Oliveira e outros, tinha levado a Associação para o bairro da Casa Verde [...]. Na Casa Verde a Associação tentou funcionar, mas não conseguiu[78].

Além de problemas internos, dificuldade para pagar contas e falta de apoio dos associados, o teste mais duro da realidade foi o golpe civil-militar de 1964. Desmobilizou o que já era precário, amedrontando os que tinham dúvidas, inviabilizando os tênues amparos que a ACN conseguira estabelecer com intelectuais e pessoas notadamente progressistas e, algumas, de esquerda. Exemplo disso é a trajetória que faria o intelectual mais próximo da associação, Florestan Fernandes, no pós-golpe: cassado, exilado, capaz de ajudar pouco além de si mesmo. Outro é Paulo dos Santos Matoso, o estudante e jornalista angolano, citado por Oswaldo de Camargo e revisor de Eduardo de Oliveira, que, ao apresentar algo de literatura africana, foi importante para membros escritores da ACN. O pouco que se sabe acerca de sua trajetória é que, de acordo com Márcio Moreira Alves,

Após o golpe militar do 1º de abril de 1964, no país, todos os estudantes africanos das colônias portuguesas, aqui residentes, foram presos. A maior parte desses estudantes, o Ministério das Relações Exteriores havia assegurado permanência no país como bolsistas. A 1º de agosto de 1964 era preso outro nacionalista angolano, Paulo dos Santos Matoso, que era trazido de São Paulo para depor no Inquérito Policial Militar (IPM do Grupo Angolano), nome atribuído pelos militares ao processo com que pretenderam condenar os patriotas angolanos[79].

Após o biênio 1962-63, não há registros interessantes para este livro referentes à ACN. Sua fase áurea, concordam Clóvis Moura e Petrônio Domingues, encerrou-se no pré-1964, com crises financeiras cada vez mais agudas. O primeiro afirma que, na busca de se criar uma *ideologia para o grupo negro paulista*, surgiram contradições e embates internos, que culminaram em desordem financeira[80]. Refere-se a confrontos entre grupos que pensavam a ACN com diferentes inclinações em face da ideia de *cultura*: política de reconhecimento ou divertimento/assistencialismo. O primeiro grupo era minoritário, como reafirma Oswaldo de Camargo, numa ilustração amarga:

> [...] O piano que lá estava [na sede] era um piano emprestado, por uma moça chamada Marta. Quando a Marta ofereceu o piano, para nós ficarmos com o piano, a um preço baixíssimo, e não pudemos ficar, aí foi que eu saí da Associação. De revolta. Em lugar do pessoal pegar o dinheiro para comprar o piano, pegaram o dinheiro para o esporte. Me deu um desalento muito grande. O piano era importante ali. Então, a Associação passava por percalços bem humanos, de falta de dinheiro, deserção de gente que não via aquilo como ideal etc.[81]

Um prospecto sem data, nos arquivos da ACN em São Carlos, mostra o desenho feito por Clóvis Graciano para o primeiro número da série *Cultura Negra* (1958), referente ao Ano 70. Acima dele está escrito: "Mês da Abolição". Na outra página, o imperativo: "Diga que a A.C.N. é uma fortaleza". Entre o dito e o fato, existe uma distância considerável, como concluiu Domingues:

Sem recursos para saldar as várias dívidas, a entidade foi obrigada a fechar suas portas em 1967. Quase dois anos depois, foi reaberta, mas sem o mesmo perfil e poder de articulação. Nessa nova fase foi presidida por Glicéria Oliveira e passou a desenvolver ações de cunho assistencialista, com cursos de alfabetização e madureza [...][82].

Auxiliada pelo sociólogo Eduardo de Oliveira e Oliveira[83], Glicéria conduziu a ACN numa fase crítica, em que, após o despejo do edifício Martinelli, ocorreu a mudança para a Casa Verde, em 1975. Um ano depois, a associação fechou as portas, doando móveis e documentações para terceiros, como atestam os "Instrumentos particulares de doação e transferência" assinados pela presidente da entidade, em 5 de julho de 1976. No mesmo dia, Glicéria Oliveira enviou carta notificando os membros remanescentes da ACN acerca do encerramento das atividades da associação. A ela respondeu o bibliófilo e empresário José Mindlin, em papel timbrado de sua indústria, a Metal Leve, na missiva citada a seguir, digna de nota e perguntas: ele e outros membros poderiam ter ajudado, ao menos na crise financeira? Ofereceram ou foi-lhes solicitada ajuda? Que grau de vinculação ou de *alcance* colaborativo, de fato, possuíam os membros não negros da associação? Que identificação haveria, entre os membros negros e não negros, com os projetos da ACN nessa nova fase?

> Prezada Senhora [...] Recebi sua carta de 5 do corrente comunicando-me o encerramento das atividades da Associação Cultural do Negro, e só posso dizer que lamento profundamente que os amigos tenham sido levados a uma tal decisão, pois a Associação vinha fazendo um trabalho extremamente útil e meritório. [...] Se as dificuldades que vocês atravessaram não lhes tirarem totalmente o ânimo e vocês decidirem partir para alguma outra iniciativa semelhante, podem contar com a colaboração que esteja ao meu alcance[84].

José Correia Leite tem razão em afirmar que, até aquele momento, entretanto, "[...] a Associação Cultural do Negro foi a que teve vida mais longa entre as entidades que existiram com a finalidade de realizar uma obra de levantamento histórico e social do negro". Longeva, porém esquecida, infelizmente.

A literatura operou, para alguns desses sujeitos, como a expressão de uma visão de mundo; o surgimento, ampliação e divulgação de uma consciência crítica; a condensação do protesto, da revolta, da angústia e da perplexidade em face da cena histórica, como atestam alguns dos poemas e falas citados anteriormente. Os condicionamentos sociais para sua produção foram determinantes para reafirmar a marginalidade da iniciativa cultural negra, embora esta, mesmo que raramente, tenha sido capaz de alçar um público não endógeno num momento favorável, em aberto, com disposições democráticas.

Correndo por fora e forçando sua visualização num lugar diferente do secundário e marginal, os ativistas, intelectuais e escritores negros estavam em pugna, em diferentes patamares, com a realidade social: ela os desafiando e testando na mesma medida em que eles executavam ação semelhante. Nesse movimento, desenvolveu-se uma luta social, composta de ações práticas (atos, eventos, comemorações) e gestações de ideias-forças (negritude, descoberta do continente africano, poemas etc.) que explicitavam a tensa situação do grupo negro paulistano em meados do século passado. Embora beire a teleologia, não se pode deixar de inquirir aonde tudo isso levaria o grupo negro organizado, em ambas as realidades sociais.

●

Este capítulo apresenta um certo desvio de rota da discussão central. Entretanto, como se demonstrará adiante, ele é necessário por ao menos quatro fatores: com ele, *é possível entender algo do contexto do surgimento de Carolina Maria de Jesus* (discutida na sequência), sua recepção inicialmente favorável, com um público disposto, e, ao mesmo tempo, sua relação tensa com as organizações negras; *permite demonstrar a ambiência, recepção, encontro e descompasso entre os discursos literário, ativista e sociológico* referentes ao negro entre os anos 1950 e 1960; *prepara a discussão sobre a reorganização do movimento negro nos anos 1970*, em São Paulo, retomando a literatura com papel distintivo (notadamente os *Cadernos Negros* e o Quilombhoje), sendo que antigos membros da ACN desempenharão papéis (ou serão chamados a contribuir) nessa rearticulação – vale lembrar que dois anos após o fim da ACN, em 1978, surgem os *Cadernos Negros* e o Movimento Negro Unificado contra a Discriminação Racial; *finalmente, permite demonstrar que as ideias e iniciativas têm um passado mais antigo que se possa supor*, permitindo-se distinguir o que é aparentemente novidade do contemporâneo/atual. As ideias nascem, verticalizam-se/horizontalizam-se, vertebram-se e engajam sujeitos sociais para fazer a história. Por condições adversas ou decorrentes de suas ações, desaparecem suas iniciativas concretizadas, ficando rastros a serem perseguidos, à espera, em algum arquivo, de serem descobertos.

NOTAS

1 Excertos de "Tem gente com fome" (1944).

2 Dedicatória de *O negro no mundo dos brancos* (1972).

3 "A sociologia brasileira dos anos 1950 apresenta uma longa reflexão sobre a compreensão que os sociólogos tinham de si mesmos e sobre as tarefas que julgavam relevantes para a sua disciplina. O projeto que eles esboçaram para o seu campo intelectual é de importância para o entendimento da *noção de tempo*, que fundamenta não apenas os ideais de mudança que almejavam para o país, como também a sua função intelectual inscrita no trabalho de pesquisa e análise dos fatos sociais. Seu grande desafio era estabelecer uma correspondência entre *fazer ciência* e *fazer história* [...]. Os sociólogos se autorrepresentam enquanto agentes que através do conhecimento contribuem para a realização da história." Gláucia Villas Bôas, *Mudança provocada: passado e futuro no pensamento sociológico brasileiro*, Rio de Janeiro: FGV, 2006, p. 65 e 79.

4 Carlos de Assumpção, excertos de "Protesto" (1958).

5 Sílvio L. Lofego, *IV Centenário de São Paulo: uma cidade entre o passado e o futuro*, São Paulo: Annablume, 2004, p. 39. A bibliografia sobre a identidade paulista e as comemorações do quarto centenário é extensa. Optou-se por usar e citar os trabalhos de Lofego e, a seguir, Maria Arminda do Nascimento Arruda, por ambos atacarem mais diretamente o problema aqui destacado. Fontes e dados suplementares encontram-se em ambos os trabalhos, particularmente em Lofego.

6 Cf. Lofego, 2004, *op. cit.*, p. 37.

7 Esta e a citação imediatamente anterior, *ibid.*, p. 17 e 20, respectivamente.

8 Maria Arminda do N. Arruda, *Metrópole e cultura: São Paulo no meio século XX*, Bauru: Edusc, 2001, p. 98.

9 Lofego, 2004, *op. cit.*, p. 50-2.

10 *Ibid.*, p. 83-4. O mesmo episódio é citado em Arruda, 2001, *op. cit.*, p. 89-90.

11 A ACN é citada por Florestan Fernandes (1978), Clóvis Moura (1983), Miriam Ferrara (1986), Petrônio Domingues (2007). Mais recentemente, foi publicado o artigo de Domingues: Em defesa da humanidade: Associação Cultural do Negro, *Dados*, v. 61, n. 1, 2018; e, também, um

artigo meu: Fazer história, fazer sentido: Associação Cultural do Negro (1954-1964), *Lua Nova*, n. 85, 2012. O arquivo da ACN está sediado na Universidade Federal de São Carlos (UFSCar).

12 Sergio Miceli, Prefácio: modernidade precária, em: Maria Arminda N. Arruda, *Metrópole e cultura: São Paulo no meio século XX*, Bauru: Edusc, 2001, p. 7.

13 José Correia Leite e Cuti, *... E disse o velho militante José Correia Leite*, São Paulo: Secretaria de Cultura, 1992, p. 163.

14 "[...] Muitos achavam que era uma continuação do Clube Negro de Cultura Social, mas não era nada disso. [...] era um nome muito perigoso, ia causar mal estar no meio branco, alguma espécie até de provocação. [...] Aqui em São Paulo tinha um clube de dança chamado Clube 220. Não tinha quase expressão. Mas com o surgimento da Associação Cultural do Negro, ele aproveitou a ocasião para também tomar uma posição [...] começaram a criar intriga. A sigla da Associação Cultural do Negro era ACN. Então, eles começaram a dizer que éramos a Associação Comunista dos Negros. Mas não estávamos ligando para isso." Leite e Cuti, 1992, *op. cit.*, p. 164-5.

15 Cf. Documento ACN DIE COR 1254 PO18 J012, Coleção Associação Cultural do Negro, Acervo Ueim-UFSCar. Algumas das associações negras listadas na correspondência são: Clube Ébano (Santos), Grêmio Recreativo Familiar Flor de Maio (São Carlos), Sociedade Dansante [sic] Familiar José do Patrocínio (Rio Claro), Sociedade Luiz Gama (Jaú), Clube Recreativo Luiz Gama (São João da Boa Vista), Sociedade Cultural Luiz Gama (Bauru), Society Colored Pinhalense (Pinhal), Sociedade Beneficente 13 de Maio (Piracicaba), Clube Recreativo 13 de Maio (Itapetininga), Clube Recreativo 13 de Maio (Limeira), Sociedade Beneficente Cultural e Recreativa 28 de Setembro (Sorocaba), Sociedade Beneficente e Recreativa Jundialense 28 de Setembro (Jundiaí), entre outras.

16 Leite e Cuti, 1992, *op. cit.*, p. 169. O ponto estratégico do centro da cidade é ressaltado por Oswaldo de Camargo: "[...] Mas a partir do momento em que a Associação mudou para a Casa Verde, ela perdeu as pernas. Perdeu as pernas! A Associação ali no prédio Martinelli era passagem dos que iam para o outro lado da cidade". Entrevista de Oswaldo de Camargo concedida a Mário Augusto M. da Silva em 29 jul. 2007, São Paulo.

17 Leite e Cuti, 1992, *op. cit.*, p. 169-70.

18 Henrique L. Alves, *Nina Rodrigues e o negro do Brasil*, São Paulo: Associação Cultural do Negro, Série Cultura Negra, s/d, v. 5.

19 Cf. Regimento Interno da Comissão Organizadora. Documento ACN COS COI 0345 P006 J053. Coleção Associação Cultural do Negro, Acervo Ueim-UFSCar.

20 Cf. Telegrama 4295 de José Porphyrio da Paz a Geraldo Campos de Oliveira, Coleção Associação Cultural do Negro, Acervo Ueim-UFSCar. Para este e outros telegramas a governadores do Estado, ver documentos: ACN DIE COR 1489 P020 J093; ACN DIE COR 1491 P020 J095; ACN DIE COR 1491 P020 J096; e ACN DIE COR 1491 P020 J098.

21 Entrevista de Oswaldo de Camargo concedida a Mário Augusto M. da Silva em 29 jul. 2007, São Paulo.

22 Leite e Cuti, 1992, *op. cit.*, p. 171.

23 De acordo com carta do escritor Eduardo de Oliveira a Geraldo Campos de Oliveira, de 13 maio 1958. Documento ACN DIE COR 1139 P016 J098, Coleção Associação Cultural do Negro, Acervo Ueim-UFSCar.

24 Cf. Ofício de Américo Orlando da Costa a Dr. Queiroz Filho, datado de 15 maio 1959, Coleção Associação Cultural do Negro, Acervo Ueim-UFSCar.

25 Cartas do vereador Alfredo I. Trindade a Geraldo Campos de Oliveira, datada de 14 mar. 1958; requerimento e emenda ao projeto de lei n. 82 de 1958, do vereador Raph Zumbano, datados de 24 e 25 mar. 1958 e 4 abr. 1958. Documentos ACN DIE COR 1428 P020 J008, ACN DIE COR 1435 P020 J020, ACN DIE COR 1435 P020 J021. Coleção Associação Cultural do Negro, Acervo Ueim-UFSCar.

26 Carta manuscrita da Sociedade MMDC à Associação Cultural do Negro, datada de 13 maio 1958, em que presta homenagem a Maria Soldado, integrante da Legião Negra de São Paulo, destacamento negro que integrou a Revolução Constitucionalista. Coleção Associação Cultural do Negro, Acervo Ueim-UFSCar.

27 Ofício com donativo de 5 mil cruzeiros à ACN, datado de 21 maio 1958. Coleção Associação Cultural do Negro, Acervo Ueim-UFSCar.

28 Carta do Gabinete do vice-governador Porphyrio da Paz, assinada por ele e sem data, em que a autoridade congratula as comemorações e exalta figuras negras importantes. Coleção Associação Cultural do Negro, Acervo Ueim-UFSCar.

29 Manifesto – O Ano 70 da Abolição, em: Oswaldo de Camargo, *O carro do êxito*, São Paulo: Martins, 1972, p. 95.

30 Leite e Cuti, 1992, *op. cit.*, p. 171-3 e 174, respectivamente.

31 "E, contudo, o preconceito existe no Brasil, ainda em nossa época. Por não ser violento e segregador como o dos norte-americanos, nós, os mais brancos, ignoramo-lo o mais das vezes. Sentem-no os negros de certa categoria social com muita acuidade. Oswaldo de Camargo escreve [o poema "Grito de Angústia"] [...] Mais ou menos no mesmo tom se exprime Marcílio Fernandes, aludindo à farsa da igualdade: 'Basta de tanta farsa!' Que teria contribuído para o fim do idílio mulato e a tentativa atual de afirmação amarga do preto, com reivindicações e revoltas, à semelhança do que ocorre nos Estados Unidos e nas colônias europeias? Não me parece difícil encontrar a razão mais profunda. O negro brasileiro cultivou-se, conseguiu penetrar em certas camadas sociais mais elevadas, mas provocou com isso a reação dos brancos. E os preconceitos se acirraram, como se acirraram os preconceitos contras os judeus a partir do momento em que começaram a brilhar nas ciências, nas letras, no comércio e na indústria. Na medida em que o negro se fortaleceu econômica e culturalmente com mais rancor sentiu a discriminação. Um poeta negro de nossa terra, Carlos Assunção, expõe o problema com muita clareza [no poema 'Protesto']."

Sérgio Milliet, *Quatro ensaios*, São Paulo: Martins, 1966, p. 72-3.

32 Entrevista de Oswaldo de Camargo concedida a Mário Augusto M. da Silva em 29 jul. 2007, São Paulo.

33 Cf. carta de Carlos Magalhães Júnior, do Centro de Estudos Afro-Brasileiros de São Paulo, ao presidente da Associação Cultural do Negro, datada de 12 jul. 1958, em que convida a ACN para prestigiar conferência de Henrique Alves e leitura do poema de Assumpção. Coleção Associação Cultural do Negro, Acervo Ueim-UFSCar.

34 Oswaldo de Camargo, *A razão da chama: antologia de poetas negros brasileiros*, São Paulo: GRD, 1986, p. 50-3; Id., *O negro escrito: apontamentos sobre a presença do negro na literatura brasileira*, São Paulo: Imprensa Oficial do Estado, 1987.

35 Cf. Os 80 anos do poeta negro, *Revista Enfoque*, Franca, maio 2008, p. 12-4. Sou grato a Daniela Antônio Rosa, que me fez conhecer essa publicação.

36 Entrevista de Oswaldo de Camargo concedida a Mário Augusto M. da Silva em 29 jul. 2007, São Paulo.

37 Cf. Petrônio Domingues, Associação Cultural do Negro (1954-1976): um esboço histórico, em: *Anais do XXIV Simpósio Nacional de História – História e multidisciplinaridade: territórios e deslocamentos*, São Leopoldo: Unisinos, 2007.

38 Léon G. Damas (org.), *Nouvelle Somme de Poésie du Monde Noir*, Paris: Présence Africaine, n. 57, 1967.

39 Registrada em cartório a 24 jun. 1959, tendo sido "aprovada e abençoada por S. Emcia. o Snr. Cardeal Arcebispo Metropolitano de São Paulo Dom Carlos Carmello de Vasconcellos Motta". Era sediada na avenida Pompeia, 729, São Paulo. Coleção Associação Cultural do Negro, Acervo Ueim-UFSCar.

40 "[...] Empenhei-me nesta campanha, que me preocupa desde 1935, em favor dos 20 milhões de pretos abandonados no Brasil. Pelo programa da obra, pretendo habilitá-los à vida. Esmola é paliativo que não resolveria o problema [...] Peço a V. Excia. me auxilie a conseguir a Estação de Rádio e Canal de TV, como a organizar a Universidade Afro-Brasileira, números do programa que me possibilitarão levar avante a campanha [...] Quem se põe à frente de uma campanha é forçado a lançar mão de todo recurso para vencer. [...] Dirigindo-vos esse apelo, em favor da integração nacional e cultural da coletividade negra no Brasil, penso nos 20 milhões de brasileiros que esperam ainda sua redenção econômica. Para acelerar a solução do problema [...] peço-vos a contribuição pessoal de Cr$1.000,00, que, unida às demais, possibilitará a aquisição do aparelho, a entrar imediatamente em atividade, levando o abençoado nome de São Paulo a todos os recantos do país." Excertos de cartas do monsenhor Rafael Arcanjo Coelho para a ACN, (s.d.). Coleção Associação Cultural do Negro, Acervo Ueim-UFSCar. Para este e outros documentos referentes a Pio XII, cf.: ACN DIE COR 1255 P018 J013; ACN DIE COR 1256 P018 J014; ACN DIE COR 1257 P018 J015; ACN DIE COR 1258 P018 J017; e ACN DIE COR 1264 P020 J028.

41 Plano da Associação Pio XII. Coleção Associação Cultural do Negro, Acervo Ueim-UFSCar.
42 Cf. Domingues, 2007, *op. cit.*
43 Excertos de "Meu grito", presente em *15 poemas negros* (1961).
44 Excertos de "Banzo (ao meu irmão Patrice Lumumba)", *Banzo* (1963).
45 Carta a jornais do vice-presidente da ACN, Américo Orlando da Costa, datada de 18 fev. 1959. Cf. ACN DIE COE 0644 P011 J023; e ACN DIE COE 0644 P011 J024. Coleção Associação Cultural do Negro, Acervo Ueim-UFSCar (grifos meus).
46 Sarah Frioux-Salgas, "Présence Africaine, une tribune, un mouvement, un réseau", *Gradhiva*, n. 10, 2009. Disponível em: https://journals.openedition.org/gradhiva/1475. Acesso em: 10 set. 2022 (tradução minha).
47 Leite e Cuti, 1992, *op. cit.*, p. 177.
48 Cartas de Geraldo Campos de Oliveira a César Pires de Carvalho, superintendente da Panair do Brasil, e Francesco Trento, diretor superintendente da Alitalia, datadas de 16 mar. 1959. Cf. ACN DIE COE 0643 P011 J022. Coleção Associação Cultural do Negro, Acervo Ueim-UFSCar. Notar a proximidade da data do pedido e a da realização do congresso, 25 mar. 1959.
49 Manifesto lançado pela ACN, datado de 25 mar. 1960. Também subscrevem pessoas ligadas à Juventude Socialista, Frente Nacionalista de São Paulo, União Paulista de Estudantes Secundários, Teatro Experimental do Negro de São Paulo, Centro Acadêmico João Mendes, Federação dos Professores e Trabalhadores em Estabelecimentos de Ensino etc. Cf. ACN DIE COE 1511 P016 J023, J024 e J025. Coleção Associação Cultural do Negro, Acervo Ueim-UFSCar.
50 Leite e Cuti, 1992, *op. cit.*, p. 177. E, ainda: "A Associação Cultural do Negro chegou a fazer um ato de protesto contra a discriminação racial na África do Sul e na América do Norte, onde estava sendo iniciada a luta pelos direitos civis. Nesse ato da Associação também foi evocado o problema africano geral e sugerida a ideia de se criar um comitê de solidariedade aos povos africanos. Creio que essa proposta deve ter chegado à África portuguesa, pois nós passamos a receber publicações do Movimento Popular [de] Libertação de Angola, não endereçado à Associação, mas ao Comitê de Solidariedade aos Povos Africanos. Mas esse comitê, devido à falta de elemento humano, com disposição para trabalhar, não se formou" (*Ibid.*, p. 175).
51 Carta de Guilherme Morbey Rodrigues, presidente da União dos Cabo-Verdianos Livres, a Américo Orlando da Costa, vice-presidente da ACN, datada de 9 fev. 1960. Cf. ACN DIE COR 1221 P017 J079. Coleção Associação Cultural do Negro, Acervo Ueim-UFSCar.
52 Entrevista de Oswaldo de Camargo concedida a Mário Augusto M. da Silva em 29 jul. 2007, São Paulo.
53 A trajetória de Paulo Matoso como militante do MPLA e do Mabla é discutida em José Francisco dos Santos, *Movimento afro-brasileiro pró-libertação de Angola – "um amplo movimento": relação Brasil e*

Angola de 1960 a 1975, dissertação (mestrado em História) – PUC-SP, São Paulo: 2010. Também aprofundei argumentos sobre ele e aproximação da ACN com o ativismo anticolonial no artigo: Outra ponte sobre o Atlântico Sul: descolonização africana e alianças político-intelectuais em São Paulo nos anos 1960, *Análise Social*, v. 52, n. 225. Disponível em: https://revistas.rcaap.pt/index.php/analisesocial/article/view/22410. Acesso em: 10 set. 2022.

54   Cf. Eduardo de Oliveira, *Banzo*, São Paulo: Obelisco, 1963; Damas (org.), 1967, *op. cit.*, p. 471. Foi publicada no Brasil, recentemente, uma coletânea de seus poemas: Noémia de Sousa, *Sangue negro*, São Paulo: Kapulana, 2016.

55   "Poema da descoberta" (à Carolina Maria de Jesus), *Níger – Publicação a serviço da coletividade negra* (1960).

56   Embora convidadas, ambas não estiveram presentes. Cf. Carta de Aristêo Seixas, presidente da Academia Paulista de Letras, que se desculpa por que "Meu estado de saúde não me permite sair à noite, razão por que deixo de comparecer a essa reunião"; e ofício n. 273/60, de Fred Lane, presidente do Grêmio da Faculdade de Filosofia, Ciências e Letras da USP, datados, respectivamente, de 28 set. 1960 e 5 out. 1960. Cf. ACN DIE COR 1243 P018 J001; ACN DIE COR 1244 P018 J002. Coleção Associação Cultural do Negro, Acervo Ueim-UFSCar.

57   O sentido humano da Mãe Negra, *Níger*, São Paulo, Associação Cultural do Negro, set. 1960. Microfilme MR/2714, Arquivo Edgard Leuenroth (AEL--Unicamp) (grifos e colchetes meus).

58   Leite e Cuti, 1992, *op. cit.*, p. 179.

59   Ofício n. 69/61, do presidente do Clube 220, Frederico Penteado Júnior, a Adélio Alves da Silveira, presidente da ACN, datado de 24 fev. 1961. Documento ACN DIE COR 1254 P018 J012. Coleção Associação Cultural do Negro, Acervo Ueim-UFSCar. Algumas das associações interioranas estão listadas em nota de rodapé.

60   Leite e Cuti, 1992, *op. cit.*, p. 182.

61   Entrevista de Oswaldo de Camargo concedida a Mário Augusto M. da Silva em 29 jul. 2007, São Paulo.

62   Ofício n. 283/61 de Frederico Penteado Júnior, presidente do Clube 220, ao presidente da ACN, datado de 26 set. 1961. Cf. ACN DIE COR 1280 P018 J044. Coleção Associação Cultural do Negro, Acervo Ueim-UFSCar.

63   Discurso proferido pelo vereador Ítalo Fittipaldi, em 28 de set. 1961, em homenagem a Carolina Maria de Jesus. Arquivo da Câmara Municipal de São Paulo, processo n. 5.480, folha 86.

64   Carta de Frederico Penteado Júnior ao vereador Ítalo Fittipaldi, datada de 12 set. 1960. Arquivo da Câmara Municipal de São Paulo, n. 5.480/1960, folha n. 4.

65   Como arquivado na folha 78 do processo.

66   Folhas 86-90 do processo.

67   Taquigrafado às folhas 91-3 do processo n. 5.480/60.

68   Folhas 94-6 do processo.

69   Apresentação da Comissão Organizadora do I Congresso Mundial da Cultura

Negra, maio de 1962. Cf. ACN DIE COR 1319 P018 J084. Coleção Associação Cultural do Negro, Acervo Ueim-UFSCar.

70 Entrevista de Oswaldo de Camargo concedida a Mário Augusto M. da Silva em 29 jul. 2007, São Paulo.

71 Leite e Cuti, 1992, *op. cit.*, p. 188-9 (grifos meus).

72 Desde 2002 ou 2003, o monumento a Cruz e Sousa foi vandalizado, não tendo sido restituído no local. "[...] Hoje, a Mário de Andrade vive o momento mais grave de sua história. Abandonada pelo poder público municipal, está à míngua, sem funcionários para os serviços essenciais, raros bibliotecários – pois grande parte se aposentou nos últimos anos – e com o prédio em situação precária. A única intervenção do governo municipal foi a realização de uma pequena obra na praça Dom José Gaspar, meramente decorativa – tanto que o monumento em homenagem ao poeta simbolista Cruz e Sousa, destruído desde 2002, continua jogado no jardim que cerca a praça." Marco Antônio Villa, A destruição de uma biblioteca, *Folha de S.Paulo*, 2 jun. 2004, p. A3. E ainda: "O patrimônio da humanidade que se localiza na praça Dom José Gaspar, fundos da Biblioteca Mário de Andrade, está, assim, exposto a vandalismo de toda espécie. O busto de Cruz e Sousa com a placa e a poesia, que a UBE apoiou para ser restaurado, sumiu, assim como o pedestal de Dante, quem sabe, quem viu? Arrancaram a cabeça de Goethe, que depois foi localizada e levada para restauro, mas não se sabe quando volta ao local. A de Chopin está irreconhecível, a muito custo se consegue identificar a placa com seu nome, e o busto de Julio Mesquita pode cair a qualquer hora. Sobraram Camões – porque está cercado – e Cervantes. Que raiva é essa que move o braço que desfigura essas figuras que em carne e osso só espalharam luz?". Ieda Estergilda de Abreu, Vandalismo cultural: raiva e crime, *Jornal da UBE*, n. 103, jun. 2003, p. 5.

73 Carta de Estela Grunebaum aos Exmos Srs. da Associação Cultural do Negro, 29 ago. 1961. Cf. ACN DIE COR 1275 P018 J039. Coleção Associação Cultural do Negro, Acervo Ueim-UFSCar.

74 Ofício n. 16-A, da Irmandade de Nossa Senhora do Rosário dos Homens Pretos, assinado por Raul Joviano do Amaral, ao Presidente da ACN, 6 out. 1961. Coleção Associação Cultural do Negro, Acervo Ueim-UFSCar.

75 Cf. Convite do 1º Congresso Mundial da Cultura Negra. Cf. ACN DIE COR 1319 P018 J084, Coleção Associação Cultural do Negro, Acervo Ueim-UFSCar.

76 Leite e Cuti, 1992, *op. cit.*, p. 191.

77 Excertos de "Protesto" (1958).

78 Leite e Cuti, 1992, *op. cit.*, p. 192-4.

79 Márcio M. Alves, *Torturas e torturados*, Rio de Janeiro: Idade Nova, 1996, p. 183-4. Disponível em: www.marciomoreiraalves.com/downloads/torturas-e-torturados.pdf. Acesso em: 30 out. 2009.

80 Clóvis Moura, Organizações negras, em: Paul Singer e Vinícius Caldeira Brant (org.), *São Paulo: o povo em movimento*, Petrópolis: Vozes; São Paulo: Cebrap, 1983, p. 158.

81 Entrevista de Oswaldo de Camargo concedida a Mário Augusto M. da Silva em 29 jul. 2007, São Paulo.

82 Domingues, 2007, *op. cit.*, p. 6.

83 Em entrevista a Conrado Pires de Castro, afirma o sociólogo José de Souza Martins: "Foi de minha turma e foi meu amigo Eduardo de Oliveira e Oliveira, intelectual refinado e culto, mulato, dos meus conhecidos e amigos o que melhor compreendia as gradações e as implicações da diferenciação social naquele estranho e fascinante mundo da Faculdade de Filosofia da rua Maria Antônia, perto da qual morava. Ele era filho de um estivador negro do porto do Rio de Janeiro, que se tornara líder sindical e, como ele mesmo dizia, pelego do trabalhismo de Vargas. Eduardo tivera a melhor educação que alguém podia receber em sua época no Rio de Janeiro. [...] Organizou para negros do bairro da Casa Verde uma escola, para a qual convidava professores da USP, com razão convencido da função emancipadora dessa ressocialização. Escreveu uma peça teatral emblemática, a cuja estreia compareci, sobre as contradições e as armadilhas da ascensão social no meio negro – *E, agora, falamos nós* –, dirigida e apresentada no Teatro do Masp por sua amiga, a atriz Thereza Santos. O título da peça foi inspirado num incidente ocorrido, que presenciei, no prédio de Filosofia e Ciências Sociais, na Cidade Universitária. Eduardo organizara um seminário sobre o negro, numa das salas, para o qual convidara vários professores da Faculdade de Filosofia e vários negros. Uma das professoras, ao terminar sua exposição, que foi a primeira, explicou que precisava se retirar, pois tinha outro compromisso. Ela já estava na soleira da porta quando Eduardo pediu-lhe que voltasse, pois tinha algo importante a dizer. E disse mais ou menos o seguinte: 'Nós (negros) passamos séculos ouvindo vocês. Quando chega a hora de falarmos, vocês dizem que não têm tempo para nos ouvir'. Ela ficou muito embaraçada com a interpelação inesperada, desculpou-se, disse que não era nada daquilo e foi embora. Desiludido com o oportunismo e a precedência das aspirações de ascensão social e de branqueamento dos negros que o cercavam no projeto da Casa Verde, Eduardo suicidou-se, deixando-se morrer de fome e sede, trancado em seu apartamento, a alguns passos da velha Faculdade de Filosofia". Cf. Conrado Pires de Castro, Luiz Pereira e sua circunstância: entrevista com José de Souza Martins, *Tempo Social*, v. 22, n. 1, jun. 2010, p. 239-40. A escola a que Martins se refere é a transferência da sede da ACN para a Casa Verde. O acervo de Eduardo de Oliveira e Oliveira se encontra na Ueim-UFSCar. Foi publicado recentemente um livro sobre sua trajetória e pensamento: Rafael P. Trapp, *O elefante negro: Eduardo de Oliveira e Oliveira – raça e pensamento social no Brasil*, São Paulo: Alameda, 2020.

84 Carta de José E. Mindlin a Glicéria Oliveira, datada de 30 jul. 1976. Cf. ACN DIE COR 1396 P019 J064. Coleção Associação Cultural do Negro, Acervo Ueim-UFSCar.

CAPÍTULO 5
—
SOCIOLOGIA DA LACUNA

Quem, por curiosidade ou necessidade, abrir as páginas de obras de referência ou dicionários especializados em literatura brasileira não encontrará, em alguns de seus principais títulos, menção à literatura negra brasileira produzida no século XX. Com alguma sorte, achará verbetes telegráficos sobre alguns autores. E, mesmo neste caso, deverá desconfiar de nomes, datas de nascimento, falecimento, bem como das demais informações biobibliográficas, quando presentes, pois poderão estar equivocadas ou incompletas. Dicionário específico sobre o tema, apenas um estará à disposição do interessado.

Considerando-se a tabela apresentada no segundo capítulo deste livro, que observa a produção dessas obras no tempo, espaço e gênero artístico, entre 1900 e 1988, a pergunta sobre os fundamentos da pequenez da fortuna crítica dessa literatura específica é imperativa. Se os olhos se voltarem à literatura periférica contemporânea, com pouco mais de vinte anos – tomando arbitrariamente os lançamentos de Ferréz como seu início –, o caráter exíguo das obras de referência, no começo dos anos 2000, poderia ser explicado por ela ser ainda, naquela ocasião, um fenômeno relativamente recente. Contudo, vale pensar se o problema é realmente de sedimentação pelo tempo, pautado pela cautela e pelo zelo dos críticos, ou se se trata de questão de natureza mais complexa, constituindo-se a *lacuna* uma interessante temática sociológica. Tomando por base a segunda hipótese, inicie-se a discussão pelo que diz Antonio Candido, no prefácio do *Dicionário literário brasileiro*, uma daquelas obras de referência:

> Uma das lacunas mais sensíveis em nossos estudos de Letras e na investigação literária em geral, é a falta de instrumentos de trabalho – isto é, as publicações especializadas em fornecer elementos necessários ao entendimento das obras literárias. Refiro-me aos catálogos de arquivos e bibliotecas, nacionais e estrangeiras, aos catálogos de fontes específicas; aos levantamentos de concordância; aos vocabulários críticos e, sobretudo, aos diferentes tipos de repertórios biográficos. No campo universitário, por exemplo, um estudante se encontra quase desarmado. Faltam-lhe recursos para identificar um escritor menor, encontrar facilmente a bibliografia de um autor qualquer, saber o exato significado de um termo de linguagem crítica[1].

Se a literatura brasileira em geral padece dessa falta de empenho crítico e sistematização de que fala Candido, as literaturas negra e periférica brasileiras, bem como seus estudiosos, penam bem mais. Em geral, autores reconhecidos em alguns verbetes não são identificados como negros (mesmo os assim autodeclarados). Portanto, já a princípio tem-se um problema de invisibilidade e diluição caso se queira construir uma pesquisa com as palavras-chave *autor negro/literatura*. Também nos verbetes, esses autores não estão atrelados a nenhum movimento literário, momento histórico ou processo social geral ou particular, diferentemente de seus pares não negros. Informações sobre suas obras são escassas, restringindo-se, em muitos casos, à citação de títulos e datas (prováveis) de publicação.

Pode-se afirmar que essas imprecisões não são exclusivas desse tipo de literatura; mas sim, para usar a expressão de Candido, de todo *autor menor*. Com rigor, há que se distinguir crítico literário de enciclopedista ou dicionarista, residindo aí métodos e interesses específicos a cada ofício. E com mais rigor ainda, nos textos que se referem à produção literária de escritores negros no século XX, tanto uns quanto outros, honradas e citadas as exceções, são extremamente ruins, duvidosos e/ou vacilantes. Exemplos podem ser rapidamente aventados.

No *Dicionário de autores paulistas* (1954), de Luís Correia de Melo, editado sob o patrocínio da Comissão do IV Centenário de São Paulo, aparecem verbetes para Lino Guedes e Ruth Guimarães. Todavia, não fossem os títulos dos trabalhos do primeiro (*Canto do cisne preto, Ressurreição negra, Black* etc.) e referências indiretas, muito posteriores, à segunda autora, nenhuma linha os identificaria como escritores negros ou produtores de uma literatura negra no Brasil (especialmente Guedes). Além desses dois nomes, em São Paulo, capital, deveria constar, até 1954, o nome de Gervásio de Morais. Em fontes disponíveis e segundo a Biblioteca Nacional, em seu Catálogo Geral de Acervo de Livros, Gervásio publicou em 1943 o livro de contos *Malungo*, com 98 páginas, pela Editora Empresa Gráfica Revista dos Tribunais[2]. Certamente, até então, um dos raros esforços em prosa da literatura negra nacional. No entanto, a seu respeito, nada refere Correia de Melo.

Cotejando-se o referido quadro construído no segundo capítulo, percebe-se que, entre 1954 e 1969, foram publicados trabalhos de Romeu Crusoé, Carlos de Assumpção, Eduardo de Oliveira, Solano Trindade, Oswaldo de Camargo, Carolina Maria de Jesus, Oliveira Silveira, Anajá Caetano e Natanael Dantas. Contudo, a respeito desses autores, encontram-se apenas dados esparsos sobre Dantas, algo mais alentado sobre

Jesus e informações quase completas sobre Eduardo de Oliveira no *Dicionário literário brasileiro*, cujo autor, Raimundo de Menezes, era membro da Academia Paulista de Letras. Sua obra é saudada positivamente por prefácio e texto de apresentação dos críticos literários Antonio Candido e José Aderaldo Castello.

Vale dizer que o verbete correspondente a Carolina Maria de Jesus é copiado e adaptado do *Dicionário mundial de mulheres célebres*, de Américo Lopes de Oliveira, editado em Portugal alguns anos antes. Para ilustrar a trajetória literária da escritora, a edição portuguesa e Menezes salientaram dentre seus dados biobibliográficos as seguintes passagens:

> Escritora de cor. Morava na favela do Canindé, na capital de São Paulo, desde 1937. Vivia de catar papéis nos caixotes de lixo da cidade. Lia tudo quanto lhe caía sob os olhos. Diariamente escrevia a reportagem de sua vida triste e imunda, em cadernos que enchia com rapidez. [...] Até que, afinal, foi descoberta pelo jornalista Audálio Dantas, que fez publicar o diário da miséria, sob o título de *Quarto de despejo*. [...] Abandonou, em consequência, a favela [...] *Chegou a ficar noiva de um jovem professor chileno de Belas-Artes, que fez a sua propaganda pelos jornais de Santiago do Chile. Afinal, tudo passou e a romancista negra voltou à primitiva favela* [...][3].

Entre a primeira (1969) e a segunda publicação (1978) do dicionário de Menezes, ocorre o surto das *edições de autor* na produção literária negra. À exceção de Oswaldo de Camargo, que publica, em 1972, o livro de contos *O carro do êxito* pela Martins em São Paulo, autores como Oliveira Silveira, Bélsiva, Éle Semog, Cuti, Arnaldo Xavier, entre outros, editam-se e distribuem-se às próprias custas. Nada sobre eles é mencionado. E, nesse intervalo de tempo, também no *Pequeno dicionário de literatura brasileira*, de Massaud Moisés e José Paulo Paes, editado e reimpresso pela Cultrix em 1967, 1969 e 1980, nada se encontra sobre nenhum dos autores mencionados até aqui. Aponta-se a mesma lacuna no trabalho de Celso Luft *Dicionário de literatura portuguesa e brasileira*, cuja primeira edição é publicada pela Globo, de Porto Alegre, e em 1967 e a terceira, em 1987.

Uma publicação que talvez seja a mais completa obra de referência sobre a história do livro no Brasil, por abranger processos de edição, editoração, editores, vendas, distribuição, livrarias, livreiros, inovações, dificuldades técnicas e industriais etc., relacionando-os com o momento histórico-social vivido: o estudo do brasilianista estadunidense Laurence Hallewell, *O livro no Brasil: sua história*, que, em ambas edições (1985 e 2005), cita única e indiretamente um escritor negro no Brasil, na segunda metade do século XX, ao se referir à trajetória da Livraria Francisco Alves Editora, nos anos 1960, e ao sucesso que esta obteve ao publicar *Quarto de despejo*[4]. Nada mais específico sobre literatura negra ou sobre os editores que a publicaram em seus catálogos. Caso consultada com esse propósito, a importante obra desse pesquisador passará a impressão de que, na constituição do mercado de livros no país, escritores, editores e livreiros interessados nessa literatura inexistiram no Brasil. Há ainda passagens sobre Lima Barreto, de maneira lateral, e, de maneira mais aprofundada, diferentes análises sobre o papel de Francisco de Paula Brito (1809-1861), importante editor brasileiro do século XIX, mestiço.

Sob o escopo de interesse da discussão aqui apresentada, a *Enciclopédia de literatura brasileira*, de Afrânio Coutinho e José Galante de Sousa, publicada pela Global, com o apoio da Fundação Biblioteca Nacional, na sua primeira (1989) e na segunda edição (2001), é a obra de referência um pouco mais completa. Os verbetes, no entanto, são telegráficos. Eles citam Lino Guedes, Gervásio de Morais, Ruth Guimarães, Oswaldo de Camargo, Carlos de Assumpção, Oliveira Silveira, Natanael Dantas, Eduardo de Oliveira, Solano Trindade, Cuti e Paulo Lins. Contudo, apesar de registrar entrada sobre Cuti, não há menção à publicação mais longeva da literatura negra que ele ajudou a criar, os *Cadernos Negros*, publicados desde 1978 anualmente. Ou mesmo sobre o coletivo Quilombhoje, responsável por essa publicação desde o início dos anos 1980.

Em 2001, chegou ao público a antologia *Os cem melhores contos brasileiros do século*, incumbência da editora Objetiva para o crítico literário Ítalo Moriconi. A tarefa foi árdua, e o antologista admite, na introdução, que "[...] havia o desafio colocado pela editora de que a seleção dos contos se pautasse não em critérios acadêmicos e sim em critérios de gosto e qualidade"[5]. Indiscutivelmente autores negros figuram ali, como Afonso Henriques de Lima Barreto (*Nova Califórnia*, 1910; e *O homem que sabia javanês*, 1911) e Márcio Barbosa (*Viver outra vez*, 1995). Note-se o mérito do antologista em vasculhar a produção nacional, inclusive a contemporânea, e chegar à produção dos *Cadernos Negros*, geralmente conhecida apenas por especialistas. De imediato, contudo, gera-se uma pergunta desconcertante para a análise: num intervalo de 85 anos, nada mais ao gosto e à altura da qualidade do crítico e do público visado foi produzido por escritores negros ou por uma literatura negra no Brasil? Respondendo-se negativamente a isso – supondo que as coisas de fato se passaram assim –, tem-se uma complicação formidável para o problema da criação literária de escritores negros e dessa literatura negra.

Por fim, em 2002, Nelly Novaes Coelho editou o *Dicionário crítico de escritoras brasileiras (1711-2001)*. Nele é possível encontrar escritoras negras no período estipulado pela pesquisadora, como Auta de Souza, Ruth Guimarães, Esmeralda Ribeiro (atual coeditora dos *Cadernos Negros*), Miriam Alves, Elisa Lucinda, Conceição Evaristo, entre outras. Todavia, a título de exemplo, no verbete dedicado a Carolina Maria de Jesus é possível identificar ao menos quatro equívocos biobibliográficos, demonstrados a seguir com as indicações *sic*:

> Memorialista e favelada, Carolina Maria de Jesus nasceu em Sacramento (RS) [sic], em 1914, e viveu na capital paulista, onde faleceu em 13/02/1977. Do dia para a noite, sai do anonimato e da miséria em que vivia numa favela em São Paulo, porque o caderno em que escrevia seu dia a dia de favelada foi por acaso descoberto por um jornalista, Audálio Dantas, e publicado em livro em 1958 [sic], com o título *Quarto de despejo*. A mídia se empenhou em divulgá-lo através dos diversos meios de comunicação e o transformou em *best-seller* [...]. Foi traduzido para 29 idiomas. Carolina de Jesus se torna objeto da especulação publicitária e vive momentos de verdadeiro estrelato, através da TV e dos jornais e revistas, transformada em símbolo da miséria e da degradação humana em que vive grande parte do povo brasileiro. Mais uma vez o capitalismo selvagem lucra com a exploração dos desvalidos. No rastro desse sucesso, a autora sai da favela para a casa própria. Dessa mudança resulta um novo livro, *Casa de alvenaria* (1960) [sic], crônica que não desperta nenhum interesse no grande público. Carolina acabou voltando à antiga favela [sic] em Parelheiros (SP), onde morre por insuficiência cardíaca[6].

Em 2007 aparece no mercado editorial brasileiro uma tentativa de repertoriar a presença negra na literatura feita no Brasil. E aí, do negro como autor, personagem, motivador e influência, tanto do ponto de vista dos costumes quanto da contribuição de seus falares e linguagens. O *Dicionário literário afro-brasileiro*, de Nei Lopes (ele mesmo um autor negro), procura suprir uma lacuna existente no Brasil, ao menos desde o princípio do século XIX: inventariar uma produção específica ou que a ela se refira sob a ótica do negro, estando aí incluídos autores não negros que criaram personagens negros. Trata-se de um esforço considerável, que pode ser ampliado e melhorado. Na introdução, Lopes afirma o seguinte:

> No país, a produção literária da contemporaneidade afro-brasileira é marginalizada dentro dos mesmos parâmetros que, outrora, elegiam a arte clássica como o ponto mais alto da escala estética, recalcando a arte negra como "primitiva", *naïf*, infantil. Para os que pensam assim, será preciso que os escritores negros passem por um processo de depuração e aprendizado até atingirem os cânones em que se baseia a escritura dos autores brancos, consagrados e de prestígio[7].

É cabível afirmar que, em se tratando de literatura negra (e, em alguma medida, da periférica também), não apenas a produção, a distribuição e a recepção dessa confecção literária são marginais. Salvo os estudos citados (críticos, históricos ou sociológicos) e o trabalho desse dicionarista, também a avaliação crítica dessa literatura é marginalizada. É suprida em parte pelo esforço autônomo de alguns autores preocupados em construir uma discussão crítica sobre o fazer literário, organizar edições especiais, notas jornalísticas e alguns estudos isolados. Ou pelo papel social que antologias de literatura negra e periférica adquirem, organizadas pelos próprios escritores, juntando o que é disperso, desconhecido e invisível.

Até o momento, além do trabalho de Lopes, o projeto mais ousado e bem-sucedido de criação de um catálogo crítico da autoria negra brasileira foi conduzido por Eduardo Assis Duarte, ao organizar os quatro volumes de *Literatura e afrodescendência no Brasil: antologia crítica*. Projeto que percorre do século XVIII ao XXI, dos precursores (v. 1) à consolidação da autoria negra no século XX (v. 2), passa por autores contemporâneos, inclusive no universo dos saraus (v. 3), alcançando também uma reunião de ensaios críticos sobre o tema (v. 4). Infelizmente, a primeira edição, publicada em 2011, encontra-se esgotada[8]. Em 2014, o crítico organizou dois volumes importantes publicados pela editora Pallas:

Literatura afro-brasileira: 100 autores do século XVIII ao XXI (v. 1) e *Literatura afro-brasileira: abordagens na sala de aula* (v. 2). São trabalhos que se destinam a especialistas, interessados e, especialmente, ao uso em cursos de Ensino Médio e de apoio às leis n. 10.639/2003 e n. 11.645/2012, voltadas ao ensino de história e cultura africana e afro-brasileira nas escolas. Acompanham também o mapeamento *on-line* e um portal de referência mantido por Duarte e sua equipe de pesquisadoras e pesquisadores, o *Literafro: o portal da literatura afro-brasileira*.[9]

A que se deve, então, esse procedimento contumaz da crítica que, no limite, produz a invisibilidade e a diluição? A que serve a lacuna? Ela é pautada pela dinâmica das relações sociais racializadas? Neste caso, as ideias de preconceito racial ou racismo seriam as respostas mais diretas e óbvias; e, por isso mesmo, as mais combatidas. Supondo não ser esse *essencialmente* o caso, então seriam obras e autores considerados, de ordinário, ruins? Refletindo sobre as categorias de Candido, seriam essas obras antes *manifestações literárias* que propriamente *literatura sistematizada*[10]? Nesse sentido, esforços isolados, obras e autores menores e ruins e/ou de estatura reduzida não mereceriam crítica ou verbetes catalográficos? Mas, para tanto, isso teria de ser enunciado e discutido pelos profissionais do ramo, exigindo a sofisticação que o tema requer. Até o momento, sobre esse assunto, a crítica literária e a técnica enciclopedista brasileiras têm sido pautadas menos pelo método científico e mais pelo gosto individual. A análise da lacuna, portanto, pressupõe uma crítica dos condicionamentos sociais do julgamento.

Outra possibilidade seria de afirmar que os autores negros brasileiros do século XX não são capazes de superar seus antepassados diretos, publicados no século XIX ou nos primeiros decênios do século seguinte (tomando-se Machado de Assis, Cruz e Sousa e Lima Barreto como pontos culminantes). Mas, em geral, quantos e quais autores brasileiros no século XX são capazes de fazê-lo, sem pairar dúvidas e unanimemente?

Seria possível dizer que críticos e enciclopedistas têm aversão a rótulos e classificações (certamente, um problema de identidade profissional para o segundo grupo). Contudo, quando os escritores se autorrotulam, referenciam-se histórica e socialmente, como no caso dos *Cadernos Negros* ou da literatura periférica/marginal, que fazer? Ou, melhor: por que não fazer um trabalho de avaliação crítica da forma, conteúdo, projeto e fatura estética com base nessas autodefinições? Inaugurar, consolidar e sistematizar uma vertente analítica que dê conta desse problema determinado tem sido esforço, isolado, de pesquisadores como Zilá Bernd (UFRGS), Florentina de Souza (UFBA), Regina Dalcastagnè (UnB), Eduardo Assis Duarte (UFMG), Andrea Hossne (USP), bem como de orientandos, entre outros. Contudo, se estiver correto o raciocínio de Pierre Bourdieu sobre um sistema intelectual, pode-se dizer que as formas do dizer são regidas, efetivamente, pelo que e como pode ser dito e das regras sociais de consagração, histórica e socialmente, na história do próprio campo intelectual. Existe uma delimitação bem clara das possibilidades de atuação, fazendo com que custem muito caro a heresia e a subversão. Ou, como afirma o autor em um de seus diversos trabalhos sobre o assunto:

> Os produtos culturais devem, pois, suas propriedades mais específicas às condições sociais de sua produção e, mais especificamente, à posição do produtor no campo de produção que comanda, ao mesmo tempo (e, por mediações diferentes, o interesse expressivo), a forma e a força da censura que lhe é imposta, e a competência que permite satisfazer este interesse nos limites desses constrangimentos. [...] Impondo o pôr em forma, a censura exercida pela estrutura do campo determina a forma [...] e, inseparavelmente, o conteúdo, indissociável de sua expressão própria, portanto impensável (no verdadeiro sentido) fora das normas reconhecidas e das formas convenientes. [...] As obras legítimas podem exercer assim uma violência que as põe ao abrigo da violência necessária para apreender o interesse expressivo que elas só exprimem sob uma forma que o nega: a história da arte, da literatura ou da filosofia aí estão para testemunhar a eficácia das estratégias de pôr em forma pelas quais as obras consagradas impõem as normas de sua própria percepção[11].

Autores e livros, formas e confecções literárias; métodos analíticos e seu ensino em salas de aula; monografias, dissertações e teses; editores, tradutores, críticos, por vezes, acabam, enfim, por compor uma espécie de ramerrão do mais do mesmo, arriscando-se pouco e ousando menos ainda, deixando escapar possibilidades alternativas, às vezes surpreendentes, ocultas por ignorância, desleixo e preconceito, em prol da segurança da trajetória profissional e/ou perspectivas da margem de lucro. Em uma via de mão dupla, o não impulso externo da crítica e da distribuição condena a confecção literária negra e periférica; por outro lado, a imobilidade criativa interna restringe precocemente seus limites de dizer, justificando, portanto, o argumento da baixa qualidade e o desinteresse, ou o caráter endógeno da produção, distribuição e recepção literária. Parafraseando Antonio Candido, em uma passagem famosa de *Formação da literatura brasileira*, os escritores negros e periféricos poderiam afirmar à lacuna analítica que repousa sobre suas literaturas que, infelizmente, são essas, e não outras, que os exprimem. E é a elas, essas literaturas produzidas por eles, nas possibilidades históricas concretas e concretizadas, que se devem voltar os olhos, se algum interesse houver por esses grupos sociais e suas questões; na superfície, específicas, mas que dizem muito sobre o que somos em geral, como brasileiros.

Questionar as razões da lacuna crítica em relação a essas confecções literárias se mostra, portanto, sociologicamente relevante. Para além dos motivos aparentemente estéticos, ela está alicerçada – como hipótese – nas dinâmicas historicamente construídas das relações sociais no Brasil, pautadas pelo preconceito racial e pela discriminação social. A base social da lacuna acerca da literatura negra também pode ser relacionada com a trajetória pouco detalhada de personagens sociais e movimentos político-reivindicativos sobre o sujeito social negro, especialmente até a sexta década do século XX. Ainda há muito que se pesquisar sobre o negro no pós-abolição, seguindo as pistas dos estudos de Bastide, Fernandes, Ianni, Moura e trabalhos mais recentes, como os de George R. Andrews, Petrônio Domingues, Verena Alberti e Amílcar Pereira, entre muitos outros. As trajetórias lacunares do sujeito social negro e suas atuações estético-políticas invisibilizadas (como no caso da ACN) são quase constantes.

Na *história política brasileira*, o negro enquanto ator social ou está diluído em temas mais amplos, ou se trata de um ilustre desconhecido. Exemplos: o caso da Legião Negra de 1932; o negro e o IV Centenário de São Paulo; esse sujeito social e a repressão política na República, tema discutido por Karin S. Kössling em seu trabalho *As lutas antirracistas de afrodescendentes sob vigilância do Deops/SP (1964-1983)*; sua oposição à ditadura civil-militar; a exploração de sua imagem na mídia televisiva e as implicações sociais (tratado por Joel Zito Araújo em *A negação do Brasil: o negro e a telenovela brasileira*) etc. Na *história literária*, tomando-se por base os dicionários e as obras referenciais citados, ele é um ausente gritante. Deles se depreenderá, ao pesquisador ou leitor incauto, que o negro, enquanto escritor no século XX, à exceção de Afonso Henriques de Lima Barreto, não fez literatura ou algo semelhante digno de ser mencionado. A lacuna, finalmente, é uma construção histórica e social. E explica-se o contínuo recurso à memória (enquanto problema sociológico) dos grupos negros, buscando recuperar ou recriar ficcionalmente aquilo que, no passado, deixou traços residuais, mas irredutíveis. A memória social é o recurso dos grupos menorizados e das classes subalternas para travar a luta contra o poder e o esquecimento. Caberá demonstrar e refutar o procedimento de construção de lacunas, apresentando-se obras e autores negros, relacionando-os num arco histórico intencional que, partindo dos textos, nos limites da sociologia, tentará dar conta de problemas referentes à história recente dos negros no Brasil e de seus descendentes sociais mais diretos, os periféricos, expressos por suas literaturas.

NOTAS

1   Antonio Candido, Prefácio, em: Raimundo de Menezes, *Dicionário literário brasileiro*, 2. ed., Rio de Janeiro: LTC, [1969] 1978, p. IX.

2   De acordo com Laurence Hallewell: "Nas décadas de 1930 e 1940, a Empresa Gráfica Revista dos Tribunais foi responsável por cerca de 60% da produção brasileira de livros, ou seja, praticamente todos os livros que não eram produzidos em gráfica pertencente ou associada a uma editora". Laurence Hallewell, *O livro no Brasil: sua história*, 2. ed., São Paulo: Edusp, 2005, p. 350.

3   Cf. Menezes, 1978, *op. cit.*; e Américo Lopes Oliveira, *Dicionário de mulheres célebres*, Porto: Lello & Irmãos, 1981. O trecho sublinhado pertence à edição portuguesa.

4   Carolina Maria de Jesus, *Quarto de despejo: diário de uma favelada*, São Paulo: Francisco Alves, 1960, p. 295.

5   Ítalo Moriconi (org.), *Os cem melhores contos brasileiros do século*, Rio de Janeiro: Objetiva, 2001, p. 11.

6   Nelly N. Coelho, *Dicionário crítico de escritoras brasileiras (1711-2001)*, São Paulo: Escrituras, 2002.

7   Esta e a citação imediatamente anterior são provenientes de: Nei Lopes, *Dicionário literário afro-brasileiro*, Rio de Janeiro: Pallas, 2007, p. 13 e 10, respectivamente.

8   Eduardo de Assis Duarte (org.), *Literatura e afrodescendência no Brasil*, Belo Horizonte: UFMG, 2011.

9   Cf. http://www.letras.ufmg.br/literafro/.

10   "Para compreender em que sentido é tomada a palavra formação e por que se qualificam de *decisivos* os momentos estudados, convém principiar distinguindo *manifestações literárias* de *literatura* propriamente dita, considerada aqui um *sistema* de obras ligadas por denomina-

dores comuns, que permitem reconhecer as notas dominantes duma fase. Estes denominadores são, além das características internas (língua, temas, linguagens), certos elementos de natureza social e psíquica, embora literariamente organizados, que se manifestam historicamente e fazem da literatura aspecto orgânico da civilização. Entre eles se distinguem: a existência de um conjunto de produtores literários, mais ou menos conscientes de seu papel; um conjunto de receptores, formando diferentes tipos de público, sem os quais a obra não vive; um mecanismo transmissor (de modo geral, uma linguagem traduzida em estilos), que liga uns a outros. O conjunto dos três elementos dá lugar a um tipo de comunicação inter-humana, a literatura, que aparece, sob este ângulo, como sistema simbólico, por meio do qual as veleidades mais profundas do indivíduo se transformam em elementos de contacto entre os homens e de interpretação de diferentes esferas da realidade." Antonio Candido, *Formação da literatura brasileira: momentos decisivos*, v. 2, 5. ed., Belo Horizonte: Itatiaia; São Paulo: Edusp, 1975, p. 23-4.

11 Pierre Bourdieu, *A ontologia política de Martin Heidegger*, Campinas: Papirus, 1989, p. 92-3.

CAPÍTULO 6
—
O POVO E A CENA HISTÓRICA: *QUARTO DE DESPEJO* E A INTEGRAÇÃO DO NEGRO NA SOCIEDADE DE CLASSES (1960-64)

> *Carolina Maria de Jesus entende muito de miséria. Há muito tempo como ninguém dizia nada, ela resolveu dizer. E foi só achar um caderno ainda com folhas em branco e começar a contar. Transformou-se em voz de protesto. E há muitos anos grita, bem alto em seus cadernos, gritos de todos os dias. [...] Carolina, você gritou tão alto que o grito terminou ferindo ouvidos. A porta do* Quarto de despejo *está aberta. Por ela saiu um pouco da angústia favelada. É a primeira porta que se abre. Foi preciso abri-la por dentro e você encontrou a chave [...].*
>
> Audálio Dantas

> *Em sentido literal, a análise desenvolvida é um estudo de como o Povo emerge na história. Trata-se de um assunto inexplorado ou mal explorado pelos cientistas sociais brasileiros. E nos aventuramos a ele, através do negro e do mulato, porque foi esse contingente da população nacional que teve o pior ponto de partida para a integração ao regime social que se formou ao longo da desagregação da ordem social escravocrata e senhorial e do desenvolvimento posterior do capitalismo do Brasil.*
>
> Florestan Fernandes

As ideias do protesto e da revolta negros já possuíam, a partir dos anos 1940, as condições sociais propícias à sua existência e expressão político-literária. Entretanto, se as condições sociais estavam postas, não pode ser menorizada a receptividade a essas ideias e manifestações (políticas e literárias) de uma fração do grupo negro organizado. Em política e literatura, *o público* joga um papel fundamental, às vezes determinante, para o resultado de uma ação. Inclusive para o *aparentemente* inesperado.

Visto por outro ângulo: não sendo passivo o grupo social negro (ou suas frações) ante sua condição subalterna pós-abolição; tendo tido, às suas custas e a duras penas, as condições para produzir e fazer circular um conjunto de ideias reivindicativas acerca dessa condição; e, por fim, havendo, em alguma medida, certa sensibilidade de um público a quem foram dirigidas essas ideias, o aparecimento de Carolina Maria de Jesus, mesmo sendo *um raio em céu azul*, estava adequado ao seu contexto. Ou melhor: havia condições para que o surgimento de um discurso semelhante ao dela fosse bem recebido por certo público.

A estreia da autora de *Quarto de despejo* foi surpreendente e, imediatamente, construída como um conjunto significativo, cujos significados foram vários e explorados em distintos momentos. Mas, ao se observar o movimento geral, não seria exatamente uma surpresa se, oriundos do grupo negro, sujeitos experimentando diferentes graus de condições adversas galgassem patamares mais elevados de radicalização e a enunciassem.

A potência de De Jesus está, por um lado, na força de seu discurso, do seu local de origem (a favela), na sua trajetória pessoal e na sua *recriação memorialística* (conhecida como seus *diários*); por outro, no seu *exotismo social* e nas condições específicas de seu lançamento (uma grande e tradicional editora, capaz de promover uma ação publicitária sem precedentes), que a distanciam da experiência conhecida até então por outros escritores negros, colocando-a como um fato inédito na história literária negra e digno de destaque na história literária brasileira em geral. Isso a faz provocar as mais diversas reações no público leitor.

No caso do grupo negro organizado, dados os eventos das décadas anteriores, é possível afirmar que em algum momento ele teria de chegar a uma radicalização maior de suas ideias, o que levaria ao dilema entre *integração* e *conflito*. Se fazer história significa realmente fazer sentido, este só estaria atuando plenamente caso a História fosse duramente questionada – e os sujeitos sociais impelidos a se posicionar em face dos questionamentos. Mas isso é apenas uma inferência. A explicação para ela não ter se realizado plenamente está no desenrolar da própria história política brasileira, bem como na crise do associativismo cultural negro.

Não existe possibilidade de explicar simples e rapidamente por que um escritor como Camargo, tendo mostrado seus poemas a Sérgio Milliet, conhecido Guilherme de Almeida, Lygia F. Telles e Hilda Hilst etc., como ele rememora, quase sempre teve de, para publicar seus trabalhos, fazê-lo como *edição do autor*. O mesmo escritor que tinha acesso fácil ao diretor da Biblioteca Municipal de São Paulo (Milliet), por exemplo, não tinha acesso a editoras. A ACN, mesma associação que conseguia algum grau de circulação entre intelectuais nacionais e estrangeiros, não conseguia manter regularmente seu pagamento de aluguel. Assim se explicam entraves alheios à vontade dos escritores e ativistas, e não um problema de fundo, e muito maior.

A ACN e os escritores que a orbitavam tinham clareza de que o empreendimento coletivo político-cultural negro estava confinado, naquele momento, a um lugar socialmente marcado, apesar das disposições, ao que parecem, democráticas de seus interlocutores não negros? Difícil afirmar, tanto quanto se eles haviam percebido o *exotismo* requerido de um escritor negro para a sua recepção positiva no cenário intelectual. Daí, talvez, o conflito interno na associação em relação à recepção da figura de De Jesus, bem como a contraposição que Camargo acertadamente faz, em suas memórias, entre ele e essa escritora. Individualmente, o escritor negro é aceito na cena intelectual se tiver o traço marcado do exótico. Coletivamente, seu projeto e seu lugar são marcadamente limitados.

Tendo isso em vista, chega-se a um impasse cuja explicação é desafiadora: por que não foi de dentro das frações do grupo negro organizado, em São Paulo, que algo semelhante a um *Quarto de despejo* foi gestado? Não havia ali a potência criadora? Não havia escritores em número razoável e mais preparados, intelectual e literariamente, ungidos com experiências políticas capazes de lhes proporcionar o grau ácido de expressão crítica referente à nova abolição, à liberdade e à emancipação plenas? Então, por que não foi entre eles que Carolina Maria de Jesus surgiu?

Surpreendente, mas, talvez, como uma *expectativa latente dos fatos históricos*, uma decorrência inevitável de um longo processo a um só tempo, com sua estreia, a autora de *Quarto* desnuda um dilema para a produção literária do escritor negro naquele instante. Ela é um ponto de clivagem, uma cunha no discurso, um desafio às expectativas literárias e sociais das ideias-forças de revolta e protesto enunciadas até ali. Simultaneamente, ela questiona as figurações do desenvolvimento da metrópole emergente, explicitando uma modernidade precária, feita a complicados golpes enviesados de modernização, cujos custos, para os sujeitos desprivilegiados e subalternos, sempre são trágicos. Ela é o atraso falante e desconfiado das promessas de um futuro glorioso que se abriria, nos discursos do poder, a partir da metade do século XX. E é sobre ela, o primeiro e incomparável sucesso de vendas de um escritor negro no século XX, naquele momento, que se tratará agora.

CENAS DE UM COTIDIANO SINGULAR E PLURAL

Um dia perguntei a minha mãe:
– Mamãe, eu sou gente ou sou bicho?
– Você é gente, minha filha.
– O que é ser gente?
Minha mãe não respondeu[1]*.*
Carolina Maria de Jesus

O diálogo travado nesta epígrafe pode assumir o grau de síntese de longas passagens da vida de Carolina Maria de Jesus (1914-77). Ele é, como grande parte de sua produção mais conhecida, uma reconstrução memorialística e autobiográfica. É a partir dele, como um resumo da trajetória de De Jesus, que se procurará entender aspectos iniciais do percurso dessa escritora. Aspectos estes que se coadunam com discussões sobre a trajetória do grupo negro no pós-abolição.

Vale alertar que, com esse diálogo, se começa pelo fim. A conversa entre Carolina e sua mãe, dona Cota, remetendo à infância, foi publicada em 1982, na França, e em 1986, no Brasil, respectivamente cinco e nove anos após o falecimento da escritora; e foi elaborada quando a autora já era uma ilustre esquecida no cenário literário. Faz parte do póstumo *Diário de Bitita* (*Journal de Bitita*), nome dado por duas jornalistas que, em meados de 1970, recolheram depoimentos de mulheres ligadas às mais variadas atividades culturais para o livro *Brasileiras: Voix, écrits du Brésil*[2]. De Jesus recriou suas memórias infantojuvenis sem jamais vê-las publicadas, como foram, após o trabalho final de editoração de Clélia Pisa e Maryvonne Lapouge ter permitido que o relato fosse lançado na coleção *Témoignages* [Testemunhos], da editora francesa Métailié.

Tendo escrito essas memórias já na fase adulta (e, presume-se, madura da vida), e sendo elas acrescidas dessa iniciativa interessada das jornalistas que a procuraram em 1975 para entrevista, é de se esperar que existam contaminações e urgências desse momento presente da autora que justifiquem determinado tipo de reconstrução do passado. Como afirmam suas biógrafas, Eliana M. Castro e Marília N. M. Machado, acerca de *Diário de Bitita*:

> Obviamente, há elementos de fantasia na percepção da própria infância. Por isso, pode-se falar de uma construção autobiográfica com conteúdos ficcionais. A distância, geográfica e temporal, permite uma visão panorâmica da própria vida e, ao mesmo tempo, convida a uma idealização de si e de membros da família. Ao lado de lembranças quase idílicas do passado, relatos muito amargos e revolta contra a injustiça e o preconceito[3].

Sendo a memória um tipo de ficção, e a escritora, uma profícua memorialista da literatura negra, era esperado que isso ocorresse e que se tenha de tomar certos cuidados. Isso será tratado mais adiante. *Diário de Bitita* não é dividido como os diários publicados por Carolina, mas sim em 22 capítulos de prosa contínua, fragmentados internamente pelo fluxo das recordações; e, por ora, é por meio dele que se encontrarão elementos da infância de De Jesus e percepções de sua vida e família em Sacramento, interior de Minas Gerais, até a sua chegada definitiva, já moça, a São Paulo, nos anos 1930.

De Jesus nasceu em uma família extensa, tendo sido seu avô materno, Benedito José da Silva, descendente direto de negros escravizados e contemplado pela Lei do Ventre Livre. Figura central e idealizada em suas memórias, ele teve oito filhos, quatro de cada sexo; De Jesus nada fala a respeito da avó materna ou de parentes paternos. A mãe da futura escritora se chamava Maria Carolina, conhecida por todos como Cota. Nas memórias da filha, um casamento infeliz a levou a ter um relacionamento extraconjugal, do qual nasceu a autora de *Quarto de despejo*, a 14 de março de 1914, como bastarda, abandonada pelo pai e pelo marido oficial de sua mãe. Isso, em sua rememoração, a leva a diversos conflitos com Cota.

A maior parte dos filhos de Benedito José da Silva era casada; e eles tiveram muitos descendentes, criando-se, assim, uma parentela negra considerável em Sacramento. De acordo com Eliana Castro e Marília Machado, a cidade, que é próxima ao estado de São Paulo, foi fundada em 1820, fruto do "bandeirantismo paulista", através do município de Restinga. Sua base econômica era o café e, embora tenha se desenvolvido em função dele, até as primeiras décadas do século XX possuía apenas duas ruas grandes e outras 18 menores espalhadas pela cidade, constituindo-se numa localidade com pessoas de posses, mas provinciana. Os pobres moravam nos arredores mais afastados, alguns sem água próxima, sendo obrigados a carregá-la por longas distâncias. De Jesus e sua mãe moravam numa área como essa, próxima ao avô materno, num terreno que ele comprara para "não deixar os seus filhos ao relento"[4].

Na composição memorialística de De Jesus, o lugar social dos pobres e negros é delimitado, constituindo-se numa espécie de confinamento histórico. Em diversos momentos, a personagem tece considerações sobre a vida social dos moradores de Sacramento, demonstrando que ser pobre e ser negro eram motivos para apreensão e punição quase imediata na cidade. O que é exemplificado nos excertos seguintes.

> O homem pobre deveria gerar, nascer, crescer e viver sempre com paciência para suportar as filáucias dos donos do mundo. Porque só os homens ricos é que podiam dizer "Sabem com quem você está

falando?" para mostrar a sua superioridade. [...] Se o filho do patrão espancasse o filho da cozinheira, ela não podia reclamar para não perder o emprego. Mas se a cozinheira tinha filha, pobre negrinha! O filho da patroa a utilizaria para o seu noviciado sexual. Meninas que ainda estavam pensando nas bonecas, nas cirandas e cirandinhas eram brutalizadas pelos filhos do senhor Pereira, Moreira, Oliveira e outros porqueiras que vieram do além-mar. [...] Mas a mãe, negra, inciente e sem cultura, não podia revelar que o seu filho era neto do doutor X ou Y [...]. O pai negro era afônico [...]. E se o doutor Oliveira que estudou em Coimbra dissesse [Negro ladrão!] aquilo ia transferindo-se de boca em boca. E aquele negro, sem nunca ter roubado, era um ladrão. [...] E não se reabilitava jamais. E o preto era regional, não tinha coragem de deixar o seu torrão natal. Ficava por ali mesmo e transformava-se em chacota da molecada.

[...] os negros, por não ter instrução, a vida era-lhes difícil. Quando conseguiam algum trabalho, era exaustivo. O meu avô, com setenta e três anos arrancava pedras para os pedreiros fazerem os alicerces das casas. [...] Os pretos tinham pavor dos policiais, que os perseguiam. Para mim, aquelas cenas eram semelhantes aos gatos correndo dos cães. [...] Os oito filhos do meu avô não sabiam ler. Trabalhavam nos labores rudimentares. O meu avô tinha desgosto porque os seus filhos não aprenderam a ler [...]. É que na época que os seus filhos deveriam estudar não eram franqueadas as escolas para os negros [...].

[...] Aos sábados, os policiais apertavam-se. Eles colocavam um cinturão por cima da túnica. Era a prova de absoluta autoridade. Os pretos ficavam apavorados. As mulheres pretas saíam, iam nas vendas retirarem os seus filhos e seus esposos. Como é horroroso suportar uma autoridade inciente, imbecil, arbitrária, ignorante, indecente e, pior ainda, analfabeta. Não conheciam as regras da lei, só sabiam prender [...].

[...] Com os pretos velhos os meninos não mexiam, porque eles diziam que conheciam um homem que virava lobisomem e mula sem cabeça. Foi o único meio que os pretos velhos arranjaram para ter sossego[5].

Em Sacramento, a menina De Jesus estudou durante dois anos numa escola de orientação espírita kardecista. O Instituto Allan Kardec foi fundado pelo médico Eurípedes Barsanulfo em 1907. Suas biógrafas afirmam que: "[...] Carolina aprendeu a ler, escrever e a contar, ao mesmo tempo que recebia ensinamentos de espiritismo [...]. Os parcos dois anos de estudos foram decisivos para sua vida. Poderiam facilmente não ter acontecido. Em Sacramento havia um grupo escolar público, mas não se cogitou sua entrada nele"[6]. De acordo com a escritora, apesar de não ter recursos, sua mãe a matriculou no colégio a pedido de uma senhora, seguidora da doutrina espírita e benemérita da instituição (e quem talvez tenha custeado a educação da menina). De Jesus assim justifica o ato de sua mãe, aos seus 7 anos, por volta de 1921: "Minha mãe era tímida. E dizia que os negros devem obedecer aos brancos, isto quando os brancos têm sabedoria. Por isso ela devia enviar-me à escola, para não desgostar a dona Maria Leite"[7].

Esse foi o primeiro momento decisivo na vida da futura escritora. Esses dois anos de instrução formal lhe garantiram um equipamento cultural de que ela pôde dispor por toda a vida. Aliado a uma curiosidade inata e à relação passional com a leitura[8], estavam dadas as condições para que De Jesus exercitasse seu aguçado senso de observação e o passasse para o papel. Todavia, apesar do entusiasmo que a leitura e a escola provocaram na menina, dona Cota, que a criou sozinha desde o nascimento, aceitou o convite do forasteiro José Romualdo para que ambas fossem morar com ele, numa fazenda em Uberaba, constituindo família e braços para o trabalho na roça[9], mesmo que isso interrompesse os estudos de De Jesus.

Apropriadamente, as biógrafas de De Jesus afirmam que nesse momento se apresenta um período de *deambulação compulsiva* ou *sofreguidão deambulatória*, a princípio para os três e, mais tarde e com mais força, para Carolina, que percorre longas distâncias precariamente a pé. De Uberaba (MG), onde permanecem quatro anos na fazenda do Lageado, para Restinga e Franca (SP), compondo um roteiro de humilhações e explorações sob o jugo de administradores e donos de fazendas. Intercalam-se nessas viagens fugas de volta a Sacramento. A síntese da visão da autora sobre a figura do fazendeiro nesse período revela-se na sua afirmação de que ele seria "um ladrão legalizado".

Em Sacramento, em todos os retornos, as coisas não vão bem. Mãe e filha acabam ficando sós, sem emprego, e De Jesus padece de feridas nas pernas. Novas humilhações e viagens; agora procurando tratamento médico, além de trabalho, retornam a Uberaba, o centro urbano mais próximo. Nesse meio-tempo, ocorre a Revolução de 1930. De Jesus está então com 16 ou 17 anos, e toda essa bagagem de vida. De Uberaba, a jovem segue para Ribeirão Preto, Jardinópolis, Sales Oliveira e Orlândia, cidades do interior paulista, morando em asilos, trabalhando em conventos e santas casas, viajando a pé, dormindo nas praças e estradas e, segundo suas memórias, sendo rechaçada por parentes que moravam naqueles municípios.

A partir de sua entrada em Ribeirão Preto, passando pelas cidades vizinhas, São Paulo e os paulistas passam a ser um ponto fixo de interesse nas memórias da autora. As cidades do interior paulista por onde passou foram lugares em que De Jesus foi tratada um pouco melhor, encontrando remédios para sua enfermidade e algum pagamento por seus serviços domésticos. O trajeto entre Sacramento e os municípios paulistas constituiu outro momento decisivo em sua rememoração. A personagem começa a apreciar a vida em cidades maiores e a não querer mais morar na zona rural. Seu esforço narrativo é demonstrar São Paulo como um norte de progresso e realização para a jovem que acabou de entrar na terceira década de vida com perspectivas um pouco mais empolgantes do que ser uma andarilha, doente, mendicante ou serviçal. Pela datação de suas memórias, trata-se de 1936. De Jesus tem 22 anos, inquieta por querer saber como é a vida num grande centro; se este poderá lhe oferecer algo mais que a exploração, o serviço de limpeza, a lavoura; e se a vida poderá ser algo além de "um teatro de agruras", como lhe advertiu uma religiosa.

O último passo antes de ir definitivamente para a capital paulista é sua passagem por Franca, novamente. Aí De Jesus passa por vários trabalhos que não a satisfazem. Um dos melhores é na Santa Casa da cidade, na cozinha das religiosas, onde ganha muito bem e se diverte muito pouco. Abandona-o e passa a trabalhar como empregada doméstica, ganhando muito menos que antes. Mas a visão da partida do filho de sua patroa para a capital, a fim de estudar e ser alguém, e a busca de novas oportunidades (culminando em novos empregos, até aquele no qual uma professora precisa de uma empregada para morar em São Paulo) fecham o ciclo errante. Em suas memórias, a escritora formula as seguintes imagens sobre a cidade em que moraria de 1937 a 1977 e que a tornaria famosa:

É em São Paulo que os pobres vão viver, é em São Paulo que os jovens vão instruir-se para transformar-se nos bons brasileiros de amanhã. [...] Fiquei pensando na minha família, eram todos analfabetos e não poderiam viver nas grandes cidades. E a única coisa que eu poderia fazer por eles era ter apenas dó [...]. Até que enfim, eu ia conhecer a ínclita cidade de São Paulo! Eu trabalhava cantando, porque todas as pessoas que vão residir na capital do estado de São Paulo rejubilam como se fossem para o céu. [...] Quem sabe ia conseguir meios para comprar uma casinha e viver o resto dos meus dias com tranquilidade...[10].

"O mundo é um teatro de agruras"[11]. A frase, dirigida à personagem de *Diário de Bitita* em sua perambulação pelo interior paulista, é proferida por uma freira que a aconselha a sossegar e a não se iludir com a vida. A tônica dominante de suas memórias aparece nessa expressão e conforma o leitor de *Bitita* a se convencer de que, para negros e pobres, no período narrado, a vida opera desfavoravelmente e como um confinamento histórico-social, tendo como referência temporal a escravidão. Quando De Jesus nasceu, ainda não haviam se completado três décadas do decreto da abolição. Não raras vezes, nos fragmentos de suas memórias, há alguém de posses capaz de impor suas vontades pela força e violência, ou com *saudades do tronco*. Se sofrem de deambulação compulsiva Carolina e sua mãe, negras e pobres, é porque não encontram um lugar no mundo que lhes convenha e que não lhes seja inóspito, adverso, com perspectiva trágica.

A grande cartada (e de alto risco) de De Jesus é mirar a São Paulo, lugar para onde convergem paulatinamente suas aspirações, à medida que cresce o número de cidades de seu caminho errante. Ali ela não tem conhecidos, à exceção de algumas amigas e de um tio, preso na Penitenciária do Estado desde 1923. Entretanto, na visão da autora, aos 24 anos, é para São Paulo que parecem convergir todos os que têm sonhos como ela, que querem ser algo além de negros (entendidos como escravizados), pobres (vistos como descartáveis) ou massa de trabalhadores rurais e domésticos. A capital paulista assume o caráter de ponto de fuga, capaz de lhe proporcionar a possibilidade de escapar a um destino predeterminado, rumando ao encontro do que se denominou *ideologia do progresso*, conforme análise de Florestan Fernandes acerca da mitificação da capital. A cidade é o espaço social dos direitos, da permissão de fala e da denúncia. Será onde o grupo social negro organizado e, particularmente, De Jesus poderão se realizar de alguma maneira num projeto, individual e/ou coletivamente.

As cenas iniciais de sua vida podem assumir, portanto, um *caráter singular plural* para o negro no pós-abolição: migrante rural, semianalfabeta ou com instrução formal truncada e, como se verá a seguir, em São Paulo, moradora de cortiços, posteriormente favelas, ora como mão de obra explorada, ora como parcela significativa do lumpesinato. No estudo *A integração do negro à sociedade de classes*, e valendo-se ainda dos dados coligidos para *Brancos e negros em São Paulo*, Florestan Fernandes, como afirma na epígrafe utilizada neste capítulo, teve como interesse inicial analisar como o povo emerge na história brasileira. Em meio a ele, o contingente humano que teve o pior ponto de partida na ordem social competitiva: os negros. Para tanto, tomou a cidade de São Paulo como unidade empírica de investigação[12], isolando o *protagonismo do sujeito social negro* no pós-abolição, articulando-o às diferentes esferas da vida social, econômica e cultural em que se realiza o regime de classes. O sociólogo afirma que:

> A desagregação do regime escravocrata senhorial operou-se, no Brasil, sem que cercasse a destituição dos antigos agentes de trabalho escravo de assistência e garantias que os protegessem na transição para o sistema de trabalho livre. Os senhores foram eximidos da responsabilidade pela manutenção e segurança dos libertos, sem que o Estado, a Igreja ou qualquer outra instituição assumissem encargos especiais, que tivessem por objetivo prepará-los para o novo regime de organização da vida e do trabalho. *O liberto viu-se convertido, sumária e abruptamente, em senhor de si mesmo, tornando-se responsável por sua pessoa e por seus dependentes, embora não dispusesse de meios materiais e morais para realizar essa proeza nos quadros de uma economia competitiva*[13].

Na organização literária das memórias de De Jesus, a cidade de São Paulo afunila-se como um horizonte único, como se não tivesse condições de optar por outro caminho ou como se todas as alternativas viáveis convergissem para essa espécie de *terra prometida*. É interessante observar, a partir deste ponto, como se podem iluminar mutuamente a análise do sociólogo e a percepção da escritora sobre as condições objetivas da vida do grupo negro, na capital paulista, nessas primeiras décadas após a abolição. Cabe ressalvar que não se trata de um procedimento analítico vulgar, para que o discurso literário comprove o sociológico ou vice-versa. Ao contrário: trata-se de uma aproximação de perspectivas, objetivando-se demonstrar dimensões de uma realidade sócio-histórica, apreendidas em momentos e situações distintos, mas com pontos comuns, talvez com sensibilidades semelhantes. Se entre o processo social e o mundo ficcional há diálogo possível, o que interessa aqui é questionar em que medida e, especialmente, com que apuro formal e consequência narrativa ele se dá.

Fernandes estava particularmente atento às manifestações do protagonismo negro naquela realidade, inclusive na arena cultural. Tanto que, além das ligações apresentadas no capítulo anterior, o autor cita os trabalhos de Carolina Maria de Jesus em *A integração do negro à sociedade de classes*, o que será comentado adiante.

INTEGRAÇÃO DO NEGRO À SOCIEDADE DE CLASSES

"Quando chegamos o dia estava despontando e estava chovendo. Fiquei atônita com a afluência das pessoas na Estação da Luz. [...] Nunca havia visto tantas pessoas reunidas. Pensei: 'Será que hoje é dia de festa?'" Em suas memórias, aos 23, 24 anos, em 31 de janeiro de 1937, são essas as primeiras impressões que a jovem De Jesus tem da cidade de São Paulo. Estupefata com o fluxo de pessoas no ponto nevrálgico de chegadas e partidas da capital, a jovem acredita que, de alguma maneira, terá a oportunidade de ser alguém na nova terra. "Olhava aquele povo bem-vestido: 'Será que todos eles são ricos?' Olhava os brancos: estavam bem-vestidos; olhava os pretos: estavam bem-vestidos. Os que falavam, tinham dentes na boca e sorriam."[14] De acordo com suas biógrafas, nos primeiros dias na capital, e ainda a serviço da família francana que a trouxera, a escritora começa a conhecer a cidade e ter suas aspirações confrontadas com a realidade e seu turbilhão:

> Nos dias que se seguiram, depois de procurar as amigas que lá estavam, ficou sabendo que a maioria das pessoas que vira eram operários das fábricas situadas no centro, não longe da Estação da Luz. Iam, quase todos, a pé para o trabalho: homens, mulheres e crianças. Não demorou também a conhecer o lugar em que moravam famílias inteiras, em pequenos cubículos alugados em alguma das inúmeras habitações coletivas centrais. [...] Ao lado de

> pastagens de vacas, avenidas com construções ricas eram interrompidas por barrancos, entre os quais casebres de estrutura de bambu, moradia de famílias pobres e negras, erguiam-se em meio a bananeiras, torrentes lamacentas e esgotos a céu aberto. [...] Aos olhos de Carolina, esses espaços tão desiguais eram desafiantes e, como ela própria, ambíguos e contraditórios [...]. Não foi São Paulo que a fez tão geniosa e instável. Esses atributos já haviam viajado com ela [...]. Com esse gênio, não custou a Carolina perder seu primeiro emprego, na casa dos patrões com quem viajara [...]. Nos tempos que se seguiram, fez amizade com os colegas do Albergue Noturno, da sopa da Sinagoga da rua Casemiro de Abreu, do pão da Igreja Imaculada Conceição [...]. Encontrou outro emprego de doméstica. Mas nunca lhe agradou limpar a sujeira dos patrões. Gostava de sair à noite, de namorar, dançar, cantar, declamar. [...] Acabava desempregada de novo, no abrigo noturno, na fila da sopa e do pão. [...] Conheceu por dentro a vida dos cortiços [escreve sobre ela no romance *Pedaços da fome*, publicado em 1963] [...] como de resto dos habitantes de São Paulo na década de 1930. [...] morou também "num cubículo sórdido da antiga favela dos baixos do viaduto Santa Ifigênia" e dormiu sob os pórticos dos grandes prédios. Mas nada a cansava naqueles primeiros anos, nada a dissuadia de continuar na grande cidade que a aceitara[15].

A vida instável e vacilante pode ser atribuída tanto ao que se conta de seu temperamento quanto às condições estruturais oferecidas a alguém com sua origem social. Atendo-se ao segundo ponto, como rememora a autora, há um intervalo de aproximadamente três anos entre sua chegada a São Paulo e suas primeiras manifestações literárias (1940). Nesse meio-tempo, a luta pela sobrevivência passa a fazer da autora o *típico morador pobre da cidade em seus anos iniciais*, como já afirmara Florestan Fernandes a seu próprio respeito: depauperado, encortiçado, vivente de cubículos e habitações precárias, com baixa escolarização. Ela segue, porém, participando precariamente de aspectos possíveis da vida social. Os anos que se seguirão, entre 1940 e 1947, serão igualmente decisivos para a análise da autora. Neles se dará a gênese de *Quarto de despejo: diário de uma favelada*, mostrando um dos exemplos mais claros do drama social que constituiu a integração do negro à sociedade de classes, bem como suas consequências.

No entanto, situando-se De Jesus em relação às parcelas do grupo negro organizado da capital paulista, nota-se que ela chega à cidade no momento em que as primeiras manifestações conhecidas e as radicalizações mais agudas estão desbaratadas pelo golpe de novembro de 1937. Isso impede qualquer contato político-cultural mais estreito, a não ser aquele que é fruto do acaso. Pode-se inferir que, dado o clima de desmanche geral, as condições de um encontro não seriam as ideais para impulsionar ou conscientizar algum tipo de veleidade literária. As memórias de José Correia Leite relatam, nessa perspectiva, o primeiro encontro de De Jesus com sua fração do grupo negro:

> [...] Paralisado o Movimento Negro na cidade, a minha casa passou a ser uma espécie de quartel-general dos assuntos de negro. Qualquer coisa que acontecia no meio negro estourava na Rua Augusta. [...] Um dia [por volta de 1937/38] apareceu em casa [na rua Augusta] um poeta negro, com o nome de Emílio Silva Araújo. Era um poeta baixinho e muito esperto, mas a preocupação da poesia dele era a miscigenação. Ele fazia poesia sobre a mulata. Ele tinha um poema muito bonito chamado "Eufrosina", que ele gostava de declamar. Era um sujeito meio desajustado e gostava de ser chamado de "Garouche", em referência a um personagem dos *Miseráveis* do Victor Hugo. [...] Um dia ele apareceu de braços dados com uma negra.
>
> – Está aqui uma poetisa que descobri. Eu encontrei com ela na porta da Igreja da Consolação e trouxe pra cá, para vocês ficarem conhecendo o trabalho dela – disse o Emílio.
>
> E ela abriu um caderninho e mostrou umas poesias. [...] Nós tínhamos lá sempre uns grandes almoços. Aos domingos, se reuniam o Góis e aquela moçada toda para bater papo, já que não se podia fazer nada. E nós ficamos, naquele dia, ouvindo a declamadora, a poetisa que o Silva Araújo tinha levado. Quando perguntamos o nome dela, ela respondeu que se chamava Carolina de Jesus, a mesma que mais tarde escreveu o *Quarto de despejo*. Ela já era nossa conhecida desde aquela época. Só que ela não fazia poesia que falasse de negro, ela nem tinha essa consciência, nem mesmo quando fez o *Quarto de despejo*. Nunca teve consciência de negra.

> A poesia dela, na época, era muito colorida, mas sem nenhuma conotação de origem, de raça[16].

Será mesmo? Que tipo de consciência serviria ao meio negro naquele momento? Aquela já *pronta*, experimentada e cônscia dos desafios correntes? Não seria a de uma recém-chegada poetisa que nem mesmo sabia o que o termo *poetisa* significava. Contudo, *como nasce uma consciência?*[17] Da condição do explorado, subalterno e menorizado? Ela advém de um processo, por vezes, de longa duração ou é fruto de um evento de impacto marcante e trágico. De Jesus poderia não ter expressado sua visão de mundo ainda sob essa ótica, no grau de maturidade que lhe cobraria alguém, à ocasião, com quase duas décadas de militância diuturna. Entretanto, se acreditarmos na racionalização de sua memória infantojuvenil, pode-se dizer que os dados já estavam lançados desde os primeiros momentos de entendimento de suas condições sociais adversas e das de sua família. E é fato que se possa incorrer na armadilha de encontrar a escritora Carolina Maria de Jesus na sua personagem infantil, criando-se assim uma linearidade de uma história de vida justificante.

Indo por outro caminho e adotando-se esse intervalo de 1940 a 1947 como os anos de formação de *Quarto*, pode-se demonstrar que a potência da expressão pela qual De Jesus seria posteriormente conhecida lhe permitiu chegar ao ponto requerido por Correia Leite e seus companheiros, mas não exatamente como eles gostariam.

Se o encontro com o velho militante ocorre por volta de 1937, é em 1940, segundo a escritora, que lhe vem, de maneira sistemática, a vontade de escrever. O intervalo de três anos entre as datas não menoriza o fato de haver nesse período um princípio de autoexposição de De Jesus, que a leva a uma parcela do meio negro e a faz se mostrar a conhecidos e desconhecidos, chegando finalmente, em 1941, à redação da *Folha da Manhã* para apresentar seus versos, seguindo o conselho de um amigo, como escreve em suas memórias:

> Dia cinco de fevereiro de 1941, eu fui na Redação das *Folhas*, na Rua do Carmo. Falei com o distinto jornalista Vili Aureli. Mostrei-lhe os meus escritos e perguntei o que era aquilo que eu escrevia. Ele olhou-me minuciosamente, sorriu e respondeu-me: – Carolina, você é poetisa! Levei um susto, mas não demonstrei [...]. Pensei: Ele disse que sou poetisa, que doença será esta, será

que isto tem cura? Será que vou gastar muito dinheiro para curar esta enfermidade?[18]

O *duvidoso encontro*[19] com Willy Aureli, jornalista e sertanista de renome, rememorado simultaneamente de maneira triste e engraçada, faz com que a autora procure se informar sobre o que é ser poeta (descobre--o num bonde). Ela entrevê que eles, os criadores de poesia, escrevem livros, o que a faz entrar em pânico. "Eu não tenho condição de ser escritor. Não estudei! [...] Transpirei por saber que era poetisa e não tinha cultura e era semialfabetisada." A autora toma a providência de entrar numa livraria e adquirir um livro de poeta, recebendo do livreiro as *Primaveras*, de Casemiro de Abreu, romântico da segunda geração. Afirma a crítica literária Marisa Lajolo que a estética já era defasada e "o caso é que ninguém teve a fineza de informar a Carolina que a poesia brasileira [...] desde os arredores dos anos vinte estava farta do lirismo que ia averiguar no dicionário o cunho vernáculo de um vocábulo"[20]. De fato. Entretanto, quem poderia tê-lo feito? Como visto, até mesmo o meio negro de São Paulo ignorava o modernismo de 1922, não por desconhecimento, mas por opção estética. E quem se aproximaria, naquele momento, de uma desconhecida lumpemproletária? Não havendo sugestão alternativa, portanto, é com esse instrumental que ela passa a escrever e se fazer ouvir.

OS ANOS DE ESPERA

A expressão acima é de Florestan Fernandes. E o recurso que se faz a ela neste momento é anacrônico. Ela encerra o primeiro capítulo do primeiro volume de *A integração do negro*, em que o sociólogo trata do período de transição entre os séculos XIX e XX, do trabalho escravo ao trabalho livre; do processo imputado de marginalidade social, após a abolição; do fermento para as condições de uma ideologização do progresso paulista, baseado no branqueamento da população através de estrangeiros e da exclusão do negro, provocando um desajuste estrutural em relação ao processo de expansão urbana do estado e da capital na nova ordem, culminando igualmente com o revés das promessas e dos ideais republicanos e abolicionistas. Contudo, essa expressão é a síntese dos argumentos do sociólogo nesse capítulo e no primeiro volume de seu estudo, que, como seu subtítulo anuncia, se dedica a perscrutar *o legado da raça branca*. O autor afirma:

Portanto, a análise sociológica da correlação entre a estrutura do mundo urbano nascente e as propulsões psicossociais do negro recém-egresso do cativeiro é deveras importante para entender-se não só o que "foi" mas, também, o que "viria a ser" a situação do negro na ordem social competitiva. [...] Sem exagero, este período da história social do "negro" na cidade de São Paulo merece ser considerado como o dos anos de espera. Os anos do desengano, em que o sofrimento e a humilhação se transformam em fel, mas também incitam o "negro" a vencer-se e a sobrepujar-se, pondo-se à altura de suas ilusões igualitárias. Enfim, os anos em que o "negro" descobre, por sua conta e risco, que tudo lhe fora negado e que o homem só conquista aquilo que ele for capaz de construir, socialmente, como agente de sua própria história[21].

Os homens fazem a sua história, mas não a fazem como querem. A análise de Fernandes parece remeter ao famoso início de *O Dezoito Brumário de Louis Bonaparte*, de Karl Marx. Ser sujeito da própria história implica pensar num protagonismo social negro em face das adversidades da nova ordem na cidade em transformação. O autor coloca o problema ao dizer, que, nesses anos iniciais pós-abolição, negros e mulatos "[...] viveram dentro da cidade, mas não progrediram com ela e através dela [...]". As implicações desse argumento são várias e exploradas em diferentes dimensões por sua análise: o estado de pauperização social; os problemas de organização da vida na cidade (do foco familiar, inclusive); *os efeitos psicossociais das condições de moradia (o nascimento dos cortiços, precursores das favelas)*[22]; e a permanência dos padrões tradicionalistas das relações raciais na nova ordem[23], justificativa para o autor debater e refutar o mito da democracia racial e o mecanismo de desigualdade social fundado no preconceito. O corolário da primeira parte do trabalho está expresso nas seguintes passagens:

> A discussão precedente evidencia, quanto aos principais aspectos das relações entre "negros" e "brancos", que a ideologia racial imperante em São Paulo era, de forma típica, a ideologia de uma sociedade estratificada racialmente. Doutro lado, também demonstra de modo conclusivo que a formação e a expansão da ordem social competitiva, até o fim do período considerado (1930), ocorreram como processos histórico-sociais que afetavam, estrutural

e dinamicamente, apenas a divisão ou categoria racial constituída pelos "brancos". Ainda assim, a ideologia racial da sociedade de classes havia entrado em crise [...]. O fato de tal ideologia estar em crise criou um estado de exacerbação, no ânimo das pessoas pertencentes aos círculos sociais dominantes, que favoreceu deveras o apego emocional a atitudes e a valores sociais obsoletos, ao mesmo tempo que intensificava a resistência à extensão de inovações na esfera das relações raciais. O "negro" subsistia como o único símbolo perene do poder, do fastígio e da condição "aristocrática" da maioria das "famílias gradas" ou de "prol". A sua presença era como que o testemunho vivo de que uns foram "senhores" e outros "escravos" na ordem social recém-desaparecida. [...] *Enfim, se a ordem social competitiva não possuiu suficiente vitalidade para absorver os velhos padrões senhoriais de relações entre "brancos" e "negros", ela pelo menos alargou o horizonte cultural dos homens, abrindo novas perspectivas à democratização dos direitos e garantias sociais na coletividade*[24].

Ao chegar à capital paulista em 1937, são aspectos desse cenário que De Jesus encontra, tendo experimentado os anos subsequentes imediatos do pós-abolição em locais de adversidade extremada pela baixa diferenciação social e estratificação bem definida. Se em São Paulo a autora julgava possível *ser gente* (ou, pelo menos, descobrir a resposta de sua indagação infantil), ela não estava isolada: seu grupo social tentava responder, de certa maneira, à mesma questão. Para ambos, *os anos de espera são também os anos de formação e internalização de uma consciência social e individual*. No caso da escritora, a expressão corresponderá à década de 1940: são os anos em que, enquanto indivíduo, experimentará o corpo a corpo com o turbilhão da cidade, entrando em confronto com as vicissitudes que seu grupo social já vinha enfrentando há tempos e contra as quais, no século XX, se manifestava desde a década de 1910[25], procurando construir aquilo que Fernandes qualificou, no segundo momento de *A integração do negro*, de *limiar de uma nova era*.

Assim, a cidade de São Paulo em si jogou um papel decisivo para a formação da consciência de frações organizadas do grupo social negro, *bem como de elementos desarticulados dessas frações*, tais como De Jesus. O argumento de Fernandes acerca da aliança particular entre a expressão urbana e a emergência da nova ordem leva o autor a refletir sobre as razões para que tenham emergido expressões de protesto e movimentos negros em São Paulo, capazes de refletir, organizar-se e denunciar os contratempos. De acordo com o sociólogo:

> [...] *Ao decidir permanecer na cidade, apesar de tudo, o "negro" optou por um estilo de vida, por uma concepção de mundo e por certos ideais de organização da personalidade. Sem o saber, ao longo dos anos de desventura foi assimilando, ao acaso, um pouquinho de cada coisa. Por fim, convertera-se, subjetivamente, num urbanita, embora ostentasse essa condição de forma precária, tanto psicológica quanto socialmente. Aí está a principal razão para explicar por que uns puderam idear os movimentos sociais; outros se dispuseram a segui-los; e um tão grande número tenha decidido envolver a "população de cor" num novo tipo de aprendizagem, que se processava no terreno das ideias, da comunicação e da ação. [...] Em síntese, pelo simples fato de viver na cidade e de ter vencido a dura prova da permanência dentro dela, o "negro" revolucionara o seu horizonte cultural. Diríamos que polira sua rusticidade e amealhara um forte desejo de ir mais longe. [...] A própria concentração numa cidade grande representava uma condição estimulante e construtiva. Graças à urbanização, aos poucos desapareceram muitas atitudes e comportamentos que tornavam o negro e o mulato "desconfiados" em relação a seus semelhantes. Em particular, o retraimento em face dos estranhos e a suspeita diante daqueles que alcançavam algum êxito na convivência com os "brancos" cederam lugar à compreensão de que o "negro" precisava alargar sua experiência pessoal e seu conhecimento do mundo. Doutro lado, a situação de existência no mundo urbano abria muitas vias de comunicação com a comunidade local, com o resto do país e com o exterior. Isso não só ampliava o conteúdo como mudava a própria qualidade da perspectiva social do "negro"*[26].

É fato que De Jesus corria por fora disso e que chegou justamente no fim do período das primeiras grandes orquestrações do protesto negro paulistano. Posta em contexto, contudo, se nos lembrarmos do argumento da compulsão deambulatória e do ideal progressivo que a imagem da capital paulista assume em suas memórias, rotas paralelas ideais se encontram. E também se afastam, com a mesma intensidade, uma vez que é nesse ínterim (1940-47) que a escritora é submetida às privações e dificuldades da crise habitacional de São Paulo, que atinge em cheio as classes populares[27].

Em 1947 e 1948, ela é moradora da favela do Canindé, que se erguia às margens do rio Tietê. A fração negra organizada de São Paulo, recompondo-se por meio de jornais e associações, elabora o que Fernandes denominou *os aspectos ideológicos do protesto negro*, detentores de limites e alcances bem definidos. Acerca deles, o sociólogo coloca e responde a uma pergunta crucial, que permite explicar, em grande parte, o alcance menos amplo do protesto fora de suas parcelas organizadas:

> Então por que os movimentos sociais reivindicatórios não vingaram nem mesmo no "meio negro"? A resposta parece simples. A sociedade inclusiva não desaprovava os propósitos integracionistas da contraideologia racial elaborada pelos "negros". Todavia, ela não se propunha de modo idêntico os problemas da democratização da riqueza, dos níveis de vida e do poder [...] A ordem social competitiva abria-se diante do negro e do mulato; mas, de forma individualista e ultrasseletiva [...]. Como acontecera no passado, a absorção do "negro" em posições sociais conspícuas (e, portanto, a sua classificação e ascensão sociais) conta como episódio individual, que não afeta (nem deve afetar) a condição heteronômica da "raça negra". Tudo isso evidencia que ainda estávamos presos moralmente à concepção tradicionalista do mundo. [...] Já não se pensava "negro" como sucessor e o equivalente humano do escravo ou do liberto. Seus rompantes de homem livre eram, pelo menos, tolerados, o que explica a proliferação das "agitações" raciais e a propagação da contraideologia do desmascaramento racial no "meio negro". *Entendia-se, no entanto, que a equivalência de direitos e de deveres, entre as duas "raças", constituía um princípio subversivo e que, nesse ponto, impunha-se "pôr a negrada em seu lugar".* [...] [O negro] *Penetra, desse modo, em uma nova era histórica para a "população de cor" na cidade de São Paulo, afirmando-se como homem livre e como cidadão, embora sem conseguir que se reconhecesse, socialmente, que "todas as raças são iguais perante a lei"*[28].

A concretude da parte final da afirmação está presente na própria trajetória da escritora, no período discutido aqui. A resolução oficial precária do problema da habitação em São Paulo e da pauperização ascendente de grande parcela da população (estando aí negros e migrantes internos, notadamente) são as *favelas*. A discussão sobre o surgimento delas em São Paulo é crucial para compreender De Jesus; e, para tanto, emprega-se aqui o estudo de Jorge Paulino, *O pensamento sobre a favela em São Paulo: uma história concisa das favelas paulistanas*.

Esse autor ajuda a suprir uma lacuna[29] sobre os estudos mais condensados em torno da gênese específica e do desenvolvimento histórico da percepção do poder público e do conhecimento científico sobre as favelas de São Paulo. Seguindo a trilha aberta por pesquisadores como Lúcio Kowarick, Nabil Bonduki, Raquel Rolnik, Licia Valladares, Suzana Taschner, entre outros, ele procede à exposição sobre as definições conceituais e contraditórias acerca do que seja uma favela. Num segundo momento, discute a favela como objeto de estudos de diferentes vertentes da sociologia (urbana, da teoria da marginalidade etc.), as relações entre o cortiço e a favela em São Paulo (segundo o trabalho de Kowarick e Clara Ant) e os mitos sobre a favela (apoiando-se em Licia Valladares).

Na terceira parte do estudo de Paulino, encontra-se a discussão que contribui para o entendimento da gênese de *Quarto de despejo*: o surgimento do pensamento sobre as favelas e o desenvolvimento inicial delas em São Paulo. De acordo com o autor, embora as habitações operárias e dos pobres (os cortiços) proliferassem desde o começo do século XX:

> Muitos estudos sobre a questão da habitação em São Paulo apontam para um traço muito peculiar da cidade durante a primeira metade do século XX, qual seja, o da ausência de favelas. [...] O fenômeno de fato não era percebido como algo relevante até o final da década de 1970. [...] malgrado seu número pouco expressivo, o fenômeno já estava presente em São Paulo, pelo menos desde antes da década de 1940 [...][30].

Incipiente, mas não desprezível, a substituição progressiva dos cortiços pelas favelas chamou a atenção da assistente social Marta Teresinha Godinho, autora de um dos estudos pioneiros, segundo Paulino, sobre as favelas paulistanas, em 1955. Ela recolheu dados desde 1942, até então dispersos, sobre o problema da capital, inventariando as ações que o provocaram[31]. O estímulo oficial da Prefeitura de São Paulo, de acordo com os dados de Godinho, está presente em quase todos os aparecimentos iniciais de favelas no município. Em citação indireta de Paulino ao trabalho dessa autora, tem-se que:

> Pelos anos de 1942 ou 1945, quando então prefeito o Dr. Prestes Maia, com as desapropriações feitas em virtude da abertura de avenidas, como a Nove de Julho e outras, nos Campos Elíseos etc., muitas pessoas ficaram sem abrigo. Improvisaram-se barracões no local onde se acha instalado o Parque Changai, e assim se iniciou a primeira favela[,] que era denominada "Favela Prestes Maia" ao longo da avenida do Estado [...] A estes galpões [removidos em 1946 pelo prefeito Abrahão Ribeiro] os favelados deram o nome de vila, "Favela Nossa Senhora da Conceição" que também era conhecida como "Favela do Glicério" [...]. Favela do Piqueri: Esta favela teve início quando da desocupação da "Favela da Lapa" [...]. A Prefeitura fornecia o transporte, madeira e a reconstrução do barraco do Piqueri. Algumas fossas e poços, assim como uns tanques foram também construídos pela Diretoria de Obras da Prefeitura [...]. *Favela do Canindé: Começou em 1948* [...]. *Junto a Rua Antônio de Barros, num terreno dos irmãos X, formou-se uma favela à revelia dos proprietários que, tão logo tiveram conhecimento, requereram despejo policial. Aquelas pessoas então desalojadas foram reclamar no Gabinete do Prefeito [Paulo Lauro], onde receberam um memorando para usarem o terreno da Prefeitura, no Canindé. Para alguns, a Prefeitura forneceu também caminhão para o transporte do barraco. Iniciou-se, então, a "Favela do Canindé" com 99 famílias. Como a área lá era grande, muitas outras pessoas depois, com o correr do tempo, mediante o memorando de autorização do gabinete do senhor Prefeito, foram para lá. Como não havia água e não podiam cavar poços, devido à proximidade do rio Tietê, a Prefeitura mandou instalar uma caixa d'água que abastecesse toda a favela*[32].

Entretanto, para os dados oficiais, as favelas não eram um problema ainda significativo: o primeiro censo a respeito foi realizado somente na década de 1970. De acordo com Paulino, grassava entre as assistentes sociais uma *percepção ambivalente* acerca da favela e de seus moradores, pois elas os viam, simultaneamente, como *desajustados e marginais* e como *produtos diretos do descaso do poder público com os problemas de habitação popular*, da pauperização urbana e da crise dos aluguéis no município a partir dos anos 1940[33]. Tal ambivalência perceptiva implica numa interessante questão, observada de ângulos opostos: a) vista da superfície; *a culpabilidade do pobre por assim sê-lo* leva-o às piores condições de vida na metrópole emergente. Se em larga medida o poder público possui responsabilidade pelo crescimento desordenado da cidade e seu impacto sobre os desfavorecidos, ele resolve isso cedendo e fazendo vista grossa à ocupação de áreas públicas; afirmando, ainda, através de discursos oficiais – como o do Serviço Social ou do Departamento de Urbanismo da Prefeitura –, que o problema é de fácil resolução, *demandando algum tempo apenas, passando pela educação e organização dos pobres*; b) vista estruturalmente; a análise de Florestan Fernandes sobre o mesmo período e acerca dos dilemas da metropolização precária de São Paulo é mais aprofundada e cética em relação à solvência simples do processo:

> [...] A II Grande Guerra favoreceu de maneira intensa a expansão das indústrias, com suas ramificações na diferenciação do sistema econômico e no ritmo (para não falar no estilo) da urbanização da cidade. No passado recente, fora a urbanização que fomentara e dirigira a industrialização. Nesta quadra, será a industrialização, ao contrário, que governará o recrudescimento da expansão urbana. Mais do que uma comunidade industrial, a cidade converte-se, dia a dia, em poderoso centro financeiro dominante das operações econômicas. Por esta razão, vai conhecer um novo tipo de surto industrial, que fará da região conhecida como Grande São Paulo o símbolo do "Brasil Moderno", e assumirá o comando, direto ou indireto, de vasta parcela dos empreendimentos relacionados com a transplantação da "civilização industrial" para o nosso país. [...] Em conexão com a emergência desse "estilo metropolitano de vida", a ordem social competitiva redefine-se tanto estrutural quanto dinamicamente. Ela se torna mais aberta, na medida em que oferece oportunidades insuspeitadas ao "especulador" e ao "aventureiro arrojado", qualquer que seja sua extração social ou sua procedência étnica; porém, revela-se sensivelmente mais fechada, porque o fluxo das oportunidades se concentra nos grupos que possuem posições sólidas na estrutura de poder ou que estão aptos a conquistá-las como seu ponto de partida. [...] Semelhantes perspectivas dividem, em bloco, o passado e o presente do "negro"

na cidade. [...] agora algumas esperanças elementares encontram concretização e o futuro deixa de ser uma ameaça, como uma realidade ignominiosa mas inarredável. O sentimento de "ser gente" pode ser difundido e compartilhado com um mínimo de segurança, oferecendo novas bases às compulsões seculares de autonomia, de competição com o "branco" e de ascensão social. A miséria e a desorganização social ainda campeiam no "meio negro". As favelas substituem e pioram, nesse sentido, os tormentos dos porões e dos cortiços. Contudo, atingem uma área consideravelmente menor da "população de cor". Doutro lado, parece que tais facilidades sufocaram o interesse do negro e do mulato pela afirmação como e enquanto categoria racial. [...] Resumindo ao essencial, em vez de se congregarem para desmascarar e repelir a concentração racial da renda, do prestígio social e do poder, preferem disputar, como possam, as oportunidades que lançam o "brasileiro pobre" na senda do progresso[34].

A afirmação final do sociólogo, aliada às discussões anteriores, retoma o desafio posto à eficácia prática e simbólica do protesto enunciado por frações organizadas do meio negro paulistano, através, inclusive, de seus escritores. Parece agora estar um pouco mais iluminada a resposta para uma questão colocada no início deste capítulo: *por que De Jesus ou algo semelhante a* Quarto de despejo *não surgiu do meio negro organizado?* Porque esse meio não podia, estruturalmente, fornecer algo assim. Sua pugna e seus interesses não o conduziam nessa direção. Embora, como visto, nos estatutos da ACN houvesse a preocupação com o *marginalizado, especialmente o negro,* como princípio, pô-lo em prática era deveras complicado, especialmente se se pensar que o significado de marginalidade do negro para esse grupo talvez não fosse necessariamente o de uma fração da sociedade em busca da solução para a pobreza extrema; mas, antes, de inclusão no processo social e cultural em curso, enunciado pela ideia de uma *segunda abolição.*

Por outro lado, quanto a De Jesus, também correndo por fora, sofrendo os efeitos mais dramáticos da expansão metropolitana da cidade e chocando-se tanto com a precarização da vida dos trabalhadores pobres como com os interesses de seu grupo social de origem, é necessário perguntar: que aspectos da sua consciência a conduziram à escrita de seus diários? As razões subjetivas que a levaram a, entre os objetos que catava, selecionar folhas e papéis em branco e ainda aproveitáveis para escrever só podem ser supostas e tateadas, sem qualquer resultado mais interessante para a análise sociológica. No entanto, se esse ponto de partida da questão é nebuloso e inócuo, não o são seu desenvolvimento e suas consequências. Como afirma Jorge Paulino:

> [...] a favela permanece estigmatizada [nos anos 1950]. Vista como um "quisto", que deveria ser extirpado do corpo da cidade. Neste sentido, as intervenções por parte do poder público só podiam ser de remoção. [...] o problema não atingia as dimensões, nem tampouco tinha ainda uma visibilidade que sensibilizasse a opinião pública e obrigasse o Estado a agir [...]. *A publicação de um livro diário de uma favelada de São Paulo foi o elemento que, enfim, provocou a primeira "onda" de intervenções visando [ao] desfavelamento em São Paulo* [...]. O tema da favela tomou vulto em São Paulo por volta da década de 1960. Vários fatores combinados contribuíram para que o assunto ganhasse a opinião pública: as intervenções por parte do poder público [...] o aparecimento do MUD – Movimento Universitário de Desfavelamento e, em especial, a publicação do livro de Carolina de Jesus, *Quarto de despejo*[35].

UM ESTRANHO DIÁRIO CHAMADO *QUARTO DE DESPEJO*

> Depois de um ano de trabalho direto nas favelas, onde conseguimos realizar alguma coisa e enfrentar muitas dificuldades [...] podemos concluir e sugerir o seguinte: 1. Que as favelas constituem um lugar de desajustamentos profundos, tanto no plano físico como moral, constituindo, portanto, uma séria ameaça à nossa civilização [...].
>
> Marta Teresinha Godinho[36]

> Este meu estranho Diário que escrevi há dez anos atrás mas não tinha a intenção de popularizar-me pretendia revelar a minha situação e a situação dos meus filhos e a situação de vida dos favelados.
>
> Carolina Maria de Jesus[37]

A *apropriação particular do tempo e do espaço* joga um papel fundamental para as ações e percepções sociais do grupo negro organizado e, em especial, para De Jesus. Isso deve ser entendido, fora da chave do exotismo, na vivência à margem dos discursos oficiais – seja os de progresso e de esperanças para o futuro; seja os de integração social e de democracia racial –, que não se coadunam com as expectativas e os anseios históricos de ativistas ou com os próximos treze anos de fabulação individual em meio a privações sociais que culminarão em *Quarto de despejo: diário de uma favelada* (1947-60).

Se, em tese, o espaço – a cidade de São Paulo – é comum a todos, a maneira de experienciá-lo e usufruí-lo é absolutamente desigual. A realidade cotidiana da degradação dos meios de trabalho e de vida para De Jesus e parcelas dos grupos negros os colocam à parte da linguagem supostamente moderna da metrópole. Ou, antes, são incluídos precariamente no discurso: a mesma cidade que em seu IV Centenário, mobilizando grande esforço ideológico e econômico, faz o elogio do progresso científico, cultural ou da engenharia e arquitetura urbanas é a que promove a solução débil para as classes baixas, das favelas e habitações populares de periferia, qualificando sua existência e moradores de *ameaças civilizacionais*, como conclui Godinho no excerto anterior.

Estando correta a tese de livre-docência de Maria Arminda Arruda, *Metrópole e cultura*[38], de que o desenvolvimento da modernidade paulistana passa pelo aprimoramento e sofisticação das ideias e ações em diferentes níveis e setores que se apresentam como modernos (notadamente o teatro, as artes plásticas, a arquitetura e a sociologia), potencializados pelos interesses das esferas econômica e política, há ainda um matiz desse argumento que tem de ser explorado devidamente: o arranjo contingente e custoso, para alguns grupos sociais, que tiveram tais ações e linguagens. Sem essa perspectiva em vista, o quadro das transformações e percepções sobre São Paulo estará incompleto.

Perscrutar o espaço significa colocar em questão também a esfera de apreensão do tempo, igualmente fracionada. Incorrem em erro, semelhantes ao do senso comum, os estudos que afirmam certa *platitude do contexto* sobre a experiência social dos distintos grupos e classes (e suas frações) que nele vivem. A percepção e o impacto do presente, na mesma medida que sua rememoração, não se distribuem igualmente entre os sujeitos sociais; nem se dá, de maneira imediata, a consciência sobre o tempo vivido. Daí expressões genéricas como *tempos modernos*, *anos de desenvolvimento, anos dourados, geração dourada* e correlatas serem de pouca eficácia explicativa e/ou dizerem respeito à realização social de setores e interesses específicos, bem como à sua capacidade de recontar certos fatos, ordenando-os de maneira a estarem no centro da tela e em posição privilegiada. A equalização do passado, *homogeneizando a experiência* de *todos*, menos que um procedimento democrático, opera em linha tênue, divisória, entre interesse particular e obscurecimento coletivo.

Adotam-se esses cuidados para discutir a particularidade da experiência social (e, em alguma medida, do grupo negro organizado), no tempo e no espaço, demonstrada por De Jesus. Não significa dizer que a autora viveu fora de seu tempo ou que não teve ligações com o espaço envolvente. Ao contrário: a possibilidade de seu surgimento é diretamente relacionada à diferenciação social paulistana e aos dilemas da metropolização na mesma intensidade que a recepção ao seu trabalho pode ser explicada por questões em aberto no limiar da década de 1960. O que se passa, tanto com De Jesus quanto com os escritores ligados ao ativismo negro do período, é um diálogo tenso e truncado com as estruturas sociais de seu tempo. Discursos vão se construindo paralelamente, em meio às lutas sociais: em alguns casos, visando à integração e ao reconhecimento, mesmo que proferindo o protesto (exemplo de setores da imprensa e teatro negros); em outros, desnudando, inesperada e estranhamente, a impossibilidade de se integrar e ser aceito, nos moldes apresentados até então pelo contexto social, à revelia do desejo de seus autores (caso de Carolina Maria de Jesus, que queria ser incluída na dinâmica social).

A ida de De Jesus para a favela do Canindé foi resultante de dois fatores: por um lado, a não aceitação nos empregos domésticos, enfrentada em função do nascimento dos filhos que vingaram (João, 1949; José, 1950; Vera, 1953), redundando em severas dificuldades para sua subsistência; por outro, a privação de direito à moradia que, então, atingia estruturalmente a população pobre paulistana. De Jesus foi uma das primeiras moradoras da favela erigida às margens do Tietê e ali viveria a próxima década inteira.

Um ano depois das comemorações do Quarto Centenário, ela começou a escrever os diários. Oito anos antes, ela era vizinha do rio mais famoso de São Paulo, num terreno de posse municipal, próximo à Vila Guilherme e ao Brás, o que lhe permitia acesso relativamente bom ao centro da cidade e a áreas onde podia catar o que era descartado nas ruas, material vendável em quantidades que lhe permitiam algum sustento diário. A 15 de julho de 1955, nessas condições, a autora fez o primeiro registro que viria a ser publicado em livro:

> Aniversário de minha filha Vera Eunice. Eu pretendia comprar um par de sapatos para ela. Mas o custo dos generos alimentícios nos impede a realização dos nossos desejos. Atualmente somos escravos do custo de vida. Eu achei um par de sapatos no lixo, lavei e remendei para ela calçar. [...] Eu não tinha um tostão para comprar pão. Então eu lavei 3 litros e troquei com o Arnaldo. Ele ficou com os litros e deu-me pão. Fui receber o dinheiro do papel. Recebi 65 cruzeiros. Comprei 20 de carne. 1 quilo de toucinho e 1 quilo de açucar e seis cruzeiros de queijo. E o dinheiro acabou-se. [...] Ablui as crianças, aleitei-as e ablui-me e aleitei-me. Esperei até as 11 horas, um certo alguem. Ele não veio. Tomei um melhoral e deitei-me novamente. Quando despertei o astro rei deslisava no espaço. A minha filha Vera Eunice dizia: – Vai buscar agua mamãe![39]

Estão condensados nesse fragmento alguns dos principais temas que se repetiriam e seriam habilidosamente organizados por Audálio Dantas, anos depois, para tomar a forma de *Quarto de despejo*: a luta pela sobrevivência, dada pela equivalência direta entre dinheiro e comida; pensamentos sobre o cotidiano da favela e o mundo exterior; a tentativa de procurar expor, em pormenores, as situações vividas e estruturadas sob a sua ótica; a participação dos filhos nessa dinâmica cotidiana. O que se lê são *fragmentos da construção memorialística* de De Jesus. Dantas afirma, no prefácio que escreveu à primeira edição: "[...] selecionei trechos, sem alterar uma palavra, passei a compor o livro. Explico: Carolina conta o seu dia inteiro, fiel até ao ato de mexer o feijão na panela. A repetição será inútil. Daí a necessidade de cortar, selecionar as histórias mais interessantes".

Aqui entra a polêmica no trato da escrita de De Jesus. Está o leitor diante do que se costuma chamar de literatura? Embora sua definição não seja unívoca e a maneira como a realidade pode ser exposta numa obra considerada literária varie com o tempo, com as transformações sociais (*em particular, do gosto*) e de acordo com o segmento a que se destinada (*a formação do público leitor*), como o demonstrou Erich Auerbach, trata-se de um longo caminho, sujeito a regras e interpretações em disputa, para que determinados registros e estilos mereçam tal acepção. O tema da vida cotidiana (e, em particular, das classes baixas ou do *quarto estado*) percorreu um longo caminho para ter estatuto de cidadania na *República das Letras*. O filólogo e crítico alemão fornece elementos para essa discussão, com alguma ironia, por exemplo, ao discutir aspectos da construção e recepção do romance dos irmãos Edmond e Jules Goncourt, *Germinie Lacerteux* (1864):

> Os primeiros representantes dos direitos do quarto estado, tanto políticos como literários, não pertenciam, quase todos, ao estado que defendiam, mas à burguesia. Isto também é válido para os Goncourt [...]. O que os unia aos homens do quarto estado, o que sabiam de sua vida, dos seus problemas e sensações? [...] O puramente literário, mesmo no grau mais elevado da compreensão artística e em meio à maior riqueza das impressões, limita o juízo, empobrece a vida e distorce, por vezes, a visão dos fenômenos. E enquanto os escritores se afastam depreciativamente do burburinho político e do econômico, valorizando a vida sempre só como tema literário, mantendo-se sempre longe dos grandes problemas práticos, cheios de altivez e de amargura, para conquistar cada dia de novo, amiúde com grande esforço, o isolamento artístico para o seu trabalho – eis que, apesar disso, o prático se infiltra sorrateiramente de mil formas mesquinhas, até atingi-los; surgem desgostos com editores e críticos, nasce o ódio contra o público que se quer conquistar, enquanto escasseia uma base para sentimento e pensamentos comuns [...]. Todavia, como, em geral, levam a vida de burgueses remediados, moram confortavelmente, comem do bom e do melhor e se entregam ao gozo de todos os deleites da sensibilidade mais elevada, como a sua existência nunca se vê ameaçada por grandes estremecimentos e perigos, o que surge é, não obstante todo o gênio e toda a incorruptibilidade artística, um quadro de conjunto singularmente mesquinho, o do grão-burguês, egocêntrico, preocupado com o conforto estético, nervoso, torturado pelos aborrecimentos, maníaco enfim – só que a sua mania chama-se, no seu caso, "literatura"[40].

No caso de De Jesus, a acusação frequente ao seu trabalho é de ele ser, antes, um *documento social*, um *dado sociológico* e, quando há alguma simpatia crítica, um *testemunho humano*. Também não é incomum ele, desde seu lançamento, ser tratado como falseamento da realidade, de autoria duvidosa, fruto da imaginação criadora de Audálio Dantas. Para mim, entretanto, está-se diante de uma *ficcionalização do cotidiano*. A memória do *presente imediato* de De Jesus é, como toda memória, uma construção *a posteriori*. Em geral, não se atribui essa afirmação à autora, por se considerar que lhe falta a intencionalidade criativa em escrever uma narrativa. Ao contrário, atribui-se a ela, quando considerada a autora dos diários, *a espontaneidade despretensiosa*. Para dizer o mínimo, essa ideia é carregada de preconceito, contendo nas entrelinhas a sugestão de que pobres e favelados (o povo, o quarto estado, se estivéssemos na França) não sabem o que fazem quando escrevem, necessitando da tutela de alguém que lhes aponte uma direção que fale por si.

Ignoram-se, assim, passagens literais de *Quarto* que afirmam a vontade e a intenção da autora de ser uma escritora e, a partir de certo ponto do *diário de uma favelada*, o interesse dela em ser *publicada* e *reconhecida*. Entre o querer e o poder existiram, na vida de De Jesus, as condições socialmente desfavoráveis para a implementação de sua vontade. Adversidades narradas continuamente em *Quarto*, percebidas inicialmente como *problemas individuais – especialmente nos registros de 1955*, em meio às cenas cotidianas e íntimas –, até galgarem finalmente a uma intelecção crítica do entorno (seja da favela, seja da cidade), alcançando a crítica social, percebida por alguns como um protesto contra o *status quo* de negros, pobres e favelados no meio do século XX (*notadamente, nos registros de 1958 em diante*).

Aos 44 anos, por um golpe de fortuna ou senso de oportunidade, sua trajetória se cruza com a de Audálio Dantas, quando ele cobre, como jornalista, uma denúncia na favela do Canindé: o uso indevido de um parque de diversões por adultos. Após ouvir De Jesus gritar que ia pôr todos os homens em seu livro, ele se interessa pela mulher e pelos seus 35 cadernos guardados no barracão. No prefácio ao livro, atesta: "Ninguém melhor do que a negra Carolina para escrever histórias tão negras"[41]. E ainda, numa entrevista em 2009, Dantas afirma:

> [...] o Manuel Bandeira escreveu um artigo no *Globo* em que ele tratava do assunto. E a certa altura ele dizia: "Há pessoas que dizem ter sido o Fulano de Tal que escreveu esse livro. Não foi". O texto era claramente de uma pessoa de – ele usou essa expressão – de

instrução primária, mas que tinha brilho etc. E que alguém para escrever naquele estilo, não sendo aquela pessoa, era um gênio. Seria um gênio [risos][42].

Contudo, *Quarto* não é uma construção individual. Ao selecionar o que viria a ser publicado, suprimindo o que considerou repetitivo ou excessivo, Dantas expôs a potência da narrativa de De Jesus. Recria-se, assim, o próprio cotidiano – se o entendermos, segundo a chave explicativa do sociólogo português José Machado Pais, como o lugar onde nada, *aparentemente*, acontece e tudo pode ser revelado[43] –, conferindo-se um sentido coerente à narração: *a história da luta pela sobrevivência de uma mulher negra e de seus três filhos, numa favela à margem de um rio da cidade mais importante do país.* Isso estava lá nos diários originais, mas teve de ser trabalhado para vir à tona com intensidade surpreendente.

Selecionado, articulado, fragmentado, mas num todo coerente, o cotidiano se revela ficcional. Não se está diante de uma simples exposição exaustiva – e, desta feita, banalizada – da vida de uma mulher real. Ao abrir *Quarto de despejo*, lê-se a narrativa truncada de uma personagem que conta suas memórias de um presente igualmente acidentado e vacilante. Autor e personagem se confundem no mesmo nome próprio – pois essa é uma das características essenciais do gênero diário; o que o faz ser um gênero duvidoso para alguns, como afirma o crítico francês Michel Braud:

> O diário é um gênero literário? A questão suscitou críticas por mais de um século, alguns dizendo que não pode constituir uma obra literária por não responder às normas de composição, outros argumentando que ele introduziu degradação à arte e moralidade, enquanto os diaristas, no entanto, publicavam seu diário dizendo que a narrativa do dia "tem seu próprio interesse" [...]. O texto do diário autêntico [...] é organizado pela perspectiva única do diarista, que não conhece nenhuma alteração [...] o diário autêntico tende a tornar crível a promessa de autenticidade e, como uma narrativa dos dias, não visa contar uma história que tem um início, meio e fim. A escrita de si apresenta-se como uma construção narrativa para a qual o diarista deve inventar a forma, o tom, a linguagem. Podemos ver aqui uma das características da obra literária [...]. O desenvolvimento do diário, além disso, é concomitante com o da

democracia. [...] Porque o diário transcreve, necessariamente, a banalidade da vida quotidiana, sua insignificância, seu inesperado [...] sua mediocridade, a vulgaridade, não tem lugar em uma aristocracia das letras baseada no respeito às regras, no distanciamento da experiência e na inspiração para o universal[44].

E como De Jesus bem o afirmou, um *estranho diário*[45]: oriundo de uma vontade de escrever, em meio a um ambiente inóspito para a escrita; de uma autora com trajetória e origem social suspeitas para gerar algo semelhante, num registro literário pouco cultivado pelos escritores nacionais[46]. E, ainda, com uma linguagem absolutamente incomum, misturando o vulgar com temas sofisticados, a crueza advinda da luta pela vida com momentos poéticos; o português imperfeito com observações sagazes e cortantes sobre a vivência social ao rés do chão; a crítica social ferina com certa ingenuidade política, em alguns momentos.

As partes explicam o todo em *Quarto de despejo*, articulando-se numa progressiva oscilação do *íntimo e comezinho* ao *social e histórico*. A primeira ideia se concentra com força nos registros de 15 de julho a 28 de julho de 1955. Neles também aparecem duas imagens fortes: o desejo de ser escritora e a vontade crescente de sair da favela, apresentados nos seguintes extratos:

> Os meus filhos não são sustentados com pão de igreja. Eu enfrento qualquer espécie de trabalho para mantê-los. E elas, tem que mendigar e ainda apanhar. Parece tambor. A noite enquanto elas pede socorro eu tranquilamente no meu barracão ouço valsas vienenses. Enquanto os espôsos quebra as tábuas do barracão eu e meus filhos dormimos socegados. Não invejo as mulheres casadas da favela que levam a vida de escravas indianas.
>
> [...] Vou escrever um livro referente a favela. Hei de citar tudo que aqui se passa. E tudo que vocês me fazem. Eu quero escrever o livro, e vocês com estas cenas desagradáveis me fornece os argumentos. [...] Estou residindo na favela. Mas se Deus me ajudar, hei de mudar daqui. Espero que os políticos estingue as favelas [...].
>
> [...] Passei o resto da tarde escrevendo. As quatro e meia o senhor Heitor ligou a luz. Dei banho nas crianças e preparei para sair. Fui

catar papel, mas estava indisposta. Vim embora porque o frio era demais. Quando cheguei em casa era 22,30. Liguei o rádio. Tomei banho. Esquentei a comida. Li um pouco. Não sei dormir sem ler. Gosto de manusear um livro. O livro é a melhor invenção do homem.

[...] ... Seu Gino veio dizer-me para eu ir no quarto dele. Que eu estou lhe despresando. Disse-lhe: Não! [...] É que eu estou escrevendo um livro, para vendê-lo. Viso com esse dinheiro comprar um terreno para eu sair da favela. Não tenho tempo para ir na casa de ninguém. Seu Gino insistia[47].

O último registro é interessante, uma vez que a ideia de escrever o livro ganha uma função concreta e tão imediata quanto a equivalência dinheiro-comida, de que tratam as biógrafas de De Jesus. Mas também apresenta a figura de um leitor idealizado, haja vista que a autora se explica o tempo todo a esse interlocutor. Propriedades inatas do gênero que se vão acoplando à própria escrita? Um leitor está projetado, que se interessará por aquela história editada, comprará o livro e fará a autora realizar seu sonho. Não são conhecidas as razões exatas pelas quais De Jesus escolheu o diário como forma para narrar sua experiência. Pela facilidade e materialidade imediata da escrita ou por ter ela lido algo do gênero? Em todo o caso, a característica autorreflexiva, inata à forma, impregna a própria escrita, fixando-lhe uma intenção revelada a um leitor confidente, interessado e compreensivo, que lhe comprará as memórias e a retirará da favela. Isso só foi possível até 1955. Nos registros seguintes, que se apresentam de 2 de maio de 1958 a 1º de janeiro de 1960, o cenário se altera, complexificando-se as expectativas e adicionando-se dois novos personagens, que paulatinamente se tornam principais: a cidade e a fome.

1958 FOI UM ANO RUIM

[...] *Eu cato papel, mas não gosto. Então eu penso:*
Faz de conta que eu estou sonhando.

Eu quando estou com fome quero matar o Janio,
quero enforcar o Adhemar e queimar o Juscelino [...].
Carolina Maria de Jesus[48]

Em 13 de maio de 1958, a ACN lançou em São Paulo seu manifesto pelo Ano 70 da Abolição. Era o ato mais importante da associação desde sua criação, motivada pela exclusão dos negros das comemorações de 1954 e pela falta de reconhecimento de sua importância. Tal ato serviu para chamar a atenção para a causa negra, agregando alguns intelectuais e diferentes sujeitos sociais em torno do tema da segunda abolição, que viria a se desenvolver com mais intensidade nas próximas atividades da associação.

Às margens do Tietê, depois de quase três anos sem redigir seus diários, De Jesus retoma a escrita. O septuagésimo aniversário do fim da escravidão para ela, mãe negra e vista como marginal, traz um novo tema e uma reflexão mais aguda sobre o *seu* contexto. No diário, nessa etapa, ela não mais convida seu leitor idealizado para ver as cenas íntimas do barracão e de seus dias na favela; aos poucos ela cobra dele as razões sociais para se encontrar em tal situação, fazendo vir à tona outros personagens na narrativa, para além dos quatro membros da família. No dia 13 de maio, ela escreve o que se segue:

> Hoje amanheceu chovendo. É um dia simpático para mim. É o dia da Abolição. Dia que comemoramos a libertação dos escravos. [...] Nas prisões os negros eram os bodes espiatórios. Mas os brancos agora são mais cultos. E não nos trata com desprêso. Que Deus ilumine os brancos para que os pretos sejam feliz. [...] Choveu, esfriou. É o inverno que chega. E no inverno a gente come mais. A Vera começou a pedir comida. E eu não tinha. Era a reprise do espetáculo. Eu estava com dois cruzeiros. Pretendia comprar um pouco de farinha para fazer um virado. Fui pedir um pouco de banha a Dona Alice. Ela deu-me banha e arroz. Era 9 horas da noite quando comemos. [...] E assim no dia 13 de maio de 1958 eu lutava contra a escravatura atual – a fome![49]

Tem-se, assim, duas miradas distintas dentro do mesmo grupo social acerca dos significados do mesmo evento. Se, para a ACN, ele é estratégico para projetar uma série de ações que lhe conferirão visibilidade em aspectos de sua causa – culminando em graus de conscientização semelhantes ao expresso em "Protesto", de Carlos de Assumpção, ligando o passado à situação atual do negro –, para De Jesus, a atualização do problema da nova abolição se dá em outra ordem, com duas ideias contraditórias se expressando no mesmo registro: "Que Deus ilumine os brancos para que os pretos sejam feliz"; "E assim no dia 13 de maio eu lutava contra a escravatura atual – a fome!".

Se o primeiro fragmento é frontalmente contrário ao que as expressões mais aguerridas do meio negro organizado paulistano vinham defendendo até então – lembre-se uma estrofe de Assumpção: "Não quero piedade" –, o segundo vem ao seu encontro e o ultrapassa, no momento em que dá materialidade à situação de pauperização e marginalidade de parcela significativa do meio negro em São Paulo. Dos escritores da década de 1960 citados até o momento, nenhum havia dado esse passo, sem metáforas ou rebusco. A fome, em De Jesus, ganha corpo: o seu corpo, de seus filhos e companheiros de infortúnio. Ela tem cheiro, cor e é dotada de sentido. Em *Quarto de despejo*, a fome não é, como no poema de Solano Trindade, um trem da Leopoldina que "parece dizer"; pelo contrário, ela se afirma o tempo todo. Na mesma medida em que nenhum daqueles escritores dava o passo atrás do primeiro fragmento extraído do pensamento de De Jesus: "Que Deus ilumine os brancos para que os pretos sejam feliz". É necessário, portanto, ressaltar a ambiguidade do pensamento de De Jesus, que pode ser justificada pelos mais diversos motivos, quase todos já elencados aqui no que diz respeito à sua trajetória pessoal. No entanto, se levado a um patamar supraindividual, o ambíguo revela oscilações, de diferentes graus, do próprio pós-abolição. Se os intelectuais e ativistas negros rejeitavam – especialmente na ACN – qualquer atitude condescendente e paternalista semelhante à que De Jesus roga aos céus, não é menos verdadeira a sua dificuldade de aproximação com a parcela mais pobre de seu grupo social[50].

Retomando a narrativa de *Quarto de despejo*, os dias seguintes ao 13 de Maio vão assumindo uma cadência crítica considerável. Deslocado, o cotidiano singular passa o papel de personagem principal à fome, com suas razões estruturais e implicações, pelas quais De Jesus e seus pares são atingidos em cheio. Miséria e cidade serão os temas mais tratados no diário desse momento em diante. As esperanças para o futuro, anunciadas pelo mito do progresso, são colocadas em xeque, aos olhos dessa catadora de papel sobrevivendo na metrópole emergente. Ela afirma, dois dias depois do aniversário do Ano 70: "Eu classifico São Paulo assim: o Palacio, é a sala de visita. A Prefeitura é a sala de jantar e a cidade é o jardim. E a favela é o quintal onde jogam os lixos"[51].

A percepção social da narradora de *Quarto* possui diferentes focos. De um lado, tem-se a visão sobre os políticos e a favela[52], e também sobre outras instituições sociais, como a polícia e a Igreja, com presenças *oportunistas* na vida dos favelados[53]; de outro, a sua visão sobre os favelados e os negros. No que diz respeito a esse tópico, De Jesus fornece mais elementos de sua ambiguidade perceptiva:

> [...] Eu escrevia peças e apresentava aos diretores de circos. Eles respondia-me: [...] – É pena você ser preta. [...] Esquecendo eles que eu adoro a minha pele negra, e o meu cabelo rustico. Eu até acho o cabelo de negro mais iducado do que o cabelo de branco. Porque o cabelo de preto, onde põe, fica. É obediente. E o cabelo de branco, é só dar um movimento no cabelo, ele já sai do lugar. É indisciplinado. Se é que existe reincarnações, eu quero voltar sempre preta. [...] O branco é que diz que é superior. Mas que superioridade apresenta o branco? Se o negro bebe pinga, o branco bebe. A enfermidade que atinge o preto, atinge o branco. Se o branco sente fome, o negro também. A natureza não seleciona ninguém. (16 jun. 1958)

> [...] A Florenciana é preta. Mas é tão diferente dos pretos por ser muito ambiciosa. Tudo que ela faz é visando lucro. (29 jun. 1958)

> [...] Hoje é o dia da pessoa de Moysés. O Deus dos Judeus. Que libertou os judeus até hoje. O preto é perseguido porque sua pele é cor da noite. E o judeu porque é inteligente. [...] Moysés quando via os judeus descalços e rotos orava pedindo a Deus para dar-lhe conforto e riquezas. É por isso que os judeus quase todos são ricos. [...] Já nos os pretos não tivemos um profeta para orar por nós. (14 set. 1958)

Entretanto, todas essas formulações discursivas, complexas e ambíguas, amalgamam-se para compor a imagem que faria de De Jesus o centro das atenções em 1960 e objeto de discussão nos anos seguintes. Os fragmentos oscilam e orbitam ao redor da seguinte passagem:

> ... Aqui na favela quase todos lutam com dificuldades para viver. Mas quem manifesta o que sofre é só eu. E faço isto em prol dos outros. Muitos catam sapatos no lixo para calçar. Mas os sapatos já estão fracos e aturam só 6 dias. Antigamente, isto é de 1950 até

1956, os favelados cantavam. Faziam batucadas. 1957, 1958, a vida foi ficando causticante. [...] As oito e meia da noite eu já estava na favela respirando o odor dos excrementos que mescla com o barro podre. *Quando estou na cidade tenho a impressão que estou na sala de visita com seus lustres de cristais, seus tapetes de viludos, almofadas de setim. E quando estou na favela, tenho a impressão que sou objeto fora de uso, digno de estar no quarto de despejo.* (19 maio 1958)[54]

Sendo o centro dos fragmentos, a imagem do quarto de despejo organiza e articula todos os sujeitos e personagens sociais que compõem a esfera daquele universo ficcional. Passa a ser a justificativa para que as pessoas se transformem de humanas, vindas de fora da favela, em peças de lixo. Ela nos diz: "As vezes mudam algumas familias para a favela, com crianças. No início são iducadas, amaveis. Dias depois usam o calão, são soezes e repugnantes. São diamantes que transformam em chumbo – Transformam-se em objetos que estavam na sala de visita e foram para o quarto de despejo"[55]. O injustificável se explica, uma vez que, como afirma: "Sou rebotalho. Estou no quarto de despejo, e o que está no quarto de despejo ou queima-se ou joga-se no lixo". Após formuladas essas passagens, não haverá, daí em diante, limites à exposição do extremo, uma vez que essa é a vida dos pobres e favelados na metrópole, vista por um deles:

> Eu ontem comi aquele macarrão do lixo com receio de morrer, porque em 1953 eu vendia ferro lá no Zinho. Havia um pretinho bonitinho. Ele ia vender ferro lá no Zinho. Ele era jovem e dizia que quem deve catar papel são os velhos. Um dia eu ia vender ferro quando parei na Avenida Bom Jardim. No lixão, como é denominado o local. Os lixeiros haviam jogado carne no lixo. E ele escolhia uns pedaços. Disse-me: [...] – Leva, Carolina. Dá para comer. [...] Deu-me uns pedaços. Para não maguá-lo aceitei. Procurei convencê-lo a não comer aquela carne. Para comer os pães ruidos pelos ratos. Ele disse-me que não. Que há dois dias não comia. Acendeu o fogo e assou a carne. A fome era tanta que ele não poude deixar assar a carne. Esquentou-a e comeu. Para não presenciar aquele quadro, saí pensando: faz de conta que eu não presenciei esta cena. Isto não pode ser real num paiz fertil igual ao meu. Revoltei contra o tal Serviço Social que diz ter sido criado para reajustar os desajustados,

> mas não toma conhecimento da existência infausta dos marginais. Vendi os ferros no Zinho e voltei para o quintal de São Paulo, a favela. [...] No outro dia encontraram o pretinho morto. Os dedos do seu pé abriram. O espaço era de vinte centímetro. [...] Não trazia documentos. Foi sepultado como um Zé qualquer. Ninguém procurou saber seu nome. Marginal não tem nome. (21 maio 1958)

E, no quarto de despejo, mesmo os sonhos adquirem outra conotação. Se o presente é o tempo dominante dos diários, e o passado é uma dimensão apenas comparativa, o devir se assemelha a um pesadelo constante, visto como a possibilidade concreta e sem saída de repetição do agora. Ou seja, qualquer fabulação do destino social é interrompida pela desconfiança de que, tragicamente, não haverá outra sorte senão a da miséria cotidiana.

> Passei uma noite horrível. Sonhei que eu residia numa casa residível, tinha banheiro, cozinha, copa e até quarto de criada. Eu ia festejar o aniversário de minha filha Vera Eunice. Eu ia comprar-lhe panelinhas que há muito vive pedindo. Porque eu estava em condições de comprar. Sentei na mesa para comer. A toalha era alva ao lírio. Eu comia bife, pão com manteiga, batata frita e salada. Quando fui pegar outro bife despertei. Que realidade amarga! Eu não residia na cidade. Estava na favela. Na lama, as margens do Tietê [...]. (21 maio 1958)

> [...] Quando eu estou com pouco dinheiro procuro não pensar nos filhos que vão pedir pão, pão, café. Desvio meu pensamento para o céu. Penso: será que lá em cima tem habitantes? Será que eles são melhores do que nós? Será que o predominio de lá suplanta o nosso? Será que as nações de lá é variada igual aqui na terra? Ou é uma nação única? Será que lá existe favela? E se lá existe favela será que quando eu morrer eu vou morar na favela? (3 jun. 1958)[56]

"Eu tenho a mania de observar tudo, contar tudo, marcar os fatos" (7 jun. 1958, p. 54). Que há de literatura em *Quarto de despejo*? E mais especificamente: que existe de literatura negra na narrativa de Carolina Maria de Jesus? São perguntas inescapáveis. O que Audálio Dantas viu antes de todos e potenciou para formar o diário de uma favelada? Para responder a essas questões, é necessário retomar alguns argumentos anteriores.

Em se tratando de literatura negra, existe uma dificuldade muito grande, seja entre escritores, seja entre críticos, de se provocar um deslocamento entre o nome próprio do autor (e, neste caso, o tom da cor de sua pele e a história do seu grupo social) e o discurso que ele produz: "[...] a maneira como o texto aponta para essa figura que lhe é exterior e anterior, pelo menos em aparência", para usar os termos de Michel Foucault[57].

> O nome de autor é um nome próprio; põe os mesmos problemas que todos os nomes próprios [...]. O nome próprio (tal como o nome de autor) tem outras funções que não apenas as indicadoras. [...] a ligação do nome próprio com o indivíduo nomeado e a ligação do nome de autor com o que nomeia não são isomórficas e não funcionam da mesma maneira. [...] se se demonstrasse que Shakespeare não escreveu os *Sonetos* que passam por seus, a mudança seria de outro tipo: já não deixaria indiferente o funcionamento do nome de autor [...]. O nome de autor não é exatamente um nome próprio como os outros [...]. Em suma, o nome de autor serve para caracterizar um certo modo de ser do discurso: para um discurso ter um nome de autor, o facto de se poder dizer "isto foi escrito por fulano" ou "tal indivíduo é o autor" indica que esse discurso não é um discurso quotidiano, indiferente, um discurso flutuante e passageiro, imediatamente consumível, mas que se trata de um discurso que deve ser recebido de certa maneira e que deve, numa determinada cultura, receber um certo estatuto[58].

O que faz da literatura ser negra ou marginal/periférica é, muitas vezes, menos o processo criativo (que se torna uma decorrência) *e mais uma ética da criação* (que se antepõe a tudo). Ou seja: ao se instaurar uma ideia de literatura negra, pressupõe-se que o negro, como sujeito social cônscio de sua situação histórica, seja o mais autorizado (se não o único) a expressar uma visão social de mundo através de um universo ficcional em que seu grupo social seja privilegiado enquanto personagem (o mesmo raciocínio é válido para o grupo periférico).

Nessa senda, a autoria do discurso se reveste de uma autoridade, que passa a reger as múltiplas ações e possibilidades existentes no sistema literário. Neste, surge o tema da *autenticidade*. Em relação à literatura negra, como até aqui foi exposto das ideias de críticos e escritores, é sugerido que venha a merecer tal designação quando forem satisfeitas as condições do parágrafo anterior. Dito de outra forma: ao nome próprio do escritor negro/periférico está atrelada uma série de condicionantes histórico-sociais e elementos éticos (impostos interna e externamente), que lhe conferirão, positiva ou negativamente, a autenticidade da voz que fala e que tem a autoridade para falar sobre o que fala (e, talvez, somente sobre isso). Há igualmente aí uma esfera de *controle* estabelecido. Dessa feita, é por isso que, para todo um amplo leque de efeitos, *Quarto de despejo* é o *diário de uma favelada*; os *Cadernos* são *negros*; *Cidade de Deus* é, para alguns, *um romance etnográfico*; e a literatura de Ferréz é *marginal ou periférica*.

Se estiver correta a argumentação até aqui, é possível situar De Jesus como uma autora de literatura negra, num caminho trilhado anteriormente, *na prosa*, no caso mais conhecido, por Lima Barreto, autor capaz de retratar a vida dos subúrbios, das classes baixas, e afirmar-se, nesse processo, mulato, com todas as ambiguidades que tal assunção implica. Valendo-se intencionalmente da controversa forma do *diário*, ela fez literatura, aceitas as definições de Michel Braud: mesmo que inicialmente seja encarado como documento autorreflexivo, direcionado exclusivamente ao autor, progressivamente este cede espaço ao leitor e ao entorno, criando um mundo ficcional por meio de ações, personagens, visões e intencionalidades perceptíveis, devendo a crítica evidenciá-las.

> Considero o diário, portanto, um gênero susceptível de ser objeto de uma análise crítica tanto quanto qualquer outro. Opõe-se talvez a essa abordagem o fato de que o diarista tem ou teria, no princípio, seu diário íntimo para ele mesmo, para se aliviar, refletir ou se lembrar, e sem intenção de o publicar. Assim, o leitor teria acesso a ele por um roubo, como por cima de seus ombros, e todo estudo se acharia subordinado ao ponto de vista do autor. O papel da crítica será o de reconstruir a intenção do diarista, de definir as funções que o diário teve para ele[59].

No caso de De Jesus, sua autenticidade como autora foi vista como potência desde o princípio e exigida, a partir daí, desde sempre. Após tê-la descoberto e prometido que "[...] tudo isto que você escreveu sairá num livro"[60], Dantas escreve uma matéria na sexta-feira, 9 de maio de

1958, sobre seu *achado*, cujo título é: "Carolina de Jesus faz um retrato sem retoque do mundo sórdido em que vive"; e a chamada se apresenta como: "O drama da favela escrito por uma favelada"[61]. E, segundo o jornalista, após isso, o debate na redação da *Folha* sobre a matéria e seu tom foi que aquele "[...] documento da favela [era] insubstituível. E com a vantagem da história de ser uma história contada de dentro da favela [...]"; o que fez os jornalistas irem além com seus propósitos, já que:

> Primeiro, como reportagem é considerada assunto ótimo. E os colegas começaram a comentar [...]. E ali mesmo surgiu uma proposta do Hideo Onaga, que era um jornalista nissei [...] que era "Vamos fazer uma vaquinha aqui pra gente publicar essa história, publicar em um livro". Eu, na hora, eu não disse nada, mas comigo eu digo: "Olha, eu acho que não precisa fazer isso. Qualquer editora inteligente vai se interessar por publicar esse livro". E foi o que aconteceu. Agora, aconteceu principalmente depois que fui convidado em [19]59, pela revista *O Cruzeiro*. Aí, eu fiz a matéria mais aprofundada para a revista *O Cruzeiro*. Aí teve repercussão nacional e repercussão internacional, porque *O Cruzeiro* tinha uma edição internacional. E aí as próprias editoras começaram a se interessar[62].

A visão *desde dentro* da negra favelada é o que importa, o seu ponto de vista *autêntico*. Passagens mais delicadas como "Parece que vim ao mundo predestinada a catar. Só não cato a felicidade" (6 jul. 1958) ou "Eu cato papel, mas não gosto. Então eu penso: Faz de conta que eu estou sonhando" (9 maio1958) são consideradas menos importantes que as semelhantes a estas: "Hoje é o aniversário de minha filha Vera Eunice. Eu não posso fazer uma festinha porque isto é o mesmo que agarrar o sol com as mãos. Hoje não vai ter almoço. Só jantar" (15 jul. 1958) e "Ontem comemos mal. E hoje pior" (3 set. 1958). Vale pensar o porquê.

Aliada a toda uma discussão sobre a emergência do protesto e da revolta na literatura negra, sendo distintivo o discurso de De Jesus nessa direção, é importante refletir igualmente sobre que uso esse discurso possui fora dos escritos da autora, bem como ao largo da própria literatura negra. Talvez seja apenas possível supor e intuir. Mas estando correta a argumentação de Jorge Paulino, ao afirmar que, para além de as favelas serem um fenômeno urbano estruturalmente capitalista, o estímulo oficial e a vista grossa do poder público paulistano são os responsáveis pela criação delas, questionemos o significado das seguintes passagens no contexto em que elas se apresentam:

> Quando eu vou na cidade tenho a impressão que estou no paraizo. Acho sublime ver aquelas mulheres e crianças tão bem vestidas. Tão diferentes da favela. As casas com seus vasos de flores e côres variadas. Aquelas paisagens há de encantar os olhos dos visitantes de São Paulo, que ignoram que a cidade mais afamada da América do Sul está enferma. Com suas úlceras. As favelas. (7 jul. 1958)

> Aqui nesta favela a gente vê coisa de arrepiar os cabelos. A favela é uma cidade esquisita e o prefeito daqui é o Diabo [...]. (10 jul. 1958)

> [...] quem reside na favela não tem quadra de vida. Não tem infancia, juventude e maturidade. (12 jul. 1958)

> [...] O povo não sabe revoltar-se. Deviam ir no Palacio do Ibirapuera [Gabinete do Prefeito] e na Assembleia e dar uma surra nestes políticos alinhavados que não sabem que precisamos matar o Dr. Adhemar. Que ele está prejudicando o paiz. (31 out. 1958)

> ...catei uns ferros. Deixei um pouco no deposito e outro pouco eu trouxe. Quando passei na banca de jornais li este *slogan* dos estudantes:
>
> Juscelino esfola!
>
> Adhemar rouba!
>
> Jânio mata!
>
> A Camara apoia!
>
> E o povo paga! (3 nov. 1958)[63]

É, de certa maneira, fácil afirmar que – e não se incorre em erro nisso – o discurso de De Jesus é o *calcanhar de Aquiles do ufanismo* da época.

Entretanto, até que ponto a sua percepção se conduziria diretamente para o ataque a governantes de São Paulo e do Brasil? Se não se pode falar em instrumentalização do discurso – e não é o caso –, é possível dizer que, a uma certa altura de seu diário – especificamente, depois do dia 9 de maio de 1958, quando Dantas publica a primeira reportagem na *Folha da Noite* –, *De Jesus passa a escrever para os seus leitores*. Ela não sabia ainda quem seriam, mas intuía (ou foi levada a intuir) o que gostariam de saber e ler sobre alguém com sua origem social, descrita como foi na reportagem de Dantas. Está-se lendo, portanto, um diário escrito *pari passu* à sua recepção, nesse momento. A autora fornece ao menos três pistas disso:

> [...] Tem hora que eu odeio o reporter Audálio Dantas. Se ele não prendesse meu livro eu enviava os manuscritos para os Estados Unidos e já estava socegada. (25 set. 1958)

> [...] vocês já sabem que eu vou carregar água todos os dias. Agora eu vou modificar o início da narrativa diurna; isto é, o que ocorreu comigo durante o dia. (16 out. 1958)[64]

> – Ora! Ora! Você só vive fazendo Diario!

> – É que os jornalistas das *Fôlhas* mandam fazer

> – Mas eles não te da nada! Estão te explorando! [...]

> Jornalistas quando prometem cumprem [...] Eu já estou cançada de ouvir. Quando é que seu livro vae sair? (28 nov. 1958)[65]

Dessa forma, em certo sentido, a passagem do íntimo e pessoal ao crítico e social não é um movimento pendular autônomo. Aqui, para fazer uso das definições do crítico italiano Umberto Eco[66], aparecem as figuras do autor e leitor ideais. E, por que não dizer, as de uma editora e sociedade interessadas também nesse movimento do pêndulo.

1958-1960: COMO SE CRIA UM *BEST-SELLER*?

Por que a Francisco Alves Editora se interessou pelo *diário de uma favelada*? Por que uma das menos prováveis e sofisticadas obras de literatura negra conhecidas até então logrou alcançar um público exógeno, chegando a um sucesso estrondoso de vendas, enquanto outros escritores negros e seus livros conheceram o silêncio dos pares ou a simpatia de poucos intelectuais engajados? À primeira das questões, o próprio Audálio Dantas responde:

> Por que a Francisco Alves? Primeiro porque a Francisco Alves era uma das editoras tradicionais do país, muito importante. E lá estava um grande amigo meu, Paulo Dantas, ele era coordenador de edições etc. [...]. E eu preferi. Eu dei preferência a ele por causa disso. Juntava duas coisas: a amizade por ele e a editora, que era uma editora tradicional. E me coube fazer o trabalho que todo mundo conhece. Compilar o diário. [...] A editora já apostou, porque a primeira edição foi de dez mil exemplares. Uma coisa fantástica. Ainda hoje no Brasil, primeiras edições ficam em dois, três mil exemplares. E veio com repercussão internacional[67].

A Livraria Francisco Alves Editora[68] investiu maciçamente na produção do livro. Paulo Dantas, antigo escritor e intelectual de orientação comunista, junto com o gerente Lélio de Castro Andrade, montou uma estratégia de promoção do diário que passava pela divulgação em jornais e revistas de grande circulação, exposição pública da escritora na rua e na sede da livraria, na rua Líbero Badaró, entre outras ações. Em agosto de 1960, *Quarto de despejo: diário de uma favelada* inaugurava a recém-criada coleção Contrastes e Confrontos (título retirado de um livro de Euclides da Cunha), que publicou, além de De Jesus, o jogador de futebol Edson Arantes do Nascimento, o Pelé, e um ensaio sobre o autor de *Os sertões*, escrito por Edgard de Carvalho Neves. Figuraram ainda no catálogo daquele ano da Francisco Alves autores díspares como Clarice Lispector (*Laços de família* e *A maçã no escuro*), Francisco Julião (*Irmão Juazeiro*), Carlos Lacerda (*Xanam*), Paulo Dantas (*O livro de Daniel*), entre outros. Cyro del Nero, responsável por diversos trabalhos na editora, além das capas e ilustrações de *Quarto de despejo* e *Casa de alvenaria*, afirma, sobre a criação cuidadosamente pensada do livro:

Audálio me procurou porque ele havia descoberto uma negra... que parecia uma negra daquelas tribos africanas, que pulam e são altíssimas. [...] E aí ele me levou à editora. A editora era a Francisco Alves, na rua Líbero Badaró. [...] Eu comecei a ilustrar, fazer capas para a Livraria Francisco Alves. E eles me passaram duas tarefas. Uma era Carolina Maria de Jesus. Outra era Clarice Lispector. Veja que honra. [...] E, então, eu procurei um estilo para a favela. O cinza sujo da favela. [...] [O lançamento] Foi aqui, na livraria, havia uma balcão... e Maria Carolina [sic] assinando, como você está vendo aí... Isso é tudo do lançamento do livro, né? E a imprensa toda... muito interessada. Muito interessada. Agora, o que eu quero dizer para você: interessada pelo sucesso de uma negra. Era isso. Pelo insólito desse sucesso. Pelo raro. Uma negra favelada escrevendo um livro, era notícia. Então, é sob esse aspecto. [...] não do valor social, não dos crimes sociais que revelava o livro... Não, não: é que era uma favelada que havia escrito um livro. Era isso. É sempre assim, né?[69]

Em meio à fabricação de seu livro (e de sua imagem), Carolina Maria de Jesus continuou escrevendo o diário, deduzindo-se que ela passava gradualmente os cadernos a Dantas à medida que este os ia compilando[70]. Criação e produção, portanto, se confundem. O quanto a segunda dimensão contaminou a primeira não é simples de responder, apenas se pode inferir e/ou nuançar argumentos. De toda forma, se a busca pelo exótico foi o que motivou o consumo de *Quarto* a partir de seu lançamento, ele aparece nos diários e na sua compilação com a potência de crítica social ou de protesto. *É o povo emergindo na História*, parafraseando Florestan Fernandes. Mas não apenas analiticamente. É o povo, vestido com seus andrajos, marcado por sua pobreza e falando com sua voz (mesmo que impulsionada). Dada a potência, o que foi feito disso é o que cabe discutir a seguir.

A 29 de outubro de 1958, De Jesus sentencia que "Já se foi o tempo em que a gente engordava". Esse será o *leitmotiv* da parte final do diário. A partir daí, a crítica ao entorno será uma constante crescente, com agudizações semelhantes a:

> Tenho nojo, tenho pavor
> Do dinheiro de alumínio
> O dinheiro sem valor
> Dinheiro do Juscelino [...]. (24 out. 1958)

– Se o custo de vida continuar subindo até 1960 vamos ter revolução. (1 nov. 1958)[71]

É significativo também que, em sua composição, o Dia da República não signifique nada além de um dia cinzento em 1958. Até o livro ser publicado, as perspectivas de vida não lhe eram boas, e De Jesus faz questão de dizê-lo. A cada fracasso pessoal ou tentativa frustrada de se autopromover, eleva-se o tom de crítica, e a escrita se torna mais espaçada, como ela o afirma: "... Fui no Correio retirar os cadernos que retornaram dos Estados Unidos. (...) Cheguei na favela. Triste como se tivessem mutilado os meus membros. O *The Reader Digest* devolvia os originais. A pior bofetada para quem escreve é a devolução de sua obra" (16 jan. 1959); "Eu parei de escrever o Diario porque fiquei desiludida. E por falta de tempo" (29 fev. 1959)[72]. Os registros de 1959 são quase tão curtos quanto os de 1955, voltando a alguma regularidade depois que Dantas publica sua reportagem na revista *O Cruzeiro*[73].

CAPA E CONTRACAPA DA PRIMEIRA EDIÇÃO DE *QUARTO DE DESPEJO*, DE 1960.

Contudo, antes, durante e depois disso, De Jesus registra um tenso corpo a corpo com a vida, no limiar da sobrevivência, criando assim um problema circular: *seu sucesso depende de sua miséria, e esta determina o ritmo de sua vida, quase inviabilizando-a*. A narrativa de De Jesus, nesse sentido, vai assumindo um tom desesperado: seja por suas expectativas criadas em torno do lançamento, seja pela incerteza do que lhe acontecerá. Um tom perceptível em passagens como: "... A vida é igual um livro. Só depois de ter lido é que sabemos o que encerra. E nós quando estamos no fim da vida é que sabemos como a nossa vida decorreu. A minha, até aqui, tem sido preta. Preta é a minha pele. Preto é o lugar onde eu moro" (28 maio 1959)[74]. Ou que se justifica pela ameaça física dos favelados, reagindo ao que era publicado nos jornais e revistas sobre a autora e seus pares, como relata nos dias 18, 25 e 27 de junho de 1959. Apesar disso, De Jesus escreve em 11 de junho de 1959, após ter visitado, como convidada, a sede da revista *O Cruzeiro* em São Paulo: "Eu estou alegre. Parece que minha vida estava suja e agora estão lavando".

Quarto de despejo se encerra como uma narrativa circular, chegando-se à nítida impressão de que nada mudou em quase duzentas páginas de condensação ficcional; e que, inclusive, a vida de sua autora e personagem pode ter piorado ainda mais. O aniversário de Vera Eunice, a 15 de julho de 1959, é marcado pela fome; a favela é retratada como *chiqueiro de São Paulo* e *gabinete do Diabo*; os políticos e órgãos públicos não recebem designações melhores, bem como as pessoas das *casas de alvenaria*, retratadas com sua desfaçatez em relação à situação dos favelados. A 1º de janeiro de 1960, a frase final do livro poderia estar no seu começo, sem retoques: "Levantei às 05 horas da manhã e fui carregar água".

Isso tem um significado muito importante. O circuito fechado da narrativa de *Quarto* permite discutir vários pontos de interesse. *Situada em relação a seus pares*, escritores negros ligados a associações e jornais, é válido afirmar que ela não apresenta idealizações nem uma visão teleológica em relação ao futuro do grupo negro. Ao contrário: o futuro é sublimado pelo presente contínuo, estigmatizado pelo passado do grupo social. Não que essa dimensão temporal esteja ausente de versos e contos de Oswaldo de Camargo, Solano Trindade, Carlos de Assumpção etc. Todavia, nesses autores engajados (bem como em Lino Guedes ou Abdias do Nascimento, ou nas facetas políticas dessas expressões literárias), o passado é uma dimensão que se quer e se fabula superar a todo custo. A identidade de *negra favelada* de De Jesus, ao contrário, constitui-se numa espécie de couraça de ferro, intimamente ligada à do *preto escravizado*, numa simbiose às avessas. *Ainda no plano literário e político*, isso faz de De Jesus um enorme desafio para testar os limites das ações e criações estético-políticas dos ativistas negros. *Embora ela não tenha sido um fato muito importante para o meio negro organizado*, como sugeriu Oswaldo de Camargo em suas memórias, eles tiveram que discuti-la, aproximar-se ou aproveitar-se (sem qualquer sentido pejorativo) da imagem dela, em alguma medida, para o temário de suas próprias atividades.

Figura difícil, interesses divergentes, tempos inóspitos (1961-64), fatores que fazem a aproximação entre eles ser de curta duração. *As consequências literárias futuras* são igualmente desafiadoras: *Quarto de despejo* fez herdeiros? Criou trilha a ser explorada pelos escritores subsequentes? Por fim, *as consequências sociológicas da narração de De Jesus*: assinaladas as complexidades da criação da obra e da sua composição interna (diário em fragmentos), pode-se afirmar que se está diante de instantâneos da vida cotidiana de São Paulo, vistos do ângulo menos favorável para um bonito retrato. Em um terreno de ambivalência, ambiguidade e tensão permanente, como um risco no disco da ladainha ufanista do progresso, De Jesus expressa muito bem o impasse apontado por Florestan Fernandes em relação às possibilidades efetivas de se pôr em crise o padrão tradicionalista das relações sociais do antigo regime e se efetivar *a era de esperanças reais*:

> Em contraste com a situação de contato de 1900-1930, diríamos que entramos, com referência às perspectivas da "população de cor", numa era de esperanças reais. Parece que chegou mesmo "a vez do negro" – para reutilizarmos uma expressão tomada dos sujeitos de investigação. [...] Contudo, é preciso que fique claro que não podemos endossar as opiniões "otimistas". O caminho percorrido foi quase insignificante, não correspondendo nem aos imperativos da normalização da ordem social competitiva, nem às aspirações coletivas da "população de cor", expressas através dos movimentos sociais reivindicativos. Superamos, em alguns aspectos, uma parte da demora cultural que separava nossa ordem racial de nossa ordem social. Mas subsiste o desequilíbrio que havia entre ambas. É verdade que o negro e o mulato avançaram, "progredindo" com a cidade. Mas, fizeram-no às cegas e em zigue-zagues [...]. O "negro" continua a debater-se, sozinho e desamparado,

num mundo socialmente insensível a seus dilemas materiais e morais, no qual as pessoas de outra cor sentem vergonha de agir como agem mas não possuem forças para proceder de modo diferente. Ora, enquanto isso suceder, estaremos umbilicalmente presos ao padrão tradicionalista de dominação racial, condenando os negros e os mulatos a uma desigualdade social inexorável [...]. Os dados coligidos revelam, abundantemente, que o negro e o mulato ainda empenham o grosso de seus esforços na luta pela superação do estado de pauperismo e de anomia [...]. Outras informações, e principalmente o impressionante relato de Carolina Maria de Jesus, corroboram esse lado sombrio da existência do "negro" na década de [19]50. As cenas descritas no "diário de uma favelada" sugerem, dramaticamente, que a fome, a miséria, a doença e a desorganização social, com suas variadas consequências sociopáticas, continuam a ter plena vigência para uma vasta parcela da "população de cor". Os porões e os cortiços são substituídos pelas favelas, o "quarto de despejo mais imundo que há no mundo" – "sucursal do Inferno, ou o próprio Inferno". Se a proporção de "negros" sobre a população socialmente desamparada e desorganizada diminui, em compensação aumenta a gravidade dos problemas sociais com que essa parcela da "população de cor" tem de defrontar-se inelutavelmente. "Temos só um jeito de nascer e muitos de morrer". Com essa frase sóbria, Carolina Maria de Jesus leva-nos ao âmago de uma realidade sombria e revoltante. É certo que também existem os "negros de alvenaria" e que eles são, felizmente, mais numerosos em nossos dias que os "negros favelados". Contudo, o nosso quadro geral é mais complicado que o do começo do século. Até na miséria aparecem gradações – e gradações sociologicamente relevantes, porque tornam a "pobreza remediada" um estado ideal para muitas "famílias de cor"[75].

Os desafios sociais sintetizados por *Quarto de despejo* em relação à marginalidade social e ao lumpesinato negro são de envergadura considerável. As respostas a eles, em face do surgimento da autora e de seus diários, foram dadas em distintas orientações, das quais se exemplificam algumas: quando do lançamento do livro, em uma ocasião o então ministro do Trabalho do governo Juscelino Kubitschek, João Baptista Ramos, achou que o problema das favelas se resolveria ao dar uma casa para Carolina Maria de Jesus (e, por extensão, a todos os favelados), solucionando o imbróglio; para acabar com as favelas de São Paulo, um grupo de estudantes universitários criou o Movimento Universitário de Desfavelamento (MUD), cuja leitura inicial era *Quarto*; a recepção de *Quarto* pode ser verificada pelo acolhimento ao livro seguinte de sua autora, *Casa de alvenaria*, quando se observa que, menos do que entender as razões sócio-históricas e o sentido humano do protesto de De Jesus, diferentes figuras da sociedade estão interessadas em *consumir* Carolina, o que gera uma gama de atritos considerável.

O dilema da integração do negro à sociedade de classes é a resultante de estruturas construídas nas relações históricas entre grupos e classes sociais. Para sair da favela, De Jesus e seus diários, isoladamente, através de seu *eu-como-potência*, encontraram algum eco. Enquanto coletivo, a dimensão do problema atinge outro patamar. Ampliado estruturalmente, *o problema do negro* coloca um impasse para a própria organização social do país. Ao encerrar sua análise sobre o assunto, Fernandes abre um leque de problemas para os anos vindouros que ainda se encontram na ordem do dia:

> Esta explicação permite situar *o problema do negro* de uma perspectiva realmente sociológica. Ele não constitui um "problema social" apenas porque evidencia contradições insanáveis no comportamento racial dos "brancos", porque traduz a persistência de padrões iníquos de concentração racial de renda, do prestígio social e do poder ou porque, enfim, atesta que uma parcela considerável da "população de cor" sofre prejuízos materiais e morais incompatíveis com os fundamentos legais da própria ordem social estabelecida. [...] O desenvolvimento da ordem social competitiva encontrou um obstáculo, está sendo barrado e sofre deformações estruturais na esfera das relações raciais. Desse ponto de vista, a correção de semelhante anomalia não interessa, primária e exclusivamente, aos agentes do drama, inclusive o que é prejudicado de modo direto e irremediável. Ela constitui algo de interesse primordial para o equilíbrio do sistema, ou seja, para a normalidade do funcionamento e do desenvolvimento da ordem social como um todo. [...] a única força de sentido realmente inovador, e inconformista, que opera em consonância com os requisitos de integração e desenvolvimento da ordem social competitiva, procede da ação coletiva dos

"homens de cor". Desse lado, a reorganização dos movimentos reivindicatórios e sua calibração ao presente parece algo fundamental. Hoje, o "meio negro" está mais diferenciado. Esses movimentos deveriam atender à variedade de interesses sociais, econômicos e culturais que emergiram no seio da "população de cor" [...]. No estabelecimento de uma política de integração racial assim orientada, os diversos segmentos da "população de cor" merecem atenção especial e decidida prioridade. De um lado, porque de outra maneira seria difícil reaproveitar-se, totalmente, essa importante parcela da população nacional no regime de trabalho livre. De outro, porque não se pode continuar a manter, sem grave injustiça, o "negro" à margem do desenvolvimento de uma civilização que ele ajudou a levantar. [...] Por um paradoxo da história, o "negro" converteu-se, em nossa era, na pedra de toque da nossa capacidade de forjar nos trópicos este suporte de civilização moderna[76].

Na década seguinte, apesar das dificuldades enfrentadas após o golpe de 1964, tanto a literatura negra quanto o movimento negro tentarão estar à altura do desafio lançado. Agora, não mais como produto de inteligências isoladas, mas buscando se realizar enquanto coletivo. Mais uma vez, o discurso literário operará um papel distintivo, cujas implicações serão discutidas no capítulo seguinte.

NOTAS

1 Carolina Maria de Jesus, *Diário de Bitita*, Rio de Janeiro: Nova Fronteira, 1986, p. 10.
2 "Sobre a infância de Carolina, a maior fonte de informações é o seu livro póstumo, *Diário de Bitita*. Em 1975, duas jornalistas vindas de Paris, uma brasileira, Clélia Pisa, e outra francesa, Maryvonne Lapouge, entrevistaram Carolina em São Paulo, pois estavam recolhendo testemunhos de mulheres brasileiras ligadas às mais variadas atividades. Somente em 1986 a Nova Fronteira publicou uma tradução do texto francês, *Diário de Bitita*". Cf. Eliana de M. Castro; Marília N. da M. Machado, *Muito bem, Carolina! Biografia de Carolina Maria de Jesus*, Belo Horizonte: C/Arte, 2007, p. 15. Embora importante, a edição da Nova Fronteira é criticável pelo fato de o texto original da autora ter sido severamente modificado.
3 Castro e Machado, 2007, *op. cit.*, p. 16.
4 Jesus, 1986, *op. cit.*, p. 7.
5 *Ibid.*, p. 34-5, 55-7, 89 e 92, respectivamente.
6 Castro e Machado, 2007, *op. cit.*, p. 19.
7 Jesus, 1986, *op. cit.*, p. 123.

8 O momento em que descobre ter aprendido a ler é rememorado de maneira a dar o tom da importância do ato: "[...] percebi que já sabia ler. Que bom! Senti um grande contentamento interior [...]. Vasculhei as gavetas procurando qualquer coisa para eu ler. A nossa casa não tinha livros. Era uma casa pobre. O livro enriquece o espírito. Uma vizinha emprestou-me um livro, o romance *Escrava Isaura*. Eu, que já estava farta de ouvir falar na nefasta escravidão, decidir que deveria ler tudo que mencionasse o que foi a escravidão". *Ibid.*, p. 126.

9 "Foi com pesar que deixei a escola. Chorei porque faltavam dois anos para eu receber meu diploma [...]. Minha mãe encaixotava os nossos utensílios, eu encaixotava os meus livros, a única coisa que eu venerava." *Ibid.*, p. 128.

10 *Ibid.*, p. 200-3.

11 *Ibid.*, p. 151.

12 "A escolha de São Paulo como unidade da investigação explica-se naturalmente. Ela não só é a comunidade que apresenta um desenvolvimento mais intenso, acelerado e homogêneo quanto à elaboração socioeconômica do regime de classes. É, também, a cidade brasileira na qual a revolução burguesa se processou com maior vitalidade, segundo a norma do Trabalho-Livre, na Pátria-Livre. Além disso, em virtude de peculiaridades sócio-históricas, nela o 'negro' só adquire importância real tardiamente e sofre, em condições sumamente adversas, os efeitos concorrenciais da substituição populacional." Florestan Fernandes, *A integração do negro à sociedade de classes: o legado da raça branca*, v. 1, São Paulo: Ática, 1978a, p. 10.

13 *Ibid.*, p. 15 (grifos meus).

14 Esta e a citação imediatamente anterior: José C. S. Bom Meihy e Robert Levine, *Cinderela negra: a saga de Carolina Maria de Jesus*, Rio de Janeiro: UFRJ, 1994, p. 185.

15 Castro e Machado, 2007, *op. cit.*, p. 25-8 (colchetes meus).

16 José Correia Leite e Cuti, *... E disse o velho militante José Correia Leite*, São Paulo: Secretaria de Cultura, 1992, p. 138.

17 Vale lembrar esta passagem de Fernandes: "Os informantes negros e mulatos deixam entrever, por sua vez, que houve relativa demora na formação de uma consciência independente e realista da situação em que se achavam. [...] *Em suma, um segmento pequeno e relativamente exclusivista da 'população negra' predispunha-se ao inconformismo construtivo e começava a forjar uma consciência realista da situação de contato, tendo em vista os interesses do negro nos processos econômicos, sociais e políticos. Mas, por sua vez, afastavam-se da realidade e do presente. Ansiavam por um estilo de vida que não se coadunava sequer com os propósitos dos brancos estrangeiros, que construíam sua independência sem atentar para os padrões de decoro das antigas camadas senhoriais; e negavam, como os próprios brancos, sua solidariedade*

diante dos verdadeiros componentes da 'ralé negra da cidade', afastando-se e envergonhando-se dela, como se todos não tivessem um destino e uma causa comuns". Fernandes, 1978a, *op. cit.*, p. 84-6 (grifos meus).

18 Cf. Bom Meihy e Levine, 1994, *op. cit.*, p. 187. O mesmo episódio é discutido em: Castro e Machado, 2007, *op. cit.*, p. 30.

19 Após pesquisa no jornal mencionado pela autora, no dia e semana explicitados, nada foi encontrado, por este pesquisador, sobre o encontro. Suas biógrafas afirmam que "Há, entretanto, controvérsias quanto à data dessa primeira reportagem [...]. Ela própria, no diário manuscrito de 4 de junho de 1958, mencionou 1940 como o ano do artigo na *Folha da Manhã*. Audálio Dantas [...] indicou 1946 como o ano da reportagem de Vili Aureli [*sic*] [...]". Castro e Machado, 2007, *op. cit.*, p. 30. Mantém-se, entretanto, a referência por se considerar importante para a (autor)reconstrução da trajetória da escritora e ela ser um ponto considerável de sua construção memorialista.

20 Marisa Lajolo, Poesia no quarto de despejo, ou um ramo de rosas para Carolina, em: Carolina Maria de Jesus, *Antologia pessoal*, Rio de Janeiro: UFRJ, 1996, p. 52-3.

21 Fernandes, 1978a, *op. cit.*, p. 97.

22 "[...] Corresponder ao aluguel de um quarto no cortiço já representava um êxito, pois era preciso possuir dinheiro para pagá-lo e varar as resistências do locador. [...] O locatário convencional de um, dois ou três quartos, com cozinha independente ou comum, era o chefe da família – a mãe solteira, o pai, o amásio da mãe ou o padrasto. [...] Os cortiços mais célebres foram construídos com fitos exclusivamente comerciais: em condições anti-higiênicas, mal ventilados, mal iluminados e com pequeno espaço útil. É fácil imaginar o que acontecia; a habitação expulsava os moradores para a rua. Os que trabalhavam fora, com frequência saíam pela manhã e voltavam à noite. Mas, os que estivessem desocupados ou semiocupados permaneciam mais tempo em contato íntimo com outros no quarto. Nada se ocultava dos demais [...]. As crianças aprendiam precocemente os segredos da vida, sabendo como os adultos procediam para ter prazer sexual, como se perpetua a espécie e se processa o parto, quando iriam receber um novo irmãozinho etc. [...] Afinal, diziam, 'o negro nasceu para isso mesmo!'." *Ibid.* p. 147-8.

23 "[...] O regime extinto não desapareceu por completo após a Abolição. Persistiu na mentalidade, no comportamento e até na organização das relações sociais dos homens, mesmo naqueles que deveriam estar interessados numa subversão total do *antigo regime*." *Ibid.*, p. 248. E, ainda: "[...] *É sabido que, em certas circunstâncias, o passado não se conserva apenas nos documentos e nas lembranças dos homens: ele também se evidencia por sua mentalidade, por seu comportamento e pelo funcionamento das instituições.*" *Ibid.* p. 270 (grifos meus).

24 Ibid., p. 316-8 e 332, respectivamente.

25 "[...] *os episódios relacionados com os referidos movimentos sociais marcaram o retorno do negro e do mulato à cena histórica. Agora eles repontam como uma vanguarda intransigente e puritana do radicalismo liberal, exigindo a plena consolidação da ordem social competitiva.* [...] Insurgem-se, literalmente, contra as iniquidades e as impurezas históricas do regime, propugnando que a sociedade aberta não fosse fechada para ninguém, e muito menos para um contingente racial [...] *o negro e o mulato chamaram a si duas tarefas históricas: de desencadear no Brasil a modernização do sistema de relações raciais; e de provar, praticamente, que os homens precisam identificar-se de forma íntegra e consciente, com os valores que encarnam a ordem social escolhida.*" Ibid., p. 8-9 (grifos meus).

26 Ibid., p. 28-9.

27 Baseando-se nos trabalhos do sociólogo Lúcio Kowarick, as biógrafas de De Jesus afirmam: "Naqueles anos [19]40, o número de habitantes de São Paulo ultrapassou dois milhões, o dobro da década anterior. O principal problema da cidade era a habitação. Para os pobres, além do cortiço, habitação predominante da classe trabalhadora até a década de 1950, a outra solução era a autoconstrução na periferia, atrelada à forte especulação imobiliária e à alteração do sistema de transporte, com a criação de linhas de ônibus, que passaram a formar uma malha viária espalhada e flexível, facilitando ainda mais a industrialização". Castro e Machado, 2007, *op. cit.*, p. 31.

28 Florestan Fernandes, *A integração do negro na sociedade de classes*, 4. ed., São Paulo: Ática, 1978, p. 114-5 (grifos meus). Repare-se no debate em entrelinhas, com Paulo Duarte, ao usar o termo "negrada".

29 É o que afirma Paulino: "Em relação ao fenômeno em São Paulo há uma lacuna neste aspecto. Muito se escreveu sobre as favelas em São Paulo, sua evolução ao longo do tempo, mas quase nada foi escrito sobre o pensamento sobre este fenômeno em São Paulo. Isto é, sobre os conceitos, imagens e representações elaboradas por ele". Cf. Jorge Paulino, *O pensamento sobre a favela em São Paulo: uma história concisa das favelas paulistanas*, dissertação (mestrado em Habitat) – FAU-USP, São Paulo, 2007, p. 12.

30 Cf. Ibid., p. 73-4.

31 Há duas especificidades no fato de Godinho ser assistente social: sua profissão aparece com a função de evidenciar, para as elites da capital naquele momento, quem eram os pobres, uma vez que, a partir dos anos 1930, os locais em que eles residiam eram vistos como periferias perigosas e problemáticas. A outra é que ela conheceu de perto Carolina Maria de Jesus, seus filhos e realidade, como atesta seu depoimento em: Bom Meihy e Levine, 1994, *op. cit.*

32 Godinho (1955) apud Paulino, 2007, *op. cit.*, p. 80-1 (grifos meus).

33 Acerca desses argumentos, cf. Paulino, 2007, *op. cit.* p. 76-85.

34 Fernandes, 1978a, *op. cit.*, p. 116-7 e 119, respectivamente.
35 Paulino, 2007, p. 89-90, *op. cit.* (grifos meus).
36 Godinho (1955) *apud* Paulino, 2007, *op. cit.*, p. 84 (grifos meus).
37 José C. S. Bom Meihy e Robert Levine (org.), *Carolina Maria de Jesus: meu estranho diário*, São Paulo: Xamã, 1996, p. 115. Registro de 4 de dezembro de 1958.
38 "As comemorações do IV Centenário transformam a cidade na meca da cultura e das ciências brasileiras. São Paulo projeta o fumo da sua 'locomotiva', desenhando um tempo de renovação e de recriação de sua mitologia [...]. Tratava-se de uma época com alto grau de dinamismo, na qual a crença nas possibilidades infinitas do desenvolvimento cultural era homóloga à convicção da modernização econômica, social e política que tinha em São Paulo a sua grande promessa. Assim, o presente aspirava [a]o futuro civilizado que, diga-se de passagem, seduzia a todos. Especificamente, produziu-se uma confluência do poder econômico e político com o 'mundo do espírito', pois todos estavam imbuídos de vontades semelhantes, ainda que elas dissessem respeito a campos diferentes." Maria Arminda do N. Arruda, *Metrópole e cultura: São Paulo no meio século XX*, Bauru: Edusc, 2001, p. 101 e 107, respectivamente.
39 Carolina Maria de Jesus, *Quarto de despejo: diário de uma favelada*, São Paulo: Francisco Alves, 1960, p. 13.
40 Erich Auerbach, *Mimesis: a representação da realidade na literatura ocidental*, 5. ed., São Paulo: Perspectiva, 2004, p. 447 e 454-5, respectivamente.
41 Cf. Audálio Dantas, Nossa irmã Carolina, em: Jesus, 1960, *op. cit.*, p. 5-12.
42 Entrevista de Audálio Dantas concedida a Mário Augusto M. da Silva em 19 out. 2009, em São Paulo.
43 "Detenhamo-nos, com efeito, nesta simples constatação: se o quotidiano é o que se passa quando nada se passa – na vida que escorre, em efervescência invisível –, é porque 'o que se passa' tem um significado ambíguo próprio do que subitamente se instala na vida, do que nela irrompe como novidade ('o que se passou'), mas também o que nela flui ou desliza (o que se passa...) numa transitoriedade que não deixa grandes marcas de visibilidade. [...] a vida quotidiana é um tecido de maneiras de ser e de estar, em vez de um conjunto de meros efeitos secundários de 'causas estruturais'." José Machado Pais, *Sociologia da vida quotidiana: teorias, métodos e estudos de caso*, 3. ed., Lisboa: ICS, Imprensa de Ciências Sociais, 2007, p. 30 e 32, respectivamente. Agradeço a Vanda Silva pela indicação.
44 Cf. Michel Braud, *La forme des jours : pour une poétique du journal personnel*, Paris: Éditions du Seuil, 2006, p. 247, 252-5 e 260, respectivamente (tradução minha).
45 "Os homens vagabundos querem arrebatar a bola das crianças. Os meninos jogam pedras nos marmanjos. E eles querem bater nas crianças. Quando me vêm aquietam, porque ninguém quer ficar

incluído no meu Estranho Diario." Bom Meihy e Levine, 1996, *op. cit.*, p. 74.

46 A *Enciclopédia de literatura brasileira*, no verbete referente a diários, afirma se tratar de "Gênero literário usado por *escritores ou pessoas cultas* para registrar pensamentos, acontecimentos de suas vidas ou de outrem". Afrânio Coutinho e José Galante de Sousa, *Enciclopédia de literatura brasileira*, São Paulo: Global, 1989, p. 593 (grifos meus). No Brasil, segundo os autores, merecem destaque nessa acepção Lúcio Cardoso, Otávio de Faria, Humberto de Campos, Ascendino Leite e Josué Montello, apenas.

47 Jesus, 1960, *op. cit.*, p. 17-8, 21, 25-6 e 28-9, respectivamente.

48 *Ibid.*, registros de 9 maio 1958 e 16 maio 1958, respectivamente.

49 *Ibid.*, p. 32.

50 "[...] Por fim, existe o problema deveras complexo da separação do 'meio negro'. Nas condições focalizadas, o 'negro em ascensão' tem de preparar-se para retrair-se e, até, para isolar-se de conhecidos, amigos e parentes. [...] A necessidade de pôr em prática o novo nível de vida, de encontrar pessoas com interesses sociais análogos e aspirações idênticas é que está na raiz das motivações evitativas. Então, ao repudiar o 'negro pobre', não é ao 'negro' propriamente dito que se está evitando. Mas, certo estado social, do qual pretende afastar-se a todo custo. A prova disso é que prefere buscar a companhia de outros 'negros' de posição social comparável, em vez de tentar a convivência exclusiva com 'brancos' de nível social idêntico ou inferior. *Numa das entrevistas, um dos antigos líderes dos movimentos reivindicativos, muito sensível à lealdade aos interesses fundamentais da 'coletividade negra', afirmou taxativamente: 'meus interesses não estão no meio negro ignorante'* [...]". Fernandes, 1978a, *op. cit.*, p. 189 (grifos meus).

51 Jesus, 1960, *op. cit.*, p. 32-3.

52 "Os políticos só aparecem aqui nas epocas eleitoraes. O Senhor Cantídio Sampaio quando era vereador em 1953 passava os domingos aqui na favela. Ele era tão agradável. Tomava nosso café, bebia nas nossas xícaras. Ele nos dirigia as suas frases de viludo. Brincava com nossas crianças. Deixou boas impressões por aqui e quando candidatou-se a deputado venceu. Mas na camara dos Deputados não criou um progeto para beneficiar o favelado. Não nos visitou mais" (15 maio 1958). *Ibid.*, p. 32-3.

53 "[...] O tenente interessou-se pela educação dos meus filhos. Disse-me que a favela é um ambiente propenso, que as pessoas tem mais possibilidades de delinquir do que tornar-se util a patria e ao país. Pensei: Se ele sabe disto, porque não faz um relatório e envia para os políticos? O senhor Janio Quadros, o Kubstchek e o Adhemar de Barros? Agora falar pra mim, que sou uma pobre lixeira. Não posso resolver nem as minhas dificuldades [...]" (10 maio 1958). *Ibid.*, p. 31. "[...] Quando eu desperto custo a adormecer. Fico pensando na vida atribulada e pensando nas palavras do Frei Luiz que nos diz para sermos humildes. Penso: se

o Frei Luiz fosse casado e tivesse filhos e ganhasse salário mínimo, aí eu queria ver se o Frei Luiz era humilde. Diz que Deus dá valor só aos que sofrem com resignação. Se o Frei Luiz visse os seus filhos comendo generos deteriorados, comidos pelos côrvos e ratos, havia de revoltar-se, porque a revolta surge das agruras" (8 jul. 1958). *Ibid.*, p. 84. "[...] De manhã o padre veio dizer missa. Ontem ele veio com o carro capela e disse aos favelados que eles precisam ter filhos. Penso: porque há de ser o pobre quem há de ter filhos – se filhos de pobre tem que ser operário? [...] Na minha fraca opinião, quem deve ter filhos são so ricos, que podem dar alvenaria para os filhos. E eles podem comer o que desejam. [...] Quando o carro capela vem na favela surge varios debates sobre a religião. As mulheres dizia que o padre disse-lhes que podem ter filhos e quando precisar de pão podem ir buscar na igreja. [...] Para o senhor vigario, os filhos de pobres criam só com pão. Não vestem e não calçam" (8 dez. 1958). *Ibid*, p. 136-7.

54 Esta e todas as citações imediatamente anteriores: Jesus, 1960, *op. cit.*, p. 65, 75, 118 e 35-7, respectivamente.

55 *Ibid.*, p. 38-9.

56 Esta e todas as citações imediatamente anteriores: *Ibid.*, p. 40-1, 40 e 51, respectivamente.

57 Michel Foucault, *O que é um autor?*, 4. ed., s/l: Vega, 2000.

58 *Ibid.*, p. 42-4 e 45, respectivamente.

59 Cf. Braud, 2006, *op. cit.*, p. 8 (tradução minha).

60 Cf. Dantas, 1960, *op. cit.*, p. 5-12.

61 Audálio Dantas, Carolina Maria de Jesus faz um retrato sem retoque do mundo sórdido em que vive, *Folha da Noite*, São Paulo, 9 maio 1958, p. 9.

62 Entrevista de Audálio Dantas concedida a Mário Augusto M. da Silva em 19 out. 2009, em São Paulo. A matéria para a revista *O Cruzeiro* a que o entrevistado se refere encontra-se em: Audálio Dantas, Retrato da favela no diário de Carolina, *O Cruzeiro*, Rio de Janeiro, n. 36, 1959, p. 92-8.

63 Todas as citações: Jesus, 1960, *op. cit.*, p. 84, 40, 91, 128 e 126, respectivamente.

64 Ambas as citações: *Ibid*, p. 119, 121, respectivamente.

65 Cf. Bom Meihy e Levine, 1996, *op. cit.*, p. 74.

66 "O leitor-modelo de uma história não é o leitor empírico. O leitor empírico é você, eu, todos nós, quando lemos um texto. Os leitores empíricos podem ler de várias formas, e não existe lei que determine como devem ler, porque em geral utilizam o texto como receptáculo de suas próprias paixões [...]. Quem já assistiu a uma comédia num momento de profunda tristeza sabe que em tal circunstância é muito difícil se divertir [...]. Evidentemente, como espectadores empíricos, estaríamos 'lendo' o filme de maneira errada. Mas 'errada' em relação a quê? Em relação ao tipo de espectadores que o diretor tem em mente. [...] é o que eu chamo de leitor-modelo – uma espécie de tipo ideal que o texto não só prevê como colaborador, mas ainda procura criar [...]." Umberto Eco,

Seis passeios pelos bosques da ficção, São Paulo: Companhia das Letras, 1994, p. 14-5. E ainda: "Para saber como uma história termina, basta em geral lê-la uma vez. Em contrapartida, para identificar o autor-modelo é preciso ler o texto muitas vezes e algumas histórias incessantemente. Só quando tiverem descoberto o autor-modelo e tiverem compreendido (ou começado a compreender) o que o autor queria deles é que os leitores empíricos se tornarão leitores-modelo maduros". *Ibid.*, p. 33.

67 Entrevista de Audálio Dantas concedida a Mário Augusto M. da Silva em 19 out. 2009, em São Paulo.

68 A casa escolhida foi fundada no Rio de Janeiro, no final do século XIX, pelo livreiro português Francisco Alves D'Oliveira. Laurence Hallewell, *O livro no Brasil: sua história*, 2. ed., São Paulo: Edusp, 2005, p. 277-95.

69 Entrevista de Cyro del Nero concedida a Mário Augusto M. da Silva em 29 jul. 2007, em São Paulo.

70 "[...] Eu estava escrevendo. Ela perguntou-me: – Dona Carolina, eu estou neste livro? Deixa eu ver!/ – Não. Quem vai ler isto é o senhor Audálio Dantas, que vai publicá-lo" (18 dez. 1958). Jesus, 1960, *op. cit.*, p. 138.

71 *Ibid.*, p. 123 e 126, respectivamente.

72 *Ibid.*, p. 147 e 154, respectivamente.

73 "[...] Fomos na rua 7 de abril e o repórter comprou uma boneca para a Vera [...]. Eu disse aos balconistas que escrevi um diario que vai ser divulgado no *O Cruzeiro*" (6 maio 1959). *Ibid.*, p. 157-8. E: "[...] Quando cheguei e abri a porta, vi um bilhete. Conheci a letra do repórter. Perguntei a Dona Nena se ele esteve aqui. Disse que sim [...]. O bilhete dizia que a reportagem vai sair dia 10, no *Cruzeiro*. Que o livro vai ser editado. Fiquei emocionada" (8 jun. 1959). *Ibid.*, p. 162.

74 *Ibid.*, p. 160.

75 Esta e a citação imediatamente anterior: Florestan Fernandes, *A integração do negro à sociedade de classes: no limiar de uma nova era*, v. 2, São Paulo: Ática, 1978b, p. 197 e 199, respectivamente.

76 *Ibid.*, p. 460-3.

CAPÍTULO 7
—
DAS ILUSÕES PERDIDAS
À REALIDADE DAS
RUAS: *CADERNOS
NEGROS*, 1978

Para a sociologia crítica e o protesto literário negro dos anos 1950-60, a ruptura das aproximações se dá em 1964, com o golpe de Estado civil-militar. O período que compreende os quatro primeiros anos dessa década se apresenta como uma espécie de, com algum exagero, *conformação de destinos* e *momento de incertezas*, absolutamente férteis de apostas no sentido das ações e na história (ou talvez melhor, *no sentido da história*). Dito de outra forma: é a etapa em que ocorre o acirramento das análises e ações sociais desses sujeitos, consideradas *progressistas*; mas, também, e quiçá na mesma intensidade, se dão as condições adversas que levarão a seu declínio e ocaso (a iminência do golpe, as crises internas da ACN, a consagração de curto tempo de De Jesus etc.). Está-se diante de um fluxo e contrafluxo do movimento das ideias e ações em proporções consideráveis. Nele, a literatura negra, confirmando a hipótese de sua íntima relação com os processos sociais concernentes ao grupo negro, sofre suas consequências.

No processo, a análise sobre as relações sociais racializadas, tal como vinha se desenvolvendo, altera-se. A certa altura de um balanço crítico sobre o tema, Lilia Schwarcz afirma que:

> É com a chegada dos anos [19]70, e na esteira dos impasses políticos vivenciados, que todo um movimento de contestação se forma. Com relação à temática selecionada, parece certo supor que o conjunto dos estudos não colocava mais em dúvida a existência do preconceito. A questão agora parecia circunscrever-se à verificação das diferentes faces do problema [...]. Data dessa época, também, o surgimento do Movimento Negro Unificado, que, apoiado em boa parte nas conclusões da Escola Paulista de Sociologia, tornou mais forte o coro daqueles que já demonstravam o lado mítico da democracia racial. Em um momento em que, com a ditadura, as esferas tradicionais de manifestação política – como os partidos e os sindicatos – estavam controladas ou reprimidas, outras formas de organização se impõem, como os movimentos de mulheres, de homossexuais e de negros. Cabe lembrar, ainda, a importância da volta dos exilados e o impacto da descolonização – em especial na África portuguesa – e sua influência nesse debate[1].

Para tentar dar conta desse novo movimento de ideias e problemas, este capítulo está subdividido em dois momentos, como anuncia seu título. Alerte-se que isso é apenas um procedimento heurístico e arbitrário, especialmente no que tange ao ativismo literário negro. Um momento está contido no outro, e ambos se amalgamam, de maneira a tornar explicável o *ressurgimento* do movimento negro e da literatura negra 14 anos após o golpe que, apenas na superfície, teria feito terra arrasada dessas ações. Como se demonstrará, *as ilusões perdidas* e *a realidade das ruas* são componentes complexos de ideias em movimento, que possuem continuidade em função das ações de antigos e novos sujeitos sociais em cena. As ideias e as ações não somem e aparecem simplesmente. E a literatura do negro terá um papel de destaque nesse intricado e complexo processo social.

1961-64: ILUSÕES PERDIDAS, DILEMAS E PROBLEMAS DA INTEGRAÇÃO SOCIAL

> [...] *Agora eu falo e sou ouvida. Não sou mais a negra suja da favela.*
> Carolina Maria de Jesus

> *Esta favelada, Carolina Maria de Jesus, escreveu o livro – Quarto de despejo – A Livraria Francisco Alves o oferece ao povo*[2].

Em abril de 1960, o jornal *O Estado de S. Paulo* publica, entre os dias 13 e 15, extensas reportagens especiais sobre o tema da favela, resultado de pesquisas coordenadas pelo padre dominicano francês Louis-Joseph Lebret. Elas tratam do Rio de Janeiro, apresentando dados estatísticos e análises históricas sobre o surgimento e desenvolvimento do problema e propondo soluções para a questão. As pesquisas, encomendadas e financiadas pelo jornal paulista, constituem o relatório *Aspectos humanos da favela carioca: estudo socioeconômico elaborado pela Sociedade de Análises Gráficas e Mecanográficas Aplicadas aos Complexos Sociais* (Sagmacs).

"Conforme atestam numerosas testemunhas, esse texto teve enorme importância por seu impacto político-mediático e exerceu uma considerável influência sobre pesquisadores, sociólogos, antropólogos, arquitetos e geógrafos [...]", afirma a socióloga Licia do Prado Valladares, em um importante trabalho sobre a história dos estudos sobre a favela carioca, no qual discute a experiência de Lebret no Brasil, sua rede de sociabilidade e os impactos de suas ações[3].

Em 19 de agosto de 1960, a editora carioca Livraria Francisco Alves, por meio do escritório paulista, *ofereceu ao povo* o livro *Quarto de despejo*. Num intervalo de quatro meses, portanto, a favela se torna o grande tema do momento, visto por ângulos distintos. Em um aspecto do debate, tem-se o problema da marginalidade e o da integração social deficiente, vivenciados curiosamente desde 1947 por ambos (data em que Lebret chega a São Paulo e que De Jesus reside no Canindé), mas em ângulos opostos. Enquanto, para a Sagmacs, planejamento, profilaxia, conhecimento detalhado da situação, saneamento básico, trabalho social de indivíduos e intervenção do poder público são as ferramentas para combater o *problema carioca*, em *Quarto de despejo* os leitores chegam à última linha convencidos – ou ao menos desconfiados – de que tais soluções para o tema serão pouco eficazes; de que ele se agudizará, ao menos em São Paulo, com a anuência do próprio poder público.

Percebe-se que no mínimo sua autora tem de ser *salva* de seu infortúnio, dado o tom de suas críticas e as consequências que elas podem provocar, uma vez que, então, De Jesus já é chamada de *voz de protesto*, em jornais e revistas. Entre a posição de Lebret e a narração de De Jesus há um vão enorme, que coloca em xeque as apostas sobre as possibilidades de desenvolvimento e mudança sociais, opondo as posições da USP e da Elsp em relação a isso[4]. No caso de De Jesus, a questão se torna mais grave, uma vez que seu protesto esgota três mil exemplares em poucos dias, logo após o lançamento.

Para a análise sociológica, portanto, dado esse cenário, tão importante quanto o sucesso estrondoso de Carolina Maria de Jesus é explicar sua súbita e inequívoca derrocada. *Quarto de despejo*, admitindo-se algum exagero, questiona, a partir de seu universo ficcional e das implicações no mundo real, as possibilidades de realizações objetivas de diferentes sujeitos, estruturas e projetos sociais. Para entender isso mais claramente, é necessário recorrer ao segundo livro da autora, *Casa de alvenaria*.

Escrito entre fins de 1960 e 1961, lançado em setembro deste ano, quase um ano depois do primeiro livro, quando a autora ainda recebe os direitos autorais pela sétima edição nacional de *Quarto de despejo*[5], *Casa de alvenaria* é publicado pela mesma Francisco Alves, com prefácio de Audálio Dantas. Ainda é um diário compilado pelo jornalista, confirmando a familiaridade de De Jesus com esse gênero literário. Entretanto, duas alterações importantes ocorrem: o novo livro recebe subtítulo e prefácio sugestivos, que são *Diário de uma ex-favelada* e "História de uma ascensão social", aventando que estava dada a solução do imbróglio provocado pelo livro anterior e pela figura da autora. Esta, por sua vez, já não dispõe mais de tempo e de certa tranquilidade para exercer a reflexão e escrita, necessidades básicas para um praticante do gênero diário.

Dessa forma, *Casa de alvenaria* é, em grande medida, um retrato da recepção fervorosa de *Quarto de despejo* e do turbilhão que toma conta da vida de De Jesus. Quase senso comum se tornou a afirmação de que é um livro sem qualidades[6], verificando-se que na fortuna crítica da autora raramente é mencionado ou citado. Há pouca preocupação em se refletir sobre o processo de mudança das relações sociais que envolve De Jesus e, consequentemente, de suas percepções do entorno. Uma pista interessante para esse ponto é dada pelos historiadores Meihy e Levine:

> O sucesso de seu segundo livro foi bem menor, apesar de ser a continuação de seu diário, escrito inclusive no mesmo estilo. [...] Apesar de Audálio Dantas e muitos outros jornalistas e intelectuais terem dito que o segundo livro era tão importante como o primeiro, este só vendeu de pronto apenas 3 mil exemplares de uma edição de 10 mil. *Logicamente* isto refletia a rejeição proposta pelos grupos simbolizados pela classe média de Santana, pela esquerda decepcionada e pela crítica que cobrava de Carolina dotes de escritora de carreira. [...] *Casa de alvenaria* é um texto de conteúdo muito mais agressivo que *Quarto de despejo* [...] Em *Casa*, Carolina culpava os políticos, até mesmo os reformadores que seriam mais tarde silenciados pelo golpe de 1964. Entre eles incluíam-se Miguel Arraes, dom Helder Câmara e Leonel Brizola. [...] A crítica literária permanecia cada vez mais alheia. Sua obra gradativamente passava a ser considerada "pastiche" ou descrita como mero atestado da miséria[7].

Porém, será a partir desse livro que se extrairão as fontes para a discussão desta primeira parte do capítulo. E será com ele que se introduzirá a discussão sobre os usos dos estigmas sociais na recepção literária negra e periférica.

> *Agora eu estou na sala de visita. O lugar que eu ambicionava viver. Vamos ver como é a minha vida aqui na sala de visita.*

> A minha história pode ser resumida assim:
> – Era uma vez uma preta que morava no inferno.
> Saiu do inferno e foi para o céu[8].
>
> Carolina Maria de Jesus

O fim da compilação de *Quarto de despejo* se deu em 1º de janeiro de 1960. *Casa de alvenaria* teve início em 5 de maio de 1960[9]. Nesse interregno, De Jesus ainda residia no Canindé, lutando pela sobrevivência junto aos filhos, embora estivesse em tratativas para publicar o primeiro livro. Já era uma pessoa reconhecida nas ruas, em função de reportagens feitas por Dantas a seu respeito e veiculadas pela *Folha da Noite* e *O Cruzeiro*. Nesse ano, entre 5 de maio e 19 de agosto (dia do lançamento de *Quarto de despejo*), efetuou-se a exposição pública da *autora*, em jornais, programas de televisão, reuniões culturais e os mais distintos eventos. E ela ainda morava na favela, mas não por desejo próprio.

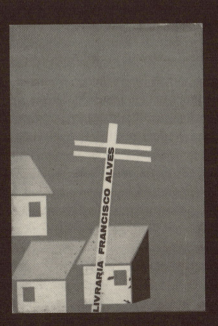

CAPA ABERTA DE *CASA DE ALVENARIA*, EDIÇÃO DE 1961.

Sobre o livro em si, as mais variadas opiniões foram expressas a partir de diferentes pontos do espectro político do momento. Algumas a editora julgou importante para compor a orelha do livro: "Haverá quem grite comunismo diante de um livro como este [...]" (dom Helder Câmara); "Não sei se *Quarto de despejo* é, rigorosamente falando, uma obra literária; mas é um livro que marca e empolga" (Luís Martins); "[...] Ninguém esperava que a favela, afundada na lama, estivesse preparando a sua resposta" (J. Herculano Pires); ou, finalmente, "Tampouco têm razão os que não acreditam na autenticidade do livro e desconfiam que tudo não passa de uma chantagem [...] só um gênio seria capaz de se colocar no lugar de uma favelada e fingir a vivência dos episódios que ela narra" (Ferreira Gullar). Se esses comentários expressam, em alguma medida, a potência do primeiro livro de De Jesus, poucos meses depois, ao prefaciar o diário de uma ex-favelada, seu descobridor afirma:

> [...] Agora, tenho de falar de novas histórias daquela mesma negra em cujo barraco encontrei a *subversão manuscrita*. Ela saiu do quarto de despejo e instalou-se num sonho – uma casa de alvenaria. [...] Casa de Alvenaria *é depoimento tão importante quanto* Quarto de Despejo, *mesmo sem o tom dramático da miséria favelada*. Em certos aspectos, é um livro mais fascinante, porque nele há um pouco de alegria, há o deslumbramento da descoberta, há a felicidade do estômago satisfeito, há a perplexidade diante de pessoas e coisas diferentes e uma amarga constatação: a miséria existe também na alvenaria, em formas as mais diversas. [...] *Os personagens que desfilam nestas páginas são, quase todos, de condição diferente* daqueles angustiados que se agitam no mundo de tábua e zinco da favela. *Aqui, eles são vistos, muitas vezes com deformações, por uma criatura que viveu sempre à margem, uma desintegrada social, que lutou desesperadamente para entrar na sociedade mais ampla e menos infeliz da sala de visitas.* [...] Como no quarto de despejo, ela continuou a escrever o seu diário, a fazer retrato. Só que *o retrato da gente de alvenaria tem algumas distorções, é assim como um painel com pontos de perfeita nitidez e áreas esfumadas, nebulosas.* [...] O que essa negra vinda do monturo representa no inconsciente coletivo: voz de protesto. [...] *Finalmente, uma palavrinha a Carolina, revolucionária que saiu do monturo e veio para o meio da gente de alvenaria: você contribuiu poderosamente para a gente ver melhor a desarrumação do*

quarto de despejo. Agora você está na sala de visitas e continua a contribuir com este novo livro, com o qual você pode dar por encerrada a sua missão. Conserve aquela humildade, ou melhor, recupere aquela humildade que você perdeu um pouco – não por sua culpa – no deslumbramento das luzes da cidade. Guarde aquelas "poesias", aqueles "contos" e aqueles "romances" que você escreveu. A verdade que você gritou é muito forte, mais forte do que você imagina. Carolina, ex-favelada do Canindé, minha irmã lá e minha irmã aqui[10].

Que se passou? No uso da forma literária, na linguagem de que se valeu, no procedimento de construção e edição da obra, a escritora e o livro empregaram as mesmas características apontadas antes. Contudo, para além de noticiar a *história de uma ascensão social*, o prefácio de Dantas também cumpre a função de *matar a autora*. Aceitando-se as proposições de Michel Foucault de que, a uma certa altura do pensamento ocidental, a obra literária passa a remeter à figura do autor e este, a ser um ponto de referência indissociável dessa obra, uma ferramenta social de controle sobre o texto (ou de suas expectativas), na mesma intensidade que é (ou é passível de ser) controlado externamente pelas forças sociais[11], o frescor e a novidade aventados e requeridos de *Quarto* não se encontrariam mais em alguém que não conservasse, ao menos exteriormente, os estigmas da favela.

Ou seja: *automaticamente*, é como se a mulher que escreveu *Casa de alvenaria* não fosse a mesma de *Quarto de despejo*. Por ela ter deixado o Canindé, indo residir numa moradia de classe média no bairro de Santana, é necessário, *finalmente, dar uma palavrinha* com essa nova figura, colocá-la em seu devido lugar, nesse contexto, explicando-lhe certas coisas que ainda não havia compreendido bem. O sujeito social e a autora literária sofreram mudanças[12], rompendo-se a sua unidade fundamental, mas em função de um processo que deveria ter sido mais demorado do que foi.

Houve uma mudança do lugar físico (do Canindé para Santana), *mas não do lugar social de onde De Jesus fala, em relação à sociedade*. Ascensão social não significa apenas mudança de casa ou alteração do nível de renda. Embora a Francisco Alves e Dantas se esforçassem para afirmar que, naquele momento, se estava diante de uma ex-favelada, não foi assim que os leitores e a sociedade envolvente a trataram. Nem mesmo foi assim que De Jesus se colocou no contexto social em que se inseria. As consequências da busca por este descolamento da imagem de favelada pela escritora, portanto, para o controle da expressão de seu descobridor, seriam: a *visão deformada de um universo estranho*, a ineficácia da lógica classificatória do certo ou errado, o *"descalibramento" das expectativas e da potência de e em relação a De Jesus*.

Nos anos 1960, ela reencena o dilema da integração do negro – apresentado por Florestan Fernandes em relação às primeiras décadas do século – que decorre da dificuldade de apreensão das técnicas sociais necessárias para se igualar e fazer frente aos desafios impostos. E se De Jesus não assimilou rapidamente esses novos parâmetros – questiona seu descobridor, no prefácio –, que esperar de sua literatura?

De acordo com Dantas: "[*Casa de alvenaria*] é documento das transformações materiais e também das próprias transformações intelectuais, digamos assim, de Carolina de Jesus. Porque ela começou, ela sofre o impacto de uma sociedade que ela via, mais ou menos, ela via a distância, né? Lá de cima. De repente, ela estava no meio"[13]. Inserida num meio que não era o seu, teria feito uma literatura desinteressante, atesta a história da recepção e vendagem. *Todavia*, se De Jesus saiu *concretamente* da favela, a 30 de agosto de 1960, teria a favela saído dela *simbolicamente*, de maneira imediata?

Mais que um jogo de palavras, a reflexão suscita um debate importante sobre a trajetória de Carolina Maria de Jesus, bem como sobre aspectos literários dos escritores negros e periféricos contemporâneos[14]. Numa espiral ascendente de exposição, em que a negra favelada ou ex-favelada devia ser vista e mostrada, em debates em que se discutia o *documento social e sociológico* escrito por De Jesus, foram as suas marcas sociais de pobreza, miséria, lugar espacial e grupo social que deram o tom das discussões.

Na mesma intensidade, gerou-se um complexo de expectativas, em mão dupla: de um lado, da própria De Jesus, na esperança de que seu livro fosse capaz de resolver seus problemas; de outro, do novo meio envolvente, em saber o que a nova autora apresentaria então e se poderia oferecer algo mais, num curto espaço de tempo. A entrevista que a autora transcreveu nos diários é distintiva disso e de como se daria, paulatinamente, um processo de desqualificação de De Jesus, em razão de suas respostas, algo simplistas, para questões extremamente complexas – que ela não teria obrigação de resolver nem de opinar a respeito.

[...] O jornalista é o senhor Carlos de Freitas. Aí vai a entrevista:

Pergunta – Carolina, o que você acha e como sente a transformação de sua vida?

Resposta – Eu estou alegre e agradeço a colaboração dos que auxiliou-me na divulgação do meu livro. É o meu ideal concretizado.

P. – Que você acha da campanha eleitoral?

R. – Espero que o governo eleito colabore com o povo, porque os nossos políticos só se interessa pelo povo nas campanhas eleitorais. Depois divorciam-se dos humildes.

P. – Que você acha do governo Fidel Castro?

R. – Adoro o Fidel Castro. Ele faz bem defender Cuba. Os países tem que ser independentes. Cada um deve mandar na sua casa.

P. – E se a senhora fosse governador, o que fazia?

R. – Queria dar impulso na lavoura, construir casas com todo conforto e colocar os favelados. Eles trabalhavam nas lavouras e teriam mais conforto moral e físico[15].

A espiral de exposições cresce em diferentes ocasiões: recebe um diploma da Academia de Letras da Faculdade de Direito da USP (que deveria ter sido outorgado a Jean-Paul Sartre[16]); é publicada em revistas internacionais como *Time* e *Life*; participa de diferentes programas de televisão à época; visita o Rio Grande do Sul de Leonel Brizola (30 de novembro e 2 de dezembro de 1960) e Pernambuco, governado por Miguel Arraes (13 de dezembro de 1960); almoça com Filomena Matarazzo Suplicy e seu filho Eduardo Suplicy (10 de setembro de 1960); e visita o prefeito de São Paulo, Adhemar de Barros (14 de novembro de 1960), na mesma semana em que vai ao encontro de dom Helder Câmara no Rio de Janeiro (10 e 11 de novembro de 1960). Em suma: como a escritora poderia se dedicar à reflexiva e exigente forma do diário? Como requerer dela *a unidade* de autora/sujeito, seja escrita, seja social?

As marcas sociais de De Jesus, seus *estigmas*[17], foram exploradas pelo sistema literário (nos âmbitos de distribuição e recepção) de forma inédita na história literária brasileira: a negra, a favelada, a mulher de vida errante, a semianalfabeta, a mãe solteira, a vítima social. Enfim, a autora de *Quarto de despejo* foi vista assim e *ofertada* ao povo, consumida nas mais diferentes esferas. Talvez isso explique, em alguma medida, o longo intervalo entre as reportagens publicadas a seu respeito (1958 e 1959), o aceite da Francisco Alves (1959 e 1960) e a sua saída efetiva da favela do Canindé, que se daria por acidente, a convite de um leitor, apenas em 28 de agosto de 1960. O lastro de todas aquelas marcas, no entanto, começava a se perder, *para o bem individual de De Jesus, mas também para seu malogro na literatura, dependente de sua identidade social deteriorada.*

O DISCRETO CHARME DAS MARIPOSAS NOTURNAS

...Varias senhoras vieram falar de pobreza para mim, dizendo que eu devo resolver a condição desumana dos favelados do País. Eu apresentei os fatos. Compete aos burgueses que predominam no País solucionar... [...] Um senhor disse-me que ia enviar um donativo para os favelados. Percebi que eles queriam impressionar os jornalistas americanos e fotógrafos que nos fotografavam. [...] Eu estava tranquila por estar ao lado do Audálio, o meu guardião amigo. (...) Quando eu queria exaltar com as mariposas noturnas que aborrecia-me, ele dizia: [...] – Não exalte. Escreve. Dê sua resposta no diário." [...]"(...) As mulheres que estavam na minha mesa falavam em reforma social. [...] – Não é justo deixarmos os favelados relegados no quarto de despejo. Você faz bem em nos alertar para esse problema. Temos que amparar os infaustos. Você demonstrou coragem lutando para sair daquele antro. [...] Eu pensava: elas são filantrópicas nas palavras. São falastronas. Papagaios noturnos. Quando avistam-me é que recordam que há favelas no Brasil[18].

Carolina Maria de Jesus

São muitos os problemas com que se defronta o sociólogo numa situação histórico-social como a que prevalece no Brasil e nos demais países subdesenvolvidos [...]. Ninguém consegue isolamento para concentrar-se sobre seus planos de investigação [...]. Algo, entretanto, dá sentido criador a esse mecanismo de uso (sob muitos aspectos de mau uso) do talento pela sociedade. Ele arranca o sociólogo do "gabinete", integrando-o nos processos de mudança social, fazendo-o sentir-se como alguém que possui o que dizer e que, eventualmente, poderá ser ouvido [...]. Enfim, a sociedade, que não lhe pode conferir sossego e segurança, coloca-o numa posição que o projeta no âmago dos grandes processos históricos em efervescência[19].

Florestan Fernandes

Trata-se então de uma *era de revolução social*? Ao menos uma das obras de Florestan Fernandes no começo dos anos 1960 anuncia isso. A dinâmica da vida brasileira, em diferentes aspectos, inspira algum tipo de esperança com base real em relação à potência de ação de sujeitos sociais diversos. Engajadas no horizonte da mudança social, parcelas da ciência social e da sociedade testam a realidade brasileira, checando-lhe os limites, propondo análises, cobrando atitudes ou apoiando temas relacionados à juventude, ao meio rural, à escola pública, à questão racial, à mulher, ao ativismo negro, à discussão sobre a marginalidade, mostrando algum interesse pelo tema das favelas etc. No tocante a esses últimos pontos, um misto de estratégia de exposição da Francisco Alves e de interesse mais amplo pelo tema configura um turbilhão. Devido à cobrança de sua presença em diferentes espaços e debates, em audições com públicos diversos, para expor os detalhes sobre a vida dos favelados, pobres e marginais, De Jesus relata:

> Não tenho tempo para escrever o meu diário devido os convites que venho recebendo de varias cidades do interior para autografar livros. Convite que atendo com todo o prazer, porque vou conhecer algumas cidades do Brasil. Eu estou cansada. Não tenho tempo para ler. O reporter disse-me que este entusiasmo do povo passa [...]. (17 set. 1960)

> Não estou tranquila com a ideia de escrever o meu diario da vida atual. Escrever contra os ricos. Eles são poderosos e podem destruir-me. [...] Estes dias eu não estou escrevendo. Estou pensando, pensando, pensando. Quando escrevi contra os favelados fui apedrejada... (23 nov. 1960)[20]

Em *Casa de alvenaria*, são três os temas recorrentes: as reflexões da autora sobre o ofício de escrever; a falta de tempo para realizá-lo bem; e alguma apreensão sobre como seu texto seria recebido pelo público, no que se refere à sua maneira de escrever e aos sentidos que sua obra poderia assumir. Sobre esse último tema, ela sugere: "... Alguns criticos dizem que sou pernostica quando escrevo – os filhos abluiram-se – Será que preconceito existe até na Literatura? O negro não tem direito de pronunciar o clássico?"[21]. Em se tratando do formato diário, o tempo para a apreensão e reflexão sobre o vivido constitui uma etapa essencial para a composição do que é narrado. Em *Quarto*, a dimensão temporal é ditada, em larga medida, pela autora, que pode dedicar-se à composição o quanto, quando e como quer (especialmente enquanto ainda não *descoberta* por Dantas).

Na obra seguinte, o tempo e o espaço não são dominados exclusivamente por De Jesus. Ao contrário: escreve quando pode, nos intervalos entre divulgações e exposições. Passa a se preocupar extremamente com a recepção, com o sentido social da obra. Tempo e espaço diluem-se entre assentos de aviões, saguões de hotéis, momentos para autógrafos. Eles deixam de ser privativos do indivíduo; agora, mais do que nunca, seguem a cadência dos ponteiros da sociedade envolvente, deslocam-se ao sabor dos interesses editoriais e das conveniências sociais ou do interesse do público, que coordenam as ações de De Jesus, criando, inclusive, falsas impressões a seu respeito (de que enriqueceu ou de que tem influência sobre expoentes políticos e na alta sociedade, por exemplo), como ela demonstra em alguns momentos:

> [...] quando recebo 100.000 cruzeiros, recebo 200 mil de aborrecimentos. Estou angariando amigos e inimigos, porque não posso satisfazer certos pedidos impossíveis – Há os que querem casas, há os que querem caminhões. Percebo que todos desejam algo, mas eu não posso solucionar. (27 out. 1960)

> *Tenho impressão que os infelizes que passam fome são meus filhos. Eu saí da favela. Tenho impressão que saí do mar e deixei meus irmãos afogando-se.* (30 nov. 1960)

> Devido ao sucesso do meu livro eu passei a ser olhada como uma letra de cambio. Represento o lucro. Uma mina de ouro, admirada

por uns e criticada por outros. Que Natal confuso para mim. (25 dez. 1960)

Estou confusa. Não tenho ideias para escrever[22]. (21 mar. 1961)

É possível dizer que De Jesus, contando com o apoio de Dantas, é uma escritora brilhante. Simultaneamente, ela consegue compor uma análise do cotidiano dos favelados em São Paulo e do negro ao rés do chão nos anos 1950, escrever e descrever os impactos da sua narrativa anterior, bem como o que a sociedade envolvente fez dela, a autora de *Quarto de despejo*, nas mais diferentes direções e propósitos. Uma escrita de si e dos outros, ardente e na própria pele.

Carolina Maria de Jesus vinha dizendo quase tudo aquilo que tanto os seus pares engajados na literatura negra quanto os aspectos de uma sociologia crítica projetavam: o protesto, o povo na História, as ambiguidades e os paroxismos do processo social, com alguma radicalidade no discurso literário. Reduzida à individualidade, no entanto, ela é um índice dos limites de um projeto coletivo do momento. Se ela encena o dilema, seus pares – como os escritores e ativistas da ACN – vivenciam o problema da integração do negro na sociedade de classes. Ou seja, observadas todas as exigências da ordem social competitiva e da sociedade envolvente, nem para o sujeito negro marginal (que luta contra sua perda de identidade, como De Jesus) nem para o de extração média (como Camargo, Correia Leite e Assumpção, que reivindicam reconhecimento e equalização), essa ordem e sociedade se realizam plenamente, promovendo um alargamento do horizonte de possíveis. A seu modo, cada faceta do grupo negro, no período, expressa um sujeito social fora de lugar, procurando se encontrar.

Se, por um lado, ativistas negros e sociólogos punham-se em compasso com seu tempo, num ajuste de contas com o social, por outro, a sociedade envolvente marchava para uma outra espécie de acordo, a ser fechado em 31 de março de 1964, que colocava em xeque a *era de revolução social*, a *era de esperanças reais*, o tempo das ilusões gestadas. Interessados pelas questões sociais, aparentemente, todos estavam: a Igreja católica, os estudantes, os intelectuais e, até mesmo, personalidades da alta sociedade. Quão sólidos esses interesses eram ou tiveram a oportunidade de ser é outra questão, igualmente relevante.

Em princípio, algum nível de comprometimento com esse *sujeito social fora de lugar* estava se mostrando. No âmbito de uma tentativa mais visual de difusão de *Quarto de despejo*, por exemplo, em outubro de 1960 a atriz Ruth de Souza, membro fundador do TEN, propõe a filmagem do livro – o que não chega a acontecer. Todavia, em 1961, o *Diário de uma favelada* é adaptado aos palcos paulistanos pela escritora Edy Lima, com a trupe do TEN-SP, sendo Souza a atriz principal e Amir Haddad, o diretor. A peça estreia no Teatro Bela Vista em 27 de abril, mesmo mês em que De Jesus anuncia já ter se lançado à escrita de *Casa de alvenaria*.

Ainda no primeiro semestre de 1961, aliados a assistentes sociais e engenheiros, um grupo de estudantes da Faculdade de Medicina da USP, imbuídos de uma perspectiva difusa do marxismo e em conjunto com a Ação Católica, cria o Movimento Universitário de Desfavelamento. Em um estudo sobre o movimento, Marta M. S. Tanaka, entrevistando os antigos membros, afirma que ele foi:

> [...] uma das mais importantes experiências de ação junto a comunidades carentes, realizadas por universitários paulistanos [...] iniciado em maio de 1961, congregou estudantes das universidades da cidade de São Paulo, em torno de uma luta para promoção dos favelados. [...] as experiências do Padre Lebret acabavam capacitando os católicos ao exercício político com ações solidárias aos mais pobres, transcendendo o aspecto assistencial e espiritual [...]. Sendo, em nossa visão, maior que a perspectiva marxista, não precisava negá-la; poderia até absorvê-la [...]. A publicação em 1960 do livro *Quarto de despejo* [...] causou grande repercussão nos mais diferentes meios, inclusive universitários, entre os grupos que já vinham prestando assistência em várias favelas [...]. Coincidentemente [...] eclodiu na cidade a crise da Favela do Canindé, com centenas de pessoas desabrigadas por uma grande enchente ali ocorrida no final de 1960, obrigando o Poder Público a promover seu desfavelamento em caráter de urgência [...]. Em maio desse mesmo ano, provocada pela peça teatral baseada no livro *Quarto de despejo*, e por iniciativa do Centro Acadêmico Oswaldo Cruz da Faculdade de Medicina da USP, foi realizada uma mesa redonda sobre o problema do Canindé e o desfavelamento em geral [...]. Ao fim da reunião, decidiu-se pela implantação do amplo movimento universitário em prol do desfavelamento, que se denominou [...] MUD [...] envolveu, em alguns estágios, mais de trezentos militantes,

em sua maioria, universitários [...] [e] encerrou suas atividades por volta de 1967[23].

Tem-se, assim, um duplo movimento exemplar, em vias diferentes, que dá conta do impacto social sem precedentes de um livro de escritor negro no Brasil até então. É difícil mensurar e afirmar, em *Casa*, o quanto há de construção literária. Ou, ainda, de uma escritora negra refletindo sobre sua condição ambígua, tal como em *Quarto*. Em *Casa*, há algo, mas que se perde em meio a uma personagem confusa, sob domínio muito limitado da autora. Intimamente ligadas, autora e personagem seguem controladas exteriormente pelo tempo e espaço a que estão condicionadas suas identidades públicas (de negro marginal, de favelada etc.).

Mesmo sem o tempo desejado para refletir, De Jesus discute sinteticamente bem, em frases curtas e esparsas no texto, acerca de seu progressivo descolamento e as implicações dele: "Dá impressão que sou uma folha ao sabor das ondas" (13 mar. 1961).[24] Ou ainda: "Tenho a impressão que sou ferro banhado a ouro. E um dia o banho de ouro esmaece e eu volto a origem natural – o ferro" (6 dez. 1960)[25]. Frases escritas a menos de seis meses da estreia, no ápice de sua exposição no sistema literário, que rebatem as afirmações de que ela não possuía consciência do processo tenso pelo qual passava. Ao contrário: entre 1960 e 1961, ela já tem consciência de que não há o que fazer, naquela sociedade, para solucionar os problemas que logrou narrar no primeiro livro.

Quarto de despejo e sua autora são testes para a realidade social, pautando problemas cruciais do início dos anos 1960. Havendo ideias e problemas de época, existem, além dos negros (ativistas e escritores) e sociólogos críticos, portadores sociais capazes de encadeá-los para algum desfecho naquele momento? Ao que parece, visto de hoje, seis décadas depois, não. Tanto o protesto negro quanto De Jesus e o tema das favelas foram mal compreendidos em seu tempo por diferentes sujeitos sociais, que observaram neles apenas um meio de exploração midiática ou assistencialismo elementar[26]. Se *Quarto de despejo* termina como uma narrativa circular, num circuito fechado e sem solução, *Casa de alvenaria* alcança o desfecho expondo algum nível de desfaçatez e indiferença real pelo significado de De Jesus, sua trajetória social e seu livro. Ironicamente, estando num teatro (onde a realidade pode ser transmutada em catarse ou angústia, alegoria ou comédia), *Quarto* é discutido por políticos, estudantes, ativistas, pelo público geral e por sua autora, constituindo-se no último registro de *Casa*. Embora longo, vale a pena citar alguns excertos:

> [...] Circulei meu olhar pela plateia, contemplando aquela gente bem vestida, bem nutrida. Ouvindo a palavra fome, abstrata para eles. Sentei ao lado do jovem Eduardo Suplicy Matarazzo. [Ele] olhava as cenas do palco e perguntava: [...] – Mas eles vivem assim nas favelas? [...] – Pior do que isto. Isto é apenas uma miniatura das cenas reais da favela. [...] Quando findou o espetáculo, a atriz Celia Biar saiu no palco anunciando o debate. Convidou o Deputado Rogê Ferreira para presidir o debate. E nos convidou a subir no palco. Subimos. Eu, Solano Trindade, Conceição Santamaria, professor Angelo Simões Arruda, Deputado Cid Franco, Dona Edy Lima. [...] Eu estava confusa naquele nucleo. Percebi que a *Dona Elite* encara o problema da favela com vergonha. É uma mancha para o país. [...] O professor Angelo Simões Arruda não mencionou a necessidade de abolir as favelas, que duplicam por este Brasil afora. [...] A terceira oradora fui eu. Citei: fui residir na favela por necessidade [...]. – Não adianta falar de fome com quem não passa fome [...]. Classifiquei a favela de quarto de despejo porque em 1948, quando o Dr. Prestes Maia começou a urbanizar a cidade de São Paulo, os pobres que habitavam os porões foram atirados ao relento. [...] O quarto orador foi o poeta negro Solano Trindade. Criticou a teatralização de Dona Edy Lima. Disse que ela não citou as agruras que o livro relata como depoimento do gravíssimo problema que são as favelas espalhadas pelo Brasil afora. [...] O publico interferiu-se, ora aplaudindo, ora vaiando [...]. O Deputado Cid Franco disse que passou fome e conhece as agruras que o meu livro relata. Que o regime capitalista é a causa das desigualdades de classe. A Dona Conceição Santamaria dizia: [...] – Ele pertence ao regime capitalista. Ele está metamorfoseando-se na frente do publico. Ele está de mão dadas com o regime capitalista. [...] Que confusão para mim. [...] Com aquela confusão eu tinha impressão que estava na favela. Todos falando ao mesmo tempo. [...] Quando saí do teatro encontrei o jovem Eduardo Matarazzo [...]. Dona Filomena Matarazzo convidou-me para almoçar na sua residencia. [...] Tomei um taxi e fui para a minha casa. (21 maio 1961)[27]

É muito significativo que, na composição e compilação de De Jesus e Dantas para a Francisco Alves, *Casa de alvenaria* termine assim, com um debate inócuo e desencontrado sobre a peça e o livro, em que os temas da fome e da favela permanecem sem tratamento efetivo e resolutivo – talvez seja a própria expressão da reação da sociedade no momento –, e De Jesus, a estreante escritora negra, o grande despontar de 1960 com seu *best-seller* literário, desnorteada, como um sujeito fora de lugar, uma mulher entre dois mundos, perdendo lastro em ambos. De maneira irônica e amarga, esse último registro resgata a acidez de *Quarto de despejo*, retomando a habilidade narrativa de De Jesus. Mas, no cenário de hiperexposição criado pela editora e pela sociedade envolvente, cabe desconfiar se não estamos diante de mais uma estratégia de vendas, um *gancho* para o próximo livro talvez.

Entretanto, do que se pode ter certeza, *ex post facto*, é que, quanto ao desafio social colocado por *Quarto de despejo* e sua autora, poucos estiveram à altura de sua compreensão. Isso nivela De Jesus, em certo sentido, a alguns de seus pares engajados em associações (como Solano Trindade, Oswaldo de Camargo, Carlos de Assumpção, entre outros) enunciando o protesto negro, cujas criações individuais, na década seguinte, seriam utilizadas e serviriam de ponte para um novo projeto coletivo.

DO POVO NA HISTÓRIA A SOCIEDADE CIVIL: ONDE ESTÁ O NOVO?

> *Sou um membro da geração órfã, como a classifiquei numa dedicatória de livro há alguns anos [...]. Não posso deixar de falar como membro dessa geração. A orfandade de minha geração é uma orfandade real porque na fase mais importante de nossa formação fomos privados da convivência cotidiana com alguns dos melhores pesquisadores que as ciências sociais já tiveram no Brasil. Além disso, fomos sobrecarregados de obrigações docentes durante os anos mais fundamentais de nossa formação, forçados pelas circunstâncias a preparar nossas teses simultaneamente com obrigações docentes pesadíssimas, especialmente entre 1970 e 1975 [...]. Quando falam nas vítimas da ditadura no meio acadêmico, raramente as pessoas se lembram das vítimas que ficaram, como os membros da geração órfã, submetidos a condições extremamente adversas de trabalho, incluindo nelas um cotidiano corrosivo de repressão policial e institucional, sem contar o oportunismo dos que se aproveitaram das cassações para acelerar carreiras e ocupar posições sem ter que efetivamente disputá-las*[28].
>
> José de Souza Martins

Existe um descompasso entre 1964 e 1978 que não é apenas temporal. Trata-se de um desnivelamento explicativo, pois é difícil demonstrar cabalmente certas questões; é um desarranjo individual e coletivo, na medida em que trajetórias particulares e destinos sociais entram em ocaso e se desgraçam ou, ao contrário, se realizam positiva e oportunamente em função do mesmo processo social.

E o desajuste também se apresenta repleto de incompletude, paradoxalmente, uma vez que, entre 1964 e 1978, têm-se os anos de desenvolvimento, acirramento, terrorização, apoio e conciliação com uma ditadura civil-militar ao mesmo tempo que se dá a oposição direta e clandestina, institucional ou em surdina, a essa mesma ditadura. Setores expressivos das classes baixas e médias se beneficiam economicamente de regramentos e legislações, do milagre econômico, enquanto as classes altas mantêm o *statu quo ante*. Na mesma medida, no plano dos direitos civis, as classes baixas são reprimidas violentamente; frações das classes médias e altas, em número significativo, são presas, exiladas ou mortas. O colaboracionismo civil é uma faca de dois gumes ante um governo autoritário que planeja e concretiza a integração e o desenvolvimento nacionais em diferentes setores, com forte apoio civil, ao mesmo tempo que cerceia as liberdades e os direitos civis e políticos.

Ainda nos dias correntes, a grande maioria da sociedade e do Estado brasileiros não são capazes de se confrontar com esse passado imediato, destruindo ou impedindo o acesso a arquivos, exercendo a *prática social do esquecimento*[29] ou fornecendo rememorações unilaterais e lacunares, por exemplo. Resulta disso que o trabalho de reconstrução da realidade social e explicação dos eventos históricos fica, no mínimo, prejudicado. Perseguem-se rastros sulcados na areia.

Assim, não raro, fatos e pessoas simplesmente *surgem* ou *ressurgem* nas explicações desse período, com facilidade surpreendente. Como se as ideias e as ações concretizadas a partir delas pudessem pairar como borboletas; e atos de vontade, por si só, sobrepujassem tranquilamente estruturas sociais predefinidas. Na verdade, se o *eu como potência* é extremamente importante e deveras explicativo – especialmente no terreno literário e artístico, na transgressão política e comportamental –, ele não pode ser simplesmente isolado do mundo social e histórico, contra o qual se bate e o qual enfrenta.

Em 1978, ressurgem o movimento negro e a literatura negra. Onde estiveram antes? Por onde e com quem andaram? Onde se meteram os antigos ativistas e escritores? Foi de fácil adaptação a sua reentrada no cenário social? Houve embates entre o antigo e o novo? Há o novo? Como ele se relaciona com o velho? Repõe questões e coloca novas? Avança e radicaliza ou recua e concilia? Recupera a tradição ou simplesmente a nega ou ignora? Recria-a em outros moldes? Qual o efeito social dessa conjunção de fatores?

Depois de 1964, o que acontece com aquele diálogo intenso entre a explicação sociológica e o ativismo político literário negro que ocorria entre os anos 1940 e 1960? O diálogo e a colaboração são interrompidos pelas condições socialmente impostas pelo evento de 1964. Mas por que, num período mais tardio, de distensão do regime (que se dá internamente e por meio das lutas sociais de oposição), não puderam ser reatados pelos remanescentes do período anterior? Aqui, repetem-se as perguntas feitas anteriormente: houve embate entre o antigo e o novo nas ciências sociais? Há o novo?

Adianto que há questões que ainda não encontram respostas, mas se tornam mais claras à medida que arquivos são abertos, descobertos e preservados. No entanto, desta posição no tempo presente, incomodamente cômoda, tentarei esboçar algumas pistas, que deverão guiar a análise rumo aos aspectos que considero essenciais.

O período de meados ao fim da década de 1970 é assinalado, por distintos fatores e uma grande bibliografia, como um momento de efervescência político-cultural na vida social brasileira[30]. Retoma-se precariamente, em outro período, o tema da hegemonia cultural de esquerda em meio a uma ditadura, atribuído por Roberto Schwarz em seu texto clássico *Cultura e política, 1964-1969*[31]. Desde os anos 1980, essa ideia do *novo* em 1970 tem chamado a atenção de pesquisadores interessados em avaliar e medir os impactos daquela conjunção de fatores (além de outros), seja no pensamento social brasileiro, seja na reorganização das linhas de força do campo científico (em particular das ciências sociais) ou da própria dinâmica política brasileira. Na verdade, se há o novo, há de se perguntar sobre que bases sociais e em quais circunstâncias ele se assenta. Nesse caso, o golpe de Estado de 1964, o que ele abre ou fecha em termos de horizonte social, não pode ser ignorado. Bernardo Sorj e Maria Hermínia Tavares de Almeida, por exemplo, organizam em 1983 o livro *Sociedade e política no Brasil pós-64*, reunindo diferentes cientistas sociais com trabalhos reflexivos sobre o assunto. Otávio Velho, do Museu Nacional, trata dos "Processos sociais no Brasil pós-64: as ciências sociais", em que, como antropólogo, afirma:

[...] seria o caso de se perguntar se 1964 inaugura um processo que se manifesta enquanto tal no domínio das ciências sociais ou, pelo menos, se simboliza de forma marcante a emergência de um *processo*. [...] Nesses termos, a suposição central deste trabalho será a de que aquilo que *representa* 1964 – embora não necessariamente em termos cronologicamente coincidentes – tem a ver com uma intervenção que tende à instauração daquilo que poderia ser caracterizado como uma nova forma de dominação no campo da produção das ciências sociais[32].

Seu argumento se preocupa em discutir essa nova composição de forças e dominação nesse campo proporcionado pelo golpe de Estado. O *novo* contraposto ao *antigo*, identificado ao sistema de cátedras das instituições e à (particular adversária) cadeira de sociologia I da USP, regida por Florestan Fernandes. Nesse sentido, a disciplina sociológica e sua configuração uspiana tinham obtido hegemonia e alta hierarquia nos patamares de dominação científica pré-1964. O golpe e a aposentadoria compulsória dos pesquisadores dessa instituição, em 1969, abre *outro* horizonte de possibilidades para os desalojados/secundarizados no poder do campo – na análise de Velho, a antropologia, a ciência política e seus praticantes. Todavia, é necessário lembrar o custo, social e individual, já mencionado no texto epigrafado de José de Souza Martins, para que tal medida surta efeito. De acordo com Haroldo Ceravolo Sereza, responsável por um perfil recente da trajetória de Fernandes:

> A ditadura sabia que tinha em Florestan um inimigo, e com a vitória do fascismo declarado, com o Ato Institucional n. 5, em 13 de dezembro [de 1968], chegara a hora de desarmar todos os inimigos existentes ou imaginários, quaisquer que fossem suas armas. Em 28 de abril de 1969, um decreto datado do dia 25 é publicado, aposentando compulsoriamente 42 pessoas, entre elas Florestan Fernandes, João Batista Villanova Artigas e Jayme Tiomno, professores da Universidade de São Paulo. Um detalhe é que o decreto supostamente aposentava os listados nos órgãos da Administração Pública Federal – embora a USP fosse e seja ligada ao Estado de São Paulo e não à União. [...] A aposentadoria da Universidade de São Paulo tirou Florestan do lugar em que o sociólogo investira as suas mais sinceras e criadoras energias. Não é de estranhar,

assim, que ele tenha entrado também, nesse período, não apenas num processo de redefinição teórica e prática, mas também numa crise pessoal, existencial mesmo, deslocado violentamente de seu mundo. A aposentadoria proporcional representava uma redução "substancial da renda" e a necessidade, portanto, de aceitar novos trabalhos de natureza intelectual, o que foi dificultado pelo Ato Institucional n. 10, que barrou as portas de instituições de ensino e de pesquisa aos aposentados[33].

Para Otávio Velho, contudo, o saldo para a nova geração de cientistas sociais, *não uspianos* e *não sociólogos*, é positivo. É nesse momento que surgem o Instituto Universitário de Pesquisas do Rio de Janeiro (Iuperj) (ciência política, 1969) e a pós-graduação do Museu Nacional (antropologia, 1968), que se consolidarão nos anos subsequentes como modelos de excelência em pesquisa acadêmica. Ampliam-se, sobremaneira, as pós-graduações e os centros de investigação científica no país. E, apoiando-se em trabalho realizado por Bolívar Lamounier, Velho afirma que ocorrem, entre 1965 e 1977: a passagem de um modelo *burocrático mandarinístico* para um *pluralista flexível*[34], aliando-se a isso os papéis desempenhados pela Associação Brasileira de Antropologia (ABA), pela Sociedade Brasileira para o Progresso da Ciência (SBPC) e pela Associação Nacional de Pós-Graduação e Pesquisa em Ciências Sociais (Anpocs) no processo, deslocando a importância geográfica do campo (de São Paulo para Rio de Janeiro/Minas Gerais e alhures); a interrupção de intrincadas discussões sociológicas, que cedem espaço à especialização e treinamento empíricos (admitindo-se que não existiam antes, em São Paulo); e a internacionalização (estadunidense, majoritariamente) da pós-graduação brasileira[35].

Assim, desse ponto de vista, o golpe de Estado civil-militar e a cassação dos direitos dos principais sociólogos paulistas (e brasileiros) de então valem a missa da legitimação da ciência política e da antropologia coetâneas. Muito embora, a partir dele, não se explique por que foi necessária uma força externa à autonomia do campo científico para que a nova composição tenha se instaurado e legitimado, tornando possível o novo cenário. Ou por que, dentro do campo científico das ciências sociais, autonomamente e seguindo suas regras internas de legitimação, não surgiram, fora de São Paulo e da USP, pesquisadores capazes de se pôr a par de Fernandes e seu grupo, ou de superá-los, sem a necessidade de um golpe de Estado para isso. Ultrapassadas essas questões, há de se concordar que se instaura um novo momento e, com ele, aparecem outras preocupações para as ciências sociais. Fernandes e seus pares saem do cenário ou se reinventam, o que coincide com seus objetos de pesquisas anteriores. Como afirma o sociólogo em 1977, em um balanço pessoal: "[...] pertenço a uma geração perdida, um conjunto de intelectuais que enfrentou seus papéis e, em sentido concreto, cumpriu suas tarefas. Mas nem por isso chegou a atingir os seus objetivos e a ver seu talento aproveitado pela sociedade"[36].

De *como o povo entra na história*, em 1964, surge o tema da *sociedade civil*, nas décadas de 1970 e 1980. Assinalada tal inversão, é importante observar que, se em alguma medida a sociedade brasileira mudou nos anos 1970, com ela, a percepção das ciências sociais, como mostram os balanços de Velho ou de Bernardo Sorj, em seu trabalho *História das ciências sociais no Brasil*. No texto "Estratégias, crises e desafios das ciências sociais no Brasil", Sorj busca discutir a dinâmica do campo nos anos 1970-80, coadunando alguns pontos com os de Velho, no que diz respeito a uma crise acadêmico-universitária no período[37], o que explicaria, em certo sentido, o surgimento de centros "privados" de pesquisa (Cebrap, Cedec, Iuperj, Iser, entre outros). Para ele, nos anos 1970-80, no seu *novo*, a agenda das ciências sociais

> [...] foi determinada basicamente pela agenda política das elites e da classe média brasileiras: a luta oposicionista e o processo de democratização e seus agentes reais ou ideais – classe operária, movimentos e lutas sociais; a das políticas públicas, com seus financiamentos para a realização de "diagnósticos"; a das agências de financiamento do exterior, misturando ambas preocupações anteriores dentro de uma visão basista-participacionista [...]. A ditadura militar favoreceu a visão de que a sociedade civil era fonte de participação, civilidade, renovação e democracia. O processo de democratização mostrou que a contraposição Estado-sociedade civil tinha deixado na penumbra as forças culturais que permeiam o conjunto da sociedade no sentido de reprodução de privilégios, fragmentação social e de relacionamento com o Estado como um botim a ser conquistado. [...] Numa aparente inversão, o social, que nos anos cinquenta e sessenta aparecia como fonte de sociopatologias, entrave ao desenvolvimento e outras negatividades e carências, nos anos setenta se

constitui no berço de toda positividade, movimentos sociais, sindicalismo, sociedade civil. Em ambos os casos, a sociedade aparece como um ator moralmente responsável, univocamente orientado[38].

Aspectos dessas revisões iniciais têm norteado preocupações mais recentes de cientistas sociais interessados naqueles debates. Para citar ao menos quatro trabalhos: a tese de doutoramento de Marco Antônio Perruso, na Universidade Federal Rural do Rio de Janeiro (UFRRJ), e as pesquisas apresentadas na reunião da Sociedade Brasileira de Sociologia (SBS), em 2009, por Perruso, Fábio Cardoso Keinert (USP) e Kátia Aparecida Baptista (Unesp)[39]. Eles são alguns exemplos de investigações que, publicadas em teses, livros e comunicações, têm se lançado a refletir sobre os significados desse *novo*, social e cientificamente, e suas relações com a dinâmica da vida brasileira da década de 1970. No trabalho desses autores ocorre uma polarização muito interessante: por um lado, privilegia-se (particularmente em Baptista e Keinert) o estudo de alguns intelectuais e das instituições de pesquisa a que estiveram ligados; por outro, busca-se discutir centralmente a produção acadêmica vinculada/condicionada ao tema dos *novos movimentos sociais* dos anos 1970, dando-se primazia a alguns – no caso de Perruso, ao *novo sindicalismo*. A primeira crítica que vale assinalar, em todos os trabalhos, é que, no plano de pesquisa do novo, o balanço das discussões da década de 1960, seus temas e objetos se subsumem ao universo acadêmico e às expressões culturais de classes médias brancas, com críticas especialmente à posição da sociologia uspiana (isso vale para Otávio Velho e Sorj também). E, com eles, o tema do negro, por exemplo, não é debatido.

Num esforço analítico, no entanto, Keinert formula a discussão em torno das ideias de inovação e tradição, que polarizam o grupo uspiano pós-1969 em relação aos demais (notadamente, mineiros e cariocas); nela, os discípulos órfãos do grupo de Fernandes (Luiz Pereira, Marialice M. Foracchi, Gabriel Cohn, José de Souza Martins etc.) terão de lidar com o peso de resguardar a *tradição* sociológica gestada na cadeira I, num cenário inóspito, política e cientificamente. Essa discussão é importantíssima. Além disso, é ela que sugere um debate significativo acerca da possibilidade de haver certa continuidade no padrão de pesquisa dos remanescentes do grupo uspiano esfacelado em relação a seus mentores, o que permitiria pensar numa *Escola Paulista de Sociologia*, com objetos diferentes, mas com um plano comum, o estudo da mudança social e de seus sentidos, como argumenta de maneira detalhada Elide Rugai Bastos[40] em "Pensamento social na Escola Sociológica Paulista".

Voltando ao debate mais recente, é com a tese de Perruso, que mais tarde virou livro, que o assunto em foco (*o novo*) ganha feição mais acabada. O autor se dedica ao estudo de obras e entrevista com autores que, nas décadas de 1970 e 1980, gestaram "[...] elaborações, usos e apropriações conceituais em torno de categorias que enfatizam a ideia do 'novo' em termos de movimentos populares, tais como 'novo sindicalismo' e, em menor grau e de modo mais nuançado, 'novos' movimentos sociais urbanos". Da seleção de seus entrevistados e da análise de suas obras, bem como de seu debate no interior da tese para buscar uma conceituação precisa do que seja o *novo*, o autor afirma que:

> A "novidade" presente em movimentos sociais consistiria no modo de construí-los, de desenvolvê-los. E não em elementos de caráter essencialista, ligados a temáticas ou a grupos sociais. [...] me restrinjo nesta tese a analisar o pensamento social brasileiro que identificava esses traços "novos" tão somente nos movimentos sociais urbanos e no movimento sindical [...]. Os movimentos estudantil, feminista e negro, de longa tradição histórica no Brasil, não apresentam claramente um novo patamar de desenvolvimento na mesma época do "novo sindicalismo" e dos "novos" movimentos sociais urbanos[41].

Será mesmo que não? Menos que uma proposição nova sobre o assunto do que seria o novo sindicalismo, ele mesmo afirma que "a análise que faço dessas categorias e outros conceitos é totalmente referida às questões próprias do campo intelectual e do pensamento social brasileiro de então, que operavam com tais noções"[42]. Ou seja: é a partir da seleção de seu próprio objeto (intelectuais analisando e interessados em certo recorte da realidade) que ele discutirá sobre a alteração do cenário social e político brasileiro na década de 1970, para daí passar a uma discussão competente acerca da constituição de centros de pesquisa, como Cebrap, Cedec e outros. Entretanto, foge ao alcance de seus objetivos questionar como se dá, para além da explicação do golpe, o divórcio – ou a reinvenção – entre os temas da década de 1960 e intelectuais desse período e os novos temas dos anos 1970 e *herdeiros intelectuais do período anterior*. Para ele, o cenário se estrutura no quadro de uma *esquerda* *dissidente*⁴³, que *fertilizou*, com seus novos influxos teóricos e preocupações, "os movimentos sindical, estudantil, feminista, negro [...] rejuvenescidos nesse processo. E irrompem definitivamente novos movimentos como o ecológico, o dos homossexuais, o pacifista etc."⁴⁴.

O argumento é bom, mas pode ser matizado. Teriam sido mesmo os intelectuais dos anos 1970 que *fertilizaram* teoricamente esses novos movimentos sociais? Em relação ao papel da esquerda, por outras linhas de interpretação sobre o mesmo período, isso pode ser questionado: menos que preponderante, ela teria se tornado uma aliada; menos que vanguarda, consultora⁴⁵.

Nesse cenário, então, como explicar a reemergência do ativismo político negro? E com ele, no mesmo mês, quase ao mesmo tempo, a da literatura negra? Possíveis respostas, por enquanto, somente através de seus protagonistas e de algumas boas pistas de estudiosos das relações sociais racializadas dos anos recentes. Se o ressurgimento dessas ações político-culturais não traz propostas substancialmente novas, por que elas ressurgem? E, se não são novas, é porque a sociedade solucionou os problemas anteriores e superou sua agenda de reivindicações? Será?

OS NEGROS ESTÃO NAS RUAS: AMBIÊNCIA E CONTEXTO SOCIAL DE NOVAS IDEIAS

> *Podemos identificar três matrizes de pensamento no discurso da geração que se engaja no movimento negro nos anos [19]70 e [19]80 [...]. Você tem o movimento pelos direitos civis nos Estados Unidos, que sempre mobilizou a atenção da militância; você tem as lutas independentistas no continente africano, sobretudo até pela facilidade da proximidade linguística, nos países lusófonos, notadamente Angola, Moçambique, São Tomé e Príncipe, Guiné-Bissau. E, por fim, o movimento pela négritude, que a rigor sempre foi um movimento literário [...] de intelectuais de África e das Antilhas que se encontram em Paris nos anos [19]30 do século passado e que vão formular algumas ideias do que seriam o ocidentalismo e orientalismo na perspectiva africana [...].*
>
> Hédio Silva Jr.⁴⁶

> *Onde está a Poesia Negra? Onde Lino Guedes? Os poetas da Imprensa Negra e das associações? Onde os continuadores dos anseios de Gervásio de Morais e de Cumba Júnior? E de Carlos [de] Assumpção,*

> que iniciou, em 1958, o verdadeiro protesto negro na nossa poesia? [...]
> Eis que se inicia a fase de nos descobrirmos. Traçar o mapa, marcar
> o território de nossa herança poética, desconhecida e esparsa. Tentar
> fazer o que jamais se fará oficialmente: a coleta de nossa produção literária, o nosso clamor espalhado em jornais da imprensa negra marginal, nas revistas negras, recolher os inéditos, trazê-los, enfim, à tona.
> Tarefa prolongada e dura, quanto urgente e necessária. Nossa tarefa.
> Oswaldo de Camargo[47]

> [...] Neste 1978, 90 anos pós-abolição – esse conto do vigário que nos pregaram –, brotaram em nossa comunidade novas iniciativas de conscientização, e Cadernos Negros surge como mais um sinal desse tempo de África-consciência e Ação para uma vida melhor [...]. Cadernos Negros é a viva imagem da África em nosso continente. É a Diáspora Negra dizendo que sobreviveu e sobreviverá, superando as cicatrizes que assinalaram sua dramática trajetória, trazendo em suas mãos o livro [...].
> Cadernos Negros, v. 1, nov., 1978.

Como um canto do cisne, em 1976 a Edibolso relança *Quarto de despejo*, que há uma década e meia, junto de sua autora, estava em ocaso. Cogitava-se, por meio dos jornais, que Carolina Maria de Jesus estaria pobre e teria voltado a catar papéis. Na verdade, há muito tempo deixara a casa de Santana, retirando-se para um sítio em Parelheiros. Seus autógrafos naquele ano foram dados em bancas improvisadas no viaduto do Chá, praça da República, nas ruas. Em 1977, ela faleceu em condições adversas às esperadas para a mundialmente famosa autora de *Quarto de despejo*.

Ao longo da década de 1970, o cenário do ativismo político e literário negro organizado alterou-se, bem como o das forças e dos sujeitos sociais que lhe davam suporte. O golpe de Estado civil-militar incidiu agressivamente sobre os mais diferentes setores da sociedade. E as ações da década anterior, pré-golpe, podem passar a figurar como "[...] documentos de um passado que não se concretizou historicamente. Se não testemunham uma batalha perdida, pelo menos atestam que uma experiência crucial foi interrompida. A questão, é claro, está em saber o que significa essa interrupção", afirma Florestan Fernandes, também em 1976, no prefácio sobre seus ensaios reunidos para a segunda edição de *A sociologia numa era de revolução social*. Que sentido assumirá a ruptura, que sentido darão os sujeitos sociais para ela, eis a questão.

"Liberdade completa ninguém desfruta: começamos oprimidos pela sintaxe e acabamos às voltas com a Delegacia de Ordem Política e Social; mas nos estreitos limites a que nos coagem a gramática e a lei, ainda nos podemos mexer.[48]" Embora de uso anacrônico, a frase de Graciliano Ramos, em *Memórias do cárcere*, é ilustrativa também da oposição cultural de esquerda à hegemonia política da ditadura de 1964-85. Sobre o grupo negro organizado e seus escritores, no entanto, pouco ou quase nada se sabe desse período, não tendo sido tematizados pelos estudiosos do golpe e de seus impactos; ou, antes, a identidade negra dilui-se na do militante político dos mais variados pontos do espectro de oposição de esquerda[49]. É sobre aspectos dessa lacuna, por exemplo, que se assenta a importância de um trabalho de compilação de depoimentos como o de Verena Alberti e Amílcar Araújo Pereira, em *Histórias do movimento negro no Brasil: depoimentos ao CPDOC*[50]. Majoritariamente nascidos entre fins da década de 1940 e meados da de 1950, os entrevistados, que compõem frações do conjunto de militantes do movimento negro dos anos 1970, discutem o período em suas memórias, até o começo dos anos 2000, suprindo a carência de trabalhos semelhantes.

No âmbito dos depoimentos acerca do período, sobre o seu posicionamento e o de seus pares na ACN, Oswaldo de Camargo afirma: "[...] Eu acredito que todos os negros que eram da Associação se posicionaram contra [o golpe]. Raramente um negro ia aceitar um golpe desses [...]. Houve alguém que viu a capa do meu livro, *O carro do êxito*, e falou: por que este negócio de negro aqui?[51]". Entre os limites do Deops e os da sintaxe, interrompidos enquanto experiência social, mas sem deixar de escrever e se posicionar: no pós-golpe e ao longo dos anos 1970, surgem edições de autor, na área da literatura negra, em São Paulo, no Rio de Janeiro e no Rio Grande do Sul.

Igualmente, surge uma nova geração de ativistas políticos e escritores, nascidos ao longo dos anos 1950, cuja linha de comunicação com as gerações anteriores é, em grande parte dos casos, interrompida. Contudo, ao menos quatro fatores cumprem papel decisivo para que se possam estabelecer alguns vínculos: a) a entrada de alguns desses ativistas no ambiente universitário, socializando-se com temas, discussões e enfrentamentos de época; b) a presença de antigos militantes e escritores no cenário social, criando o interesse por obras e pelo passado recente do negro no Brasil; c) mais especificamente, a difusão cultural promovida pelo jornal *Versus* (1974-79) e pela seção *Afro-Latino-América*, a partir de 1977, além de publicações como *Árvore das palavras* e *Jornegro*; d) e, por fim, a penetração no Brasil das ideias e informações sobre o ativismo negro em outros países, notadamente nos Estados Unidos e nas revoltas anticoloniais africanas, aventada e, de certa forma, naturalizada pela epígrafe militante de Hédio Silva Jr.

Em 1972, Oswaldo de Camargo publicou o livro de contos *O carro do êxito*, pela editora Martins. Composta de 14 narrativas curtas, um documento histórico (sobre o Ano 70 da Abolição) e dedicatórias a antigos militantes, a obra ainda conta com notas de rodapés explicativas sobre eventos, lugares e pessoas reais citadas, criando uma relação extraliterária do leitor com o texto, num claro intuito de construir uma ponte concreta entre a ficção e o mundo real[52]. Ponte esta que, para os jovens leitores da década de 1970, opera como uma passagem para o passado. O universo dos personagens gira, em grande medida, em torno da cidade de São Paulo, com suas associações negras. Mas também envolve outros ambientes e situações, como a passagem do meio rural para o urbano ou a busca individual de um jovem negro na metrópole por uma identidade. Afirma o autor:

> Então, note bem: esse trajeto que eu levo de conviver na Associação Cultural do Negro, de ir para o interior fazer palestras [...] uma vivência no meio negro. Frequentando botequins, frequentando bares, frequentado tudo... o material meu foi aí, esses tipos que andavam por aí. Tipo que está cursando um ano de faculdade, outro que está procurando não sei o quê, outro que é revisor, o outro que quer virar ator, outro que quer virar músico...[53].

Ou seja: no limite sociológico, trata-se de uma discussão sobre as tentativas de integração de frações negras de classe média à sociedade envolvente. É necessário que se reflita sobre a atribuição de significados e a importância que são dadas por meio da constituição de personagens referenciados dentro de um universo negro, urbano e com uma identidade alternativa ao período da condição de escravizado. Em *O carro do êxito*, o sujeito negro de classe média, pequeno-burguês e habitante do grande centro urbano é o personagem central e multifacetado, inserido com maior ou menor sucesso em diferentes situações da vida citadina. "[...] universitários, bancários... dona de livraria. Então, esse é o ambiente"[54], afirma Camargo sobre a atmosfera dos contos, que tornará a repetir anos depois na novela *A descoberta do frio* (1979), na qual o frio opera como metáfora para o preconceito e a discriminação racial.

A representação literária desse universo, de maneira memorialística, cumpre outras funções ainda. Se o autor, *a posteriori*, afirma que o interesse foi o de forjar uma mensagem de positividade para as ações e a vivência negras, para um novo portador social, sugerindo a busca por reconhecimento e respeito, há uma conexão de sentidos entre o passado e o presente de então. Cuti, um de seus leitores daquela década, jovem, negro, de classe média, prestes a entrar na universidade e que viria a ser, juntamente com ele, membro fundador dos *Cadernos Negros*, afirma:

> Uma coisa importante para mim foi encontrar um livro do Oswaldo de Camargo, chamado *O carro do êxito*. É um livro de contos, mas foi o primeiro livro de literatura que eu comprei, numa livraria comum na praia de Santos, que falava das entidades negras de São Paulo. E também tinha uma coisa fundamental: ele escreve muito em primeira pessoa, a primeira pessoa de um negro. Aí eu vi a foto do autor e falei: "Puxa!". Foi um deslumbre para mim [...]. O Oswaldo foi uma pessoa importantíssima como um elo de gerações. Sabia muito! Ele conheceu o Correia Leite quando ainda era novo. Então, para mim, esse livro foi um deslumbre, assim como o livro do Abdias, *O negro revoltado*, que eu também comprei em Santos. Foi também um grande deslumbre saber que já tinha havido congressos, jornais, Teatro Experimental do Negro e tantas outras coisas. Essas duas obras nortearam bem a minha vida nesse período[55].

No âmbito da experiência literária e da militância cultural, autor e obra passam a operar, de fato, como elo nessa década. Trabalhando há anos nas redações dos jornais *O Estado de S. Paulo* e *Jornal da Tarde*, alguns anos depois de *O carro do êxito* Camargo foi procurado por seu colega de jornal, Marcos Faermann, criador de uma das mais inventivas publicações da imprensa alternativa dos anos 1970, o *Versus, jornal de cultura, política e aventura*[56]. Desde sua segunda edição, esse jornal publicou temas relacionados aos universos negros brasileiro e africano; no tocante a este último, copiavam-se matérias de organismos internacionais ou se angariavam colaboradores/correspondentes.

Assim, seus leitores entre outubro de 1975 (n. 2) e junho de 1977 (n. 11) tiveram contato com: a arte de máscaras negro-africanas (com o documentarista francês Chris Marker); as origens e o desenvolvimento do *apartheid* na África do Sul; os processos da luta anticolonial na Guiné-Bissau e em Angola; o pensamento dos líderes revolucionários Agostinho Neto e Mário Pinto de Andrade (Angola), Amílcar Cabral (Cabo Verde), Eduardo Mondlane (Moçambique); o exílio de José Celso Martinez Corrêa e Celso Luccas em Moçambique, que resultaria na produção do filme 25, dirigido por ambos, sobre a revolução naquele país; entre outros temas, como demonstra a tabela a seguir:

TABELA 2: MATÉRIAS DE TEMÁTICA NEGRA PUBLICADAS EM *VERSUS*, 1975-7

AUTOR(ES)	ARTIGO	NÚMERO	DATA	PÁGINA(S)
Chris Marker	Arte negra: as estátuas também morrem	2	1974-5	39-41
Luiz Gê	Angola (em quadrinhos)	3	1975	25-8
Vitor Vieira	Esta é a crônica da África do Sul de tempos atrás: a da submissão	5	1975	42
Licínio Azevedo e Maria da Paz Rodrigues	Quatro relatos da Guiné-Bissau	7	dezembro 1976	3-7
Licínio Azevedo e Maria da Paz Rodrigues	Encontro em Lisboa [sobre Agostinho Neto, Eduardo Mondlane, Mário Pinto de Andrade e Amílcar Cabral]	8	março 1977	40-2
MPLA – Agostinho Neto	Documentos africanos: os crimes de Mobutu	10	maio 1977	36-8
Maria da Paz Rodrigues e Licínio Azevedo	Com o presidente da Tanzânia, na Guiné	10	maio 1977	38
Alberto Villas	25, um filme de José Celso Martinez Corrêa e Celso Luccas	11	junho 1977	3-7
Neusa Maria Pereira	Pela mulher negra	11	junho 1977	8

Elaboração do autor. Fonte: AEL-Unicamp.

Embora fosse, como afirma Bernardo Kucinski, "[...] uma revista que não se propunha a organizar o ativismo político ou a subsidiar esse ativismo"[57], em função da disposição de seu criador, *Versus* criou uma abertura inédita e interessante na imprensa brasileira de então[58]: temas latino-americanos, africanos e brasileiros sob o ângulo de ativistas revolucionários. A África mítica e literária dos ativistas e escritores dos anos

1950-60, por exemplo, teria maiores subsídios para começar a ceder espaço a aspectos de uma luta política que fervilhava, ao calor da hora dos países lusófonos, com seus avanços, suas contradições, seus retrocessos e, também, novos mitos, reinterpretados por ativistas negros no Brasil[59].

Além disso, o *Brasil negro* (ou seus aspectos) entrou nas páginas da publicação, resultando num outro patamar da disposição anterior. Faermann, relembra Camargo: "[...] chegou para mim e pediu que eu arregimentasse – isso precisa ser dito – alguns negros para fazer esta página [*Afro-Latino-América*]"[60], que seria, a partir do número 12, de julho/agosto de 1977, uma seção permanente. Novamente de acordo com Kucinski: "[...] no seu apogeu, entre julho e novembro de 1977, já mais organizado, chegou a vender mais de 35 mil exemplares por edição [...]". E ainda: "[...] a política real penetra em *Versus*, através de um caderno dedicado à questão negra, *Afro-Latino-América*, que se torna um espaço de aglutinação de militantes do movimento negro, o primeiro jornal negro dentro de um outro jornal"[61]. Cruzados os argumentos, deduz-se que, de maneira excepcional, uma imprensa negra, com seus temas e debates, foi capaz de começar a sobrepujar sua marginalidade histórica e alcançar um público mais diversificado, inserindo em certa faixa de leitores as discussões empreendidas na seção *Afro-Latino-América*.

Além de Oswaldo de Camargo, a equipe inicial era composta pela jornalista Neusa Maria Pereira, por Hamilton Bernardes Cardoso (Zulu Nguxi), Jamu Minka[62] e outros jornalistas e ativistas que, de eventuais, se tornaram articulistas permanentes.

Eles trouxeram, entre o número inaugural e (até) a última edição (coincidindo com o último número de *Versus*), em outubro de 1979, matérias sobre a história da imprensa e literatura negras no Brasil; entrevistas com personalidades artísticas e políticas (o ator Grande Otelo, os políticos Adalberto Camargo e Dilce Pires, a ativista política e cultural Thereza Santos, o membro da FNB Francisco Lucrécio); histórias de antigas associações negras (FNB, ACN, Vai-Vai) e de novas, surgidas naquela década (Sociedade de Intercâmbio Brasil-África [Sinba], Centro de Cultura e Arte Negra [Cecan], Festival Comunitário Negro Zumbi [Feconezu], Associação Casa de Arte e Cultura Afro-Brasileira [Acacab]); espaços para difusão de ideias sobre a organização política negra em países africanos e nos Estados Unidos, notadamente através dos antigos exilados Abdias do Nascimento e Thereza Santos; ou, ainda, notícias sobre a vida negra no Brasil, moldada pela discriminação e pela revisão histórica de eventos, a questão da mulher negra ou a participação do negro na cultura e na política. Ou seja, realizaram matérias não apenas sobre o lamento da escravidão, mas também sobre a discriminação no século XX e, ainda, foram além no repertório de temas e problemas.

Além disso, documentaram e se tornaram ferramenta de veiculação das discussões em torno do movimento negro contemporâneo e das primeiras ideias do Movimento Negro Unificado contra a Discriminação Racial (MNUCDR), uma vez que vários, membros da equipe, se não todos, se engajaram nele ou cederam espaço a seus militantes não ligados à *Versus* (como Rafael Pinto e Milton Barbosa) para que escrevessem em suas páginas.

VERSUS E O INÍCIO DA SEÇÃO *AFRO-LATINO-AMÉRICA*.

TABELA 3: SEÇÃO *AFRO-AMÉRICA-LATINA* EM *VERSUS* (1977-9)

AUTOR(ES)	ARTIGO	NÚMERO	DATA	PÁGINA(S)
Versus	Afro-Latino-América[63]	12	julho-agosto/1977	30
Jamu Minka, Neusa Maria Pereira e Zulu Nguxi [Hamilton Bernardes Cardoso]	Nem almas brancas, nem máscaras negras	12	julho-agosto/1977	30-1
Oswaldo de Camargo	Pequeno mapa da poesia negra	12	julho-agosto/1977	31-3
Licínio Azevedo	O Grande Otelo	12	julho-agosto/1977	44-5
Zulu Nguxi	Páginas brancas de uma noite negra	13	agosto-setembro/1977	31-4
Neusa Maria Pereira	Tião, Tião	13	agosto-setembro/1977	31-2
Afro-Latino-América	Morte sem preço; Na cidade do carvão; Disco preto; Nossos dias, nossa história; Imprensa negra; Secan [*sic*]; Lombada	13	agosto-setembro/1977	31-4
Afro-Latino-América	América negra; Brasil negro não vai à Colômbia; Nossa história	14	setembro/1977	25
Hélio Santos	13 de maio ou 1º de abril?	14	setembro/1977	26-7
Jamu Minka e Neusa Maria Pereira	28 de setembro [entrevista com Adalberto Camargo]	14	setembro/1977	28
Afro-Latino-América	Pastores da noite	14	setembro/1977	28
Afro-Latino-América	Contra o racismo por uma nova história	15	outubro/1977	34
Claudius	Lição de liberdade [desenhos sobre Guiné-Bissau]	15	outubro/1977	35-41
Afro-Latino-América	Palmares fazendo liberdade	16	novembro/1977	38-9
Abdias do Nascimento	Democracia racial: mito ou realidade?	16	novembro/1977	40
Afro-Latino-América	Re-e-du-car; 25: *africa made in africa*; Evolução	16	novembro/1977	41
Afro-Latino-América	Racismo 77	17	dezembro-janeiro/1977-78	38
Nicolás Guillén	Pequena ode a um *boxeur* cubano	17	dezembro-janeiro/1977-78	39

AUTOR(ES)	ARTIGO	NÚMERO	DATA	PÁGINA(S)
Afro-Latino-América	Amandla: Steve Biko	17	dezembro-janeiro/1977-78	39
Afro-Latino-América	Reorganização; Acacab	17	dezembro-janeiro/1977-78	40
Abdias do Nascimento	Democracia racial: mito ou realidade	17	dezembro-janeiro/1977-78	41-2
Jean-Paul Sartre	Ser negro	18	fevereiro/1978	37
Ivan Maurício	No canavial	18	fevereiro/1978	38
Afro-Latino-América	O líder negro dos canaviais	18	fevereiro/1978	39
Afro-Latino-América	A Frente Negra Brasileira [entrevista com Francisco Lucrécio]	18	fevereiro/1978	40
Abdias do Nascimento	Democracia racial: mito ou realidade	18	fevereiro/1978	41
Clóvis Moura	O negro na sociedade civil	19	março-abril/1978	39-41
Neusa Maria Pereira	Onde estão os Panteras?	20	abril-maio/1978	41
Afro-Latino-América	Denúncia; Nós na convergência; 90 anos de ilusão	20	abril-maio/1978	42
Amílcar Cabral	Iluminações	21	maio-junho/1978	37
Rui Veiga	Diálogo dos explorados	21	maio-junho/1978	39-40
Neusa Maria Pereira	13 de maio: um dia de denúncia contra o racismo	21	maio-junho/1978	41
Afro-Latino-América	A luta pelo P.S.; Redescoberta da África; Novas publicações negras; Saiu Tição; Um grito no *soul*	21	maio-junho/1978	42
Hamilton Bernardes Cardoso	Alguns pontinhos...; Cerimônia para o assassinato de um negro	22	junho-julho/1978	38-9
Neusa Maria Pereira	Mulher 1	22	junho-julho/1978	39
Marcos Faermann	Histórias	23	julho-agosto/1978	2
Hamilton Bernardes Cardoso	E agora?	23	julho-agosto/1978	32-3
Neusa Maria Pereira	O sete de julho	23	julho-agosto/1978	34

AUTOR(ES)	ARTIGO	NÚMERO	DATA	PÁGINA(S)
Presidiários do Grupo Afro-Brasileiro da Casa de Detenção de São Paulo	Nós, netos de Zumbi, assim pensamos e assim escrevemos a vocês, irmãos e também netos de Zumbi	23	julho-agosto/1978	35
Roberto Almeida	O povo é mais forte que a morte	23	julho-agosto/1978	35
Afro-Latino-América	Um ano de Afro-Latino-América	24	setembro/1978	38
Hamilton Bernardes Cardoso	Cafundó: as manias dos reis e a resposta do escravo	24	setembro/1978	38-9
Vanderlei José Maria	Mudem de estação: queremos um programa!	24	setembro/1978	40
Celso Prudente e Wilson Prudente	O negro nas lutas populares	24	setembro/1978	40
José Adão de Oliveira	Movimento negro	24	setembro/1978	41
Noémia de Sousa	"Moças das docas" [poema de Moçambique]	24	setembro/1978	41
Maria Dulce Pinheiro Pinto	Garra negra	24	setembro/1978	41
Afro-América-Latina	É proibido discriminar	24	setembro/1978	42
Hamilton Bernardes Cardoso	Cala boca macaco!	24	setembro/1978	42
Vanderlei José Maria	O movimento avança	25	outubro/1978	40
Afro-América-Latina	Um pra lá, um pra cá	25	outubro/1978	41
Oliveira Silveira	Ventre livre, corpo escravo	25	outubro/1978	42
Baxter Smith	FBI contra o movimento negro	25	outubro/1978	43-4
Vanderlei José Maria	*Allons enfants de la patrie!*	26	novembro/1978	39
Astrogildo Esteves	Os caminhos do movimento negro	26	novembro/1978	40
Afro-América-Latina	Entrevista Dilce Pires	26	novembro/1978	41
Hamilton Bernardes Cardoso	Em cartaz	26	novembro/1978	42

AUTOR(ES)	ARTIGO	NÚMERO	DATA	PÁGINA(S)
Vanderlei José Maria	O homem de *smoking* contava seus dólares	26	novembro/1978	43
MNU	Leis internas e a ordem racial	27	dezembro/1978	40
Rafael Pinto	Quilombos e a resistência popular	27	dezembro/1978	41
Milton Barbosa	O jogo de cão e gato	27	dezembro/1978	41
Afro-América-Latina	Entrevista Drake Koka	27	dezembro/1978	42
MNU	Manifesto 20 de novembro	27	dezembro/1978	contracapa
Hamilton Bernardes Cardoso	Carta aos irmãos da diáspora	28	janeiro/1979	42-3
Omar de Barros Filho	Dura Angola livre	28	janeiro/1979	44-5
Hamilton Bernardes Cardoso	As raízes de Tereza Santos	28	janeiro/1979	45
Hamilton Bernardes Cardoso	Luta, história e festa: 1º Feconezu	28	janeiro/1979	46-7
Hamilton Bernardes Cardoso	Movimento negro	29	fevereiro/1979	38
Paulo de Tarso	Civilização branca, força bruta	29	fevereiro/1979	39
Hamilton Bernardes Cardoso	O deus do dinheiro... contra o samba do asfalto	29	fevereiro/1979	40-1
Astrogildo Esteves Filho	As raízes de Tereza Santos: Guiné-Bissau	29	fevereiro/1979	42-3
Vanderlei José Maria	África, atenção!	30	março/1979	37
Ernest Harsch	Um ano de intensas lutas no continente	30	março/1979	38-40
Astrogildo Esteves Filho	As raízes de Tereza Santos: Angola	30	março/1979	41-3
Vanderlei José Maria	O cadafalso e suas cordas	31	abril/1979	38-9
Astrogildo Esteves Filho	Descaminhos de uma revolução	31	abril/1979	40-1

AUTOR(ES)	ARTIGO	NÚMERO	DATA	PÁGINA(S)
John Hope Franklin	*God bless you, Mr. King!*	31	abril/1979	42
Malcolm X	Por minha própria boca, por minha própria mente	32	junho/1979	41-2
Hamilton Bernardes Cardoso	Em defesa do marxismo	33	agosto/1979	37-8
Hamilton Bernardes Cardoso	O quilombismo	34	outubro/1979	36-8
Afro-Latino-América	E agora, Angola?	34	outubro/1979	40

Elaboração do autor. Fonte: AEL-Unicamp.

Havendo uma publicação que coloca alguns velhos militantes à disposição de quem os quer ouvir; um veículo de difusão excepcional para algumas ideias latentes; uma produção literária nova, editada às próprias custas ou que se dedica a ser uma ponte entre dois mundos geracionalmente distantes, fornecendo estofo histórico, resta apenas questionar sobre o público. Qual a recepção possível a essas ideias e situações? Tomando alguns depoimentos coletados por Alberti e Pereira, tem-se uma boa pista para a repercussão ideal (entre novos ativistas e escritores negros ou apoiadores da causa), mesclando literatura e política:

> [...] eu conheci duas pessoas que foram muito importantes na minha vida: o falecido Hamilton Cardoso, que vinha da Universidade de São Paulo, e o Milton Barbosa, que também já estava dentro da faculdade de Economia da USP. E eles tinham um núcleo já da questão racial, dentro da universidade. Tinha o Rafael Pinto, o Hamilton e, dentro da PUC, tinha uma pessoa que hoje mora no Rio, o Astrogildo [Esteves Filho] [...] jornal *Versus*, que foi um núcleo bastante importante do debate racial aqui no Brasil. [...] Foi um jornal fundamental para a existência do movimento negro; ele centralizava o debate mais teórico sobre o racismo no Brasil em textos muito importantes. – Flávio Jorge Rodrigues da Silva

> [...] Mas quando entrei na universidade [UFSCar], acho que no segundo ano, cruzei com outro negro que passou por mim e

estudava lá [...]. Depois vim saber que o pai dele, Henrique Cunha, tinha sido militante [...]. No dia 13 de maio de 1973, o Cunha Júnior falou: "Eu tenho que escrever alguma coisa sobre racismo. Escreve um artigo que eu escrevo outro". Eu falei: "Está bom". Aí escrevemos dois artigos para os dois jornais da cidade. O cara que leu o meu artigo me chamou para conversar. Quem era? Clóvis Moura. Eu falei: "Eu conheço você". Aí esse cara me adotou. [...] O Cunha depois me trouxe para São Paulo e me apresentou aos militantes antigos: Correia Leite, Jayme Aguiar – toda essa turma da velha guarda eu ainda conheci na casa dele. [...] Odacir de Mattos [...]. Aí nos deparamos com um intelectual de peso que era o Eduardo de Oliveira e Oliveira [...]. Aí, um belo dia na Funbec [Fundação Brasileira para o Desenvolvimento do Ensino de Ciências, seu emprego] ouvi alguém falando se não queria convidar algumas pessoas para ir para Angola. A Unesco estava convidando para trabalhar com ensino de ciências lá. O cara que estava na minha frente não queria ir e falou assim: "Vou fazer o que lá?". Eu falei: "Está bom" [...]. Eu achava que tinha um papel militante lá também. Aí, no primeiro dia em que fiquei lá, comecei a mandar sistematicamente jornais, revistas e livros para o Brasil inteiro. Mandei milhares, pode colocar milhares. Eu chegava segunda-feira no correio com 50 pacotes de jornais, revistas e livros. [...] Fazia isso com meu dinheiro. Eu ganhava bem, era consultor da Unesco [...]. Tudo o que as pessoas tinham ouvido falar de África, eu comecei a desconstruir, mandando aquilo [...]. Quem passa por uma revolução como aquela, onde você vê fome, miséria, falta, é dureza. Você não pode falar de negritude se você precisa comprar uma lâmpada. E como é que você vai comprar esta lâmpada? Você precisa ter produção [...]. A experiência em Angola fazia com que eu visse quem estava no Brasil como ingênuo [...]. Aquilo não batia com o que eu tinha vivido. Mãe África, essas coisas, me deixavam aborrecido. – Ivair Augusto Alves dos Santos

A minha militância se dirigiu mais para área da cultura e, depois, mais precisamente para área de literatura. Mas continuei uma pessoa interessada em outros aspectos da questão racial, sobretudo a questão da memória. Aí foi que eu encontrei o [José] Correia Leite [...]. Como eu estudava na época, pensei em fazer um trabalho sobre o Correia Leite e fui conversar com ele [...] tinha que fazer um livro dele, com depoimentos dele. – Cuti [Luiz Silva][64]

No limite do que é possível supor e deduzir, pode-se afirmar que, ao menos, um conjunto de novos ativistas políticos e culturais negros, oriundos de uma extração social média, estudantes universitários e/ou interessados nesse debate, toma contato com o rol de temas à disposição nas páginas dos jornais e nas novas associações. Sujeitos que já possuem condições de fazer algo socialmente com essas novas ideias. A partir desse momento, há uma sedimentação de um conjunto de temas e problemas que se remetem a questões irresolutas do passado, relacionados à história do universo negro (nacional e de outras partes do mundo acessíveis aos brasileiros), estimulados à discussão por antigos ativistas desalojados de suas posições e uma nova geração disposta, que assume uma gama de tarefas e lacunas a serem preenchidas. E dessa forma passa a ser uma proposta, por exemplo, do grupo fundador dos *Cadernos Negros*, a partir de 25 de novembro de 1978.

ENTRE MAIO E NOVEMBRO: ESTÉTICA E POLÍTICA NEGRAS

Já não há mais razão de chamar as lembranças/ e mostrá-las ao povo/ em maio/ Em maio sopram ventos desatados/ por mãos de mando, turvam o sentido/ do que sonhamos/ Em maio uma tal senhora liberdade se alvoroça/ e desce às praças da boca entreaberta/ e começa:/ Outrora, nas senzalas, os senhores.../ Mas a liberdade que desce à praça/ nos meados de maio/ pedindo rumores,/ é uma senhora esquálida, seca, desvalida/ e nada sabe de nossa vida/ A liberdade que sei é uma menina sem jeito/ vem montada no ombro dos moleques/ e se esconde/ no peito, em fogo dos que jamais irão à praça/ Na praça estão os fracos, os velhos, os decadentes/ e seu grito: Ó bendita Liberdade!/ E ela sorri e se orgulha, de verdade,/ do muito que tem feito[65].

Oswaldo de Camargo

A primavera de maio do Movimento Negro brasileiro recente aconteceu dez anos depois da primavera de Praga e do maio de 1968 dos estudantes franceses. Aconteceu precisamente em 1978 quando: 1) o poeta negro Cuti (Luiz Silva) publica Poema da Carapinha, *retomando o processo evolutivo da literatura de temática negra que Solano Trindade nos legou; 2) em São Paulo jovens escritores negros lançam o primeiro número dos* Cadernos Negros; *3) ainda em São Paulo, em 18 de junho, era criado o Movimento Negro Unificado contra a Discriminação Racial, primeiro movimento negro de caráter nacional depois da Frente Negra Brasileira, na década de [19]30*[66].

Jônatas Conceição da Silva

No 90º aniversário da abolição, ativistas e escritores negros, insatisfeitos com as condições presentes de seu grupo social, legadas por aquele processo histórico, bem como pelos últimos 14 anos de Estado ditatorial, retornam à cena histórica ou dela emergem, com bandeiras várias, buscando chamar atenção coletiva e organizadamente. Agora, o objetivo desses grupos aparece em dupla chave: de um lado, criar uma organização de abrangência nacional; de outro, simultaneamente, uma publicação autossustentada por seus escritores, capaz de congregar a produção literária de poetas e contistas negros. Uma vez mais a cidade de São Paulo é o espaço privilegiado para que tais iniciativas ocorram e se desenvolvam.

Importante mencionar que os antigos ativistas e suas organizações ainda eram convocados para debates ou para efetivamente se confrontar com a realidade social daquele momento. Três exemplos: a) em 4 de março de 1968, a série *Cadernos Brasileiros* promoveu o encontro 80 Anos de Abolição, mediado por Clarival do Prado Valladares, membro do Conselho Federal de Cultura. Estiveram presentes à sessão: Abdias do Nascimento, José Correia Leite, Sebastião Rodrigues Alves, Oscar de Paula Assis (intelectuais e ativistas negros), Raimundo Souza Dantas (escritor e primeiro embaixador negro do Brasil) e Edison Carneiro, renomado pesquisador[67]; b) se esse embate apareceu entre homens de mesma geração, ungidos com experiências sociais semelhantes, em 1977 o Clube 220 confrontou-se com jovens negros, nascidos ao longo dos anos 1950, críticos da falsa harmonia promovida pela ideia de democracia racial, como afirma João Batista Félix[68] em sua tese; c) e, ainda, como relembra Amauri Mendes Pereira, em 1978 deu-se a resistência, entre alguns jovens militantes negros de São Paulo, a Abdias do Nascimento, na fundação do MNU[69].

Em 1971, surgiu em São Paulo o Centro de Cultura e Arte Negra (Cecan), cuja trajetória conectou o fim da ACN ao bojo do MNU e dos *Cadernos Negros*. Deslocando-se para o Rio de Janeiro e Rio Grande do Sul, têm-se ações semelhantes: a Sociedade de Intercâmbio Brasil-África (Sinba) e o Instituto de Pesquisa das Culturas Negras (IPCN), na capital carioca; e o Grupo Palmares (1971-78), na capital gaúcha. Aliás, este último, por meio do poeta negro Oliveira Silveira, tornou-se responsável por pautar o questionamento histórico do 13 de maio de 1888, propondo a alteração da data de referência da comemoração, como data de luta política, para o 20 de novembro de 1695, que se tornaria o Dia Nacional da Consciência Negra, em homenagem a Zumbi e ao Quilombo dos Palmares[70].

Não é exagero afirmar, portanto, que se trata de ações que vão acontecendo no subterrâneo do cotidiano ditatorial e se enredando, se constituindo em conflito interno ou na aproximação entre gerações, no sentido de criar facetas de um objetivo comum. Nas memórias de diferentes ativistas, o Cecan foi um desses espaços que promoveram o encontro entre a nova e a velha geração de negros organizados. De acordo com a dissertação de Joana Maria Ferreira da Silva[71], foi idealizado e fundado por Thereza Santos, que, na organização, contou com o apoio e a ajuda do sociólogo Eduardo de Oliveira e Oliveira e do jornalista Odacir de Mattos. Este último conduziu o centro a partir de 1974, quando Santos se exilou do país, indo participar dos processos revolucionários da África lusófona (Angola e Moçambique, especificamente). Oliveira e Oliveira, bem como Mattos, foi membro da ACN. De acordo com Silva, o Cecan foi produto direto da ACN[72]. Nas memórias de alguns militantes, o Cecan operava como esse espaço catalisador do encontro das novas propostas com as velhas ideias:

> [...] o Correia Leite. Foi uma pessoa que me recebeu muito bem. [...] O pessoal do Cecan [...], por exemplo, todos o conheciam, todos iam à casa dele conversar, convidá-lo para ir falar em algum lugar ou visitar alguma exposição, e ele sempre recebia muito bem todo mundo [...]. E ali também no Cecan praticamente, nasceu o Quilombhoje, com o encontro meu, do Oswaldo de Camargo, e depois do Paulo Colina [...]. – Cuti

> Eu fui do Centro de Cultura e Arte Negra, Cecan, em São Paulo. A Thereza Santos fazia parte, depois ela foi para Angola. Mais ou menos em 1974, o Odacir de Mattos escreveu para ela, pediu autorização, e começamos a retomar as atividades do Cecan, que é uma das entidades que foram o embrião do Movimento Negro Unificado. [...] Então, foi muito legal o trabalho do Cecan, que foi uma

entidade cultural importante em São Paulo, porque era através dela que a gente fazia atividades na cidade toda, nos relacionávamos com outras cidades do interior do estado e com o Rio de Janeiro, e tínhamos contato com outras organizações. – Milton Barbosa[73]

Trata-se de uma *ambiência política e artisticamente criativa*, portanto. Ao menos na capacidade de estimular pessoas que já tivessem experiências literárias, sendo autores isolados, autoeditados ou não, e os novos e inéditos, que quisessem tirar seus textos da gaveta. Cuti conduz a interpretação nesse sentido, ao rememorar o surgimento dos *Cadernos Negros*:

> [...] Em 1978, essa entidade [Cecan], esse centro cultural, era muito ativo, e ali nasceu uma instituição, uma organização que pretendia aglutinar as outras organizações, que era a Federação das Entidades Afro-Brasileiras do Estado de São Paulo (Feabesp). Nessa época, no Cecan, chegamos a publicar um jornal chamado *Jornegro*. No Cecan se uniram pessoas muito ligadas às letras e dali nasceu a ideia de fazermos uma antologia que fosse capaz de publicar poemas e contos de outros negros. Inicialmente, a ideia nasceu comigo e com o Hugo Ferreira e, em 1978, fizemos a publicação de um pequeno livro e já sabíamos que a série iria continuar. [...] E dali em diante fiz a antologia com a ajuda de outros escritores, ajudas eventuais, e sempre com a participação financeira de cada um. [...] Mas, paralelo aos *Cadernos Negros*, eu, Oswaldo de Camargo, Abelardo Rodrigues, Paulo Colina e um escritor argentino chamado Mario Jorge Lescano nos reuníamos e discutíamos literatura e, por volta de 1980, resolvemos nos dar um nome, no sentido de constituir um grupo, que fosse reconhecido [...]. Nós nos reuníamos num bar, no centro da cidade de São Paulo, chamado Mutamba, e começamos a selecionar vários nomes e eu sugeri o nome Quilombo, mais a palavra hoje, que daria Quilombhoje. Uma das coisas que achei curiosa nesse nome, que as pessoas aceitaram, é que a palavra Quilombhoje tem "bojo" embutida. Ela é um neologismo que inclui a atualidade do Quilombo, a noção de nossa retomada histórica e também ela inclui a palavra bojo, ou seja, a nossa literatura está no bojo de um movimento maior, que é o Movimento Negro Nacional[74].

O primeiro livro da série *Cadernos Negros*, em seus elementos formais de concepção, reforça os aspectos apontados por Cuti: a capa traz a fotografia de uma favela, vista do ângulo de seus telhados. Num primeiro plano, sobreposta, uma foto de quatro crianças, sugerindo que vivem naquele lugar. Ambas as imagens em preto e branco reforçam a carga dramática da composição. Na contracapa, o aviso: "A imprensa negra taí! Leia, divulgue e assine *Jornegro*". Outro aspecto importante é esse encontro entre antigos e novos escritores, com propósitos semelhantes. Camargo afirma que "foi um lance muito bom. Foi um lance que obrigou as pessoas a escreverem, a se olharem de novo como escritores. Os mais velhos, sem dúvida, eram o Eduardo de Oliveira e eu. A maior parte nem tinha livros. O Cuti não tinha livro nenhum publicado. Quase ninguém"[75].

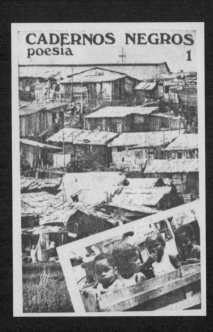

CADERNOS NEGROS, 1978-1980.

A aliança estimulante da ambiência com o encontro entre jovens e antigos escritores, ativistas políticos e culturais, somada a um desejo difuso de retomar algo que ficou disperso e de intervir num debate empolgante, com suas próprias marcas (notadamente nos mais novos), são as peças mais palpáveis para a montagem desse complexo de sujeitos sociais, com origens distintas, trajetórias com pontos de partida desiguais, concepções artísticas e políticas que, não raro, colidem. Em comum, variações sobre as ideias de *tarefa* ou *missão* – o que permite pensar a figura do intelectual, em particular do *intelectual negro*.

Tem-se a tarefa, como diria Camargo, de perscrutar o passado da literatura negra, observar seus ícones e atualizar seus temas e problemas para os dias correntes. Também a missão, de acordo com Cuti, de estar no bojo de um movimento político, histórico e contemporâneo, intervindo na realidade social para modificá-la. Márcio Barbosa afirma que a literatura negra no Brasil, se for pensada como movimento estético, não possui um manifesto[76]. Talvez o texto de apresentação dos autores que compõem o volume 1 da série *Cadernos Negros* possa ocupar esse papel. Excertos dele já foram assinalados: o tema da idealização do continente africano[77]; a crítica dos significados da abolição; a necessidade de uma consciência social e étnica (que assume a forma de *negritude*); e, por fim, a importância da cultura e do objeto livro. Além disso, o texto de duas páginas ressalta:

> A África está se libertando!, já dizia Bélsiva, um dos nossos velhos poetas. E nós, brasileiros, de origem africana, como estamos? [...] Estamos no limiar de um novo tempo. Tempo de África vida nova, mais justa e mais livre e, inspirados por ela, renascemos, arrancando as máscaras brancas, pondo fim à imitação. Descobrimos a lavagem cerebral que nos poluía e estamos assumindo nossa negrura bela e forte. Estamos limpando nosso espírito das ideias que nos enfraquecem e que só servem aos que querem nos dominar e explorar. [...] *Cadernos Negros* marca passos decisivos para nossa valorização e resulta de nossa vigilância contra as ideias que nos confundem, nos enfraquecem e nos sufocam. As diferenças de estilo, concepções de literatura, forma, nada disso pode ser mais um muro erguido entre aqueles que encontraram na poesia um meio de expressão negra. Aqui se trata de legítima defesa dos valores do povo negro. A poesia como verdade, testemunha do nosso tempo.

[...] Essa coletânea reúne oito poetas, a maioria deles da geração que durante os anos [19]60 descobriu suas raízes negras. Mas o trabalho para a consciência negra vem de muito antes, por isso, *Cadernos Negros* 1 reúne também Irmãos que estão na luta há muito tempo[78].

Os elementos articulados dessa apresentação permitem discutir e contextualizar um projeto de literatura negra no Brasil. Quais suas tarefas? A que vem? O que pretende? De acordo com o texto, há uma série de pontos a serem alinhavados. Há que recuperar autores do passado e pô-los novamente em circulação, de maneira que construam uma ponte com os do presente – o que se depreende da seleção de Bélsiva (anos 1960-70), Lino Guedes (anos 1920-30), Solano Trindade (anos 1940-60), Carlos de Assumpção (anos 1950) e Oliveira Silveira (contemporâneo da nova geração e próximo da antiga), que figuram na primeira página do volume. Chama atenção a expressão "Estamos no limiar de um novo tempo", em diálogo com a positividade conferida às lutas pela libertação africana, bem como com a conscientização crescente, ao menos das frações organizadas, do negro no Brasil. Ao mesmo tempo, aparece a expressão *máscaras brancas*, que remete ao livro *Peau noir, masques blancs*, [Pele negra, máscaras brancas] de Frantz Fanon.

Limiar de um novo tempo tem alguma relação com *o limiar de uma nova era*, de que tratou Fernandes no segundo volume de *Integração do negro*, a respeito dos movimentos sociais negros dos anos 1950? Diretamente, não. Mas não é coincidência que muito de ACN, Frente Negra, imprensa negra etc. e de suas aspirações possa ser ouvido aqui novamente.

Ecoa também a pauta contra a discriminação e o preconceito racial, atualizados para a ordem do dia. Por vezes, pode beirar a factualidade concreta (como no poema de Hugo Ferreira: "Mataram um negro e depois outro..."), o que atinge novamente os ideais de valorização e respeito (o poema que abre os *Cadernos Negros* é de Henrique Cunha Jr., "Sou negro como a noite", seguido pelo de Jamu Minka, "Identidade") e chega à cobrança e ao protesto contra a sociedade envolvente, incluindo os próprios negros não conscientizados, como se observa nos seguintes excertos de "Atitude" e "Preconceito racial", respectivamente de Camargo e Cuti:

Eu tenho a alma e o peito descobertos/ à sorte de ser homem, homem negro/ [...] / inspiro poesia ao vate branco: "... Estamos em pleno mar..."/ Estamos em plena angústia! [...] / Falaram-me da Esperança.../ Perguntamos: é casada/ O que come, com quem dorme/ conhece a face de um negro?/ E, se conhece, então fica/ com ele, e, assim sendo, finca/ alicerce de começos?/ [...] / esperamos a Esperança.../ Mostrou-nos um rosto falso,/ nas mãos... um futuro torto,/ aleijado, de dar pena!/ [...] / Negro, ó negro, pedaço de noite/ pedaço de mundo, ergue-te!/ Deixe essa mansidão nos olhos,/ tua delicadeza,/ e o fácil riso jovial/ Sê duro, ó negro, duro,/ como o poste em que mil vezes te chicotearam/ Sê negro, negro, negro,/ maravilhosamente negro![79]

Não é somente barrar na porta/ É matar sementes na nossa horta/ Nem só o medo da pele espelho/ É manter na mente um sinhô velho/ [...] / Guardar um riso que ri em casa/ Do nosso sonho que não tem asa/ [...] Falar de classe querendo tudo/ E achar alguém um tanto beiçudo/ [...] É ajudar este sistema/ É matar este poema[80].

Em 25 de novembro de 1978, estavam lançadas algumas bases e um programa de intenções de um projeto de literatura negra no Brasil, que dura já mais de quatro décadas. Não é uma tarefa simples analisá-lo, tampouco a de situá-lo em relação a outras ações coetâneas e conflitantes ao longo do tempo. Nesse sentido, antes de continuar a análise, é necessário estabelecer algumas cautelas e justificar algumas opções que guiarão a perspectiva a seguir.

RETRATOS DE GRUPOS I: PERSONAGENS PARA/EM COMPOSIÇÃO (1978-88)

O plural se justifica por se tratar de uma trajetória de publicação coletiva, atualmente com mais de quarenta anos de existência, sendo que um grupo formal (o Quilombhoje) lhe dá suporte efetivo desde 1982, como equivalente da própria publicação. Nesse período, os autores que publicaram nos *Cadernos* ou que por eles se responsabilizaram mais diretamente são variados, alguns com mais frequência e longevidade, outros mais efêmeros. Há ainda os que se mantiveram próximos e mais atuantes por anos a fio e que se afastaram em função de alguma cisão pessoal ou de expectativas em relação aos caminhos do grupo. E mesmo aqueles que se juntaram ao projeto em curso, ao longo dos anos, em épocas e intensidades variadas. Constitui-se, assim, um repertório grande de trajetórias individuais que, apesar de merecerem análise mais minuciosa e detida, não expressa, contraditoriamente, *a realização social de seus autores*.

Dito de outra forma: majoritariamente, não é como escritor individual que os autores publicados nos *Cadernos* se consagram ou se tornam conhecidos, mas sim como autores que publicam e se identificam ou são identificados como escritores de uma literatura negra, fortemente vinculados aos *Cadernos Negros* ou ao Quilombhoje. Apesar de serem os mesmos indivíduos, os autores que permanecem publicando desde o primeiro volume ou desde o surgimento do grupo Quilombhoje (volume 5) não são os mesmos sujeitos sociais ou criadores artísticos. *Está-se em diálogo com trajetórias individuais que se modificam em espaços sociais e temporalidades coletivas.*

Ou seja: indivíduos que se movimentam no tempo e no espaço, conectando-se a um projeto coletivo (e tentando lhe conferir coesão) que, por sua vez, também se altera, em função do cenário social. Que algum ponto comum seja mantido é hipótese aceitável. Todavia, quando se fala dos escritores dos *Cadernos* em 1978, não se está falando desses mesmos escritores em 1982, 1988, 1995, 2000 ou 2010. Entre a existência biológica e a artística/social, há uma distância a considerar.

Dessa forma, a dificuldade inicial se impõe: como tratar de uma trajetória coletiva com tantos anos de existência? Temos, conforme exposto, dois primeiros cuidados analíticos: contextualizar o "surgimento" e *pensar a ideia de grupo*. Colocada tal trajetória em função da tese perseguida, o próximo passo é discutir as ideias que se movimentam nesse percurso ao longo do tempo. O objeto a ser analisado neste capítulo e nos próximos será a concepção de uma ideia de literatura negra no Brasil através dos *Cadernos Negros*/Quilombhoje e de como ela se molda e se transforma em função das próprias mudanças do coletivo de escritores, dos eventos e das circunstâncias históricas[81], e de como isso alcançará a ideia de uma literatura marginal periférica nos anos 2000.

Postos em contexto, os Cadernos Negros ocupam papel fundamental neste trabalho. Enquanto projeto coletivo, organizado em torno de uma publicação, retoma e se reinsere na história do ativismo político e cultural negro do século XX, especialmente em São Paulo, irradiando-se para outros estados. Além disso, vêm ocupar, consistentemente (enquanto outros tiveram fôlego mais curto), o vácuo deixado pelo fim da ACN. E em relação a Carolina Maria de Jesus? Se a ACN representava o embate entre um projeto coletivo e a consagração individual, os *Cadernos* retomam o ideário da Associação Cultural do Negro, com modificações, ao mesmo tempo que resgatam e recriam um conjunto de autores negros a se reportar, no qual De Jesus figurará criticamente. Ainda são um coletivo endógeno em matéria de criação, distribuição e recepção. E, por fim, dada sua longevidade, em meio aos anos 1990 e 2000 alcançarão os surgimentos de Paulo Lins e Ferréz. De alguma maneira, terão de com eles se haver, bem como com o projeto de uma literatura periférica, havendo possibilidades de alianças, contraposições, identificação ou negação mútuas.

Os dados estão lançados em 1978 e, para não haver dúvidas disso, o primeiro volume de *Cadernos Negros* finaliza suas 52 páginas com dois avisos importantes: que "esta coletânea foi realizada com a participação financeira de todos os autores"; e que o "próximo lançamento: *Cadernos Negros 2 – contos*" se encontra em gestação. Observando-se a história pregressa do ativismo literário negro, mesmo em seus momentos mais decisivos, as duas informações colocam um desafio para a eficácia do projeto coletivo. Por quanto tempo durará? Até que ponto o próximo *Cadernos* não será o último ou, quiçá, *o mais recente?*[82]

A apresentação do volume 2, englobando essas questões, é confiada ao velho militante José Correia Leite. E, na sua visão, o surgimento e a continuidade dos *Cadernos* representam:

> [...] um ideal próprio da juventude e, de certa forma, uma maneira feliz e adequada para uma obra de aproximação de gente esclarecida e responsável. Digo isto porque no passado também foi assim. Foi destes devaneios, das tertúlias literárias nas colunas da chamada imprensa negra, que extravasaram os anseios para o alvorecer de uma luta de fundo ideológico, e que ficaram indeléveis em nossa memória. [...] Mas eu vejo neste trabalho, no seu conjunto, uma tomada de posição que pode chegar ao reencontro, não do princípio, mas sim da continuação daqueles ideais que ficaram perdidos no passado. [...] São meus votos sinceros para que os *Cadernos Negros* continuem e continuem para bem servir e que seus propósitos sejam uma ação de fé, naquilo que acreditamos. A semente foi lançada e é dever de todos lutar por aquilo que acreditamos![83]

Uma tomada de posição em relação a ideais perdidos no tempo é uma tarefa que exige, de um lado, sua atualização para a ordem do dia e, de outro, a observância dos fatores que fizeram tais ideais se esvaírem. Todos os contos do segundo volume tratam de racismo e do cotidiano oprimido do negro brasileiro, num certo viés histórico[84], o que permite articulá-los com a proposta de Correia Leite ou, ainda, a de outro velho militante, Odacir de Mattos, ao enfatizar em sua autoapresentação que *Cadernos Negros* "[...] são uma tentativa de não sermos marginalizados na literatura, como temos sido em vários outros setores. É a base para o início de um debate sério sobre nossas artes e ativistas"[85]. Na mesma edição, Paulo Eduardo de Oliveira, o Paulo Colina, afirma e coloca em pauta uma discussão constante, não apenas nos *Cadernos*, mas em diferentes estéticas cuja ética identitária está no horizonte de criação:

> Não sou um negro escritor e muito menos um escritor negro. Na verdade, sou um contador de es/histórias tal como meu avô ou meu tio-avô [...]. Sou um repórter do dia a dia, da nossa realidade. Sou um olho nas vilas, favelas, cortiços, nos sambas, na cidade--vida nossa. O que me difere do meu avô contador de es/histórias é que eu escrevo ao invés de falar, pois as nossas realidades mudaram muito pouco [...]. Escrevo porque há que se despertar a consciência adormecida e preguiçosa do nosso povo, porque há que se cutucar com punhais/palavras os marginalizados que são meus personagens (e que provavelmente – não por falta de empenho de minha parte – nem venham a ler meus textos), porque há que se tentar sacudir a classe média, que só tem monstros sagrados e empoeirados e *best-sellers* que em nada condizem com a nossa realidade, em suas estantes, uma realidade que fingimos não ver, e porque entendo que a literatura não deveria pertencer a uma determinada classe social e/ou raça[86].

Dada a autoapresentação acima, é possível afirmar: *a tensão é constitutiva do projeto dos Cadernos Negros*, da história literária e política na qual se inserem e do alinhavo que constroem, internamente, enquanto grupo e com escritores do universo exterior a esse grupo, especialmente nesses primeiros anos. Tensão presente na autodefinição de Colina, que se chocará com as de defensores mais arraigados das figuras do escritor negro (criador de uma estética particular?) ou de um negro escritor (militante de uma causa que se vale da literatura para esse fim?). Conflito que se estende ao social, no qual o grupo se insere e com o qual se confronta. A capa dos *Cadernos Negros*, volume 3, retrata isso claramente. Ela mostra uma manifestação do "20 de novembro, Dia Nacional de Consciência Negra". Na contracapa, onde aparecem dispostas as fotos dos autores, há cartazes escritos com as frases: "Abaixo 500 anos de opressão!", "Abaixo o racismo", "Contra a opressão racial" etc. Na apresentação que faz para esse volume, Clóvis Moura ressalta a ligação, aventando que a autonomia da literatura negra em relação à política é, se não relativa, bem reduzida, criando *uma ponte da luta contra a discriminação racial para a luta contra a discriminação cultural*.

> Já escrevemos, em outro local, que à medida que o movimento negro contra a discriminação avançasse surgiria uma geração de escritores negros – poetas, contistas, romancistas, historiadores – como consequência dessa dinâmica de conscientização étnica [...] os escritores afro-brasileiros, ao se engajarem no movimento contra a discriminação racial, procuram, igualmente, protestar através de várias formas contra a discriminação cultural. [...] Antes, qualquer negro que quizesse [sic] ser literato – poeta, romancista, teatrólogo – tinha de se sujeitar às normas impostas pela cultura do colonizador [...] só tinha valida e guarida aquilo que era escrito de acordo com as regras aprovadas pela Academia Brasileira de Letras e da Real Academia de Lisboa [...]. Daí não termos – conforme já dissemos – representantes de uma cultura afro-brasileira na nossa literatura. Temos negros que fizeram literatura de acordo com aquilo que eles aceitaram num processo de branqueamento muitas vezes inconsciente, porém que agia corrosivo, minando as matrizes culturais do negro e as suas formas particulares de dizer. [...] Mas, a partir de um determinado momento o negro resolveu decolar, seguir a sua estrada própria, sentindo que na sua própria comunidade havia mecanismos de comunicabilidade e julgamento muito maiores do que na sociedade dominante, na cultura dominante e na ideologia cultural dominante [...][87].

Para Moura, portanto, com o incremento de uma *consciência positiva* do grupo negro a seu próprio respeito, fundada nos processos e nas lutas sociais em que o grupo se insere, sua literatura se tornaria liberta dos entraves da sociedade envolvente. Assim, Moura não separa a estética da política, e os *Cadernos Negros* seriam, naquele momento, uma prova disso:

[...] Estes poemas devem ser vistos e lidos, portanto [...] coletivamente, isto é, como prova de que à medida que o negro luta no plano político e social, os elementos de criação literária adormecidos ou reprimidos [...] virão à luz com seu *ethos* próprio [...]. O negro emergente está criando, por outro lado, uma cultura literária emergente que expressará esse renascimento negro[88].

Mais uma peça do projeto dos *Cadernos Negros*? Escrever para a sua comunidade, conscientizá-la, restabelecer ligações com matrizes perdidas? *Educá-la*, no mesmo sentido que antigos ativistas falavam, de *adestramento* do grupo negro? Acompanhar as lutas de sua comunidade ideal e pautá-las? Constituir uma estética literária de relativa autonomia com as lutas sociais negras? "A poesia [...] vem agora, à medida que o negro brasileiro se conscientiza, projeta-se como meio de comunicação e protesto [...]"[89].

Essa perspectiva está no horizonte do poema "Em maio", de Camargo, já utilizado aqui como epígrafe, em que se constrói outra data alternativa para homenagear uma luta histórica, bem como questionar a visão da liberdade concedida contra a visão de liberdade conquistada e lutada pelo negro. Ou em "Mofo", de Cuti, em que o eu lírico conclama o leitor a recolher uma série de falsidades e ilusões, pondo-as de lado para pensar numa democracia das relações raciais e políticas[90]. E, nesse ímpeto, a revisão crítica da história precisa ser feita para ressignificar eventos e personagens, positiva ou negativamente, como no caso de Domingos Jorge Velho, no poema de José Carlos Limeira[91].

Porém, uma vez mais o atrito interno desse projeto se faz presente. Quanto da autonomia criativa se sacrifica em prol do posicionamento político? Para alguns desses autores, esse é um dilema que vai assumindo graus cada vez mais agudos. Não significa negar aspectos da luta que vêm travando, mas, antes, sofisticá-la, inclusive no próprio terreno da literatura:

> Não acredito que nos possamos expressar verdadeiramente sem elaboração, sem ligação com as velhas e grandes correntes literárias: Leopold Senghor, Langston Hughes, Aimé Cesaire, Leon Damas, Nicolas Guillen, Cruz e Sousa não fizeram grande obra partindo apenas de sua contemplação de negros, mas sim por terem aprendido a trabalhar com as palavras [...]. Não acredito no

improviso. Escrever é difícil. Um bom poema pode ser escrito após dez anos de vigília e espera, mas vale mais que um mau livro ou um livro medíocre[92].

Questionamentos como esses são importantes, mas como colocá-los em prática num conjunto de 21 autores (como os que publicam no volume 3) sem beirar a doutrinação ou exclusão? Rememorando aquele momento, Camargo afirma:

> [...] Mas eu sempre tive uma crítica muito forte aos *Cadernos*, no começo. Os *Cadernos* surgiram para colocar textos. Tudo bem. Mas textos sem passar pelo crivo de nada. Punha texto quem pagasse. No começo, era mais ou menos assim. Pagava, punha. E eu achava que na altura que nós estávamos já, depois... bons autores negros, autores com certa tarimba, era necessário educar esse pessoal, que pega um poema da gaveta e fala: "Eu também sou poeta!". O que era necessário era fazer um Caderno que contemplasse, sobretudo, as pessoas que estavam iniciando. Mas, eu fui vencido. Fui vencido e saí dos *Cadernos*[93].

Note-se que as apresentações e os prefácios aos trabalhos da série, até o sexto volume, foram todos feitos por ativistas políticos, ligados historicamente a alguma fração do associativismo/movimento negro. O volume quatro foi apresentado por Thereza Santos; o quinto, por Lélia Gonzalez; e o sexto, por Vera Lúcia Benedito. Assim, é possível supor que, até aquele momento, o horizonte de resolução/equacionamento entre literatura e política não estava definido, ou claramente enunciado. A antiga criadora do Cecan e consultora artística de Agostinho Neto em Angola, Thereza Santos, afirma:

> *Negros*. Sofridos. Vividos. Com uma imensa carga de vida. Conscientes. Por isto sabem que não é possível reconciliar a experiência vivida com a esperança visionária, pois a crueza da vivência prova que a esperança é uma fuga transitória da realidade, uma ilusão que tem que ser substituída, pela apreensão direta da realidade sem a qual o sintoma, o choro do negro não será eliminado. [...] Estes negros que lançam agora uma parcela dos seus trabalhos no *Cadernos Negros* n. 4 sabem de tudo isto. São conscientes, já

o disse; como negros, como homens, fazem parte desta maioria--minoria sem nenhuma parcela do *"nada"* neste país[94].

Entre as críticas de Camargo e as apresentações dos ativistas, direcionadas ao engajamento, existe um espaço muito interessante de criação e possibilidades literárias, que contempla ambas as posições. Paulatinamente vão surgindo autores com trabalhos cada vez mais consistentes, ungidos, por exemplo, tanto com a experiência política como com a vigília criativa, de que falava Oswaldo de Camargo. Esses são os anos de definição dos *Cadernos Negros*. Tudo está em aberto e os choques são mais frontais. Há, no entanto, ao menos um ponto que une todas as perspectivas: o negro, esse estranho conhecido de todos, deve figurar como personagem principal das narrativas, deve ser a voz privilegiada do eu lírico, deve ter como centro o seu horizonte de perspectivas.

A partir do que os autores imaginam ser o estar-no-mundo do negro, constrói-se a visão social desse grupo que formatará as histórias. Não será, na maioria dos casos, uma criação mecânica do real para o ficcional, do político para o artístico. Mas, antes, uma figuração da realidade, com forte lastro de verossimilhança, moldada pela concepção de mundo desses autores negros. "Somos aqueles que foram obrigados a comer espinhos e são obrigados a vomitar flores, porque a digestão não se realiza [...]. A meta é deixarmos de ser 'o outro' na vida literária de nosso país"[95], resume Cuti, em sua autoapresentação do quinto volume, dando o tom do momento interno dos *Cadernos*.

ANOS DE ENQUADRAMENTO DO RETRATO: NO PARTICULAR, O UNIVERSAL

1982 é o ano em que ocorre a cisão entre os integrantes do coletivo. Os mais velhos de geração e/ou de formação do grupo (Oswaldo de Camargo, Paulo Colina, Abelardo Rodrigues) se afastam após perderem a disputa pelo direcionamento das ações do coletivo, além de questionarem a competência de diferentes autores publicados na série. Essa cisão resulta na não participação dos dissidentes na continuidade dos *Cadernos*, além de levá-los à formação de um grupo à parte, denominado pelos remanescentes "Triunvirato"[96], com os grupos rivalizando entre si por algum tempo, em publicações e eventos.

Embasando esse confronto entre as tendências internas está um debate sobre a qualidade literária da produção negra, discussão antiga e aparentemente inesgotável. Mas, também, um choque entre percepções sobre a autonomia artística, o burilamento *versus* o espontaneísmo da expressão. Vistas à distância, ambas as tendências possuem razão em suas críticas e defesas, cruzando-se, de certa forma, os argumentos. Oswaldo de Camargo, Paulo Colina e Oliveira Silveira fizeram, em diferentes momentos, poemas de circunstância e/ou com acentuado caráter político, tanto quanto os membros mais jovens dos *Cadernos* realizam, naquele momento ou mais tarde, textos mais sofisticados. Talvez um elemento que permita compreender o cerne da cisão seja refletir sobre o fortalecimento do grupo remanescente.

Em 1982, no quinto volume, página 48, aparece o desenho de Márcio Barbosa que se tornará capa do próximo volume da série e símbolo do coletivo que ele, Esmeralda Ribeiro, Jamu Minka, Miriam Alves, Oubi Inaê Kibuko, Sônia Conceição e Cuti consolidarão: o Quilombhoje. As três máscaras negras africanas irmanadas num triângulo, sendo que a base é formada pelas representações masculina e feminina, que seguram conjuntamente um livro. No vértice de cima, uma máscara de olhos e sorriso grandes ostenta algo que se assemelha a um terceiro olho na testa[97].

Na entrevista a Charles Rowell, Cuti afirma que a ideia do Quilombhoje (criada junto aos membros antigos) retoma a imagem do Quilombo, atualizando-a para seu momento histórico de enunciação, isto é, início dos anos 1980. Como se tem discutido, é a etapa de efervescência política, que se desenvolve *pari passu* ao ativismo literário, em que a configuração da ideia de *aquilombamento* está em voga.

Em 1980, Abdias do Nascimento publica *O quilombismo: documentos de uma militância pan-africanista*. É possível aventar uma influência – não confirmada – das ideias desse ativista sobre a noção de Quilombhoje. No ensaio documento/título do livro, Nascimento quer demonstrar que há a "[...] urgente necessidade do negro brasileiro em recuperar a sua memória". Para fazer valer o argumento de que a memória dos afro-brasileiros não deve começar com o tráfico escravagista, o autor discutirá trabalhos de pensadores africanos, como Wole Soyinka (Nigéria), Théophile Obenga (Congo) e com mais detalhamento, Cheikh Anta Diop (Senegal). O recurso a esses e outros pensadores é uma ferramenta expositiva importante para demonstrar que *"Não é lícito para o verdadeiro movimento revolucionário negro o uso ou a adoção de slogans e/ou palavras de ordem de um esquerdismo ou democratismo vindos de fora. A revolução negra produz seus historiadores, sociólogos, antropólogos e cientistas políticos. Tal imperativo se aplica também ao movimento afro-brasileiro*[98].

Produziria a revolução negra também seus escritores? Parece ser uma consequência cabível das ideias de Nascimento. É possível, por esse ponto, a aproximação de perspectivas entre a formulação do antigo ativista negro e o novo grupo de escritores no Brasil. Alguns deles, os mais velhos, conheciam-no de décadas anteriores, ou com ele já tinham mantido contato durante os eventos de julho de 1978, quando da fundação do MNUCDR. O quilombismo de Nascimento ressoa, de certo modo, na atualização do conceito de quilombo quando o pensador escreve que, no passado,

> [...] O Quilombismo se estruturava em formas associativas que tanto podiam estar localizadas no seio de florestas de difícil acesso [...] como também assumiram modelos de organizações permitidas ou

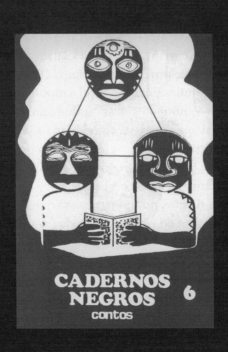

AS TRÊS MÁSCARAS COMO SÍMBOLO DO QUILOMBHOJE, EM 1983.

> toleradas, frequentemente com ostensivas finalidades religiosas (católicas), recreativas, beneficentes, esportivas, culturais ou de auxílio mútuo. *Não importam as aparências e os objetivos declarados: fundamentalmente todas elas preencheram uma importante função social para a comunidade negra, desempenhando um papel relevante na sustentação da continuidade africana.* Objetivamente, essa rede de associações, irmandades, confrarias, clubes, grêmios, terreiros, centros, tendas, afoxés, escolas de samba, gafieiras foram e são os quilombos legalizados pela sociedade dominante; do outro lado da lei se erguem os quilombos revelados que conhecemos. *Porém tanto os permitidos quantos os "ilegais" foram uma unidade, uma única afirmação humana, étnica, cultural, a um tempo integrando uma prática de libertação e assumindo o comando da própria história. A este complexo de significações, a esta práxis afro-brasileira, eu denomino de quilombismo*[99].

Foram e são unidade de afirmação étnica e cultural, assunção do comando da própria história; e, no centro dessas propostas, tem-se a organização/associação grupal solidária negra, em torno de um projeto cultural e político. Entre o quilombismo de Nascimento e o Quilombhoje de Cuti e colegas, existe uma linha tracejada pela discussão, recriação e uso social da memória coletiva, operacionalizada para os dias correntes. Porém, em Abdias do Nascimento, o *efeito social da ideia é uma plataforma política*, de constituição de um *Estado Nacional Quilombista*, visando "[...] formar os quadros do quilombismo [...] [e] a mobilização e a organização das massas negras"[100]; nota-se aí uma influência enorme do momento político internacional em sua ideia, como bem salientou Antonio Sérgio Guimarães em estudo sobre o assunto[101]. E aqui no Brasil ocorre o distanciamento, embora tanto Nascimento quanto Lélia Gonzalez estivessem atentos ao ativismo na área cultural[102].

Minha hipótese é de que, no momento em que são formuladas essas ideias políticas de Abdias do Nascimento, elas não possuem portadores sociais para sua efetivação. Tão difícil é a concretização de sua plataforma política que, ao retornar do exílio, o autor se alia ao nacionalismo de Leonel Brizola e ajuda a fundar, junto a outros militantes de variados matizes políticos, o Partido Democrático Trabalhista (PDT), elegendo-se por ele deputado federal em 1982.

A plataforma política para o grupo negro, a configuração de um partido político negro, uma universidade afro-brasileira, a questão da inclusão da história africana/afrodescendente, sem dedicação exclusiva à escravidão, nos currículos escolares, a denúncia do genocídio contra o negro brasileiro etc., esses são temas que se vão incorporando ao longo das décadas de 1980, 1990 e 2000 à militância dos movimentos negros. Assim, não me parece exagerado afirmar que o acentuado caráter cultural de suas formulações encontre portadores entre os membros do Quilombhoje. Todavia, entre a política militante/institucional e a cultura não necessariamente ocorre um encontro imediato de perspectivas, como afirma Márcio Barbosa:

> É fato que nem os militantes negros acreditavam nessa proposta, mesmo porque consideravam literatura um passatempo burguês. Assim, *Cadernos Negros* já nasceu enfrentando oposição dentro da própria comunidade, desviando energia que deveria ser utilizada na briga contra o *establishment*. [...] Ao longo dos anos em que a série foi se erguendo, *Cadernos Negros* jamais recebeu qualquer tipo de subsídio. Nem de instituições negras nem de não negras. Os autores, até recentemente, foram os pilares mais sólidos dessa construção. A partir de 1994, uma editora de porte médio viria a se responsabilizar pela coedição dos livros[103].

A assunção e a consolidação da perspectiva do Quilombhoje como grupo, com um projeto de ativismo cultural e responsável pelos *Cadernos Negros*, ocorrem com a organização integral do sexto volume. No ano seguinte, esse projeto ganha fôlego maior, com a intenção dos autores em pesar seu ato literário e o papel que vêm desenvolvendo no cenário de então. Na introdução do sétimo volume, é afirmado que:

> Há seis anos os *Cadernos Negros* têm sido prefaciados por pessoas significativas dentro da comunidade negra e que ao longo deste tempo vêm referendando o nosso trabalho literário. [...] Neste *Cadernos Negros* 7, resolvemos romper com a nossa própria tradição de prefácios e apresentar depoimentos dos vários escritores que participam deste livro [...]. *A necessidade de registrar as falas dos escritores adveio da prática literária de* Cadernos Negros, *que nos confirmou que a leitura é um ato social/político, portanto polêmico, principalmente quando o propósito é contar a nossa história por nossa própria fala e custo.* [...] *Escrever não é só registrar, é também refletir*

sobre este ato. A nossa intenção é tornar pública a maneira de cada escritor pensar o ato da escrita no que diz respeito à representatividade literária, ao significado social e contribuição à literatura negra[104].

No geral, o que se tem são variações sobre os significados de uma literatura negra e a afirmação de sua existência[105] e das dificuldades de se produzir essa confecção literária, sintetizadas no depoimento de Oubi Inaê Kibuko:

> A literatura negra existe. A sua representatividade é ainda pequena. Enquanto a gente leva um ano para publicar *Cadernos Negros*, durante este tempo se publicam de 5 a 10 antologias. Enquanto levamos de 1 a 2 anos para publicar um livro individual, os escritores oficiais publicam de 2 a 3 por ano. Os escritores oficiais têm toda uma estrutura financeira, nós temos que tirar dinheiro do bolso para fazer este trabalho de militância. Quando o nosso trabalho sai, ele vem com peso muito grande e uma carga muito forte, só que a demora para realizá-lo faz com que o pessoal a quem é destinado já tenha recebido uma carga muito maior de informações. Nós temos que fazer um duplo trabalho: conquistar o espaço, o leitor e ao mesmo tempo desfazer a cabeça dele. A literatura está aí com as suas nuanças e nós estamos tentando entrar com as nossas[106].

E quais seriam essas nuanças da literatura negra? O esforço autorreflexivo dos autores procura deslindar essa questão em diferentes proposições. Sentimento particular, visão social de mundo específica; trato diferenciado com a linguagem; abordagem de temas inusuais, moldados pela vivência considerada comum do negro brasileiro médio (pobreza, discriminação, precariedade, violência etc.). Contudo, isso ainda não atinge o âmago da questão, como vaticina o autor criador da série, Cuti, no volume 8: "De pouco adianta só arrolarmos termos de origem africana, usarmos a palavra negro, se o fazemos com uma arte queixosa e subnutrida de visão crítica"[107]. Ou, ainda, como afirma Miriam Alves: "À medida que falamos do nosso lugar duma maneira própria, estamos dizendo coisas que muita gente não quer ouvir. E nesse exato instante estamos rompendo a máscara da invisibilidade colocada em nós por aqueles que nos querem negar ou ver à sua maneira, maneira esta que basicamente consiste em nos retratar num servilismo"[108]. Como afirma Kibuko no trecho destacado anteriormente, a forja da imagem alternativa do negro e da literatura negra é um trabalho complexo que, embora hercúleo, muitas vezes aparenta assemelhar-se a um trabalho de Sísifo, o que pode promover desânimo e baixas.

Há que se recordar que o ano de 1985 marcou o lançamento do livro *Reflexões sobre a literatura afro-brasileira*[109]. A correlação entre a tomada para si das apresentações dos livros e a publicação de *Reflexões* revelou um duplo esforço de enquadramento (da então configuração do grupo Quilombhoje e dos escritores que publicavam na série) do que fosse tanto a literatura negra como a figura do escritor negro. Menos que fechar uma ideia – naquele momento –, existia uma tentativa de circunscrição de um *acordo mínimo*, até mesmo para fazer frente às críticas de especialistas de outros grupos e/ou poder participar de discussões públicas sobre literatura negra na década de 1980, quando estas começaram a se organizar.

Daí surgir um texto como o de Cuti, no volume 8, intitulado "Um pouco de história"[110], em que o escritor busca traçar as razões e condições sociais para o surgimento da série, recriando a ambiência que tornou o projeto viável. Com a união de autores, até então, de quatro estados da federação (SP, RJ, RS, BA), a série estaria *"literaturagindo"*, segundo Jamu Minka. O neologismo é interessante o bastante para estabelecer uma aliança, por exemplo, com a ideia de *literarua*[111] de Ferréz, sobre quem se tratará mais adiante. A síntese do esforço pode ser pensada na frase de Esmeralda Ribeiro, na apresentação do volume 9: "Alguém plantou antes: eu vim, estou regando um pouquinho, você colherá os frutos"[112].

Quem é o interlocutor dessa literatura negra, nesse momento? Quem é o seu leitor modelo e, até mesmo, seu autor modelo? Quem colherá esses frutos? Depreende-se que eles ainda não estejam maduros. *Portanto, o enquadramento da ética e da estética criativa sugere um devir.* Porém, como lidar com as questões do presente? Com as variações temáticas e a quantidade considerável de escritores e textos ao longo de oito, dez volumes? A literatura negra deveria ter um formato padrão? Retome-se, aqui, o diálogo com o trabalho de Zilá Bernd; ao tratar dos *Cadernos Negros* em 1987 (portanto, no momento mesmo dessas discussões) e após situá-los, a crítica afirma:

> Estas antologias, sobretudo nos últimos anos, têm revelado uma importância mais social e cultural do que propriamente artística.

O que efetivamente tem ocorrido é que o critério editorial parece estar sendo o de dar oportunidade a jovens poetas inéditos que mantêm a poesia muito próxima dos referentes imediatamente reconhecíveis sem a mediação da linguagem simbólica, sem a qual não há poesia, mas um mero extravasar de sentimentos. O tom de panfleto, dominante em muitos trabalhos, sufoca a linguagem poética que, construindo-se com uma intencionalidade ideológica muito precisa, acaba configurando-se como repetitiva e redundante. O que foi o ato criador nos primeiros poetas do grupo Quilombhoje torna-se ritual; o que foi sacrílego se banaliza[113].

A afirmação é boa para pensar, mas numa outra chave de leitura. Naquele momento, a circunscrição do projeto do ativismo literário negro do Quilombhoje, longe de ser um quadro fechado, era um trabalho em andamento. O panfleto, a denúncia, a propaganda, a reversão automática do negativo em positivo etc. compunham e estavam contidos no arranjo formal que os escritores procuravam construir. Talvez ainda fosse muito cedo para se afirmar que o criativo se tornara ritual; o sacrílego, banal (a mesma crítica, no mesmo ano, aparece em Oswaldo de Camargo)[114]. Mas esses comentários não deixaram de ser sinais de alerta importantes. *Trabalho com a hipótese, entretanto, de que esses anos de formação representam também os anos de rotinização de algumas ideias*. Nem sempre novas, tampouco claras. Mas com a *possibilidade de ser*, através da extensão maior de tempo ou dos confrontos diretos com a realidade.

Bernd e Camargo apontam elementos para a crítica que se justificarão no curso do tempo. E que, ao longo dos anos 1990, não serão ignorados pelos autores e organizadores da série. Mas, como se verá, o confronto encontrará novas configurações do coletivo, novos retratos de grupos, novos desafios sociais, que, de alguma forma, remetem a velhos problemas irresolutos do associativismo político e cultural negro, com outros sujeitos em cena.

Os *Cadernos Negros* trafegam numa longa estrada, acidentada pelas circunstâncias históricas do ativismo cultural e da política negros, que necessita ser reconstruída continuamente. Vale destacar que o diálogo agora (1978-88) é fundamentalmente interno: entre escritores, intelectuais e militantes políticos negros, com a participação de poucos e pioneiros críticos literários (fundamentalmente, Zilá Bernd, no tocante ao Quilombhoje). O debate entre a sociologia do negro e o ativismo político-

-cultural se dará como afirmação das teses já consagradas, mas não mais como mútua iluminação de perspectivas. No que diz respeito a novas configurações, seja da literatura, seja das ciências sociais, quando surgir o tema da periferia e da violência (ou da criminalidade), será com a antropologia social que uma nova expressão literária discutirá fortemente; e isso gerará novos questionamentos para a literatura negra tal como vinha sendo feita até então.

NOTAS

1 Lilia M. Schwarcz, Questão racial e etnicidade, em: Sergio Miceli (org.), *O que ler na ciência social brasileira (1970-1995)*, v. 1, São Paulo: Sumaré/Anpocs; Brasília, Capes, 1999, p. 285-6.

2 Carolina Maria de Jesus, *Casa de alvenaria: diário de uma ex-favelada*, São Paulo: Francisco Alves, 1961, p. 17 e 35, respectivamente.

3 Licia do P. Valladares, *A invenção da favela: do mito de origem a favela.com*, Rio de Janeiro: FGV, 2005. Cf. especialmente o segundo capítulo, "A transição para as ciências sociais: valorização da favela e descoberta do trabalho de campo", p. 74-95.

4 Vale lembrar que Florestan Fernandes cita a narrativa de Carolina M. de Jesus em *A integração do negro na sociedade de classes*, como foi apresentado no último capítulo. E não há qualquer menção ao estudo Sagmacs. De acordo com Valladares, uma resposta a isso pode estar nos seguintes argumentos, que necessitam de alguns matizes: "Mas se é verdade que o Padre Lebret conseguiu penetrar em certos meios políticos através de suas relações com Lucas [Nogueira] Garcez e Josué de Castro, é fundamental assinalar que desde sua primeira estada no país, ao final dos anos 1940, a universidade brasileira não lhe havia aberto as portas, como fizera para outros, franceses ou não, com um perfil mais acadêmico. [...] A estada de Lebret foi financiada pela Fiesp (Federação de Indústrias do Estado de São Paulo), o que pode ser explicado pelo interesse de personalidades da elite industrial na busca de um novo modelo socioeconômico. Tais personalidades, convencidas da utilidade do planejamento, almejavam um certo 'progressismo', interessadas no enfoque inovador de um catolicismo social baseado em princípios científicos. É importante lembrar que Roberto Simonsen, então presidente da Elsp, fazia parte da direção do Sesi (Serviço Social da Indústria)". Cf. Valladares, 2005, *op. cit.*, p. 80-2.

5 Em 7 abr. 1961, De Jesus afirma preparar o próximo livro, inclusive já intitulado. Em 7 maio 1961, ela registra: "Fui a cidade assinar contrato com a Livraria Francisco Alves. O titulo do livro vai ser 'Casa de Alvenaria'. Li o contrato minuciosamente. É a livraria que vai cuidar das traduções. O repórter disse-me que está cansado". Jesus, 1961, *op. cit.*. p. 173. Em 6 fev. 1961, ela já havia contado ter ido à editora receber os direitos pela sétima edição de *Quarto de despejo*. Cf. *Ibid.*

6   1) "Mas eu acho que o que ficou, principalmente este livro [apontando *Quarto de despejo*] – este aqui [apontando *Casa de alvenaria*] é um documento importante, porque mostra as contradições – mas este aqui é o grande documento social, que está aí até hoje, com força, com importância etc. e tal." Entrevista com Audálio Dantas, 19 out. 2009; 2) "[*Casa de alvenaria*] Não é a mesma coisa. E [ela é] guiada, um pouco guiada, né? Então, é experiência, mas é uma experiência sob os olhos dela e de outros, né? É claro." Entrevista com Cyro del Nero, 29 set. 2007; Ambas as entrevistas foram concedidas a Mário Augusto M. da Silva, em São Paulo.

7   Cf. José C. S. Bom Meihy e Robert Levine, *Cinderela negra: a saga de Carolina Maria de Jesus*, Rio de Janeiro: Editora UFRJ, 1994, p. 34-5 (grifos meus). É difícil demonstrar quão lógico é o processo que os historiadores sentenciam.

8   Jesus, 1961, *op. cit.*, p. 48 e 171, respectivamente.

9   A referência utilizada para análise de *Casa de alvenaria* neste capítulo é a primeira edição publicada pela Livraria Francisco Alves, de 1961, e não as mais recentemente publicadas em 2021 pela Companhia das Letras, em que a obra é ampliada e dividida em duas partes – "Osasco" e "Santana" –, meio século depois. A primeira edição opera como um documento de época e permite entender o tratamento conferido à escritora, que é também o sentido do capítulo. Para compreender e debater de maneira mais apurada os cortes, as intervenções e as opções editoriais de Audálio Dantas e da Francisco Alves, sugere-se o concurso aos três livros, o que não era o objetivo deste capítulo.

10   Audálio Dantas, Casa de alvenaria: história de uma ascensão social, em: Jesus, 1961, *op. cit.*, p. 5-10.

11   Entre as funções do autor, na virada do século XVIII para o XIX, Foucault afirma: "[...] Os textos, os livros, os discursos começaram efetivamente a ter autores (outros que não personagens míticas ou figuras sacralizadas e sacralizantes) na medida em que o autor se tornou passível de ser punido, isto é, na medida em que os discursos se tornaram transgressores". E ainda: "[...] O anonimato literário não nos é suportável; apenas o aceitamos a título de enigma. A função autor desempenha hoje um papel preponderante nas obras literárias [...]". Michel Foucault, *O que é um autor?*, 4. ed., s/l: Vega, 2000, p. 47 e 49-50, respectivamente.

12   "O autor é aquilo que permite explicar tanto a presença de certos acontecimentos numa obra como as suas transformações [...] é igualmente o princípio de uma certa unidade de escrita, pelo que todas as diferenças são reduzidas pelo princípio de evolução, da maturação ou da influência [...] é ainda aquilo que permite ultrapassar as contradições que podem manifestar-se numa série de textos [...] um ponto a

partir do qual as contradições se resolvem, os elementos incompatíveis se encaixam uns nos outros ou se organizam em torno de uma contradição fundamental ou originária [...] é uma espécie de foco de expressão, que sob as formas mais ou menos acabadas, se manifesta da mesma maneira e com o mesmo valor, nas obras, nos rascunhos, nas cartas, nos fragmentos etc." *Ibid.*, p. 53-4.

13 Entrevista de Audálio Dantas concedida a Mário Augusto M. da Silva em 19 out. 2009, em São Paulo.

14 Muito embora alguns deles não admitam ou se distanciem do tema. Por exemplo, Paulo Lins afirma que nunca leu nem se interessou por Carolina Maria de Jesus. Ferréz, na entrevista que me concedeu, em 16 maio 2007, afirma que Carolina caiu no erro do *sistema*. Já Cuti, dos *Cadernos Negros*, escreve em seu texto para a coletânea *Criação crioula, nu elefante branco*: "Quando legitimaram Carolina de Jesus, legitimaram um horizonte para o negro na literatura brasileira. Escrever como se fala, cometer erros de ortografia e fazer do naturalismo jornalístico a razão de ser da nossa arte".

15 Jesus, 1961, *op. cit.*, p. 37-8.

16 "O senhor Valdir presidente da Academia de Letras da Faculdade apresentou-me ao publico e disse que eu ia receber o diploma de membro honorário da Academia da Faculdade de Direito. Que aquele diploma estava reservado ao escritor Jean Paul Sartre. Mas, devido ao escritor francez ter muitos compromissos, não lhe foi possível comparecer e eles resolveram oferecer-me: '– A França tem Sartre, nós temos Carolina!' [...]. Eu não tenho diploma do Grupo Escolar e tenho da Academia da Faculdade de Direito." *Ibid.*, p. 55-6. Sobre Sartre no Brasil, cf. Luís Antônio Contatori Romano, *A passagem de Sartre e Simone de Beauvoir pelo Brasil em 1960*, Campinas, São Paulo: Mercado de Letras/Fapesp, 2002.

17 Cf. Erving Goffman, *Estigma: notas sobre a manipulação da identidade deteriorada*, Rio de Janeiro: Zahar, 1980.

18 Jesus, 1961, *op. cit.*, p. 95-7.

19 Florestan Fernandes, *A sociologia numa era de revolução social*, 2. ed., Rio de Janeiro: Zahar, 1976, p. 15-6.

20 Jesus, 1961, *op. cit.*, p. 58 e 83, respectivamente.

21 *Ibid.*, p. 63-4.

22 *Ibid.*, p. 66, 86, 114 e 157, respectivamente (grifos meus).

23 Marta Maria Soban Tanaka, A vivência da realidade e a prática do fazer: Movimento Universitário de Desfavelamento, *Cadernos de Pesquisa do LAP*, São Paulo: FAU-USP, v. 6, maio/jun. 1995, p. 5 e 11-4, respectivamente.

24 Jesus, 1961, *op. cit.*, p. 154.

25 *Ibid.*, p. 99-100.

26 Inclusive por parte do próprio meio negro organizado paulista. Para além do *Ano Carolina Maria de Jesus*, das homenagens da ACN e do Clube 220 etc., não raras vezes em *Casa de alvenaria* a autora trata da aproximação de sujeitos negros pertencentes a jornais ou associações, depois de sua fama. O caso mais emblemático é de Osvaldo, cujo sobrenome

ela não cita, e que seria o organizador do jornal *O Ébano*. Ele quis até vender De Jesus enquanto marca, garota-propaganda, para angariar fundos para o jornal, segundo a autora, sem que ela nada recebesse por isso. De acordo com o artigo "Imprensa negra", publicado no jornal *Versus*, ago./set. 1977, p. 32, descobre-se que se tratava de Osvaldo Borges, o diretor de *Ébano*.

27 Jesus, 1961, *op. cit.*, p. 180-3.

28 José de Souza Martins, A morte de Florestan e a morte da memória, em: *Florestan: Sociologia e consciência social no Brasil*, São Paulo: Edusp/Fapesp, 1998, p. 44-5.

29 Cf. Mário Augusto M. Silva, *Os escritores da guerrilha urbana: literatura de testemunho, ambivalência e transição política (1977-1984)*, São Paulo: Annablume/Fapesp, 2008, p. 28-33.

30 Cf. Carlos A. M. Pereira, *Retrato de época: poesia marginal anos 70*, Rio de Janeiro: Funarte, 1981; Heloisa B. de Hollanda, *Impressões de viagem: CPC, vanguarda e desbunde*, São Paulo: Brasiliense, 1984; Id. et al., *Anos 70: literatura*, Rio de Janeiro: Europa, 1979; Flora Süssekind, *Literatura e vida literária*, Rio de Janeiro: Zahar, 1985; Marcelo S. Ridenti, *Em busca do povo brasileiro: artistas da revolução, do CPC à era da TV*, Rio de Janeiro: Record, 2000; Silva, 2008, *op. cit.*; Malcom Silvermann, *Protesto e o novo romance brasileiro*, São Paulo: EdUFSCar, 2005; entre outros.

31 Cf. Roberto Schwarz, *O pai de família e outros estudos*, Rio de Janeiro: Paz & Terra, 1978, p. 61-92.

32 Otávio G. Velho, Processos sociais no Brasil pós-64: as ciências sociais, em: Bernardo Sorj e Maria H. T. de Almeida, *Sociedade e política no Brasil pós-64*, São Paulo: Brasiliense, 1983, p. 241-2.

33 Haroldo C. Sereza, *Florestan: a inteligência militante*, São Paulo: Boitempo, 2005, p. 151-2 e 155, respectivamente. E ainda: "Florestan não estava sozinho na USP, nem os militares estavam sozinhos contra os professores mais progressistas. Em 1963, fora eleito reitor da Universidade o professor da Faculdade de Direito Gama e Silva, que participara da conspiração contra o regime de Jango a ponto de, nos primeiros momentos da 'revolução', assumir, provisoriamente, as pastas da Justiça e da Educação. Ainda em 1963, Gama e Silva, que se dirigia a Florestan como 'mestre', chamara o sociólogo para conversar e queixar-se de que ele havia posto 'conceitos muito perigosos' em circulação com o livro *A sociologia numa era de revolução social* (p. 147).

34 Cf. Lamounier (1981) *apud* Otávio G. Velho, Processos sociais no Brasil pós-64: as ciências sociais, em: Bernardo Sorj; Maria H. T. de Almeida (org.), *Sociedade e política no Brasil pós-64*, São Paulo: Brasiliense, 1983.

35 Cf. Velho, 1983, *op. cit.*, p. 248-51.

36 Florestan Fernandes, *A sociologia no Brasil: contribuição para o estudo de sua formação e desenvolvimento*, Petrópolis: Vozes, 1977, p. 213.

37 "[...] a hipótese central deste artigo é que a Ciência Social no Brasil vive hoje os efeitos de uma crise particular: a de ter

realizado um diagnóstico parcial sobre a sociedade brasileira nos anos [19]70, diagnóstico este que orientou intelectualmente as Ciências Sociais que se institucionalizaram neste período. A ênfase no caráter moderno da sociedade brasileira, resultante do crescimento econômico acelerado nos anos [19]70, desarmou e desamparou os cientistas sociais em relação aos processos que ocuparam o centro da cena nos anos [19]80 e início dos anos [19]90. [...] desmobilização política, desintegração social, estagnação econômica, corrupção institucional e deterioração institucional e moral [...] A dificuldade de tratar estes temas vividos pela sociedade como fundamentais levou as Ciências Sociais a uma 'crise de relevância'." Cf. Bernardo Sorj, Estratégias, crises e desafios das ciências sociais no Brasil, em: Sergio Miceli (org.), *História das ciências sociais no Brasil*, v. 2, São Paulo: Sumaré/Fapesp, 1995, p. 313.

38 *Ibid.*, p. 324-5 e 330, respectivamente.

39 Cf. Kátia Aparecida Baptista, *1970: A emergência de uma nova interpretação sobre o* Brasil; Fábio Cardoso Keinert, *Tradição e modernidade na geração de cientistas sociais dos anos de 1970 e de 1980*; Marco Antônio Perruso, *Em busca do "novo": intelectuais brasileiros e movimentos populares nos anos 1970/80*, todas pesquisas apresentadas no Grupo de Trabalho Pensamento Social no Brasil, durante a XIV Reunião da Sociedade Brasileira de Sociologia, no Rio de Janeiro. A tese de Perruso foi defendida em 2008, sob o mesmo título, na Universidade Federal Rural do Rio de Janeiro, e publicada, em volume homônimo, pela editora Annablume em 2009.

40 Cf. Elide R. Bastos, Pensamento social na Escola Sociológica Paulista, em: Sergio Miceli (org.), *O que ler na ciência social brasileira (1970-2002)*, v. 4, São Paulo: Anpocs/Sumaré; Brasília: Capes, 2002. A autora argumenta que "[...] sem compreender tanto as ideias como o lugar social desses intelectuais é impossível apreender o movimento social geral da sociedade" (p. 183). E, partindo disso, discute a construção de um padrão explicativo teórico-metodológico da sociedade brasileira que marcará esses autores, mesmo com objetos distintos.

41 Marco Antonio Perruso, *Em busca do "novo": intelectuais brasileiros e movimentos populares nos anos 1970/80*, tese (doutorado em Sociologia) – UFRJ, Rio de Janeiro, 2008, p. 8-10.

42 *Ibid.*, p. 10.

43 *Ibid.*, p. 37-9.

44 *Ibid.*, p. 40.

45 Cf. Marcelo S. Ridenti, *Em busca do povo brasileiro: artistas da revolução, do CPC à era da TV*, Rio de Janeiro: Record, 2000, especialmente o capítulo 6, "Todo artista tem de ir onde o povo está"; Silva, 2008, *op. cit.*, especialmente o capítulo 3, "Ambivalência e transição".

46 Hédio Silva Jr., em Verena Alberti e Amílcar Araújo Pereira (org.), *Histórias do movimento negro no Brasil: depoimentos ao CPDOC*, Rio de Janeiro: Pallas; CPDOC-FGV, 2007, p. 69 (grifos meus).

47 Oswaldo de Camargo, Pequeno mapa da poesia negra, *Versus*, v. 12, jul./ago., 1977, p. 32.

48 Graciliano Ramos, *Memórias do cárcere*, v. 1, 8. ed., São Paulo: Martins; Rio de Janeiro: Record, 1975, p. 34.

49 Recentemente a Secretaria Especial de Direitos Humanos fez uma Homenagem aos Mortos e Desaparecidos Negros, publicando à parte a biografia daqueles que integram o livro *Direito à memória e à verdade – Comissão Especial sobre Mortos e Desaparecidos Políticos* (2007).

50 Alberti e Pereira (org.), 2007, *op. cit.*

51 Entrevista de Oswaldo de Camargo concedida a Mário Augusto M. da Silva em 29 jul. 2007, em São Paulo.

52 Os velhos militantes homenageados passaram, majoritariamente, pela ACN: Odacir de Mattos, Aristides Barbosa, Thereza Santos, Dalmo Ferreira, José Correia Leite, Fernando Góes, Henrique Cunha, Jaime de Aguiar e Nair Araújo. Além do Manifesto do Ano 70 (p. 95), há menção de pontos de encontro de jovens negros no centro da cidade (p. 17), apresentação do poema "Protesto", de Carlos de Assumpção (p. 34), ou de "A África está se libertando", de Bélsiva (p. 59). Cf. Oswaldo de Camargo, *O carro do êxito*, São Paulo: Martins, 1972.

53 Entrevista de Oswaldo de Camargo concedida a Mário Augusto M. da Silva em 29 jul. 2007, São Paulo.

54 Entrevista de Oswaldo de Camargo concedida a Mário Augusto M. da Silva em 29 jul. 2007, São Paulo.

55 Cf. Cuti, em: Alberti e Pereira (org.), 2007, *op. cit.*, p. 91-2.

56 Sobre o surgimento, história e desaparição do *Versus*, entre 1975 e 1979, consultar: Bernardo Kucinski, *Jornalistas e revolucionários nos tempos da imprensa alternativa*, 2. ed., São Paulo: Edusp, 2003, p. 249-69. O jornal teve a colaboração de Eduardo Galeano, João Antônio, Plínio Marcos, Eric Nepomuceno, Fernando Morais, Márcio Souza, Enio Squeff, José Miguel Visnik, Paulo de Tarso Wenceslau, além de contar com textos de Julio Cortázar e Gabriel García Márquez, desenhos de Luiz Gê, Jayme Leão, Angeli, Paulo e Chico Caruso, entre outros.

57 Kucinski, 2003, *op. cit.*, p. 258.

58 Omar L. de Barros Filho afirma: "Marcos Faermann e eu discutíamos mudanças editoriais no *Versus* [...] As cobranças por posicionamentos firmes não paravam. Disse a ele certa vez: [...] – O Brasil negro, por exemplo, está ausente de nossas páginas. Estamos girando em torno da revolução africana e nada de Brasil. [...] Faermann tinha uma rápida solução editorial para tudo: [...] – Conheço o Oswaldo Camargo, um intelectual. Vou falar com ele e resolver o assunto". Cf. *Um tributo a Zulu Nguxi (1953-1999)*, 11 dez. 2007. Disponível em: https://www.observatoriodaimprensa.com.br/educacao-e-cidadania/caderno-da-cidadania/um_tributo_a_zulu_nguxi_19531999/. Acesso em: 20 set. 2022.

59 É importante mencionar também o início da publicação da série literária Coleção Autores Africanos, organizada por

Fernando Augusto Albuquerque Mourão (USP) e editada pela Ática, do final da década de 1970 até o começo dos anos 1990. A realidade colonial, o processo de descolonização, histórias tradicionais, o cotidiano de Egito, Guiné-Bissau, Moçambique, Angola, Costa do Marfim, Nigéria etc. retratados por autores como Luandino Vieira, Bernard Dadié, Chinua Achebe, Pepetela, entre outros, com prefácio de especialistas em história e literatura africanas. Isso também fornece um leque de leituras mais amplas e acesso a momentos mais próximos daquele continente, seja para escritores, militantes ou interessados em geral.

60   O escritor se afastou da seção, logo depois dos dois primeiros números, por não concordar com a orientação política assumida por seus colegas mais jovens: "*E convidei o pessoal. Mas, note bem: tudo que eu fazia era muito mais visando o lado da literatura, mas o jornal, o Marcos tinha um sentido muito politizado. E também o Hamilton tinha também, o Jamu tinha mais que eu. Então, a minha presença, na verdade... eu convidei essas pessoas, fizemos um número juntos e depois eu caí fora. Porque o rumo que pegou, não era o meu rumo, entendeu?*". Entrevista de Oswaldo de Camargo concedida a Mário Augusto M. da Silva em 29 jul. 2007, São Paulo.

61   Kucinski, 2003, *op. cit.*, p. 250 e 258, respectivamente.

62   Ambos os jornalistas, formados pela USP, viriam a ser colaboradores frequentes dos *Cadernos Negros*, especialmente o segundo, que se tornaria membro do Quilombhoje nos anos 1980.

63   Quando na coluna de autoria aparecer a expressão "Afro-Latino-América", trata-se de artigo não assinado.

64   Todas as citações imediatamente anteriores, cf.: Alberti e Pereira (org.), 2007, *op. cit.*, p. 116-7, 90-1 e 78-9, e 91-2, respectivamente (colchetes meus).

65   Oswaldo de Camargo, Em maio, *Cadernos Negros*, v. 3, 1980.

66   Jônatas Conceição da Silva, Histórias de lutas negras: memórias do surgimento do movimento negro na Bahia, em: *Movimento Negro Unificado, 1978-1988: 10 anos de luta contra o racismo*, São Paulo: Confraria do Livro, 1988, p. 7.

67   Cf. *80 anos de Abolição*, Rio de Janeiro: Cadernos Brasileiros S.A., 1968.

68   "Além dos bailes e convescotes mensais, o Clube 220 também decidiu organizar, a partir de 1962, o concurso 'Bonequinha do Café', que elegia e coroava a negra paulistana mais bonita, como que resgatando a atividade 'Bonequinha de Pixe' do TEN. A entrega do título ocorria sempre no dia 13 de maio [...] no Largo do Paiçandu, em frente ao Monumento em Homenagem à Mãe Preta e nos fundos da Igreja Nossa Senhora do Rosário dos Homens Pretos. [...]. Na entrega do título 'Bonequinha do Café', de 1977, em determinado momento foi aberta no meio do público uma faixa com os dizeres 'Abaixo o Racismo Brasileiro'. O evento foi presenciado pelo General Comandante do II Exército, representando o Presidente da República, à época

General Presidente Ernesto Geisel, o governador do Estado Paulo Egídio Martins e o Prefeito da cidade de São Paulo, Olavo Setúbal. O fato constrangeu muito as autoridades no palanque [...]. Um outro grupo levou um manifesto ao palanque e exigiu espaço para lê-lo. A direção do evento, no início, não cedeu. No entanto, por causa dos insistentes pedidos do público presente, o senhor Frederico Penteado, presidente do Clube 220, decidiu fazer a leitura. O teor do panfleto era extremamente crítico às relações raciais brasileiras e desgostou profundamente os organizadores do evento, embora a assistência tenha até aplaudido parte do manifesto. A partir de então o Clube 220 nunca mais entregou o 'Bonequinha do Café' em praça pública." Cf. João Batista de Jesus Félix, *Hip-hop: cultura e política no contexto paulistano*, tese (doutorado em Antropologia Social) – FFLCH-USP, São Paulo: 2005, p. 46. O autor da tese afirma que sua fonte para o evento citado foi conversa com Hamilton Bernardes Cardoso, em 1994.

69 "Então foi fundado o MNU e, no outro dia, veio o Abdias do Nascimento, já com Elisa Larkin. [...] E aí se faz a discussão, as maiores brigas. Já queriam detonar o Abdias, porque as principais lideranças ali eram Hamilton [Cardoso] e Miltão [Milton Barbosa]. Um pouco Rafael e um pouco Neusa Pereira. E, principalmente, Hamilton e Neusa eram filiados à Convergência Socialista, os trotskistas [...]. Eles diziam: 'O Abdias é um burguês negro que foi para os Estados Unidos. Agora vem aqui querendo mandar. Não tem nada disso. Vamos detonar o Abdias'. Aí tivemos que circular um papel dizendo: 'O que é isso? É hora de juntar, hora de união. O cara lutou, o cara é de luta!' Enfim, aceitamos o Abdias, 'quebramos o galho' dele – realmente era assim, a radicalidade era muito grande: era quase um favor ao Abdias do Nascimento." Cf. Alberti e Pereira (org.), 2007, *op. cit.*, p. 154-5.

70 Sobre o surgimento do IPCN, Sinba, ver os depoimentos de Yedo Ferreira, Amauri Mendes Pereira e Carlos Alberto Medeiros, entre outros, em: *Ibid.*. No mesmo volume, ver os depoimentos de Oliveira Silveira sobre o 20 de Novembro, p. 131-4.

71 Joana M. F. da Silva, *Centro de Cultura e Arte Negra: trajetória e consciência étnica*, dissertação (mestrado em Ciências Sociais) – PUC-SP, São Paulo, 1994, p. 13.

72 "Em 1972, houve uma tentativa de ampliação das atividades do Cecan. Uma assembleia foi realizada em 29 de julho de 1972, na Associação Cultural do Negro [...]. Neste mesmo ano, 1976, é elaborado o novo estatuto social, como tentativa de dar continuidade à decisão aprovada na primeira assembleia realizada pelo Cecan, no dia 29 de julho de 1972". Silva, 1994, *op. cit.*, p. 29 e 34. O ano de 1976 marca o fim da ACN.

73 Alberti e Pereira (org.), 2007, *op. cit.*, p. 92 e 147, 135-6, respectivamente.

74 Charles H. Rowelle (Cuti) Luiz Silva, (Cuti) Luiz Silva: uma entrevista, *Callaloo*,

The Johns Hopkins University, v. 18, n. 4, outono 1995. p. 901-4. Entrevista realizada em São Paulo, 14 dez. 1994. Disponível em: http://links.jstor.org/sici?sici=01612492%28199523%2918%3A4%-3C901%3A%28LSUE%3E2.0.CO%3B2-F. Acesso em: 20 set. 2022.

75 Entrevista de Oswaldo de Camargo, concedida a Mário Augusto M. da Silva em 29 jul. 2007, em São Paulo.

76 "Por exemplo, a maioria dos movimentos começa com um manifesto, e a literatura afro até hoje não teve nenhum manifesto. Você tem lá o Manifesto Modernista, surrealista, e tal. Mas a literatura afro até hoje não teve um manifesto." Entrevista de Márcio Barbosa, concedida a Mário Augusto M. da Silva e Vinebaldo Aleixo de Souza Filho em 26 fev. 2010, em São Paulo.

77 Verena Alberti e Amílcar Araújo Pereira, Qual África? Significados da África para o movimento negro no Brasil, *Estudos Históricos*, v. 1, n. 39, 2007b.

78 *Cadernos Negros*, v. 1, 1978, p. 2-3.

79 Oswaldo de Camargo, Atitude, *Cadernos Negros*, v. 1, 1978, p. 44.

80 Cuti, Preconceito racial, *Cadernos Negros*, v. 1, 1978, p. 51.

81 Vale notar que esta é *uma* das entradas possíveis para a análise do grupo. Na metade dos anos 1980, em seu trabalho pioneiro, Zilá Bernd o situou em função de variações conceituais de literatura negra, alinhando-o a outros escritores brasileiros e internacionais; Oswaldo de Camargo, em *O negro escrito*, o inseriu na história da literatura negra brasileira, colocando-o numa linha de tempo em relação com a produção de outros escritores; Florentina de Souza estudou-o enquanto uma manifestação da diáspora africana no Brasil, ao mesmo tempo que os comparou ao *Jornal do MNU*, outro discurso engajado do ativismo negro brasileiro; Fausto Antônio, em sua tese de doutorado, procurou analisar cada uma das edições dos *Cadernos Negros*, mapeando-as sistematicamente em busca de um textualidade afro-brasileira; Sílvia Lorenso discutiu as concepções de um eu lírico feminino e erotizado no interior dos *Cadernos*. Minha contribuição a este debate é o estudo sobre as ideias produzidas pelas diferentes versões do grupo e seus escritores. E, como todos os que me antecederam, a tentativa de alinhar essa perspectiva ao estudo de sua produção literária, que, em alguma medida, com mais ou menos sucesso, ressoará, refletirá ou será determinada pelo projeto literário do grupo.

82 Como afirma a escritora Esmeralda Ribeiro, uma das coordenadoras do Quilombhoje: "Porque é aquela coisa, quando teve 10 anos de *Cadernos* muita gente falou 'ah, agora vai acabar'. Porque era 10 anos o limite: a Frente Negra durou 10 anos, a maioria da história de luta durava 10 anos. Então, quando teve o *Cadernos Negros* 10, todo mundo foi. Quem nunca tinha ido, foi. Porque agora é o último mesmo, é o enterro... Então, vamos lá. O Sesc ficou assim, gente! Não dava nem pra andar no Sesc. Lógico, o som estava horrível, ninguém ouvia nada, a gente tinha que fazer uma intervenção

de teatro que a gente faz, ninguém ouvia nada... O Carlos Assumpção entrava 'agora sim, agora tchau'. Putz, esses caras vinham com o décimo primeiro livro aí. Entende?". Entrevista de Esmeralda Ribeiro concedida a Mário Augusto M. da Silva e Vinebaldo Aleixo de Souza Filho em 26 fev. 2010, em São Paulo.

83 José Correia Leite, Apresentação, *Cadernos Negros*, v. 2, 1979.

84 Aristides Barbosa sintetiza esse propósito em sua apresentação: "O que se conta neste conto tem mais probabilidade de ser realidade do que ficção. Um povo que perde o fio de sua história se perde na história. [...] Mas, como perdemos o fio da nossa história, desde que chegamos ao Brasil, mesmo indo às universidades, estudamos o nosso país somente pela cartilha dos outros". *Cadernos Negros*, v. 2, 1979, p. 13.

85 Odacir de Mattos, *Cadernos Negros*, v. 2, 1979, p. 87.

86 Paulo Colina, *Cadernos Negros*, v. 2, 1979, p. 103.

87 Clóvis Moura, Prefácio, *Cadernos Negros*, v. 3, 1980, p. 7-8.

88 *Ibid.*, p. 9.

89 *Ibid.*

90 "Princesas e grilhões/ cartas de alforria/ bela fantasia de cetim/ o pó branco sobre mim/chicotes e navios/ ingresso ao paraíso/ áfrica nostálgica/ nãos consecutivos [...]/ lágrimas de pena/hóstia da esquerda/ panaceia da direita/ elogio ensanguentado/ máscara burguesa/ riso sobremesa/ poesia comportada/ falsas aberturas/ raízes sem franqueza/ Pega!/ Junta tudo e põe de lado!/ tá azedo/ tá mofado/ Manda tudo ao plano alto/ de redemocratização do país!" Cuti, Mofo, *Cadernos Negros*, v. 3, 1980, p. 52.

91 "DOMINGOS, bem que você poderia/ Ter sido menos canalha!/Está certo que eras um filho da Coroa/ Súdito leal./ E os negros de Palmares.../ Ora, negro é negro./ Jorge meu caro/ Entendendo que estivesses vendo seu lado/ Ouro, carne seca, farinha eram bons pagos/ VELHO, o que me dói/ É o fato de teres com alguns milhares/ De porcos, dizimado um sonho,/ Justo de liberdade/ [...]/ Ontem senti um tremendo nojo/ Quando te vi como herói no livro/ de História, do meu filho/ Mas foi no fim, muito bom/ Porque veio a vontade/ De reescrever tudo/E agora sem heróis como você/ Que seriam no máximo depois de revistos/ Assassinos, e bem baratos./ Atenciosamente/ UM NEGRO." José Carlos Limeira, Para Domingos Jorge Velho, *Cadernos Negros*, v. 3, 1980, p. 92.

92 Oswaldo de Camargo, *Cadernos Negros*, v. 3, 1980, p. 120.

93 Entrevista de Oswaldo de Camargo concedida a Mário Augusto M. da Silva em 29 jul. 2007, em São Paulo.

94 Thereza Santos, Criar, *Cadernos Negros*, v. 4, 1981, p. 5.

95 Cuti, *Cadernos Negros*, v. 5, 1982, p. 16.

96 "Na verdade, a gente vem dessa experiência de baile *soul*, então, a gente levou isso pro *Cadernos Negros*, pro Quilombhoje. Eu e a Esmeralda [Ribeiro] fomos responsáveis pelo lançamento do *Cadernos* 5, então, a gente achou

que tinha que levar pra toda essa rapaziada, que era um público que a gente achava que tinha que ter acesso a esse tipo de literatura do *Cadernos Negros*. Então, a gente começou a panfletar nos bailes. [...] Mas, ao mesmo tempo, houve um conflito porque havia um grupo que a gente até apelidou de *Triunvirato* que realmente, tinha essa perspectiva acadêmica, de levar a literatura pra academia, de levar a literatura afro pra academia, então, havia esse conflito, houve esse conflito porque eles queriam esse caminho. Também, por outro lado, eles achavam que a gente não escrevia bem. Eles tinham essa coisa 'não, eles não escrevem tão bem e tal'. Então, houve o choque e as pessoas acabaram encostando até o Cuti na parede, tipo 'ou eles ou eu', e aí o Cuti acabou ficando, e eles acabaram saindo. A verdade foi essa. Mas, até um tempo depois, eles andaram publicando uns manifestos, não contra a gente, aí, contra outros poetas novos que estavam surgindo, escrevendo também. Aí eles publicaram um manifesto, 'não borrem a cara da poesia', coisas desse tipo aí, entendeu? Dizendo que a poesia era uma coisa meio imaculada, que você não podia tocar, que você não podia fazer poesia e tal, só podia fazer se você fosse iluminado, se você tivesse o dom, etc. Depois, esse grupo foi desfazendo também, mas, enfim, os caras continuam nossos amigos, o Abelardo, Oswaldo e tal. Depois disso não teve nenhum problema não." Entrevista de Márcio Barbosa concedida a Mário Augusto M. da Silva e Vinebaldo Aleixo de Souza Filho em 26 fev. 2010, em São Paulo.

97 "Na verdade, eu estava até entrando nos *Cadernos*, foi no *Cadernos* 5. E aí, o Cuti me convidou pra fazer as ilustrações de alguns textos. [...] E eu trabalhei com um livro sobre filosofia africana, e os caras estavam falando que os africanos têm muito essa coisa da espiral, da energia vital, ela é uma coisa mais espiralada, não é uma coisa muito linear. Ela passa por alguns símbolos, de tempos em tempos. E a questão do triângulo também, ele se repete muito nas ilustrações africanas. Então, a partir dessas leituras, eu comecei a viajar e concebi essa figura, que seria a trindade. [...] o trabalho que o Quilombhoje estava fazendo mesmo, de pegar essa ancestralidade, juntar nosso povo, e dar um sentido pra isso, através da leitura, através do livro. Dar uma unidade através do livro." *Ibid.*

98 Ambas as citações são de Abdias do Nascimento, *O Quilombismo: documentos de uma militância pan-africanista*, Petrópolis: Vozes, 1980, p. 247 e 252, respectivamente.

99 *Ibid.*, p. 255 (grifos meus).

100 *Ibid.*, p. 270. "O Quilombismo é um movimento político dos negros brasileiros, objetivando a implantação de um Estado Nacional Quilombista, inspirado no modelo da República dos Palmares, no século XVI, e em outros quilombos que existiram e existem no País". Cf. *Ibid.*, p. 275 e 277.

101 Antonio S. A. Guimarães, *Raças, classes e democracia*, São Paulo: Fusp/Editora 34, 2002, p. 99-105.

102 "Voz e vitória do movimento negro tem sido a atividade poética militante dos poetas negros que vêm surgindo nesses últimos anos. Como exemplos que não chegam a esgotar a extensa lista desses escritores, quero citar Oswaldo de Camargo, Cuti, Adão Ventura, Oliveira Silveira, entre muitos outros. E para encerrar este ensaio-prestação de contas, acho de plena relevância a transcrição de um trecho representativo dessa nova poesia negra engajada: do poema 'Decisão', em *Sobrevivências*, de Oubi Inaê Kibuko: 'Chega de tudo pela metade!/ Basta de tudo pelo meio!/ Desta vez ou vai ou racha!/ Queremos tudo! E inteiro!!'." Abdias do Nascimento, Prefácio, em: *O negro revoltado*, 2. ed., Rio de Janeiro: Nova Fronteira, 1982, p. 22-3. E ainda: "Vejamos o que nos diz esse verdadeiro manifesto que é a apresentação dos *Cadernos Negros*, em sua edição de lançamento, data de 24 de novembro de 1978 [...]. Ecoam nesse texto sonoridades que nos remetem às vozes de um Frantz Fanon, de um Agostinho Neto, de um Amílcar Cabral, de um Malcolm X, de um Solano, de um Abdias e de tudo o que eles representam [...]". Lélia Gonzalez e Carlos Hasenbalg, *Lugar de negro*, Rio de Janeiro: Marco Zero, 1982, p. 25-7.

103 Márcio Barbosa, *Cadernos Negros* e Quilombhoje: algumas páginas de história, em: Abdias do Nascimento (org.), *Thoth: pensamento dos povos africanos e afrodescendentes*, v. 2, Brasília: Senado Federal, ago. 1997, p. 208 e 212, respectivamente. Agradeço a Priscila Nucci pela indicação dessa revista. Na entrevista que Vinebaldo Aleixo e eu realizamos, os escritores reafirmam e acentuam esse distanciamento.

104 Quilombhoje, Introdução, *Cadernos Negros*, v. 7, 1984, p. 5 (grifos meus).

105 "A literatura negra não é só uma questão de pele, é uma questão de mergulhar em determinados sentimentos de nacionalidade enraizados na própria história do Africano no Brasil e sua descendência, trazendo um lado do Brasil que é camuflado. Acredito que a literatura negra o próprio branco pode acabar fazendo, dependendo de sua empatia com o universo negro." Cuti, *Cadernos Negros*, v. 7, 1984, p. 7.

106 Oubi Inaê Kibuko, *Cadernos Negros*, v. 7, 1984, p. 17.

107 Cuti, *Cadernos Negros*, v. 8, 1985, p. 7.

108 Miriam Alves, *Cadernos Negros*, v. 8, 1985, p. 13.

109 Fruto de um seminário na PUC-SP em 1982, é publicado com o apoio do Conselho de Participação e Desenvolvimento da Comunidade Negra de São Paulo. É expressão do ato reflexivo do Quilombhoje acerca do fazer literário, aventado pela introdução do sétimo volume dos *Cadernos Negros*.

110 Cuti, *Cadernos Negros*, v. 8, 1985, p. 105-6.

111 "Tudo é Literatura. A gente separa só pra ter uma proteção também. Porque o cara fala... gosta de te rotular pra te discriminar. E a gente rotula pra ter uma proteção. Pra falar que a gente também não faz parte daquela Literatura Contemporânea boazinha que os caras fazem e tal. Então, nós somos outra pegada, assim. Nós somos os caras que tá mesmo no *front* de batalha. Só pra deixar isso bem claro, assim. Por isso que a gente rotula. Mas no geral, tudo é Literatura. Ou *Literarua*." Entrevista de Ferréz, concedida a Mário Augusto M. da Silva, em 16 maio 2007, em São Paulo.

112 Esmeralda Ribeiro, *Cadernos Negros*, v. 9, 1986, p. 7.

113 Zilá Bernd, *Negritude e literatura na América Latina*, Porto Alegre: Mercado Aberto, 1987, p. 129-30.

114 "*Cadernos Negros* são proeza inédita na vida intelectual do negro brasileiro e extraordinária nos meios literários em geral do País. [...] É sim fato histórico nos acontecimentos da Literatura Negra brasileira. Faltou, porém, muitas vezes tinta de qualidade no escrever das letras de muitos que lá se imprimiram, faltou perspectiva de História Literária. Deve-se comemorar. Mas se poderiam soltar mais fogos..." Oswaldo de Camargo, *O negro escrito: apontamentos sobre a presença do negro na literatura brasileira*, São Paulo: Imesp, 1987, p. 108-9.

CAPÍTULO 8
—
CONTRASTES E
CONFRONTOS:
CIDADE DE DEUS, 1997

> *É de se destacar nos integrantes do MN [Movimento Negro] o seu perfil de grupo que ascendeu socialmente, característica apontada pelos autores e que se relaciona com a autodiagnose dos militantes. Estes, em bom número, veem a gênese do movimento na insatisfação de negros emergentes às camadas médias que reagiam aos empecilhos à sua elevação social [...]. As principais bandeiras levantadas pelo MN, desde então parecem girar "... em torno da criação de uma imagem afirmativa dos descendentes dos africanos no Brasil...", na "valorização de sua cultura" e, principalmente, na denúncia do "racismo na sociedade". Essa ação positivadora consubstancia-se numa prática de "reordenação do fator étnico", ou seja, na formação "de uma nova consciência étnica", negra, numa operação vista como "um resgate da identidade cultural" perdida [...][1].*
>
> Luiz Carlos Sant'Anna

> *Fui feto feio feito no ventre-Brasil/ estou pronto para matar/ já que sempre estive para morrer/ [...]/ Já que nasci feio, sou temido/ Já que nasci pobre, quero ser rico/ [...]/ Sou eu o dono da rua/ [...]/ Sou eu assim o herói do nada/ De vez em quando revelo o vazio/ De ser irmão de tudo e de todos contra mim/ Sou eu a bomba humana que cresceu/ entre uma voz e outra/ entre becos e vielas/ onde sempre uma loucura está para acontecer/ Sou seu inimigo/ [...]/ Enquanto eu estiver vivo/ todos estão para morrer/ Sou eu que posso roubar o teu amanhecer/ por um cordão/ por um tostão/ por um não [...]/ Sem saber de nada me torno anacoluto insistente/ Indigente nas metáforas de tua língua vulgar/ [...]/ E a pá lavra vida muda no mundo legal/ me faz teu marginal[2].*
>
> Paulo Lins

Através de seus escritores e ativistas, a atuação político-cultural negra desempenhou diferentes papéis ao longo do século XX; todos eles importantes, carregados de significados e tensões, operando, nomeadamente ou não, *sob o signo da assunção da diversidade*. A imprensa, o teatro e a literatura negros, bem como associações culturais, políticas, festivas e religiosas[3], à semelhança de iniciativas similares de outros grupos identitários, travaram um intenso embate com a sociedade envolvente a fim de: (1) asseverar seu *direito* à existência; (2) lastrear a *legitimidade* de suas ideias e reivindicações; na medida do possível, (3) *estabelecer diálogo*, em função de suas ações e criações, visando ao (4) *reconhecimento* de seu grupo social/público ideal e da sociedade mais ampla, localizando assim um lugar para o grupo negro que não o serviçal e subalterno.

Sintetizada desse modo, essa atuação se encontrará no horizonte ora da aliança, ora do conflito; especialmente, neste segundo caso, com outros sujeitos sociais, outras perspectivas sobre o ativismo político--literário negro, outras formas de visualizar o cenário social, algumas das quais negativas em relação a esses quatro pontos. Além disso, a afirmação/resguardo de uma identidade ou a busca de uma especificidade literária e existencial, seja pelos escritores e ativistas organizados, seja por sujeitos isolados do ativismo, como De Jesus, nunca foram um fim em si mesmas. Ao contrário: *ao declarar seu lugar diverso, enuncia-se simultaneamente uma posição social desigual* na maior parte dessas ações e confecções literárias. E, quase ato contínuo, buscam-se ou cobram-se tentativas de solucionar os dilemas e impasses advindos das múltiplas situações vividas pelo grupo e por seus mediadores sociais.

O movimento pendular entre diversidade e desigualdade não é exclusivo dos eventos de 1978 em diante, à época dos ressurgimentos da literatura e do movimento negros contemporâneos. Entretanto, em função da proximidade e assunção explícita da relação entre arte e política, é a partir deles que essa discussão ganha maior fôlego, pautando os anos subsequentes. Afiançar a importância de sujeitos sociais e símbolos negros; discutir a história social e cultural vividas por esse grupo específico; explicitar e/ou formar uma visão social de mundo particular visando publicizá--la para além da esfera organizativa etc., tudo isso permeou o universo literário e o espaço do ativismo político criado por escritores e intelectuais negros, forjando uma dimensão para sua diversidade na arena social. A autonomia relativa de ambas as esferas se tornou bastante reduzida.

Esses sujeitos sociais, historicamente, descobriram que o aceite da diversidade cultural não foi sinônimo de igualdade social no Brasil. Portanto, se se mantivessem apenas no registro da busca por reconhecimento, sem se esforçar para que a sociedade envolvente tomasse parte em (e se posicionasse ante) suas ideias e ações, tudo teria sido estética e politicamente ineficaz, considerando-se seus objetivos. Declarados e reconhecidos o direito e a importância de existir o diverso, o que fazer com ele? Se o negro foi elemento civilizatório do país, por que a dificuldade de tratá-lo como sujeito social igual e cidadão pleno?

Politizada assim, a identidade social incomoda, por um lado, notórios defensores da diversidade cultural, como Gilberto Freyre, nos anos

1970[4], uma vez que traz consigo o debate sobre os limites e as condições precárias relativos à integração e equalização, processos de exclusão ou de marginalidade social, denunciando a imperfeição e desfaçatez da ordem social vigente em relação a diferentes grupos sociais, entre eles os negros – e, agora, os assim denominados periféricos. Por outro, visto internamente, chega-se a determinados impasses. Se, para a literatura publicada nos *Cadernos Negros*, o período entre 1978 e 1988 é de formação, rotinização e tentativa de enquadramento de ideias, cabe ver como tais ideias operam em diálogo com o meio social e o movimento político de que são coetâneas.

Na primeira parte deste capítulo, discute-se a maneira como esse debate acerca de diversidade e desigualdade aparece na produção dos *Cadernos Negros* e no interior do coletivo que se responsabiliza por eles ao longo dos anos 1990. E como, de certa forma, opera a conformação da ideia de literatura negra entre o grupo Quilombhoje e alguns de seus escritores, provocando embates e cisões internas, mas também esforços de definições, ao mesmo tempo que se dá um interessante confronto entre o *horizonte de possibilidades* e o *campo de expectativas* de produção e consagração do escritor negro brasileiro. Ou seja: feitas as contas, quais são os impeditivos e limites ao reconhecimento estético e social do escritor autodefinido como criador de uma literatura negra no Brasil?

Se esses são alguns dos temas que estiveram presentes na trajetória do grupo, provocando sensíveis alterações em sua constituição, será igualmente interessante observar, na segunda parte, o surgimento, a consagração e a recepção extraordinárias de um escritor negro, Paulo Lins, ao fim dos anos 1990, que, à semelhança de Carolina Maria de Jesus – a quem afirma desconhecer e não possuir qualquer afinidade –, corre por fora do ativismo político-literário negro; o que não impede que ele coloque – ou a ele sejam atribuídas – questões fulcrais para e dessa militância, em alguma medida ensejando com ela dialogar ou ultrapassá-la com problemas aparentemente novos.

Lins e seu *Cidade de Deus*, defendendo uma posição de neutralidade – o autor afirma ser apenas um escritor brasileiro –, operam como um pêndulo de relógio, oscilando entre negros e periféricos, não se ligando aos procedimentos éticos de criação de ambos, embora conservem as características físicas e sociais dos dois. Faz-se aqui essa afirmação à revelia de seus ditos e escritos. Mas, como já alertou Antonio Candido, "convém notar que por vezes é ilusória a declaração de um criador a respeito de sua própria criação. Ele pode pensar que copiou quando inventou; que exprimiu a si mesmo, quando se deformou, ou que se deformou, quando se confessou"[5].

RETRATOS DE GRUPOS II: NO RASTRO DOS ÍNDICES NEGROS (1986-97)

Nomes africanizados (Jamu Minka, Oubi Inaê Kibuko, Zulu Nguxi, Lande Onawale etc.) para tentar afirmar uma identidade alternativa como *afrodescendente*; temas particulares referentes ao universo imaginado/compartilhado com outros espaços e tempos sociais, usando a memória como ferramenta criativa principal, aliada à expressão religiosa de matriz africana; trabalho de pesquisa da memória social/história oral (que resultaram nos livros de Cuti, sobre José Correia Leite, e, posteriormente, de Márcio Barbosa, acerca da Frente Negra Brasileira), ao passo que se confeccionam experimentos com a linguagem literária e os temas criativos para poemas e contos de escritores negros (em trabalhos de Arnaldo Xavier, Barbosa, Cuti etc.): há, entre meados dos anos 1980 e 1990, um cadinho de questões e arranjos interessantes acerca dos escritores que publicam nos *Cadernos Negros* e dos que se responsabilizam pelo Quilombhoje, conformando suas percepções do que seja a confecção literária negra (ou tentando enquadrá-la).

Tanto que em setembro de 1986, seguindo o esforço iniciado por *Reflexões* e *Criação crioula*, é promovido na capital fluminense o II Encontro de Poetas e Ficcionistas Negros Brasileiros, intitulado *Corpo de negro, rabo de brasileiro*. Diferentemente dos outros dois, esse encontro não é publicado para além de uma apostila datilografada em 156 páginas e de circulação restrita[6]. Participam vinte autores, majoritariamente do eixo Rio-São Paulo, sendo que o Quilombhoje se faz presente com as contribuições de José Abílio Ferreira, Miriam Alves, Esmeralda Ribeiro, Oubi Inaê Kibuko, Cuti, Márcio Barbosa e Sônia Fátima Conceição.

Os textos produzidos devem responder a diferentes questões – sobre se existe e o que é o fazer literário negro; relações com o movimento negro; experimentalismo e cultura negra; forma e conteúdo; formas de distribuição e circulação da literatura negra; formação do leitor infantojuvenil etc. – e, salvo engano, fazem parte de uma das primeiras ocasiões em que, para além de se discutir que a literatura negra *deva representar/estar à altura de/se alinhar* às formulações do que seria a visão social de mundo específica do grupo negro no Brasil, aparece fortemente a discussão do *índice negro* como ferramenta conectiva entre criador, obra e público leitor. Ou seja: no sistema literário, segundo alguns daqueles escritores, para que a literatura negra exista e estabeleça conexões de sentido entre esses três pontos, é necessária a presença de um *marcador explícito da diversidade*, legítimo e legitimado, fundado em certas especificidades. Atribuídas por quem, como e por que são perguntas polemicamente presentes ao longo de todo o encontro, se não da própria década em foco, como se verá.

"Há uma forte resistência em admitir que a arte tem cor." Ou ainda:

> Se alguém me perguntasse o que é Literatura Negra, é neste contexto que eu diria, de imediato, que ela é nada mais que a expressão da história, o resultado das porradas que o meu povo leva e dá [...]. Devo dizer ainda que ela não é só temática. Não é só a cor de quem a faz [...] ela passa pela disposição desses dois aspectos: a tez do escritor e a maneira como são abordados diversos temas [...] junte-se aí um terceiro aspecto – ela deve ser denúncia e discussão da denúncia. Porque aparece juntamente com as formas organizadas do protesto antirracista [...][7].

Assim José Abílio abre a discussão no II Encontro. A autonomia da confecção literária não é relativizada; ao contrário, apresenta-se como produto direto das lutas sociais travadas pelo grupo negro e expressas por frações dele, através de seus escritores. Dessa maneira, não é qualquer escritor que pode ser arrolado entre estes ou arrogar o título de escritor negro: além de sê-lo, fenotípica e indubitavelmente, deve ainda ter propriedade ao tratar de certos assuntos, relacionados ao estar-no-mundo negro e à sua visão social.

Desnecessário dizer quão complexa e restrita é essa definição. Todavia, ela dá o tom da polêmica que se instaura na busca pela circunscrição da produção literária. A um esquadrinhamento quase perfeito como propõe Abílio, Miriam Alves sugere questionamentos importantes, especialmente quanto à ideia de *um método indiciário* que paute a *ética criativa* do escritor e de sua literatura. E ela o faz sem deixar de empregar uma alta dose de ironia, evidenciando assim a tensão interna do encontro. A citação é longa, mas pertinente:

> Há tempos venho pensando com meus zipers [sic], na solidão da minha janela, conversando com meus livros, o que é, ou significa

literatura negra. [...] Vieram as discussões com grupos literários negros, aos quais minhas dúvidas somaram-se, igualaram-se, ampliaram-se, algumas até se resolveram. Com a resoluções vieram o patrulhamento aguçado, com várias afirmações [de] que os meus escritos não retratavam o universo do negro no Brasil. E eu fiquei pensando de qual negros estávamos falando, já que o universo é universo, portanto infinito de sensações e vivências. Depois vieram as lupas quentes afiadas de olho nos índices (pra saber se o poema é negro mesmo) não localizados no meu trabalho, tais como: "pelourinho", "negro", "senzala" e outros tantos, já bem conhecidos de todos nós. Ai, crise! Ser escritora já era difícil, ser escritora negra naqueles moldes cobrados, impossível. [...] Então, lápis e papel na mão. Quero dizer máquina de escrever engatilhada, disposição nos dedos e vamos inspiração vamos, ou melhor: venha! venha! ser negra, como minha pele, enrolada como os meus cabelos. Venha ser negra na voz, nos sons dos tantans, apitos e outras coisas nossas. Venha! Venha inspiração! Ela atendia o chamado, nem sempre imediatamente, mas quando vinha rebolante, sentava-se comigo, tornava-se séria e questionava – "A sua máquina, poeta, não está forçando a minha barra?" – Eu? – respondia escrevendo um poema, e exultante com os resultados saía exibindo os meus lindos índices nos grupos de literatura negra. Novamente a lupa quente ferindo a pele, dúvidas ampliadas. Questionamento: "Esta palavra negro assim colocada está forçando a barra do poema". [...] "Este aqui não tem índice negro, se eu não estivesse na sua frente, não saberia que você está falando de sentimento específico de negros". Neste momento a poeta se contorcia nas roupas apertadas do fazer poético[8].

Uma expressão dos anos 1970 – *patrulha ideológica*[9] – retorna para meados da década de 1980, tentando dar conta da questão: afinal, o *método indiciário* é uma forma de controle produtivo e criativo da literatura negra? Afirmada a diversidade da existência e aspectos de sua especificidade, o mundo socialmente construído para e/ou de algumas frações negras se torna uma couraça de ferro contra a confecção de seu universo literário?[10] A escritora não encontra nem fornece respostas para o problema que coloca. Nem deve: uma vez enunciada a questão, ela só se aprofunda para todos, talvez sem encontrar desenlace que não seja arbitrário e restrito. Assim, ela prossegue:

> [...] Novo patrulhamento, um negrófilo gostou do que leu. A literata contrapondo questiona: "Se o branco gostou, é porque meu poema fez o jogo deles". [...] Na madrugada, insônia o resmungo torna-se inteligível. "Cuidado para não escravizar sua máquina a um tema! Cuidado para não estar repetindo o que os literatos brancos fazem com você, seu povo, sua raça, sua vida, esvaziando tudo num tema!" [...] Por Oxalá, às vezes me parece que estamos preocupados em discutir questões de edição, circulação e divulgação. Criação, nunca? Parece que este lugar é proibido entrar mais que um, ou seja, aquele que está criando. Ledo engano. O que fazer então quando, máquina engatilhada, dedos prontos e ágeis e as palavras... e as palavras, cadê as palavras, que deem conta do mergulho na medula, e tragam poesia? Isto o branco não ensinou. Por mais que nós recorramos aos famosos brancos, alguns bons escritores, percebemos que eles são bons muitas vezes para as brancas deles. E nós? Somos bons para os nossos negros?[11]

Questões, na superfície, particulares podem expressar o retrato coletivo de um grupo? Ou os dilemas de uma produção literária com décadas de existência (o ativismo político-literário negro no século XX)? Sim, se operarem como uma espécie de *retorno do recalcado*: problemas irresolutos, vindo à tona em ebulição, em momentos de crise. Todavia, a mesma escritora que refletiu nesses excertos publicou, naquele ano, no nono volume dos *Cadernos Negros*, um poema-homenagem ao Movimento Negro Unificado, sintomaticamente chamado "MNU", engajando-se unilateralmente[12].

Não é tarefa fácil calibrar a crítica e o alinhamento, o resguardo entre uma posição estética e uma posição política, com seus choques internos. Como escrevi antes, com todas essas questões, que se avolumam ao longo de anos e décadas, o trabalho de Hércules aparenta ser, muitas vezes, um trabalho de Sísifo. Oubi Inaê Kibuko reflete algo nessa direção, ao afirmar que se *bate sempre na mesma tecla*, pois:

> [...] pouco se tem discutido sobre a literatura negra em São Paulo ultimamente. O que tem rolado por lá é: lançamentos de livros, debates sobre constituinte, encontro internacional de música negra, perfil de literatura negra (organizado apenas pra dar nome mais gabaritado aos idealizadores e realizadores do evento), condição

do negro e da mulher negra etc. Mas discussão sobre o fazer da literatura negra que também faz parte de todo este movimento pró-negro [...] Necas! Dentro dos chamados movimentos negros, a literatura é o último prato a ser servido [...]. Ao me deparar com os meus quatro livros inéditos, tomando chá de esperança por falta de grana para publicá-los e pelas respostas negativas da[s] editoras, alegando: "cronograma editorial preenchido até tal ano", "livro fora da linha editorial", "etc". Eu recordo o texto feito para o primeiro Encontro e outra vez indago: – Escrever outro texto para quê? [...] Outro problema enfrentado na produção dos *Cadernos* é o retorno do capital aplicado. E retorno do capital aplicado eu entendo e coloco-o aqui como retorno em dinheiro. Não em divulgação, projeção etc. Afinal, já que dinheiro sai, por que não deve também entrar? [...] É um dinheiro que vai e não volta. Apenas satisfaz nossas necessidades[13].

Dos dilemas da criação aos da produção e distribuição. Quase dez anos após o primeiro número dos *Cadernos Negros*, o escritor propõe a necessidade de os ficcionistas e poetas organizarem uma *Sociedade Brasileira de Escritores Negros*, que deveria suprir deficiências quanto à edição de autor e alavancar o alcance da expressão literária, de maneira semelhante à do consórcio *Livro do autor*[14], cuja descontinuidade prematura confirma a hipótese, aventada no capítulo anterior, de que os escritores dos *Cadernos Negros* se realizam social e literariamente enquanto membros do grupo, e não de forma isolada. Depreende-se das propostas de Kibuko que no *horizonte de possibilidades*, continuamente testado pelas criações, atos, debates etc., concorre também um *horizonte de expectativas*, em relação à potencialidade de todos aqueles feitos.

> Ao participarmos de eventos políticos, culturais, etc. referentes a nossa raça e organizados com olho e fala crítica, vemos as mesmas cenas e ouvimos os mesmos discursos e ladainhas: "aqueles que nos oprimem fizeram isto!" E a galera, com a emoção inflamada exclama: "oh!" Vem outro e diz: "aqueles que nos oprimem fazem aquilo!" E a galera, com a emoção em erupção, se agita e diz: "Façamos um documento de protesto e encaminhemos às autoridades competentes para pormos fim a esta aberração!..." Vem mais outro e profetiza: "aqueles que nos oprime[m], se não tomarmos uma providência...

farão aquiloutro"! E a galera, com a emoção agitada feito mar revolto... clama: Irmãos, precisamos nos unir! Precisamos juntar nossas forças para não cairmos nas armadilhas da neocolonização! Precisamos, precisamos, precisamos, precisamos, precisamos, precisamos, precisamos. [...] Entretanto, quando encomendamos algum trabalho ou compramos algo, adquirimo-los das mãos de quem? Ironicamente, das mãos daqueles que nos oprimem![15]

O criador literário, ao afirmar seu lugar e realizar sua obra com todos os índices legitimados como negros (tendo aceitado o procedimento ético de criação forjado para tal), cumpre seu papel no sistema literário. Mas e a resposta do público à fatura? Idealizado como pertencente a uma mesma *comunidade de sentidos* e um mesmo grupo social, ele reage como esperado? Questiona-se ainda mais aquele público-alvo cuja *obrigação* em legitimar o escritor negro é vista como maior: que relação ele possui, enquanto militante do movimento negro, com a produção literária dos mediadores de seu grupo social? De acordo com Éle Semog, outro participante do encontro: "O que temos observado é um certo distanciamento ou desinteresse do militante negro pela Literatura Negra Brasileira. Não me refiro a uma literatura acadêmica, mas sim àquela gerada no cotidiano da comunidade negra, que se expressa na forma de poesias, de contos e de outros gêneros"[16].

A aproximação entre literatura e política referente ao mundo negro, bem como os atritos ocasionados por ela, não é algo incomum na trajetória do ativismo literário desse grupo no Brasil. E Semog fala, de certa maneira, de um lugar autorizado: ele é um dos promotores do II Encontro, que ocorre na Fundação para o Bem-Estar do Menor (Funabem)[17], em função de suas ideias de aproximação entre arte negra e povo negro, variação radical de *"todo artista tem de ir aonde o povo está"* ("Nos bailes da vida", Milton Nascimento e Fernando Brant). Literatura negra e movimento negro, contemporâneos no surgimento setentista, partes ideais de um projeto de afirmação e reivindicação do espaço da diversidade, mas que, não raras vezes, soam em dissonância, como atestam alguns depoimentos:

(A) Em 1976, 77, já havia uma tensão, no meio do movimento negro, entre aqueles que defendiam que era uma mudança cultural e os que defendiam uma mudança mais profunda. Os primeiros achavam que a mudança tinha que acontecer através de informação:

"Temos que publicar mais, organizar poesia, organizar contos, fazer eventos esportivos, tentar reunir a comunidade". Era a linha do Feconezu, era a linha do Quilombhoje – uma tendência que a gente batizou de "culturalista". Eram pessoas que tinham feito as opções corretas, mas que a gente não sabia avaliar naquele momento. E havia as pessoas oriundas, como eu, do movimento político, que queriam uma manifestação mais política, mas nós não tínhamos nenhum cabedal para fazer isso. Eles tinham um projeto específico de literatura, de teatro, de festival, e nós querendo transformar aquilo em coisa política, negando que aquilo fosse política.

(B) O movimento negro é uma coisa muito difusa: são muitas atividades e muitas entidades. E o meu potencial estava dirigido exatamente para a área da cultura. Foi por isso que as áreas que eu mais atuei foram no Feconezu [...] na criação do Quilombhoje e dos *Cadernos Negros* e, depois, na manutenção dessas atividades. Eu percebi que nós tínhamos que afunilar muito mais energia para esse campo da literatura. Por quê? Porque era um campo muito difícil. Muitos militantes que liam, vamos dizer, teoria política não gostavam de poesia, não gostavam de contos. Então percebi que nós tínhamos que ter o nosso grupo, um grupo que fizesse e que gostasse de literatura, de poesia. E foi o que fizemos.

(C) Nós fazemos parte, eu acho. Eu acho que é uma vertente do movimento que é literária. Mas, o pessoal do Movimento Negro, eu acho que não percebe isso. Eles apoiam o Quilombhoje, vão até o lançamento, mas eu acho que enquanto núcleo, enquanto duração de *Cadernos*, enquanto coisa histórica, então, a gente ouve muito "olha, que legal! Parabéns porque vocês existem." Entende? Nós não queremos só que vocês falem "oh, que legal", é legal, sim, 32 anos não é qualquer coisa, eu acho, de existência. Você ter um lançamento que acontece anualmente eu acho que não é brincadeira, é uma coisa que você tem que valorizar, sim, coisa histórica, né? Mas, tem além dessas coisas, tem todo o trabalho que o Márcio falou, do reconhecimento, que eu acho que seria possível, se o Movimento Negro quisesse – por isso que eu falo dessa relação –, se tivesse mais apoio do Movimento Negro, ele num todo, a gente poderia fazer um lançamento, seja *Cadernos* ou livro individual, vamos fechar um espaço aí, não precisa convidar ninguém, é só você que vai. Mais de mil livros, eu acho. E daria até estímulo pra outras pessoas escreverem também, não só no *Cadernos*, mas qualquer pessoa que tenha coragem de publicar. Tem mercado, teria mercado[18].

Entre o público e o criador ideais, entre a estética e a política, há um descompasso. Uma tentativa de ajuste é aventada, ainda nesse encontro, como se verá a seguir.

FRANTZ FANON E O ATIVISMO POLÍTICO-LITERÁRIO NEGRO NO BRASIL: 1960-80

O sociólogo Antonio Sérgio Guimarães procurou refletir, em um artigo valoroso, acerca da recepção brasileira à obra do psicanalista, pensador e ativista político martinicano Frantz Fanon. Ou melhor, acerca dos silêncios e sussurros que, no país, cercaram *Pele negra, máscaras brancas*, *Os condenados da Terra*, *Sociologia de uma revolução*, *Em defesa da revolução africana*, entre outros livros importantes do autor sobre o processo colonial africano e seu combate revolucionário pelas independências nacionais (em que foca a questão em análises e intervenções empíricas sobre a situação da Martinica, da Argélia e de outros países africanos), e seu estudo psicossocial do impacto da colonização sobre o sujeito dominado. Afirma o autor, num mapeamento detalhado:

> O pensamento de Fanon chega ao Brasil como chegaram todas as ideias novas – em livros europeus – e numa época em que o marxismo e o existencialismo disputavam o proscênio da cena cultural e política brasileira. [...] Uma leitura atenta das principais revistas culturais brasileiras dos anos 1950 não me rendeu nenhum conhecimento da recepção de Fanon. É como se a publicação de *Peau noir, masques blancs* (1952) tivesse passado despercebida. A *Anhembi*, de São Paulo, publica, entre 1953 e 1955, todos os estudos de relações raciais entre brancos e negros em São Paulo, frutos do projeto coordenado por Roger Bastide e Florestan Fernandes, além de algumas reações a estes estudos. O próprio Roger Bastide, depois de retornado a Paris, em 1954, escreve regularmente críticas e comentários a livros que estão sendo lançados na Europa, principalmente na França; mas não menciona Fanon em sua atividade

recensória. Nada encontramos também na *Revista Brasiliense*. Clóvis Moura, Florestan Fernandes e Octavio Ianni escrevem na revista sobre temas negros (revolta dos malês, relações raciais, poesia), mas sem mencionar o autor martinicano. Sérgio Milliet, em 1958, faz uma resenha abrangente da poesia negra e, como não podia deixar de ser, cita os poetas da *négritude* e Sartre. Apenas. [...] O Brasil começa a se familiarizar com as ideias de Fanon um pouco antes de sua morte, mais precisamente durante a estadia de Jean-Paul Sartre e Simone de Beauvoir no país, entre agosto e setembro de 1960 [...]. Guerreiro Ramos, ativista negro e sociólogo, o poderia ter introduzido aos brasileiros de 1960, pois tinha alguma afinidade com o seu pensamento. Não só ele, mas todos os demais membros do Iseb [Instituto Superior de Estudos Brasileiros], como observou Renato Ortiz [...]. Até mesmo o líder negro Abdias do Nascimento que, em seus artigos dos anos 1960, traça influências do movimento negro, analisa a conjuntura internacional [...] mas nada diz sobre Fanon[19].

Quando se refere aos anos 1970-80, Guimarães sugere ter havido uma espécie de recepção indireta dos livros fanonianos no Brasil através dos jovens ativistas negros, vários em contexto universitário. Ou, ainda, por meio de intelectuais como Ianni, Paulo Freire e Abdias do Nascimento, que, sofrendo o impacto da ditadura militar, tomaram contato com sua obra em situações diversas. Uma recepção estética de peso, de acordo com Guimarães e Ismail Xavier, está no cinema de Glauber Rocha. Os textos de Fanon mais conhecidos foram publicados e traduzidos no Brasil mais ou menos nesse intervalo de tempo (1968 e 1979: 1ª e 2ª edições de *Os condenados*, pela Civilização Brasileira; 1980, tradução portuguesa de *Em defesa da revolução africana*; 1983, 1ª edição brasileira de *Pele negra*)[20], permitindo a esses novos leitores acessá-los, de maneira direta e indireta; o que ocorria também através de textos sobre as lutas civis nos Estados Unidos ou pela descolonização da África portuguesa através da seção *Afro-América Latina* do jornal *Versus*.

Interessante notar que *Pele negra* foi publicado originalmente em 1952 e sua tradução brasileira aconteceu somente três décadas depois, embora, como demonstrou Renato Ortiz[21], tivesse circulação anterior pelo Iseb; já *Os condenados*, comparativamente, tem circulação quase imediata, em função da visita de Sartre e Beauvoir ao país, em 1960. O intelectual francês, uma espécie de padrinho intelectual de Fanon, também foi divulgador de sua discussão sobre o processo colonial. Além disso – um dado que Guimarães não menciona –, ainda em 1968, a Biblioteca Tempo Universitário traduz e publica *Colonialismo e neocolonialismo*, quinto volume da série *Situações*, no qual Sartre traz dois textos importantes para essa discussão: o prefácio que escreveu para a edição francesa de *Os condenados*, em 1961; e "O pensamento político de Patrício Lumumba" [sic], prefácio ao livro *Discursos de Lumumba*, publicado pela *Présence Africaine*. Neste último, Sartre analisa Fanon e Patrice Lumumba, ambos mortos entre 1960 e 1961, vendo-os como duas faces, não opostas, da luta anticolonialista.

É importante acrescentar a essa discussão outras vias de circulação das ideias de Fanon, que Guimarães não abarca: a dos ativistas e a dos escritores negros em atividade política e intelectual entre os anos 1950 e 1980 no Brasil. A primeira via se dará, aqui, apenas por inferência e indução. A segunda, por apropriação concreta. Com os dados de que dispõe, o sociólogo afirma à página 111:

> Mas a primeira reflexão mais sistemática (e talvez única) sobre o pensamento de Fanon feita por intelectuais negros numa revista acadêmica brasileira aconteceu apenas em 1981 e foi assinada por um coletivo, Grupo de Estudos sobre o Pensamento Político Africano (GEPPF), o que denota tratar-se de um meio caminho entre reflexão acadêmica e reflexão política.

Presente na primeira reunião do gênero, realizada na Sorbonne, em Paris, no ano de 1956, Frantz Fanon participou em 1959 do II Congresso de Escritores e Artistas Negros, em Roma, patrocinado pela revista *Présence Africaine* e a Sociedade Africana de Cultura. Nessa mesma ocasião, compareceu Geraldo Campos de Oliveira, representando a Associação Cultural do Negro, como atesta a documentação de arquivo da ACN e relembra José Correia Leite, trazendo mais dados sobre a circulação alternativa das ideias entre ativistas negros brasileiros:

> O Américo Orlando [da Costa] foi um sujeito muito sério, trabalhador, um verdadeiro idealista. Com a mesma seriedade que ele tinha dentro da orientação do Partido Comunista, ele exerceu as funções na secretaria da Associação Cultural do Negro, e nunca procurou

imiscuir as coisas da Associação com suas ideias políticas. Em 1959 ele conseguiu uma bolsa de estudos para ir à União Soviética estudar na Universidade Patrice Lumumba. Ele saiu da diretoria e também o Geraldo Campos de Oliveira, que era o presidente da executiva. O Geraldo Campos, ainda como presidente, tinha ido ao II Congresso de Escritores e Artistas Negros realizado em Roma [...]. Em Roma já havia uma pessoa para representar o Brasil. Era o pintor Tibério, que morava em Paris. O Geraldo Campos trouxe de lá uma porção de documentos, teses e outras coisas, inclusive um distintivo que ele me deu, com o símbolo da revista *Présence Africaine*[22].

Dadas as informações lacunares, é difícil afirmar, sem pesquisa exaustiva no acervo da associação, o que Oliveira efetivamente carregou consigo de Roma, qual nível de discussão foi capaz de estabelecer no congresso, seu domínio de línguas estrangeiras (em particular, o francês) e, o mais importante para agora, se conheceu Fanon e se interessou pelo autor. Sabe-se que houve uma tentativa de parceria nominal entre a Sociedade Africana de Cultura e a ACN, além de uma tomada de interesse da Associação e de seus membros pelas lutas no continente africano[23]. Mais um dado: a primeira capa do jornal *Níger*, da ACN, é dedicada a Lumumba, logo após sua vitória pela independência do Congo. Quão devedora desses contatos é a ACN, somente é possível inferir, até o momento, e montar uma rede de argumentos. Entretanto, embora pouco palpável até então, essa dimensão não é desprezível, podendo servir de aporte a pesquisas futuras sobre o assunto.

No ativismo político-cultural dos anos 1980, aspectos da obra de Fanon foram apropriados em, ao menos, três ocasiões pelo mesmo escritor, pertencente ao coletivo Quilombhoje. Em "Questões sobre a literatura negra" (1985), "A forma escura" (1986) e nominalmente em "O sentido da literatura negra, sob uma abordagem fanoniana" (1987), Márcio Barbosa, formado em filosofia pela USP, tenta dimensionar seu entendimento acerca do que seja uma literatura negra brasileira a partir de aspectos da concepção fanoniana sobre como é construído o sujeito social negro, chegando a conceber a formulação de uma *literatura afro-brasileira* como denominação mais adequada da confecção artística dos escritores.

Suas fontes bibliográficas citam, entre outras: *Os condenados da Terra* (1979), com o texto "Sobre a cultura nacional"; e "Racismo e cultura", publicado em tradução portuguesa, em 1980, no livro *Em defesa da revolução africana*, que teve como livro original *Pour la révolution africaine*, conjunto de ensaios dispersos editado pela François Maspero em 1969 e traduzido em Portugal pela Sá da Costa Editora, na Colecção Terceiro Mundo. "Racismo e cultura" é a conferência de Fanon proferida no I Congresso de Escritores e Artistas Negros (1956); "Sobre a cultura nacional" é sua conferência de 1959, na segunda edição do evento.

O primeiro texto, de 1985, "Questões sobre a literatura negra", afirma que não existirão literatura negra no Brasil nem escritores negros enquanto não houver uma consciência negra que rompa com a consciência do oprimido (consequentemente, do opressor) e que deixe de ser duplamente conservadora (imitação da literatura opressora, querendo ser legitimada como tal). O repertório analítico empregado pertence, implicitamente, ao universo de Fanon. O terceiro texto que publica, sob influência direta deste, "O sentido da literatura negra, sob uma abordagem fanoniana", é um comentário sobre as ideias do autor, atualizando-as para o contexto e os usos brasileiros. É necessário pensar sobre o que faz Márcio Barbosa encontrar a reflexão de Fanon justamente acerca do papel do intelectual, do pensamento e da arte colonizados.

E, refletindo sobre isso, é possível confirmar e acrescentar mais uma hipótese aos argumentos de Antonio Sérgio Guimarães: talvez a circulação e a recepção de Fanon no Brasil não tenham se dado plenamente pelos meios tradicionais, sejam acadêmicos ou de esquerda universitária, mas através do interesse dos intelectuais e ativistas negros, ao fim dos anos 1970, focados nos usos possíveis das ideias dele nas suas próprias lutas político-culturais no contexto nacional.

Estando presente em 1959 ao II Congresso, de Roma, Geraldo de Oliveira assistiu ao vivo, porventura, à conferência pronunciada por Fanon e publicada como o quarto capítulo de *Os condenados da Terra*. "Sobre a cultura nacional" é exatamente um dos textos em que se baseiam os argumentos de Barbosa, nos anos 1980, para refletir sobre a criação literária negra no Brasil. Voltando à ACN na década de 1960, talvez esse contato tenha meneado as atenções da associação para os acontecimentos africanos; em Barbosa, fê-lo pensar sobre o sentido da ação do escritor negro e da ideia de sua confecção literária.

E o que diz a conferência de Fanon em 1959? Está-se diante de um intenso debate sobre as tarefas do intelectual colonizado, do escritor no processo de luta pela descolonização, tendo em vista a criação de uma expressão nacional autêntica. "Sobre a cultura nacional" é um comentário talvez posterior – a edição francesa e sua tradução brasileira não fornecem dados – ao texto da conferência, "Fundamentos recíprocos da cultura nacional e das lutas de libertação". Nela, foram expostos alguns tópicos que, aos olhos de um militante político e da cultura negra nos anos 1960-80, teriam similitude com o contexto brasileiro. Inicia-se com o *apelo* para que se pare de julgar o passado com os olhos do presente, preferindo-se, antes, balancear os alcances e limites das ações dos sujeitos sociais em cada época em face dos desafios encontrados em seus momentos específicos, uma vez que "cada geração deve, numa relativa opacidade, descobrir sua missão, executá-la ou traí-la"[24]; a seguir, faz-se uma longa discussão acerca do papel do *homem de cultura colonizado* (que, em seus termos, se refere aos intelectuais, escritores etc.) e sua relação com a memória social, a reconstrução ou "recuperação" do passado nacional[25], o que significa a construção de *uma identidade alternativa à do dominado/subalterno*; esse trabalho com a memória (ou a tentativa de sua reconstrução) acaba por revelar, segundo Fanon, um processo de *reencontro* com o *povo* e a inauguração, portanto, de um *devir*. Esse reencontro, muitas vezes oblíquo e dramático, causando estranhamento a um e outro lado, se daria em três etapas, a *assimilacionista*, a *memorialista* e a *combativa*, com que o homem de cultura teria completado seu processo de descolonização/reação à dominação intelectual, fazendo de sua literatura uma arma potente.

Fanon, no entanto, alerta o intelectual de que é necessário, em todo esse processo, não se iludir: ele é uma espécie de sujeito fora de lugar (ou, em seus termos, um *estrangeiro*)[26], atribuindo-se uma missão, geralmente estranha ao *povo* concreto que busca encontrar, representar e provocar. Embora estranhados sua tarefa e seu papel, ele deve ser o propulsor de um *devir em aberto*. Em síntese: seu ativismo político-cultural enquanto "[...] homem colonizado que escreve para seu povo deve, quando utiliza o passado, fazê-lo com o propósito de abrir o futuro, convidar à ação, fundar a esperança"[27]. Não é uma tarefa simples a que impõe esse pensador. O futuro está em aberto, mas seu contexto de produção das ideias é de luta declarada e armada contra o sistema colonial, previamente. Isso valeria também para o Brasil? Márcio Barbosa afirma que tinha interesse em estudar efetivamente a obra de Fanon na USP, como conta a seguir:

> Sim, eu lia muito o Fanon nessa época. *Pele negra, máscaras brancas, Em defesa da revolução africana,* [*Os*] *Condenados da terra.* O Fanon eu acho que foi muito importante pra mim nessa época aí.

> Eu queria até fazer uma tese sobre o Fanon, na verdade. Na época, eu até procurei o falecido Clóvis Moura, pra ser meu orientador, mas ele falou que não manjava de Fanon e falou que não poderia ser. E aí, acabei deixando de lado, mas, Fanon é fantástico. Até é uma discussão que a gente tem hoje em dia, que é uma coisa que o Cuti levanta, uma discussão que o Cuti levanta, que é essa questão da literatura negra ou literatura afro-brasileira. Que eu acho que é uma coisa, pra mim, que vem de Fanon. Que ele fala "negro só se torna negro a partir do domínio do branco". Porque você não tinha um negro, você tinha o africano, você tinha lá o zulu, você tinha o hauçá, enfim, mina, esse tipo de coisa. E Fanon fala isso. Então, eu acho que é por aí também. Negro só se torna negro a partir do domínio do branco. É a identidade contraposta, aí. Então, é por isso que eu prefiro afro-brasileiro[28].

A positividade atribuída ao passado por Fanon enquanto busca a autenticidade – uma história anterior à colonização – é interessante para pensar o papel social que a memória coletiva tem nessa discussão. O colonizado foi inventado pelo colonizador tanto quanto o dominado pelo dominante. Antes de tudo, o subalterno era um humano, um sujeito social. Daí a perspectiva fanoniana encerrar, fundamentalmente, *uma aposta na ideia de cultura*, observada pela ótica do colonizado/oprimido, como motor da resistência e da construção de uma situação social alternativa e emancipatória.

A *cultura nacional* é pensada sob certo signo de autenticidade original ou de pertencimento; é alternativa e anterior à imposição do opressor/colonizador[29]. Justifica-se, então, a importância atribuída pelo autor ao processo de recuperação da memória, como etapa necessária para romper e sobrepujar os valores do opressor. "A situação colonial determina, em sua quase totalidade, a cultura nacional"[30], afirma Fanon. E se a luta pela cultura nacional e as lutas pela libertação possuem fundamentos recíprocos, subentende-se que, nesse *quase*, há um intervalo em que a memória, o ativismo político-cultural e – no contexto de seu pensamento – a luta revolucionária operam.

A conferência "Racismo e cultura", que se realiza em 1956 no I Congresso de Escritores e Artistas Negros, trata disso, em alguma medida, e é outro texto-base para Barbosa, que cita literalmente suas passagens. Fanon discute o racismo não como uma "doença da humanidade" ou algo particular de certos grupos humanos, mas como uma *forma cultural*, uma estrutura social de relações, hierarquista e etnocêntrica. Em seus termos:

> O racismo não é um todo, mas o elemento mais visível, mais quotidiano, por assim dizer, o mais grosseiro de uma dada estrutura. [...] Estudar as relações entre o racismo e a cultura é questionar sua ação recíproca. Se a cultura é o conjunto dos comportamentos motores e mentais, nascidos do encontro entre o homem e a natureza e seu semelhante, deve-se dizer que o racismo é um elemento cultural. Há, portanto, culturas com racismo e culturas sem racismo[31].

O racismo enquanto elemento cultural *opõe formas de existência*[32]. E a forma do dominante *quase* determina totalmente a forma do dominado, tornando-o um objeto do sistema colonial/opressivo[33]. Entretanto, o autor martinicano, sem detalhar (ao menos nesse texto), afirma existir um intervalo em aberto para a tomada de consciência coletiva, que passa a ser a da resistência à opressão da forma dominante. Ou se trava uma luta intestina contra a sofisticação crescente do racismo – que chega mesmo a se invisibilizar para diferentes sujeitos sociais na sociedade, como se ele não existisse ou houvesse uma democracia racial, por exemplo – ou, em seus termos, a forma de existência racista se torna uma "ideologia democrática e humana", fundada, silenciosamente, na superioridade de um modo de vida sobre o outro.

A luta contra o racismo é uma luta cultural. Para o pensador Fanon, não há racismo inconsciente, mas um processo paulatino de construção das formas culturais racistas, que coloca o dominado na posição de subserviência/submissão, valendo-se, inclusive, daquilo que se lhe opõe. Constrói-se assim uma relação de culpabilidade e inferioridade para o dominado, conscientemente inferiorizado e irreconhecido, uma vez que "o racista numa cultura com racismo é normal"[34].

Sendo o racismo um elemento, um modo de existência hierarquizado, e a luta contra a dominação/opressão desse elemento e modo de existência uma luta cultural, os intelectuais, os homens de cultura dominados, têm um papel fundamental no processo de resistência. Assim como em construir/legitimar e redescobrir/potenciar a memória e o passado, as formas de existir consideradas as mais verdadeiras, do dominado.

Fazendo agora uma brusca transição, vejamos o modo negro (brasileiro) de estar no mundo, na leitura de Márcio Barbosa:

> Há muito a literatura que nós normalmente consumimos cristalizou determinados vícios e deteve-se em moldes estanques. Se um autor branco brasileiro fala, por exemplo, de Cupido ou de Baco, sua obra obterá perfeita legitimação, mesmo que esteja se referindo à experiência mitológica grega de dois mil anos atrás. Ninguém o criticará por isso [...]. Se um autor[,] independentemente do conteúdo e em detrimento de sua própria realidade, pauta sua obra estilisticamente a partir dos últimos modelos alemães ou franceses[,] ninguém procurará ver nisso algum desajuste [...]. Mas[,] quando um autor negro procura seu universo na experiência artística de uma África antiga, será logo chamado de retrógrado. Quando um autor negro procura a dimensão mítica da experiência religiosa afro-brasileira, seu trabalho só obterá repercussão se submeter-se à folclorização. Se esse autor recorrer ao conteúdo revolucionário da literatura de Angola ou Moçambique[,] provavelmente será acusado de ser no mínimo um alienado. Ora, é evidente que o autor negro necessita formar um acervo de onde extrair matéria para as suas criações e[,] quando procura formar esse acervo na experiência secular ancestral de seu povo originário, isto é, os africanos, vê-se repentinamente cercado de limitações[35].

Ou, nos termos fanonianos, permitindo a comparação das tarefas impostas:

> Esta cultura, abandonada, extirpada, rejeitada, largada, nela o inferiorizado se engaja com paixão [...]. Ora, não se submete impunemente a uma dominação. A cultura do povo submisso está esclerosada, agonizante. Não circula vida alguma. Mais precisamente a única vida existente é dissimulada. [...] A cultura encapsulada, vegetativa, depois da dominação estrangeira é revalorizada. Ela não é repensada, reencenada, dinamizada do interior. Ela é clamada. E essa revalorização do conjunto, não estruturado, verbal, encobre atitudes paradoxais. [...]. Os médicos árabes dormem no chão, cospem sem se importar onde [...]. Os intelectuais negros consultam o feiticeiro antes de tomar uma decisão [...]. Os costumes, tradições,

crenças anteriormente negados e passados em silêncio são violentamente valorizados e afirmados. A tradição não é mais ironizada pelo grupo. O grupo não se ri mais. Retoma-se o sentido do passado, o culto dos ancestrais...[36]

Existe, portanto, no texto de Fanon, uma *aposta na ideia de cultura*, na luta pela reversão simbólica da prática cotidiana de pensar e agir, de ser e estar no mundo, pela afirmação e reconhecimento das várias formas de existência, por um embate entre *diversidade e desigualdade*, visando a um universalismo emancipatório. Ele impõe a seu pensamento e aos leitores, intelectuais ou militantes, tarefas formidáveis, mas consideradas possíveis numa situação em que tudo está em aberto e o futuro pode ser construído como se os homens fizessem efetivamente sua própria História do jeito que a concebessem.

Esses comentários permitem refletir sobre a circulação das ideias de Fanon num circuito alternativo e pensar seu uso no interior do Quilombhoje. Ao se centrar no "Sentido da literatura negra, sob uma abordagem fanoniana", Barbosa se impõe o desafio proposto pelo pensador martinicano de se refletir enquanto *homem de cultura dominado*; o que, nos textos fanonianos lidos, anuncia a procura final de uma perspectiva universalista (e não só para o contexto africano). Barbosa interpreta isso na seguinte chave:

> Se existe alguma identidade entre a análise que Fanon desenvolve e a realidade social brasileira, isso se deve ao fato de que Fanon ao desvendar o racista sistema colonial consegue captar a existência do negro (enquanto indivíduo, grupo ou classe étnica) dentro das formas de relação social instaladas a partir do domínio branco-europeu e a transformação destas formas na moderna sociedade industrial, crescentemente técnica e burocratizada [...]. Nesse sentido, não existe necessidade de irmos além e comparar a permanência de determinadas estruturas religiosas, linguísticas e comportamentais nos descendentes brasileiros de africanos e nos habitantes das sociedades africanas colonizadas, o que nos permitiria estabelecer outras relações de semelhança e parentesco entre estes dois grupos [...]. No caso brasileiro, poderíamos dizer que isso corresponde a uma recuperação das lutas antiescravagistas, dos quilombos e rebeliões dos séculos passados, culminando com

o mergulho apaixonado na história de Palmares e a institucionalização de um herói negro; além disso, há a tentativa de redescobrir as estruturas religiosas tradicionais e recuperar a história das artes e culturas africanas do passado. [...] Vemos então que a importância do homem de cultura não é assim tão restrita. O negro que cria o hábito de dirigir-se a outro negro, tendo como tema a luta cotidiana, política ou armada, engendrada no sentido de destruir estruturas racistas, estabelece uma relação fértil e um processo de mobilização intensa. [...] Ao pensarmos em termos de comunidade negra brasileira, constatamos que a partir do século XX, o que podemos considerar luta política ocorre através da ação de entidades como a Frente Negra Brasileira, grupos e associações culturais como o Teatro Experimental do Negro ou associações recreativas como as equipes de baile e escolas de samba[37].

É fato que há certa dificuldade em acoplar o pensamento de Fanon à realidade negra no Brasil, em função do contexto em que ele é produzido. Contudo, no que diz respeito ao aspecto da missão do homem de cultura dominado (ou melhor: que ele possua tarefas e que, no caso do intelectual negro, elas se situem na reversão simbólica e concreta da prática cotidiana), é possível, ao seu intérprete brasileiro, absorvê-lo com algumas precauções[38]. O escritor, o intelectual, negro no Brasil é um sujeito fora de lugar (tanto quanto o africano, o estadunidense), muitas vezes avesso e estranho à sua própria história (pensando como Fanon). No caso dos *Cadernos Negros* e de outras iniciativas político-culturais, vale-se da memória como elemento potencializador de suas ações, após longo processo de, como coloca Fanon, *tentativas de encontrar seu povo*. Assim se anuncia em Barbosa o pensamento fanoniano, em "A forma escura": "Embriaguei-me várias vezes com minha anti-imagem. Anti-imagem porque sob a superfície sua essência me era contrária". Ou ainda, e mais explícito:

> É lógico, haverá sempre os que defenderão o livro e as formas perfeitas da cultura ocidental. Haverá sempre os que provarão o meu desajuste perante estas formas. Admito que estamos, é certo, envolvidos na totalidade da cultura em que nascemos. Podemos ter nostalgia de um tempo passado, podemos até sentir banzo; podemos chegar por um esforço de vontade e uma subversão ao que nos foi específico. Porém, não nos é permitido ignorar este acúmulo de

fatos e conhecimentos derivados da Ásia e Europa, os quais também passam a nos pertencer. Contudo, essa é uma paisagem que não satisfaz e, havendo outra possível, somos obrigados a procurá-la [...]. Mas a arte é um oceano cheio de surpresas, e enquanto ia deixando-me levar indiferentemente pelas marés convencia-me da profundidade e extensão de seus limites. Sempre no entanto a sensação de ser a arte algo inútil impedia-me um mergulho completo. Naufraguei várias vezes mas voltava ileso e o primeiro naufrágio sem retorno ocorreu quando li um poeta africano. Nesse livro havia a essência que eu procurara anteriormente em outros autores [...]. Então, desde essa primeira leitura, tudo já estava dado. A identidade dos problemas sociais e raciais punha-nos, a mim e ao poeta, numa mesma comunidade universal. [...] Descobri a universalidade dos problemas e carências tão próprios à multidão que compõe a imensa parcela das pessoas comuns e despojadas. Mas, além disso e talvez mais importante, existia a perspectiva de uma experiência diferenciada, de uma literatura produzida a partir de outro material básico[39].

De que outro material fala o autor? Ele evidencia que se trata das suas apreensões, *a posteriori*, do que seria a vida de seu grupo social no Brasil[40]. Contudo, entre o vivido e o narrado existem ao menos dois problemas: o das formas de viver e o das formas de dizer. Um terceiro, o de estabelecer uma ligação (mesmo que fabulada) considerada legítima e autêntica, como afirma Barbosa, *já estava dado*. Assim, restam esses dois: quem é o escritor de literatura negra e de que linguagem ele se vale para sua confecção literária?

Representamos uma classe de pessoas condenadas à desvantagem [...]. Em primeiro lugar, não temos uma linguagem diferente da linguagem que comumente se fala. Mas temos a possibilidade de alterar o significado das palavras, pois a linguagem é viva. [...] Determinados vícios nós ainda temos que superar, por exemplo, nós raramente lemos os livros uns dos outros. Isso é manifestamente o sinal de uma pobreza intelectual e política muito grande [...]. Talvez falte-nos também a ousadia de ir um pouco além do que conhecemos, a ousadia de inventar, de desligarmo-nos do que está consagrado pelo uso. Mas, para desligarmo-nos, temos que conviver com a possibilidade do erro e essa é grande. [...] [Para] relembrar Fanon: "A luta do inferiorizado situa-se a um nível nitidamente mais humano. As perspectivas são radicalmente novas. Só assim poderá a arte ser outra[41].

Linguagem, memória, história "autêntica"; missão do homem de cultura, abrir o devir, vinculação com o povo; literatura e política, reversão e recriação do cotidiano; necessidade de calibrar as formas de dizer e precisar a experiência para uma representação mais próxima das formas de viver do grupo social original/leitor ideal; índices negros: válidos ou não? Quais os horizontes de expectativas da relação entre o autor e seu público, a obra e sua circulação? Findo o encontro de 1986, feitas as contas, é de se esperar que as produções dos autores em *Cadernos Negros* e a configuração do grupo Quilombhoje se pautassem por aquelas questões e tentativas de definições.

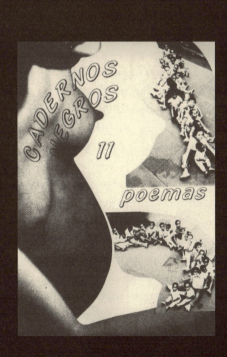

CAPA DE *CADERNOS NEGROS*, V. 11.

Apresenta-se assim o volume 11 de *Cadernos Negros*: sua montagem é feita com uma série de fotografias de crianças, interna e externamente, além de citar seus nomes, majoritariamente africanizados (com seus respectivos significados). As "nossas crianças", afirma o texto da orelha, são "agentes, atores, herdeiros de uma realidade histórica. Nossas crianças não abandonadas, representantes da certeza de uma trajetória que não começa nem termina com elas". No texto introdutório do volume marca-se a origem dos *Cadernos Negros* na década anterior, contextualizando-a com os eventos políticos no mundo africano e no Brasil[42]. Na apresentação, entre tais conflitos da afirmação de um modo de existência e da necessidade de um devir, do reconhecimento do diverso simultaneamente à luta contra o desigual, também fundado em alguma conexão lastreada no universo imaginado da África, publica-se exemplarmente o poema "Palavra de ordem", do gaúcho Oliveira Silveira: *"Negro e proletário./ Bom ser negro/ ruim ser proletário./ Bom ter esta cor,/ este jeito, este som./ Ruim ter esta fome, o frio, este não ter./ Manter a raça,/ Mudar a classe"*[43].

A palavra de ordem final se faz marcar com mais intensidade na produção de outros autores, publicados no volume 13, de 1990, como se vê a seguir:

> No princípio era a pólvora e a sífilis/ variadas gonorreias e o chumbo/ abençoados pela hipocrisia mística/ Com o tempo/ chegou-se à bomba atômica/ inúmeras armas químicas/ confeitadas de cocaína/ (prole numerosa/aidética e cancerígena)/ primeiro mundo e seus ultimatos:/ aos primitivos tecnologia e nada/ sequestro do ori/ raízes amputadas. – Cuti, "Civilization"[44].

> A voz de minha bisavó ecoou/ criança/ nos porões do navio./ Ecoou lamentos/ de uma infância perdida./ A voz de minha avó/ ecoou obediência/ aos brancos-donos de tudo./ A voz de minha mãe/ ecoou baixinho revolta/ no fundo das cozinhas alheias/ debaixo das trouxas/ roupagens sujas dos brancos/ pelo caminho empoeirado/ rumo à favela./ A minha voz ainda/ ecoa versos perplexos/ com rimas de sangue e fome./ A voz de minha filha/ recolhe todas as nossas vozes/ recolhe em si/ as vozes mudas caladas/ engasgadas nas gargantas./ A voz de minha filha/ recolhe em si/ a fala e o ato./ O ontem – o hoje – o agora./ Na voz de minha filha/ se fará ouvir a ressonância/ o eco da vida-liberdade. – Conceição Evaristo, "Vozes-Mulheres"[45]

sonho cultivado em terra forte/ futuro crescendo num tronco firme/ amanhã kilumba/ o sol brincará de kizomba em teu riso/ colhendo primavera cheia de amores/ teu suplício teve curso desviado/ rua favela viaduto febem.../ não conhecerão tuas dores. – Oubi I. Kibuko, "Camila"[46]

na minha verde-clara infância/ vestido em fantasia eu imitava/ *batman*, capitão américa, *superman*.../ hoje, maduro e escurecido/ trajando realidade sigo Zumbi/ Agostinho Neto, Luther King, Mandela.../ imortais guerreiros do meu povo. – *Id.*, "Reais heróis"[47]

Desde ser contra o sequestro do *ori* (o orixá da cabeça, a energia vital) promovido pela civilização até a negação do caminho trágico legado pelo passado: é difícil mensurar e afirmar quanto o pensamento coletivo efetivamente dimensiona a produção individual de cada autor; no entanto, a confluência dos poemas anteriores joga luz nesse sentido. Outro caminho é o de retomar a discussão sobre o papel dos *índices negros*, esperados em relação à literatura publicada e publicável nos *Cadernos*. Tais índices, marcadores da diferença, operarão também nas concepções sobre ser uma literatura negra ou uma literatura afro-brasileira. De acordo com seus organizadores atuais:

> É difícil você conceituar o que é literatura negra até hoje. Cada um tem uma opinião. Eu acho que o termo negro, até prefiro o termo afro, eu acho que o termo negro tem uns usos, o termo afro tem outros, e eu, atualmente, prefiro mais o termo afro-brasileiro. Outros acham que não, que tem que ser literatura negra. E é salutar, porque já é uma coisa que está em processo, que vai ser discutida. Mas, acho que uma das coisas que a gente sempre teve muito bem explícito é que, realmente, a literatura negra tem que refletir a vida do nosso povo, a vivência do povo negro, isso eu acho que é consenso, hoje é consenso. Agora, se ela é mais depoimento, se ela é mais ficção, eu acho que aí vai de cada um. Se a poesia tem que ser mais elaborada, pra falar com a academia, ou tem que ser menos elaborada, pra falar com o povo, eu acho que isso é uma coisa que ainda está sendo discutida. Pra mim, o afro está mais ligado à ancestralidade, à cultura, eu acho que ele remete à África, remete aos ancestrais, remete à cultura de matriz africana [...] eu acho que

quem trabalha com cultura, eu acho que tem mais a ver a questão afro, tem mais a ver a transcendência, é uma questão até ontológica mesmo. Quer dizer, a gente pertence a uma matriz, a gente pertence a um povo, a gente pertence a uma história. – Márcio Barbosa

Acrescentando, eu acho que um pouco o *Cadernos* dá uma certa delimitada nisso. [...] o *Cadernos*, nesse processo de tempo, de periodicidade, ele meio que determina o que você coloca ali. Que ali tem que ter índices negros. Você tem que, de uma forma ou de outra, estar colocando a literatura afro-brasileira, a sua vivência. [...] Por enquanto, até a data de hoje, o *Cadernos* meio que determina os *Cadernos*. Cada autor deve ter, com certeza, centenas de trabalhos que, necessariamente, não têm o índice. – Esmeralda Ribeiro[48]

Quando nós nomeamos [literatura] negro-brasileira, nós estamos trabalhando com o termo negro. E por que com o termo negro? Nós não estamos abandonando esse termo. Porque este termo, para a população negra, é um termo que remete às conquistas. Frente Negra, Dia Nacional da Consciência Negra, Movimento Negro... E outra coisa: nós estamos, também, trazendo este nome para a vivência afro-brasileira. Então, quando eu chamo essa produção de literatura negro-brasileira, é exatamente isso, porque eu estou estabelecendo *links* com a conquista e com a existência da população. O nome, ele tem essa função. E, ao nomear literatura afro-brasileira, você apaga o negro. E, ao apagar o negro, você apaga todas as conquistas do movimento negro. Como eu disse, não é "dia nacional da consciência afro-brasileira", é o "dia nacional da consciência negra", não foi "Frente Afro-Brasileira", foi "Frente Negro-Brasileira", não se fala em "Imprensa Afro-brasileira", se fala em "Imprensa Negra". Então, por que que a literatura tem que abrir mão da palavra negro, sendo que esta palavra, ela é uma palavra que é uma palavra geradora? Ela é uma palavra que tem uma capacidade de gerar e de ressignificar a realidade imensa. Se você fosse capaz de pegar todos os livros de autores negros e jogar no computador, e dizer lá quantas vezes aparece a palavra negro, você diria que inúmeras vezes. Por quê? Porque essa palavra, ela é o cerne. Essa palavra, ela remete exatamente à questão existencial do negro no Brasil. – Cuti[49]

Não são questões fáceis de enunciar e sobre elas não há consenso pacífico, a não ser acerca da necessidade de retratar a vida do negro, estranhamente conhecida por *todos*, mas particularmente escrita por *alguns*. Estes promovem a passagem física de personagens a autores negros, pontilhando o universo de possibilidades criativas, em que os textos, em alguma medida, se tornam consequência do processo. Algo que não é tão nítido em relação ao horizonte de expectativas concernente aos próprios *Cadernos Negros*: o fim dos anos 1980 e os meados dos anos 1990 marcam baixas e dissidências no grupo Quilombhoje, por razões pessoais e visões sobre o projeto coletivo, como se pode depreender dos seguintes excertos:

> Como grupo negro – e mesmo como criadores – a organização interna tornava-se uma coisa imperativa. [...] Questões básicas, que já deveriam estar tranquilamente resolvidas, tornam-se obstáculos sérios. Exemplo: horário. Qualquer grupo negro que tente se organizar conhece as dificuldades para se fazer uma reunião começar no horário. Os atrasos já vêm acompanhados das desculpas mais inverossímeis. [...] Ora, não queríamos aceitar esta situação, fazer o papel de vítima. Uma das resoluções tomadas dizia que cada membro teria direito a um determinado número de faltas e atrasos [...]. Tal regra, colocada em prática, acabou resultando – dentro de um curto intervalo de tempo – na saída de dois escritores: Jamu Minka e Miriam Alves. Difícil definir a sensação de ver dois importantes companheiros deixarem o Quilombhoje [...] mas a sobrevivência do grupo dependia de respeitarmos as nossas próprias decisões. Esse ato significava respeitarmos a nós mesmos [...]. Embora nos dedicássemos bastante, os resultados sempre foram muito poucos. A expectativa de ver o texto causar impacto, ser lido por muitos, não se concretiza no curto prazo. De compensações financeiras, é bom nem falar. Os desgastes passaram a minar a resistência dos quilombhojeiros. Muita dedicação e pouco retorno são ingredientes fatais [...]. Com a motivação, mas sem o retorno necessário, a desesperança ia derrubando ânimos. Num certo momento, o trabalho do Quilombhoje veio dar numa encruzilhada. Embora soubéssemos da importância do ativismo literário, do fazer acontecer, havia aqueles que já não dispunham mais de gás para tanto. Problemas pessoais e familiares começaram a pesar.

No início de 1994, Cuti deixou o grupo, em 1995 foi a vez de Oubi. Abalos profundos da nossa disposição, o desânimo rondando o peito justo às vésperas da celebração do tricentenário de Zumbi[50].

Cuti, no entanto, publicizou os motivos de sua saída do grupo, que se deram menos por razões de foro íntimo e mais por conta de divergências do horizonte de expectativa futura do coletivo:

> Eu me afastei do grupo este ano [1994], em janeiro [...]. O meu afastamento se deu por várias razões, por questões até mesmo da própria organização. Eu era a favor de uma empresa, de uma microempresa, e a maioria das pessoas passou a ser a favor de uma instituição. E as minhas razões são óbvias. Temos muitas instituições, e as instituições vivem sempre de dinheiro de fundações e outras entidades, e são sempre verbas incertas. Num momento elas existem, noutro momento não existem mais. Minha preocupação era de que o Quilombhoje se tornasse realmente uma empresa, que entrasse no mercado e pudesse caminhar com suas próprias pernas, que não dependesse de dinheiro de instituições. No momento em que temos verbas, realizamos eventos, mas não temos condições de enraizar um trabalho, de fazer com que o trabalho se torne autossuficiente[51].

Com a saída de Sônia Fátima da Conceição algum tempo depois, em 1999, "Esmeralda Ribeiro e Márcio Barbosa passaram a ser os únicos remanescentes da formação inicial do grupo [Quilombhoje]"[52]. Sendo um procedimento do grupo o de circunscrever seu fazer literário, isso também se reflete nos integrantes que se dispõem e/ou podem partilhar desse cenário. Ao mesmo tempo, o projeto fica mais fechado e, como tal, por certo tempo, excludente[53]. Nos anos 2000, ocorre nos *Cadernos Negros* uma abertura para um novo sentido, com a chegada de novos escritores, ligados de maneira ambivalente ao projeto de uma literatura periférica.

> Se constituíssemos, a cada ano, um bloco carnavalesco, certamente seríamos aplaudidos como autênticos. [...] *Quando apostamos nesta nossa iniciativa, estávamos conscientes do fazer literário e, ao mesmo tempo, histórico. Também sabíamos da necessidade de afastar o silêncio opressivo sobre a memória; conquistar para nossas vidas a*

perenidade da palavra impressa; revisitar e divulgar nossos autores, recuperando o sentido de uma tradição literária; alertar o Movimento Negro para a necessidade de valorização da leitura, para o poder que tem a Literatura de mover em profundidade as pessoas; romper com a subserviência estética; incentivar a busca dos parâmetros da literatura da diáspora africana; subsidiar as novas gerações com este mergulho na cor da pele, revelando seu conteúdo simbólico, sua dimensão humana; impulsionar e valorizar a subjetividade do contingente afro-brasileiro; não ter papas nas letras ao falar do racismo e suas variadas escamoteações verde-amarelas[54].

Para o projeto do ativismo político-literário dos *Cadernos Negros* e do Quilombhoje desse momento, marcar a diferença não é o bastante. Ela deve ter uma operacionalidade política. De certa maneira, delineia-se um sentido de sua *missão* autoatribuída como sujeitos de cultura[55]. Assim, procura-se retratar o ambiente da Frente Negra Brasileira, como no conto de Aristides Barbosa ("Tia Frenê e o Frentenegrino", *Cadernos Negros*, volume 16); ficcionalizar uma tentativa de cobrar uma dívida histórica da sociedade para com os negros ("Dívida em vida", de Cuti, *Cadernos Negros*, volume 16); ou, ainda, afirmar as autoimagens positivas, para o grupo social e leitor ideal negros, que não tivessem mais a figura do "branco" como elemento de oposição: antes, busca-se fazê-la desnecessária, para que se encontrem razões e modos de ser no próprio mundo do negro. "Espelho", conto de Márcio Barbosa, segue essa direção, assim como os poemas "Passo, praça", de Miriam Alves, e "Outras notícias", de Éle Semog, estes últimos reproduzidos a seguir:

Paissandu a Praça/ Passo no Paissandu/ a Praça/ há Pedra/ há/ Rosário Negro a desfiar.../ há história/ Paissandu a Praça/ Passo/ Ouço/ Rosário rezado/ reisado/ negro a desfiar.../ há história em gêge/ praça pedra a pedra/ conta/ a/ conta/ Conta/ das costas que não se curvaram/ conta/ ah!/ conta/ apesar da cruz (crista cristã) pesar/ apesar/ conta/ Rosário rezado/ Reisado nagô/ conta a conta/ conta[56].

Não vou às rimas como esses poetas/ que salivam por qualquer osso./ Rimar Ipanema com morena/ é moleza,/ quero ver combinar prosaicamente/ flor do campo com Vigário Geral,/ ternura com Carandiru,/ ou menina carinhosa/ trem pra Japeri./ Não sou desses poetas/ que se arribam, se arrumam em coquetéis/ e se esquecem do seu povo lá fora[57].

Como se tentou demonstrar até aqui, trata-se de um percurso complexo do coletivo nesse momento. Diversas direções parecem se afunilar num único sentido: de personagens o mais das vezes estereotipados na literatura brasileira, havendo uma forja a fórceps, em processos sociais intrincados, formam-se autores negros autoconscientes de um papel poucas vezes compreendido ou mesmo tornado claro. Se o retrato de grupo torna-se, enquanto vislumbre do projeto para uma literatura negra no Brasil, cada vez mais seletivo (e mesmo restritivo), ao menos ele se fecha de maneira coerente até então.

O método indiciário, a ética criativa; a conformação das ideias, os embates internos; a assunção do papel de *homens de cultura* (no sentido fanoniano), as variações das ideias de *tarefa* ou *missão*; a preocupação com a formação de um público leitor (idealizado/direcionado) etc.: questões que fazem com que, a partir do volume 18, a série não se apresente apenas como *Cadernos Negros*, mas passe também a precisar o objeto livro como *contos* ou *poemas afro-brasileiros*[58]. Concordando ou não com o acabamento final e os alcances conseguidos pelo grupo, foi com suas próprias mãos que o retrato e a composição do temário foram talhados. *Todavia*, assinalados os horizontes possíveis, os limites também se tornam mais evidentes.

CAMINHO DIFÍCIL PARA UM POEMA SEM TÍTULO (1989-97)

Vim pelo caminho difícil,/ a linha que nunca termina,/
a linha bate na pedra,/ a palavra quebra uma esquina,/
mínima linha vazia,/ a linha, uma vida inteira,/
palavra, palavra minha
Paulo Leminski[59]

Em outubro de 1989, o número 25 da revista *Novos Estudos Cebrap* era composto por Nuno Ramos, José Arthur Giannotti, Jürgen Habermas, Alfredo Bosi, Roberto Schwarz, Otávio Frias Filho, Paulo Arantes, Rodrigo Naves, Modesto Carone e, entre outros intelectuais reconhecidos, o desconhecido Paulo Lins, autor de um poema sem título, ilustrado por Ramos, reproduzido em destaque no início deste capítulo.

Em agosto de 1997, a Companhia das Letras, uma das mais prestigiosas editoras nacionais de então[60], lançava um grosso romance de 550 páginas. A capa apresenta uma longa superfície de fundo azul descorado onde um retângulo de tábua, apodrecido e precário, fixa-se numa série de pregos à mostra. Nessa superfície se encontram o título e o gênero do livro *Cidade de Deus*, do estreante Paulo Lins.

A 7 de junho de 1989, Paulo Leminski – um dos mais criativos poetas brasileiros surgidos no final dos anos 1960 – falecia após agonia e debilidade provocadas por cirrose hepática. Experimentalista e sentimental, compositor de MPB e faixa preta em judô, mestiço de polonês com negro, era amigo próximo dos concretistas Décio Pignatari, Augusto e Haroldo de Campos, bem como parceiro de Itamar Assumpção e Caetano Veloso. Admirador da vida e obra de Fernando Pessoa, autor de *Catatau* (1976), livro de prosa experimental[61], seus versos citados acima abrem as páginas de *Cidade de Deus*, cujo autor o admirava e lhe prestou homenagem.

A partir de 1995, em seu volume 18, a série *Cadernos Negros* passou a estampar em suas capas um adendo explicitando que seus livros eram de contos ou de poemas afro-brasileiros. Tratava-se do ano comemorativo do Tricentenário da morte de Zumbi dos Palmares. Além disso, nas capas da série começaram a figurar fotografias de homens e mulheres negros, adultos e crianças, procurando criar simultaneamente impacto visual e empatia comunicativa com o leitor, ideal e potencial, dos textos organizados. Vale lembrar que uma nova e discreta edição de *Quarto de despejo* foi lançada em 1995, pela Ática, na coleção Sinal Aberto.

A coleção de efemérides e lugares citados aqui não objetiva confundir o leitor. Eles se articulam, ora de forma, aparentemente, automática, ora no conjunto de hipóteses e argumentos deste livro. Articulação necessária para explicar como Paulo Lins e seu romance são possíveis e que relações o autor guarda, apesar de negá-las (e tê-las negadas por outrem), com a história da literatura negra no Brasil, bem como com o devir de uma literatura periférica (em que ele se mostra reticente). É o que se discutirá deste ponto em diante.

O conjunto habitacional Cidade de Deus[62] insere-se numa longa e complicada trajetória da relação do poder público e da sociedade cariocas com a ocupação urbana e as relações sociais criadas com o surgimento das favelas no Rio de Janeiro, ainda no fim do século XIX. Entre ele e o Morro da Providência (conhecido como Morro da Favela, a partir de 1897), guarda-se ao menos um ponto em comum: são soluções precárias do Estado, com maior ou menor grau de improviso, para problemas estruturais e históricos. Como afirma Licia do Prado Valladares, o Favela:

> [...] entra para a história através de sua ligação com a guerra de Canudos, cujos combatentes ali se instalaram com a finalidade de pressionar o ministério da Guerra a pagar seus soldos atrasados. [...] passou a estender sua denominação a qualquer conjunto de barracos aglomerados sem traçado de ruas nem acesso aos serviços públicos, sobre terrenos públicos ou privados invadidos. Conjuntos que então começaram a se multiplicar no Centro e nas Zonas Sul e Norte da cidade do Rio de Janeiro. Em 1898, o Morro de Santo Antônio também atesta um processo semelhante de favelização [...] soldados de um outro batalhão, de volta da mesma campanha de Canudos, construíram barracos – com a autorização dos chefes militares – no Morro de Santo Antônio, entre as ruas Evaristo da Veiga e Lavradio[63].

A autora afirma ainda: "A descoberta da favela foi logo seguida por sua designação como problema a ser resolvido"[64]. Seu estudo empreende uma análise sobre como jornalistas, médicos, higienistas, assistentes sociais, religiosos, políticos, governos e cientistas sociais trataram a questão da favela. Trata-se de um trabalho de fôlego, competentemente construído sobre a história da favela naquele estado. Vale destacar que uma das tentativas de solução do *problema favela* a que a autora se refere foi a criação da política, iniciada no governo Carlos Lacerda, de remoção dos moradores para conjuntos habitacionais. Política que malogrou por diferentes fatores, como a socióloga explica:

> Nos anos 1960 e 1970, a percepção dos favelados como fruto de um processo marcado pela marginalidade social era amplamente dominante, e serviu como justificativa ideológica para a operação antifavela empreendida pelo Governador Carlos Lacerda (1962--1965), continuada por Negrão de Lima (1966-1971) e Chagas Freitas (1971-1974). Em um período de 12 anos foram atingidas 80 favelas, demolidos 26.193 barracos e removidas 139.218 pessoas [...]. Esta foi a mais importante intervenção pública contra as favelas que o Rio de Janeiro jamais conheceu, operação cujo "sucesso" tornou--se possível graças a um financiamento especial do governo federal

> [...]. Essa visão da favela como problema correspondia perfeitamente às medidas de planejamento urbano tomadas pelo regime autoritário brasileiro [...]. Por um lado, as operações de remoção levaram ao aumento da população das favelas não ameaçadas pela política de remoção. Este crescimento foi devido, parcialmente, ao retorno dos favelados removidos, que não conseguiram manter-se nas moradias dos conjuntos habitacionais [...]. Por outro lado, essas operações foram construídas sobre esquemas econômicos que se revelaram inviáveis [...].[65]

A antropóloga Alba Zaluar, em sua tese de doutorado focada em Cidade de Deus, argumenta na mesma direção e fornece dados mais detalhados sobre o processo de remoção, orquestrado pelo governo lacerdista (com apoio de dinheiro federal e estadunidense, através dos acordos da Usaid – United States Agency For International Development [Agência dos Estados Unidos para o Desenvolvimento Internacional]), cujo acabamento final foi a construção de grandes conjuntos habitacionais, vendendo-se títulos de propriedade. O processo autoritário foi intensificado por eventos trágicos ocorridos no período, como afirma a autora:

> [...] a política de remoção de favelas adotada na vigência do regime militar instalado em 1964 foi possível, apesar do seu caráter repressivo, pois que os votos dos favelados para eleger parlamentares e, principalmente, os cargos executivos deixaram de ter importância. Por isso mesmo, esta prática, que teve inúmeros lances dramáticos, tais como o incêndio das favelas do Morro do Pasmado e da Praia do Pinto, intensificou-se após 1964, e até 1971, quando se inicia o período de crise do mercado de habitação popular, um grande número de famílias foi removido. [...] Entre 1962 e 1965, quando Lacerda deixou o governo, quatro grandes conjuntos habitacionais foram construídos com o auxílio da Aliança Para o Progresso, como resposta à revolução cubana: Vila Aliança, com 2.187 unidades habitacionais (o primeiro a ser terminado), Vila Esperança, com 464 unidades, Vila Kennedy, com 5.509 unidades, e Cidade de Deus, o único próximo à Zona Sul da cidade, com 6.658 unidades [...] Vila Aliança [...] foi povoado apenas com os favelados removidos de favelas ao longo do eixo rodoviário principal da zona suburbana e rural do Rio de Janeiro, preparados e convencidos por

assistentes sociais. Vila Kennedy, ocupado em 1964 [...] abrigou os removidos compulsoriamente de favelas da Zona Sul, que resistiram à mudança, a qual culminou com o espetacular incêndio do morro do Pasmado, testemunhado por todos os habitantes desta zona da cidade. Cidade de Deus, cuja ocupação se iniciou em 1965 e se estendeu pelos três anos seguintes, foi primeiramente invadida pelos flagelados das enchentes de 1966 para depois vir a abrigar oficialmente outros flagelados que vieram ocupar as 930 casas de triagem, isto é, de transição pelo conjunto, juntamente com favelados vindos de 63 favelas localizadas nas mais diferentes áreas da cidade. [...] é inegável que a remoção, particularmente nos casos já citados, em que favelados da Zona Sul da cidade foram transferidos para o extremo oposto da cidade, sob a mira das armas, foi um processo dramático[66].

Paulo Lins nasceu no bairro do Estácio, em 1958. As enchentes de 1966 atingiram também a casa da família, uma habitação coletiva. Migrantes baianos, seus pais (pintor de paredes e doméstica) conseguiram, através de contatos pessoais na administração da Guanabara, inserir seus nomes na lista dos flagelados que seriam removidos para o novo conjunto habitacional. Em Cidade de Deus, de acordo com o escritor e Zaluar, uma nova socialização se instaura, baseada no desconhecimento interpessoal, na tragédia pregressa e na violência de todo o processo[67]. Antes, no Estácio, zona boêmia do Rio, havia um encantamento pueril pelo universo musical, como rememora Lins:

> Eu morava na [rua] São Cláudio, passava com a minha mãe e via aqueles caboclos tocando no bar, ela mudava de rua porque dizia que eram todos bandidos, marginais, eu olhava aqueles caras tocando e bebendo, e tinham mesmo um aspecto meio marginal, tocando violão de manhã, virando a noite, depois vim saber que esses bandidos eram Cartola, Nelson Cavaquinho, essa rapaziada[68].

É nesse ambiente também que, segundo seus relatos, aparece a dimensão da ficção, o incentivo à leitura e escrita, permeados pelos laços afetivos e/ou familiares, aliados a um período de ampliação qualitativa e quantitativa do ensino público fundamental:

Quem lia muito era minha tia Celestina [...]. Ela falava pra gente ler, morou com a gente. Agora também peguei uma escola boa. A expansão do ensino começou na Revolução de [19]30, mas no morro, na favela, não tinha escola até 1950, 60... você tinha que descer, o pessoal do morro descia – e tinha uma relação difícil com o pessoal da classe média. Na minha escola, a Azevedo Sodré, tem uma foto de alunos, da turma toda, e só tem eu de negão[69].

E eu me lembro que, ao contrário das crianças da minha época, quando eu fazia alguma besteira, sabe qual era o castigo? Era não escrever. Ela [sua mãe] falava: "Hoje você não vai escrever!". Aí eu ficava quietinho. Sabe? Eu não fazia nada. Então o castigo era não escrever... E eu sempre escrevi redação, eu fazia no colégio... Porque aquela época era o seguinte: a gente dormia com historinha, né? Não tinha televisão, né? Imagina, um mundo sem televisão? Então, as pessoas se reuniam em casa, na frente de casa [...] ficavam do lado de fora, do portão... Então, uma rua como essa, à noite, fica todo mundo do lado de fora. [...] As pessoas têm um convívio social na rua. E tinha muita gente que contava histórias de assombração, histórias e mais histórias. Então, eu era ligado nisso. Então, assim, eu sempre escrevi. Sempre escrevi. [...] É uma coisa que vem de dentro mesmo, uma necessidade de escrever[70].

A mudança forçada para Cidade de Deus, portanto, obriga à reorganização das relações, iniciando-se uma nova socialização cotidiana dos contatos e constrangimentos sociais. Essa fase atinge sua infância e adolescência, num processo análogo ao do conjunto habitacional, ao ser visto como um problema social (sofrendo um processo de favelização e deixando de ser parte da solução para a crise de moradia na cidade do Rio de Janeiro), bem como um espaço estigmatizado e identificado ao crime e à marginalidade. Entretanto, se existem esses matizes em Cidade de Deus, também há o da arte do samba; o da Associação de Moradores interessada em positivar a imagem daquele espaço; e os de jovens, como Lins, que trafegam entre esse ambiente (e não o espaço do crime) e o de certas esferas da sociedade envolvente, fora do conjunto: a Faculdade de Letras na Universidade Federal do Rio de Janeiro (UFRJ) e o movimento de poesia independente, nos anos 1980.

> Eu comecei a fazer Letras porque eu tinha um mimeógrafo e dava aulas de Português na minha casa. Pros alunos repetentes, e tal, eu dava curso. [...] Então eu tinha uma máquina que minha professora tinha me dado, pra escrever [...] Ah! Começou com o Festival da Escola, da Canção. Eu sempre ganhava o Festival da Canção. Eu sempre ganhei. Tudo assim, em escola, pra escrever, eu sempre ganhei tudo. Aí, os sambistas da área lá me pediam pra bater o samba, quando ia concorrer. [...] Então, era isso: eu pegava e batia o samba de todo mundo. Só que eu ia consertando. Isso ficou anos. O cara falava assim: "Aí, dá uma floreada aí pra mim" [risos]. Floreada é ótimo, "aí, toma aí, qualquer coisa pode mudar". Eu mudava erro de português, de rima... [...] Todo samba eu mexia. Aí acabou que eu fiz o meu. E ganhei! Ganhei meu primeiro samba. No... Estrela de Jacarepaguá. Aí ganhei o samba [...]. Aí comecei a fazer samba-enredo, depois eu larguei, fui pra faculdade, depois eu larguei... fui fazer poesia.
>
> E foi assim, eu sempre escrevi, aí, depois, fui pra faculdade, aí veio o movimento de poesia independente, nos anos [19]80[71].

A confluência desses fatores expõe um aspecto muito interessante. Lins alcança, ao fim da década de 1970, variações da poesia marginal. Contudo, se esse movimento operava, como visto, fundamentalmente no registro da visão social de mundo de estratos médios da população, aspectos formais de suas ideias atingiram também sujeitos oriundos das classes populares. Enunciar simplesmente que se deu uma rotinização da visão de mundo da classe média nas classes baixas é algo complicado e que, no limite, tenderia a afirmar não haver autonomia no segundo grupo, sendo a ele imposta continuamente a transmissão verticalizada de conhecimentos.

Ao contrário, no caso do autor em foco e de outros com origem e trajetória social semelhantes naquele momento, mais acertado parece ser observar uma *interlocução* (provocada por ele e por sua passagem pelo ambiente escolar), seguida de *incorporação* (por meio de leituras interessadas e/ou sugeridas em função da entrada na universidade, bem como de audições)[72] e, finalmente, de *potencialização* (desencadeada pela sua própria capacidade criativa, cuja concretude se expressará em sua obra). Foi visto algo semelhante ocorrer com De Jesus e sua própria trajetória socioliterária e também se verá ocorrer com Ferréz e os escritores periféricos. Isso abre espaço para se observar a autonomia criativa e a inventividade entre os que vêm *de baixo*. Em se tratando de Paulo Lins, tem-se que, do ambiente do samba e da escola, potencializa-se um novo universo de leituras e *um novo horizonte de possibilidades*.

É indefinido, em suas entrevistas, se essa nova etapa é anterior ou concomitante à entrada na faculdade. Contudo, o que importa é que aqui se apresenta mais um *momento decisivo* na trajetória do autor: a abertura para um coletivo de poetas e o contato com Paulo Leminski. De acordo com o escritor, o movimento de poesia independente acontece de forma semelhante ao da poesia marginal; mas, como afirma Heloisa Buarque de Hollanda, trata-se de uma variação com características particulares[73]. O movimento se inicia:

> [...] nos anos [19]70, o Álvaro Marins – Álvaro Marins de Almeida –, ele era Poesia Independente, né? Todo mundo era. Tinha acabado a Poesia Marginal, aquela geração do Cacaso, Ana Cristina César, Chico Alvim e tal, que eram os marginais da época, Geração Mimeógrafo... [...] E veio a Poesia Independente. Então, apareceram vários grupos nos anos [19]80, de Poesia Independente, que começou a recitar as poesias. Aqui [em São Paulo] tinha um pessoal da [Livraria] Pau-Brasil, na Bahia, tinha o Douglas de Almeida... Então, existiam vários grupos de poesia que surgiram na década de [19]80 e a intenção era recitar, fazer recital de poesia. Então, foi o *boom* da Poesia dos anos [19]80. O pessoal saía recitando poesia nos encontros, no Enel – é Encontro Nacional dos Estudantes de Letras –, na SBPC. Aí o pessoal começava a recitar e a Cooperativa era o seguinte: os poetas eles mesmos financiavam os seus livros. Faziam mil livros e vendiam de mão em mão. Aí, juntamos uns quatro, todo mundo deu uma grana e publicamos o livro do Álvaro. Aí, com a venda do livro dele, fez o segundo [da Cooperativa]. E foi assim. Assim, a Cooperativa, a rapaziada se juntava. Cada um deu uma grana, a gente vendia os livros, retirava a grana que a gente deu, vendia o livro do outro e publicamos seis livros assim, durante quatro, cinco anos. O pessoal se encontrou, a gente viajou o Brasil todo com isso. Fazia camiseta de poesia, cartão-postal de poesia, isso nos anos [19]80, né?[74]

Com a poesia independente e a Cooperativa de Poetas, ocorre o encontro com Leminski, grande influência do autor e que lhe dá acesso a discussões acerca da estética da poesia concreta, bem como o influencia em aspectos formais de seu trabalho. Lins afirma ter sido influenciado, além de pelo próprio Leminski, pelos amigos e mentores deste, os irmãos Campos e Pignatari. Vejam-se três momentos distintos em que o autor reafirma isso:

> O Paulo Leminski teve uma grande importância na minha vida, fui pra Curitiba com ele, que me incentivou muito, no Rio eu vendia os livros dele, *Catatau, Agora É que São Elas*. Quando ele ia dar palestras no Rio eu sempre ia às palestras [...][75].

> Ah, o Leminski a gente conheceu ele lá em Curitiba, na SBPC. E ele era o referencial da gente, porque era o marginal, concreto... Tinha o *boom* da Poesia Concreta. A Poesia Concreta tem mais sucesso trinta anos após do que quando foi lançada, né? Aí quando fez trinta anos, teve aquela polêmica dos irmãos Campos [Haroldo e Augusto] com o Roberto Schwarz, Affonso Romano de Sant'Anna, Ferreira Gullar... E ficou em moda a Poesia Concreta e, nos anos 1980, ela influenciou muitos poetas. Todo mundo queria ser concreto, todo mundo queria fazer poema lacônico, né? E o Paulo Leminski gostou muito de um poema que eu tinha feito, que era [recitando]: "Sou seu cio/ Sou seu ócio/ Sou seu sócio do prazer". Ele tinha mostrado esse poema prum amigo, comecei a vender o *Catatau* [livro de Paulo Leminski]... Eu li o *Catatau* com ele! Ele me explicando o *Catatau*... Aí ele gostou do poema, a gente ficou amigo, gostou dos meus poemas, eu fazia, mandava pra ele... E aquele negócio de troca-troca de cartas. E eu fiquei muito influenciado por ele, né? E eu ia pra casa dele... Ia aquela turma lá em Curitiba! Todos esses poetas do movimento dos anos [19]80 foram atrás dele. Ele era um referencial pra gente[76].

> Isso ["Quando falha a fala, fala a bala"] não foi nem do Guimarães [Rosa], foi do Augusto de Campos. (Risos). Desculpe. Foi daquele livro... Conhece aquele poema "Balalaica", do Maiakovski? A bala, bala... eu peguei daquele livro [77].

"AGORA EU SOU ALTO, FORTE E BONITO": MECENATO E CONVERSÃO SÓCIO-CRÍTICO-LITERÁRIA

Se Leminski fornece aspectos de uma influência formal, além de vínculos afetivos no mundo literário, não é ele – a despeito de sua importância – que promove o grande salto para o futuro de Lins. Ele lhe apresenta um modelo circunstancial e geracional de escritor – marginal, experimental, erudito e insubmisso –, do qual seu amigo e "pupilo" guardará alguns traços. Entretanto, é o encontro com Alba Zaluar e Roberto Schwarz – dois grandes cientistas sociais, pensadores da realidade brasileira, sendo o último um dos mais renomados críticos literários do país – que evidencia e *transmuta* a *persona* social do futuro autor de *Cidade de Deus*.

"Eu não quero nada pra falar com teu mestre"[78], teria dito Leminski a Lins, depois do encontro deste com Schwarz, perto do fim dos anos 1980. O autor de *Ao vencedor, as batatas*, em 1985, criticou acidamente o poema "Pós-tudo", de Augusto de Campos, a quem o poeta de Curitiba era ligado[79]. A partir daí, no âmbito da crítica literária, a relação entre esses escritores e especialistas de orientações variadas sobre literatura estaria estremecida. No meio desse fogo cruzado, Lins havia sido contatado, anos antes, pela antropóloga Alba Zaluar, que iniciara sua pesquisa sobre "Crime e criminalidade nas classes populares", sediada em Cidade de Deus, nos anos 1980. Resultaria daí o clássico trabalho *A máquina e a revolta*[80], sendo uma associação de moradores um dos principais pontos de apoio da antropóloga para se aproximar do universo da comunidade, bem como de jovens estudantes, que se tornariam seus entrevistadores naquele universo. Foi nesse momento que ela conheceu Lins. As versões do encontro são contadas de maneiras distintas por ambos. Primeiro, a do escritor:

> Na verdade é o seguinte: eu militava na poesia, nunca tinha pensado em escrever um romance. Aí conheci uma garota [...] que trabalhava com a Alba Zaluar, que desenvolvia um projeto chamado "Crime e Criminalidade nas Classes Populares". Então tinha que entrevistar bandido, daí o pessoal: "Chama o Paulo Lins". Universitário que conhece bandido, né? Eu já estava a fim da menina e entrei. Acabou que fiquei – e ela também – dez anos trabalhando com a Alba. Eu não pensava em escrever um romance, fui mais por amor à pesquisa. Para ajudar a Alba Zaluar a desenvolver um projeto de antropologia sobre a favela [...]. E comecei a entrevistar

e ela querendo que eu escrevesse antropologia, sociologia, isso eu não escrevo. Não sou sociólogo, nem antropólogo. Eu disse: "Posso fazer um poema". E ela: "Ah, então faz um poema, escreve alguma coisa sobre sua vida". Fiz um poema, demorei três meses para fazer, e ela mostrou ao Roberto Schwarz, aqui em São Paulo[81].

Foi encomenda. Ela queria que eu escrevesse um... eu tava fazendo a pesquisa com ela, né? E eu fiz mais por causa da... Foi por causa de uma mulher mesmo. Não, sabe, que nem você [o entrevistador], sabe?: "Faço, sim, entrevisto, sim!". Eu não queria, sabe? Fazer pesquisa com bandido, eu? Entrevistar bandido, eu? Nada disso, não. Aí, ela falou: "Não, porque tem uma menina que quer fazer e tal". Eu: não. Aí apareceu a menina... "Aquela menina ali? Eu faço! Faço, tá tranquilo!" Casei, tive uma filha com ela... pra você ter uma ideia, como era a menina. [...] Aí... escrever tinha que fazer relato pro CNPq [Conselho Nacional de Desenvolvimento Científico e Tecnológico], tinha que fazer relatório, né? Eu tinha bolsa do CNPq, tinha relatório. Aí eu cheguei pra Alba e disse: "Relatório de antropologia eu não sei fazer". [E ela:] "Faz um poema! Você não é poeta? Faz um poema." Fui pra casa e fiz um poema em dois dias. E eu levava seis, sete meses pra fazer um poema, ficava rebuscando e tal. Aí, ela mandou pro Roberto Schwarz. Um poema de uma página, pôs nos Correios, mandou pra Unicamp, ela era professora da Unicamp... aí, ele pegou e quis me conhecer. Adorou o poema[82].

Nessas versões, o poema em questão é o "poema sem título", publicado em *Novos Estudos Cebrap*[83]. Além disso, em suas discrepâncias e hipérboles, os relatos expressam algo da personalidade literária de Lins, em momentos distintos depois de seu reconhecimento. Todavia, importa aqui fazer uma reflexão: *com personagens trocados*, deve-se refazer a pergunta de páginas anteriores acerca do golpe de percepção de Audálio Dantas sobre Carolina de Jesus: *o que Roberto Schwarz e Alba Zaluar viram, antes de todos, que os fez investir tempo, prestígio, influência em suas áreas de atuação em um jovem estudante universitário de letras, sem obra mais consistentemente publicada que alguns poemas mimeografados?*

Primeiro, é necessário e interessante lembrar que, em 1983, Roberto Schwarz coordenou a publicação do volume *Os pobres na literatura brasileira*, reunindo ensaios de importantes críticos literários acerca de escritores como Antonil, Martins Pena, Machado de Assis, Euclides da Cunha, Lima Barreto, Monteiro Lobato, Graciliano Ramos, Guimarães Rosa, Dalton Trevisan, Carolina Maria de Jesus, João Antônio, entre outros. Em um trecho da "Apresentação", o organizador afirma o seguinte:

> Algum tempo atrás, um plano destes seria recebido como prova de conteudismo e cegueira para os valores propriamente estéticos. Hoje, depois do banho formalista dos últimos anos, a desconfiança parece que perdeu a razão de ser. O *contrassenso* de usar a ficção como documento bruto se desprestigiou. Entretanto, nem por isso a questão da realidade deixou de existir, e se de fato a insistência na forma, na primazia da organização sobre os elementos de conteúdo serviu para *distinguir* a linguagem artística das demais, ela também permite o *confronto* e algo como uma *competição* entre as linguagens, devolvendo à literatura a dimensão de *conhecimento* que ela evidentemente tem. Basta não confundir poesia e obra de ciência, e não ser pedante, para dar-se conta do óbvio: que poetas sabem muito sobre muita coisa, inclusive, por exemplo, sobre a pobreza. [...] Terminando, valha lembrar que as crises da literatura contemporânea e da sociedade de classe são irmãs, e que a investida das artes modernas contra as condições de sua linguagem tem a ver com a impossibilidade progressiva, para a consciência atualizada, de aceitar a dominação de classe. Assim, num sentido que não está suficientemente examinado, a situação da literatura diante da pobreza é uma questão estética radical[84].

Schwarz é (e sempre foi) um crítico interessado e atualizado nas questões de seu tempo. Suas análises servem para explicar não somente a literatura, mas também a sociedade que possibilita a produção dessa forma literária. O final do ensaio "As ideias fora de lugar" (1977)[85], por exemplo, é revelador disso e está reafirmado nos excertos acima: a capacidade criativa e explicativa do escritor sobre sua arte e sociedade; a crise social e artística como princípios heurísticos e desencadeadores de uma *grande obra* literária; a periferia do sistema como ponto de partida e método analítico.

Se poetas sabem muito sobre tudo, inclusive sobre pobreza, e a situação da literatura em face da pobreza é uma questão estética radical, o que dizer de *um poeta pobre*? O que ele poderia nos dizer sobre arte e sociedade, percebidas a partir de sua posição no espaço social? Talvez tenha sido essa a aposta do crítico, autor de livros seminais sobre Machado de Assis, o mulato pobre do fim do império que soube como poucos, *no tique-taque de seu mundo*, retratar e pensar sua sociedade, seu tempo e além.

Segundo: qual teria sido a perspectiva de Zaluar? A antropóloga abre *A máquina e a revolta* com o interessante preâmbulo: "O antropólogo e os pobres: introdução metodológica e afetiva". Sua reflexão, focada em discutir sua experiência em campo, os limites e alcances da etnografia e o modo como se dá o diálogo entre pesquisador e sujeito da pesquisa (ora truncado e problemático, ora surpreendente e recompensador), sugerindo uma discussão pertinente sobre o método de *observação participante*, proporciona dois momentos que podem iluminar a questão proposta antes:

> Olhando para trás, percebo que[,] junto com o medo explicável, havia certa ambiguidade na minha postura cujas raízes não consegui deslindar na época. O que me atraía e repelia ao mesmo tempo era a possibilidade de romper uma barreira, cuja visibilidade não é posta ao alcance do olho nu, mas cuja força se faz sempre presente aos menores gestos, nos olhares, nos rituais de dominação, nos hábitos diários de comer, falar, andar e vestir, a barreira que separa a classe trabalhadora pobre das outras classes sociais que gozam de inúmeros privilégios, dentre eles o de receber "educação". Chegar perto, tão perto, a ponto de me confundir com eles em sua casa, em seu bairro, deles que a nossa sociedade construiu inúmeros modos de manter distantes através de diferentes gostos, paladares, cheiros e hábitos, da permanente carência, me parecia impossível. No entanto, não era um tabu com proibições especificadas, nem a poluição decorrente do contato com o impuro que dificultavam esse contato. Nada ordena claramente, na nossa sociedade, o contato entre os pobres e os ricos. Ao contrário, somos instados a conviver alegremente nos estádios de futebol, nos desfiles de escolas de samba e na nossa cozinha. Mas vivemos em mundos separados, cada vez mais longe um do outro. Comecei a me dar conta, por esta forma violenta, da invisível e poderosa hierarquia (ou separação de classes) da nossa sociedade. Que não somos iguais nem perante a lei, nem perante a riqueza produzida já sabemos há muito tempo. O que eu não sabia era que havia tantos obstáculos microscópicos a entravar o contato social mais íntimo entre nós. Eu os visitava no seu domínio, por assim dizer. Longe

> da minha cozinha e dos seus lugares de trabalho subalterno. Que regras de convivência mudariam e o que haveria de confluência e de permanência? [...] iniciei o contato com as associações de moradores e as organizações voltadas para o lazer. [...] os membros da maior associação negaram-se a me abrir dados sobre a história da associação que eu considerava indispensáveis, recusa que se explicava pelos contatos anteriores com jornalistas e fotógrafos, nos quais se sentiram usados e traídos [...]. Queriam ser seus próprios intelectuais e não precisavam de nenhuma tese a seu respeito [...][86].

O intelectual de estrato médio em contato com as classes populares tem de refazer seu itinerário pregresso de representações (e estereótipos) sobre elas, bem como suas próprias experiências de socialização, para tentar se aproximar daquele universo (e, quem sabe, com sorte, entrar nele), para além da área de serviço e dos contatos ocasionais na rua. Nesse esforço, descobrirá – caso não saiba – que aquele mundo é tão estranhamente humano quanto o seu. E que será possível ali também encontrar sujeitos que não queiram ser objetos de investigação, matérias jornalísticas ou pesquisas para as ciências sociais. São sujeitos capazes de enunciar a *própria* visão social de mundo (dialogada, negociada, apreendida e potencializada, construída e reformulada em face de outras), tornando o cientista social, de fato, *um outro*. Esse ponto leva à discussão da versão do contato entre Zaluar e Lins, contada agora por ela mesma.

Para tanto, considera-se a *terceira* hipótese: a exposição, na íntegra, da apresentação original e inédita que Alba Zaluar elaborou para a primeira edição de *Cidade de Deus*. Esse texto acabou modificado, reescrito e publicado nas orelhas do livro, por opções editoriais. Veja-se seu conteúdo primevo[87]:

Antiprefácio

> O livro do Paulo Lins não precisa de prefácio. Ele se sustenta sozinho. Nada de palavras de apresentação para engrandecê-lo. Ele já surgiu grande pela coragem que exige o que narra e pela história da sua narrativa. Nessa história, as nossas biografias e os nossos livros se cruzam, o que pode ter algum interesse para os futuros biógrafos de Paulo Lins. Sem nada combinarmos, meu primeiro livro sobre Cidade de Deus começou onde acaba o livro dele. Foi a morte

de Manoel Galinha que fez os moradores da Praça Matusalém fundarem, em 1980, quando lá cheguei, o Grêmio Recreativo Bloco Carnavalesco Luar de Prata para espantar a tristeza pela morte de um rapaz tão bonito e tão querido. Muitos anos e muitas pesquisas depois, vim a ler neste romance estórias e histórias, narradas com o talento de um poeta romancista, do que antecedeu aquele incidente terrível e traumático para os vizinhos retratados por mim.

Mas quando, no final de 1986, entrei na sala modesta de uma casa do conjunto habitacional da Cehab, onde estavam alguns estudantes, deparei-me com a fisionomia séria e os olhos inquisitivos de um rapaz forte e alto, de um moreno profundo. Pensei: não vou conseguir, estão muito desconfiados. Eu procurava jovens moradores do local, estudantes universitários que pudessem atuar como meus assistentes na segunda pesquisa que faria em Cidade de Deus, agora sobre a história das quadrilhas. Fui atropelada por perguntas sobre os porquês, os comos e os para quês desse estudo. No fim, o rapaz, que não sorriu nenhuma vez durante a conversa tensa, tinha um brilho no olhar. Não deu outra. Foi, desde o início, o mais entusiasmado dos quatro assistentes que consegui.

As primeiras entrevistas feitas com os jovens que gravitavam em torno das quadrilhas de traficantes eram exasperadoras. Ou traziam respostas mecânicas às perguntas do roteiro da entrevista, burocraticamente formuladas, ou amontoavam respostas inauditas (e muitas vezes inaudíveis) sobre assuntos sem fio condutor. Como sempre, era difícil deixar o entrevistado falar como se estivesse conduzindo a fala, trazendo-o para a rota sempre que ameaçasse se perder. Isso é uma arte que não se ensina. Logo as entrevistas feitas por Paulo passaram a conter, às vezes no meio de um turbilhão de indagações e réplicas, os depoimentos mais reveladores dos mistérios dessa guerra de quadrilhas, que ninguém sabia por que havia começado meses antes do início da minha primeira pesquisa por lá. Com os fragmentos fui montando uma interpretação antropológica que publicava na forma de artigos para tentar entender. Mas quem faria a etnografia, quem narraria toda a riqueza desse material humano, "o mais elusivo de todos"? Eu não poderia. Faltava-me a vivência subjetiva do olho no olho, do calor da hora das palavras trocadas, das mentiras e das verdades reveladas, das intuições repentinas nesses encontros da alteridade.

Paulo, a essa altura, já havia retomado o curso de Letras que abandonara anos atrás. Trazia-me seus poemas concretos de mimeógrafo e de camiseta *silk-screen*. Sua arte, que nunca o levou ao samba, ainda estava para encontrar um caminho próprio. Lembrei-me do meu bisavô, Augusto Emilio Zaluar, que, segundo Brito Broca, arranjara o primeiro emprego de escritor para Machado de Assis e acreditara no seu talento. Não poderia deixar inaproveitado mais esse talento aparecido no celeiro de artistas que o Rio de Janeiro sempre foi. Propus que ele escrevesse o romance. Como sempre, de início reticente, cheio de senões, Paulo passou ao mais completo entusiasmo. Falava, respirava, comia, sonhava e vivia do romance que iria escrever, que já estava escrevendo logo em seguida.

Perdi o pesquisador quando o estudo já andava por outras áreas mais áridas. Tinha que encontrar um modo de continuar a garantir a remuneração, mesmo sabendo que Paulo não se interessava mais por nada que não fosse o seu romance. Foi difícil. Oito anos depois do nosso primeiro projeto conjunto, não deu mais. Aí apareceu Roberto Schwarz, que, por amor à literatura, também resolveu ajudar, a Fundação Vitae e quem mais não sei. Tudo não é à toa se a literatura é boa. O resultado desses investimentos, paixões, incentivos, apoios, com os seus contrapontos negativos, está aqui. O antiépico do Brasil recuperando-se do regime militar, globalizando-se, redemocratizando-se, partindo-se em novas fraturas inesperadas. O antiépico de uma guerra que não chega a ser uma guerra, que ainda não acabou, que deve ter um fim e que ninguém sabe direito por que acontece.

Paulo, juntando etnografia e fantasia, constrói uma arquitetura mais do que verossímil: o primeiro tempo em que foi decisiva a intervenção de policiais violentos e corruptos nas escolhas das carreiras criminosas, das revoltas sem causa, do pouco apreço pela vida alheia, da cacofonia de contradições políticas; o segundo tempo da irrupção de vaidades masculinas, de narcisismos à flor da pele, dos "cocotas" consumistas de roupas, de bailes, de garotas; o terceiro tempo do negócio lucrativo, sério, orgiástico, violento e ilegal que integrava também os dois tempos anteriores. Vários tabuleiros jogados simultaneamente por jogadores com pleno acesso a armas de alto poder de precisão e destruição. Ou terá sido tudo por causa de uns olhos verdes invejáveis, metamorfoseados em azuis pelo manto diáfano através do qual os romancistas veem palavras e ouvem cores?[88]

É importante notar que o texto do "Antiprefácio" é diferente do das duas orelhas que Zaluar assinou para *Cidade de Deus*. Nele não aparece, por exemplo, a complicada expressão *romance etnográfico*, que se tornou o mote da discussão posterior ao lançamento do livro, especialmente no âmbito da autonomia e capacidade criativa de Lins, bem como do interesse da Companhia das Letras ao publicá-lo em 1997.

Ao contrário, em seu texto, Zaluar afirma: a dispensabilidade de que Lins (e os pobres, tal qual na apresentação de *A máquina e a revolta*) ganhe voz como mera *concessão*; a recuperação do papel de mecenas, no século XX, ensaiado por ela e Schwarz; a contranarrativa de qualquer retrato maquilado do Brasil que representa *Cidade de Deus*. É muito curioso ainda que seja mencionada no texto a figura de seu bisavô, Augusto Emílio Zaluar, e o papel que desempenhou em relação a Machado de Assis. O passado familiar embasaria a *aposta no presente*? Claro, Lins não é Machado; as condições sociais e os contextos intelectuais de produção da obra literária são diferentes. Mas o procedimento operativo é semelhante: abre-se uma oportunidade, banca-se o desconhecido, lastreia-se um potencial.

O crítico e a antropóloga apostaram perigosamente no vazio. A bem ver, quando Dantas conheceu os diários de Carolina Maria de Jesus, seu maior trabalho foi compilá-los. Zaluar e Schwarz tiveram de conceber e fomentar a *persona romancista* de Lins, sem saber, efetivamente, se e como ela viria à tona. Contudo, se a posição da literatura diante da pobreza (e dos pobres) deveria ser a de uma estética radical, por que não o seria também o empenho ético de ambos?

Florestan Fernandes escreveu que seu livro *A integração do negro na sociedade de classes* é um estudo de *como o povo entra na História*. O sujeito negro corporifica o princípio explicativo da história sociocultural brasileira pós-abolição. O povo entra na História de um ponto de partida desigual e desvantajoso, o que explica muito o andamento da própria sociedade e seus limites emancipatórios.

Schwarz e Zaluar, arrisca-se dizer, restituem o problema de Fernandes. Se aquele autor chegava, entre outros, a usar *Quarto de despejo* como demonstrativo, desde dentro, do *legado da raça branca e o limiar de uma nova era*, o patrocínio desses dois autores, apostando em Paulo Lins, refaz o diálogo rompido anos antes entre ciências sociais e literatura, repondo a questão sobre o povo (*e não a sociedade civil*) e a História. Os sentidos e os resultados dos questionamentos e da ação são outros, bem como seus efeitos evidentes.

Além do calibre da aposta intelectual: Fernandes, ao se questionar, tinha no horizonte *as potências de uma emancipação coletiva*; daí, inclusive, sua ligação e aproximação com a Associação Cultural do Negro, seus intelectuais e escritores. Difícil afirmar se Roberto Schwarz e Alba Zaluar, em função da nova temporalidade e das novas circunstâncias (intelectuais e históricas), poderiam vislumbrar o mesmo. Ao que parece, não. O mecenato individual, tal qual Dantas fez, é a principal pista nesse sentido. E as reminiscências de Lins e seu esforço explicativo sobre o fato são, no mínimo, intrigantes:

> Eu demorei um ano, um ano e meio pra começar a escrever... e eu mentindo pra ela: "Ah, Alba, tá indo bem, tá ótimo, eu fiz assim e tal...". Não conseguia escrever. Escrevi várias vezes o começo. Depois o livro engatou e eu fui escrevendo. Aí, parava de escrever, o CNPq atrasava, aí tinha que dar aula, vendia roupa, minha filha nasceu... passei uma fase dura, sem grana pra caramba e tal. Até que o Roberto Schwarz entrou na parada depois, ele pegou 200 páginas, eu tinha escrito duzentas páginas, leu... eu falei: "Vem cá: eu só vou parar de escrever porque eu preciso existir". Aí ele queria me dar grana, eu fiquei na casa dele um tempo e tal. [Imitando Schwarz:] "Você precisa de dinheiro? Você vai ter que escrever, vai ter que escrever." Eu tinha bronca do Roberto Schwarz, eu tinha maior raiva dele [em razão da crítica a Augusto de Campos]. Eu falei: "Roberto Schwarz, eu odeio os seus livros!". Eu não queria conhecer ele, não. Eu era amigo do Paulo Leminski, sabe? "Porra, eu não quero conhecer esse sujeito." Até que aí eu li *Ao vencedor as batatas*, comecei a ler... Eu já tinha lido os textos do Roberto na aula, né? De faculdade. Mas não tinha pegado o livro inteiro, uma obra dele. Aí comecei a ler... "Pô, o cara é bom e tal." [Imitando Schwarz, durante primeiro encontro:] "Eu sei que você não

gosta muito de mim e tal..." Isso já tem quase vinte anos. Ele: "O que você quer pra escrever? Você é um artista pronto, você é um escritor pronto... Tem gente que vai pra Harvard, vai pra não sei o que estudar e não consegue fazer o que você tá fazendo. O que você quiser eu te dou". Acabou. Nunca mais eu fiquei duro [riso]. Eu brinco: "Roberto, depois que eu te conheci nunca mais eu fiquei sem dinheiro". Aí eu ganhei a bolsa [da Fundação] Vitae... e é isso aqui que vocês estão vendo: agora eu sou alto, forte e bonito[89].

Feitas as apostas, superadas as dificuldades entre o alinhamento formal (Leminski e os concretistas) e o novo horizonte de possibilidades (Schwarz), os dados estavam lançados. Haveria ainda um último elemento para a conversão sócio-crítico-literária de Lins. "Agora eu sou alto, forte e bonito", ele afirmou em entrevista. Contudo, o tempo desse Lins que fala agora é posterior ao do artigo "Cidade de Deus", publicado por Roberto Schwarz no caderno *Mais!* da *Folha de S.Paulo*, em 7 de setembro de 1997, e reimpresso em seu livro *Sequências brasileiras* (1999). Para o crítico, Lins era um *escritor pronto* desde o poema publicado na revista *Novos Estudos Cebrap*. Mas era necessário, ao que parece, convertê-lo socialmente na figura ideal – até mesmo para sua *descobridora*, como afirma o autor:

> Aí, na verdade era o seguinte: o compromisso inicial era que eu ia escrever um romance, um relato da minha vida na Cidade de Deus... era um relato. Aí a Alba falou assim: "Não, você não vai fazer um romance. Romance... [depreciando] Vai escrever um romance? Você vai fazer um relato!". Aí, depois mudou pra narrativa literária. "Ah, uma narrativa literária..." A Alba sempre teve muito medo de falar que eu era escritor. Porque escritor, até hoje em dia, o escritor não tá com essa banca toda. Antigamente você falar que era escritor era uma coisa que... hoje em dia, qualquer pessoa vira escritor. Mas naquela época, o Drummond tava vivo, João Cabral tava vivo. Agora, você vai apresentar um jovem negro favelado como escritor? Ela tinha esse preconceito. Todo mundo tinha. Ela falava: isso não é um romance. Isso é uma narrativa... Isso não é um romance. Isso é... Sabe? Agora não. Ah, agora eu sou escritor. Mas pro pessoal assumir que você era um escritor... Escritor era o bambambam da cocada preta. Escritor... Como, eu, escritor?

Estudante de letras na graduação? Então, teve vários preconceitos. Inclusive que fica tão óbvio, quando ela fala que era etnográfico. Com medo da crítica. Aí, quando o Roberto Schwarz faz a crítica, cala a boca de todo mundo. Quando o Roberto Schwarz entra na parada e escreve, pronto, acabou. Todo mundo... ficou piano. Aqui [no Brasil], depois da crítica do Roberto, só tem crítica elogiosa... [irônico] Teses de mestrado, doutorado e tal. A questão foi a seguinte: eu, negro e favelado. Depois: estudante de Letras. E depois, Companhia das Letras. Hoje não tem mais isso[90].

Vale lembrar: *Cidade de Deus* é lançado em agosto de 1997. O texto de Schwarz é publicado no mês seguinte, num grande jornal. Entre outubro de 1989 e agosto/setembro de 1997, houve um longo caminho a ser percorrido para que o virulento poema pagão fosse apadrinhado, consagrado e batizado como *Cidade de Deus*, um dos mais comentados e importantes romances brasileiros do fim do século XX. Reflete-se, a seguir, a respeito de alguns aspectos acerca do porquê.

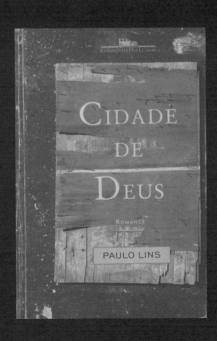

CAPA DE *CIDADE DE DEUS*, DE 1997.

MOSAICO DE VIDAS BREVES: VIOLÊNCIA, DOMINAÇÃO E DESIGUALDADE[91]

É interessante, se não desagradável, pensar que, quase quatro décadas após, Paulo Lins realiza aquilo que – tanto na narrativa interna quanto na descrição histórica – Carolina Maria de Jesus batizou de *Quarto de despejo*. Em 1960, ao publicar com esse título o livro que a catapultaria à cena pública, a autora colocava em discussão o problema da favela, de seus moradores e da cidade que a envolvia, São Paulo. No quarto de despejo, segundo a escritora, estão os objetos fora de uso, alquebrados e inválidos para o restante da cidade. Em resumo, na sua percepção, os favelados.

Cidade de Deus, o conjunto habitacional, não escapa a essa imagem: agudiza-a. Solução governamental improvisada para as enchentes de 1966, para onde foram movidos os flagelados de diferentes regiões do Rio de Janeiro, como medida temporária – que se tornaria perene – à falta de moradia. Lugar de memórias desencontradas e sonhos interrompidos, apresentados inicialmente ao leitor através dos olhos de dois personagens infantis – Buscapé e Barbantinho – e de um olhar geográfico: num braço do rio que corta o conjunto, onde trafegam águas ora silenciosas, ora caudalosas; por vezes límpidas, servindo a brincadeiras, lavagens e à extração de sustento; por vezes rubras, sujas de excrementos, detritos, sangue e corpos desovados, como à ocasião em que Buscapé e Barbantinho se encontram. As águas trouxeram todos àquele lugar, criador de lendas, peripécias e desventuras, que foi e continuaria sendo mítico pelos mais diversos motivos ao longo da trama.

> Antigamente a vida era outra aqui neste lugar onde o rio, deixando o coração bater em pedras, dando areia, cobra-d'água inocente, risos líquidos e indo ao mar, dividia o campo em que os filhos de portugueses e da escravatura pisaram. [...] Um dia essas terras foram cobertas de verde com carro de boi desafiando estradas de terra, gargantas de negros cantando samba duro, escavação de poços de água salobra [...] Cidade de Deus deu a sua voz para assombrações dos casarões abandonados, escasseou a fauna e a flora, remapeou Portugal Pequeno e renomeou o charco: Lá em Cima, Lá na Frente, Lá Embaixo, Lá do Outro Lado do Rio e Os Apês. [...] Os novos moradores levaram lixo, latas, cães vira-latas, exus e pombagiras em

> guias intocáveis, dias para se ir à luta, soco antigo para ser descontado, resto de raiva de tiros, noites para velar cadáveres, resquícios de enchentes, biroscas, feiras de quartas-feiras e as de domingo, vermes velhos em barrigas infantis, revólveres, orixás enroscados em pescoço, frango de despacho, samba de enredo e sincopado, jogo do bicho, fome, traição, mortes [...][92].

Abre-se assim uma paisagem aparentemente aleatória e desordenada – lá em cima, lá embaixo, lá na frente, lá do outro lado do rio, os apês, a praça da Loura, a rua do Meio, a Treze – por onde os moradores fluem com bastante precisão e conhecimento, numa miríade impressionante de surgimentos e desaparições de personagens. *Cidade de Deus*, o romance, como bem frisou Roberto Schwarz (1999), é um "catatau de quinhentas e cinquenta páginas"[93] repartido em três partes – *A história de Cabeleira*, *A história de Bené* e *A história de Zé Pequeno* –, compondo um *mosaico de vidas breves*. A marca do tempo é central na narrativa: sua passagem, em *Cidade de Deus*, é fugidia, criando-se a interessante situação de um mundo ficcional encerrado numa paisagem conhecida e manipulada muito bem apenas pelos personagens, percorrendo estradas, ruas, blocos, passagens, becos, matas e antros, sempre com sofreguidão, entre o final dos anos 1960 e início dos 1980.

Raros são aqueles que se podem demorar nessa paisagem. Entre os *malandros*, promotores das primeiras lendas, igualmente inusitados são os que ultrapassam os 20 e poucos anos. No mais, as vidas são breves, fugazes como os diálogos, como um movimento truncado no meio, interrompido por um olhar errado, uma fala mais ríspida, uma decisão imediata. Em geral, o fim é espasmódico, oriundo de uma troca de tiros, de balas perdidas, da ação policial, da violência em estado bruto, da quebra de um código de ética não escrito, mas conhecido por todos, sujeitos-homens no mundo cão[94], igualando *malandros* e *otários* – os trabalhadores que ocupam as posições mais precarizadas e desprestigiadas na cidade – e mesmo os policiais. O lugar onde "Falha a fala. Fala a bala"[95], nos anuncia um narrador onisciente, em terceira pessoa – por vezes flertando com a primeira[96] –, sem lugar definido naquela paisagem, observador participante e distante ao mesmo tempo; sem moral precisa, ele entende muito bem o que acontece ao seu entorno e o narra, sem espanto, comiseração, nojo ou falsa piedade.

É um narrador que também sabe onde e por que tudo começou. E é por isso que as três histórias que vertebram o livro organizam a narrativa sob o ponto de vista da memória. Cabeleira, Bené e Zé Pequeno atravessam aquela temporalidade exígua – anos 1960 a 1980 – tendo seus feitos contados como se fossem uma epopeia. Mas é difícil afirmar que eles sejam heróis, embora, em seu entorno, se expresse uma coletividade. Ninguém é inocente em *Cidade de Deus*, assim como não há alguém que seja completamente malévolo. A ambiguidade constante dos personagens é um traço distintivo importante. A linha que separa malandros de otários é muito tênue.

E será nessa ambiguidade que a memória coletiva se articula, contando as histórias dos três *malandros* míticos, bandidos de alta periculosidade – *Cabeleira*, integrante do *Trio Ternura*, ainda algo inocente em face do que viria depois; *Bené*, criado no conjunto, amigo inseparável de *Dadinho*, torna-se o bandido mais amado da favela, ao mesmo tempo que estabelece a integração entre grupos antagônicos (os *bichos-soltos*, bandidos, e os *cocotas*, garotos de baile e da contracultura nos anos 1970), realçando a ambiguidade; *Zé Pequeno*, antigo *Dadinho*, que, como Bené, se cria na Cidade de Deus e começa a aprender a malandragem em idade pueril, olhando Cabeleira e outros agirem. Pequeno fecha o ciclo, tornando-se um bandido implacável, mortal, protagonista de uma guerra de proporções impressionantes contra *Mané Galinha*, antes um pacato morador do conjunto, e *Sandro Cenoura*, seu rival no tráfico de drogas.

A tônica do romance é um presente contínuo e fugaz, embora se estruture em três memórias delimitadas e espaços físicos específicos. Insiste-se na imagem do *mosaico*. Há um esforço considerável, por parte de um narrador difuso, em articular aquelas *vidas breves* num todo. Não se trata de histórias fragmentadas; mesmo quando se assemelham a pequenos contos internos ao romance, elas se entremeiam, se sobrepõem, se reforçam e se esclarecem. Assim como não nos parece possível identificar uma voz dominante, igualmente se faz difícil dizer que exista uma fragmentação narrativa a ponto de desnortear o leitor, de se tornar ininteligível. Ao contrário, a brevidade da vida, a experiência ao rés do chão das classes baixas, a futilidade de ser ou estar no mundo, a autoridade em disputa o tempo todo etc. são costuradas num esforço denso e visível, com mais ou menos sucesso, ao longo da trama.

Se o presente contínuo domina a trama, fica evidente na fala dos personagens que não há espaço suficiente para o devir. Ele aparece apenas quando se pensa em *meter a bronca*, ou seja, ganhar bastante dinheiro para poder sair daquele lugar:

Cabeleira deu bastante dinheiro para Berenice comprar as coisas que faltavam para se juntarem de vez. A mulher passou a semana pedindo ao marido para dar um tempo com essa vida de crimes. Ele ainda não era fichado, podia muito bem arrumar um emprego. Queria segurança e paz para poder criar os filhos que teria com ele numa boa. Cabeleira dizia que ia continuar a meter a bronca até estourar a boa para montar um comércio grande com um monte de empregados trabalhando e ele só contando dinheiro, dando as ordens. Depois pensaria em filhos. [...] Pelé e Pará não perdiam tempo em fazer planos, somente pensavam em cinco gramas de cocaína que iriam comprar para romper o ano[97].

O sonho de *meter a bronca* raramente se concretiza. Contudo, ele tem origem no pavor que os personagens possuem à rotina dos *otários*. Trabalhar para os outros, sem ser devidamente valorizado; estudar, sem perspectivas de mudanças efetivas e concretas. Há uma habilidade muito grande do narrador em apresentar algumas biografias dos *bichos-soltos*, mostrando a tragédia de suas vidas, de suas famílias. Não se trata de determinismo social; ao contrário: *a tragédia é estar no mundo e ter consciência do fracasso dessa situação*. Não por acaso, vários personagens, muitas vezes os mais cruéis, sonham acordados com uma vida diferente, durante um intervalo no tiroteio ou na guerra entre quadrilhas. Cabeleira, Bené e Zé Pequeno têm divagações preciosas nesse sentido:

> [...] O negócio era chegar à quadra do Salgueiro ou do São Carlos com uma beca invocada, um pisante maneiro, mandar descer cerveja à pamparra, comprar logo um montão de brizolas e sair batendo para os amigos [...] olhar assim para a preta mais bonita e chamar para beber um uísque, mandar descer uma porção de batatas fritas, jogar um cigarro de filtro branco na mesa [...] comprar um apartamento em Copacabana, comer filha de doutor, ter telefone, televisão, dar um pulinho nos *States* de vez em quando, que nem o patrão de sua tia. Um dia acharia a boa[98].

Bené devorou o nhoque para ir comprar fazenda com a cocotada, decidiu que o grupo todo deveria vestir-se igual [...]. Iriam a Botafogo comprar o pano. Quem faz compra no centro da cidade é pobre [...]. Depois das compras iriam a Copacabana pegar um cinema e jantariam num restaurante da Gávea, onde combinariam aos risos um acampamento ou uma noite no Dancin' Days, porque a onda agora era discoteca [...]. O sonho de Bené era o de comprar um terreno onde tivesse água corrente para o cultivo para ele e os cocotas morarem [...]. Era esse o seu sonho: ganhar uma mina bonita, morar entre gente bonita e dançar discoteca até o fim da vida, numa boa. Nada daqueles crioulos com cara nervosa e sem dentes.

– P com i dá *pi*, p com a dá *pa*, pi-pa, pipa, pipa, porra! Pipa – soletrava Pequeno ao lado da mulher de seu novo parceiro em Realengo [...]. Agora realizava o sonho que tomara conta dele na cadeia, pois tinha sempre que pedir a alguém para ler as cartas que recebia e isso poderia ser perigoso [...]. Já sabia assinar o nome, e, se encontrasse o tal doutor Crespo, que resolvia qualquer problema, poderia ter identidade e talão de cheque, coisa que também sempre sonhara ter[99].

Qualquer eufemismo ao fracasso, portanto, é sublimado. Todos os sonhos citados passam, em alguma medida, a ser igualados a outros em aspectos de uma cidadania republicana (não no sentido clássico, mas deturpada): ter registro ou identidade civil, ser proprietário, ter poder de compra e mando. Não se trata de emancipação humana, igualdade fraternal e liberdade. Para os três malandros míticos, nenhum desses sonhos se realiza. O mesmo vale para a imensa maioria de *malandros*, *bichos-soltos*, *cocotas* ou *otários* que povoam a narrativa de *Cidade de Deus*. A consciência do fracasso começa também pela percepção do território, da paisagem geográfica, explicativa da conformação dos destinos, do trato cotidiano, da visão exterior sobre o que os personagens eram, são ou jamais poderiam ser. Zé Pequeno é quem expressa isso claramente, depois de matar seis chefes locais do tráfico e se tornar, ao lado de Bené, dono de Cidade de Deus, juiz, executor, senhor da vida e da morte no local. Para ele não há eufemismos, não há meio-termo sobre a realidade e o que fazer estando nela:

O pensamento voltou a correr pelas ruas do conjunto, entrava pelos becos imperativamente, parava nas esquinas fazendo pose. Porque elas eram suas, isso mesmo, era o dono da rua, o rei da rua, ali, vivo no baralho daquele jogo, o jogo de armas, de riscos, de raiva. [...] *"Conjunto o quê? Favela! Isso mermo, isso aqui é favela, favelão brabo mermo. Só o que mudou foi os barraco, que não tinha luz, nem água na bica, e aqui é tudo casa e apê, mas os pessoal, os pessoal é que nem na Macedo Sobrinho, que nem no São Carlos. Se é na favela que tem boca de fumo, bandido pra caralho, crioulo à vera, neguinho pobre à pamparra, então aqui também é favela, favela de Zé Pequeno"*[100].

Não escapa também ao narrador onisciente e difuso de *Cidade de Deus* a consciência sobre o território. Entretanto, ao refletir sobre ela, ele se questiona sobre o que legitima a violência e mantém o *status quo*[101]. Se, por um lado, conclui que a legitimidade precária da dominação parte da condição de vida dos dominados, por outro, também discute as diferentes manifestações da revolta e da consciência, seja contra a desdita dos bandidos, seja sobre a faceta mais presente do Estado que se manifesta na favela. *Não há luta de classes explícita no mundo ficcional de* Cidade de Deus. *Em grande parte do tempo, é um matadouro de pobres, de pobres exterminando pobres, de policiais pobres matando trabalhadores e bandidos pobres.* Aí é possível até mesmo aparecerem malandros com consciência étnico-social[102], soluções mágico-religiosas, intervenções externas para escapar ao matadouro ou ter o poder de exterminar inimigos, como nos seguintes excertos:

> Lá do Outro Lado do Rio, Marreco dormia em cima das raízes expostas da figueira mal-assombrada. À meia-noite tudo no mundo parou, todo o silêncio das coisas se manifestava hiperbólico, uma fumaça vermelha saía dos ferimentos feitos pelo policial, tudo era muito escuro; agora a figueira mal-assombrada balançava ao vento que só ela recebia, os suplícios do seu corpo sumiram, assim como todas as coisas do universo. Somente a figueira vergava iluminada por uma luz que vinha subindo pelo tronco saído do próprio chão. Sobre suas folhas um homem louro e de olhos azuis, estressados, fixos nos olhos de Marreco. Completamente calado, disse, através do pensamento, todas as coisas que queria a Marreco, que ria, chorava, se encantava e se comprometia[103].

> Tudo em Alicate se transforma em emoção ao ouvir essas palavras jubilosas [...]. O cristão mudou-se, sem se despedir dos amigos, um

mês depois da visita dos religiosos. Largou baralho, canivete, o revólver, os vícios [...]. Volta e meia dizia para Cleide que ele sim tinha arrebentado a boa. Conseguiu um emprego na empresa Sérgio Dourado, onde foi explorado durante muito tempo, mas não ligava. A fé afastava o sentimento de revolta diante da segregação que sofria por ser negro, desdentado, semianalfabeto. Os preconceitos sofridos partiam dessa gente que não tem Jesus no coração. Teve dois filhos com Cleide e sempre que podia voltava em Cidade de Deus para pregar o Evangelho[104].

– Eu sou o Diabo, moleco! Eu sou o Diabo! Se quiser eu te tiro desse buraco, esse, boto suncê num lugar formosado [...]. Dadinho fechou os olhos, abaixou a cabeça. Sentia a força do Exu, que não brinca porque não é de brincadeira [...]. Poderia optar pelo mundo em que desejaria estar, era só escolher qual jogo queria jogar, sairia daquele buraco ou cavaria sempre mais; em qualquer jogo seria vencedor na proteção do Exu [...]. *Era ali que se formava verdadeiramente um destino escolhido, um destino onde não haveria dúvidas; na verdade, um destino que a vida lhe traçara e ele agora vislumbrava por entre arreios* [...][105].

Quando não raro a fé em um deus ou o pacto com um demônio falham, o que sobra é o acordo entre os homens. Um universo de favores, corrupção e permissividade se constrói em *Cidade de Deus*. No matadouro, a autoridade e a legitimidade estão em suspensão o tempo todo. Os acertos de vida e morte são necessários, porém tão breves quanto as vidas em questão. Também o Estado negocia o tempo todo nesse universo. São os policiais ou membros do Exército (brigada de paraquedistas)[106] que fornecem armas, munição, drogas etc. aos malandros e bichos-soltos. *Cabeção*, *Touro*, *Monstrinho*, Lincoln, Sargento Geraldo e outros *matutos*, como são chamados os mercadores de armas naquele universo, negociam vida e morte, na mesma moeda que os bandidos. Estão sujeitos a éticas quase semelhantes, têm as vidas tão breves quanto e compõem mais peças pobres no mosaico. "Depois de saber que o detido tinha pai e mãe, em vez de encaminhá-lo ao posto policial, obrigou-o a levá-lo à sua casa, mirando extorquir dinheiro da família. E foi o que fez."[107] "O senhor pode vir aqui pegar um calaboca na hora do baile mesmo. É só não pedir documento e não prender ninguém. Pode andar pelo clube, escutar uma música, tomar um refrigerante, que tá tudo certo, mas deixa o baile correr frouxo. Valeu?"[108]

O acordo foi firmado, nessa e em muitas outras ocasiões, e rompido sem pudor, quando assim foi conveniente a uma das partes.

No universo ficcional de *Cidade de Deus*, os personagens enunciam claramente a sua impossibilidade de realização social, dada por princípio e confirmada cotidianamente. *Falha a fala. Fala a bala.* Não há espaço ao diálogo, somente ao enfrentamento; os acordos, quando existem, são precários e vazios. O pacto, individual, quando é possível, se estabelece com o extraterreno, acima da coletividade dos homens. O futuro não está em aberto, não dura muito mais tempo do que a trajetória de um projétil rumo a um crânio ou uma decisão de *"passar"* um inimigo – seja um chefe do tráfico, um trabalhador, um estudante, um malandro, um policial, um bebê ou um desavisado. Não existe transição ou mediação: vive-se o resultado imediato da insolvência das duas crises sociopolíticas que instauram a modernidade brasileira: abolição e república. Na transição do mundo antigo para a sociedade liberal, como demonstrou Roberto Schwarz em "As ideias fora do lugar", o favor era nossa mediação universal. No universo da experiência irresoluta da crise, a violência sistemática e cotidiana, nos seus mais diversos níveis e expressões, é o que nos nivela.

Existem personagens em *Cidade de Deus* que se estabelecem entre dois mundos. É o caso de Buscapé, o *cocota* que se torna fotógrafo, é universitário e ligado a movimentos políticos. A solução de seu destino, entretanto, é individual, em meio ao fracasso da experiência coletiva. É curioso pensar que, ao final da terceira parte, após o desenrolar da batalha insana entre Zé Pequeno e Mané Galinha, o narrador nos apresenta uma espécie de balanço das perdas e ganhos. Os malandros e bichos-soltos morrem aos montes; mas não muito diferente do que ocorre com outros personagens mais amenos. Alguns são trânsfugas daquele inferno, como Buscapé, os Katanazaka, Angélica e outros. Mas são apenas os personagens ambivalentes e nunca os que se apresentam de maneira articulada com o todo.

RÓTULOS DIVERSOS, CONTEÚDOS DESIGUAIS: ESCRITOR NEGRO SEM LITERATURA NEGRA?

>Paulo: O crítico estraga tudo, cara! [riso]
>Mário: Até o Roberto [Schwarz]?
>Paulo: Não, o Roberto não. O Roberto só ajuda [riso][109].
>
>Paulo Lins

> Paulo Lins? Não, não acho... Eu acho que ele não se considera [autor de literatura negra]. Eu acho que primeiro você tem que, enfim... Eu acho que fazer literatura afro é uma atitude de consciência, de comprometimento, como a Esmeralda falou aí, e ele não está comprometido com isso. Ao contrário, pra nossa decepção. Porque até antes de virar filme a gente discutiu o livro dele, achou fantástico o livro. Depois ele veio falando que... Por isso que eu acho que ele é mais periférico[110].
>
> Márcio Barbosa

> Existe o conceito, Literatura Negra, que é aquela literatura que o autor voltando para si, aceitando a sua existência como negro – porque tem gente que não aceita; você não pode escrever um livro se você não aceita –, aceitando a sua existência, sua vivência, o seu estar no mundo como negro, você vai tirar as consequências disso dentro de um texto. Vai tirar as consequências num texto, pode ser um texto literário. E entre as experiências que você tem, de ser homem, de ser brasileiro; de ser católico, ou do candomblé, ou adventista, não importa; entre essas consequências, você vai deliberadamente tirar os efeitos... de você ser um negro. As consequências existenciais. Este texto, necessariamente, tem de ser sancionado por tudo aquilo que rege uma literatura. Entendeu? Se não, não é literatura! Tem que ser sancionado. Esta sanção, ela não tem cor[111].
>
> Oswaldo de Camargo

Ambivalência e ambiguidade são elementos constitutivos do mundo real tanto quanto do universo ficcional; e o escritor e sua obra, circunscritos no tempo e espaço sociais e literários, estão sujeitos às suas ações, lidando com seus efeitos, evidenciando seus próprios limites, mas também os alcances que as interpretações a seu respeito podem atingir.

O caso de Paulo Lins não foge a essas afirmações. *Ele não faz e não é um autor de literatura negra simplesmente porque não se atribui o rótulo*. E não se pode impor isso a um autor, na mesma medida em que não se deve negar isso a ele quando afirma a filiação. Se Lins observa e quer estabelecer, entre si e seu livro, parentesco direto com José Lins do Rego e *Fogo morto*[112], cabe aos estudiosos aceitar o desafio da comparação e discuti-lo, tal qual fiz com Mariana M. Chaguri recentemente[113].

Nesse momento, parece que se terá chegado a uma rua sem saída do livro. Entretanto, o fato de o autor não assumir o rótulo de literatura negra, assim como o de não tomar como *princípio ético de criação* a ideia primeira do sujeito negro como elemento central e as percepções do escritor sobre suas formas de estar e ver o mundo, não invalida o fato de Lins ser algo que *nunca* negou: um *escritor negro*. E, como tal, enquanto autor, está sujeito a ditames e impasses análogos aos de outros escritores com origem e pertencimento a grupos sociais semelhantes na história da literatura brasileira. Como exemplo, entre seus contemporâneos (negros e não negros), tem-se Carolina Maria de Jesus: ela também não foi plenamente aceita, havendo dúvidas e negações a respeito de ser ela uma escritora e uma *escritora negra consciente*. A rigor, De Jesus também nunca reivindicou o rótulo de ser produtora de uma literatura negra.

Da mesma maneira, Lins esteve presente no evento Encontro de Gerações, organizado em 2007 pelo Museu Afro-Brasil e coordenado por Oswaldo de Camargo, dividindo mesa com Ruth Guimarães. Na plateia, além de pesquisadores, admiradores e leitores dos três, encontravam-se membros de frações do movimento negro, além de um dos fundadores dos *Cadernos Negros*, Cuti, com quem o autor de *Cidade de Deus* debateu asperamente, porque não era um *autêntico criador de literatura negra*. Concluiu-se por sua (auto)exclusão, em acordo com seus interlocutores ali presentes, e de *Cidade de Deus* do rol de obras de literatura negra. Isso acarretou, por fim, à revelia do título do evento (e ironicamente), um *desencontro marcado* entre três ou quatro frações geracionais de escritores negros brasileiros (Ruth, Oswaldo, Cuti e Paulo, entre outros).

> É o seguinte. O pessoal quer uma coisa que você faça, que tenha política, que tenha isso, que tenha aquilo, que tenha sociologia, que tenha posição ideológica. Não pensei nisso, não achei necessário. Eu queria fazer Literatura. Eu queria ser igual Dostoiévski. Só porque trata desse assunto? O próprio tema já é político. Fala de exclusão social, é uma literatura que não sai do gueto. E isso eu fiz de propósito. O favelado não tem trâmite aqui no centro. Não tem. Periferia e centro são coisas totalmente separadas. E o Movimento Negro sempre me cobrou isso. O Movimento Negro me cobrando, que eu tinha que botar o negro ali... que eu botei o negro... Mas é verdade, é tudo o que acontece mesmo, foi o que eu vi, entende?[114]

Porém, na mesma direção em que Carolina Maria de Jesus oscila do íntimo/comezinho para o social e político, Lins trafega do particular ao universal. Banalizada assim, a frase se aplica a qualquer escritor. Aqui, todavia, ela tentará assumir caráter heurístico e demonstrativo.

Posto em contexto, Lins, como já o havia feito De Jesus 37 anos antes de sua estreia, impõe um problema semelhante à literatura negra e a seus escritores: um escritor negro e do baixo estrato social, que não nega tal fato, mas que não assume – e recusa – os protocolos criativos estabelecidos por seus pares e que não possui relação estreita com o ativismo político-literário negro; um escritor negro de consagração e repercussão formidáveis, traduzido para mais de uma dezena de idiomas, cujo momento decisivo de inflexão na trajetória individual acontece quando passa a morar numa favela, fruto de precário arranjo estatal; com alguma semelhança em ser objeto de mecenato e conversão no cenário social e crítico literário; um escritor negro que foi posto em xeque quanto a sua capacidade de escrever um segundo livro capaz de superar o trabalho de estreia[115]; por fim, aspirando, sobretudo, ao universal estético, mesmo que se lastreando no seu particular, sem evidenciá-lo eticamente.

Questionou-se se De Jesus e *Quarto* tiveram herdeiros. Ora, nem sempre os filhos são legítimos/legitimados, reconhecem os pais ou a eles fazem menção direta. A filiação literária, tal qual aspectos do amor familiar, é uma construção social, com usos, sentidos e razões de ser que podem ser compreendidos fora do âmbito dos sentimentos. Em suas entrevistas, Lins jamais fez menção a De Jesus. Assim como não se afirma como escritor interessado em literatura periférica:

> Eu nunca li o livro dela [Carolina Maria de Jesus]. Gostaria de ler. Nunca li. Muita coisa pra ler. Ficar lendo coisa parecida com a minha? [riso] Eu leio Nietzsche. Adoro ler Nietzsche. Isso é coisa do Ferréz [riso]. O Ferréz que tem essa mania de... Voz da periferia e tal. Mas, assim, eu acho legal [riso]. O Ferréz me chamou. Ele é meu amigo, né? Eu fui lá no Capão Redondo pra lançar o livro dele, ficamos amigos.... Nunca existiu Literatura Marginal. Existia Poesia Marginal, que era uma coisa totalmente diferente desta que está aí. Agora, ele tá falando isso porque a literatura que trata de... ele lançou na *Caros Amigos* o pessoal falando da favela, da miséria e tal... Ele lançou, eu tô na dele. Eu topo qualquer negócio. Eu sou da Literatura Marginal. Mas eu não acho que exista uma Literatura

Marginal, só porque é escrita por causa da periferia e por conta do tema. Acho que é onda do Ferréz. O Ferréz gosta de lançar essas ondas[116].

Mas nesses espaços confusos, ambíguos e ambivalentes é que residem, de certa maneira, toda a graça, ironia e dificuldade da demonstração de tudo o que se acabou de escrever. Sem querer ser, literariamente, negro ou periférico, Paulo Lins tem de lidar com o drama de ser os dois, socialmente; almejando um lugar na *alta literatura*, aparenta ser um sujeito fora de lugar, consagrado e repelido, dependendo do olhar.

Querendo falar sobre/fazer literatura, tem de discorrer continuamente, na maioria de suas entrevistas, sobre as mazelas da sociedade (violência, crime, pobreza, tráfico de drogas, marginalidade, favela). Sem querer dialogar ou se identificar com a literatura negra ou periférica, abre espaços para seus temas, *diversificando* a matéria construtiva da literatura brasileira e, com ela, põe o dedo na ferida da *desigualdade* social irresoluta do Brasil. Não afirma enfaticamente a importância de ser um escritor negro ou de tratar do negro e do pobre como personagens/autores diversos na literatura brasileira, mas é capaz de compor a fundo um romance impactante sobre diferentes aspectos da desigualdade social no Brasil, com fina criatividade literária, que poucos escritores (negros e não negros) jamais tiveram de forma tão acabada.

Oscila entre mundos a que não quer pertencer e possui equilíbrio instável num lugar em que merecidamente está (por exemplo: por que a transição para escrever roteiros de cinema, em detrimento do segundo romance, anunciado há quase uma década?). Assim como De Jesus ou Machado de Assis, Lins é um ponto de fuga e de inflexão, complicado de se apreender, mas incapaz de se contornar. Parafraseando Antonio Candido, *acha que se confessa quando se deforma, mas também parece se deformar quando se confessa*. E com ele, sendo um *híbrido*, explicita alguns dos alcances e limites da literatura brasileira, negra e periférica contemporâneas.

NOTAS

1 Luiz Carlos Sant'Anna, *Breve memorial do movimento negro no Rio de Janeiro*, Rio de Janeiro: Ciec/UFRJ, 1998, (col. Papéis Avulsos, n. 53), p. 5-6.

2 Paulo Lins, [Poema sem título], *Novos Estudos Cebrap*, out. 1989, n. 25.

3 Cf. George Reid Andrews, *Negros e brancos em São Paulo (1888-1988)*, Bauru: Edusc, 1998, p. 218-20 e 283. Andrews apresenta um argumento interessante acerca dos grupos religiosos e festivos negros (cordões carnavalescos e escolas de samba), demonstrando que seu papel é tão importante quanto o das outras formas do associativismo político negro e, por muitas vezes, com capacidade duradoura mais efetiva.

4 Cf. Gilberto Freyre, Negritude, mística sem lugar no Brasil, *Boletim do Conselho Federal de Cultura*, Rio de Janeiro, ano 1, n. 2, p. 16-23, abr./jun. 1971 (reprodução de entrevista ao jornal *O Estado de S. Paulo*); Id., A experiência afro-brasileira, *O Correio – Unesco*, Rio de Janeiro, n. 5, out./nov. 1977, p. 10 e 13-8. Disponível em: http://bvgf.fgf.org.br/portugues/obra/artigos_cientificos.html#1970. Acesso em: 8 nov. 2010.

5 Antonio Candido *et al.*, *A personagem de ficção*, 10. ed., São Paulo: Perspectiva, 2004, p. 69.

6 Agradeço muito pela gentileza de Luiz Silva, o Cuti, pela cópia e envio de seu exemplar da apostila a mim, importante para os argumentos desenvolvidos a seguir. Uma cópia do volume foi doada ao Centro de Documentação Alexandre Eulálio – Cedae, do Instituto de Estudos da Linguagem da Unicamp.

7 J. Abílio Ferreira, Literatura negra, em: II Encontro de Poetas e Ficcionistas Negros Brasileiros, *Corpo de negro, rabo de brasileiro*, Rio de Janeiro, 1986, p. 4 e 8-9, respectivamente.

8 Miriam Alves, Cem palavras, em: II Encontro de Poetas e Ficcionistas Negros Brasileiros, 1986, *op. cit.* p. 29-30.

9 Cf. Heloisa B. de Hollanda e Carlos A. M. Pereira, *Patrulhas ideológicas, marca reg.: arte e engajamento em debate*, São Paulo: Brasiliense, 1980.

10 "Um poeta tenta salvar-me aconselhando: 'É preciso mergulhar na medula do nosso povo e trazer à tona a poesia lá existente'. Embalada nesta frase a percepção flutua. Afunda afoga-se, ressuscita. No fim acusa – 'estamos fazendo de nós mesmos tema!' – É preciso mergulhar fundo para não ser tema. 'Mergulho, mergulho. Corpo molhado, carapinha molhada, olhos vermelhos e salgados de sal e lágrimas. O poema sai molhado de existência. Carregado de gordura dos fogões das domésticas. Pisoteado para pegar uma vaga no ônibus das seis horas que leva a uma Vila distante qualquer. O poema sai gemendo de gozo na cama. Sai menstruando, manchando lençóis. Correndo no banheiro para fazer xixi. Brigando na feira por um troco. Gritando nos campos de futebol. Batendo cocha nas gafieiras dos sábados. Amassando lama de uma ruela. Esperando pacientemente no restaurante chique que o garçom lhe sirva o prato mais caro. Adiantou? Não. Alguém acusa: 'Seu poema não é negro, não fala de opressão sofrida por nós'. Eu digo, poema não é tema, o poema é emoção." Cf. Alves, 1986, *op. cit.*, p. 31.

11 *Ibid.*

12 "Eu sei:/ – havia uma faca/atravessando os olhos gordos em esperanças/

havia um ferro em brasa/ tostando as costas/ retendo as lutas/ havia mordaças pesadas/ espadrapando as ordens/ das palavras./ Eu sei:/ Surgiu um grito na multidão/ um estalo seco de revolta/ Surgiu outro/ outro/ e/ outros/ aos poucos, amotinamos exigências/ querendo o resgate/ sobre nossa forçada/ miséria secular." Miriam Alves, MNU, *Cadernos Negros*, v. 9, 1986.

13 Oubi I. Kibuko, Batendo numa velha tecla, pela criação unificada de um espaço próprio e independente para os escritores negros, em: II Encontro de Poetas e Ficcionistas Negros Brasileiros, op. cit., p. 80-1 e 84.

14 "Em 1983, o Quilombhoje-Literatura criou o projeto 'Livro do autor'. O objetivo deste consórcio é dar possibilidade aos elementos do grupo de terem seus livros publicados pelo mesmo e pago com a arrecadação anual das mensalidades e outros ganhos mais obtidos na participação de eventos organizados por órgãos oficiais ou de nossa livre iniciativa. No final de cada ano é feito um sorteio e o contemplado terá seu livro editado no primeiro semestre do ano seguinte. Até o presente momento, já foram publicados três livros: *Poemas para o meu amor*, em 1984, de minha autoria. *Estrelas no dedo – poemas* de Miriam Alves, em 1985, e este ano é a vez de *Teclas de ébano* – poemas de Jamu Minka [...]". *Ibid.*, p. 87-8. Além dos livros mencionados por Kibuko, foram publicados ainda *Malungos e milongas* (1988), de Esmeralda Ribeiro; *Paixões crioulas* (1987), de Márcio Barbosa; *Marcas, sonhos e raízes* (1991), de Sônia Fátima da Conceição; *Quizila* (1987), de Cuti; *Fogo do olhar* (1989), de José Abílio Ferreira. Sobre o projeto e seu fim, afirmam os atuais coordenadores da série: *"Tem outro aspecto, que tinha um projeto chamado 'Livro do autor'. E então teve alguns autores que lançaram livro, mas aí acabaram saindo do grupo. Aí fica um pouco aquela coisa: 'Será que o cara só estava no grupo pra lançar o livro dele?' [...]. E também às vezes lançou e não aconteceu. Teve lançamentos que as pessoas venderam 30 livros [...]. O Márcio fez a maioria das capas; diagramação, revisão, tinha o Jamu, tinha o Cuti. E assim, o suporte de divulgação dos Cadernos era usado para o livro do autor"*. Cf. Entrevista de Márcio Barbosa e Esmeralda Ribeiro concedida a Mário Augusto M. da Silva e Vinebaldo Aleixo de Souza Filho em 17 abr. 2010, em São Paulo.

15 Kibuko, op. cit., p. 85-6.

16 Éle Semog, A corrupção da cor, em: II Encontro de Poetas e Ficcionistas Negros Brasileiros, 1986, op. cit., p. 90.

17 De acordo com Esmeralda Ribeiro: "Nossa, foi na cadeia! Eu quase corri atrás do Semog. Porque essa era do Semog. E acho que foi a dos Menores Infratores. [...] Tudo pela literatura". Entrevista de Márcio Barbosa e Esmeralda Ribeiro concedida a Mário Augusto M. da Silva e Vinebaldo Aleixo de Souza Filho em 17 abr. 2010, em São Paulo.

18 Respectivamente: (A) Ivair Alves dos Santos; (B) Cuti, em: Verena Alberti e

Amílcar Araújo Pereira (org.), *Histórias do movimento negro no Brasil: depoimentos ao CPDOC*, Rio de Janeiro: Pallas; CPDOC-FGV, 2007, p. 237 e 240-1; e (C) entrevista de Esmeralda Ribeiro concedida a Mário Augusto M. da Silva e Vinebaldo Aleixo de Souza Filho em 26 fev. 2010, em São Paulo.

19 Cf. Guimarães, 2008, *op. cit.*, p. 100, 102-3, 104 e 105, respectivamente. Esse debate seguiu com a publicação de um artigo meu: Frantz Fanon e o ativismo político-cultural negro no Brasil: 1960/1980, em: *Estudos Históricos*, v. 26, n. 52, 2013, p. 369-90. Disponível em: https://www.scielo.br/pdf/eh/v26n52/06.pdf. Acesso em: 19 set. 2022. Além disso, Deivison Faustino mapeou a discussão em diferentes trabalhos, sintetizados em: Revisitando a recepção de Frantz Fanon: o ativismo negro brasileiro e os diálogos transnacionais em torno da negritude, *Lua Nova*, n. 109, 2020, p. 303-1. Disponível em: https://www.scielo.br/pdf/ln/n109/1807-0175-ln-109-303.pdf. Acesso em: 19 set. 2022.

20 "Quando *Pele Negra, máscaras brancas* é publicado no Brasil, já estamos em 1983. É a editora Fator, especialista em obras psicanalíticas, quem o faz. Ademais, apesar de a edição ter sido impressa no Rio de Janeiro, a Fator estava sediada em Salvador, onde também o Movimento Negro Unificado editava seu jornal de circulação nacional." Guimarães, 2008, *op. cit.*, p. 108.

21 Cf. Renato Ortiz, *Cultura brasileira & identidade nacional*, 2. ed., São Paulo: Brasiliense, 1986, p. 45-67. Vale lembrar que esse autor preparou, nos anos 1980, um volume dedicado a Fanon para a Coleção Grandes Cientistas Sociais, da Ática, que, infelizmente, não foi publicado, por razões desconhecidas.

22 José Correia Leite e Cuti, ... *E disse o velho militante José Correia Leite*, São Paulo: Secretaria de Cultura, 1992, p. 177. A Universidade Russa da Amizade dos Povos foi fundada em 1960 e passou a ser denominada Universidade Patrice Lumumba em 1961, pelo governo de Nikita Khruschov, da URSS. Sobre ela, cf. http://pt.wikipedia.org/wiki/Universidade_Russa_da_Amizade_dos_Povos. Acesso em: 11 set. 2022.

23 Além dos dados já mencionados anteriormente, Elisabeth Batista afirma: "A proibição imposta pelo então ministro da Justiça, Armando Falcão, à realização da 1ª Conferência Sul-Americana Pró-Anistia para os presos e exilados e políticos de Espanha e Portugal foi anulada, tornando possível a sua realização de 22 a 24 de janeiro de 1960 [...]. Américo Orlando da Costa, Delegado do Teatro Popular Brasileiro e Vice-Presidente da Associação Cultural do Negro, falou sobre os presos políticos nas colônias portuguesas de Guiné, Angola e Moçambique e apresentou moção de apoio". Cf. Elisabeth Batista, *Entre a literatura e a imprensa: percursos de Maria Archer no Brasil*, tese (doutorado em Estudos Comparados de Literaturas de Língua Portuguesa) – FFLCH/USP, São Paulo: 2007, p. 64. E Karin S.

Kössling localiza Costa como exilado na África, depois do golpe de 1964, como se vê: "O serviço de informação da Aeronáutica considerava que o ativista afrodescendente Clóvis Moura era elemento de ligação entre o MPLA e o PCB e segundo dados apresentados entre os asilados políticos brasileiros em Portugal, manteria contatos com um funcionário do consulado português em São Paulo. Em outro informe, também da Aeronáutica, constava que Clóvis trocava correspondências com o refugiado brasileiro Américo Orlando da Costa, que transitava de Luanda (Angola) para Portugal. Esse documento mostra a atenção constante em relação aos contatos efetivos entre militantes das guerrilhas africanas e os movimentos brasileiros". Cf. Karin S. Kössling, *As lutas antirracistas de afrodescendentes sob vigilância do Deops/SP (1964-1983)*, dissertação (mestrado em História Social) – FFLCH/USP, São Paulo: 2007, p. 130.

24 Prosseguindo: "Precisamos perder o hábito, agora que estamos em pleno combate, de minimizar a ação de nossos pais ou de fingir incompreensão diante de seu silêncio ou de sua passividade. Eles se bateram como puderam, com as armas que então possuíam [...]". Cf. Frantz Fanon, *Os condenados da Terra*, 2. ed., Rio de Janeiro: Civilização Brasileira, 1979, p. 172.

25 "Inconscientemente, talvez, os intelectuais colonizados, não podendo enamorar-se da história atual de seu povo oprimido, não podendo admirar sua presente barbárie, deliberaram ir mais longe, mais fundo, e foi com alegria excepcional que descobriram que o passado não era de vergonha, mas de dignidade, de glória e de solenidade. A reivindicação de uma cultura nacional passada não reabilita apenas; em verdade justifica uma cultura nacional futura." *Ibid.*, p. 173-5.

26 "O intelectual colonizado que retorna a seu povo através das obras culturais comporta-se de fato como um estrangeiro. Por vezes não hesitará em valer-se dos dialetos para manifestar sua vontade de estar o mais perto possível do povo, mas as ideias que exprime, as preocupações que o habitam não têm nada em comum com a situação concreta que conhecem os homens e as mulheres de seu país [...] Querendo ajustar-se ao povo, ajusta-se ao revestimento visível." *Ibid.*, p. 185.

27 *Ibid.*, p. 193.

28 Entrevista de Márcio Barbosa concedida a Mário Augusto M. da Silva e Vinebaldo Aleixo de Souza Filho em 17 abr. 2010, em São Paulo.

29 "O domínio colonial, porque total e simplificador, logo fez com que se desarticulasse de modo espetacular a existência cultural do povo subjugado. A negação da realidade nacional, as novas relações jurídicas introduzidas pela potência ocupante, o lançamento à periferia, pela sociedade colonial, dos indígenas e seus costumes, a usurpação, a escravização sistematizada dos homens e das mulheres tornam possível essa obliteração cultural." Cf. Fanon, 1979, *op. cit.*, p. 197.

30 *Ibid.*, p. 198.

31 Frantz Fanon, *Pour la révolution africaine: écrits politiques*, Paris: La Découverte, 2001, p. 39-40 (tradução minha).

32 "Este racismo que se quer racional, individual, determinado pelo genótipo e pelo fenótipo, se transforma em racismo cultural. O objeto do racismo não é mais o homem particular, mas uma forma de existir [...]. A lembrança do nazismo, a miséria comum de homens diferentes, a submissão comum de grupos sociais importantes, a aparição de 'colônias europeias', quer dizer a instituição dum regime colonial em plena terra da Europa, a tomada de consciência de trabalhadores dos países colonizadores e racistas, a evolução das técnicas, tudo isso modificou profundamente o aspecto do problema." *Ibid.*, p. 40-1 (tradução minha).

33 "Este homem objeto, sem meios de existir, sem razão de ser, é profundamente apartado de sua substância. O desejo de viver, de continuar, se faz cada vez mais indeciso, cada vez mais fantasmagórico. Neste estado que aparece o famoso complexo de culpa. [Richard] Wright nos seus primeiros romances forneceu uma descrição bastante detalhada dele." *Ibid.*, p. 43 (tradução minha).

34 *Ibid.*, p. 47.

35 Márcio Barbosa, A forma escura, em: II Encontro de Poetas e Ficcionistas Negros Brasileiros, *Corpo de negro, rabo de brasileiro*, Rio de Janeiro, 1986, p. 129.

36 Fanon, 2001, *op. cit.*, p. 48-9 (tradução minha).

37 Márcio Barbosa, O sentido da literatura negra, sob uma abordagem fanoniana, em: I Encontro de Poetas e Ficcionistas Negros, *Criação crioula, nu elefante branco*, São Paulo: Imesp, 1987, p. 118-20.

38 Barbosa alerta, no entanto: "Durante todo o trabalho estivemos falando sobre o 'intelectual negro'. É preciso deixar algumas coisas explícitas. [...] Quando aplico a categoria 'intelectual negro' à realidade brasileira, vejo a necessidade de respeitar as devidas diferenças de proporção, o mesmo ocorrendo com noções como 'luta política', já que a luta política africana pressupõe a tomada do aparelho de Estado. Essa noção de intelectual negro inclusive, para o caso brasileiro, é mais metodológica do que real, já que uma reivindicação de especificidade como essa exigiria que constasse de algum programa, já que deve ser deliberada e consciente e exigiria, por outro lado, um reconhecimento por parte da sociedade, pois só isso a legitimaria. Ainda seguindo Fanon, intelectual é aquele que abraça em si as contradições e o que se faz voz do povo, coisa que exige uma potencialidade criadora e crítica grandes, conhecimento e visão profundos, atributos que só podem ser adquiridos através da dedicação constante, do debate sistemático e do reconhecimento honesto da própria ignorância. Assim sendo, enquanto os homens de cultura permaneceram preocupados em aparentar uma importância excessiva em relação ao trabalho que são capazes de desenvolver, só poderemos falar em 'intelectual negro' no sentido figurado". *Ibid.*, p. 122.

39 Barbosa, 1986, *op. cit.*, p. 126, 127 e 128, respectivamente.

40 "É lógico que essas vicissitudes pelas quais passamos influem no tipo de literatura que fazemos. [...] se existe alguma característica marcante na literatura negra é exatamente o fato extremamente rico de a obra vir assinalada pelas cicatrizes que a existência numa sociedade discriminatória impõe ao autor [...] em tornar visível este acúmulo de experiências opressivas, colaborando dessa maneira para sua extirpação." *Ibid.*, p. 131.

41 *Ibid.*, p. 132-3. O trecho de Fanon está em "Racismo e cultura".

42 "*O marco é 1978, ano politicamente conturbado. Enquanto um grande jornal publicava um artigo de página inteira de Gilberto Freire louvando 'a democracia racial brasileira como modelo de convivência entre as raças', militantes negros organizavam uma manifestação nas escadarias do Teatro Municipal, que, realizada em novembro, daria início a uma série de denúncias e protestos sob o signo do Movimento Negro Unificado contra a Discriminação Racial. [...] Os jornais procuravam ridicularizar o continente africano, estampando manchetes cheias de ironia e desprezo pela controvertida figura de Idi Amin Dada. Ao mesmo tempo, veiculavam em artigos de fundo massiva propaganda das belezas e riquezas do Senegal, de Angola, de Cabo Verde, da Costa do Marfim, revelando claramente a intenção do governo brasileiro em manter relações comerciais com esses países, então independentes [...]. O Brasil conhecia uma intensa onda de sonoras cobranças vindas de diversos setores da sociedade, como resultado do relaxamento da ditadura do silêncio. Todas as camadas sociais oprimidas se organizavam para exigir, no mínimo, os seus direitos mais óbvios, como o de ir e vir e o de expressar suas ideias [...]. E entre os credores sociais do governo, estávamos nós, que, em 20 de novembro de 1978 – Dia Nacional da Consciência Negra –, rearticulamos em ato público os alicerces de uma luta secular pela conquista de uma identidade de negros no Brasil, inspirados também pela situação histórico-cultural daqueles países africanos que se libertavam do neocolonialismo escravocrata [...].*" Cf. *Cadernos Negros*, v. 11, texto de orelha (grifos meus).

43 *Cadernos Negros*, v. 11, 1988, p. 55.

44 *Id.*, v. 13, 1990, p. 27.

45 *Ibid.*, p. 32-3.

46 *Ibid.*, p. 70.

47 *Ibid.*, p. 71.

48 Entrevista de Esmeralda Ribeiro e Márcio Barbosa concedida a Mário Augusto M. da Silva e Vinebaldo Aleixo de Souza Filho em 26 fev. 2010, em São Paulo.

49 Trechos gravados por Mário Augusto M. da Silva da palestra e intervenções de Cuti, durante o I Encontro dos *Cadernos Negros*: ferramentas para excelência na avaliação dos textos, Sindicato dos Professores do Estado de São Paulo, São Paulo, 5 jul. 2008.

50 Barbosa, 1997, *op. cit.*, p. 214-6.

51 Charles H. Rowell e Luiz Silva, (Cuti) Luiz Silva: uma entrevista, *Callaloo*, v. 18, n. 4, outono, 1995, p. 901-4. Entrevista realizada em São Paulo, em 14 dez. 1994. Cf. https://www.jstor.org/stable/3298901. Acesso em: 28 set. 2022.

52 Aline Costa, Uma história que está apenas começando, em: Márcio Barbosa e Esmeralda Ribeiro (org.), *Cadernos Negros três décadas: ensaios, poemas, contos*, São Paulo: Quilombhoje/Seppir, 2008, p. 35.

53 "Então, às vezes, tinha pessoa de fora, tinha lá escritores que queriam ajudar, 'eu quero ajudar vocês, o que eu posso fazer?'. 'Ah, não.' Aí, a gente fazia uma reunião. 'O Vine é escritor? Não. Não pode.' 'Mas, eu vou dar o meu tempo, vou fazer alguma coisa por vocês em casa.' 'Você é escritor?' 'Não.' 'Então, não, muito obrigado.' 'Mário, você é escritor, quer ajudar a gente?' 'Ah, eu posso fazer projetos.' 'Mas, você é escritor?' 'Não, não sou.' 'Então, muito obrigado, agradecemos muito...' Então, nós acabamos conseguindo mais pessoas, colaboradores, porque nós mudamos. Mas, nós perdemos no caminho, e as pessoas que você perde não voltam mais, que poderiam estar contribuindo – ou não poderiam – mas, ficava aquela coisa, era demais. 'Porque nós éramos eternos, nós 10 nunca mais vamos nos desfazer, íamos viver sempre juntos.' E não foi bem assim." Entrevista de Esmeralda Ribeiro concedida a Mário Augusto M. da Silva e Vinebaldo Aleixo de Souza Filho em 17 abr. 2010, em São Paulo.

54 Cf. Um pouco de história, *Cadernos Negros*, v. 16, 1993 (grifos meus).

55 Florentina de Souza já havia chamado a atenção para esse aspecto no trabalho do grupo: "Vale ressaltar, no entanto, que existe uma forte consciência de *missão* a cumprir – um desejo 'pedagógico' de contribuir para que outros afro-brasileiros despertem a atenção para a necessidade de lutar contra o racismo e a discriminação e de reverter os mecanismos étnicos-segregadores utilizados pela sociedade brasileira nas suas práticas e discursos. [...] Com tal objetivo, fazem uso de termos como *conscientizar, reflexão, mobilizar, organizar, resgatar, lutar, combater*, palavras de ordem que se repetem em artigos do *Jornal do MNU* e em poemas e contos dos *CN*". Florentina de Souza, *Afro-descendência em Cadernos Negros e Jornal do MNU*, Belo Horizonte: Autêntica, 2005, p. 64.

56 Miriam Alves, Passo, praça, *Cadernos Negros*, v. 17, 1994.

57 Éle Semog, Outras notícias, *Cadernos Negros*, v. 19, 1996, p. 55.

58 "[Esmeralda] É que antes a gente tinha uma amiga nossa, que acho que ela dava aula na Cásper Líbero, e ela conheceu um professor, e o professor acho que levou pra fazer estágio uns três alunos, não sei, de Propaganda da Cásper Líbero, pra ajudar a gente a pensar a coisa do livro. Não sei se eu comentei que nós fizemos uma pesquisa em faculdades, eu e o Márcio, a gente falava assim: 'O que você

– pro pessoal de Letras – o que vem pra você com título *Cadernos Negros*, o que é?'. Nem nos identificamos. 'O que você acha?' Daí a pessoa fala, e você ia pondo o nome da pessoa. 'Ah, eu acho que é tudo que não entra na escola, entra nesse Caderno. *Cadernos Negros* é assim. Tudo que é ruim na educação entra nesse livro.' Então, o cara sugeriu. Então, pra poder entender um pouquinho mais o conteúdo, por que vocês não colocam *Cadernos Negros* – contos afros? [Márcio] Dá um sentido positivo e anuncia o que é que está dentro do livro. Porque você põe lá *Cadernos* 17 – poemas. Tá bom, poemas, mas, que tipo de poemas?" Entrevista de Esmeralda Ribeiro e Márcio Barbosa concedida a Mário Augusto M. da Silva e Vinebaldo Aleixo de Souza Filho em 17 abr. 2010, em São Paulo.

59 Em: Paulo Leminski, *Distraídos venceremos*, São Paulo: Brasiliense, 1987; o poema é epígrafe de *Cidade de Deus*, 1997.

60 Cf. Laurence Hallewell, *O livro no Brasil: sua história*, 2. ed., São Paulo: Edusp, 2005, p. 662-3.

61 Cf. Toninho Vaz, *Paulo Leminski: o bandido que sabia latim*, Rio de Janeiro: Record, 2001.

62 A grafia sem destaque refere-se ao conjunto habitacional, espaço físico. A obra literária é grafada em *itálico*.

63 Licia do P. Valladares, *A invenção da favela: do mito de origem a favela.com*, Rio de Janeiro: FGV, 2005, p. 26.

64 *Ibid.*, p. 26.

65 *Ibid.*, p. 130 e 132.

66 Alba Zaluar, *A máquina e a revolta: as organizações populares e os significados da pobreza*, São Paulo: Brasiliense, 1985, p. 65-7 e 70.

67 "O rompimento da trama social encontrada na favela, tecida por associações voluntárias (religiosas, recreativas, de defesa de interesses, etc.) e redes informais de vizinhos, foi provocado pelo fato de que a remoção compulsória não deslocou os moradores conforme o seu lugar de origem, mas conforme sua renda. [...] Como resultado, num mesmo conjunto habitacional passaram a conviver ex-moradores de inúmeras favelas sem nenhum contato anterior. [...] O caso de Cidade de Deus ilustra bem isso [...] escolas de samba, blocos, times de futebol, associações de moradores, comissões de luz esfacelaram-se e não puderam ser reconstituídos nos conjuntos. Seus grupos de amigos, suas redes de vizinhos e de parentes ficaram dissolvidos pela cidade, inalcançáveis pela distância. No entanto, já em 1970 a escola de samba da Cidade de Deus era fundada por um grupo de ex-moradores do Parque Proletário da Gávea e de outras favelas." *Ibid.*, p. 70-1.

68 Paulo Lins, Sem medo de ser, *Caros Amigos*, maio 2003, ano 8, n. 74, p. 31.

69 *Ibid.*, p. 30.

70 Entrevista de Paulo Lins concedida a Mário Augusto M. da Silva e Keila Prado Costa em 26 out. 2007, em São Paulo.

71 *Ibid.*

72 "Quando eu era adolescente, lá em Cidade de Deus, o único contato que eu

tive com a arte foi através da música, com Caetano, Gil, e nessa época a música popular brasileira estava com uma força grande, o pessoal estava fazendo, estava acontecendo, e eu não tinha acesso a livros, não tinha acesso a cinema, não ia a cinema. A única coisa que chegava era a música através daquela rádio... que tocava MPB... nacional, uma FM que tinha... [Nacional FM] Então eu ouvia muito isso e gostava muito da música popular e me apaixonei pelo Caetano Veloso, pelo Chico Buarque, então esses caras falavam muito das referências que eles tinham por causa da leitura e eu comecei a ler muito por causa deles, foi a música que me levou para a literatura. Eu queria ser músico, queria ser letrista, fazia letras de música, samba-enredo no colégio, nas escolas de samba da Cidade de Deus, mas foi por causa destes caras que eu fui para a literatura. Então a música tem um peso muito grande na minha vida, uma influência muito grande, quer dizer, não uma influência, a música é um canal que me levou à literatura." Entrevista de Paulo Lins concedida a Francisco César Manhães Monteiro e Ana Paula Alves Ribeiro em 16 maio 2001, no Rio de Janeiro. Disponível em: http://quixote.com.br/index.php?option=com_content&view=article&id=47:entrevista-com-paulo-lins&catid=25:entrevistas&Itemid=34. Acesso em: 22 set. 2022.

73 "Por outro lado, na área jovem, a poesia independente prolifera. Seu traço principal: a produção em grupo. São os poetas de comunidade, de associações de bairro, de organizações, de periferia. Seu objetivo mais explícito: uma poesia popular, para ser lida e ouvida. O tipo de publicação mais recorrente: antologias. Trajetória semelhante vem conhecendo a imprensa alternativa hoje, basicamente associada a organizações e Partidos. Tanto a poesia independente quanto a pequena imprensa de agora evidenciam um projeto distinto das artimanhas e propostas originais da poesia marginal." Heloisa Buarque de Hollanda, Depois do poemão, *Jornal do Brasil*, Rio de Janeiro, 13 dez. 1980, Caderno B, p. 10. E ainda: "Mas era tudo uma geração muito louca. Era o pessoal do Amor, achava que a poesia ia mudar o mundo. Eu também achava". Entrevista de Paulo Lins concedida a Mário Augusto M. da Silva e Keila Prado Costa em 26 out. 2007, em São Paulo.

74 Entrevista de Paulo Lins concedida a Mário Augusto M. da Silva e Keila Prado Costa em 26 out. 2007, em São Paulo.

75 Lins, 2003, *op. cit.*, p. 31.

76 Entrevista de Paulo Lins concedida a Mário Augusto M. da Silva e Keila Prado Costa em 26 out. 2007, em São Paulo.

77 Entrevista de Paulo Lins concedida a Francisco César Manhães Monteiro e Ana Paula Alves Ribeiro em 16 maio 2001, no Rio de Janeiro. Tradução de *Balalaica*, de Vladímir Maiakóvski, por Augusto de Campos: "Balalaica/ [como um balido abala/ a balada do baile/ de gala]/ [com um balido abala]/ abala [com balido]/ [a gala do baile]/ louca a bala]/ laica".

78 Entrevista de Paulo Lins, concedida a Mário Augusto M. da Silva e Keila Prado Costa em 26 out. 2007, em São Paulo.
79 O poema "Pós-tudo" e a crítica de Schwarz podem ser conferidos em: Roberto Schwarz, *Que horas são?* São Paulo: Companhia das Letras, 1987, p. 57-66.
80 Diferentemente da tendência presente em alguns estudos sobre Lins e *Cidade de Deus* (mas também das relações entre ciências sociais e literatura, vistas e queridas, por vezes, *como relações de parentesco*), *não farei uma discussão comparativa entre A máquina e a revolta e o romance daquele autor, como se se tratasse de um jogo de espelhos entre ambos e um servisse para confirmar o outro. Trata-se de uma leitura empobrecedora, tanto da obra literária quanto da análise social.* Se existe diálogo entre a literatura e as ciências sociais, a ficção literária e o processo social – bases hipotéticas deste livro, inclusive –, isso não significa que a autonomia entre ambas não deva ser respeitada. Como se verá adiante, Zaluar afirmará que, embora centrados numa unidade concreta comum – o espaço *real* do conjunto habitacional Cidade de Deus –, sua pesquisa e o romance Lins partem de pontos distintos, formal (etnografia e obra literária), temporal e intencionalmente (pesquisa antropológica e romance ficcional). Manter a ideia de espelhamento, naquele sentido, obrigaria também a discutir a etnografia e as análises das ciências sociais enquanto ficção sobre o social, um debate interessante e profícuo, mas em direção contrária e raramente tomada pelos críticos da tendência que trata a literatura como espelho das ciências sociais.
81 Lins, 2003, *op. cit.*, p. 31.
82 Entrevista de Paulo Lins concedida a Mário Augusto M. da Silva e Keila Prado Costa em 26 out. 2007, em São Paulo.
83 "Ele ligou pra mim, fiquei todo contente, 'pô, o Roberto ligou pra mim', era um crítico, eu estava na faculdade, já tinha lido quase toda a obra dele, na faculdade você é obrigado a ler o Roberto. E ele perguntou: 'Permite publicar o poema na revista do Cebrap?'. Publicou o poema e deu o aval pra eu escrever um romance. Aí, minha vida complicou. Escrever um poema não é brincadeira, não." Lins, 2003, *op. cit.*, p. 31.
84 Roberto Schwarz (org.), *Os pobres na literatura brasileira*, São Paulo: Brasiliense, 1983, p. 7-8 (grifos meus).
85 "Sem avançarmos por agora, digamos apenas que, ao contrário do que geralmente se pensa, a matéria do artista mostra assim não ser informe: é historicamente formada, e registra de algum modo o processo social a que deve a sua existência. Ao formá-la, por sua vez, o escritor sobrepõe uma forma a outra, e é da felicidade desta operação, desta relação com a matéria pré-formada – em que imprevisível dormita a História – que vão depender profundidade, força, complexidade dos resultados. São relações que nada têm de automático, e veremos no detalhe, quanto custou entre nós, acertá-las para o romance. E vê-se, variando-se ainda uma vez o mesmo tempo, que

embora lidando com o modesto tic-tac de nosso dia a dia, e sentado à escrivaninha num ponto qualquer do Brasil, o nosso romancista sempre teve como matéria, que ordena como pode, questões da história mundial; e que não as trata, se as tratar diretamente." Roberto Schwarz, *Ao vencedor as batatas: forma literária e processo social nos inícios do romance brasileiro*, 5. ed., São Paulo: Duas Cidades/Editora 34, 2000, p. 30-1.

86 Zaluar, 1985, *op. cit.*, p. 11 e 15-6, respectivamente.

87 Tenho de agradecer muitíssimo a Alba Zaluar, que, generosa e gentilmente, me enviou o texto original e autorizou sua publicação. A fonte do documento é seu arquivo pessoal.

88 Alba Zaluar, Rio de Janeiro, 8 de janeiro de 1997.

89 Entrevista de Paulo Lins concedida a Mário Augusto M. da Silva e Keila Prado Costa em 26 out. 2007, em São Paulo.

90 *Ibid*.

91 Esta parte, analisando o romance de Paulo Lins, corresponde a aspectos modificados da comunicação escrita apresentada por Mariana Miggiolaro Chaguri e Mário Augusto M. da Silva, *Sentidos da crise: literatura e processos sociais* em Fogo morto e Cidade de Deus, XIV Congresso Brasileiro de Sociologia, GT Pensamento Social no Brasil, Rio de Janeiro, 28-31 jul. 2009. Agradeço a Mariana por concordar em utilizar aqui esta parte de nosso texto, escrita por mim.

92 Paulo Lins, *Cidade de Deus*, São Paulo: Companhia das Letras, 1997, p. 16-8. O autor continua: "[...] jesus cristos em cordões arrebentados, forró quente para ser dançado [...] pobreza para querer enriquecer, olhos para nunca ver, nunca dizer, nunca, olhos e peito para encarar a vida, despistar a morte, rejuvenescer a raiva, ensanguentar destinos, fazer a guerra e ser tatuado [...]. Levaram também as pipas, lombo para polícia bater, moedas para jogar porrinha e força para tentar viver. Transportaram também o amor para dignificar a morte e fazer calar as horas mudas" (p. 18).

93 "O romance de estreia de Paulo Lins, um catatau de quinhentas e cinquenta páginas sobre a expansão da criminalidade em Cidade de Deus, no Rio de Janeiro, merece ser saudado como um acontecimento. O interesse explosivo do assunto, o tamanho da empresa, a sua dificuldade, o ponto de vista interno e diferente, tudo contribuiu para a aventura artística fora do comum. A literatura no caso foi levada a explorar possibilidades robustas, que pelo visto existem." Roberto Schwarz, *Sequências brasileiras*, São Paulo: Companhia das Letras, 1999, p. 163.

94 "– Meu irmão, eu fumo, eu cheiro, desde nenenzim que peço esmola, já limpei vidro de carro, já trabalhei de engraxate, já matei, já roubei... Não sou criança não. Sou sujeito homem!" Lins, 1997, *op. cit.*, p. 410.

95 *Ibid.*, p. 23.

96 Como no trecho do qual se extraiu a citação: "Poesia, minha tia, ilumine as certezas dos homens e os tons de minhas palavras. É que arrisco a prosa mesmo

com balas atravessando os fonemas. É o verbo, aquele que é maior que o seu tamanho, que diz, faz e acontece. Aqui ele cambaleia baleado. Dito por bocas sem dentes e olhares cariados, nos conchavos de becos, nas decisões de morte. A areia move-se nos fundos dos mares. A ausência de sol escurece mesmo as matas. O líquido-morango do sorvete mela as mãos. A palavra nasce no pensamento, desprende-se dos lábios adquirindo alma nos ouvidos, e às vezes essa magia sonora não salta à boca, porque é engolida a seco. Massacrada no estômago com arroz e feijão porque a palavra é defecada ao invés de falada." *Ibid.*

97 *Ibid.*, p. 97.
98 *Ibid.*, p. 50.
99 *Ibid.*, p. 537-8.
100 *Ibid.*, p. 242 (grifos meus).
101 "Barracos de caixas de tomate, madeiras de lei, carnaúba, pinho-de-riga, caibros cobertos, em geral, por telhas de zinco ou folhas de compensados. Fogueiras servindo de fogão para fazer o mocotó, a feijoada, o cozido, o vatapá, mas na maioria das vezes, para fazer aquele arroz de terceira grudado, angu duro ou muito ralo, aqueles carurus catados no mato, mal lavados ou simplesmente nada. Apenas olhares carcomidos pela fome, em frente aos barracos, num desespero absoluto e que por ser absoluto é calado. [...] Os abismo têm várias faces e encantam [...]. *São as pessoas nesse desespero absoluto que a polícia procura, espanca com seus cacetetes possíveis e sua razão impossível, fazendo com que elas, com seus olhares carcomidos pela fome, achem plausíveis os feitos e os passos de Pequeno e de sua quadrilha pelos becos que, por terem só uma entrada, se tornam becos sem saídas, e achem, também, corriqueira essa visão de meia cara na quina do último barraco de cada beco, de crianças negras ou filhas de nordestinos, de peito sem proteção, pé no chão, shorts rasgados e olhar já cabreiro até para o próprio amigo, que por sua vez, se tornava inimigo na disputa de um pedaço de sebo de boi achado no lixo e que aumentaria o volume da sopa, de um sanduíche quase perfeito nas imediações de uma lanchonete, de uma pipa voada, ou de um ganso dado numa partida de bola de gude." Ibid.*, p. 314 (grifos meus).

102 Por exemplo, o personagem *O Grande*, que entre outras coisas "[...] matava policiais por achar a raça mais filha da puta de todas as raças, essa raça que serve aos brancos, essa raça de pobre que defende o direito dos ricos. Tinha prazer em matar branco, porque o branco tinha roubado seus antepassados da África para trabalhar de graça, o branco criou a favela e botou o negro para habitá-la, o branco criou a polícia para bater, prender e matar o negro. Tudo, tudo que era bom era dos brancos. O presidente da República era branco, o médico era branco, os patrões eram brancos, o vovô-viu-a-uva do livro de leitura de escola era branco, os ricos eram brancos, as bonecas eram brancas e a porra desses crioulos que viravam polícia ou que iam para o Exército

tinha mais era que morrer igual a todos os brancos do mundo". *Ibid.*, p. 206.
103 *Ibid.*, p. 123-4.
104 *Ibid.*, p. 155-6.
105 *Ibid.*, p. 209 (grifos meus).
106 "O soldado paraquedista caminhou para os Blocos Velhos, onde morava. Na verdade, não queria tomar a boca de fumo do morro do São Carlos coisa nenhuma, aceitara o convite de Pequeno por medo, mas não demonstraria isso aos outros soldados. Falaria que vender fumo dava mais dinheiro do que assaltar banco e roubar carros, e também era muito menos arriscado." *Ibid.*, p. 285.
107 *Ibid.*, p. 105.
108 *Ibid.*, p. 39.
109 Entrevista de Paulo Lins concedida a Mário Augusto M. da Silva e Keila Prado Costa em 26 out. 2007, em São Paulo.
110 Entrevista de Márcio Barbosa concedida a Mário Augusto M. da Silva e Vinebaldo Aleixo de Souza Filho em 17 abr. 2010, em São Paulo.
111 Entrevista de Oswaldo de Camargo concedida a Mário Augusto M. da Silva em 29 jul. 2007, em São Paulo.
112 "Fiquei encantado com Balzac, Dostoievski, aí tem o Marçal Aquino, o Mauro Pinheiro [...]. Tem Guimarães Rosa, Lima Barreto, Machado de Assis. José Lins do Rego tem o *Fogo morto*, esse livro é de uma poesia... É tripartido, eu fiz tripartido, são três histórias, eu copiei esse livro, roubei. Só que botei na versão urbana. Recomendo aqui assim: antes de ler o *Cidade de Deus*, leia *Fogo morto*." Lins, 2003, *op. cit.*, p. 35.

113 Afirmam os autores: "[...] o problema que se discutirá neste trabalho: as possíveis relações existentes entre dois autores brasileiros, viventes de tempos e espaços muito diferentes, estranhos pessoalmente um ao outro. A sugestão da filiação e parentesco literário, no entanto, foi aventada pelo segundo – e não raras vezes –, como só poderia ser, a exemplo da epígrafe inicial deste artigo, em entrevista à revista *Caros Amigos*. José Lins do Rego, falecido em 1957, aos 56 anos, jamais conheceu Paulo Lins, nascido em 1958, estreante em 1997. [...] Existem mais diferenças que semelhanças entre *Fogo morto* e *Cidade de Deus*, bem como entre os processos de consagração de seus autores, as relações sociais construídas por ambos interna e externamente ao sistema literário. De início, isso se torna problemático, caso se considere que os pontos de tangência são sempre mais interessantes que os paralelismos. Todavia, ladeando-se os processos sociais narrados e os mundos ficcionais em tela, acreditamos obter boas hipóteses para discutir aspectos da sociedade brasileira republicana *desde dentro*, isto é, para autores cuja filiação a seus grupos sociais de origem é – e foi continuamente – autorreferenciada ou identificada pela crítica como elementos consagradores ou defeituosos (por não haver descolamento)". Silva e Chaguri, 2009, *op. cit.*
114 Entrevista de Paulo Lins concedida a Mário Augusto M. da Silva e Keila Prado Costa em 26 out. 2007, em São Paulo.

115 Em 1998, Lins anunciou que estava para publicar um livro chamado *O plano de Marlon*, que nunca saiu. Em 2007, já na editora Planeta, afirmava estar para publicar outro livro, chamado *Desde que o samba é samba é assim*. Até dezembro de 2010, nenhum dos livros veio a público. Somente em 2012 seria publicado *Desde que o samba é samba*, pela editora Planeta, e em 2019, a novela *Dois amores*, pela editora Nós.

116 Entrevista de Paulo Lins concedida a Mário Augusto M. da Silva e Keila Prado Costa em 26 out. 2007, em São Paulo.

CAPÍTULO 9
—
"EM QUE IMPREVISÍVEL
DORMITA A HISTÓRIA":
CAPÃO PECADO, 2000

[...] ler nas entrelinhas um campo de existência singular, próprio de um escritor que atingiu o cerne das contradições sociais pelas vias tortas e noturnas da condição marginal. Sei que o termo "marginal" é fonte de equívocos; sei que, na sociedade capitalista avançada, não há nenhuma obra que, publicada, se possa dizer inteiramente marginal. O seu produzir-se, circular e consumir-se acabam sempre, de um modo ou de outro, caindo no mercado cultural, dragão de mil bocas, useiro e vezeiro em recuperar toda sorte de malditos. Mas esse fato bruto de sociologia literária não impede o leitor solidário de ouvir os tons diferentes que sustentam o recado de João Antônio e a sua combinação de estilo original, realista até o limite da reportagem sem deixar de envolver-se em um fortíssimo páthos que vai do ódio à ternura e do sarcasmo à piedade. Ora, realismo fervido na revolta pende mais para a margem que para dentro da sociedade. É preciso, portanto, entender essa situação de fronteira que serve de fundo às páginas da obra e guia seu ponto de vista[1].

Alfredo Bosi

Universo/ Galáxias/ Via-Láctea/ Sistema Solar/ Planeta Terra/ Continente Americano/ América do Sul/ Brasil/ São Paulo/ São Paulo/ Zona Sul/ Santo Amaro/ Capão Redondo/ Bem-vindos ao fundo do mundo[2].

Ferréz

Por que a gente faz literatura? Porque a gente quer entender melhor o mundo, desentender de vez, porque a gente quer ter direito a desfrutar dos símbolos da vida, não é só arroz e feijão, mas a gente precisa de arroz e feijão antes também. Acredito na literatura negra. É impossível você sair de um livro do Solano Trindade, mano, sem vontade de amar as pessoas. Não tem como você sair de um livro do Plínio Marcos, mano, e não sair cheio de vontade, valorizando o povo, tá ligado? Literatura é uma escola de vida, tá ligado? [...]

Allan Santos da Rosa

Poesia é uma arma, cara, a ideia é uma arma[3].

Sérgio Vaz

A tarefa deste capítulo é dar o último enlace aos alinhavos construídos anteriormente, tendo a responsabilidade de tentar demonstrar/confirmar as conexões de sentido anunciadas entre os processos sociais e as formalizações estéticas que permeiam os itinerários e as obras dos escritores de literatura negra e periférica, bem como discutir os alcances e limites dessas conexões. Em parte, elas são suscitadas pelos próprios autores elencados (em procedimentos de citação, filiações, críticas e/ou autocríticas, manifestações de influências, construção de cânones etc.).

De outra parte, elas são estabelecidas pela análise aqui efetuada, por meio da historicização de atividades, lançamentos, publicações etc. e dos nexos de sentidos atribuídos pelos escritores e grupos sociais ou por sua recepção. Entretanto, também são forjadas por procedimentos interpretativos do próprio pesquisador, conferindo/evidenciando/suscitando, assim, relações nem sempre criadas formalmente, reconhecidas, aceitas ou reivindicadas por seus interlocutores (especialmente as de um passado relativamente distante ou de um presente muito próximo, em que não se partilha de uma mesma ética criativa). Assim, talvez, no futuro, tendo sido erroneamente observadas, devam ser superadas.

Este é também um capítulo de balanços e ponderações, recuperando argumentos anteriores. Certamente, trata-se da parte mais difícil do trabalho, porque analisa aspectos de algo que está ocorrendo neste momento, simultaneamente, fazendo de algumas de suas afirmações não mais que inferências ou apostas no futuro. No entanto, deve-se avançar em algumas questões, de chofre: *por que o sujeito periférico passa a ser tão valorizado no cenário atual?* Justamente ele, portador de estigmas semelhantes aos do negro – e que os agrega a uma série de condições desfavoráveis –, localizado num lugar de falta e precariedade atribuído socialmente? Como se acoplam projetos individuais e coletivos nesse novo sujeito social? Há possibilidades de alianças entre as estéticas negra e periférica, uma vez que a distância entre os grupos sociais é nula ou muito tênue? A seguir, serão esboçadas em etapas respostas a essas questões.

ENTRE O DETERMINÍSTICO E O IMPONDERÁVEL: TURBILHÃO EM SURDINA

Ao final dos anos 1980 e ao longo da década seguinte, o extremo da zona sul de São Paulo era conhecido pelo noticiário policial e divulgado de forma sensacionalista como uma das regiões mais violentas da cidade. Programas da televisão aberta como *Aqui Agora* (SBT), *Cidade Alerta*

(Record), *190 Urgente* (Gazeta) etc., acompanhando uma longa tradição radiofônica, televisiva e escrita paulistana – de nomes como *Notícias Populares* (em sua última fase), Jacinto Figueira Jr. (*O homem do sapato branco*), Gil Gomes, Afanásio Jazadji etc. –, colocavam os cidadãos a par de um cenário de tragédias e mazelas de favelas, Cohabs, Jardins e Vilas da mais povoada zona de São Paulo, bem como de outros bairros pobres e periferias da metrópole. Com o lastro da boa audiência às histórias do chamado *mundo cão*, estigmatizavam-se essas regiões como antros de banditismo e marginalidade. E, ainda hoje, seguem assim retratadas.

Em 1993, o grupo de *rap* paulistano Racionais MC's tornou-se nacionalmente conhecido ao lançar seu terceiro disco, intitulado *Raio-X do Brasil*. Grupo surgido em 1988, também no extremo sul da capital paulista, formado por quatro jovens negros que passaram a expor sua visão sobre o país moldada a partir da periferia e sua história social, em letras que misturam poesia, ativismo político, cotidiano periférico insuportável, discussão sobre o preconceito e a discriminação racial, violência policial etc. (especialmente nas músicas "Fim de semana no parque", "Homem na estrada", "Voz ativa", "Pânico na zona sul"). *Raio-X do Brasil* foi dedicado "a toda comunidade pobre da zona sul", e os Racionais assumiram a *missão* de ser uma espécie de voz consciente dessa comunidade[4].

Mas o que significa *radiografar* o Brasil desse ponto de vista? Essa ideia repete a ação do começo dos anos 1980, quando o dramaturgo Plínio Marcos (autor dos clássicos *Navalha na carne, Dois perdidos numa noite suja, Querô* etc.) autodeclarava-se "repórter de um tempo mau", "repórter dessa gente simples", que morava "onde o vento encosta o lixo e as pragas botam ovos, nos atalhos esquisitos, estreitos e escamosos do roçado do bom Deus". Assim inicia seu livro de contos *Histórias das quebradas do mundaréu*[5]. Além de Plínio Marcos, outro escritor, seu contemporâneo de geração, tema literário e universo social, assumiu essa tarefa de falar à margem e com ela (e não por ela): o contista e repórter João Antônio. Reconhecido pelo impacto de livros como *Malagueta, Perus e Bacanaço, Leão de chácara, Abraçado ao meu rancor* etc., afirmava ser defensor de um *corpo a corpo com a vida*, formatando um projeto literário que significaria um compromisso: "[...] *com o fato de escrever sem nos distanciarmos do povo e da terra* [...] *uma literatura que reflita a vida brasileira, o futebol, a umbanda, a vida operária e fabril, o êxodo rural, a habitação, a saúde, a vida policial, aquela faixa toda a que talvez se possa chamar radiografias brasileiras*". E sendo mais polemicamente explícito: "[...]

num corpo a corpo com vida. Jamais como um observador não participante do espetáculo. [...] Digamos, um bandido falando de bandidos"[6].

Em 1997, como visto, Paulo Lins coloca, entre outras questões, o povo, o negro, o favelado, o periférico no centro da literatura brasileira contemporânea, com um olhar desde dentro. Sem assumir explicitamente nenhum compromisso com os protocolos éticos e criativos do ativismo político-literário negro coetâneo, Lins abre uma possibilidade para *as formas de ser e as formas de dizer* de uma nova geração de escritores, tão híbridos quanto ele, num patamar do sistema literário e de circulação internacional a que somente havia chegado antes Carolina Maria de Jesus. Juntos, Paulo Lins, Plínio Marcos, João Antônio, os Racionais MC's, a história social do grupo negro e o universo periférico, servirão de modelo e inspiração para Reginaldo Ferreira da Silva, internacionalmente conhecido como *Ferréz*, e suas ideias sobre literatura periférica/marginal atuais, que o forçam a lidar com os temas de origem social, implicações estéticas e os caracteres atribuídos estereotipicamente a elas.

Menos que um quadro fechado, determinístico e fatalista, a história literária e social acontece, por vezes, de maneira estranha e recôndita. O *eu como potência* explica a possibilidade de criação, da *invenção na rotina*, da negação da negação, aliado à convergência de diferentes processos sociais, não raro contraditórios entre si. Mas, de todo modo, esses processos são capazes de criar *condições sociais de produção* de uma obra ou para o aparecimento de um autor. A potência do sujeito ou do grupo social, então, opera em cenários muitas vezes inóspitos ou aguarda uma situação mais propícia, como um *turbilhão em surdina*, em que se torna difícil explicar o que apresenta maior peso nos fatos.

Esperava-se que no Canindé, entre 1947 e 1958, houvesse um *Quarto de despejo* sendo gestado? Que, entre 1954 e 1962, ativistas e escritores se organizassem e atuassem em prol de uma *Associação Cultural do Negro*? Que entre 1964 e 1978, em meio a uma ditadura civil-militar em que, com raras exceções, o grupo negro aparece para a historiografia como um desconhecido, se dessem as condições para o surgimento de um *Movimento Negro Unificado contra a Discriminação Racial* e a organização de um coletivo de escritores negros como os *Cadernos Negros*/Quilombhoje? Ou que, por fim, das condições adversas do conjunto habitacional Cidade de Deus, a interessante trajetória do poeta e romancista Paulo Lins fosse possível nos anos 1980? É possível afirmar que estavam em estado de latência, mas não, de forma cabal, que era certo que viriam a acontecer.

Turbilhão em surdina, portanto, parece ser uma boa expressão-síntese para vários aspectos dessa história literária e social do grupo negro e, agora, de seus descendentes periféricos. No caso desses escritores e intelectuais, outra expressão, com a mesma intensidade, que se relaciona com esses grupos, lugares de origem e momentos de surgimento é *sujeito fora de lugar*. Como explicar Ferréz no Capão Redondo? E, assim como nos casos anteriores, a pergunta pode ser lida em dupla chave: *Por que ele não poderia ter surgido no espaço social em que se tornou conhecido?* De um lado, tem-se a negatividade da origem social e das condições objetivas impostas pela realidade envolvente, que acabam por tolher vários matizes de um horizonte de possibilidades. De outro, tem-se a mesma coisa, mas o *eu como potência* atuando para negar o negativo, aliado a situações imponderáveis. Ambas as expressões citadas, portanto, aplicam-se a esse escritor e seu *Capão pecado*, assim como a vários de seus antecessores. Como Ferréz afirma, além da trajetória escolar:

> [...] formação eu não tive nenhuma [...]. A partir dos seis anos de idade eu já colecionava gibi e quando eu aprendi a ler, com sete anos, eu já começava a ler gibi... E depois foi passando pros livros. Um amigo ou outro me indicava um livro, deixava livro comigo... Os primeiros livros que eu comprei foi do *Tarzan*, do Edgar Rice Burroughs. E depois eu tive aproximação com o *Demian* [livro de Hermann Hesse, 1919] e com o Flaubert, com a *Madame Bovary*. Foram os dois livros que mais bateu, assim, que eu falei: "Puta, agora eu li!" [...] *Mas ninguém sabia muito bem no que ia dar, nem eu sabia também*. Eu não sabia que ia conseguir fazer livros, nada; *eu não tinha muita expectativa de nada: eu só tinha que eu gostava daquilo*. Eu gostava de mexer nos livros, de organizar, de ver os autor, eu gostava muito de pesquisar autor. *Sei lá: era natural. Era natural pra mim, mas era diferente pra todo mundo. Eu paguei mais o preço de ser assim do que tive vantagem, entendeu?* Naquela época eu pagava um preço alto porque... Muita discriminação e tal. *Se eu já cantasse rap, se eu mexesse com samba, alguma coisa, era menos discriminado. Porque na periferia é mais comum isso... Literatura era muito estranho*[7].

Nascido em 1975 no bairro do Capão Redondo, Reginaldo Ferreira da Silva[8] resolveu forjar seu nome literário como uma síntese de suas origens sociais, semelhantes às dos moradores de seu bairro, além de evidenciar seus *modelos de vida*: negros e nordestinos, condensados no *Ferre*, de Virgulino Ferreira da Silva, o Lampião, e no *Z*, de Zumbi dos Palmares. Existe uma sugestão muito interessante formulada pelo escritor na construção desse nome, seu *nome de autor*, num sentido mais rigoroso do termo, como o pensado por Michel Foucault[9]: será a partir desse nome que enunciará seu discurso, suas ideias, que será conhecido e reconhecido, responsável e responsabilizado. E com ele, esse nome de autor, forjará uma ideia de *arco histórico entre o quilombo, o sertão e a periferia, entre negros e periféricos*, tendo o lugar espacial e a condição social como referências. Com as alusões históricas de que dispõe, procura deixar isso mais claro, ao refletir sobre a periferia, seus moradores e sua potência: "Parece que a gente aprendeu a viver nas malocas desde Zumbi. Isso aqui é um quilombo, a união em volta das cercas. [...] Por isso que eu digo: Zumbi começou a revolução há trezentos anos, juntando os iguais pela liberdade. E nós é que vamos terminar essa revolução"[10].

À época em que criou seu nome de autor, editava *fanzines*, produções independentes de quadrinhos e informações variadas, semelhantes a uma *literatura de cordel* ou a aspectos formais e sociais da *poesia independente e poesia marginal* dos anos 1970 e 1980. Segundo o autor, seu interesse inicial foi pelos gibis e seu universo, o que lhe permitiu também, de alguma maneira, pensar a realidade no entorno.

> Os meus quadrinhos já tinham uma coisa meio social. Eu comecei com humor e falando de super-heróis e passei pra coisa social. Eu já falava a estória do Nego Jaime, que é um cara que bebe lá na Vila, eu já contava a história do Nandinho, que é o menino que foi capa do meu primeiro livro. O meu terceiro *fanzine* já tinha uma mulher angolana na capa, simbolizando a África[11].

O universo dos quadrinhos e dos fanzines fez dele um leitor voraz, interessado também pelo desenho, o que o levaria a participar de encontros especializados em São Paulo e a distribuir seus trabalhos dessa natureza nesses espaços.

A atividade de Ferréz é efetuada a partir da periferia da zona sul de São Paulo, onde, como afirma a geógrafa Lourdes Carril: "Bairros como Cidade Tiradentes, Jardim Ângela e Capão Redondo são apontados pelas pesquisas e noticiários como os primeiros no *ranking* de homicídio, escassa presença de equipamentos urbanos (escolas, creches, vagas nas escolas públicas, parques e áreas verdes ou de lazer) e contínuo processo de favelamento"[12].

Ou seja: onde tudo falta e, aparentemente, nada de alternativo pode acontecer.

Região antiga de passagem, com forte presença indígena e negra nos primórdios, Santo Amaro, segundo Carril, foi povoada modestamente por volta de 1560. Permaneceu com algumas chácaras até o início do século XIX, quando se iniciou uma tentativa de colonização alemã na área, por volta de 1829. Ao longo desse século, além dos alemães, chegaram ali espanhóis, sírios, turcos, italianos, russos e japoneses. Capão Redondo – área de mata, como sugere seu nome –, que distava oito quilômetros de Santo Amaro, passou a se ligar a ele e ao centro de São Paulo por ferrovia, instalada pela companhia inglesa São Paulo Railway em 1886. Até 1911, todos os cinquenta quilômetros de circunferência de Capão pertenceram a Uladislau Herculano de Freitas, senador e professor de direito do Largo São Francisco. No estudo de Carril, a história do bairro é pouco detalhada entre este momento e os anos 1950, quando, segundo afirma a autora:

> O distrito de Capão Redondo, após a década de 1950, abre suas terras ao processo de loteamentos, pois lá ainda se concentravam as chácaras que foram incorporadas ao crescente mercado. Nele reproduzir-se-á o modelo de autoconstrução, principalmente destinado às classes trabalhadoras, sendo que os bairros crescem em número. [...]. Ao longo do tempo ocorreu intenso incremento demográfico, acarretando o adensamento desordenado por meio da vinda de migrantes nordestinos, de Minas Gerais e de pessoas da própria cidade. A partir da década de 1970, há uma explosão demográfica no bairro. [...] Assim, o Capão Redondo é um dos distritos da Zona Sul que se destaca desde a década de 1960 por sua característica de bairro popular e, na década de 1990, como o local mais violento da cidade. [...] Refletindo sobre as desigualdades socioespaciais e sua relação com a formação capitalista brasileira, resta uma questão que, neste trabalho, é central. A presença da população afrodescendente na composição étnica dos cinturões de pobreza é maciça[13].

Isso a faz inserir Capão Redondo no conceito de *hiperperiferia*, cuja paisagem estranha "retrata a justaposição de barracos, vielas, ruas, becos e morros unidos a córregos poluídos formando a imagem nítida de obra inacabada [...]"[14]. História lacunar, bairro estigmatizado, *obra inacabada*; população composta majoritariamente da massa trabalhadora operária ou de empregados de comércio, serviços, transportes e construção civil[15]; equipamentos culturais e educacionais ausentes, precários ou deficitários: nesse cenário, cujas condições sociais de produção de literatura são extremamente adversas, como um escritor é possível?

De acordo com Ferréz, seu primeiro livro, de 1997, sofre alguma influência da poesia concreta, advinda de leitura e audições dos trabalhos do músico e escritor Arnaldo Antunes[16]. Sua obra é inspirada também no universo das histórias em quadrinhos. *Fortaleza da desilusão*, título de sua coletânea de poemas, é uma variação inspirada na *fortaleza da solidão*, moradia do personagem *Super-Homem*, no deserto glacial. Naquele momento, o universo da fantasia figurava muito distante da realidade diária do autor: alguém que trabalhava desde os 12 anos e, entre outras ocupações, atuava como *auxiliar de arquivo morto* em uma empresa. Para publicar esses poemas, o acaso e o risco concorreram fortemente:

> O *Fortaleza* foi uma oportunidade que surgiu; eu fazia poesia na empresa. Eu deixava poesias em todo lugar que eu ia. Deixava poesia no banheiro e tal, eu trocava os painel dos comunicados da empresa por poesia. E a dona da empresa era muito radical, mandou me chamar. Aí os caras falou: "Agora cê vai ser mandado embora!". Dona Ana [Maria Detthow de Vasconcelos], o nome dela. Aí ela falou: "Me traz o livro aí que eu vou ver. Você tem o livro pronto?". Eu falei que tinha. Eu tinha o livro pronto que era de poesias. Chamava *Sentimentos a um passo da terra*. Aí eu falei sim: "Ah, eu não vou fazer esse livro não. Tá muito pessoal, muita poesia pra mulher, pra mulher que eu gostava, tudo". Aí eu falei: "Ah, vou montar outro". Aí eu montei esse livro em cima da hora, *Fortaleza da desilusão*. Que é um anagrama [sic], uma coisa meio de brincadeira, com a fortaleza da solidão, do Superman. Aí eu resolvi fazer o livro e mostrei pra ela. Aí veio cheio de risco, o livro. Aí eu peguei o livro e não fui mais trabalhar. Fiquei uma semana sem ir, falei: "Ah, vou desistir de trabalhar; a velha já não aprovou o livro, vou passar vergonha". Aí eu liguei lá na sexta-feira, tinha faltado a semana toda, fui na sexta mesmo trabalhar, ela me chamou lá, falou: "Ó, é erros que tão aqui, de português, ou é licenciamento poético?". Aí eu falei:

> "Licenciamento poético, né?". Eu nem sabia o que era a porra de licenciamento poético. "Licenciamento poético." [E ela:] "Ah, então maravilha! A gente vai patrocinar o livro." Aí eu nem acreditei, né, mano? Eles fizeram 1.500 cópias; quinhentas cópias, distribuíram pros clientes e mil me deram. E eu fui mandado embora depois no outro dia. "Você é um ótimo escritor, mas um péssimo funcionário. Não dá, só vive lendo aí o dia todo." Aí me mandaram embora. Eu tava lendo *A batalha da vida*, tá ligado? Um livro do Hermann Hesse. Aí saí de lá, falei: "Ah, já era". E comecei a vender livro na rua. Foi aí que eu comecei a vender livro na rua e falei mesmo: "Ou eu viro escritor ou eu morro de fome". Depois de três meses, eu tava morrendo de fome [risos]. Do *Fortaleza* pro *Capão*, eu tive uma grande mudança, assim. Eu fui muito rejeitado com o *Fortaleza*, eu fui muito humilhado; onde eu ia vender, não vendia. Eu vendia na rua; fui mandado embora da empresa, vendi o livro na rua. Deixava nas livrarias, voltava... sabe? E eu tinha vontade de pôr isso num romance. Foi quando eu fiz o *Capão pecado*[17].

Entre esse livro independente e *Capão pecado*, a obra que o consagrou, existe um caminho de três anos, em que a ideia de escrever se fortalece no sentido de retratar a vida do bairro e de seus moradores. Sem intenções maiores que essa, segundo o autor, numa das primeiras entrevistas que concedeu à revista *Caros Amigos*: "[...] não escrevi o livro pra denunciar nada nem julgar ninguém. É só uma história que se passa aqui no Capão Pecado, por Deus criado e pelo Diabo batizado", recita. "Não quero chocar nem avisar nada, a fita foi dada há muito tempo. Com tanta gente desempregada, estão semeando o quê?" Há ainda uma ligação muito interessante com o público leitor ideal (ou melhor, com como esse público se relacionava com a literatura):

> [...] a ideia de escrever o livro surgiu no lançamento de seu primeiro livro, de poesia, em 1997. "Só foi o pessoal da favela no lançamento e muitos me diziam assim: 'Ah, vim aqui comprar e meu nome não aparece nele'. Foi aí que eu pensei: já que não estou ganhando dinheiro nem nada, vou fazer um negócio pra agradar as pessoas que dão valor [...]." [...] recebeu propostas de dezenove editoras para publicar o livro. Ele acabou optando por uma pequena editora, mesmo sabendo que iria ganhar bem menos do que

iriam ganhar as grandes, que têm também maior capacidade de divulgação. "Quero ser dono do meu livro [...] e garantir um preço de capa acessível pro pessoal daqui [...].[18]"

A ausência de intencionalidade inicial lembra a declaração de Carolina de Jesus sobre *Quarto de despejo*: "Este meu estranho Diário que escrevi há dez anos atrás mas não tinha a intenção de popularizar-me pretendia revelar a minha situação e a situação dos meus filhos e a situação de vida dos favelados". A conferência de sentido no processo é importante, assim como foi no caso de De Jesus. Viu-se com ela a oscilação do particular ao universal, do íntimo ao protesto, assim como em Lins. Se a passagem vista nos outros autores não fica tão clara, com Ferréz, seis anos depois da entrevista à *Caros Amigos*, na ocasião em que o entrevistei, falando sobre o processo de publicação de *Capão pecado*, explicita-se *a autoconsciência da fatura e a descoberta do insólito*: um livro, um autor, no universo da escassez, da pobreza e do crime.

> Eu fiz o *Capão pecado*, mandei pra Casa Amarela, mandei pra Companhia das Letras, mandei pra Objetiva, mandei pra Globo. Mandei pra todo mundo que eu conhecia. E as respostas eram sempre as mesmas. "No momento, a gente tem outro livro nessa mesma linha." E aquelas respostas-padrão, que a editora manda pra todo mundo, tá ligado? Aí eu comecei a divulgar o livro. Fiz quatro bonecos do livro, numa casa de xérox, que um amigo meu trabalhava, ele fez pra mim, aí catei o livro... Nessa época, eu tinha um computador, um Macintosh. Eu vendi esse Macintosh e, com o dinheiro, falei: "Vou divulgar o livro". Aí catei e fiz quatro amostras desse livro, deixei uma com o [Mano] Brown, pra ele fazer o prefácio, fiquei com três. Eu tenho um amigo meu, que é de um grupo de *rap*, Cobra, que é do Conexão do Morro, aí falei pra ele: "Tô com esse livro aqui, tal". Ele falou: "Da hora! Vou te apresentar um amigo meu, Fernando Costa Neto, que ele é dono do *Notícias Populares*, de repente, se ele se interessar, ele faz uma materinha lá e já te ajuda". Eu falei: "Beleza". Ele falou com o cara e o cara mandou eu ir lá, mano. Falou: "Caralho, um livro no Capão?!". Tá ligado? E eu fui lá, mano. Quando eu cheguei, ele falou: "Puta, isso aqui é uma puta matéria, mano!". Aí tava passando o João Wainer na hora. O João Wainer falou assim: "Que que é isso aí?". [Ferréz:] "É um livro

de periferia que eu tô fazendo..." [Wainer:] "Caralho, mano! Tem umas fotos aí do Capão. Cê quer?" Falei: "Quero". Aí ele me deu um monte de foto na hora. Aí eu falei: "Bom, já tenho foto pra pôr". Eu não tinha foto! Aí, saiu a matéria: "Escritor prepara livro no bairro de Mano Brown"... E aí a *Folha* [*de S.Paulo*] ligou pro cara e falou: "A gente tá a fim de fazer uma matéria". Aí o Fernando me ligou: "Os caras da *Folha* tão a fim de fazer uma matéria". Eu pedi dinheiro pra minha mãe, pra comprar esse jornal, quando saiu a matéria; e o jornalista – o Ivan Finotti – falou pra mim: "Eu vou publicar só se for bom o livro, hein?". Aí eu falei assim: "Mas eu não tenho como imprimir o livro". Eu não tinha como imprimir o livro. Ele pegou as folhas da *Folha de S.Paulo*, quinhentas folhas, e me deu, mano! Roubou lá e me deu. Falou: "Toma". [Saiu na *Folha*] Uma foto minha gigante, com os braços assim cruzados, né, mano? E aí, cara, aquele dia choveu...! Mano, veio gente das editoras na minha casa, mano! Não é nem que ligaram: veio gente! Tinha quatro, cinco carros: tinha SBT, tinha Record, tinha cara de editora... [E o livro] Não tava pronto. Era só o original, só o boneco![19]

Um livro no Capão? A pergunta recorrente, se por um lado demonstra a surpresa e dosagens matizadas de preconceito, por outro (e mais importante), aponta o sentido da negação da negação, do *eu como potência*. Além disso, retoma as mesmas questões feitas antes para a história social e literária dos grupos em análise: *um livro no Canindé, nos anos 1950? Uma associação político-literária negra no centro de São Paulo, nos anos 1950-60? Um coletivo de escritores e ativistas negros nos anos 1970? Um coletivo de escritores negros que perdura há mais de três décadas? Um livro em Cidade de Deus? Um favelado universitário, poeta e romancista?*

De maneira semelhante ao posicionamento de Lélia Gonzalez e Carlos Hasenbalg acerca do *lugar do negro*[20], Ferréz, como negro e periférico, nega o destino social do seu lugar preestabelecido. Seu livro, que deveria ser totalmente compreendido por um público ideal, feito e lido "de irmão para irmão"[21], também testava a realidade cotidiana e as expectativas de seus leitores sobre o objeto e a figura aparentemente estranhos para o local: um romance e um escritor, alguém que gosta de ler ficção, que não é músico (sambista ou *rapper*), delinquente ou jogador de futebol. Para aquela realidade, em suma, um *sujeito fora de lugar*.

O bairro tem seu próprio ritmo. Então, você sair do ritmo do bairro é muito complicado [...]. E hoje, muito cara da firma me vê, nos lugares, quando eu vou, eles não trabalham mais nas firmas, eles falam: "Puta, mano, ninguém acreditava em você!". E eu não lembro, eu não lembro muito disso. Comecei a lembrar porque os caras falavam. "Pô, cê chegava com uns desenhos lá de Wolverine, uns desenhos de super-herói, todo mundo debochava!" E aí... você começa a ouvir o que as pessoas falavam por trás de você. Porque pela frente, todo mundo: "Ah, legal". Mas por trás, todo mundo debochava: "Esse cara é louco, fazendo fanzine, fazendo poesia...". Eu vou fazer 32 anos este ano. Se eu falar pra você... As lembranças que eu tenho são dos livros bons que eu li, mano. Eu não guardo lembrança de nada, assim, de felicidade, eu na rua, soltando pipa e abraçando os outros, sabe? De nada disso eu guardo felicidade: todos os momentos felizes da minha vida têm a ver com livro! É meio xarope, mas é verdade[22].

CAPA DA SEGUNDA EDIÇÃO DE *CAPÃO PECADO*, AINDA

O autor de *Capão pecado* deixa isso absolutamente claro na dedicatória que faz em seu livro: "Este livro é dedicado também a todas as pessoas que não tiveram sequer uma chance real de ter uma vida digna [...]. Embora minha profissão para essas pessoas não tenha o menor sentido, este livro é também dedicado a elas"[23]. Uma relação tensa estabelecida entre o comportamento desviante e um destino social comum e predeterminado. Havendo a possibilidade de ajuste interno – uma vez que Ferréz jamais deixou de morar em Capão Redondo –, cabe refletir agora sobre seu livro e os impactos causados entre um público amplo e diversificado, além dos efeitos de suas ideias acerca da própria estética.

"MORO DENTRO DO TEMA" OU ASCENSÃO COTIDIANA PARA O CADAFALSO[24]

> *Aí, você sai do gueto/ Mas o gueto nunca sai de você/ [...]/ O mundo todo tá de olho em você/ [...]/ É desse jeito que você vive/ É o negro drama/ Eu não li, eu não assisti/ Eu vivo o negro drama, eu sou o negro drama/ Eu sou o fruto do negro drama*[25].
>
> Racionais MC's

> *– Bom dia, Capão! Bom dia, Vietnã!*[26]
>
> Ferréz

> *Trechos de vida que captei, trapos de sentimentos que juntei, fragmentos de risos que roubei, estão todos aí, histórias diversas de um mesmo ambiente, de um mesmo país, um país chamado periferia [...]. Moro dentro do tema*[27].
>
> Ferréz

A assunção do lugar de onde fala é uma ideia fundamental para compreender Ferréz, seus livros e suas formulações éticas para suas confecções estéticas. Trata-se de algo que o escritor fez questão de explicitar já no livro que o tornaria conhecido do grande público nacional e estrangeiro. Ao abrir as páginas de *Capão pecado*, nas duas edições publicadas pela Labortexto Editorial, o leitor encontrará, depois de foto do autor tendo ao fundo uma favela, agradecimentos, necrológios e dedicatória aos marginalizados, uma coluna que começa em "Universo" e termina em "Capão Redondo".

Os leitores, assim, são inseridos numa espécie de *viagem*. Porém, ao chegar a um dos extremos da zona sul paulistana, a eles é dito: "Bem-vindos ao fundo do mundo". Na curta coluna, epigrafada para este capítulo, "São Paulo" aparece duas vezes seguidas. Pode ser apenas pelo fato de que um deles é o estado e a outra, a cidade. Mas também pode haver aí a sugestão de que o autor e determinadas camadas do público leitor, mesmo que habitem o mesmo lugar, não pertencem ao mesmo espaço social; não se tratando assim de dualismo, mas de uma constatação do cotidiano. Da segunda São Paulo, segue-se o trajeto rumo à zona sul e ao *fundo do mundo*.

E, embora a profissão de escritor seja estranha ao público idealizado pelo autor, é a ele que dedica o romance; por outro lado, ele deixa claro ao *querido sistema* o que pretende e a maneira como eles, autor, livro e personagens, estão penetrando em suas entranhas: "Você pode até não ler, mas tudo bem, pelo menos viu a capa".

Uma marginalidade produtiva, distributiva e consumidora, que não significa estar fora do sistema, social ou literário – tanto quanto nos casos anteriores, de escritores negros e da literatura negra. Veja-se, então, a história forjada por Ferréz acerca de *um lugar por Deus abandonado e pelo diabo batizado de Capão pecado*, que, posta em contexto, guarda relações e semelhanças com os escritores analisados anteriormente e coloca, definitivamente, o tema da condição periférica na ordem do dia, social e literária. A composição do livro *Capão pecado*, nas duas edições publicadas pela Labortexto Editorial[28], é algo que chama atenção e precisa ser discutido. A capa traz, sobreposta, a imagem avermelhada de um garoto de bermuda, touca e braços abertos, com uma tarja preta nos olhos (o que se tornou símbolo da figura delinquente do *menor*), segurando uma pistola numa das mãos. A postura é de desafio, haja vista a posição da cabeça, com o queixo levantado. Ao fundo dessa imagem em primeiro plano, uma fotografia amarronzada de casas em alvenaria precária, barracos e telhados de uma favela. Escrito em letras vermelhas estilizadas, lê-se *Capão pecado*, bem como o nome do autor, logo abaixo.

À altura dos pés do garoto avermelhado, anuncia-se, de um lado, a *participação* de Mano Brown, dos Racionais MC's, e, do outro, o nome e a logomarca da editora. Na contracapa, escrevem alguns dos primeiros leitores do livro: Mano Brown, Cascão, Outraversão, Negredo, Conceito Moral: todos ligados ao *hip-hop*, *rap*, moradores do mesmo bairro ou de um com características semelhantes às do bairro do autor e de seus leitores ideais. Esses mesmos leitores assinam pequenos textos internos, que, junto com fotografias do bairro, compõem uma espécie de retrato e explicações para um lugar em que, como afirma Brown, "a foto não tem inspiração pra cartão-postal". E "as histórias de crime não têm romantismo nem heróis"[29].

O livro possui ainda duas orelhas, assinadas pelo *rapper* Gaspar, em que novamente se procura criar a ligação entre quilombo, favela e periferia, entre os periféricos e a história social brasileira, vista do ângulo dos grupos negros e indígenas. Alguma idealização no processo é necessária para construir percursos entre os diversos pontos acidentados e tracejados desse problema. No entanto, o que interessa é menos o acerto científico que, uma vez feita a conexão de sentido, a definição de um passado tanto sócio-histórico como estético para essa condição social e confecção literária. Qualquer outra filiação é ultrapassada pela dupla assunção: do lugar de onde se fala e das consequências vividas, cotidianamente, pela história social desses grupos.

> Antigamente quilombos, hoje periferia. [...] Somos uma grande fusão. Branquindíafro. Ainda continuamos distantes, longe das capitais, vivendo em periferias, entre barracos, redutos, morros, vielas, selva de casas amontoadas. Liberdade vigiada pelo sistema, correntes feitas de moeda. [...] Ainda somos um grande problema. Politicamente nada mudou, os capitães do mato agora estão fardados. [...] mas lhes digo: esse Brasil fomos nós que construímos. Temos que dar continuidade às lutas dos nossos antepassados; manter as tradições, origens, costumes. O exército palmarino não foi derrotado. A cabeça de Zumbi não foi exposta em praça pública. Zumbi é imortal! A resistência continua e os quilombolas periféricos se procriam avançando do caos para o mundo [...]. Um líder não se escolhe, ele já nasce predestinado, e, como todo líder, tem sua missão. Ferréz é mais 1 Da Sul, e sua missão é retratar a periferia através da sua poesia realista. Somos todos quilombolas nesse imenso *Capão pecado*. Salve o Rei Zumbi![30]

Ecoam nesse texto muitos temas e ideias anteriormente apontados e discutidos neste livro. A fusão do destino histórico socialmente imposto aos grupos negros e periféricos; a aliança entre esses grupos, promovida pela eleição de um ícone e sua importância (Zumbi e o Quilombo dos Palmares, visto como símbolo de resistência negra no Brasil do século XVII); a própria ideia de quilombo, que remonta à discussão do *quilombismo* de Abdias do Nascimento; e, por fim, a ideia de missão e do ativismo político-literário, sintetizada por Ferréz e seu *Capão pecado*.

Tudo isso articulado numa trágica história de amor e traição, enredada pela dinâmica dos personagens de um bairro de periferia. A história de Rael, Paula, Matcherros. Mas também a história de homens e mulheres de um lugar chamado *periferia*, cheio de representações negativas, interna e externamente. *Capão pecado* extrapola o clichê simplista do *triângulo amoroso* para se tornar uma *história coletiva* (o que não significa ser uma *epopeia*). Essa história, na representação de alguns de seus moradores, parece ter sido criada no dia seguinte ao da abolição, pois, segundo o narrador onisciente que abre o livro, refletindo sobre a vida de alguns homens, "todos souberam reservar sua parte, menos ele e os seus"[31].

A estória é dividida em cinco momentos e vinte e três capítulos, em que o foco se encontra na trajetória de criança a adulto de Rael, garoto "gordinho, cabelo todo encaracolado, e um óculos grande e preto"[32], que gosta de ler desde pequeno e que, segundo o narrador, aprende como é o mundo no dia em que seu pai recebe um cartão de Natal da empresa em que trabalha. O pai não sabe ler, mas finge. Rael, curioso para ir além das imagens, descobre que o cartão foi comprado de associações beneficentes para que a empresa possa abater o valor no pagamento de impostos. O tempo se acelera, e já se tem o personagem principal descobrindo as suas próprias necessidades e as limitações familiares, o que o faz começar a trabalhar numa padaria do bairro.

O cotidiano de Rael apresenta e representa, assim, o do próprio bairro. Pelos seus olhos, em seu trajeto de casa para o trabalho, casas de amigos, vielas, becos, esquinas, terminais de ônibus etc., descortina-se o pulsar da vida na periferia. Assim como o da cidade envolvente, da qual o bairro em que vive é parte, mas que ele enxerga (a metrópole) como um mundo isolado, em oposição constante ao seu:

> Ele tinha nojo daqueles rostos voltados para cima, parecia que todos eles eram melhores que os outros. Se seu pai estivesse com ele, com certeza, já teria dito: esquenta não filho, eles pensam que têm o rei na barriga, mas não passam dessa vida sem os bicho comê eles também [...]. Chegando ao mercado de seu Halim, o pão-duro

já o havia visto de longe e já estava contando o dinheiro para lhe dar. Rael se aproximou e Halim nem o cumprimentou [...]. Halim notou algo em seu rosto, algo estranho, talvez por um momento Halim tenha visto nos olhos daquele simples menino periférico um sentimento de ódio puro e tenha sentido por algum momento que um dia o jogo iria virar. [...] Pegou o primeiro ônibus, desceu no terminal Capelinha e lá pegou o Jd. Comercial. Conforme o ônibus avançava, ele se sentia melhor, se sentia mais em casa. [...] Entregou o dinheiro para sua mãe, correu para o tanque, lavou o rosto como uma forma de desabafo, como se estivesse se lavando dos olhares daquelas pessoas hipócritas. Foi para seu espaço naquela pequena casa, pegou um livrinho de bolso de faroeste e começou a ler. Era uma terapia para ele [...][33].

É importante notar que o olhar da criança (que descobre a marcha do mundo num cartão de Natal impessoal, enviado ao pai analfabeto), o do jovem, descrito acima, e, adiante, o do adulto que Rael virá a ser é o mesmo. Não há mediações entre as etapas da vida. Isso se dá por dois lados: por um, porque as idades do personagem não são mencionadas; sabe-se que ele vai crescendo à medida que trabalha, estuda, se casa etc. – as idades, portanto, são evidenciadas pelo ritmo da vida produtiva de Rael. De outro, a mediação parece inexistir, pois ocorre uma socialização primária marcante, formadora de uma identidade com *as formas de viver*, que coloca o personagem em constante oposição a outras formas. Rael se sente bem no mundo que conhece, que é o seu bairro, embora trafegue constantemente pelo centro. Mas se na metrópole – ou fora da periferia mais imediata, que é o seu mundo – o personagem é sempre um sujeito fora de lugar, também no espaço social que considera o mais confortável ele é uma espécie de *corpo estranho*. Alguns diálogos e momentos de reflexão do personagem deixam isso evidente:

[...] – Mas chega aí, *você ainda continua lendo que nem um louco* ainda?

[...] – É, eu continuo estudando, né, mano. Tô comprando um livro no Sebo do Messias, lá no centro [...][34].

Rael decidiu voltar e, no meio do caminho, avistou uma igreja evangélica [...]. Rael fechou os olhos e tentou orar, mas não conseguiu.

> Ele viu tudo errado, o pai que degolou o filho em um momento de loucura química, a mãe que fugiu e deixou três filhos [...] o preconceito racial, o pastor que em três anos ficou rico, o vereador que se elegeu e não voltou para dar satisfação [...] o senhor que devia estar aposentado e arrasta carroça, concorrendo no trânsito com carros importados, que são pilotados por parasitas, o operário da fábrica que chegou atrasado e é esculachado [...] o sangue de Zumbi que hoje não é honrado. Rael não conseguiu rezar pois no bairro a lei da sobrevivência é regida pelo pecado, o prazer dos pivetes em efetuar um disparo [...]. Rael tentou parar de raciocinar, tentou parar de pensar, tava tudo errado, a porra toda tava errada. Tudo[35].

Há ainda um momento muito interessante nas reflexões de Rael, quando elas remetem a momentos tanto da personagem de *Quarto de despejo* quanto dos de *Cidade de Deus*: os na *esfera do sonho* e da *solução do mundo pela vontade e pelas ações extraterrenas*. Se seu cotidiano é pautado pelo estranhamento e desconfiança, e o *horizonte de possibilidades* alternativo parece estar distante – embora sua busca nunca deva ser abandonada, já que ele insiste em estudar e ler –, o que a projeção de outro mundo e a solução divina poderiam lhe reservar? Pouca coisa, como visto no excerto anterior e também na forma que ele enuncia adiante: "Rael tentou se concentrar em Deus, mas pensou no que seria o céu... teria periferia lá? E Deus? Seria da mansão dos patrões ou viveria na senzala? [...] Rael chegou à conclusão mais óbvia: aqui é o inferno [...] aqui é o inferno de algum outro lugar e desde o quilombo a gente paga, nada mudou"[36].

É um personagem observador, que tem a potência para estabelecer as relações e pontes com um mundo envolvente, justamente porque se sente estranho a ambas as realidades. Todavia, como afirma Ferréz:

> [...] a gente também tem um cara que estuda, que vai pra escola, que lê, que tenta fazer faculdade. Então, eu tinha que pôr um personagem assim também. E também é um cara que sofre pelo bairro, acaba entrando no ritmo no bairro. Então, por mais que tenha o seu ritmo, o bairro influencia muito no ritmo dele[37].

A influência da dinâmica do entorno começa a se revelar no momento em que o personagem começa a se desgraçar. E, de alguma maneira, o horizonte alternativo se restringirá a uma ética que ele tentou negar anteriormente. O *pecado* em *Capão* tem uma dupla leitura: de um lado, a *violação cotidiana de preceitos arbitrariamente considerados bons*; de outro, *a quebra do comportamento esperado entre amigos e aliados, entre parceiros, "trutas", companheiros.*

O esgarçamento dos acordos, seja entre os homens, seja entre eles e um deus, é o princípio da perda da *graça*; bem como a rotura das promessas da República e da abolição, lembrada constantemente, desencadeia uma série de processos sociais promotores de desigualdade e meios de excludência.

Se tudo parece tão determinado, produto da necessidade e do acaso é o encontro de Rael com Paula, a namorada de um de seus melhores amigos, Matcherros. Rael é convidado a tentar mudar da padaria para um emprego que lhe possa dar um *futuro*; e ele encontra Paula quando resolve preencher uma ficha para um emprego na metalúrgica de seu Oscar, onde ela trabalha. A partir desse encontro, seus olhos e ideias se voltam para Paula, bem como para a vigilância da contínua *ascensão para o cadafalso* por trair seu amigo.

> [...] Talvez por desencargo de consciência passou na casa de Matcherros. Só indo à noite mesmo para o encontrar acordado, pois o amigo dormia a maior parte do dia. Cumprimentou o amigo e disse que iria entrar na metalúrgica [...]. Matcherros ficou contente, ofereceu café para Rael, e quando estava se levantando para pegar, disse:
>
> – Aproveita e olha a Paula pra mim, mano, eu tô desconfiado dela, tá ligado?
>
> – Que é isso, Matcherros, ela é muito gente fina, e muito trabalhadora pelo que eu vi lá, tá ligado?
>
> – *Nunca se sabe, velho amigo, nunca se sabe, mulher é um bicho em que não se confia*[38].

Além das dúvidas pela dupla quebra da ética e perspectiva de incursão no pecado expostas neste trecho, a frase final revela um traço muito peculiar. A posição das mulheres nas reflexões de Rael – e no romance como um todo – revela-se extremamente confinada. *A única mulher indubitável é a figura da mãe*. A maternidade confere uma aura impoluta e imaculável. Ela é uma *guerreira*, que sofre para criar os filhos e que, apesar do marido – não raro, a figura paterna é mostrada em situação deplorável, em geral devido à delinquência ou ao alcoolismo –, mantém alguma integridade no lar. Ela é a conselheira, terrena e espiritual, dos filhos e do marido. Assumindo esse ar divinal católico, a mãe tem de deixar de ser uma mulher como as outras; ou seja, ela deve ser abnegada de desejos mundanos e vontades mortais, assexuada, vitimada (em contraste com a posição do marido, que, quando não é um trabalhador, quase sempre é um algoz), batalhadora e defensora do lar. Até se tornar mãe, Paula é uma *mulher* e, portanto, uma mundana em potencial; quase como as outras, não fosse ela objeto de adoração do personagem principal. Isso não o impede de tratá-la como as demais, especialmente nas descrições de suas relações sexuais, desenfreadas até o momento em que ela se torna *mãe* de seu filho.

Mas esse traço narrativo não se refere apenas às reflexões de Rael. A esfera moralista está presente também num narrador em terceira pessoa que julga cada ação operada em *Capão*, inclusive as do personagem principal. Sendo essa uma característica desse tipo de narrador onisciente, ela se acentua nos *ensinamentos* que ele procura passar. "Mixaria deu uma leda pra cada um e começou a dichavar a maconha, cada um fumou o seu e ficou a pampa, curtindo a natureza e viajando cada um com seu sonho, não sabendo que o que estava subindo ali era uma fumaça, mas o que certamente estava descendo era a autoestima, que descia pelo esgoto."[39]

Essa é a principal diferença entre os narradores de *Capão pecado* e *Cidade de Deus*; e que aproxima o primeiro da narrativa de *Quarto de despejo*. O narrador do segundo, embora se indigne e conheça o espaço e as condições sociais tão bem quanto seus pares, não procura julgá-los. Não é condicionado por alguma ética e, se o é, não revela. Entre os autores Paulo Lins e Ferréz, também há essa discrepância. Lins não opera segundo algum protocolo criativo ético, negro ou periférico, o que lhe confere – tanto quanto em De Jesus – um limite mais amplo de possibilidades narrativas. Embora tenha se espelhado em Lins, Ferréz, em *Capão pecado*, viu-se compelido a usar seus personagens para passar *mensagens*, o que, talvez, tenha criado um circuito literário criativo mais restrito. *Em Ferréz e* Capão pecado, *literariamente ao menos, existem crenças em saídas, e a periferia é capaz de gerar um projeto coletivo*. Aspectos disso estão afirmados pelo autor:

> O Paulo Lins me influenciou. Porque depois que eu li o livro dele, eu percebi que eu podia pôr maconha no meu livro... Podia pôr coisas que eu não colocava. Pela ética que eu tinha, eu não colocava essas coisas no livro. Quando eu tava terminando o *Capão*, li o *Cidade de Deus* e falei: "Não, agora eu vou ter que pôr umas coisas a mais no *Capão*". Porque eu percebi que a favela que eu tava escrevendo era a que eu queria. Livre de maconha, livre disso, livre daquilo, livre de cocaína. E eu percebi que o Paulo Lins falava disso. Então, eu falei: "Não, eu posso falar também!". E nisso o Paulo Lins me influenciou bastante. Também eu tinha lido poucos livros pra ter escrito o *Capão*, tá ligado? Não tinha lido o tanto de livro que eu leio hoje. Então, desde que eu peguei ele, de tudo, era uma influência muito forte. Pode ver que eu não dou conselho no livro: "Não, não use drogas... pá pá pá pá". Mas eu mostro que quem usa drogas morre no final, morre no começo e passa por todo um processo[40].

Além da tragédia inevitável de estar no mundo, compartilhada com os periféricos, Rael tem de se confrontar com a desgraça iminente de trair um amigo e incorrer num dos aspectos do *ritmo* do bairro. "Paula ao lado de Rael, encostada, sabia em seu íntimo que o que estava acontecendo era loucura [...]. Primeira lei da favela, parágrafo único: nunca cante a mina de um aliado, se não vai subir"[41]. Outra determinação em vidas já tão fatídicas. Vidas breves e precárias, que o narrador alinha com habilidade suficiente para articulá-las num todo comum. As histórias de crimes acontecem simultaneamente às de amor – e algumas histórias de amor são igualmente criminosas; as de superação das dificuldades se dão paralelamente às de naufrágios, tanto quanto passos em falso podem ser de ascensão para o inusitado. Nesse segundo aspecto, no entanto, existe a *aposta* de se tentar manter uma postura moral ilibada, que fará com que algo no final dê certo – a aposta de uma vida reta e honesta, mas pouco valorizada, como a que fez sua mãe, na visão de Rael.

> Rael começou a comer e, pensativo, chegou à conclusão de que, no serviço de sua mãe, ela não deveria passar de uma Dona Maria qualquer; aquela que cozinha bem, que trata dos filhos dos outros bem, mas que dificilmente teria o seu nome lembrado pela família que tanto explora seus serviços. E, num futuro certo e premeditado, aqueles garotinhos que ela ajudava a criar e a alimentar seriam

grandes empresários como o pai, e com certeza, os netos daquela simples Dona Maria seriam seus empregados mal assalariados e condenados a uma vida medíocre[42].

É uma aposta contra a determinação dos processos sociais, mas que em geral leva à perenidade da condição subalterna. Os bisavós eram escravos ou libertos; os avós, trabalhadores precarizados; os pais, viventes de uma condição piorada. O presente, então, se mostra como o portador de uma subalternidade quase inexorável: a condenação a uma vida medíocre. O horizonte de possibilidades do sujeito social se fecha, tal qual o horizonte geográfico poluído da metrópole: não há saída, não há vista que os olhos alcancem, além da altura dos prédios, da fumaça de fábricas e carros, do lixo nas ruas, do sangue derramado. Qualquer fabulação social parece ser tão inacessível quanto qualquer esfera onírica. Em *Capão pecado*, o sonho individual está tão maculado quanto o projeto social.

Assim sendo, tem-se reencenado o problema da oposição entre *diversidade* e *desigualdade*. Se o passado, por um lado, tem de ser exaltado, com a escolha de seus ícones, negros ou de outros grupos sociais, para que se estabeleça uma ascese, fundada no orgulho e no resgate de figuras exemplares, qual é sua função num cotidiano tão irremediável? Enunciado o diverso, apresentados a periferia e seus habitantes, evidenciadas as formas de viver e dizer, que fazer com elas, num ambiente em que a insuficiência é vivida cotidianamente ao rés do chão? Tensão que permeia a figura do ativista político-literário e a do escritor de *Capão, Manual prático do ódio, Ninguém é inocente em São Paulo*, ambas condensadas no autor Ferréz.

Não existe qualquer sublimação do fracasso, num universo atravessado por acordos temporários de vida e morte e uma ética estabelecida por autoridades corrompidas, legitimadas pela força e violência. "A lei na quebrada não é quantia, mas sim o respeito, que deve acima de tudo prevalecer"[43]. A frase escrita assim, fora de contexto, pode parecer até positiva, sugerindo um ambiente em que o dinheiro não importa, e sim a honra. Todavia, ela se refere a uma dívida de drogas. E o respeito que deve prevalecer é o do mais fraco pelo poder legitimado que o mais forte tem de cobrar, podendo perder seu posto se não o exercer e ser substituído por outro com mais poder, numa sucessão fugaz de dominação. A mesma frase apresenta uma das cenas mais pungentes da narrativa de *Capão pecado*, em que uma criança vê seu destino frustrado por ter incorrido na não observância da *lei da quebrada*.

> Burgos arrancou o cano rapidamente de sua boca, e o garoto gritou quando sentiu que ainda estava vivo, os espaços em sua boca ficaram vagos, os dentes foram arrancados pelo cano do revólver. [...] Ele se entregou e aceitou a morte como se aceitasse um grande presente, em seus pensamentos as palavras finais de Burgos não contavam, ele viu lindas paisagens, ele estava viajando, mas foi ruim o ar que entrou em sua boca quando o primeiro tiro foi efetuado, Deus! [...] Simplesmente o ar entrou pelo furo e provocou um frio insuportável, são dois os tiros, e então três, mas o frio impedia seu raciocínio e ele viu um médico, sua mãe o pegou no colo e beijou sua testa, seu pai lhe deu um caminhão no Natal, seus amigos lhe fizeram uma linda festa surpresa, sua primeira namorada foi a Regina [...] sua avó ainda tinha na sua sala seu retrato, sua coleção de moedas antigas continuava guardada, ele não viu o rosto de seu irmão quando soube da conta bancária que ele havia aberto para ele, não viu a cara dos vizinhos quando chegou do serviço de gravata e celular, certamente disseram "que nego enjoado", mas não viu, não viu[44].

O quilombo, tão associado aqui à ideia de periferia, remete à liberdade e a autonomias quase inexistentes nos dias correntes. O universo de acordos precários permeia todas as dimensões da vida social, condicionando fortes e fracos a uma situação de permanente insegurança e desconfiança, num universo circunscrito. Mesmo o bandido valentão da citação anterior tinha de se submeter a "Turcão, ex-policial, que comandava o tráfico na área"[45]. E ao negociar com ele, Burgos expressa o clima de tensão no ar, que resume o cotidiano inexorável daquela vida medíocre.

> [...] de repente tudo aquilo estava parecendo uma trairagem, pegou as granadas rapidamente, colocou duas na bolsa e ficou com uma na mão, Turcão estranhou o ato e perguntou o porquê do medo, Burgos respondeu que não conhecia os malucos e que se fosse trairagem, tudo iria pelos ares. Turcão deu uma longa risada e falou pra ele ficar a pampa, pois os malucos que tavam ali eram tudo

polícia lá de Heliópolis, e que tavam ali acertando uma parada de pó. Burgos não hesitou e saiu rapidamente do barraco, com a granada na mão e a maldade no pensamento[46].

Do quilombo à periferia, na literatura, as esperanças do passado se rebaixam, e uma utopia de liberdade se torna uma prisão, física e mental, no começo dos anos 2000. Você pode sair do gueto, mas o gueto não sairá de você, afirma a música de Mano Brown, epigrafada nesta parte do capítulo; as condições sociais da vida cotidiana são, assim, uma espécie de armadura de ferro colada à própria pele. Já se viu isso ocorrer com De Jesus e Lins, e seus narradores. Mesmo o destino de Rael é atrelado a essa condição. É um personagem cujo destino suscitado inicialmente pelo narrador não se realiza. *De semi-intelectual negro da periferia, observador e leitor voraz, sujeito fora de lugar, torna-se um indivíduo atormentado pelas paixões e pulsões, ritmado pelas formas de viver de seu bairro* e, no limite, um traidor, tanto do amigo quanto de suas esperanças.

Num ambiente regido por uma ética estreita, o pecado de se apaixonar pela namorada do melhor amigo, assumi-la como esposa e com ela ter um filho não passa incólume. Assim como, de certa maneira, não passa impune seu desvio de caminho das possibilidades de um destino alternativo, castrado pelas limitações individuais e coletivas. "O preço havia sido alto, mas com certeza ele pagaria novamente, pois ele amava aquela família e nada que seu ex-amigo lhe disse naquela noite ele guardava como ofensa, pois era tudo verdade. Uma frase daquela discussão ficou em sua cabeça por alguns anos, 'Da trairagem nem Jesus escapou'"[47].

E quando ele descobre que sua esposa perfeita, *mãe* de seu filho, é, na verdade, amante de seu patrão no emprego em que ambos trabalham, e por ele o abandona, Rael não tem dúvidas de que atitude tomar. Como qualquer homem traído do bairro, cujo comportamento recriminou antes, dirige-se a um bar, revigora-se de coragem alcoólica e, posteriormente, afirmada a traição do patrão, começa a tramar a vingança. A mediocridade e o fracasso da vida cotidiana alcançam também aquele sujeito que poderia ser a negação da negação do destino periférico. Isso não o impede de se aliar, inclusive, ao assassino de um de seus velhos amigos. E como toda aliança precária, as consequências são previsíveis.

Burgos lhe explicara tudo, como proceder, e agora era só esperar. Seu Oscar desceu do carro e estava abrindo a primeira porta da

> Metalúrgica. Burgos estava do outro lado, Rael ia fazer por vingança, pela honra; Burgos ia fazer pela grana. [...] Seu Oscar suou frio quando o viu com uma calibre 12 nas mãos. [...] Rael encostou a arma em sua cabeça e lembrou de Ramon, Burgos pegou o dinheiro e pensou numa CBR novinha e numa mina na garupa [...]. Burgos saiu. Rael se esqueceu de Deus, de sua mãe e das coisas boas da vida, apertou o gatilho e fez um buraco de oito centímetros na cabeça de Seu Oscar. [...] A vizinha estava saindo para comprar pão. Se assustou com o barulho, mas antes de entrar, ela viu Rael sair com uma arma de dentro da metalúrgica. Entrou em casa, ligou para a polícia e ferrou mais um irmão periférico. [...] O primo do Burgos estava na mesma cela e havia recebido um bilhetinho horas antes durante a visita; Burgos pedia um favor [...]. Rael sentiu uma dor horrível quando o seu amigo de cela enfiou a caneta em seu ouvido, ele só arregalou os olhos e pensou em seu filho, Ramon. Seu corpo foi retirado da cela pela manhã e encaminhado ao IML[48].

A vitória do meio social sobre o sujeito se coaduna também com os dois últimos capítulos do livro, que operam como uma espécie de inventário do irremediável. À exceção de Matcherros e alguns outros personagens, as trajetórias dos habitantes de *Capão* são todas trágicas e fracassadas, à semelhança de aspectos de *Cidade de Deus*. Cria-se, então, um desnivelamento entre projeto social e confecção literária: os novos quilombolas, *na ficção*, estão aquém da imagem que projetam de seus antepassados.

Farei uma provocação a partir de *Capão pecado*: no começo dos anos 2000, *os novos quilombolas seriam incapazes de realizar o quilombismo?* Sucumbem às adversidades, são pobres matando outros pobres, não contrariam as estatísticas criminais. Ferréz consegue, assim, plasmar uma realidade desde dentro, com uma percepção muito aguçada para recriar, no mundo ficcional, problemas e temas de sua realidade imediata. Seu particular se torna universal no momento em que a estória de *Capão* se torna uma história coletiva. A força narrativa de seu romance de estreia está, além das qualidades próprias de qualquer livro literário, em propor um debate extremamente sério acerca do *sentido* tomado por aquelas formas de viver e dizer daqueles que são seus leitores ideais. O sentido que lhes foi atribuído historicamente, desde o dia seguinte à abolição – como afirma seu narrador onisciente –, e também aquele que eles conferem diuturnamente à sua situação.

Jean-Paul Sartre sintetizou esse problema de maneira categórica, no prefácio que escreveu a *Os condenados da Terra*: "Nossas vítimas nos conhecem por suas feridas e seus grilhões; é isto que torna seu testemunho irrefutável. Basta que nos mostrem o que fizemos delas para que conheçamos o que fizemos de nós. [...] nós não nos tornamos o que somos senão pela negação íntima e radical do que fizeram de nós"[49]. Esta é a pergunta-chave: *o que fizemos com o que fizeram de nós?* Paradoxalmente, assim, os sentidos sociais de *Capão pecado* convergem numa incitação à liberdade da condição humana. No caso em foco, da condição periférica.

Retomando Alfredo Bosi, ao falar de João Antônio – ícone literário para Ferréz –, *Capão pecado* é um realismo cru, fervido em revolta, um discurso à margem da sociedade, que coloca na cena central as consequências contemporâneas das crises da modernidade brasileira e os colapsos de suas promessas para negros, migrantes, nordestinos, pobres, entre outros. Seu autor conecta-se, sem afirmar conhecimento explícito, a uma longa trajetória da criação literária do ativismo político de seu grupo social no Brasil, no século XX, assim como de outras lutas sociais, tão importantes quanto. *Capão pecado* coloca em debate, após vir a público, tarefas hercúleas para o ativismo político-literário periférico: respeito, dignidade, reconhecimento, identidade, ação. A construção de um horizonte de possibilidades alternativo.

Há muito espaço para o *fracasso* no romance (e é necessário compreender os sentidos desse fracasso); todavia, no ambiente extraliterário, existe a busca de que a negação da negação se processe efetivamente, com possibilidades de aproximação e estranhamento diante de projetos coletivos, como se poderá ver a seguir.

RETRATOS DE GRUPOS III: ENTRE NÓS, OS NEGROS, ELES, OS PERIFÉRICOS (2000-?)[50]

> Pra mim, a rainha da Literatura Marginal é a Carolina de Jesus. Achei a rainha, mano! Quando eu li o *Quarto de Despejo*, eu senti na pele o que eu senti aqui, tá ligado? Eu falei: "Caralho! É a mesma coisa! Não mudou porra nenhuma", tá ligado? É a mesma situação, tem coisa que é impressionante[51].
>
> Ferréz

> Eu discordo no nome, eu acho que é um nome que não cabe muito bem. Por que literatura marginal, né? Eu acho que seria mais adequado você falar em literatura marginalizada, uma literatura que é posta à margem, é colocada à margem. Não é uma literatura que escolheu ficar à margem. [...] Pode ser um modismo. Porque você fala periferia, agora tudo é periferia. Porque você já tem, é um modismo, e se tem um outro olhar. Porque você fala lá na periferia, aquela coisa da burguesia, da classe média agora, que ela tem esse sentimento: "oh, o que eu posso fazer?". Porque a gente vê muitos negros fazendo literatura periférica, da periferia, e dizendo "não, minha literatura é da periferia". [...] e acho até que essa postura torna mais palatável essa literatura com um lance de esquerda, porque aí, ela enfatiza a questão de classe[52].
>
> Márcio Barbosa e Esmeralda Ribeiro

Capão pecado é publicado em 2000 e, a partir dele, o horizonte de expectativas para a confecção literária em geral e para a ideia de uma literatura marginal contemporânea se amplia. Começa-se a discutir uma ética criativa e social para os escritores dessa literatura na cena pública e no sistema literário no qual adentram. Ferréz, quando começa a colaborar com a revista *Caros Amigos* como articulista, elabora um projeto de publicação para a literatura marginal permitindo que, na auspiciosa formulação de Érica Peçanha do Nascimento, *os escritores da periferia entrem em cena*. Trata-se do projeto já discutido no segundo capítulo deste livro, o projeto dos três atos da literatura marginal/periférica. Ele é o responsável por trazer a um grande público vários escritores reconhecidos atualmente como ligados ao movimento de literatura marginal/periférica, tais como: Alessandro Buzo, Sérgio Vaz, Allan Santos da Rosa, Sacolinha (Ademiro Alves de Sousa), Elizandra Souza, Ridson Dugueto Shabazz, entre outros.

Com o projeto coletivo capitaneado pelo autor de *Capão pecado*, a literatura marginal/periférica tenta estabelecer também alguns nexos de sentidos entre o que ela propunha afirmar e concretizar – com sua nova confecção estética – e os ícones, modelos e histórias do grupo social negro. Zumbi, Lima Barreto, Luiz Gama, Carolina Maria de Jesus, Solano Trindade e até Paulo Lins, entre outros, são nomes que figuram em citações, apresentações, manifestos, textos para jornais e entrevistas. A periferia, por vezes, é enunciada como uma nova configuração de quilombo; seus descendentes, engajados ou não, como novos quilombolas, herdeiros de um projeto de Palmares.

Se o sentido é figurado, permite suscitar uma série de questionamentos acerca dessa intenção de alianças. São as condições da origem social e as experiências de socialização primária que permitem o autorreconhecimento identitário associado com figuras que, por seu talento literário e/ou insubmissão social, chegaram ao imaginário público como importantes para as lutas sociais, não apenas negras. E que, portanto, formariam um *cânone* para a nova confecção estética, situando para ele um lugar no sistema literário. Acerca dessas relações, Ferréz afirmou em entrevista que:

> Tudo é literatura. A gente separa só pra ter uma proteção também. Porque o cara fala... gosta de te rotular pra te discriminar. E a gente rotula pra ter uma proteção. Pra falar que a gente também não faz parte daquela literatura contemporânea boazinha que os caras fazem e tal. Então, nós somos outra pegada, assim. Nós somos os caras que tá mesmo no *front* de batalha. Só pra deixar isso bem claro, assim. Por isso que a gente rotula. Mas, no geral, tudo é Literatura[53].

A assunção do rótulo, como proteção e diferenciação, implica também a assunção, algo clara, da história do grupo social e, por conseguinte, de suas consequências. Outro momento muito esclarecedor da faceta de Ferréz como antologista dessa nova estética se dá quando ele discute a maneira como alguns escritores trataram o fato de serem chamados de periféricos: deveria haver um comprometimento com o rótulo literário tanto quanto com a condição social. Não fazer isso implicaria uma espécie de traição, uma auto-oferta para se vender por qualquer preço ao mercado (e negar suas raízes), alimentando uma falsa ideia de inclusão, social e literária, como ele discorre:

> *Os caras têm o sonho, cara! De que vão andar lado a lado com a elite da literatura, tá ligado? Tem muito cara que tá no gueto, que tem o falso discurso, que acha que vai ralar com os caras e que vai tá lado a lado ali, e vai ter [de] conviver e não quer ser distinguido como literatura marginal, sabe?* Se você pegar o livro do Malcolm [*Malcolm X, Autobiografia*], no Harlem, tem os negros que são os negros mesmo

e se assumem e tem os negros que já tão mais brancos, tão tomando uísque com os caras, que tão falando baixinho, querendo entrar na sociedade, cê tá entendendo? Então, tem muito cara desse também na periferia. Muito cara da periferia que quer ser elite. A maioria quer ser elite. Os caras não quer ser pobre. E eu também não quero ser pobre! Eu não fiz voto pra pobreza, tá ligado? Só que tem diferença! Até onde você vai pagar o preço pra ser desse jeito. *Então, o cara não se assume com uma coisa que pode fortificar a gente, com medo de ser rotulado. Mas ele já tá rotulado! Ele pode tá na alta elite da literatura que os caras vão olhar: "Tá vendo aquele cara ali? Favelado. É ex-presidiário". Ele não vai ter boi. Que que adianta, entendeu? Você tem que ser respeitado pelos seus textos. Mas a rotulação sempre vai ter.* Então, o cara não quer ser chamado disso, daquilo; mas também não é envolvido em nada! Pergunta pra mim onde esse cara tá envolvido? Qual o último livro de trabalho, de coletânea, de autores contemporâneos que ele tá dentro? Nenhum! A gente tem que ser realista. Se não sai a literatura marginal – livro, as revistas –, se não sai o trabalho do Sérgio Vaz – *O rastilho da pólvora* –, essas coisas, o cara não tá em nada, entendeu? Então, você sai nos *Cadernos Negros* e depois fala: "Não, eu não sou negro, não. Só saí nos *Cadernos Negros* porque eles me chamaram". Ah!⁵⁴

Ou, ainda, *cair em tentação* – como aos olhos do presente teria ocorrido, em sua leitura, com Carolina Maria de Jesus:

A Carolina, se ela tivesse um conhecimento ideológico do *hip-hop*, dessas coisas ideológicas que a gente tem hoje, ela não tinha ido pro centro e se entregue naquela forma que ela se entregou, entendeu? Ela fez o jogo do sistema direitinho mesmo e depois disso ela perdeu a legitimidade. Então, ela ficou... Tudo bem, que ela não tinha que continuar na favela que ela tava, que ela podia procurar algo melhor. Mas ela foi logo pro foco, mano! E aí, virou aquela coisa exótica, sabe? *Eu tenho essa sensação hoje de que a gente não tem que se tornar eles pra ser alguma coisa. Porque eles não são nada, mano!* E ela tentou se tornar eles. Eles passaram [essa imagem]: "Agora, ela tá bem...". Sabe? A mídia passou isso. "É possível o negro vencer e ficar legal, que nem a gente!"⁵⁵

Há um questionamento claro da ideia de integração que incide sobre a trajetória pregressa de escritores negros. Com essa crítica no horizonte, as três edições da revista *Caros Amigos/Literatura Marginal* (2001, 2002 e 2004), uma antologia editada pela Agir (*Literatura marginal: talentos da escrita periférica*, 2005), a inserção na cena literária, bem como a projeção para outros projetos, além dos de Ferréz, somam um saldo extremamente positivo para esses escritores numa trajetória de dez anos. Todavia, enunciadas as ideias e formatadas as tentativas de formular um projeto, ele se mostrou menos coeso que sua explicitação inicial permitia deduzir. Além disso, as alianças entre as éticas e estéticas criativas negra e periférica também entram em atrito por uma série de razões. Seja pela incompreensão mútua de aspectos particulares; seja pelo interesse midiático mais acentuado em uma ou em outra; ou, ainda, por complicações de projetos políticos e conflitos geracionais. Isso não impede, no entanto, aproximações concretas: escritores ligados à estética periférica lançam, a partir do volume 28 dos *Cadernos Negros*, seus contos e poemas nessa publicação; e autores do Quilombhoje começam a participar de saraus e reuniões nas periferias de São Paulo. Há certo trânsito entre as ideias e os problemas comuns.

Importante acentuar que a *ideia de periferia* torna-se nuclear para essa discussão, a partir desse momento, desse encontro, nessa década, como: ponto de partida e reconhecimento (a origem social dos autores e a posição que ocupam no sistema literário); método explicativo (*a periferia do sistema social e literário torna-se a referência para a explicação dos processos sócio-históricos, bem como para a confecção literária*); e, por fim, formatação de tentativas de um projeto político, uma vez que, *adentrados na cena*, cada vez mais escritores periféricos são chamados a discutir as mazelas da sociedade. Eles conquistam o interesse social para explicar os impasses sociais porque *falam desde dentro, vêm e veem de lá* etc. Há uma cínica ironia no fato de terem de explicar os resultados dos processos sociais dos quais são vítimas. Sugere-se assim, de certa maneira, que a periferia seja um mundo à parte e estranho ao centro. Uma fantasia sociológica semelhante à ideia de *exclusão social*.

Uma vez mais são as ciências sociais que, destacadamente, voltam suas preocupações para o assunto em foco, em particular a antropologia social e a sociologia. De um lado, pelo pioneirismo, qualidade e seriedade da análise, a antropóloga Érica Peçanha do Nascimento realizou o melhor trabalho até o momento sobre o fenômeno do surgimento dos escritores periféricos[56]. De outro, tem-se as contribuições reflexivas do sociólogo José de Souza Martins, discutindo criticamente os problemas contidos na ideia de *exclusão social* e retomando uma vertente analítica da sociologia brasileira acerca de se tomar a periferia como método e questão sociológica[57]. Vertente essa também presente na crítica literária, especialmente nas análises de Roberto Schwarz: o título deste capítulo utiliza uma frase das discussões finais de seu ensaio "As ideias fora de lugar".

Peçanha procura, depois de historiar as origens do movimento da literatura periférica, distingui-lo da estética marginal dos anos 1970. Ela afirma que existe um esforço dos novos marginais, embora sem se filiar a nenhuma corrente em particular, em tentar formar um cânone referencial próprio de escritores "dotados de semelhante perfil sociológico (como Carolina de Jesus e Solano Trindade) ou que privilegiaram em seus textos temas afins, como João Antônio e Plínio Marcos"[58]. A seguir, procede a uma análise acerca das três edições de *Caros Amigos/Literatura Marginal*, buscando discutir suas especificidades internas e as origens e trajetórias sociais de alguns dos escritores que participaram do projeto – sendo que, entre outros dados, 75% se autodeclaravam negros e 91,6% eram filhos de pais com profissões de baixa especialização e baixo *status* social. Vale destacar o empenho da autora em participar de reuniões, saraus, encontros, mapeando uma produção cultural em tempo real. É interessante notar ainda que, em sua dissertação, Peçanha discute três caminhos possíveis e/ou variações sobre o mesmo tema dessa estética: Sérgio Vaz, Ferréz e Sacolinha. Três apropriações particulares da mesma ideia, assim descrita:

> [...] na cena cultural contemporânea, a "marca" literatura marginal pode ser usada como diferencial no mercado. Da parte das editoras, agrega-se às obras o valor da "autenticidade" do que está sendo narrado; e da parte dos autores, manifesta-se um certo desejo de marginalidade na escolha do tema ou do discurso assumido, de tal forma que a estigmatização passa a ser o vetor das vendagens das obras e da carreira literária de moradores da periferia e presidiários [...] A questão passa a ser *como* os escritores da periferia reinterpretam e utilizam os mecanismos do mercado para veicular seus produtos sem desvincular-se dos projetos do grupo [...][59].

Esses projetos, suas variações e esboços de conformações éticas são testados em direções diferentes, fazendo-se necessário discutir seus sentidos. De edições de autor ou por pequenas editoras, inicialmente (Alessandro Buzo, Allan da Rosa, Sérgio Vaz, Ferréz, Sacolinha, Ridson Dugueto etc.), à publicação coletiva num veículo direcionado a um público de esquerda (ou mais progressista, no projeto *Caros Amigos/Literatura Marginal*), em 2007, alguns dos escritores lançados por Ferréz – e ele mesmo – alcançam ou consolidam a chancela de serem publicados pelo selo de um grupo editorial e por uma editora de grande porte (respectivamente, a Objetiva e a Global). Ao mesmo tempo, suas iniciativas de ativismo literossocial tornam-se cada vez mais conhecidas do grande público e de uma faixa expressiva do mercado cultural brasileiro (projetos Literatura no Brasil, Cooperifa, 1daSul/Literatura Marginal, Edições Toró e, mais recentemente, Selo Povo).

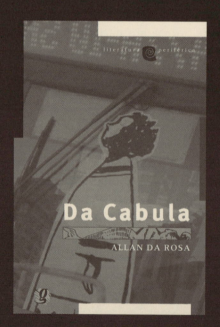 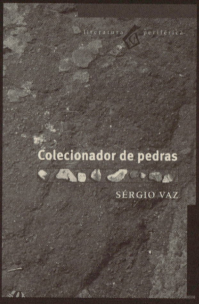

CAPAS DE *DA CABULA* E DE *COLECIONADOR DE PEDRAS*, OBRAS RESPECTIVAMENTE DE ALLAN DA ROSA E DE SÉRGIO VAZ QUE FAZEM PARTE DA COLEÇÃO LITERATURA PERIFÉRICA, DA EDITORA GLOBAL.

Como isso altera ou mantém as facetas do projeto desses escritores e ativistas? E como se relaciona com a trajetória do ativismo sociopolítico negro, com o qual teria alguma aproximação ideal e/ou concreta? Érica Peçanha faz a etnografia em profundidade dos particularismos dos projetos de cada um dos autores (Literatura no Brasil, 1daSul, Cooperifa)[60]. Segundo a autora, esses projetos extraliterários "merecem destaque não apenas porque desempenham um importante papel na construção da imagem de seus protagonistas, mas por serem instâncias para a produção, circulação e legitimação da produção literária dos escritores da periferia"[61]. A ida, portanto, para editoras comerciais seria uma forma de ampliar a circulação de suas ideias, lastreada pelo lugar de onde falam e pela atuação forte, até o momento, nesse lugar. Embora longo, é muito significativo o painel a seguir, de autopercepções de alguns desses escritores acerca do assunto, quando questionados sobre o que significava a Coleção Literatura Periférica[62] criada pela Global em 2007:

> *Eu acho que não altera em nada porque a gente vai continuar na rua, tá ligado? A gente vai continuar nas comunidades, a gente vai continuar frequentando eventos que a gente mesmo promove de literatura, a gente vai continuar promovendo saraus, a gente vai continuar promovendo essas paradas que a gente tem feito. Então, estar numa grande editora só vai ser a possibilidade daquela pessoa mais acomodada, que vai só na livraria procurar um livro, não vai numa quebrada, não vai na internet, ele vai chegar lá e vai achar, entendeu? A gente sempre foi uma goteira na cabeça do sistema. A gente sempre incomodou. Só que agora, cara, por uma grande editora, a gente tem agora, mano, a possibilidade de ser mais que uma goteira, de ser logo uma enxurrada, tá ligado? O moleque conhece hoje, amanhã ele não vai ter a única opção daquilo que vem da televisão, entendeu? Ele vai ter uma opção perto de casa e falar: "Mano, aquele maluco ali da minha rua escreve um livro, mano. Vi ele na televisão, vi ele no jornal, vi ele na revista". Então, ele vai achar que existe uma opção além do cara do crime que tem um puta de um poder que não dura mais de dez anos, né, mano?* – Alessandro Buzo.

> *A Global, editora que vai estar lançando a segunda edição do 85 letras... o que tem de mais valor, que é a distribuição, eles têm distribuição, eles lançam um livro hoje, quando é amanhã já está em todas as*

livrarias, então, eu acho assim, não só eu, mas acho todos os autores que estão surgindo agora, que estão se autointitulando autores periféricos, autores marginais, autores independentes, não importa, se o cara quer fazer uma revolução, ele tem que fazer com que o trabalho dele chegue longe. Isso só vai aumentar mais ainda a nossa autenticidade, por quê? Porque ao invés de a gente ficar naquele grupinho da periferia do Rio, da periferia de São Paulo, de quinhentas, mil pessoas, ficar fazendo uma baixa tiragem de livros, a gente vai tá fazendo 2 mil exemplares, 3 mil exemplares, vamos tá igualando, se Deus quiser, a Paulo Coelho, a Harry Potter, esses grandes autores que são denominados hoje. O que adianta a gente abrir uma editora e ficar com cinco, seis neguinhos, cinco, seis branquinhos distribuindo livro aqui, trabalhando livro ali? O livro não vai para as livrarias. Você é de São Paulo, tem um cara lá do fundão do Ceará, lá do fundão de Alagoas que tá querendo comprar o seu livro e o cara não encontra na livraria, e, se ele pedir na livraria, o livro não vai chegar na livraria porque a gente não tem uma nota fiscal para dar, a gente tem que mandar via Sedex e é mais caro, então, assim, a gente tem um grande problema com isso daí. – Sacolinha.

Mano, literatura é uma das artes mais elitizadas desse país, o preço que as grandes editoras praticam é abusivo, mas, ao mesmo tempo, a gente tem que chegar em outras livrarias que não só as da zona sul, a gente tem que chegar em livrarias de outras cidades; a gente sabe também que como independente é muito difícil a gente passar esses livros para as Secretarias Municipais de Cultura, para as bibliotecas, então esse é o papel de uma editora grande para a gente: a capacitação, a potencialização da circulação e da distribuição. Como eu te falei ontem, eu vendi, pessoalmente, 1,3 mil exemplares do Vão, número que para uma grande editora já é fantástico, só que eu vendi focado em Salvador e São Paulo; vamos ver, a gente tá fazendo uma aposta também, a gente não tá achando que ganhou na loteria, mas a gente acha que é uma conquista. O nosso povo, o povo preto, o povo periférico, ele sempre se manifestou através da poesia cantada, falada, teatralizada, não da poesia na página. Então, a gente tem, hoje, que criar novos caminhos, a gente não pode achar que o [que] fizeram vai ser igualzinho hoje, vai ser bom para a gente hoje. Ao mesmo tempo, a gente tem que se alimentar das fontes ancestrais, ver as quilombagens, as mocambagens de antes e fazer direito também, porque cada geração tem a sua urgência. Se não tivesse a Civilização Brasileira lançado o João Antônio, eu nunca teria lido João Antônio; se, ao mesmo tempo, o Quilombhoje não tivesse trabalho de resistência, trinta anos fazendo independente, eu nunca teria conhecido o Cuti, então, são processos complementares, meu. Como eu te falei ontem, a gente [vai] onde as editoras não chegam, as Edições Toró sobem a ladeira, a editora não chega, ao mesmo tempo, a gente sabe de irmão que trampa na Paulista, que mora na zona leste e não pode chegar na zona sul com a gente, entendeu? Agora, existe uma diferença entre contradição e incoerência. Incoerência acho que seria ficar pagando de periferia morando na Vila Madalena, tendo meu livro só na livraria da Vila Madalena por R$ 40, tá ligado? [Alguns dizem:] *"Pô, mas é periferia entrando na universidade?", lógico que é, a gente tem que estar dentro, mano. A gente tá à margem e tá dentro, tá ligado? A gente é o umbigo do país, a gente é o coração do país, então, que a gente também seja o cérebro, mas não para o cérebro ficar separado dos passos da sola do pé, tá ligado?* Eu acho, também, que é um erro do Movimento Negro hoje, "vamos nos inserir", mas inserir nesse sistema aí, não vai dar para inserir todo mundo, *para cada negro que entra na universidade, entra dez no presídio, mano.* – Allan da Rosa.

Esse trabalho que é de subir no morro, colar nas comunidades, de fazer evento literário, forçar a barra de fazer evento literário dentro da comunidade, e descobrir que é mentira que as pessoas não gostam de ler, que a população pobre não lê, né, que a elite lê pouco e a favela lê nada né, a gente tá desmistificando isso daí com o nosso trabalho. [Tem armadilhas] *Tem tendências, de repente, literatura marginal, daqui uns dois anos, é bibelô do mercado editorial, né? Isso acontece com diversas manifestações negras, na música a gente tem vários exemplos, literatura que é uma parada que não foge dessa regra, porque, mano, a gente tá falando de quê? A gente tá falando de disputa de poder, né, mano, de disputa de poder político,* acho que, no fundo, a questão é essa, os caras tão cerceando a gente por diversos motivos e por diversos motivos, de repente, a gente não quer estar em alguns meios, pelo menos alguns de nós. – Ridson Dugueto.

[Literatura periférica] Eu acho que é uma literatura produzida na periferia porque, por muito tempo, a literatura foi negada pra

> gente, né? Com o discurso de que o livro é caro, de que o país não lê, que a gente odeia ler. Então, a literatura periférica marca essas pessoas da periferia rompendo essa barreira, pô, pera aí, *a periferia não tem jogador de futebol? Tem pagodeiro, tem o traficante, tem isso, aquilo mais e, também, tem o escritor da periferia.* Então, você marca como uma nova literatura, é um movimento cultural: chegamos, estamos aqui. *E a gente quer escrever sobre nós porque a gente passou a vida inteira lendo livros falando de pessoas que jamais estiveram no local em que a gente vive.* – Sérgio Vaz.[63]

O calibre das apostas desses escritores e ativistas é algo que chama atenção. A percepção sobre o momento vivido, a capacidade de conectar o presente com o passado. Há evidentemente, em alguns, expectativas exacerbadas pelo momento em relação à potencialidade de inserção ampliada no sistema literário. Se, por um lado, a coleção da Global não publicou mais que seis títulos até 2011[64], por outro, a fala de todos confirma que o interesse dos escritores residia em conseguir a distribuição e circulação para um público maior. Ao passo que estariam divulgando sua mensagem, estariam *aprendendo* como funciona a etapa do processo em que possuem maior dificuldade: o domínio de uma linguagem comercial de massa. Caso estivessem sendo *usados* pelo *sistema*, estariam também manipulando, em algum nível, aspectos de suas amarras.

> A luta pelos meios intelectuais e pelos meios de produtos, né? Que lança independente, de fazer toda aquela corrente, sabe? De tentar galgar, de aprender a trampar, de aprender a pegar um padrão capitalista e mudar ele um pouco para não ser tão perverso, tem todo esse lado empresarial que a periferia tá pegando e vai pegar porque quando se tem um líder empresarial a gente vai seguindo também [...] todo mundo está se organizando da sua forma, mano. Entendeu?[65]

Assim, autores seguem disputando desigualmente o poder (Dugueto), inserindo-se em lugares alternativos, negados historicamente a negros e periféricos (Da Rosa), passando de personagens ocultados ou estereotipados a autores reconhecidos (Vaz), capazes de propor uma mensagem ou um projeto para seu grupo social originário (Buzo, Sacolinha, Vaz, Da Rosa). O poder em disputa não deve ser compreendido meramente como algo institucional e formal. Trata-se de algo em estado latente, personalizado pelas formas de viver e dizer. Um poder lastreado pela diversidade de pensamento e pela desigualdade de condições.

Isso justificava, naquele momento, de meados dos anos 2000, por exemplo, os trabalhos de Ferréz e Alessandro Buzo no programa *Manos e Minas*, da TV Cultura (em quadros como "Interferência" e "Buzão Circular Periférico"), ou o de Allan da Rosa como colaborador no programa *Entrelinhas*, da mesma emissora, em que apresentava autores de literatura africana. E também a participação no âmbito de políticas de governo, uma vez que Sacolinha tornou-se coordenador de Literatura da Secretaria de Cultura de Suzano, a partir de 2005, e, posteriormente, seu funcionário público. Seria interessante analisar em detalhe cada trajetória para esmiuçar essas questões e discutir os sentidos coletivos que elas assumiram, face às afirmações iniciais de seus autores. Isso, no entanto, não será feito neste livro. Vale dizer ainda que, além de seu trabalho de mestrado, Érica Peçanha desenvolveu essa discussão acerca da produção cultural da periferia[66] de maneira ampliada no doutorado.

O MUNDO SE DESPEDAÇA: CRISE DA DIVERSIDADE, POTÊNCIA DA DESIGUALDADE?[67]

Se o lugar de onde esses escritores falam e o modo de inserção continuam a ser marginais, apesar da penetração em veículos midiáticos e culturais, nos quais têm de disputar a forma como suas imagens e mensagens são difundidas, o pêndulo entre diversidade e desigualdade se faz, mais uma vez, oscilante. Quem fala em periferia tem de, fundamentalmente, discutir o problema da desigualdade social a partir desse lugar de fala. Por outro lado, tal lugar se valoriza em determinados setores que ouvem, valorando uma diversidade que até pelo menos o fim dos anos 1990 era extremamente negativizada. Os escritores periféricos, com suas formas de dizer e de viver, têm de lidar, assim, com o tensionamento que advém de *participar desigualmente do sistema social e literário*, sem estar *excluídos socialmente* deles.

Esse temário possibilita a retomada de aspectos da discussão sociológica brasileira, como as teses dos anos 1960 acerca da *integração social* (sendo uma das obras exemplares o trabalho de Florestan Fernandes) e, fundamentalmente, as dos anos 1970, com as discussões sobre *marginalidade social urbana* (com trabalhos como os de Luiz Pereira [organizador de *Populações marginais*], Marialice M. Foracchi [*A participação social dos excluídos*], Manoel T. Berlinck [*Marginalidade social e relações de classes em São Paulo*], Janice Perlman [*O mito da marginalidade*], Lúcio Kowarick [*Capitalismo e marginalidade na América Latina*], entre outros). Nos anos 1980 e 1990, seria a antropologia que trataria do assunto, com outro viés, em trabalhos sobre as chamadas *classes populares* (Eunice Durham ["A sociedade vista da periferia"], Teresa Caldeira [*Cidade de muros*], Alba Zaluar [*A máquina e a revolta*] etc.).

Por ora, não há condições de esgotar o debate sobre esse assunto. Todavia, sem retomar essa rica tradição explicitamente em seus trabalhos, mas dialogando com ela e provocando um confronto contemporâneo sobre o tema, José de Souza Martins, ao fim dos anos 1990, discute os problemas presentes na terminologia *exclusão social*. Martins demonstra que se trata de um conceito falho em relação à dinâmica da realidade social e dos papéis desempenhados pelos sujeitos sociais geralmente inseridos nesses termos. Para ele,

> [...] rigorosamente falando, *não existe exclusão: existe contradição, existem vítimas de processos sociais, políticos e econômicos excludentes*; existe o conflito pelo qual a vítima dos processos excludentes proclama seu inconformismo, seu mal-estar, sua revolta, sua esperança, sua força reivindicativa e sua reivindicação corrosiva. Essas reações, porque não se trata estritamente de exclusão, *não se dão fora* dos sistemas econômicos e dos sistemas de poder. Elas constituem o imponderável de tais sistemas, *fazem parte deles* ainda que os negando. As reações não ocorrem de fora para dentro; elas ocorrem no interior da realidade problemática, "dentro" da realidade que produziu os problemas que as causam[68].

Martins afirma que a ideia de exclusão escamoteia a realidade social, ocultando os *processos* de dominação e desigualdade entre os grupos sociais, que cumprem papéis combinados e diferenciados. Para ele, esse rótulo, tal como tem sido discutido, pode até possuir boas intenções, como na fala de movimentos sociais, ativistas e cientistas. Mas a ideia de exclusão social acaba por tentar dar conta de um *movimento* "que parece empurrar os pobres, os fracos, para fora da sociedade, para fora de suas 'melhores' e mais justas e 'corretas' relações sociais", quando, de fato, segundo o sociólogo: "as está empurrando para 'dentro', para a condição subalterna de reprodutores mecânicos do sistema econômico, reprodutores que não reivindiquem nem protestem em face de privações, injustiças, carências"[69].

A subalternidade, a condição subalterna, portanto, está no centro da discussão. O autor afirma que talvez não se tenha percebido ainda que, na verdade, se está socialmente substituindo a ideia de pobreza pela de exclusão porque a primeira se alterou. Ser pobre deixou de significar apenas a ausência/escassez dos meios materiais para vivência, corrigida pela possibilidade de *ascensão social* através do esforço econômico familiar e da educação dos filhos. Na condição subalterna, acrescenta-se uma dimensão moral e cruel à pobreza, em que os mecanismos antigos não mais funcionam. Essa nova condição "cai sobre o destino dos pobres como uma condenação irremediável"[70], deixando como única alternativa aos indivíduos "as formas pobres, insuficientes e, às vezes, até indecentes de inclusão"[71].

Existe uma dupla penalização social do pobre por ser, em estrito senso, destituído de condições sociais mínimas, muitas vezes, de existência (por ser pobre, efetivamente); e por não *conseguir* superar os meios que o condicionam aos graus variados de pobreza, como se a culpa fosse dele pelo fracasso social de que, na verdade, é vítima. Apesar de ele ser penalizado pelo sistema educacional deficitário e fracassado, pelos meios de vida precários, pelos modelos econômico e político vigentes etc., cobra-se dele, paradoxalmente, uma atitude em face das condições sociais que o levaram (e legaram-lhe) à pobreza, como se fosse o culpado pela sua condição. Desenvolvendo melhor seu argumento, o autor afirma:

> Rigorosamente falando, só os mortos são excluídos, e nas nossas sociedades a completa exclusão dos mortos não se dá nem mesmo com a morte física [...]. Por que agora nós todos percebemos a exclusão e antes não percebíamos? Provavelmente, porque antes, logo que se dava a exclusão, em curtíssimo prazo, se dava também a inclusão: os camponeses eram expulsos do campo e eram absorvidos pela indústria. [...] O problema da exclusão começou a se tornar visível nos últimos anos porque começa a demorar muito a inclusão: o tempo que o trabalhador passa a procurar trabalho começou a se tornar excessivamente longo e frequentemente o modo que encontra para ser incluído é um modo que implica em certa degradação [...]. Em outras palavras, *o período da passagem do momento da inclusão está se transformando num modo de vida, está se tornando mais do que um período transitório* [...] se integram economicamente, mas se desintegram moral e socialmente. O mesmo acontece em vários outros [casos]: nas favelas, cortiços, invasões.

> Já não é o mundo dos pobres, porque as pessoas são reincluídas economicamente, em vários graus e de diferentes modos, que no fundo comprometem radicalmente sua condição humana [...]. Este processo que nós chamamos de exclusão não cria mais os pobres que nós conhecíamos e reconhecíamos até outro dia. Ele cria uma sociedade paralela que é includente do ponto de vista econômico e excludente do ponto de vista social, moral e até político. [...] está crescendo brutalmente no Brasil uma outra sociedade que é uma sub-humanidade: uma humanidade incorporada através do trabalho precário, no trambique, no pequeno comércio, no setor de serviços mal pagos ou, até mesmo, excusos etc. O conjunto da sociedade já não é a sociedade da produção, mas a sociedade do consumo e da circulação de mercadorias e serviços. Portanto, o eixo de seu funcionamento sai da fábrica e vai para o mercado[72].

Vidas breves, vidas medíocres, precariedade dos acordos instáveis, das trocas lastreadas pela moral desigual dos mais fortes. Em todos os níveis: seja no de trabalhadores (*otários*, na ficção contemporânea), seja no de delinquentes (que, no mundo ficcional, como visto, são os que expressam claramente aspectos do processo). Viu-se que a ficção confeccionada por negros e periféricos plasmou essa realidade de maneira acachapante. A não completude das promessas da modernidade brasileira para todos os grupos sociais, em particular para os negros, gerou processos de desigualdade que só cindiram esses grupos ainda mais. Abolição e República foram sempre os marcos temporais que os ativistas, escritores e intelectuais negros, e agora os periféricos, colocaram como centrais para suas discussões, atuações e confecções literárias. Se a "novidade da chamada exclusão social é a sua velhice renovada"[73], como afirma Martins, não é de se estranhar que no capítulo anterior e neste se tenham observado proposições acerca da ausência da novidade em estar vivo numa situação como a que se delineia cotidianamente aos que são representados em *Cidade de Deus*, *Capão pecado*, *Manual prático do ódio* etc.

Há, no entanto, uma tensão constitutiva no processo. Ao longo deste livro foi possível acompanhar, através do que aqueles sujeitos históricos diziam de si mesmos, diferentes tentativas de evidenciar problemas cotidianos gerados pelos processos histórico-sociais. *Cada geração tem sua urgência*, afirmou explicitamente Allan da Rosa (o que relembra a discussão de Frantz Fanon); e, vistos desse ângulo, a imprensa e as associações negras dos anos 1910-30 e os ativistas político-culturais que em torno delas orbitavam tinham de lidar com o imediatismo da abolição acreditando que era possível, com educação e comportamento moral ilibado, acertar o passo com o processo social. A igualdade era uma reivindicação possível no horizonte, valendo-se das formas disponíveis para tanto: do associativismo cultural ao partido político, da socialização secundária entre iguais à enunciação do protesto contra a situação de desigualdade. A tônica do protesto e da equiparação pela afirmação da cultura permeou os anos 1940-60. A integração ainda estava no horizonte de homens como Abdias do Nascimento, José Correia Leite, Carlos de Assumpção, Solano Trindade, Oswaldo de Camargo etc. O acerto de contas com o passado e a atuação efetiva, política e cultural, no presente fecundavam as esperanças para um devir.

O esburacamento do futuro estava presente em *Quarto de despejo*. A sub-humanidade que Martins detecta nos anos 1990, ao que parece, já dava seus sinais pelo menos três décadas antes. Todavia, ainda que a realidade estivesse escancarada por Carolina Maria de Jesus, as esperanças para o futuro ainda não haviam sido totalmente frustradas. Na tensão e contradição dos processos sociais analisados, foi visto quanto se abria um espaço social em que se podia protestar, ser ouvido e ter alguma reação. De Jesus e a Associação Cultural do Negro, naquele momento, evidenciaram isso, com o que lograram fazer e impactar. Mas não menos evidentes são seus fins melancólicos, em face das mudanças do clima em 1964 e dos testes da realidade social que, dadas as características do processo, levaram uma década e meia ainda para mostrar publicamente uma reação. Em 1978, os protestos políticos e culturais ganharam notas mais altas, alcançadas graças a todas as escalas anteriores. A integração, no horizonte, não era mais um fim em si mesma, e a igualdade, debatida historicamente no universo das associações, jornais e livros de ativistas e escritores negros, era criticamente desejada.

Diversidade e desigualdade como temas andam juntos, mas vão se esboroando. Como afirmou Martins, o tempo para a realização social é uma dimensão central. Aqui, foi visto um tensionamento progressivo entre o horizonte de possibilidades e o horizonte de expectativas, evidenciado claramente, no âmbito do ativismo político-cultural negro, pela prática literária e pelas mudanças organizativas dos *Cadernos Negros*/ Quilombhoje. O que não significou deixar de lutar socialmente em momento algum, nem deixar de escrever, pelos motivos fundantes da publicação. Antes, as alterações internas e as formas de plasmar a realidade têm demonstrado um esforço impressionante desses escritores em recriar continuamente seu projeto político-literário para estar à altura dos desafios da realidade social. Isso, obviamente, não significa que tenham acertado sempre.

Todavia, que apostas fazer no futuro num mundo que se despedaça? Que é anunciado na iminência de uma explosão? Ou que torna a precariedade das relações sociais, marcadas pela troca esfarrapada entre desiguais, regra cotidiana, e não uma exceção? A diversidade entraria em crise, a desigualdade se tornaria uma potência, a periferia pode explodir a qualquer momento, como suscita Ferréz?

> Eu acho que a gente tem toda uma classe querendo se inserir e que não vai poder ser inserir, não tem espaço, não tem organização. [...] O Governo Lula [2003-2010] deu estabilidade para todo mundo poder comprar um carro parcelado, uma casa parcelada, uma roupa parcelada, mas você não tem aonde p[ô]r tudo isso, você não tem estrutura na quebrada para p[ô]r tanto carro, os carros ficam no meio da rua, os açougues estão lotados, entendeu? Não tem comida boa, todo mundo come na mesma pizzaria. Não tem estrutura para se viver melhor [...] o que se está dando é ilusão de que se tem dinheiro, é ilusão. [...] A saída é que o povo já tá se mexendo, isso não é utopia minha, é realidade, quando você vê uma favela reagindo, quando você vê um ônibus queimando, não é o crime, por mais que a mídia queira [...]. Quando a gente é ouvido, que nem eu sou ouvido, que nem os outros caras do *hip-hop* são ouvidos, os caras da literatura marginal são ouvidos, quando a gente é ouvido, aí você começa a perceber que a gente tem importância e alguma coisa tá acontecendo, entendeu? [...] vai chegar um dia que uma agressão a um menino ou menina vai virar uma revolução em São Paulo inteira e São Paulo não vai se controlar, vai pegar fogo São Paulo inteira. Uma agressão. Vai chegar num momento que um cara vai tomar um tapa na cara que vai despertar o ódio de todo mundo de todas as quebradas e aí haja mentira para a mídia mentir. [...] [O momento] é incalculável, não dá para responder. Aí eu ia ser profeta se eu falasse para você. [...] a população, a massa ela é pensante de uma forma totalmente diferente da minha. Eu tô dentro da quebrada, eu respiro

a quebrada, mas ao mesmo tempo eu leio Dostoievski na minha casa, entendeu? [...] É outro ponto de vista, não tenho legitimidade para ter o pensamento certo sobre esta resposta, entendeu?[74]

Calibrar para se adequar e fazer frente ao debate contemporâneo, ajustando as lentes capazes de plasmar a realidade no universo ficcional, pode ser a última expressão de *retrato de grupo* a ser discutida aqui sobre o Quilombhoje/*Cadernos Negros*. O lançamento de *Cidade de Deus* e, posteriormente, o de *Capão pecado* trazem à baila, simultaneamente, duas importantes projeções de escritores autoidentificados como negros e que singravam por fora da ética do ativismo político-literário. Ética na qual a geração que criou os *Cadernos Negros* e o Quilombhoje, ao fim dos anos 1970 e começo dos anos 1980, estava ungida, tendo sido socializada no movimento político, nas universidades, com forte aposta nas possibilidades do futuro. Os dois romances que fecham a década de 1990 trazem um cenário mais desolador e árido. O futuro, paradoxalmente,

CRIADA EM 1978, A SÉRIE *CADERNOS NEGROS* CONTA ATUALMENTE COM 44 VOLUMES E QUASE MEIO SÉCULO DE EXISTÊNCIA. ACIMA, O VOLUME 30, DE 2007, E O VOLUME 40, DE 2017, AMBOS COMEMORATIVOS.

terá de ser pensado a partir de um panorama em que o devir é enunciado como falido e estéril.

A aposta na diversidade literária e social e na presença do escritor negro e de sua confecção literária, apresentando seus temas criativos, sempre cumpriu uma longa e importante etapa no projeto dos *Cadernos*, fecundado pela entrada contínua de novos escritores. Como visto, chega-se à formulação dos *poemas* e *contos afro-brasileiros* como subtítulo dos volumes, além de capas que tornam as representações de corpo, família e laços de afetividade negros extremamente positivados. Contudo, é possível afirmar que se inicia um questionamento interno ao coletivo, reduzido a dois organizadores e um grande número de novos escritores que, ladeados pela participação de alguns mais antigos, também tentarão se colocar no debate central da década: a periferia como ideia forte, a desigualdade acentuada como mote de protesto e ação social. É uma paisagem política e cultural em que, de fato, *nunca houve tanto fim*. A expressão pode ser lida de duas maneiras: nunca se enunciou tanto a decadência e a falência, ao mesmo tempo que, ao fazê-lo, nunca se teve tanto propósito.

O passado ainda serve de referência forte e marca os passos por onde os novos questionamentos deverão se posicionar. Em 1999, o velho militante Abdias do Nascimento abre o volume 22 da série alertando que os *Cadernos*:

> [...] atravessam o milênio com a grandiosidade de terem sido uma das mais importantes marcas da cultura e da luta do povo negro nesse século. É uma iniciativa que revigora, na lembrança e no cotidiano, um modo de resistência, um quilombismo, que nos permitiu ser povo num cenário tão devastado pela violência da escravidão e do racismo, patologias crônicas das elites e do Estado nacionais.

E, assim, a publicação se constituiria numa espécie de território livre para a afirmação de aspectos dessa identidade, pois, como afirmam os organizadores, Márcio Barbosa e Esmeralda Ribeiro: ali é "onde pode-se transgredir o silêncio e trazer para o acervo literário coletivo o patrimônio cultural negro, é onde podemos arquitetar o riso e tecer o sonho [...]".

É muito significativo que um dos contos desse volume aposte fortemente no conhecimento e na cultura como promotores da diversidade e da mudança. "Trabalhando em silêncio", de Ricardo Dias, deixa patente a crença de que a conscientização de ser negro, por meio do autoconhecimento, é arma para combater o racismo. Contando a história de Benedito, humilhado e ofendido cotidianamente na firma (onde o narrador e esse personagem trabalham), aproveita e crítica a militância, pois, como afirma: "[...] pra fazer algo de bom pra um irmão negro não é preciso reunião, onde todos falam bonito e ninguém decide nada. Basta fazer e pronto. [...] Faço com cada um que precisa, debaixo do quieto e sem muito alarde"[75].

Mas fazer exatamente o quê? Depois de muito ver Benedito ser ofendido sem se defender, ele conversa com o humilhado e diz: "Vou lhe emprestar os livros que tenho. Eles estão à sua disposição. Você vai ler sobre o nosso povo, saber quem somos, como fomos trazidos para cá, e por que hoje vivemos assim. Depois, quando alguém chamá-lo de negritinho, você vai dizer: "Negritinho, não. Negro, com muita honra"[76]. E, como se a consciência e o enfrentamento da discriminação se processassem num passe de mágica, é o que acontece.

Nesse ano que fecha um milênio, trata-se de uma solução que mostra aspectos do esgotamento na promoção da diversidade, que carece de maior sentido. Às formas de viver, estando bem representadas, deve-se agregar um alvo a ser perseguido, que tenha razão de ser. A diversidade não pode mais ser um fim em si mesma; tampouco a sociedade pode se alijar desse debate. Estando o sujeito consciente de suas raízes, de seu corpo positivado, de seu passado (ou, como geralmente é tratado, sua *ancestralidade*), deve haver um próximo passo a ser dado. Passo esse que, já ao longo de todo o século XX, foi dado mormente sozinho pelos escritores, ativistas e intelectuais negros. Isso aparece no volume 23, em três poemas de autores de distintas formações e gerações:

> Não vou mais lavar os pratos./ Nem vou limpar a poeira dos móveis/ Sinto muito. Comecei a ler. Abri outro dia um livro/ e uma semana depois decidi/ Não levo mais o lixo para a lixeira. Nem arrumo/ a bagunça das folhas que caem no quintal./ Sinto muito./ Depois de ler percebi/ a estética dos pratos, a estética dos traços, a ética, a estática/ [...]. – Cristiane Sobral[77]

> [...] falaram tanto que nosso cabelo era ruim/ que a maioria acreditou/ e pôs fim/ (raspouqueimoualisoufrisoutrançourrelaxou...)/

ainda bem que as raízes continuam intactas/ e há maravilhosos pelos crespos/ conscientes/ no quilombo das regiões/ íntimas/ de cada um de nós. – Cuti[78]

[...] *black cradle/ come back* [berço negro, volte]. – Sidney de Paula Oliveira[79]

Apesar disso, no entanto, há a constatação dos organizadores do volume de que: "[...] nos últimos tempos, aberturas estreitas têm se mostrado à população afrodescendente, em geral, e aos escritores em particular. É por essas pequenas aberturas que se insinuam nossas esperanças e nossa energia"[80]. Pequenas aberturas que são insuficientes, uma vez que, segundo Barbosa e Ribeiro: "queremos que cada pequena porta se escancare para que passem muitos". Assim, a cobrança social passa a ter outro alvo.

Mas, como fazer, efetivamente, para que a porta se escancare? A perseguição da integração e igualdade sociais, garantidas e efetivadas como direito social, não estava mais no horizonte do ativismo político negro há décadas, sendo enunciada como protesto e luta social há muito tempo. Por outro lado, a discussão a partir da periferia, social e literária, ou não acreditava mais na efetividade daquelas promessas (dada a tragédia do cotidiano, expressa pela literatura), ou, então, forjava projetos de ativismo político-cultural como um *ato*, um ato de guerra ao sistema. Vale lembrar: as três edições de *Caros Amigos/Literatura Marginal* são nomeadas assim. Entre outras coisas, expressa-se a *satisfação em agredir os inimigos novamente*, num ato de *terrorismo literário* (visto no capítulo 2). Nos *Cadernos Negros*, isso se processa, à sua maneira, em 2004, na apresentação do volume 27:

> Desde 1978 os *Cadernos Negros* vêm cumprindo o papel de trazer à luz tal literatura. Em sintonia com outras conquistas da população afro, os *Cadernos* avançam no campo da palavra escrita mostrando possibilidades. Seu caráter independente, porém, impõe algumas restrições, notadamente as ligadas à sua inserção no mercado. Se em outros campos houve conquistas institucionais, como criação de assessorias, conselhos, secretarias etc., voltados à questão racial, isso não tem tido reflexo para o campo da literatura negra, que conta quase sempre só com sua própria energia, sem nenhum

tipo de financiamento, firmando-se na necessidade de expressão de quem se dispõe a escrever[81].

Desde a *realidade das ruas* (1978) até as *conquistas institucionais* (anos 1980, 1990 e 2000), um longo caminho se processou, em que as lutas por representação e reconhecimento da diversidade se consolidaram em alguns aspectos. Em 2002, no volume 25, os organizadores da série haviam afirmado que: "A identidade é um processo, e seu projeto vai se modificando ao longo do tempo [...] o mundo que estes poemas retratam é bem diferente daquele de [19]78. Em termos políticos, o país se democratizou e o discurso libertário negro contaminou a sociedade. No campo da escrita, nossa literatura atingiu público e universidades".

Isso foi de extrema importância, mas, dada a constatação da citação mais acima (2004), não foi suficiente.

Reflita-se: a ampliação do caráter endógeno das publicações – comum a quase toda a história do ativismo político-cultural negro no século XX – não significava, diretamente, a inserção plena no debate público abrangente, em meados dos anos 2000 – sua recepção nos jornais, por exemplo, era quase nula[82]; a penetração nas universidades brasileiras e em seus cursos, por meio de dissertações, teses, aulas e alguns estudantes e professores interessados, não demonstrava uma canonização nem o interesse da academia brasileira em debater francamente as questões propostas por esses autores – nas principais universidades do país, por exemplo, raras são as que têm as coleções de volumes quase completas dessa série[83]; por outro lado, tem-se uma circulação internacional dos *Cadernos* e seus autores muito interessante: as iniciativas de Moema Parente e Charles Rowell já mencionadas e, mais recentemente, as de Niyi Afolabi, intelectual africano professor em universidades estadunidenses[84]. Mas a institucionalização de algumas pautas do movimento social negro pelo Estado e pelos governos não significa conquista de poder político como um forte grupo de pressão; a independência de veicular as formas de dizer e de viver do grupo social representado não significa apoio seguro para o próximo número (já que se conta apenas com a própria vontade de escrever e negar a negação); a esfera da produção, fecunda e contínua há décadas, não superou a inserção marginal na esfera da circulação e da recepção (o mercado). Em suma, no início do novo milênio, a história social e literária do grupo negro mantém ligações estreitas, não somente positivas, com diferentes aspectos de seu passado. Seus descendentes diretos, os periféricos, aliam-se a ele, entre outras razões, por todos esses motivos.

E os precursores negros? Como veem os periféricos? Há uma desconfiança curiosa, justamente pelo fato de os ativistas e escritores do segundo grupo provocarem um interesse crescente (mas, talvez, circunstancial) do mercado de bens culturais e lidarem melhor com ele e suas decorrências: os escritores periféricos surgem em meio ao desenvolvimento crescente, por exemplo, da internet. Todos têm uma página pessoal, um *blog*, onde divulgam informações de seus trabalhos, lançamentos, textos inéditos, contatos. Amplia-se substancialmente o acesso a um público, além de ser possível se conectar e fazer valer mais facilmente a *periferia* enquanto ideia (portanto, capaz de ser globalizante), e não apenas circunscrita a uma dimensão geográfica, do bairro, da realidade imediata.

Eles também geram estranhamento, por usarem sua identidade social, outrora deteriorada e estigmatizada, para manipular as esferas de edições de livros, publicações em jornais, produções de séries e programas televisionados e de lançamento de filmes. Isso tudo visto pelo lado positivo, já que se aposta aqui que não sejam os escritores e ativistas ligados à confecção literária periférica os manipulados na relação com o mercado. Embora, já a partir do volume 28, em 2005, Sacolinha e Allan da Rosa passem a publicar quase regularmente trabalhos seus nos *Cadernos Negros* (tanto quanto Elizandra Souza, outra escritora ligada à literatura periférica/marginal), os coordenadores do Quilombhoje Literatura afirmam:

> Eu acho legal, de estar transitando, porque eu acho que soma mais à literatura, soma mais ao que nós estamos fazendo também, ao nosso trabalho. Porque a gente vê muitos negros fazendo literatura periférica, da periferia, e dizendo "não, minha literatura é da periferia". Então, assim, é que na periferia tem os negros, eles falam, tem os brancos, tem todo mundo. Mas é que literatura todos nós fazemos, pode ser negro, japonês, índio, nós estamos lá, na periferia, não importa, nós estamos na periferia, então, eu faço o mesmo poema que você; eu, você, o Márcio. Assim, não tem um pouco o diferencial. Eu acho que quando a gente – estou puxando a sardinha pro meu lado – faz literatura afro-brasileira, a gente está falando mais da vivência, está assumindo uma postura que corre os

riscos. Quando você assume, você corre... Eu acho que talvez ela veio até querendo um pouco que se esqueça de que existe essa coisa de literatura negra. Literatura da periferia diz assim; não existe literatura negra, todo mundo produz tudo, e pra que falar essa palavra, literatura negra? Não. Literatura da periferia, ponto. Nós somos todos pobres, somos todos negros, brancos, enfim. Somos todos iguais. – Esmeralda Ribeiro

Eu acho que eu concordo com a Esmeralda. Então, vai ficar até mais palatável pras esquerdas brasileiras falar "olha, no Brasil, o que existe não é uma questão racial, existe uma questão de classe". Na verdade, quer dizer, se o cara for negro, mas tiver dinheiro, então, tá tudo certo. Então, esse discurso da literatura, essa postura da literatura periférica também acho que passa um pouco por aí. Não vou dizer que os meninos estão, sabe, com esse tipo de ideologia, mas, com certeza, eu acho que passa por aí, fica mais palatável pra esquerda, inclusive, fica até mais fácil de você arranjar financiamento de projetos, entendeu? E aí, quando você fala de negro, a coisa fica mais complicada. Você já vai estar entrando no discurso racial, aí, você já está indo contra a ideologia oficial brasileira, que é a ideologia da democracia racial. – Márcio Barbosa[85]

Espera-se que o futuro esteja em aberto, felizmente. Embora de enorme importância, não é apenas a ideologia da democracia racial o grande dilema e desafio brasileiros. Ela é centralizadora de uma série de questões, que os periféricos agregam, incorporam e, de certa maneira, ultrapassam, na medida em que conferem concretude a discussões que, historicamente, os tornaram aliados do grupo negro: as discussões sobre o lugar natural; sobre a organização racializada e economicamente segmentada do espaço público; a violência e a dominação cotidiana dos processos sociais; o não cumprimento das promessas das quais depende o futuro, o que penaliza diferentes sujeitos por sua condição no mundo etc. As incompreensões de ambos os lados sobre como um e outro grupo político-literários atuam têm a potência para ser superadas, no sentido de combater a participação social precária tanto no sistema literário quanto no social. As literaturas negra e periférica possuem estreitos laços de parentesco, fundados nas origens e lutas sociais, problemas comuns e processos sócio-históricos vividos por seus produtores. O eu como potência, tão criativo e altivo na confecção literária e proposição social, capaz de operar às próprias custas e a duras penas a passagem de personagem a autor, não deveria servir de entrave, na cena política, ao protagonismo social do sujeito histórico. Reconheço, mais que em outros momentos, ser explicitamente normativo aqui. Mas, se o faço, é por apostar em alguns aspectos do futuro.

NOTAS

1 Alfredo Bosi, Um boêmio entre duas cidades, em: João Antônio, *Abraçado ao meu rancor*, São Paulo: Cosac Naify, 2001, p. 5-6.

2 Epígrafe de *Capão pecado*.

3 Entrevistas de Allan da Rosa e Sérgio Vaz concedidas a Mário Augusto M. da Silva em 12 jul. 2007, na Unicamp, Campinas (SP).

4 Missão que já está contida no nome do grupo: MC, acrônimo em inglês para *mestre de cerimônia*, é um dos elementos do universo *hip-hop* que opera como um porta-voz; relata os dramas e angústias de seu bairro ou grupo social através de rimas, procurando também passar uma mensagem de alerta, orientação e organização. *Racionais* se refere à série de discos de Tim Maia, dos anos 1970 (*Tim Maia Racional* – 2 v., 1974 e 1975), álbuns conceituais e que procuram divulgar uma consciência alternativa sobre a sociedade.

5 Plínio Marcos, *Histórias das quebradas do mundaréu*, Rio de Janeiro: Nórdica, 1980, p. 11.

6 João Antônio, *Malhação do Judas carioca*, Rio de Janeiro: Record, 1981, p. 144 e 146.

7 Entrevista de Ferréz concedida a Mário Augusto M. da Silva em 16 maio 2007, em São Paulo.

8 "Nasci no Valo Velho, na verdade eu nasci num lugar chamado Cantinho do Céu, que é antes um pouco, ali no Jardim Capelinha, na zona sul de São Paulo [...] o começo da minha infância foi no Valo Velho, numa casa de aluguel do meu pai. Depois eu mudei para o Capão Redondo e estou lá até hoje. Meu pai é motorista de ônibus aposentado. Minha mãe é doméstica, trabalha em casa de família. Sou o irmão mais velho de uma família de três." Ferréz, Entrevista: a periferia de São Paulo pode explodir a qualquer momento, *Caros Amigos*, São Paulo, out. 2009, ano 13, n. 151, p. 12.

9 "Em suma, o nome de autor serve para caracterizar um modo de ser do discurso: para um discurso, ter um nome de autor, o facto de se poder dizer 'isto foi escrito por fulano' ou 'tal indivíduo é o autor', indica que esse discurso não é um discurso quotidiano, indiferente, um discurso flutuante e passageiro, imediatamente consumível, mas que se trata de um discurso que deve ser recebido de certa maneira e que deve, numa determi-

nada cultura, receber um certo estatuto". Michel Foucault, *O que é um autor?*, 4. ed., s/l: Vega, 2000, p. 45.

10 Marina Amaral, Literatura de mano, *Caros Amigos*, São Paulo, ano 4, n. 39, jun. 2000, p. 45.

11 Entrevista de Ferréz concedida a Mário Augusto M. da Silva em 16 maio 2007, em São Paulo.

12 Lourdes Carril, *Quilombo, favela e periferia: a longa busca da cidadania*, São Paulo: Annablume/Fapesp, 2006, p. 89.

13 *Ibid.*, p. 120 e 142, respectivamente.

14 *Ibid.*, p. 130.

15 IBGE, Censo de 2000, *apud* Carril, *op. cit.*, p. 127.

16 "Então, eu tava passando meio pela mudança de sair do *rock* pra entrar mais pra poesia... E eu peguei justamente a parte do Arnaldo [Antunes] saindo dos *Titãs*, lançando o *Nome* ainda. E aí eu peguei o *Nome* e vi um estilo diferente de poesia. E aí eu fui com aquilo. Eu já lia Décio Pignatari, já achava que tinha tudo a ver. E a poesia concreta me preencheu durante aquele tempo, tá ligado?" Entrevista de Ferréz concedida a Mário Augusto M. da Silva em 16 maio 2007, em São Paulo.

17 *Ibid. A batalha da vida* é, na verdade, um romance do escritor russo Máximo Górki.

18 Amaral, 2000, *op. cit.*, p. 45.

19 Entrevista de Ferréz concedida a Mário Augusto M. da Silva em 16 maio 2007, em São Paulo.

20 "Os diferentes modos de dominação das diferentes fases de produção econômica no Brasil parecem coincidir num mesmo ponto: a reinterpretação da teoria do *lugar natural* de Aristóteles. Desde a época colonial aos dias de hoje, a gente saca a existência de uma evidente separação quanto ao espaço físico ocupado por dominadores e dominados. O lugar natural do grupo branco dominante são moradias amplas, espaçosas, situadas nos mais belos recantos da cidade ou do campo e devidamente protegidas por diferentes tipos de policiamento: desde os antigos feitores, capitães do mato, capangas etc., até a polícia formalmente constituída. Desde a casa-grande e do sobrado até aos belos edifícios e residências atuais, o critério tem sido sempre o mesmo. Já o lugar natural do negro é o oposto, evidentemente: da senzala às favelas, cortiços, porões, invasões, alagados e conjuntos 'habitacionais' (cujos modelos são os guetos dos países desenvolvidos) dos dias de hoje, o critério também tem sido simetricamente o mesmo: a divisão racial do espaço. [...] outro lugar natural do negro talvez sejam as prisões e os hospícios." Lélia Gonzalez e Carlos Hasenbalg, *Lugar de negro*, Rio de Janeiro: Marco Zero, 1982, p. 15-6.

21 "O meu público é o pessoal da favela, é um presente pra eles, uma vingança até. Nunca vi nenhuma livraria, nenhum livro que tivesse a minha cara, a cara deles. Sei que o cara daqui vai ler o livro tomando café gelado, assim como eu escrevi o livro tomando café gelado. É de irmão para irmão, de mano pra mano." Amaral, 2000, *op. cit.*, p. 44.

22   Entrevista de Ferréz concedida a Mário Augusto M. da Silva em 16 maio 2007, em São Paulo.
23   Ferréz, *Capão pecado*, 2. ed., São Paulo: Labortexto, 2000, p. 11.
24   A segunda parte deste subtítulo é inspirada no primeiro filme do diretor francês Louis Malle, o suspense policial de um triângulo amoroso *Ascensor para o cadafalso* (*Ascenseur pour l'échafaud*), de 1957.
25   Trecho da música "Negro drama"'".
26   Trecho de *Capão pecado*.
27   Trecho de *Ninguém é inocente em São Paulo*.
28   Em 2000, *Capão pecado* teve duas edições publicadas pela Labortexto Editorial. De acordo com Ferréz, em pouco tempo o livro vendeu 3 mil cópias. Após algum tempo, o escritor suspeitou que seus livros vendiam mais que o número afirmado e o valor pago pelos direitos pela editora. Segundo Ferréz, em entrevista concedida a mim em 16 maio 2007, a descoberta se deu porque "Eu saí no [Programa do] *Jô Soares* e eles davam só 400, 500 exemplares. O livro vendeu, tipo, 3 mil livros em duas semanas, três semanas. Assim: em dois meses, eles falou que vendeu 3 mil livros. E sobrou uns 300, 400 exemplares. Aí ele falou assim: 'Antes de você ir no *Jô Soares* tem que fazer mais'. Eu queria mudar uma das fotos do livro. Eu queria pôr essa foto aqui, que era da banca toda da minha rua e não tinha, essa foto. Aí, eu falei: 'Vou fazer a mudança da foto'. Só que essa mudança, ele falou que ia demorar, entendeu? Aí eu fui no *Jô*, tal, e depois falei: 'Quantos livros vendeu a mais depois que eu fui no *Jô*?' [o editor:] 'Não vendeu nada.' E eu tava já indo pros programas: *Programa Livre* [antigo programa do SBT], tudo... E o livro não vendia mais nada, vendia a mesma coisa. Daí eu desconfiei e falei: 'Os caras fez uma edição por fora, sem a foto; e vai fazer outra, depois que eu mudar a foto'. E aí depois de um tempo saiu essa capa aqui sem o verniz, tá ligado? E aí foi uma prova que era uma outra edição ainda. E depois eu descobri escolas, como o Anglo, que compravam livros meus todo ano, da Labortexto! Então, por exemplo: eu tenho uma carta da diretora do Anglo dizendo: 'Nós compramos 800 livros durante três anos', cara. Então só aí dá 2.400 livros numa escola, cê entendeu? Então, eu não recebi esse dinheiro. Aí depois eu descobri que o livro tava sendo distribuído prás escolas públicas também. E eu também não recebi esse dinheiro". Houve um litígio entre o autor e a editora, o que culminou num processo judicial. A Labortexto perdeu e foi condenada a pagar o equivalente a 9 mil livros ao autor. Depois disso, *Capão pecado* passou a ser publicado, desde 2005, pela editora Objetiva. A Labortexto Editorial, que se notabilizou por lançar livros referentes ao universo das prisões, do mundo marginal etc., como *Diário de um detento* (de Jocenir, 2001), *Sobrevivente André du Rap – do Massacre do Carandiru* (de Bruno Zeni e André du Rap, 2002), *Narcoditadura* (de Percival de Souza, 2002), *Boca do lixo* (de Hiroito de Moraes Joanides, 2003) etc., deixou de existir.

29 Mano Brown, A número 1 sem troféu, em: Ferréz, 2000, *op. cit.*, p. 24.
30 Gaspar, em: Ferréz, 2000, *op. cit.*, orelha do livro.
31 *Ibid.*, p. 17.
32 *Ibid.*, p. 26.
33 *Ibid.*, p. 35.
34 *Ibid.*, p. 44 (grifos meus).
35 *Ibid.*, p. 72-3.
36 *Ibid.*
37 Entrevista de Ferréz concedida a Mário Augusto M. da Silva em 16 maio 2007, em São Paulo.
38 Ferréz, 2000, *op. cit.*, p. 61.
39 *Ibid.*, p. 67-8. Ou ainda: "[...] O que aconteceu, realmente, só quem sentiu o gosto do *crack* pra saber. Rael já havia experimentado e sabia que só pelo gostinho, só por aquele momento de felicidade, o pequeno Testa faria tudo de novo. Havia em sua cabeça a certeza de que drogas nunca deveriam ser experimentadas, e o exemplo estava ali." *Ibid.*, p. 113-4.
40 Entrevista de Ferréz concedida a Mário Augusto M. da Silva em 16 maio 2007, em São Paulo.
41 Ferréz, 2000, *op. cit.*, p. 85.
42 *Ibid.*, p. 94.
43 *Ibid.*, p. 109.
44 *Ibid.*, p. 109-10.
45 *Ibid.*, p. 111.
46 *Ibid.*, p. 113.
47 *Ibid.*, p. 156.
48 *Ibid.*, p. 165-7.
49 Jean-Paul Sartre, Prefácio, em: Frantz Fanon, *Os condenados da Terra*, 2. ed., Rio de Janeiro: Civilização Brasileira, 1979, p. 8 e 11.

50 Este subtítulo é inspirado no título da dissertação de mestrado da antropóloga Maria Suely Kofes, *Entre nós, os pobres, eles, os negros* (Unicamp, 1976), embora não estabeleça diálogo nem relação teórica com ela.
51 Entrevista de Ferréz concedida a Mário Augusto M. da Silva em 16 maio 2007, em São Paulo.
52 Entrevista de Márcio Barbosa e Esmeralda Ribeiro concedida a Mário Augusto M. da Silva e Vinebaldo Aleixo S. Filho em 17 abr. 2010, em São Paulo.
53 Entrevista de Ferréz concedida a Mário Augusto M. da Silva em 16 maio 2007, em São Paulo.
54 *Ibid.*
55 *Ibid.* (grifos meus).
56 "A pesquisa assumiu os riscos de trabalhar um fenômeno cultural em processo: a falta de um distanciamento histórico, a dificuldade de delimitação de um objeto a ser analisado, a escassez de referências teórico-metodológicas sobre o tema e o receio [de] que a historiografia literária não torne essa geração de escritores parte importante da história da literatura brasileira. Mas, em contrapartida, teve como ganho a possibilidade de uma abordagem crítica no desenrolar dessa movimentação cultural, beneficiando-se do acompanhamento das atividades que envolvem os escritores e do rebatimento público de suas ações, simbólicas e pragmáticas." Érica Peçanha do Nascimento, *"Literatura marginal": os escritores da periferia entram em cena*, dissertação (mestrado em Antropologia

Social) – FFLCH/USP, São Paulo: 2006, p. 175. Em 2009, seu trabalho foi publicado pela editora Aeroplano, do Rio de Janeiro, sob o título *Vozes marginais na literatura brasileira*.

57 José de Souza Martins, *Exclusão social e a nova desigualdade*, 4. ed. [1. ed. 1997], São Paulo: Paulus, 2009; *Id., A sociedade vista do abismo: novos estudos sobre exclusão, pobreza e classes sociais*, 2. ed., Petrópolis: Vozes, 2003.

58 Nascimento, 2006, *op. cit.*, p. 19.

59 *Ibid.*, p. 62-3.

60 Conferir, em particular, terceiro e quarto capítulos de sua dissertação: "Experiência social e trajetória literária: considerações sobre três casos" e "A atuação político-cultural dos escritores da periferia". *Ibid.*, p. 93-169.

61 *Ibid.*, p. 132.

62 "Dentro de seu espírito vanguardista, a Global Editora, mais uma vez, sai à frente e lança uma coleção cujos autores apresentam uma característica comum: moram e têm origem na periferia. A coleção *Literatura Periférica* enfoca, como não poderia deixar de ser, a literatura produzida por aqueles que vivem nas 'quebradas' e nos 'cafundós' das grandes cidades e de lá extraem toda a essência e a verve literária que atrai, a cada dia, a atenção e o respeito de um público cada vez mais amplo". Definição da editora Global à época do lançamento da Coleção. Cf. https://grupoeditorialglobal.com.br/catalogos/assunto/?assunto=23.009&cat=Literatura%20Brasileira. Acesso em: 20 set. 2022.

63 Alessandro Buzo é autor de *Guerreira, Suburbano convicto* e *O trem* e criador do Projeto Favela Toma Conta; Sacolinha é autor de *85 letras e um disparo* e *Graduado em marginalidade* e criador do projeto Literatura no Brasil; Allan da Rosa é autor de *Da Cabula, Vão, Morada* (com Guma), entre outras obras, e um dos criadores das Edições Toró; Ridson Dugueto é autor de *Notícias jugulares*, publicado pelas Edições Toró; e Sérgio Vaz é autor de *Subindo a ladeira mora a noite* e *Colecionador de pedras* e um dos fundadores do Sarau da Cooperifa. Todos os excertos são das entrevistas deles concedidas a Mário Augusto M. da Silva em 12 jul. 2007, durante o XVI Congresso de Leitura (Cole) na Unicamp, em Campinas (SP) (grifos meus).

64 Até 2023, a Global aumentou a lista com mais dois títulos.

65 Ferréz, 2009, *op. cit*, p. 14.

66 Cf. Érica Peçanha do Nascimento, *É tudo nosso! Produção cultural na periferia paulistana*, tese (doutorado em Antropologia Social) – FFLCH/USP, São Paulo: 2011. Disponível em: https://www.teses.usp.br/teses/disponiveis/8/8134/tde-12112012-092647/pt-br.php. Acesso em: 16 set. 2022.

67 Este subtítulo é inspirado no nome do romance do escritor nigeriano Chinua Achebe, *Things fall apart*, publicado em 1958, em Londres. No Brasil, em 1983, a *Coleção Autores Africanos*, da Ática, o lançou como *O mundo se despedaça* e, em 2009, a Companhia das Letras o relançou com o mesmo título. Não significa que possua relação direta com o enredo

de Achebe, embora se aproprie da imagem do título de sua obra.
68 Martins, 2009, *op. cit.*, p. 14.
69 *Ibid.*, p. 16-7.
70 *Ibid.*, p. 19.
71 *Ibid.*, p. 21.
72 *Ibid.*, p. 27-36.
73 *Id.*, 2003, *op. cit.*, p. 14.
74 Cf. Ferréz, 2009, *op. cit.*, p. 14-5.
75 *Cadernos Negros*, v. 22, 1999, p. 81.
76 *Ibid.*, p. 83.
77 Cristiane Sobral, "Não vou mais lavar os pratos", *Cadernos Negros*, v. 23, 2000, p. 18-9.
78 Cuti, "Trincheira", *Cadernos Negros*, v. 23, 2000, p. 36.
79 Sidney de Paula Oliveira, "Candomblack", *Cadernos Negros*, v. 23, 2000, p. 101.
80 *Cadernos Negros*, v. 23, 2000, p. 11.
81 *Id.*, v. 27, 2004, p. 11.
82 "Já pensou no *Fantástico*? Eu rezo pra aparecer uma matéria boa no *Fantástico*..." Entrevista de Esmeralda Ribeiro a Mário Augusto M. da Silva e Vinebaldo Aleixo de Souza Filho em 17 abr. 2010, em São Paulo.
83 Exceções sejam feitas ao *site* Literafro da UFMG, coordenado pelo professor Eduardo Assis Duarte, disponível em: http://www.letras.ufmg.br/literafro/, e à UFBA, que inseriu em sua prova vestibular os volumes *Cadernos Negros* melhores contos e poemas, através da professora Florentina de Souza. Na Unicamp e na USP, existem alguns exemplares esparsos, doados por pesquisadores e autores, por exemplo.
84 Cf. Niyi Afolabi, Black Notebooks: *afro-brazilian contemporary literature* [*Cadernos Negros*: Literatura afro-brasileira contemporânea], Trenton, NJ: Africa World, 2008; *Id.*, Black Notebooks: *Contemporary Afro-brazilian Literary Movement* [*Cadernos Negros*: movimento literário afro-brasileiro contemporâneo], Trenton, NJ: Africa World, 2008; e *Id.*, *The Afro-Brazilian Mind: Contemporary Afro--Brazilian Literary and Cultural Criticism* [A mente afro-brasileira: crítica literária e cultural afro-brasileira contemporânea], Trenton, NJ: Africa World, 2007. Todos em edição bilíngue, em parceria com Márcio Barbosa e Esmeralda Ribeiro.
85 Entrevista de Esmeralda Ribeiro e Márcio Barbosa concedida a Mário Augusto M. da Silva e Vinebaldo Aleixo de Souza Filho em 17 abr. 2010, em São Paulo.

CAPÍTULO 10
—
PEQUENA HISTÓRIA
SOCIOLÓGICA DE
LIVRARIAS E EDITORAS
NEGRAS (1972-2020)

É questão da regra e da exceção. A minha visibilidade mesmo vem nisso, porque a minha visibilidade vem da questão da exceção e isso sempre me incomoda, eu não acho legal. O meu trabalho mesmo é um trabalho simples, é um trabalho simples o que eu faço. Tô vendendo livros, são livros, só que é tão complicado, porque eu vendo livros de pessoas negras e isso me torna um ser algo muito especial. Me coloca num patamar que eu não queria; isso deveria ser comum. Então como é algo tão fora, tão incomum, isso que eu tenho, uma visibilidade, e não deveria ser isso, na realidade o meu destaque vem da exceção. Olha que louco isso, né?[1]

Ketty Valêncio

A história sociológica da edição de livros de autoria negra e marginal/periférica está intimamente ligada à trajetória e ao projeto de sujeitos que possuem conexão com o ativismo político e cultural, o que acompanha o argumento geral deste livro. E, ainda mais, a experiências majoritariamente femininas, ao longo das décadas selecionadas para tratar do assunto.

As entrevistas que compõem este capítulo foram realizadas, num primeiro momento, entre 2009 e 2010 e, posteriormente, ao final da década seguinte. Uma das hipóteses para este trabalho era de que a história da literatura negra brasileira, ao longo do século XX, foi majoritariamente de autoedição. Isso impôs a essa literatura o desafio de tornar acessível esse material ao público leitor, especialmente o ideal. Obras de referência sobre a história do livro no Brasil, como a de Laurence Hallewell, não registram algo específico sobre essa esfera de circulação. Mas, por exemplo, ao entrevistar Oswaldo de Camargo ou ler seu *O negro escrito* (1987), toma-se conhecimento de que na capital paulista, nos anos 1970, Nair Araújo, antiga integrante da Associação Cultural do Negro (ACN) e do Teatro Experimental do Negro de São Paulo (TENSP)[2], foi proprietária da Livraria Contexto, em que obras de autores negros eram comercializadas. No livro de Eduardo de Oliveira *A cólera dos generosos* (1988) – ou em anúncios da imprensa negra, de volumes dos *Cadernos Negros* e em fotos de sua divulgação (como na compilação comemorativa *Cadernos 30 Anos*) –, encontra-se a Eboh, livraria dedicada à veiculação da literatura de autores negros, bem como um local de lançamento de algumas de suas obras.

É intrigante e desconcertante saber tão pouco tanto sobre essas pessoas e seus empreendimentos quanto sobre aqueles que realizaram iniciativas coetâneas, anteriores ou que continuaram, nos anos seguintes, projetos semelhantes aos de seus esforços pioneiros: Mazza Edições, Sobá Livraria e Café, Kitabu Livraria Negra, Nandyala Editora, entre outros.

Por interesse em retomar o assunto e tendo o material do primeiro momento de entrevistas inédito comigo, resolvi refazer o percurso da pesquisa sete anos depois. Em 2017, tive melhor sorte em localizar antigos membros e proprietários das livrarias Contexto, Eboh e Griot. Também retornei ao campo num momento em que ele havia mudado significativamente. Não em termos de pesquisas sobre o assunto, que permanecem poucas no Brasil[3], mas em termos de surgimento de novos empreendimentos editoriais (Ciclo Contínuo Editorial, Ogum's Toques Negros, editora Malê). Entrevistei ou entrei em contato para marcar entrevistas com todos eles. Há ainda um cenário de novas livrarias, voltadas especificamente para o público leitor negro, como a Livraria Bantu e a Livraria Africanidades, e lojas com múltiplas funções voltadas para esse universo negro, como a Katuka Africanidades, entre outras citadas, mesmo que não analisadas aqui.

Todas as proprietárias ou profissionais à frente desses empreendimentos, na ocasião das entrevistas de 2009 e 2010, eram mulheres, com mais de 30 anos, ensino superior completo ou pós-graduação e alguma experiência no comércio livreiro ou editorial. São elas: Maria Mazarello, Soraia Bini Cury, Celeste Libânia, Heloísa Marcondes, Fernanda Felisberto. Com exceção de Cury, todas mulheres negras. Embora não entrevistada, Íris Amâncio, da Nandyala, encontra-se no mesmo enquadramento. Outro dado importante é a localização geográfica desses empreendimentos: Belo Horizonte, Rio de Janeiro, São Paulo e Salvador – locais históricos do ativismo negro brasileiro. Não é improvável que outras capitais com o mesmo perfil de ativismo, como São Luís e Porto Alegre, também possuam histórias semelhantes, mas eu não as localizei, infelizmente.

A citação aos empreendimentos antecedentes – especialmente à Livraria Eboh – ocorreu nas entrevistas, mas era desconhecida pelas entrevistadas a experiência prática dessa livraria, assim como os motivos de seu encerramento. Por outro lado, embora no momento das entrevistas todas as contemporâneas se conhecessem, isso não se constituía, pelos relatos, numa rede de solidariedade e de partilha das experiências ou dificuldades comuns, por motivos variados.

A apresentação de tais entrevistas agora também ressalta, infelizmente, um aspecto histórico. Do conjunto das primeiras entrevistadas, a

Mazza permanece em atividade ininterrupta. A Sobá e a Kitabu, apesar dos esforços e planos de suas proprietárias, fecharam as portas, tendo apenas a segunda retornado, num novo formato. Pelas dificuldades em manter um comércio com ponto fixo ou pelas projeções adversas sobre o interesse do público, bem como pela mudança do cenário político, reencena-se o problema da existência da literatura negra brasileira no sistema literário: produção, circulação e recepção são componentes de um circuito em permanente oscilação, apesar dos esforços de seus participantes.

O mesmo se afirma ao comparar esse quadro com as entrevistas de 2017. O meu retorno ao campo realiza um movimento de mão dupla, uma vez que busca iniciativas do passado (entre 1970 e 1990) e localiza iniciativas do presente, posteriores às entrevistas de 2009-10. No primeiro caso, têm-se iniciativas mais próximas de um quadro de mobilizações de associativismos negros: a Contexto era próxima à ACN; já a Eboh, ao que pode ser considerado como uma reorganização do movimento negro no Brasil – com seus sócios fundadores egressos do Centro de Cultura e Arte Negra (Cecan) e relacionados aos militantes do Movimento Negro Unificado (MNU). Numa fase após o Centenário da Abolição, em 1988, e após o I Encontro de Poetas e Ficcionistas Negros de São Paulo (1987, já abordado neste livro) e as mostras de literatura negra, surge a Livraria Griot.

No segundo caso, parece bastante arejada a cena dos anos 2000 e 2010, com o surgimento de editoras como Nandyala, Ogum's Toques, Ciclo Contínuo ou Malê e livrarias como Iná Livros, Africanidades, Timbuktu, Bantu, entre outras. Mesmo que seus fundadores desconheçam por completo as experiências pregressas, seus projetos sinalizam uma força organizativa e um debate ainda em aberto sobre o circuito literário *autor/obra/público*, trespassado pela necessidade da mediação editorial ou de comércio livreiro. Este capítulo é uma contribuição à história e análise de seus esforços.

LIVRARIA CONTEXTO (SÃO PAULO, 1972-84/1984-)

> Outra funcionária que fez história conosco, nos primórdios da Cultura, foi Nair Araújo. [...] Nascida em Minas Gerais, era uma mulher negra, bonita, portadora de doença de Chagas e muito batalhadora. Chegou à nossa casa para ajudar minha mãe no dia a dia corrido, mas foi criando gosto pelos livros até virar uma leitora bem

exigente. [...] Creio que Nair lia muito em seu quarto à noite, quando terminava o serviço. Assim foi adquirindo cultura. [...] Eva sentia prazer ao ver Nair discutindo Albert Camus como gente grande... [...] Então, nada mais justo do que envolvê-la mais e mais com a livraria. [...] Com o tempo, Nair formou um grupo de reflexão com intelectuais negros. [...] Com certa regularidade, ela reunia artistas e escritores em nossa casa. Participava desse grupo até um médico negro, algo raro ainda hoje no Brasil, incrível. [...] Porém, aos poucos, fomos notando que seus amigos demonstravam um comportamento um tanto quanto reativo em relação a nós, brancos. [...] Passado algum tempo, Nair anunciou que nos deixaria. Lamentamos a decisão, ficamos até abalados, mas logo percebemos que ela seria capaz de abrir sua pequena livraria, no bairro da Aclimação. Outra alegria da pupila para minha mãe... Nair faleceu em 1984. Procurando-a nas minhas lembranças, descubro que sua livraria existe ainda hoje e é dirigida por sua filha, Martha [...][4].

As lembranças de Pedro Herz a respeito de sua família, da criação da Biblioteca Circulante em São Paulo e, posteriormente, da Livraria Cultura trazem um retrato de formação da trajetória da ativista e declamadora da Associação Cultural do Negro Nair Theodora Araújo (1931-84), livreira negra cuja experiência intelectual se quer flagrar aqui. Nos excertos de memória de Herz, vê-se aspectos da formação de Araújo, com um sentimentalismo condescendente e, também, uma vez mais, com os sinais da *descoberta do insólito*. A empregada doméstica que se interessa por literatura; a auxiliar que se organiza e busca seus semelhantes em reuniões em meio ao período ditatorial; a pupila que um dia resolve partir e fundar sua própria livraria, que persiste no tempo. No ano de 2018, pude entrevistar Martha Helena Araújo Ferreira na sede da Livraria Contexto, no bairro da Aclimação, quando ela me falou do percurso de sua mãe.

Segundo Nei Lopes[5], Araújo nasceu em 1931, em Dores do Indaiá (MG), e atuou no TENSP, na capital paulista, onde foi funcionária da Livraria Cultura. Em suas memórias, Herz localiza Araújo trabalhando em sua casa na conjuntura da ditadura civil-militar. Lopes afirma que Araújo abriu a Contexto em 1972. As datas coincidem com as memórias de Oswaldo de Camargo, que flagram Nair Araújo na Associação Cultural do Negro entre 1956 e 1964.

> [...] essa história é extraordinária; Nair trabalhava na rua Rio de Janeiro na casa de um doutor do Hospital das Clínicas, mas ao mesmo tempo era do Teatro Experimental do Negro. [...] quando a Nair sai da casa do doutor na rua Rio de Janeiro, ela vai trabalhar com Eva Herz; quem vai tirar [ela de lá] é dona Dóris Volhard-Schierenberg, que frequenta a Associação Cultural do Negro. A Nair vai começar a trabalhar com a Eva quando a livraria Cultura é lá na Augusta, lá embaixo na Augusta, perto da rua Estados Unidos; aliás, eu vi um comentário há pouco tempo que a dona Eva deve muito a Nair, pelo esforço que a Nair fez nos primórdios da livraria Cultura; e quando a Nair vai abrir a livraria dela, ela vai ser sócia de uma moça judia; aí as duas se desentendem, e a Nair vai então abrir a livraria dela na alameda Tietê, onde eu vou lançar o meu livro *O carro do êxito*[6].

De acordo com Martha Araújo, Nair chegou a São Paulo por volta de 1938, com 7 anos. Seu pai, José Teodoro de Araújo, mudou-se com a família de três filhas (Nair, Nazir e Olinda) inicialmente para São Vicente, trabalhando em múltiplas atividades. Pela memória familiar, saíram do litoral para a capital paulista por volta de 1948. A mudança teria se dado para a rua Fernão Dias, no bairro de Pinheiros[7]. É possível localizar as experiências múltiplas que essa mulher negra experimentou na cidade entre os anos 1950 e começo dos anos 1970: de empregada doméstica a funcionária de uma livraria, permeada pelo ativismo político e cultural negro. Ao menos entre a década de 1950 e final da de 1960 essas experiências se misturaram. Nas memórias de Oswaldo e de Martha, a geografia das zonas central e oeste da metrópole conectava um mundo pequeno-burguês, judaico e negro por meio do emprego doméstico e das atividades culturais. Quando a ACN foi fundada e iniciou efetivamente suas atividades, entre 1954 e 1956, Nair teria entre 23 e 25 anos.

O momento em que ela começa a participar da associação é impreciso. Mas é nesse espaço que ela conhece Dóris Volhard-Schierenberg, imigrante alemã que, de acordo com minhas pesquisas, após ter aportado no Brasil, com as profissões de governanta, auxiliar de enfermagem e psicóloga infantil, residiu em endereços nas ruas Augusta e Mateus Grou[8], e teve acesso – por razões ignoradas – à ACN e também à amizade com a comunidade judaica, em que os Herz estavam. A importância de Schierenberg é tanta que ela é uma das três pessoas a quem é dedicada a primeira edição de *15 poemas negros*, de Camargo, publicada como terceiro volume da série *Cultura Negra*; o que mostra sua presença nesse universo associativo negro.

Aqui estou no terreno das suposições, uma vez que as fontes documentais não indicaram o caminho mais preciso, tampouco as orais. Na rua Augusta, onde Dóris morava, também ficava a primeira sede da casa de empréstimos de livros fundada em 1947 pelos imigrantes judeus alemães Eva e Curt Herz, denominada "Biblioteca Circulante", que era voltada fundamentalmente para o empréstimo de livros a imigrantes. Se foi Dóris que, conhecendo os Herz (talvez por emprestar livros) e frequentando a ACN, apresentou Nair à Cultura, ainda na rua Augusta, de fato, o círculo se fecha. Entre o começo dos anos 1960 e 1971, Nair trabalha com os Herz na Cultura, ficando na loja do Conjunto Nacional desde 1969 (data em que a livraria inaugura a loja na avenida Paulista) até sua saída da empresa, como lembra Martha:

> Lá no Conjunto Nacional, acho que ela deve ter ficado um ano, a minha mãe quando foi pra Cultura, era uma biblioteca circulante. E me lembro que tinha lá Judite, superamiga da minha mãe, que tinha até tatuado o número dela do campo de concentração, dela e do marido[9].

A Livraria Contexto começou a funcionar em 1972, inicialmente na alameda Tietê. De acordo com Martha, Nair resolveu sair porque "ela queria ter a própria livraria dela, ter mais liberdade". Os sentidos de *liberdade* aqui podem ser variados, cruzando-se com as memórias de Pedro Herz. Autonomia para tocar uma ideia de negócio próprio, bem como independência para realizar reuniões com outros ativistas negros? Fato é que, também por meio dessas articulações com uma fração do meio judaico paulistano, Nair consegue aporte para abrir a Contexto, com dois sócios:

> Tinha a Selma e o Naldo. Que foram os dois primeiros sócios da minha mãe. Ela conhecia a Selma por causa da dona Dora e, consequentemente, conheceu o Naldo, porque às vezes ela ia lá na dona Dora, que vendia roupa no Bom Retiro e minha mãe comprava lá, e aí conheceu o Naldo logicamente lá. Minha mãe abriu porque ela tinha um nome na praça e eles com a grana. Selma é filha de uma polonesa. Do Naldo eu sei que ele dava aula na USP. Acho que por

uns três anos e aí depois, assim, teve uma época que a alameda Tietê tinha uma lei de zoneamento, não podia ter estabelecimento comercial, e a Contexto lá era uma casa, por isso que era livraria e minigaleria, de arte[10].

Os sócios eram Selma Erlich e Hunaldo Beiker, ambos ligados ao Departamento de Antropologia da USP. Erlich fez traduções de obras teóricas de antropologia social, e Beiker foi docente, por alguns anos, daquele departamento[11]. A parceria teria durado ao menos três anos e, quando surgiram os problemas mencionados com zoneamento, bem como com expectativas sobre os lucros do negócio, houve o encerramento da sociedade, com a livraria passando a ter outro nome na junta comercial, "Nair Araújo e Cia.", referente à filha Martha e à irmã Nazir. Da alameda Tietê, a sede foi para o bairro da Aclimação, na rua Pires da Mota, 884/886, onde se encontra até os dias vigentes. Mais uma vez, a mudança se dá pelas ligações de Nair com um representante do meio judaico ilustrado paulistano:

> Minha mãe veio nessa época. Onde é o Senac hoje era uma malharia chamada PullSport, de alto nível. Na [alameda] Tietê ia um cliente da minha mãe que era um amigo querido dela. Era David Zeiger. E o seu David falava assim: "Nair, já que você tá procurando lugar, vem ficar perto de mim porque eu tenho que sair da minha casa pra ir lá na Tietê". Mas ele morava ali nos Jardins. Aí seu David falou assim: "Nair, não é como lá na Tietê, mas vem aqui comigo tomar um café na fábrica que eu te mostro lá como é que é". Aí mamãe gostou[12].

Industrial judeu de origem ucraniana, pertencente inicialmente à comunidade moradora do Bom Retiro e com interesses no mundo da cultura letrada, David Zeiger foi, com sua esposa Mila Liberman Zeiger, dono da PullSport, uma malharia feminina de alto padrão, bem como da Goomtex, produtora de sobretudos e gabardines, com influência nos meios produtivos têxteis paulista e nacional, entre os anos 1950 e o começo dos anos 1980[13]. Essa amizade mencionada pela filha de Nair, entre uma livreira negra e um empresário judeu filantropo interessado em cultura, teria possibilitado o aluguel e/ou a aquisição da sede da Livraria Contexto no bairro da Aclimação em São Paulo, próximo às instalações da então PullSport. Também essa fraternidade entre participantes de um circuito seleto negro-judaico paulistano entre os anos 1950 e 1970 (Mindlin, Zeiger, Scheireberger, Beigelman, Losinkas etc., que já apareceram no livro) é algo que ainda precisa ser devida e cuidadosamente estudado.

Pode-se acessar uma pequena entrevista de Araújo, publicada n'*O Estado de S. Paulo* por ocasião das festas de 1972: "'O homem criou o computador, agora o computador está acabando de criar o homem' – diz Nair Araújo – dona da livraria e minigaleria Contexto, referindo-se ao atual sentido de Natal. [...] 'Compra-se tudo com dinheiro, menos afeto e amizade'"[14]. Duas notas importantes nessa fala: uma é o sentido da amizade, que, como mostram as narrativas anteriores, organiza um percurso biográfico da dona da livraria; a outra, a Livraria Contexto, também chamada de pequena galeria de arte. Nas memórias de Martha Araújo, isso estava no horizonte da mãe, que pretendia tornar a livraria um ponto de encontro e lançamentos, fosse entre os antigos parceiros da ACN (José Correia Leite e Oswaldo de Camargo), fosse entre os jovens intelectuais negros do Quilombhoje Literatura (especialmente Cuti), e também parte do circuito frequentado por pessoas ligadas à fotografia, escultura e dança – com o detalhe de que não deveria ser algo *exclusivamente* para artistas ou consumidores negros, mas que deveria necessariamente incluí-los. "É uma livraria normal. Só com o diferencial [de que] é espaço pra escritores negros, artistas plásticos negros, mas não só negros, entendeu?[15]"

LIVRARIA EBOH (SÃO PAULO, 1986-91)

Nair Araújo faleceu em 1984, e a Contexto continuou sendo conduzida por sua irmã e sua filha, até que, posteriormente, apenas Martha Araújo ficou à frente dos negócios. Dois anos depois do falecimento de Nair, também na capital paulista, um empreendimento semelhante ao seu foi iniciado por jovens ativistas negros. Havia, entretanto, duas diferenças fundamentais. A primeira, geracional, pois eram militantes nascidos entre final dos anos 1940 e início da década seguinte. Seu local de ativismo e encontro, inclusive, seria o Centro de Cultura e Arte Negra (Cecan), instituição sucessora da Associação Cultural do Negro, da qual Nair fizera parte. A segunda distinção estava no foco do negócio. A Eboh – Livraria e Editora, além de planejar a ampliação de sua atuação rumo ao mercado editorial, apresentava-se em matérias de jornais como a primeira e única livraria especializada em assuntos negros no país.

Foram seus fundadores: Arnaldo Xavier (1947-2004), poeta e administrador de empresas, com 39 anos; Isidoro Telles de Souza (1946-), professor de física e metroviário, com 40 anos; Márcio Damásio (1954--91), sociólogo e analista de sistemas, com 32 anos; e Mário Luiz de Souza Lopes (1954-2012), advogado, poeta e pesquisador de cordel, com 32 anos[16]. Entre eles, apenas Isidoro pôde ser alcançado para narrar o projeto da livraria sediada na rua Conselheiro Ramalho, 688, no Bixiga, historicamente um bairro com grande presença negra em São Paulo. De acordo com Isidoro, nenhum deles tinha experiência familiar com o comércio livreiro, tampouco trabalhado no ramo. No entanto, uma parte dos debates da militância no âmbito do Cecan e, posteriormente, no MNU os levou a discutir sobre a necessidade de um lugar que pudesse ser um ponto de encontro e de reunião de informações sobre a experiência negra.

> Eu sempre gostei de livros. O Arnaldo e o Souza Lopes eram poetas. O Márcio era o sociólogo. Isso era ainda consequência da militância, eu acredito que numa terceira fase, final dos anos oitenta, os anos setenta a gente militou no Cecan, depois na Federação das Entidades Negras do Estado de São Paulo, e as gerações novas vão surgindo, a gente vai se afastando e querendo fazer alguma coisa que pudesse ter alguma sustentabilidade, dentro do mercado, não só uma militância cultural com ajudas e aportes do Estado ou de empresas, mas alguma coisa que a gente pudesse empreender[17].

Essa discussão remete aos Encontros de Poetas e Ficcionistas Negros, ocorridos nos anos 1980, que depois seriam convertidos em livros como *Reflexões sobre a literatura afro-brasileira* e *Criação crioula, nu elefante branco*. Ali, como já vimos, apareceram discussões sobre projetos editoriais e formas de viabilizar publicações autossustentadas da literatura negra brasileira. Xavier foi um dos organizadores desses encontros, interlocutor do Quilombhoje e colaborador da série *Cadernos Negros*. Isso pode ter sido importante para que ele, naquele grupo de amigos interessados em literatura, fosse o responsável por nomear o empreendimento; segundo Isidoro: "Esse nome quem deu foi o Arnaldo. O Eboh é uma alusão ao Ebó do candomblé, alimento pra cabeça, signo da orixalidade[18]".

O nome chamava a atenção dos veículos de informação e atraía os ativistas negros ou pesquisadores interessados em assuntos afro-brasileiros, fazendo certa alusão à religião de matriz africana ou à reaproximação de uma certa ideia do que seria África, na impossibilidade de circular fisicamente por lá. O ebó, como alimento para a cabeça, também seria capaz de promover um trânsito das ideias, no espaço físico da Eboh[19]. Isso estava na proposta de organização e também no quilate das apostas que os fundadores faziam à ocasião:

> A livraria Eboh [...], especializada em livros sobre a negritude, completou um ano de existência dia 18. Nesse período, de simples junção de livros das bibliotecas privadas dos quatro proprietários, expandiu-se para uma livraria com 1.300 títulos e se tornou, segundo Maria da Graça Silva, 37, gerente e divulgadora, a única especializada na América Latina em livros sobre o movimento negro, sendo já conhecida em países como o Japão, os EUA, Espanha etc. [...] Reunir esses livros foi um projeto longamente amadurecido. Seus quatro donos, todos profissionais liberais, trabalham na livraria à noite, após o expediente. [...] Os quatro donos são oriundos de movimentos militantes negros dos anos [19]70 e chegaram à conclusão, no fim de [19]85, que era necessária "uma reciclagem de reflexão sobre o movimento negro" [...] Damazo [sic] comenta que foi um trabalho pesado "exaustivo, pois não havia um modelo ou projeto a ser seguido, ele teve de partir de nós". Conta que passaram os dez dias na Bienal do Livro, do ano passado, levantando livros e catálogos, que no total chegaram a quinhentos títulos. [...] O segundo passo foi entrar em contato com as editoras independentes do país, colhendo obras que não tinham divulgação. [...] Hoje, observa Damazo [sic], "nós já temos na livraria, livros russos que contêm a experiência do negro, livros cubanos, portugueses e espanhóis". [...] ainda não há condições de importação direta pela livraria devido ao custo, mas ela possui cerca de setenta títulos de editoras portuguesas como a Edições 70, Afrontamento, todos de autores africanos de língua portuguesa [...][20].

A longa citação revela um projeto ambicioso e importante e, ao mesmo tempo, mostra o desconhecimento que havia da experiência da

Contexto, a dois bairros de distância na mesma cidade. Na entrevista que me concedeu, Isidoro Telles revelou que ignoravam o trabalho e a existência de Nair Araújo, e que não passavam pelos mesmos debates que ela enfrentou, conferindo solução diferente da dela. Sua posição individual era semelhante à de Araújo – uma livraria especializada em autores negros, mas não exclusiva –, por razões de sobrevivência do comércio. Ele acabou perdendo:

> Eu me lembro que nós fizemos uma discussão: a livraria Eboh seria exclusiva ou especializada? Temas e autores negros. E aí acabou vencendo a ideia de que seria exclusiva. Porque, uma coisa, [pra] você ser exclusiva, basta você ter meia dúzia de livros de autores negros, correto? Agora especializada dá pra você conhecer todo o universo, e sendo especializada não precisa ser exclusiva, você pode ter especializada, ter os autores negros e vender qualquer tipo de livro, livros que vendem. Sabe o que aconteceu com as livrarias normais? Elas todas criaram uma sessão de livros de autores e temas negros. Os militantes conheciam, ficam sempre entusiasmados, "é a primeira, nunca houve", essa história toda. Mas não passa da emoção[21].

Além disso, do ponto de vista comercial, a localização da Eboh não era boa, em sua opinião. Mantinha uma relação afetiva com o histórico bairro negro (e italiano) do Bixiga; mas não era um local central de fácil passagem. Para Isidoro, isso se deve ao romantismo da iniciativa. E isso, de certa maneira, está expresso na mensagem de Damásio:

> Nossa proposta é muito mais que manter uma livraria e editora. Esta é apenas uma das faces do "Projeto Eboh", que pretende de uma forma apartidária atingir o maior número possível da população negra de nosso país, sem nos preocuparmos com os 500 militantes que há anos vêm discutindo a questão negra, com métodos e fórmulas viciados, que acabaram não levando a nada. Esta é a nossa razão de existir[22].

A tensão entre o projeto comercial e existencial da Eboh e uma visão da militância negra está posta nessa fala. Bem como nas recordações de Isidoro, com relação às trajetórias dos fundadores da Eboh, desde o

Cecan. Embora contemporâneos ao MNU, por exemplo, isso não significou, na sua visão, uma maior aproximação: "Eu não sei se não viam isso como iniciativa pequeno-burguesa, o normal é ser de esquerda e ser um pouco fora de mercado, capitalista"[23].

Isso não impediu, no entanto, que a Eboh apoiasse o III Encontro de Poetas e Ficcionistas Negros – *Corpo de negro, rabo de brasileiro* (1986); que as atividades da livraria e editora fossem divulgadas em jornais como *Maioria Falante*, do movimento negro carioca; que ela mantivesse aproximação estreita com os membros dos *Cadernos Negros*; que, entre os mais de mil títulos presentes no acervo da livraria, como se anunciava, alguns só se encontrassem lá por serem produções independentes e autofinanciadas de autores negros[24]; que ela fosse um ponto de encontro e lançamento de pesquisadores[25]; ou, ainda, que ela fosse a livraria oficial presente nas atividades dos Cem Anos da Abolição promovidas pelo Museu de Arte Moderna de São Paulo e pelo Ministério da Cultura, entre agosto e setembro de 1988.

Mas e a sustentabilidade do projeto? Essa parece ter sido a grande questão nos anos de existência da livraria. De um lado, a reorganização interna da sociedade. De outro, a ampliação de suas atividades para a empreitada editorial. No primeiro caso, apesar de os negócios terem conseguido atravessar a crise dos planos econômicos do final da década, já em meados de 1988, o quarteto fundador havia se resumido à dupla Telles e Damásio: "São vendidos cerca de 300 volumes/mês, que representam um faturamento modesto [...]. A livraria vende hoje títulos de 150 fontes diferentes. [...]"[26]. A saída dos sócios, de acordo com Isidoro, foi amigável, da mesma forma como seria a dele. A avaliação era de que se tratava de um negócio pequeno para quatro pessoas, mas viável para duas e talvez factível e desejável para apenas uma:

> O Arnaldo se afasta, eu compro a parte dele e em seguida o Souza Lopes também se afasta e eu transfiro pro Márcio, tudo fica com o Márcio. O Arnaldo, por uma questão financeira, casou, uma questão particular dele. O Souza também, foi uma questão financeira, porque eu e o Márcio queríamos investir. Eu trabalhava no Metrô, estava mais estável, Márcio mais arrojado também. Então nós queríamos investir. E aí eu falei: "não, Márcio, tá pequeno pra dois? Tá certo? Então como vamos fazer?". Ele falou: "Não, eu compro, eu assumo, vou tocar"[27].

Entre 1989 e 1991, a Eboh ficou a cargo de Márcio Damásio. Houve a parceria com a editora Cortez para a publicação, em 1991, do livro *África do Sul: apartheid e resistência*, do sociólogo holandês Klaas de Jonge, à época professor visitante na Universidade de Brasília (UnB)[28]. Considerando o falecimento de Damásio, noticiado em janeiro de 1991, e esse lançamento em setembro, o projeto de edição deve ter ocorrido no ano anterior e, naquele momento, a editora e livraria estava sendo tocada por sua esposa, Elida, com novas parcerias, como dá a entender a nota do jornal *Maioria Falante* de junho/julho de 1991:

> Vimos através desta informar que a livraria Eboh está se transferindo (ainda em caráter provisório) para a livraria e editora Cortez. Queremos colocar que os esforços em se conseguir definitivo [sic] para a livraria especializada em temas e autores negros no Brasil continua [sic]. Na certeza de breve podermos estar recebendo, divulgando e vendendo nosso jornal *Maioria Falante* na livraria Eboh, num local definitivo, despeço-me[29].

Se os anos finais da experiência considerada ímpar da Eboh são menos conhecidos, a pergunta que se faz é sobre qual o saldo da empreitada. Os pontos de balanço são ao menos três. O primeiro, feito pelo fundador remanescente, é severo com os potenciais realizados e alcançados:

> [...] tivemos a ideia, pusemos em prática, eu acho que é possível fazer as coisas, agora, precisa pensar muito mais, precisava olhar mais o contexto do mercado, pensar mais estrategicamente, uma coisa que foi pouco pensado no ponto de vista estratégico, né, olhar, olhar mercado, olhar a realidade, então no ponto de vista de falar "ah, fizemos a primeira livraria, interessante, dá pra fazer, mais emocional", foi interessante, foi bom. É. Mas do ponto de vista prático, de ter consequência, de ter resultado, eu acho que foi muito pouco[30].

O segundo balanço é positivo, pela possibilidade de seu esforço ter impulsionado, à época, outro semelhante, no Rio Grande do Sul: a criação da Livraria Ponto Negro[31]; e o terceiro, também positivo, por ter impulsionado uma outra livraria em São Paulo, diretamente herdeira de sua história, da qual tratarei a seguir.

DA EBOH À LIVRARIA GRIOT (SÃO PAULO, 1993-96)

A experiência da Eboh não se encerrou com o falecimento de Márcio Damásio. A nota anterior informando que o acervo da antiga livraria iria para um outro local de armazenamento indicava também a articulação de um novo grupo de ativistas negros que resolveram tocar o projeto adiante. Em comum, a ausência de experiência da maioria deles no comércio livreiro. A diferença agora seria a escolha do local, saindo do Bixiga para uma área de maior circulação no centro da capital: a Galeria Metrópole. José Luiz de Jesus, um dos sócios desse novo empreendimento, que eu entrevistei, relatou assim a história:

> Não tinha essa experiência não, tinha, sim, esse interesse, esse amor por livros, então; e havia a livraria Eboh, aonde eu frequentava; e no início da década de noventa, ali, após eu sair de uma empresa, que eu trabalhei há anos, eu já havia me proposto a ter parte, sociedade, com a Eboh. Maria da Conceição [Prudêncio], [era] quem tinha experiência de livreira, a partir daí a gente propôs criar uma livraria ali com o capital nesse momento. E a Terezinha Malaquias, também uma autora, artista a partir de seu trabalho como modelo vivo; nós criamos a Griot, a livraria Griot. Foi ali, [19]92 para 93. E em um outro momento, a Terezinha Malaquias saiu da sociedade e entrou o Isaac, e depois, na fase final, digamos assim, entrou a Miriam Alves. O nome "Griot" foi uma sugestão de um irmão de batalha da gente, o Roberto, em que ele propôs o Griot, a partir da questão da oralidade; e a gente achou de fato ser muito bom, a gente estar referenciando a oralidade com a livraria[32].

Griot e Eboh se confundem nesses primeiros anos. Durante a crítica à pouca promoção e distribuição precária do filme *Malcolm X*, de Spike Lee, em São Paulo, noticiou-se que: "na pré-estreia do filme que leva seu nome, organizada pela Eboh Editora e Livraria e outras associações do movimento negro e a distribuidora Fox, realizada anteontem no Cine Arouche A, as palmas não faltaram". E mais adiante, lê-se: "Mais impaciente com a situação do racismo no país, José Luiz de Jesus, 39 [...] é proprietário da Livraria Griot, especializada em temas e autores negros, na Galeria Metrópole da avenida São Luís"[33]. A experiência livreira veio da sócia, Maria da Conceição Prudêncio. Os outros membros, como José

Luiz, entraram com o capital, no intervalo em que o acervo da Eboh se encontrava na Galeria Metrópole, no espaço que talvez fosse o depósito da livraria Cortez. Pelas datas dos documentos, essa mediação e simultânea existência se deu entre 1992 e 1993.

José Luiz me relatou que também não conhecia outras experiências livreiras e editoriais negras, antecessoras à dele. E mesmo da Eboh só soube por causa de um encontro, no centro de São Paulo, entre a sua militância negra e a paixão por livros e livrarias. De toda maneira, em meados dos anos 1990, a Griot reencenava com propósitos semelhantes e impasses aproximados dos da Contexto, da Eboh e de outras iniciativas no meio editorial negro:

> Nós trabalhávamos com temas e autores negros, era uma forma que a gente via ali de estar fechando o objeto que nós queríamos, então, ou era um autor, poderia tá citando, focando qualquer tema, ou seria qualquer outra, outro pesquisador, estudioso, escritor que focasse a questão afro, a questão do negro. A Griot era um instrumento dentro [do movimento negro], embora com esse perfil [de] empreendedorismo; aí muda muito porque você tem despesa e receita, é outra coisa. A Griot extrapolou e muito a questão de comercializar livros. Nós tínhamos lançamentos, eram *happenings*, bastante felizes, satisfeitos, era ponto de encontro, era um ponto social, ia pra bem além da frieza da comercialização, aqui é paixão[34].

"A Griot é também espaço cultural, mostra trabalhos de artistas negros e vende a agenda afro-brasileira [19]96."[35] Essa ideia de ponto de encontro, naquela década, permitiu, de um lado, alcançar as ações político-culturais da geração do Quilombhoje, responsável pela edição dos *Cadernos Negros* (já com mais de uma dezena e meia de volumes), sendo inclusive um local onde se podia encontrar seus volumes[36]; de outro, ter interlocução com os anos importantes da experiência do *rap*, do *hip-hop* e do pagode paulistano, que tinham como ponto de encontro a região central de São Paulo.

> [...] ela também surgiu em um momento de efervescência da questão negra em São Paulo, no próprio Brasil, os anos noventa, foram aqueles anos onde a musicalidade negra foi chapante, o surgimento da revista *Raça*, também era um momento aonde o *hip-hop* se

afirmava. Inclusive a morte do Eazy-E é um marco bastante nítido assim, dentro da galeria inclusive um de nossos funcionários fazia parte do movimento de uma das posses, né, que é como se chama [sic] as organizações, no caso a Força Ativa tinha a Posse Hausa, quer dizer, era uma vertente considerável[37].

Durante três anos, abrindo diariamente na Galeria Metrópole, funcionando das 8h às 18h, com plantões excepcionais até mais tarde, e não sendo a ocupação principal de nenhum de seus donos, a Griot existiu no centro da capital paulista.

Não deu lucro, mas havia uma enorme vontade, um aprendizado ali. E nós queríamos aprender no corpo a corpo mesmo o que era estar dentro desse mercado. Então nunca houve interesse em ser algo atrelado a governo ou a qualquer coisa. Havia, sim, um bom relacionamento com as pessoas da comunidade, o próprio Conselho [Estadual de Participação da Comunidade Negra] na época, o seu presidente era o Arruda, foi sempre um parceiro[38].

Nesse sentido, a esgrima com o mercado levava, na base da força de vontade, a querer organizar o ponto de encontro e também a editar livros.

[...] Criaram um polo de referência de cultura afro. O espaço também abriga exposições de artes. Na sexta foi lançada ali a agenda afro-brasileira, criada por Acassio [sic] Almeida e Lucilene Reginaldo (Núcleo de Estudos da PUC). A Griot (feiticeiro africano, em francês) editou um livro de poesias: *Dimensões*, de Marta André. Lá, você acha também desde a biografia de Billie Holliday até títulos infantis, passando pelo livro do filósofo norte-americano Cornel West. Quem prefere leitura mais descontraída, pode conferir a revista *Pode Crê*, voltada para *rappers*, modetes e *blacks* afins [sic][39].

E como terminou mais essa proposta de empreendimento comercial negro ligado ao universo da circulação literária? A essa questão, respondeu diretamente José Luiz: "Acabou porque ela não se pagava. Portanto não se viabilizou". Com isso, houve a saída da Galeria Metrópole, o encerramento das atividades livreiras e a tentativa de novas parcerias de eventos, abrigo e circulação do acervo com o Conselho de Participação da Comunidade Negra e o restaurante afro Gamelas.

> Esse acervo foi para o Conselho da Comunidade Negra, onde era administrado, digamos. A partir desse momento não foi mais emitida nota fiscal, não foi mais adquirido material, e esse acervo, ele foi sendo diluído. Nesse período a Griot acumulou uma série de eventos: ela passou a ter um evento chamado Personalidade Griot, onde nós homenageávamos alguém da nossa comunidade anualmente; havia uma atividade voltada aos jovens, que era a Young Black, e havia uma atividade pra crianças, que era Brincando na Griot; então nós fizemos uma parceria com o restaurante Gamelas, onde havia os livros expostos, a gente tinha até o slogan de "alimento para o corpo e para o espírito". Eu, como sócio-gerente continuei, os outros sócios se afastaram, não oficialmente, mas se afastaram. Eu fiquei à frente desse projeto por questão de ideal, e que vem até hoje[40].

O dilema entre a paixão pelos livros, apoios intermitentes dos movimentos negros e a necessidade de financiar um comércio livreiro é uma constante de todas essas experiências, e não será diferente com a única livraria negra que consegui localizar na capital mineira, do final dos anos 1990, que faz parte dessa rede de experiências que se referenciam mutuamente.

SOBÁ LIVRARIA E CAFÉ (BELO HORIZONTE, 1999-2018)

No final dos anos 1990, existiu a Sobá Livraria e Café, fundada por duas mulheres negras na capital mineira. A data do seu encerramento é incerta; em consulta feita ao seu CNPJ em 2018, sua situação cadastral constava como inapta. Quando entrevistei as sócias Celeste Libânia e Rosane Pires em 2010, a livraria funcionava em espaço físico na capital mineira, numa área da cidade considerada como de boa localização[41]. Elas se autodeclararam, à ocasião, duas mulheres negras, com 40 anos aproximadamente, ambas professoras e formadas em letras pela Universidade Federal de Minas Gerais (UFMG). A Sobá teve como propósito e nome, segundo suas fundadoras:

> [...] [a] palavra quimbundo *Soba*[,] que significa velho sábio responsável pela transmissão dos conhecimentos à comunidade.

> Hoje a Sobá Livraria está assentada em três pilares: *ancestralidade*, *sabedoria* e *semeadura*. Três palavras femininas que guardam a essência da ideia primordial de quando pensamos em fundar uma livraria. A ideia de livraria étnica surgiu a partir das nossas palestras em escolas públicas, convidadas pela direção ou professoras das escolas, para falarmos sobre racismo, negritude, como trabalhar a questão racial em sala de aula. Isso nos meados dos anos 1990. Foi buscando solução para os questionamentos constantes é que pensamos na criação de uma livraria onde os professores pudessem encontrar material para trabalhar a cultura afro-brasileira com os seus alunos. A Sobá Livraria começa aí, isso por volta de 1999[42].

Diferentemente de outras iniciativas, Libânia e Pires conheciam ao menos algumas outras experiências de circulação e edição negras em São Paulo (Eboh) e Minas Gerais (editora Mazza). Na capital mineira, no que dizia respeito à esfera de circulação, afirmavam ser pioneiras, pois: "A Sobá existe em Belo Horizonte desde 9 de março de 1999 e sempre foi (e ainda é) referência em muitas capitais brasileiras, pois onde havia eventos da comunidade negra lá estava a Sobá com uma mesa, uma estante e suas caixas abarrotadas de livros"[43]. A experiência da Sobá, atravessada pela interrupção, foi promissora e permite enfeixar, em Minas Gerais, um cenário de edição e circulação da literatura negra brasileira e internacional, como atesta o panorama histórico de editoras mineiras publicado pela Faculdade de Letras da UFMG:

> Em Minas Gerais a Mazza Edições, uma gráfica-editora, foi pioneira na publicação da literatura escrita por negros brasileiros. Mais recentemente, nasceu a Nandyala, uma livraria-editora, que, em seu espaço constituído de duas salas e uma pequena área externa, promove noites de autógrafos com autores africanos e afro-brasileiros, encontros com escritores e cursos sobre temas de interesse na área. Na mesma esteira está a Sobá, que começou como estande em eventos e hoje é uma livraria-café-galeria e daqui a pouco, quem sabe, vai também se tornar uma editora. Uma curiosidade: esses três empreendimentos pioneiros, todos sediados em Belo Horizonte, são dirigidos por mulheres negras, mestres e doutoras nas áreas de comunicação social e letras. [...] Se em Belo Horizonte

a Nandyala, além de referência, é uma das poucas livrarias especializadas em literatura africana, quando pensamos na região Sudeste e, mais amplamente, no Brasil, vemos que essa bandeira é levantada também pela Sobá Livraria e Café, em Belo Horizonte, e pela Kitabu, aberta um ano e meio depois da Nandyala, na Lapa/RJ. A Kitabu, como era de se esperar, também vende livros da Nandyala[44].

Mesmo com poucas informações, comparada aos outros casos aqui analisados, a experiência da Sobá opera com características que serão reencenadas na história de livrarias negras: a itinerância e importância da sede física, a tentativa de diversificação do comércio para atração de públicos diversos dentro e fora do movimento negro. O protagonismo feminino negro aliado à escolarização superior, na dupla da Sobá, as aproximará comparativamente de outra experiência fora da capital paulista, a Kitabu, iniciada num momento em que a Sobá fazia planos, segundo o histórico de comércio livreiro mineiro, de se tornar uma editora – o que não ocorreu.

KITABU LIVRARIA NEGRA (RIO DE JANEIRO, 2007-12/2018-)

A menção à Kitabu Livraria Negra nas referências à Sobá, consoante à experiência de circulação comercial das obras de literatura de autoria negra, é importante. Tratava-se de uma rede articulada, que se conhecia e reconhecia em encontros acadêmicos ou eventos específicos pelo país, somando esforços com o mesmo fim, sem maiores estreitamentos. Além disso, a experiência de mulheres em parceria, com formação universitária completa e militância no movimento negro, somada ao interesse em possuir uma sede física, fazia de Fernanda Felisberto e Heloísa Marcondes, sócias fundadoras da livraria carioca, sediada à ocasião na Lapa, um paralelo interessante ao empreendimento mineiro. Elas me concederam entrevista para narrar o projeto da Kitabu, que foi interrompido por volta de 2012 e depois retomado, encontrando-se atualmente em atividade, apenas em ambiente virtual, e ampliando-se para o meio editorial[45]. Quando as encontrei, tratava-se de uma pequena livraria no famoso bairro boêmio carioca. Segundo suas fundadoras:

> [Fernanda Felisberto:] A minha história de ativismo começa em 1992, 1993, porque eu participei do primeiro Senun [Seminário de Universitários Negros no Brasil], em Salvador, e foi a partir dessa

minha história de militância, pelo viés acadêmico, pelo viés universitário, que aí eu comecei a fazer. Eu venho com a história acadêmica, a Heloísa com a experiência do movimento social, aí a gente vai e abre a livraria. [Heloísa Marcondes:] As pessoas sabem que a gente abriu essa livraria, mas que são duas pessoas oriundas do movimento negro. Eu, por exemplo, sou nascida e criada no Morro do Macaco, na Vila Isabel. Comecei no movimento social, fui pro movimento negro com a pastoral das favelas, dentro do movimento de mulheres negras. Encontro Fernanda no final da década de oitenta. Aí a gente começa a conversar sobre essa história. Fiquei um período em Londres, com minha filha pequena, e lá havia muita literatura infantil negra. Eu falei assim: "Meu Deus! Como é que pode a gente não ter nada disso?". [Fernanda:] É nosso projeto, tinha um outro sócio, mas ele saiu e ficamos nós duas. E na verdade a gente já tem esse projeto desde 2003, mas a livraria de fato só foi inaugurada em 18 de maio de 2007[46].

Segundo Felisberto, a ideia do nome foi fruto de sua experiência acadêmica e seu contato internacional: "Eu fiz o mestrado fora do Brasil, no Colégio do México. E lá tem um centro de estudos africanos. Eu consegui bolsa e fui pra lá; aprendi, durante o período do mestrado, que kitabu é 'livro' em suaíle". E prossegue: "a gente queria um nome que remetesse a uma africanidade, mas que também não se consolidasse em termos de uma homenagem específica pra não dar problema de dinheiro, exatamente." Com isso, também havia a preocupação já conhecida de se tornar uma livraria especializada em autoria negra brasileira e estrangeira. Ali, afirma Felisberto, havia: "vários títulos que você não encontraria em nenhuma outra livraria, salvo essas, e também um espaço de alguns títulos que, para algumas editoras, isso representa fundo de catálogo, que é a temática racial". E cita: "por exemplo, a editora Rocco tem dois livros, um chamado *De amor e desespero*, da Alice Walker, e outro título que é *Eu, Tituba, a feiticeira negra de Salém*. Aqui na loja o livro chega e vai embora, sai. Lá na Rocco, ela é fundo de catálogo"[47].

Conhecendo as experiências mineiras, Felisberto e Marcondes não relataram algo sobre suas antecessoras paulistas. No Rio de Janeiro, à ocasião, afirmavam ser pioneiras, tendo a ideia de uma sede fixa. Entretanto, o livreiro negro Papaléguas (Ademar Olímpio da Silva) era já conhecido pela experiência de itinerância de venda de livros pela cidade desde o final dos anos 1970[48], mas sem sede fixa, tal qual era a preocupação da Kitabu. O chamado "Beco do Rato" da Lapa, onde elas estavam à ocasião, exigia o funcionamento em horário alternativo, do período vespertino até altas horas da noite, para poder acompanhar o ritmo do bairro. Na avaliação de Felisberto: "É claro que, se a gente estivesse em um outro espaço, que seja [de] um público leitor, no miolo do Rio, ali no Largo da Carioca, você tem a Livraria da Travessa, você tem a Saraiva, então você já tá num corredor de livrarias. Eu acho que aqui a gente tem o leitor específico que vem à Kitabu, mas a gente [também] tem o ativista"[49].

A iniciativa comercial, semelhante à de casos anteriores, estava alicerçada no ativismo antirracista, e não exatamente na experiência de trabalho ou familiar com o comércio livreiro. Nesse sentido, de acordo com as fundadoras, por vezes certas tomadas de decisão seguiam caminhos que não eram exatamente os da procura de potenciais leitores em razão de debates do momento, mas sim opções baseadas em seus posicionamentos em face da militância antirracista.

> [Fernanda:] A experiência física envolve os impostos, envolve a nossa não experiência na administração, porque ninguém vinha da tradição de empresários negros na família. Não, tudo que a gente tem é um jogo de erro e de acerto. Estamos começando do zero, em termos de experiência, em termos de capital, porque quando a gente vai num banco, ele lida com as estatísticas oficiais. E quais são as estatísticas oficiais? Negros não leem. Negros não consomem. A parcela de consumo é muito pouco. Quer dizer, é um desafio se estabelecer em termos de empresa. Uma empresa negra. É um desafio. Nós somos microempresa, micro do micro. A gente tem que frequentar pra aprender o *know-how* comercial. Isso a gente precisa, esse *know-how* comercial. [...] não há lucro na editora ainda. Tudo que se investe se paga e retira para que haja funcionamento[50].

"Muita gente enxerga como um não trabalho. Esse é o nosso capital. Isso é o que a gente faz. É o nosso trabalho. E apela pra essa coisa mesmo, de que a gente não pode, em hipótese alguma, fechar. A única livraria negra no Rio de Janeiro fechar por problemas de falta de cliente. A gente realmente tem esse problema"[51]. Esse momento da entrevista mostrou-se importante, porque alguns anos depois a livraria efetivamente fechou sua loja física (em 2012), reabrindo em ambiente virtual, o *site*, a partir de 2018. Um empreendimento comercial que, como os outros já analisados, não possuía apoio governamental ou estatal (por meio de editais) nem financiamento de alguma vertente de movimentos negros, num momento em que a disputa pela circulação da literatura negra ainda ocupava um cenário de especialização ou de paulatina abertura, contando com a aposta de editoras não negras (como Selo Negro e Pallas Editora) ou de livrarias convencionais, com espaço para autoria negra específica. Jogava um papel importante nisso também a cena de fomento cultural e educacional dos anos 2000, com os programas de fomento e o impacto da legislação antirracista federal (leis n. 10.639/2003 e n. 11.645/2008).

Foge ao escopo deste capítulo analisar as políticas de fomento governamentais naquele cenário (nos níveis federal, estaduais e municipais), mas elas têm um impacto importante na circulação comercial da autoria negra (e também em sua edição e recepção consumidora), bem como nas histórias dessas livrarias na cena cultural, ao longo dos anos 2000. Como afirmavam à ocasião: "Tem uma questão de expansão e você hoje tem, como diria uma amiga nossa, o *afroportunismo*. Com a questão da lei n. 10.639, muita gente que nunca trabalhou com a temática racial passa a trabalhar pra poder se beneficiar também, pedir projeto, pedir coisas e tudo mais"[52].

INÁ LIVROS (SÃO PAULO, 2014-18)

Quando a Kitabu se reestruturava para voltar à venda de livros de autoria negra, entendendo que a aposta no comércio eletrônico, sem a sede física, seria decisiva para a continuidade do empreendimento, outras livrarias faziam movimentos semelhantes. Entre elas, com a mesma perspectiva especializada, a Iná Livros, criada pelo casal Leonardo Bento (historiador e professor) e Luciana Bento (socióloga e escritora). Ambos sem experiência prévia profissional com o comércio livreiro.

Quando entrevistei Leonardo, em 2017, a Iná mantinha uma página para venda dos livros na internet, além do projeto de ambos, o "Quilombo Literário", que se dedicava a produzir conteúdo digital, com a apresentação de obras de autoria negra na internet. De acordo com a consulta que fiz a Leonardo Bento em 2021, a livraria virtual não existe mais (o projeto se encerrou em 2018), embora seu *site* ainda possa ser localizado[53]. O "Quilombo Literário" é hoje um perfil na rede social Instagram[54] e no YouTube[55], coordenado por Luciana Bento (que também mantém o perfil @amaepreta). A entrevista, portanto, tem um caráter de memória de um projeto interessante do comércio eletrônico livreiro negro, em seus primórdios, que estava florescendo com outras iniciativas e que foi solapado, entre outros motivos, pelas circunstâncias da crise política vivida no Brasil em 2017.

> A livraria é a Iná Livros, especializada em relações raciais, literatura africana, infantil com protagonismo negro, e desde 2014, quando eu montei a livraria com a minha esposa, Luciana Bento, a nossa perspectiva foi de participar de eventos voltados pra comunidade negra em geral. Quando eu fazia graduação em história no Rio, eu fui convidado pelo Papaléguas, que é um livreiro da década de setenta lá do Rio, que começou expondo no pilotis da PUC-Rio livros sobre relações raciais. E aí ele passou por uma série de lugares fazendo essas vendas, e ele tinha essa metodologia de ir nos espaços onde estava rolando atividades voltadas pra comunidade negra expor os livros lá. Em 2004 ele tinha uma loja na Universidade Candido Mendes, onde ele tinha esse acervo lá disponível, e ele me convidou pra trabalhar com ele nessa época, então eu fui trabalhar com ele nesse período[56].

Novamente a experiência de itinerância de Papaléguas (Ademar Olímpio da Silva) serve como um modelo para pensar a atividade livreira negra. Atualizada para os eventos literários contemporâneos, ela permite um modelo de negócio em que a sede fixa e seus custos não são vistos como necessários. Essa empreitada, nos projetos dos Bento, deveria, de alguma forma, ser nomeada com um substantivo afrodescendente que conversasse com o público visado:

> A Luciana sempre teve interesse em empreender, em fazer alguma coisa que a gente pudesse ter algum retorno positivo, satisfatório pra gente trabalhando e que fosse algo também benéfico pra outras pessoas como a gente. Quando a gente teve a nossa primeira filha, a gente tava com dificuldade pra encontrar livros infantis com protagonismo negro. Quando a gente buscou um nome [para a livraria], a gente tava buscando um nome que tivesse uma sonoridade interessante pro Brasil, mas que ao mesmo tempo remetesse a alguma coisa africana. Encontrei *inã*, que tem uma grafia diferente do que a

gente colocou. Mas a menção que a gente faz é o *inã* do ioruba, que significa luz, fogo. Iná Livros seria a luz que ilumina os livros ou a luz que ilumina o conhecimento, algo nesse sentido[57].

O conhecimento de experiências anteriores, quando os Bento iniciaram o projeto da Iná Livros, passava especialmente pelo trabalho de Papaléguas, da Kitabu e da Sobá, que seriam suas referências mais próximas, geográfica e temporalmente, no ramo livreiro. Leonardo mencionou que apenas quando sediados em São Paulo veio a conhecer pessoalmente José Luiz de Jesus e a história da Griot, bem como a Livraria Africanidades, de Ketty Valêncio (sobre a qual escreverei na sequência).

Também citou a existência dos trabalhos itinerantes, que iniciavam naquele momento: da Mirembe Nombeko[58] e da Livraria Timbuktu[59] (que iniciaram em 2017); e da Livraria Bantu, com sede física em Belo Horizonte, como uma banca na Praça da Estação (que começou em 2016, criada por Etiene Martins[60]). Entre as editoras negras, a Mazza Edições e a Nandyala foram citadas, com destaque maior ao apoio recebido da segunda, pelos livros em consignação. E um começo de parceria com a Ciclo Contínuo Editorial. A dificuldade, histórica, de conhecimento entre os projetos semelhantes ficou clara em sua fala: "Eu não sei se todos conseguem se ver enquanto parceiros [...] é bom que a gente possa fazer uma troca, mesmo que seja trabalhando pro mesmo público, mesmo que uma atividade de nicho, até pra gente se fortalecer. Mas, enfim, são coisas que a gente precisa superar pra frente"[61].

Bento mencionou que, na sua opinião, as leis federais para ensino de história afro-brasileira e indígena nos currículos, embora sem influência direta para o mercado livreiro, movimentaram algo da cena de um público consumidor em busca de obras de autoria negra e africana. Também sem relação direta com os movimentos e associativismos negros, no caso da Iná Livros, era o fato de serem uma livraria de nicho, o que permitia a sua existência na conjuntura dos anos de 2014 a 2017. Com a turbulência política que culminou no impedimento da presidente Dilma Rousseff, após as eleições municipais de 2016, o contexto se tornou sensivelmente adverso para a sua atividade – e, como não sabíamos naquele momento da entrevista, contribuiria para o encerramento de suas atividades:

> Olha, em 2014, em 2015 e até metade de 2016 [...] todo final de semana a gente tinha um evento, e à noite, alguns dias de semana tinham

alguns eventos também, por exemplo: Terça Afro, que acontece aqui em São Paulo; eles faziam uma roda de diálogos sobre relações raciais, toda terça nós estávamos lá. No Rio de Janeiro tinha o Odara Bazar, depois se tornou Odara Produção Cultural Afirmativa, que acontecia na Lapa todo primeiro sábado do mês, e nós estávamos lá todo primeiro sábado do mês. Tinha o Kwanza, que era organizado pelo Luís, tinha algumas ações, alguns grupos pan-africanistas que também chamam a gente pra poder trabalhar junto. Agora com essa alternância do governo, com o golpe que foi implementado, caiu muito o fomento de ações voltadas pra questão racial, voltadas pra questões culturais, então a gente tem muito poucos eventos acontecendo. Se comparar 2016 com 2015, tem tido uma queda vertiginosa de eventos ao longo desses anos. A gente montou esse modelo [de negócios] para participar de eventos; a gente precisa rever as estratégias de como atuar, então uma das estratégias que a gente elaborou foi essa de oficinas nas escolas; e aí a gente dá as oficinas pra poder fazer as vendas direto pros professores e mostrar os livros[62].

Esse intervalo de tempo das apostas da Iná e de empreendimentos culturais semelhantes compreende, aproximadamente, o fim do primeiro mandato da presidente Dilma Vana Rousseff (PT, 2011-4), sua candidatura à reeleição e vitória (2014), o início da articulação parlamentar que levaria ao processo de *impeachment*, o transcorrer da manipulação política de seu então vice-presidente, Michel Temer, e do presidente da Câmara dos Deputados naquele momento, Eduardo Cunha (2015-16); o assumir da Presidência por Temer, de maneira interina a princípio e efetiva posteriormente; a extinção do Ministério da Cultura por Temer, no primeiro ato de seu governo, e sua retomada, após pressão de movimentos sociais; a extinção de ministérios e secretarias voltadas à área social, como o Ministério das Mulheres, da Igualdade Racial e dos Direitos Humanos, entre outras. Esse cenário adverso para a área cultural e para as políticas de direitos civis e de direitos humanos manteve-se após as eleições de 2018. Mesmo assim, a Iná Livros projetava possibilidades de sobrevivência que, infelizmente, não se cumpriram. "A gente não queria começar um negócio pra em três meses parar. A gente tá estudando também esse modelo de clube de assinatura e pensando muito no modelo de assinatura voltado pro público infantil, que deve já entrar ano que vem no primeiro semestre. E já tem o *site* pronto, é só dar o *play* e enfim[63]."

LIVRARIA AFRICANIDADES (SÃO PAULO, 2014-)

Contemporânea ao contexto da Iná Livros e voltada para outro nicho dentro do comércio de autoria negra é a experiência da Livraria Africanidades, fundada em São Paulo pela bibliotecária e livreira Ketty Valêncio. Quando a entrevistei, a livraria experimentava um formato híbrido: o comércio virtual e itinerante junto à divisão de um espaço físico na rua Aimberê, 1158, no bairro de Perdizes, na zona oeste da capital. Além disso, enquanto a Iná se voltava cada vez mais à circulação de livros infantis para o mercado de responsáveis por educar crianças negras, a Africanidades enfocava – e mantém-se nesse eixo, de acordo com o seu *site*[64] – a comercialização de livros de autoria negra feminina.

Em comum, ambas as livrarias tinham o diagnóstico de que a experiência virtual e itinerante era mais interessante para as usuais condições econômicas de proprietários e donos de livrarias negras, considerando-se os custos envolvidos na manutenção de uma sede fixa. Também dividiam as mesmas percepções sobre a importância dos eventos específicos para esse tipo de atividade a que se dedicavam. A Livraria Africanidades permanece no ramo, apesar dos turbulentos anos políticos que se seguiram após a entrevista. Contudo, seu endereço físico se alterou de Perdizes para a Vila Pita, na zona norte de São Paulo, região próxima à moradia de sua fundadora.

Formada em biblioteconomia pela Fundação Escola de Sociologia e Política de São Paulo (FESPSP), Valêncio relata que resolveu fazer um MBA na Fundação Getúlio Vargas (FGV) e ali desenvolveu a ideia do modelo de negócios da livraria negra, resultante de trabalho acadêmico desse curso. Ela não possuía experiência prévia no comércio livreiro, mas sim um grande interesse por literatura, negra e africana em particular.

> Foi algo meio instintivo mesmo, algo orgânico que através das minhas vivências, minhas andanças, acho que as minhas angústias existenciais mesmo, como mulher negra, que eu não me via representada, e eu me deparei com a biblioteconomia. Daí eu comecei a cursar, mas antes disso eu já pensava sobre a questão da literatura. E daí eu pesquisei outros livreiros também, editoras e livrarias que trabalhavam com esse nicho, aqui em São Paulo eu já conhecia o *Cadernos Negros*, que eles são bem pioneiros. Daí eu, quando terminei de fazer esse MBA, eu já abri um *e-commerce*. Daí eu entrei com

um *site*, que era o mais viável, porque financeiramente é manipulável, barato etc. daí já comecei com a livraria no campo virtual[65].

O substantivo Africanidades respondia aos anseios de um nome que abarcasse, para Valêncio: "a gama de várias naturalidades do que é ser negro, do que é essa cultura negra. Ela é plural. Ela não é única". Além disso, permitia: "coletivizar as ações. Fora os livros, eu vendo várias outras coisas também aqui, vai ter outros eventos aqui com outras pessoas, então é a tentativa de utilizar um espaço, já que eu sei que é difícil um espaço físico, em São Paulo principalmente, muito caro, daí é uma ação também de você frutificar e oferecer pra outras pessoas estarem junto comigo". Como relata a fundadora da Africanidades, a experiência da Kitabu, coordenada por duas mulheres negras, foi decisiva:

> Um dos que me inspiraram foi a Kitabu. Eu a conheci, na época, eu tinha quinze anos, assim, eu vi uma reportagem delas. Eu me lembro muito dessa reportagem que era tipo uma casinha, uma portinha, e elas falando sobre literatura, a questão da militância delas, negra, a questão ideológica era muito forte, combativa, a fala delas, e isso me inspirou bastante, assim. Ficou na mente e isso fica na minha mente até hoje, assim[66].

Naquele momento, além da experiência da Kitabu, apenas a da Iná Livros lhe era mais familiar como empreendimento semelhante, além de saber algo vago sobre a existência de Nair Araújo e da Contexto. De toda maneira, a inspiração em Fernanda Felisberto e Heloísa Marcondes acionava em Valêncio também a ideia de um protagonismo feminino negro à frente da circulação comercial das obras, que ela buscava igualmente transmitir na organização do acervo a ser vendido em sua loja. "A mulher negra carrega o mundo assim. [O meu público] são mulheres negras, são mulheres negras que vêm da periferia. E a maioria delas são militantes, mulheres solteiras, mas tem algumas que têm família", afirma Valêncio. E prossegue: "Mas eu tenho outra parte que são homens negros, tem pessoas brancas também. Pesquisadores". E sendo mais incisiva sobre a sua opção de nicho:

> Autoras negras. Os meninos ficam chateados, autores negros também, mas meu olhar é mais pras mulheres negras porque pras

> mulheres negras, não é que é mais complicado, mas tipo eles têm que entender também a questão das opressões, outras questões sociais também, e eu tento ter esse olhar. Uma que eu também sou mulher negra, eu falo da própria vivência, do próprio lugar de fala, e eu tento possibilitar pra ela esse caminho. Eu acho que isso é um olhar de cuidado. Um olhar de empatia, de privilégios[67].

Assim, Valêncio vai ao encontro tanto do seu público ideal quanto da história do nicho comercial a que se dedica, da mesma forma que encontra um contexto político e literário mais favorável ao protagonismo literário feminino negro e feminista negro. Isso pode ajudar a explicar, contextualmente, a sua manutenção no mercado contemporâneo, aliado à sua expertise na condução dos negócios: "Aí a gente tem que ter também um tino pra ser estratégico. Pra andar com essas ondas, né? Eu leio, eu consumo isso. Então vamos mostrar a literatura negra forte, vamos mostrar quem é Cuti, vamos mostrar aqui quem é Carolina, Conceição. Vamos mostrar quem é Jarid Arraes, quem é Marcelo D'Salete, uma literatura consistente". Ketty relata, durante a entrevista, que ainda não teve prejuízo com a livraria, mesclando os modelos presencial e virtual, a itinerância e os eventos; e que seu desejo é o de permanecer no mercado como um espaço de protagonismo coletivo para a literatura negra feminina e para os autores negros, permitindo o acesso a novos leitores e leitoras, especialmente nas periferias geográficas.

> Eu quero que eles venham juntamente comigo, não quero ser demagoga também, mas a ideia da livraria vem agregar pra isso. O meu vencimento, a minha vitória não é individualizada, ela vem do coletivo. Enquanto eu tô aqui, tem pessoas morrendo, tem jovens negros morrendo e isso não muda, a questão do escravismo tá aí ainda, na forma contemporânea meu consumo tem isso, infelizmente tem sangue aqui também e isso é pesado. Eu tenho a consciência disso, entendeu?[68]

PIONEIRISMO, CONTINUIDADE E HISTÓRIA EM PROCESSO: EDITORAS NEGRAS (1981-2020)

A circulação comercial no nicho de mercado para a produção de autoria negra antecede um pouco os projetos de editoração negra no Brasil. De toda maneira, acompanha os projetos criativos dos escritores e escritoras e suas demandas: tornar acessível a literatura negra existente e atingir o público ideal dessa produção. Esta parte do capítulo é menor e menos completa, uma vez que, por diferentes razões, não foi possível entrevistar de maneira satisfatória todos os empreendimentos que se dedicam à editoração literária negra brasileira. Serão referenciadas indiretamente, por exemplo, a Nandyala Editora e Livraria[69] – criada por Íris Amâncio e Rosa Margarida, no começo dos anos 2000 – e a Ogum's Toques[70] – criada pelo casal Mel Adún e Marcos Guellwaar em Salvador, em 2014 –, bem como os empreendimentos editoriais periféricos, tal qual expliquei na introdução do livro. No entanto, além de conteúdos nos *sites* dessas editoras, têm sido publicadas pesquisas interessantes sobre o mesmo tema, como as de Luiz Henrique Silva de Oliveira[71], que permitem suprir parte da lacuna deixada aqui.

Além disso, quando realizei as pesquisas que deram origem à primeira edição deste livro, contatei editoras que, embora não fossem empreendimentos de pessoas negras, ocupavam no mercado um lugar interessante e reconhecido de veiculação da literatura negra em seus catálogos. Como exemplo, a Selo Negro Edições[72], criada em São Paulo em 1999, que era uma parte do Grupo Editorial Summus, iniciado por Raul Wassermann em 1974. Coordenada por Soraia Bini Cury (que me concedeu uma pequena entrevista por *e-mail*, em 2010), a Selo Negro se ocupou das coleções Retratos do Brasil Negro e Consciência em Debate – sob coordenação da socióloga e ativista negra Vera Lúcia Benedito, responsável por veicular pesquisas importantes sobre literatura, imprensa e associações negras –, bem como de produções voltadas à história africana e afro-brasileira, passando a dialogar intensamente com o panorama criado pela lei federal n. 10.639/2003, quatro anos depois de sua fundação[73]. Caso semelhante é o da Pallas Editora, criada em 1975 no Rio de Janeiro. Conduzida por Mariana Warth e Cristina F. Warth[74], a Pallas conta com uma produção consistente na edição de obras de história e ciências sociais voltadas para a temática negra e afro-brasileira, bem como em edições ficcionais, com premiações importantes, destacando-se Cidinha da Silva (*Um Exu em Nova York*, Prêmio Biblioteca Nacional, 2019) e Conceição Evaristo (*Olhos d'água*, Prêmio Jabuti, 2015). São iniciativas editoriais importantes e aliadas da história da autoria negra brasileira, que se encontram em atividade e merecem pesquisas também mais aprofundadas.

Nos anos recentes, esse cenário tem sido expandido pela criação de novas editoras brasileiras que trazem a autoria negra nacional e internacional em seus catálogos, como as editoras Nós[75], Kapulana[76] e Todavia[77]. E, embora isso fuja ao escopo aqui definido, é interessante notar que mesmo uma editora já estabelecida, como a Companhia das Letras, reorganizou sua política de publicação recente visando à ideia de diversidade antirracista[78].

Contudo, o pioneirismo da editoração negra, com uma empresária negra nessa seara, cabe a Maria Mazarello Rodrigues, fundadora da Mazza Edições em 1981, em Belo Horizonte, e ainda em atividade[79]. Em 2009, ela me concedeu informações sobre sua trajetória e a ideia do projeto. Desde a fundação, seu catálogo é crescente e multifacetado, abrangendo tanto o universo de pesquisas acadêmicas como a produção de autoria feminina negra e, também, os livros voltados para o público infantil. Como já afirmado, Mazarello é uma referência citada constantemente por autores e livreiros negros, e a ela foi dedicada, em 2015, uma biografia intelectual produzida pela equipe do Centro Federal de Educação Tecnológica de Minas Gerais (Cefet-MG), de maneira mais aprofundada[80].

> Foi no retorno da França, em 1981, que eu mesma – Maria Mazarello Rodrigues – fundei a editora, e o nome Mazza é metade do Mazarello. Sou formada em jornalismo pela Universidade Federal de Minas Gerais e já trabalhava na área gráfica desde 1958, quando tinha apenas 18 anos. A ideia de uma editora que abordasse a questão da negritude surgiu na França, quando eu fazia em Paris um Mestrado em Editoração, entre 1978 a 1981. Foi lá que, ao ver publicados na própria França, na Itália, na Espanha e principalmente na Alemanha autores negros – africanos, em sua maioria –, me dei conta do pouco ou nenhum espaço que os autores negros ocupavam no mercado editorial brasileiro. Não tive conhecimento de outras editoras voltadas para esse segmento. Depois, tomei conhecimento da Livraria Eboh – SP e mantive um ótimo contato com eles, até que desapareceram do mercado[81].

A continuidade do projeto, de 2009 em diante, além de estar alicerçado no pioneirismo e na editoração profissional, na rede de conhecimento estabelecida com um mercado livreiro que paulatinamente surgia, também teve relações com as compras promovidas pelo Estado, por meio de programas de compras federais, como o Programa Nacional do Livro Didático (PNLD). O papel que as compras governamentais jogam no mercado de editoras de autoria negra precisa, num momento oportuno, ser discutido de forma mais abrangente. De toda maneira, é interessante observar a continuidade e a inspiração da Mazza para outras iniciativas: nos anos 2000, como um projeto que nasce da parceria com a Mazza Edições, surge a Nandyala Editora e Livraria, criada pela crítica literária e professora universitária Íris Maria da Costa Amâncio. Sediada também em Belo Horizonte, é uma editora importante e atuante no cenário nacional desse mercado de nicho. De acordo com Luiz Henrique Silva de Oliveira:

> A Nandyala Editora define-se como "um novo conceito em publicações no universo de Língua Portuguesa". O termo *nandyala* significa "nascido em tempo de fome", talvez fazendo jus ao momento de sua fundação, ávido pela difusão e conhecimento acerca de África e sua diáspora. Fundada em Belo Horizonte no início dos anos 2000 por Íris Amâncio e Rosa Margarida, a referida casa editorial publica escritores africanos, caribenhos e brasileiros, num *mix* de assuntos que contemplam: biografias, testemunhos, memórias, estudos sobre África (histórias, filosofias e sociedades), relações étnico-raciais, diáspora negra, relações de gênero, artes, *performances*, religiosidades, literatura infantil, literatura juvenil, literatura afro-brasileira, literaturas africanas, crítica literária, educação, materiais pedagógicos, sustentabilidade e qualidade de vida. A editora não recebe apoio de instituições de quaisquer ordens. As fontes financeiras advêm de seu próprio esforço comercial e de suas ações, como cursos de formação, palestras e consultorias. Para tal, entra em cena o Instituto Nandyala, fundado na Zona da Mata Mineira (Muriaé/MG), em 2011, e atualmente sediado em Belo Horizonte devido à ampliação do leque das suas atividades[82].

Ao final dos anos 2000, surgem projetos editoriais voltados para a autoria negra e afrodescendente, comandados por pessoas autodeclaradas negras, que mantêm uma produção continuada de lançamentos: a Ciclo Contínuo Editorial, fundada em 2009 pelo livreiro Marciano Ventura, em São Paulo; e a editora Malê, criada em 2015 pelo bibliotecário Vagner

Amaro e o professor de português Francisco Jorge, no Rio de Janeiro. No contexto soteropolitano, em 2014, foi fundada a Ogum's Toques, por Mel Adún e Marcus Guellwaar[83], mas com catálogo menor que o das suas contemporâneas paulistana e carioca. Em 2017, quando entrevistei Vagner Amaro, ele concedeu algumas informações sobre a proposta editorial da Malê, que se coadunam com a história dos demais empreendimentos já explicitados aqui.

> O projeto surgiu, da minha percepção como bibliotecário, da dificuldade para encontrar e comprar obras de autores negros contemporâneos. O nome da editora foi inspirado na Revolta dos Malês, fato que tive acesso depois de ler o livro *Rebelião escrava no Brasil*, de João José Reis. Conhecia o Selo Negro e a Kitabu. Admiro muito o trabalho que foi desenvolvido pelas Edições Toró, e a Kitabu é uma parceira em algumas iniciativas, em São Paulo tem também a Ciclo Contínuo Editorial, comandada pelo Marciano Ventura, um amigo, que admiramos bastante. Além da Iná Livros do Léo e Lu Bento, parceiros em muitas iniciativas. A [nossa] opção é a internet. Tem um público negro, já formado e no mercado de trabalho, muitos educadores e acadêmicos, e tem um público geral que tem bastante interesse em literatura contemporânea em geral. Não participamos diretamente dos movimentos negros, assim como não houve nenhum apoio direto de movimentos negros. Há interesse, mas ainda não participamos de nenhum edital. A Malê começou justamente em um momento de significativa redução destes editais[84].

Contando com investimentos apenas dos sócios, sem participar inicialmente de editais de governo (num momento de refluxo, em meio à crise política que atingiu o setor cultural), e eventualmente com o apoio de embaixadas estrangeiras (para a publicação dos romances do escritor congolês Alain Mabanckou, contou com o apoio da embaixada da França, por exemplo), a Malê[85], situada na rua Acre, 83, no centro carioca, apresenta-se como uma editora e produtora cultural, voltada para a literatura afro-brasileira e africana. Figuram em seu catálogo escritoras e escritores como Conceição Evaristo, Miriam Alves, Martinho da Vila, Eliana Alves Cruz, Geni Guimarães, Cuti, Cidinha da Silva, entre outros, além de obras de crítica literária. Tem sido um projeto bem-sucedido de editoração, que mais recentemente levou à criação de um Prêmio Malê para novos autores, uma revista de divulgação crítica de obras e debates, a *Mahin*, e um clube de leitura, denominado ClubeLê.

Com consistência semelhante, a editora paulistana Ciclo Contínuo Editorial atua desde 2009 no mercado, publicando livros de contos, poesias de escritores negros e ensaios, de autoria negra e não negra, que tenham como enfoque a temática negra. Com sua editora sediada na zona leste, em Cangaíba, na fronteira com o bairro paulistano da Penha, Marciano Ventura, na entrevista que me concedeu, afirmou que, embora sem tradição familiar na área, em comércio ou autoria, o universo do livro sempre permeou sua trajetória. De início, o trabalho como papeleiro (produtor de papel em diferentes fibras) foi atravessado por suas outras experiências, tanto de itinerância pelo interior do estado paulista como de aproximação com grupos políticos e de militância negra. Ao chegar à capital paulista, por volta de 1995, habituado a frequentar bibliotecas, encontrou Cuti como funcionário do Centro Cultural São Paulo, na estação Vergueiro. Ventura o reconheceu como um dos autores dos *Cadernos Negros* e autor de livros que havia visto na biblioteca do próprio centro cultural, passando a se interessar pelos livros de autores negros.

> O Cuti era bibliotecário e trabalhava na parte da discoteca Oneyda Alvarenga. O encontro com a literatura negra foi [também] numa palestra do Oswaldo de Camargo e o Paulo Colina. O Oubi [Inaê Kibuko] era da zona leste e era ligado com os movimentos sociais com os quais eu transitava, então, eu já conhecia os *Cadernos Negros*, aí eu comecei a comprar *Cadernos Negros* porque despertou curiosidade. E nos livros dos *Cadernos Negros* de antigamente vinha uma série com indicações de outros livros de autores negros. Entre 2006 e 2007, eu tava morando no Jardim João XXIII e trocava muita ideia com o Allan da Rosa, que a gente era vizinho praticamente e se conheceu na capoeira. Nesse período, ele lança a Edições Toró e publicou uma sequência de livros que foi um marco pra cultura independente, nessa linguagem da literatura e tal; lançou uma sequência, mais uma dezena de livros num período de dois ou três anos, fez um agito cultural na cidade, que acho que era um momento bem propício pra isso. Não era apegada à ideia de mercado, era apegada mais à ideia de conceito. A Edições Toró, ela foi um grande *start* assim: "Pô, a gente pode fazer"[86].

A Ciclo Contínuo iniciou-se como uma espécie de cruzamento entre vivências de seu fundador e experiências da literatura negra e literatura marginal periférica contemporâneas. O Quilombhoje serviu como uma inspiração, inclusive pelo projeto Livro do Autor, dos anos 1980[87]. A Edições Toró, criada pelo escritor, educador e historiador Allan da Rosa, e conhecida por suas edições artesanais a partir de 2005, veiculando autores periféricos, foi responsável por publicar Rodrigo Círiaco, Akins Kintê, além do próprio Rosa, entre outros[88]. Desses cruzamentos, nasce a ideia de uma *editora independente*, sem sede física, com poucos membros (além do editor fundador, mais quatro pessoas responsáveis por produção, parte gráfica e revisão), editando *livros por demanda* (a partir de 2010), que aproveita o nome da empresa de papel criada por Ventura para se tornar uma editora negra.

> A partir daí o negócio foi criando mais forma. Então apareceu esse livro [*O Bê-a-bá do Berimbau*], daí surgiu a ideia de fazer novamente um outro volume de antologias, que saiu *Negrafias*. Hoje não sou mais sozinho, não sou mais *office boy*, não mais tudo; hoje a gente tem uma sociedade que é com a Iná Livros; então são duas empresas fundidas, e a gente tem como uma frente um trabalho de editora, livraria, distribuidora e produtora. Então a editora surge mesmo como um sonho; procuramos vários modos de fazer esse sonho se tornar realidade, até a busca de editais públicos onde a gente conseguiria a grana pra financiar as publicações. Do Programa VAI. Pra outros projetos, cerca de oito livros que nós publicamos, que foram patrocinados também pela lei do incentivo, e alguns desses livros foram com investimento próprio, ficou meio equilibrado; dessa forma a gente conseguiu estruturar a empresa de modo [...] que ela não tomasse prejuízo, que ela se autossustentasse; hoje a gente tem uma facilidade muito grande, que [é] o avanço tecnológico, ele favoreceu muito nesse sentido da publicação da edição; peguei um momento que tava surgindo aqui no Brasil a edição por demanda[89].

A parceria com a Iná Livros foi desfeita. Entretanto, de acordo com Ventura, a aderência aos editais de fomento para cultura em nível municipal de São Paulo, como o Programa de Valorização de Iniciativas Culturais (VAI), bem como o conhecimento, por meio de um contato com a editora Hedra, do meio tecnológico de impressão por demanda digital – que permite que não haja estoque, os livros são impressos à medida que são encomendados pelos leitores – são fatores importantes para a manutenção sustentável do negócio ao longo desses anos. Chama atenção ainda a ideia de *editora independente* e o que isso pode necessariamente significar no mercado editorial e no capitalismo. Há uma Liga Brasileira de Editoras (Libre) que reúne empreendimentos que se autodenominam independentes, sendo que isso significa, em seus termos: "[...] associação de interesse público, sem fins lucrativos, filiação político-partidária, livre e independente de órgãos públicos e governamentais [...] [que] tem por missão preservar a bibliodiversidade no mercado editorial brasileiro por meio do fortalecimento do negócio da edição independente [...]"[90]. O *site* da associação, quando consultado, apresentou informações que datam de 2013 e, portanto, pode estar desatualizado. Mas nele consta apenas a Mazza Edições como editora negra que comunga dos princípios da Libre. Para Ventura, ser independente significa:

> No meu modo de ver, a gente não tá aqui pra disputar esse mercado, disputar da forma que esse mercado está estabelecido. A [cantora] Ellen Oléria disse uma vez: ser independente é contar com maior número de pessoas possíveis. No caso, o maior número de parceiros possíveis. Então, pra gente, o conceito de independência é apoiado muito nessa ideia, de contar com parcerias. Não falo de um conceito de editora independente da Libre. Eu acho que independência é quase que um sinônimo de interdependência nesse caso: você vai armando essa rede e vai construindo esse público leitor, como eu disse anteriormente, que se fideliza, um público que espera um próximo livro, então, essa é a independência. A própria posição da produtora independente é uma marcação política ideológica. No *site*, a gente vende o mesmo tanto e faz vitrine pro nosso produto e para nossa produção; então, nas grandes livrarias, nas grandes redes é pouco provável que se encontre livro da Ciclo Contínuo[91].

Essa independência, que tem mais a ver com uma ideia e uma rede de relações, também não coaduna com a ideia de afastamento da participação em editais de fomentos estatais, porque, como afirma Ventura: "a gente sempre teve o entendimento de que esse dinheiro que provém dos editais públicos é um dinheiro nosso, nunca tivemos pudor de concorrer a editais, a nossa maior preocupação é como trabalhar isso com ética"[92].

Esse é o desafio também para as diferentes trajetórias profissionais que se lançaram historicamente e continuam atualmente no comércio livreiro e editorial negro: manterem-se fiéis ao projeto estético e ao projeto ético dessa produção, ainda que sobressaltadas pelas experiências políticas e sociais adversas no Brasil. É necessário o aprofundamento das pesquisas, especialmente sobre a dimensão dos fomentos, privado e público, para a política comercial desses negócios. A história permanece em movimento e sendo escrita.

NOTAS

1 Entrevista de Ketty Valêncio a Mário Augusto M. da Silva em 20 fev. 2018, em São Paulo.

2 Sobre o TENSP, ver: Mário Augusto M. da Silva, O Teatro Experimental do Negro de São Paulo, 1945-1966, *Novos Estudos Cebrap*, São Paulo, v. 41, n. 2, maio-ago. 2022, p. 389-410.

3 Luiz H. S. de Oliveira, Os quilombos editoriais como iniciativas independentes, *Aletria*, v. 28, n. 4, 2018, p. 155-170.

4 Pedro Herz, *O livreiro*, São Paulo: Planeta, 2017, p. 35-6.

5 Nei Lopes, *Dicionário literário afro-brasileiro*, Rio de Janeiro: Pallas, 2007, p. 115.

6 Entrevista de Oswaldo de Camargo a Mário Augusto M. da Silva em 4 mar. 2017, em São Paulo.

7 Entrevista de Martha H. Araújo Ferreira a Mário Augusto M. da Silva em 18 jul. 2017, em São Paulo.

8 Informações dos documentos produzidos pela Delegacia Especializada de Estrangeiros, sobre Doris Hermine Ulrike Schierenberg (Volhard, como nome de solteira), entre 1956 e 1977. Nascida em 1908, em Dortmund, chegou a Santos em 1956. Fonte: fundo Brasil, São Paulo, Cartões de Imigração, 1902-1980. Disponível em: https://www.familysearch.org/pt/. Acesso em: 12 mar. 2021.

9 Entrevista de Martha H. Araújo Ferreira a Mário Augusto M. da Silva em 18 jul. 2017, em São Paulo.

10 *Ibid.*

11 Agradeço enormemente a Íris Morais Araújo, que me colocou em contato com o professor Renato da Silva Queiroz, do Departamento de Antropologia da USP. Queiroz forneceu as informações sobre Erlich e Beiker.

12 *Ibid.*

13 Cf. https://pt.wikipedia.org/wiki/David_Zeiger, https://pt.qaz.wiki/wiki/Mila_Zeiger e https://blognassif.blogspot.com/2015_10_30_archive.html. Acessos em: 12 mar. 2021. Cf. também: Stephanie Silveira G. de Andrade, *Indústria e comércio de moda no centro de São*

Paulo: rua José Paulino, 1928-1980, dissertação (mestrado em História e Fundamentos da Arquitetura e do Urbanismo) – FAU-USP, São Paulo: 2018.

14 A dona da loja, *O Estado de S. Paulo*, Suplemento Feminino, 3 dez. 1972, p. 12.

15 Entrevista de Martha H. Araújo Ferreira a Mário Augusto M. da Silva em 18 jul. 2017, em São Paulo.

16 Os dados biográficos de Xavier estão no *Dicionário afro-brasileiro*. Os de Souza Lopes encontram-se na homenagem da revista *Mallarmargens*. Disponível em: http://www.mallarmargens.com/2014/08/a-poesia-de-souzalopes-12081954.html. Acesso em: 30 ago. 2021. Esta reportagem ofereceu as idades e profissões: Livraria Eboh, a cultura negra em SP, *Folha de S.Paulo*, Ilustrada, 22 set. 1987, p. A30. Já as informações a respeito de Damásio foram muito rarefeitas. Contudo, foi anunciada sua morte por leucemia aos 37 anos, em janeiro de 1991, na nota de jornal: Lacuna impreenchível, *Maioria Falante*, Rio de Janeiro, ano IV, n. 23, fev./mar. 1991, p. 7.

17 Entrevista de Isidoro Telles de Souza a Mário Augusto M. da Silva em 13 jul. 2017, de Goiânia, por Skype.

18 *Ibid.*

19 A hora do ebó, *Leia livros*, São Paulo, fev. 1987, p. 8.

20 Livraria Eboh, a cultura negra em SP, *Folha de S.Paulo*, Ilustrada, 22 set. 1987, p. A30.

21 Entrevista de Isidoro Telles de Souza a Mário Augusto M. da Silva em 13 jul. 2017, de Goiânia, por Skype.

22 Eboh Editora e Livraria Ltda., *Acorda Negro: Boletim Informativo dos Grupos Negros da Grande São Paulo*, São Paulo, ano 2, n. 3, maio 1987.

23 Entrevista de Isidoro Telles de Souza a Mário Augusto M. da Silva em 13 jul. 2017, de Goiânia, por Skype.

24 Eboh: livraria mobiliza o país, *Maioria Falante*, Rio de Janeiro, 5 jun. 1988; Quilombhoje realiza noite de literatura, *Diário Popular*, São Paulo, 9 set. 1988.

25 "A Livraria Eboh, a Fundação Carlos Chagas e o Conselho de Participação e Desenvolvimento da Comunidade Negra convidam para o lançamento de Raça Negra e Educação, número especial de *Cadernos de Pesquisa* [...]. Este número, organizado por Fúlvia Rosemberg e Regina Pahim Pinto, reproduz as comunicações e os debates ocorridos durante a realização do seminário 'O Negro e a Educação', em 1986 [...]". Raça negra e educação, *O Estado de S. Paulo*, 16 dez. 1987, p. 27.

26 Bexiga tem a única livraria do país especializada no negro, *Folha de S.Paulo*, 11 jun. 1988, p. D2.

27 Entrevista de Isidoro Telles de Souza a Mário Augusto M. da Silva em 13 jul. 2017, de Goiânia, por Skype.

28 Holandês lança livro sobre *apartheid*, *Folha de S.Paulo*, Ilustrada, 6 set. 1991, caderno 5, p. 3. À ocasião, o lançamento contou com debate entre Florestan Fernandes, Alfredo Bosi, Leci Brandão, Estevão Maya-Maya, Ladislaw Dowbor e Antônio Aparecido.

29 Maria da Conceição Prudêncio, em:

Cartas, *Maioria Falante*, Rio de Janeiro, jun./jul. 1991, p. 2.

30 Entrevista de Isidoro Telles de Souza a Mário Augusto M. da Silva em 13 jul. 2017, de Goiânia, por Skype.

31 "A exemplo da Eboh, em São Paulo, foi inaugurada no dia 1º de agosto a Livraria Ponto Negro Brasileiro, em Porto Alegre. Além de comercializar livros que tratem sobre a cultura negra, visa também a servir de canal para edição de obras de autores negros e divulgá-los. Os proprietários são os jornalistas Paulo Ricardo Moraes, o historiador Guarani Santos e Anélio Cruz. Segundo Paulo Ricardo, a livraria abriu com cerca de 1.200 títulos referentes à questão negra, demonstrando o quanto vem sendo trabalhada essa temática." A matéria ainda prossegue mencionando lançamentos de livros com Paulo Colina e Éle Sémog e de uma coleção coordenada por Paulo Ricardo denominada *Pensamento Negro*. Cf. *Maioria Falante*, Rio de Janeiro, ago./set. 1989, p. 11. Encontrei referências esparsas sobre essa livraria em redes sociais, na década de 2000, o que não me permitiu avançar em sua análise.

32 Entrevista de José Luiz de Jesus a Mário Augusto M. da Silva em 26 jun. 2016, em São Paulo.

33 Fernanda Scalzo, 'Malcolm X' ganha circuito 'bairro-cabeça', *Folha de S.Paulo*, Caderno São Paulo, 8 abr. 1993, p. 3-8.

34 Entrevista de José Luiz de Jesus a Mário Augusto M. da Silva em 26 jun. 2016, em São Paulo.

35 *Revista da Folha*, 1996, p. 46 e 49.

36 Frances Jones, Quilombhoje navega com literatura negra, *Folha de S.Paulo*, Seu bairro, 25 set. 1995, p. Z-16; e Escritores negros, *O Estado de S. Paulo*, Seu bairro, 1 out. 1995, p. C6.

37 Entrevista de José Luiz de Jesus a Mário Augusto M. da Silva em 26 jun. 2016, em São Paulo. Eazy-E foi membro do grupo de *rap* estadunidense NWA e faleceu em 1995, vítima da aids. A Posse Força Ativa foi criada na zona norte de São Paulo, em 1989, no bairro de Santana, e seria a segunda posse na cidade, depois da criação do Sindicato Negro. Sobre a Posse Hausa, foi criada em São Bernardo do Campo (SP), em 1993, e seus membros inicialmente também eram integrantes do Movimento Negro Unificado (MNU).

38 Entrevista de José Luiz de Jesus a Mário Augusto M. da Silva em 26 jun. 2016, em São Paulo.

39 Sônia Fabiano, Cultura Afro já tem lugar certo, *Folha de S.Paulo*, 4 dez. 1994. O nome correto do pesquisador é Acácio de Almeida. E *griot* significa contador, guardião de histórias, uma posição simbólica importante. Sobre a revista *PodeCrê*, uma iniciativa criada em 1993 pelo Geledés Instituto da Mulher Negra, que aproximava os temas juventude negra, cultura de rua e *hip-hop*, no Projeto Rappers, ver: https://www.geledes.org.br/revista-pode-cre-memoria-institucional/. Acesso em: 30 ago. 2021.

40 Entrevista de José Luiz de Jesus a Mário Augusto M. da Silva em 26 jun. 2016, em São Paulo. O Gamelas existiu na zona oeste, na região de Pinheiros, criado por Maria Augusta da Silva Antonio, posteriormente em sociedade com Erotildes Maria Monteiro, Genésio de Arruda e Inês Nicácio. Cf. Dona de restaurante afro começou vendendo colares, *Folha de S.Paulo*, 30 mar. 1997. Ao que parece, continuou suas atividades até o começo da década de 2000.

41 "Depois de 8 anos de itinerância (participando exclusivamente de eventos pelo país), a Sobá fixou lugar em um bairro nobre da zona sul de BH. A ideia foi de proporcionar à comunidade negra o acesso a um lugar bonito, bem montado, arejado, espaçoso e na zona sul da cidade. Não nos interessava a periferia. As ruas sempre foi da comunidade negra, Belo Horizonte respira cultura negra." Entrevista de Celeste Libânia e Rosane Pires a Mário Augusto M. da Silva em 19 jan. 2010, por *e-mail*. O endereço era a rua Rio de Janeiro, 1278, no bairro belo-horizontino de Lourdes.

42 *Ibid.*

43 *Ibid.*

44 Sonia Queiroz (org.), *Editoras mineiras: panorama histórico*, v. 2, Belo Horizonte: Fale/UFMG, 2009, p. 10 e 27, respectivamente.

45 Cf. https://www.kitabulivraria.com.br/home/4/Sobre-a-Kitabu. Acesso em: 1 abr. 2021.

46 Entrevista de Fernanda Felisberto e Heloísa Marcondes a Mário Augusto M. da Silva em 1 ago. 2009, no Rio de Janeiro.

47 *Ibid.*

48 Cf. Um livreiro alternativo, *Jornal do Brasil*, Perfil, 19 fev. 1988, p. 2. Disponível em: http://nucleodememoria.vrac.puc-rio.br/content/eluard-papaleguas-gavea-1982. Acesso em: 1 abr. 2021. Atualmente, Papaléguas mantém um perfil na rede social denominado "Livraria da Diáspora Papaléguas". Disponível em: https://www.facebook.com/Livraria-da-Di%C3%A1spora-Papal%C3%A9guas-496333887184714/. Acesso em: 30 ago. 2021.

49 Entrevista de Fernanda Felisberto e Heloísa Marcondes a Mário Augusto M. da Silva em 1 ago. 2009, no Rio de Janeiro.

50 E ainda: "Por exemplo, essa semana mesmo a gente tava falando, a gente não tem aqui dentro da loja o livro do Ali Kamel, *Não somos racistas*, eu acho que se a gente fosse 100% empresário a gente poderia colocar esse livro aqui, mas a gente não consegue ter esse livro aqui dentro, porque é muita esculhambação com a gente. Hoje você também tem diversos autores negros que também não querem ser rotulados também como literatura afro-brasileira. Paulo Lins é um caso. Elisa Lucinda também não quer. Eu não posso não deixar de vender Paulo Lins, eu não vou deixar de vender Elisa Lucinda. Mas pra mim é muito importante ter Quilombhoje aqui dentro, ter a Conceição Evaristo, o Nei Lopes". Entrevista de Fernanda Felisberto e Heloísa Marcondes a Mário Augusto M. da Silva em 1 ago. 2009, no Rio de Janeiro.

51 *Ibid.*

52 *Ibid.*

53 Cf. https://inalivros.loja2.com.br/. Acesso em: 10 abr. 2021. Seu *site* original era o http://inalivros.com.br/, que se encontra desativado.

54 Cf. https://www.instagram.com/quilomboliterario/?hl=pt-br. Acesso em: 10 abr. 2021.

55 Cf. https://www.youtube.com/c/QuilomboLiter%C3%A1rio/featured. Acesso em: 10 abr. 2021.

56 Entrevista de Leonardo Bento concedida a Mário Augusto M. da Silva em 20 dez. 2017, em São Paulo.

57 *Ibid.*

58 Sobre a itinerante Livraria Nombeko, cf. Ana Carolina Santos, Black Money: uma livraria afrocentrada, *Piauí*, n. 153, jun. 2019. Disponível em: https://piaui.folha.uol.com.br/materia/black-money/. Também há seus perfis nas redes sociais: https://www.instagram.com/livrarianombeko/?hl=pt-br e https://www.facebook.com/livrarianombeko. Acessos em: 2 abr. 2021.

59 A Livraria Ambulante Timbuktu tem perfis nas redes sociais: https://pt-br.facebook.com/livrariatimbuktu/ e https://www.instagram.com/livrariatimbuktu/?hl=pt-br. Acessos em: 2 abr. 2021.

60 Sobre a Livraria Bantu, cf. https://blogdalivrariabantu.wordpress.com/ e sua rede social: https://www.facebook.com/livrariabantu/. Acessos em: 30 ago. 2021. Além disso, há a matéria produzida pela TV Cultura, no programa *Manos e Minas*, sobre a livraria. Disponível em: https://tvcultura.com.br/videos/61948_materia-livraria-bantu.html. Acesso em: 2 abr. 2021.

61 Entrevista de Leonardo Bento concedida a Mário Augusto M. da Silva em 20 dez. 2017, em São Paulo.

62 *Ibid.*

63 *Ibid.*

64 Cf. https://www.livrariafricanidades.com.br/index.html. Acesso em: 3 abr. 2021.

65 Entrevista de Ketty Valêncio concedida a Mário Augusto M. da Silva em 20 fev. 2018, em São Paulo.

66 Esta e as citações anteriores: *Ibid.*

67 *Ibid.*

68 *Ibid.*

69 Cf. https://nandyalalivros.com.br/. Acesso em: 4 abr. 2021.

70 Cf. https://editoraogums.com/somos-ogums/. Acesso em: 4 abr. 2021.

71 Oliveira, 2018, *op. cit.*

72 Cf. https://www.gruposummus.com.br/editora/selo-negro-edicoes/. Acesso em: 4 abr. 2021.

73 "A Selo Negro Edições foi criada em 1999 para atender a uma demanda de mercado. Na época, nos baseamos em pesquisas existentes na área de consumo e em exemplos do mercado americano. De qualquer maneira, nosso público-alvo é composto por estudantes de ciências sociais, pesquisadores da temática negra, militantes e afrodescendentes." Entrevista de Soraia Bini Cury concedida a Mário Augusto M. da Silva em 2010, por *e-mail*.

74 Cf. https://www.pallaseditora.com.br/. Acesso em: abr. 2021.

75 Cf. https://editoranos.com.br/. Acesso em: 30 ago. 2021. Em seu catálogo, até meados de 2022, foram publicados

Edimilson de Almeida Pereira, David Diop, Wallace Andrade, Igiaba Scego, Scholastique Mukasonga, Allan da Rosa, Paulo Lins, Vilma Piedade, Ferréz e Sacolinha como autores afrodescendentes.

76 A Kapulana especializou-se, desde 2012, na publicação de literatura africana no Brasil e começou a se abrir para autores brasileiros: http://www.kapulana.com.br/. Acesso em: abr. 2021.

77 Cf. https://todavialivros.com.br/. Acesso em: 30 ago. 2021. Em seu catálogo, até meados de 2022, Djaimilia Pereira de Almeida, Françoise Ega, Harriet Ann Jacobs, Itamar Vieira Jr., Jacqueline Woodson, Kalaf Epalanga, Ricardo Aleixo, William Melvin Kelley, Paul Beatty, Akwaeke Emezi, Claudia Rankine, Françoise Ega, Edwidge Danticat, Frank B. Wilderson III, Juliana Borges, Linda M. Heywood, Luís Cardoso, Ricardo Terto, Yara Nakahanda Monteiro e Ynaê Lopes dos Santos eram alguns dos autores literários afrodescendentes, nacionais e estrangeiros, publicados.

78 Cf. https://www1.folha.uol.com.br/ilustrada/2020/07/companhia-das-letras-tenta-combater-racismo-nomeando-editor-de-diversidade.shtml. Acesso em: 1 jan. 2021.

79 Cf. https://www.mazzaedicoes.com.br/. Acesso em: 4 abr. 2021.

80 Letícia Santana et. al., *Maria Mazarello Rodrigues*, Belo Horizonte: Edição do Autor, 2015 (col. Edição e Ofício). Disponível em: https://issuu.com/edicaoeoficio/docs/mazza_issuu. Acesso em: 30 ago. 2021.

81 Conversa entre Maria Mazzarello Rodrigues e Mário Augusto M. da Silva em 2009, por *e-mail*.

82 Cf. http://www.letras.ufmg.br/literafro/editoras/1376-nandyala. Acesso em: 8 abr. 2021. Infelizmente, apesar dos esforços mútuos, não consegui entrevistar Amâncio, em razão de nossas agendas.

83 Sobre a Ogum's Toques: "A Ogum's Toques Negros é uma editora independente que surgiu em 2014, na cidade de Salvador, Bahia. [...]. Mel nasceu nos Estados Unidos, em 1978 Já Marcus Guellwaar Adún, cujo nome de registro é Marcus Gonçalves da Silva, nasceu no Rio de Janeiro em 1971. [...]. O aporte financeiro da casa editorial se dá através das vendas de suas publicações e participações em feiras. Contudo, o Coletivo Ogum's também contribui com capital financeiro e simbólico, através de eventos como almoços temáticos com o desígnio de arrecadar dinheiro [...]". Disponível em: http://www.letras.ufmg.br/literafro/editoras/1377-ogum-s-toques-negros. Acesso em: 8 abr. 2021. Não foi possível entrevistá-los, em razão dos descompassos de nossas agendas e da mudança do casal para os Estados Unidos.

84 Entrevista de Vagner Amaro concedida a Mário Augusto M. da Silva em 2017, por *e-mail*. Respostas semelhantes foram dadas a Luiz Henrique Silva de Oliveira, para o portal Literafro. Cf. http://www.letras.ufmg.br/literafro/editoras/1034-editora-male-entrevista-com-vagner-amaro. Acesso em: 8 abr. 2021.

85 Cf. https://www.editoramale.com.br/. Acesso em: abr. 2021.

86 Entrevista de Marciano Ventura concedida a Mário Augusto M. da Silva em 14 fev. 2017, em São Paulo.

87 Tratei disso, e de maneira mais aprofundada, no capítulo sobre o Quilombhoje; ver também: Mário Augusto M. da Silva, Por uma militância ativa da palavra: antologias, mostras, encontros e crítica sobre literatura negra, anos 1980, *História: Questões e Debates*, v. 63, 2016, p. 161-94. Disponível em: http://revistas.ufpr.br/historia/article/view/46706. Acesso em: 30 ago. 2021.

88 Aparentemente, a editora não existe mais e seu *site* está desativado. Em 2011, Rosa concedeu entrevista para a revista *Darandina*, da Universidade Federal de Juiz de Fora (UFJF), em que afirmava: "A Edições Toró publicou 20 livros. [...] Então nesses 20 livros o que a gente buscou, que é marca, é uma plástica, é fazer do livro uma obra de artes plásticas. [...] A gente vendeu 10.500 livros só na Toró [...]". Cf. https://www.ufjf.br/darandina/files/2011/07/Entrevista-Allan-da-Rosa.pdf. Acesso em: 30 ago. 2021.

89 Entrevista de Marciano Ventura concedida a Mário Augusto M. da Silva em 14 fev. 2017, em São Paulo.

90 Cf. http://libre.tempsite.ws/quem-somos. Acesso em: 10 abr. 2021.

91 Entrevista de Marciano Ventura concedida a Mário Augusto M. da Silva em 14 fev. 2017, em São Paulo.

92 *Ibid.*

REVISITANDO
O TODO E
AS PARTES

Procurou-se articular cada capítulo intimamente com o outro, complementando-o, como um elo de corrente, o livro pensado entre o todo e as partes. Esses elos possuem uma espécie de subtese, como uma variação sobre o mesmo tema, uma cadeia de explicações que se ampliam a cada nova etapa. No entanto, o desafio que acabou guiando todo o trabalho foi o de conceber as ideias de literatura negra e literatura periférica como forças sociais importantes para os grupos de onde elas se originaram, ao longo do século XX e nos anos iniciais do século XXI. Como elementos de socialização, capazes de forjar projetos individuais e coletivos, de enfrentar a realidade social e a condição histórica legadas a seus grupos. A literatura é a peça central, que dialoga e se confunde com o ativismo político, com as questões sociais, com os dilemas institucionais da história brasileira. Ela enuncia a denúncia e o protesto, plasma a realidade no mundo ficcional, projeta cenários alternativos. Segue suas regras criativas de beleza, equilíbrio e força enunciadora do mundo ficcional na mesma medida, em alguns casos, quando cede a autonomia total para protocolos éticos criativos.

Por que, então, a confecção literária desempenhou e exerce ainda papel tão importante? É uma questão de fôlego: a literatura faz os sujeitos negros e periféricos ressignificarem seu lugar simbólico e negarem os impactos históricos, forjados pela crise da modernidade brasileira, que ossificaram uma espécie de lugar natural para esses indivíduos e seus grupos. A literatura expressa seus juízos de valores; é a possibilidade de negação da negação; é a síntese de um tremendo esforço, simultaneamente pessoal e coletivo; promove a passagem de personagem a autor, engajando nesse caminho, na maioria das vezes, direta ou indiretamente, ideias social e literariamente importantes. Acaba por mobilizar um ativismo negro e periférico, inserido no capitalismo, que a faz circular por meio de editoras e livrarias, não sem contradições, sucessos e insucessos.

Sociologicamente ela se justifica pelo fato de estarem ambas, escrita e leitura, diretamente relacionadas à socialização escolar e às formas solidárias históricas, ligadas aos grupos associativos e projetos coletivos. Assim, pelo ambiente educacional e pelos laços de solidariedades afetiva, política e cultural, a literatura permeou o universo de ativistas, escritores e intelectuais. Mas e no caso de autores como Carolina Maria de Jesus e Ferréz? Somente o eu como potência é explicativo? Por que a literatura?

Allan da Rosa parece ter sintetizado o problema de maneira interessante: *escreve-se porque não se precisa apenas do básico para viver*. Entre os mínimos vitais e o ramerrão de uma vida cotidianamente mediocrizada existe um espaço para a afirmação do humano, importante e imponderável.

A literatura – e a arte, no geral – proporciona isso, ao afirmar a potência do indivíduo que quer dizer algo sobre seu entorno, algo que suplante o horizonte vivido e imposto, que transmita uma mensagem para os que lhe são semelhantes ou o fazem diferente. Uma criação artística circunscrita contextualmente, com intenções, problemas, questões particulares, mas que, ao mesmo tempo, se torna atemporal e universal, pois se trata de uma confecção estética. As literaturas negra e periférica, com seus escritores e ativistas, operaram nessa chave ao longo de todo o século passado – e, talvez, continuem fazendo isso enquanto tiverem fôlego. Os escritores negros e os escritores da periferia que não se atrelam a essas éticas criativas nem por isso se distanciam do problema em foco: o papel da arte e a missão do intelectual.

As direções assumidas são, em diversas ocasiões, resultados de projetos forjados e testes provocados/sofridos da realidade social envolvente; ela também impõe desafios aos ativistas, escritores e intelectuais negros e periféricos. Às suas ideias e ações corresponderam respostas positivas ou adversas, situações sociais propícias ou complicadas. Isso não os impediu de gestar projetos, mais ou menos claros e coesos. Vozes de protesto, sujeitos autoimbuídos de tarefas/missões, individual ou coletivamente, colocam reflexões importantes para a confecção literária e para as questões sociais.

Homens e mulheres negros, de estratos baixos ou intermediários, a quem jamais foi deixado esquecer – ou de quem nunca foram esquecidas – suas origens sociais. Entretanto, os fatos e os agentes se conectam, paradoxal e simultaneamente, numa trilha forte e fraca, tensa e coesa, não linear e, na maior parte do tempo, lacunar. Expressões aplicáveis tanto à confecção literária quanto aos grupos, às lutas sociais e a seus autores, bem como aos seus empreendimentos comerciais. O paradoxo, aliás, possui bases históricas: se as trajetórias individuais e socioliterárias são lacunares, se o que vem depois desconhece ou memora com lapsos embaçados o que o antecede, como construir laços mais fortes, conexões de sentidos mais expressivas, alianças de interesses mais eficazes, em suma, um horizonte comum de perspectivas num projeto articulado? Gestadas as ideias, como seus efeitos podem se aproximar, assim, de suas confecções originais e perdurar? Por que parece se reinventar o tempo todo um caminho que já foi percorrido por outros?

Há um momento, ainda, em que aquilo que geralmente é caracterizado como falta, precário ou socialmente poluído e interdito passa a ser valorizado e legitimado como um bem positivo. E esse momento, como foi possível demonstrar, historicamente causou tensão entre o *projeto individual* e o *projeto coletivo*, notadamente, dos escritores negros. Tivemos Carolina *versus* ACN; Lins *versus* Quilombhoje – para se restringir aos autores estudados. Houve encontros de perspectivas, mas não sem fricções e, no limite, rupturas. Também entre a literatura negra e a periférica, como se pôde ver, o mesmo aconteceu. Após a segunda década do século XXI, estaria isso mais bem resolvido?

A tensão constitutiva entre as relações estabelecidas com as esferas do mercado de bens culturais e o interesse maior por uma confecção estética em detrimento da outra leva a fricções com a possibilidade de aliança de um projeto comum, literário e sociopolítico. Embora exista uma troca mútua de referências, participações em eventos (saraus e debates), citações de escritores e ativistas do passado na forja de um cânone comum (tanto para negros como para periféricos), edição comum de textos nas publicações de ambos os grupos (periféricos publicam nos *Cadernos Negros* tanto quanto seus escritores lançam textos em espaços periféricos) etc., ainda existem um descompasso e um desencontro entre as proposições. Aparentados pelas relações sócio-históricas de seus grupos; enunciadores de éticas e protocolos criativos muito parecidos; preocupados seriamente com as possibilidades de um futuro, tanto para suas confecções estéticas quanto para os dilemas sociais de seus grupos, ambos ainda não estabeleceram um trânsito das ideias em perfeito acoplamento.

E deveriam? Talvez o pesquisador devesse perguntar isso antes de tudo. Em caso positivo, novamente se questionar: qual seria o sentido assumido a partir de então? Que fariam ambos os grupos com isso? Articulariam um projeto coeso, social e literário, capaz de atingir seus objetivos? Em caso negativo, talvez seja interessante pensar que é justamente a fricção e o desencontro que promovem a invenção na rotina. Não existe oposição direta; antes, um deslocamento parcial de perspectiva dentro de um horizonte de possibilidades. Os sujeitos sociais, os protagonistas históricos, os ativistas político-literários, as pessoas à frente de livrarias e editoras negras e periféricas devem percorrer os caminhos que forem capazes de forjar individual e coletivamente, independentemente da latência dos processos históricos ou das expectativas das análises sociológicas.

Estética e ética; formas de dizer e formas de viver; *liberdade* autoral *versus* protocolo criativo: pode um *autor* ser realmente livre? Instaurado um discurso com o qual esse autor se identifica ou é identificado, ele pode *escapar ao tema*? Obviamente, isso não é um problema particular dos escritores negros e periféricos. José Lins do Rego morreu associado à pecha do memorialismo regional; Primo Levi, às memórias dos campos de concentração; João Antônio, ao universo urbano marginal; Júlio Cortázar, ao insólito da vida social; James Baldwin, à negritude e à homossexualidade etc. Enfim, mesmo não sendo uma questão particular, ela geralmente se agrava com o fato de, em se tratando de negros e periféricos, existir tanta expectativa quanto à sua capacidade criativa e sobre o que vão, efetivamente, criar. É o que movimenta o sistema literário, no caso dessas estéticas, nas esferas da circulação e recepção.

A espera e a cobrança do segundo trabalho, do próximo volume de uma série, também são fatos recorrentes. Vejam-se os casos de todos os autores e grupos estudados aqui, com ênfase em De Jesus e Lins. O próximo passo deve, necessariamente, superar o anterior; e, com ele, manter alguma relação. A autonomia criativa se subsume às pressões sociais em vários aspectos. O eu como potência, então, tende a se tornar aprisionado pelos desafios sociais? Por outro lado, o engajamento dos autores nas questões sociais é o que, muitas vezes, os identifica e os faz agir. Tem-se assim um problema fundamental: a busca incessante pela liberdade da condição humana, expressa através da literatura, pode, muitas vezes, criar tensões e limites à criação literária, que é um ambiente de liberdade por excelência? Embora proposta, essa questão infelizmente escapa ao alcance atual deste pesquisador para que a responda.

Contudo, não deixa de ser importante discutir e pensar algo sobre o que fui questionado em diferentes ocasiões (seminários, debates, diálogos com colegas etc.): por que o associativismo no meio negro vivencia continuamente crises? Por que suas proposições não ganham perfil mais perene? O mesmo vale para o ativismo periférico.

Todavia, como sempre, a relação é de dupla mão: são as mesmas adversidades internas e externas que explicam a existência desses grupos associativos e suas ações, além da sua busca por reconhecimento e igualdade na realidade social. Portanto, um esboço de resposta é: o associativismo é fundado na crise e dela se alimenta. O embate entre ideias não trafega, e jamais trafegou, em águas tranquilas para negros e, mais recentemente, para periféricos. Para esses grupos, os momentos de crise são explicativos da capacidade de conferir respostas a questões sociais e criativas artisticamente. É quando a crise se acentua que acontece a invenção na rotina, o turbilhão em surdina.

Quando o projeto, de alguma maneira, se consolida, não se pode ignorar o nível de adversidade interna e externa que o confronta. As respostas dadas – na maior parte do tempo, à altura do desafio externo – também são minadas pelos enfrentamentos internos. Há que se lembrar e enfatizar ainda que se trata de homens e mulheres que se projetam às próprias custas, admiráveis em sua capacidade de articulação e de enfrentamento de impressionantes testes da realidade social, e que raramente contam com a solidariedade de outros que não os seus iguais. O que vale também, com as ponderações devidas, para os ativistas e escritores periféricos contemporâneos. Em suma, é mais fácil constatar a recorrência do problema que explicá-lo cabalmente.

A afirmação literária e política dos grupos negro e periférico representa uma tensão constante entre o eu como potência e a coletividade, opondo-se visões externas e internas aos grupos, concernentes ao lugar e à trajetória *naturais* dos sujeitos cuja origem social é aquela.

Foram esses alcances e limites que se procurou discutir em profundidade. Claro que, dada a amplitude de temas e autores, assim como a preocupação de articulá-los num arco histórico, podem-se perder nuances e particularidades. Mas foi justamente a construção desse arco que permitiu ver semelhanças processuais nas trajetórias dos grupos e autores, nos tratos sociais conferidos a eles e nos lugares onde cada um conseguiu chegar e propor algo socialmente. A lacuna é, assim, um grande problema, tanto para a interpretação quanto para a atuação dos sujeitos.

No limite, a percepção se assemelha sempre ao fracasso e à perda porque os projetos políticos e literários parecem se reiniciar continuamente; porque se desconhece a história dos grupos subalternizados ou não há interesse nela; porque não se lê nas entrelinhas dos trabalhos já realizados. Todavia, mesmo que escassos, arquivos e fontes orais para entrevistas detalhadas ainda existem, o que permite criar mecanismos de discussão dos problemas. E a imaginação sociológica – como escreveu Charles Wright Mills – deve ser posta a serviço da leitura dos trabalhos clássicos, no sentido de reinventá-los para os problemas do presente. A lacuna é um problema sociológico fundamental para a história dos chamados grupos subalternos. E deve ser enfrentada e suplantada, cientificamente, no que concerne à pesquisa, exaurindo possibilidades, com o concurso a fontes diversas, a criação de argumentos. O livro assumiu esta proporção, em número de páginas, não apenas pela possível prolixidade do pesquisador, mas também por ter no horizonte essa perspectiva. Espera-se que, inclusive, as lacunas deste trabalho sejam superadas por esforços futuros, a bem da ciência e dos grupos sociais interessados.

AGRADECIMENTOS

À Fundação de Amparo à Pesquisa do Estado de São Paulo (Fapesp) e ao Programa de Pós-Graduação em Sociologia da Universidade Estadual de Campinas (Unicamp), pelo fomento e apoio à pesquisa. Aos escritores e escritoras, ativistas e intelectuais que li, conheci, entrevistei e estudei na fatura do livro, o meu reconhecimento e admiração: Ferréz, Oswaldo de Camargo, Cuti, Ruth Guimarães (*in memoriam*), Audálio Dantas (*in memoriam*), Cyro Del Nero (*in memoriam*), Míriam Alves, Carlos de Assumpção, Márcio Barbosa, Esmeralda Ribeiro, Sergio Ballouk, Sidney de Paula Oliveira, Paulo Lins, Alessandro Buzo, Allan Santos da Rosa, Sacolinha, Ridson Dugueto, Sérgio Vaz. Aos livreiros e editores especializados em literatura negra, que gentilmente me concederam entrevistas e informações sobre seu trabalho: Kitabu Livraria Negra, Selo Negro Editora, Mazza Edições, Sobá Livraria Negra, Ciclo Contínuo Editorial, Livraria Africanidades, Livraria Eboh, Griot Livraria, Iná Livros, Ogum's Toques Negros Editora. Sem vocês, o livro não seria possível, pois alguns capítulos e argumentos simplesmente não teriam sido pensados ou escritos.

A Érica Peçanha do Nascimento, Keila Prado Costa, Janaína Damaceno, Vinebaldo Aleixo, Renata da Silva Nóbrega, Mário Martins de Lima, Antônio Brasil Jr., Íris Morais Araújo, Thamires Regina Sarti R. Moreira, parcerias intelectuais que apoiaram este livro. Aos antigos colegas do Grupo de Estudos de Inventários (GEI/UPPH) da Secretaria de Estado da Cultura de São Paulo. Aos colegas do Departamento de Sociologia da Unicamp e nossos estudantes.

Para Pâmela A. Resende, que ouviu pacientemente tanto sobre este livro nos últimos tempos.

Aos funcionários da Estante Virtual, da AbeBooks, do Arquivo Público do Estado de São Paulo, do Arquivo da Câmara Municipal de São Paulo, da Fundação Biblioteca Nacional, da Unidade Especial de Informação e Memória (UFSCar), do Arquivo Edgard Leuenroth, do Centro de Documentação Alexandre Eulálio, da Biblioteca Octavio Ianni, do IEL e da FE/Unicamp, das Bibliotecas Florestan Fernandes (USP e UFSCar), da Biblioteca Mário de Andrade e do Museu Afro-Brasil.

Por fim, a Allan da Rosa, Heloisa Buarque de Hollanda, Camilla Savoia e toda a equipe da Aeroplano, pela primeira edição deste livro. E, nesta reedição, à equipe das Edições Sesc, que acreditou no projeto.

REFERÊNCIAS

ARQUIVOS CONSULTADOS

Acervo de Cultura Contemporânea PACC UFRJ – Coleção Movimentos Negros do Rio de Janeiro

Arquivo da Câmara Municipal de São Paulo

Arquivo Edgard Leuenroth – AEL/Unicamp

Arquivo pessoal – Alba Zaluar

Arquivo pessoal – Cuti

Arquivo pessoal – Cyro del Nero

Arquivo pessoal – Oswaldo de Camargo

Arquivo pessoal – Ruth Guimarães

Arquivo Público do Estado de São Paulo

Banco de Dados de São Paulo – *Folha de S.Paulo*

Biblioteca Florestan Fernandes – UFSCar

Centro de Documentação Alexandre Eulálio – Cedae/Unicamp

Centro de Estudos da Cultura Contemporânea – Cedec

Coleção Associação Cultural do Negro – Ueim/UFSCar

Coleção Carolina Maria de Jesus e Audálio Dantas – Fundação Biblioteca Nacional

Family Search.org – Brasil, Cartões de Imigração 1900-1965

Hemeroteca Digital da Biblioteca Nacional

Museu Afro-Brasileiro – Biblioteca Carolina Maria de Jesus

ENTREVISTAS REALIZADAS

Entrevista de Ferréz a Mário Augusto M. da Silva em 16 maio 2007, em São Paulo.

Entrevistas de Allan Santos da Rosa, Sacolinha (Ademiro Alves), Alessandro Buzo e Sérgio Vaz a Mário Augusto M. da Silva em 12 jul. 2007, na Unicamp, em Campinas.

Entrevista de Oswaldo de Camargo a Mário Augusto M. da Silva em 29 jul. 2007, em São Paulo.

Entrevista de Cyro del Nero a Mário Augusto M. da Silva em 29 set. 2007, em São Paulo.

Entrevista de Paulo Lins a Mário Augusto M. da Silva e Keila Prado Costa em 26 out. 2007, em São Paulo.

Entrevistas de Ruth Guimarães a Mário Augusto M. da Silva e Janaína Damaceno em 27 nov. 2008 e 23 maio 2009, em São Paulo e Cachoeira Paulista.

Entrevista de Maria Mazarello Rodrigues a Mário Augusto M. da Silva em 2009, por *e-mail*.

Entrevista de Fernanda Felisberto e Heloísa Marcondes a Mário Augusto M. da Silva em 1 ago. 2009, no Rio de Janeiro.

Entrevista de Audálio Dantas a Mário Augusto M. da Silva em 19 out. 2009, em São Paulo.

Entrevista de Celeste Libânia e Rosane Pires a Mário Augusto M. da Silva em 19 jan. 2010, por *e-mail*.

Entrevista de Esmeralda Ribeiro, Márcio Barbosa, Sérgio Ballouk e Sidney de Paula Oliveira a Mário Augusto M. da Silva e Vinebaldo Aleixo de Souza Filho em 26 fev. 2010, em São Paulo.

Entrevista de Esmeralda Ribeiro e Márcio Barbosa a Mário Augusto M. da Silva e Vinebaldo Aleixo de Souza Filho em 17 abr. 2010, em São Paulo.

Entrevista de José Luiz de Jesus a Mário Augusto M. da Silva em 26 jun. 2016, em São Paulo.

Entrevista de Vagner Amaro a Mário Augusto M. da Silva em 2017, por e-mail.

Entrevista de Marciano Ventura a Mário Augusto M. da Silva em 14 fev. 2017, São Paulo.

Entrevista de Oswaldo de Camargo a Mário Augusto M. da Silva em 4 mar. 2017, em São Paulo.

Entrevista de Isidoro Telles de Souza a Mário Augusto M. da Silva em 13 jul. 2017, de Goiânia, por Skype.

Entrevista de Martha Helena F. Araújo a Mário Augusto M. da Silva em 18 jul. 2017, em São Paulo.

Entrevista de Leonardo Bento a Mário Augusto M. da Silva em 20 dez. 2017, em São Paulo.

Entrevista de Ketty Valêncio a Mário Augusto M. da Silva em 20 fev. 2018, em São Paulo.

FONTES BIBLIOGRÁFICAS PRIMÁRIAS

I Encontro de Poetas e Ficcionistas Negros Brasileiros (org.). *Criação crioula, nu elefante branco*. São Paulo: Imesp, 1987.

II Encontro de Poetas e Ficcionistas Negros Brasileiros (org.). *Corpo de negro, rabo de brasileiro*, Rio de Janeiro, 1986.

CADERNOS Negros. São Paulo: Edição dos Autores, v. 1-5, 1978-82.

CADERNOS Negros. São Paulo: Quilombhoje Literatura, v. 6-30, 1983-2008.

FERRÉZ. *Capão pecado*. 2. ed. São Paulo: Labortexto, 2000.

FERRÉZ. *Caros Amigos/Literatura Marginal: a cultura da periferia*, Ato I. São Paulo: Casa Amarela Ltda./Literatura Marginal Ltda., 2001.

FERRÉZ. *Caros Amigos/Literatura Marginal: a cultura da periferia*, Ato II. São Paulo: Casa Amarela Ltda./Literatura Marginal Ltda., 2002a.

FERRÉZ. *Manual prático do ódio*. São Paulo: Objetiva, 2002b.

FERRÉZ. *Caros Amigos/Literatura Marginal: a cultura da periferia*, Ato III. São Paulo: Casa Amarela Ltda./Literatura Marginal Ltda., 2004.

JESUS, Carolina Maria de. *Quarto de despejo: diário de uma favelada*. São Paulo: Francisco Alves, 1960.

JESUS, Carolina Maria de. *Casa de alvenaria: diário de uma ex-favelada*. São Paulo: Francisco Alves, 1961.

LINS, Paulo. *Cidade de Deus*. São Paulo: Companhia das Letras, 1997.

QUILOMBHOJE. *Reflexões sobre a literatura afro-brasileira*. São Paulo: Conselho de Participação e Desenvolvimento da Comunidade Negra, 1985.

QUILOMBHOJE (org.). *Cadernos Negros: os melhores contos*. São Paulo: Quilombhoje, 1998.

FONTES BIBLIOGRÁFICAS SECUNDÁRIAS

80 Anos de Abolição, Rio de Janeiro: Cadernos Brasileiros S.A., 1968.

ABREU, Ieda Estergilda. Vandalismo cultural: raiva e crime. *Jornal da UBE*, n. 103, jun. 2003, p. 5.

ACARI, Deley de. Movimento negro e educação. Em: I Encontro de Poetas e Ficcionistas Negros Brasileiros (org.). *Criação crioula, nu elefante branco*. São Paulo: Imesp, 1987.

ALBERTI, Verena; PEREIRA, Amílcar Araújo (org.). *Histórias do movimento negro no Brasil: depoimentos ao CPDOC*. Rio de Janeiro: Pallas/CPDOC-FGV, 2007.

ALBERTI, Verena; PEREIRA, Amílcar Araújo. Qual África? Significados da África para o movimento negro no Brasil. *Estudos históricos*. Rio de Janeiro: CPDOC, 2007b, v. 1, n. 39.

ALVES, Henrique L. *Nina Rodrigues e o negro do Brasil*. São Paulo: Associação Cultural do Negro, s/d, (série Cultura Negra, v. 5).

ALVES, Márcio M. *Torturas e torturados*. Rio de Janeiro, 1996. Disponível em: www.marciomoreiraalves.com/downloads/torturas-e-torturados.pdf. Acesso em: 5 out. 2009.

ALVES, Miriam. Axé Ogum. Em: QUILOMBHOJE(org.).*Reflexões sobre a literatura afro-brasileira*. São Paulo: Conselho de Participação e Desenvolvimento da Comunidade Negra, 1985.

ALVES, Miriam. Cem palavras. Em: II Encontro de Poetas e Ficcionistas Negros Brasileiros (org.). *Corpo de negro, rabo de brasileiro*, Rio de Janeiro, 1986.

ALVES, Miriam. O discurso temerário. Em: I Encontro de Poetas e Ficcionistas Negros Brasileiros (org.). *Criação crioula, nu elefante branco*. São Paulo: Imesp, 1987.

ALVES, Miriam; DURHAM, Caroly R. *Finally Us: Contemporary Black Brazilian Women Writers*. Colorado: Three Continent Press, 1995.

AMARAL, Marina. Literatura de mano. *Caros Amigos*. São Paulo: jun. 2000, ano 4, n. 39.

AMARAL, Raul J. Roger Bastide: no coração do negro. *Revista do Instituto de Estudos Brasileiros*. São Paulo: USP, 1978, n. 20.

ANDREWS, George R. *Negros e brancos em São Paulo (1888-1988)*. Bauru: Edusc, 1998.

ANTÔNIO, Carlindo Fausto. *Cadernos Negros: esboço de análise*. Tese (doutorado em Literatura Geral e Comparada) – IEL/Unicamp, Campinas, SP: 2005.

ANTÔNIO, João. *Abraçado ao meu rancor*. São Paulo: Cosac Naify, 2001.

ANTÔNIO, João. *Malhação do Judas carioca*. Rio de Janeiro: Record, 1981.

ARRUDA, Maria Arminda do N. *Metrópole e cultura: São Paulo no meio século XX*. Bauru: Edusc, 2001.

ASSUMPÇÃO, Carlos de. Uma nova literatura emergente. *Estudos Afro-Asiáticos*. Rio de Janeiro: 1983, n. 8-9.

AUERBACH, Erich. *Mimesis: a representação da realidade na literatura ocidental*. 5. ed. São Paulo: Perspectiva, 2004.

AUGEL, Moema Parente (org.). *Schwarze Poesie/Poesia Negra*. St. Gallen/Köln: Edition Diá, 1988.

AUGEL, Moema Parente (org.). *Schwarze Prosa/Prosa Negra*. St. Gallen/Köln: Edition Diá, 1993.

AZEVEDO, Célia Marinho de. *Onda negra, medo branco: o negro no imaginário das elites*. Rio de Janeiro: Paz & Terra, 1987.

AZEVEDO, Thales de. *As elites de cor numa cidade brasileira: um estudo de ascensão social*. 2. ed. Salvador: EDUFBA/EGBA, 1996.

BARBOSA, Márcio. Questões sobre a literatura negra. Em: QUILOMBHOJE (org.). *Reflexões sobre a literatura afro-brasileira*. São Paulo: Conselho de Participação e Desenvolvimento da Comunidade Negra, 1985.

BARBOSA, Márcio. A forma escura. Em: II Encontro de Poetas e Ficcionistas Negros Brasileiros (org.). *Corpo de negro, rabo de brasileiro*, Rio de Janeiro, 1986.

BARBOSA, Márcio. O sentido da literatura negra, sob uma abordagem fanoniana. Em: I Encontro de Poetas e Ficcionistas Negros (org.). *Criação crioula, nu elefante branco*. São Paulo: Imesp, 1987.

BARBOSA, Márcio. *Cadernos Negros* e Quilombhoje: algumas páginas de história. Em: NASCIMENTO, Abdias do (org.). *Thoth: pensamento dos povos africanos e afrodescendentes*. v. 2. Brasília, DF: Senado Federal, ago. 1997.

BARBOSA, Márcio. *Frente Negra Brasileira: depoimentos*. São Paulo: Quilombhoje, 1998.

BARBOSA, Márcio; RIBEIRO, Esmeralda (org.). *Cadernos Negros três décadas: ensaios, poemas, contos*. São Paulo: Quilombhoje/Seppir, 2008.

BASTIDE, Roger. *Estudos afro-brasileiros*. São Paulo: Perspectiva, 1973.

BASTIDE, Roger; FERNANDES, Florestan. *Brancos e negros*

em São Paulo: ensaio sociológico sobre aspectos da formação, manifestações atuais e efeitos do preconceito de cor na sociedade paulistana. 3. ed. São Paulo: Global, 2008.

BASTOS, Elide R. Pensamento social na Escola Sociológica Paulista. Em: MICELI, Sergio. *O que ler na ciência social brasileira*. São Paulo: Sumaré/Anpocs; Brasília, DF: Capes, 2002.

BATISTA, Elisabeth. *Entre a literatura e a imprensa: percursos de Maria Archer no Brasil*. Tese (doutorado em Estudos Comparados de Literaturas de Língua Portuguesa) – FFLCH-USP, São Paulo: 2007.

BERGAMO, Mônica. Mário de Andrade negro: "Não é ele", diz Antonio Candido. *Folha de S.Paulo, Ilustrada*. São Paulo: 21 nov. 2007, p. E2.

BERND, Zilá. *Negritude e literatura na América Latina*. Porto Alegre: Mercado Aberto, 1987.

BERND, Zilá. *Introdução à literatura negra*. São Paulo: Brasiliense, 1988.

BERND, Zilá. *Poesia negra brasileira: antologia*. Porto Alegre: AGE/IEL/Igel, 1992.

BICUDO, Virgínia Leone. *Atitudes raciais de pretos e mulatos em São Paulo*. São Paulo: Editora Sociologia e Política, 2010.

BOM MEIHY, José C. S.; LEVINE, Robert. *Cinderela negra: a saga de Carolina Maria de Jesus*. Rio de Janeiro: UFRJ, 1994.

BOM MEIHY, José C. S.; LEVINE, Robert (org.). *Carolina Maria de Jesus: meu estranho diário*. São Paulo: Xamã, 1996.

BOSI, Alfredo. Um boêmio entre duas cidades. Em: ANTÔNIO, João. *Abraçado ao meu rancor*. São Paulo: Cosac Naify, 2001.

BOSI, Ecléa. *Memória e sociedade: lembrança de velhos*. São Paulo: Companhia das Letras, 1988.

BOURDIEU, Pierre. L'Illusion biographique. *Actes de la Recherche em Science Sociales*, Paris, 1986, n. 62/63, p. 69-72.

BOURDIEU, Pierre. *A ontologia política de Martin Heidegger*. Campinas, SP: Papirus, 1989.

BOURDIEU, Pierre. *Meditações pascalianas*. Rio de Janeiro: Bertrand Brasil, 2001.

BRAGHINI, Lunde. Histórias da imprensa negra a lembrar em 2009. *Irohin*. Brasília, DF: mar. 2009, ano 13, n. 24.

BRAUD, Michel. *La Forme des jours: pour une poétique du journal personnel*. Paris: Éditions du Seuil, 2006.

BROOKSHAW, David. Quatro poetas negros brasileiros. *Estudos Afro-Asiáticos*. Rio de Janeiro: 1983a, ano 1, n. 2.

BROOKSHAW, David. *Raça & cor na literatura brasileira*. Porto Alegre: Mercado Aberto, 1983b.

BROWN, Mano. A número 1 sem troféu. Em: FERRÉZ. *Capão*

pecado. 2. ed. São Paulo: Labortexto, 2000.

CAMARGO, Oswaldo de. *15 poemas negros*. São Paulo: Associação Cultural do Negro, 1961.

CAMARGO, Oswaldo de. *O carro do êxito*. São Paulo: Martins, 1972.

CAMARGO, Oswaldo de. *A descoberta do frio*. São Paulo: Edições Populares, 1979.

CAMARGO, Oswaldo de. *A razão da chama: antologia de poetas negros brasileiros*. São Paulo: GRD, 1986.

CAMARGO, Oswaldo de. *O negro escrito: apontamentos sobre a presença do negro na literatura brasileira*. São Paulo: Imesp, 1987.

CAMPBELL, James. *À margem esquerda*. Rio de Janeiro: Record, 1999.

CANDIDO, Antonio. *Formação da literatura brasileira: momentos decisivos*. v. 2. 5. ed. Belo Horizonte: Itatiaia; São Paulo: Edusp, 1975.

CANDIDO, Antonio. Prefácio. Em: MENEZES, Raimundo de. *Dicionário literário brasileiro*. 2. ed. [1. ed. 1969]. Rio de Janeiro: LTC, 1978.

CANDIDO, Antonio et al. *A personagem de ficção*. 10. ed. São Paulo: Perspectiva, 2004.

CAPELATO, Maria Helena. *Os arautos do liberalismo: imprensa paulista (1920-1945)*. São Paulo: Brasiliense, 1989.

CARDOSO, Fernando H. Uma pesquisa impactante. Em: BASTIDE, R.; FERNANDES, F. *Brancos e negros em São Paulo: ensaio sociológico sobre aspectos da formação, manifestações atuais e efeitos do preconceito de cor na sociedade paulistana*. 3. ed. São Paulo: Global, 2008.

CARRIL, Lourdes. *Quilombo, favela e periferia: a longa busca da cidadania*. São Paulo: Annablume/ Fapesp, 2006.

CARRILHO, Maria. *Sociologia da negritude*. Lisboa: Edições 70, 1975.

CASTRO, Conrado Pires de. Luiz Pereira e sua circunstância: entrevista com José de Souza Martins. *Tempo Social*. São Paulo: jun. 2010, v. 22, n. 1.

CASTRO, Eliana de M.; MACHADO, Marília N. da M. *Muito bem, Carolina! Biografia de Carolina Maria de Jesus*. Belo Horizonte: C/Arte, 2007.

CASTRO, Silvia Lorenso de. *Corpo e erotismo em Cadernos Negros: a reconstrução semiótica da liberdade*. Dissertação (Mestrado em Semió-tica e Linguística Geral) – FFLCH-USP, São Paulo: 2007.

CHAGURI, Mariana M.; SILVA, Mário A. M. da. Sentidos da crise: literatura e processos sociais em *Fogo Morto e Cidade de Deus*. Em: XIV Congresso da Sociedade Brasileira de Sociologia, Rio de Janeiro, jul. 2009.

COELHO, Nelly N. *Dicionário crítico de escritoras brasileiras (1711-*

-2001). São Paulo: Escrituras, 2002.

COLINA, Paulo (org.). *Axé: antologia contemporânea de poesia negra brasileira*. São Paulo: Global, 1982.

CONCEIÇÃO, Sônia F. Ser negro, povo, gente: situação de urgência. Em: QUILOMBHOJE (org.). *Reflexões sobre a literatura afro-brasileira*. São Paulo: Conselho de Participação e Desenvolvimento da Comunidade Negra, 1985.

COSTA, Aline. Uma História que está apenas começando. Em: BARBOSA, Márcio; RIBEIRO, Esmeralda. *Cadernos Negros três décadas: ensaios, poemas, contos*. São Paulo: Quilombhoje/Seppir, 2008.

COSTA, Diogo Valença de Azevedo. *A intelectualidade negra de São Paulo e o projeto Unesco: a construção de uma contraideologia racial*. Em: XIII Congresso da Sociedade Brasileira de Sociologia, Recife: UFPE, 2007.

COSTA PINTO, Luiz de A. *O negro no Rio de Janeiro: relações de raças numa sociedade em mudança*. 2. ed. Rio de Janeiro: UFRJ, 1998.

COUTINHO, Afrânio; SOUSA, José Galante de. *Enciclopédia de literatura brasileira*. São Paulo: Global, 1989.

CUTI. Literatura negro-brasileira: notas a respeito de condicionamentos. *Estudos Afro-Asiáticos*. Rio de Janeiro: 1983, n. 8-9.

CUTI. Fundo de Quintal nas Umbigadas. Em: I Encontro de Poetas e Ficcionistas Negros Brasileiros (org.). *Criação crioula, nu elefante branco*. São Paulo: Imesp, 1987.

CUTI. O velho militante. *Irohin*. Brasília, DF: mar. 2009, ano 13, n. 24.

DAMAS, Léon-Gontran (org.). *Nouvelle Somme de Poésie du Monde Noir*. Paris: Présence Africaine, n. 57, 1966.

DAMASCENO, Benedita G. *Poesia negra no modernismo brasileiro*. Campinas, SP: Pontes, 1988.

DANTAS, Audálio. Carolina Maria de Jesus faz um retrato sem retoque do mundo sórdido em que vive. *Folha da Noite*. São Paulo: 9 maio 1958.

DANTAS, Audálio. Retrato da favela no diário de Carolina. *O Cruzeiro*. Rio de Janeiro: 20 jun. 1959, n. 36.

DANTAS, Audálio. Nossa irmã Carolina. Em: JESUS, Carolina M. de. *Quarto de despejo: diário de uma favelada*. São Paulo: Francisco Alves, 1960.

DANTAS, Audálio. *Casa de alvenaria*: história de uma ascensão social. Em: JESUS, Carolina M. de. *Casa de alvenaria: diário de uma ex-favelada*. São Paulo: Francisco Alves, 1961.

DELEUZE, Gilles; GUATTARI, Félix. *Kafka: por uma literatura menor*. Rio de Janeiro: Imago, 1977.

DOMINGUES, Petrônio. *Uma história não contada: negro, racismo e branqueamento em São Paulo no pós-abolição. São Paulo: Senac, 2004.

DOMINGUES, Petrônio. O "messias" negro? Arlindo Veiga dos Santos (1902-1978): "Viva a nova monarquia brasileira; Viva Dom Pedro III!". *Varia História*. Belo Horizonte: dez. 2006, v. 22, n. 36.

DOMINGUES, Petrônio. Associação Cultural do Negro (1954-1976): um esboço histórico. Em: XXIV Simpósio Nacional de História. São Leopoldo: Unisinos, 2007.

DOMINGUES, Petrônio. *A nova abolição*. São Paulo: Selo Negro, 2008.

DUARTE, Paulo. Negros do Brasil. *O Estado de S. Paulo*. São Paulo: 16 e 17 abr. 1947.

DUARTE, Paulo. A Unesco e a questão racial. *Anhembi*. São Paulo: jan. 1951, v. 1, n. 2.

DUBOC, Julia (org.). *Pau de sebo: coletânea de poesia negra*. Brodowski: Projeto Memória da Cidade, 1988.

ECO, Umberto. *Seis passeios pelos bosques da ficção*. São Paulo: Companhia das Letras, 1994.

FANON, Frantz. *Os condenados da Terra*. 2. ed. Rio de Janeiro: Civilização Brasileira, 1979.

FANON, Frantz. *Pele negra, máscaras brancas*. Salvador: Fator, 1983.

FANON, Frantz. *Pour la révolution africaine: écrits politiques*. Paris: La Découverte, 2001.

FELIX, João Batista de Jesus. *Hip-hop: cultura e política no contexto paulistano*. Tese (doutorado em Antropologia Social) – FFLCH-USP, São Paulo: 2005.

FERNANDES, Florestan. Prefácio: A poesia negra em São Paulo. Em: CAMARGO, Oswaldo de. *15 poemas negros*. São Paulo: Associação Cultural do Negro, 1961.

FERNANDES, Florestan. *A sociologia numa era de revolução social*. 2. ed. Rio de Janeiro: Zahar, 1976.

FERNANDES, Florestan. *A sociologia no Brasil: contribuição para o estudo de sua formação e desenvolvimento*. Petrópolis: Vozes, 1977.

FERNANDES, Florestan. *A integração do negro à sociedade de classes: o legado da raça branca*. v. 1. São Paulo: Ática, 1978a.

FERNANDES, Florestan. *A integração do negro à sociedade de classes: no limiar de uma nova era*. v. 2. São Paulo: Ática, 1978b.

FERNANDES, Florestan. *O negro no mundo dos brancos*. 2. ed. rev. São Paulo: Global, 2007.

FERRARA, Miriam N. *A imprensa negra paulista (1915-1963)*. São Paulo: FFLCH-USP, 1986.

FERREIRA, José Abílio. Considerações acerca de um aspecto do fazer literário ou de como um escritor negro sofre noites de insônia. Em: QUILOMBHOJE (org.). *Reflexões sobre a litera-*

tura afro-brasileira. São Paulo: Conselho de Participação e Desenvolvimento da Comunidade Negra, 1985.

FERREIRA, José Abílio. Literatura negra. Em: II Encontro de Poetas e Ficcionistas Negros Brasileiros (org.). *Corpo de negro, rabo de brasileiro*, Rio de Janeiro, 1986.

FERREIRA, José Abílio. A formação de um conceito nacional. Em: I Encontro de Poetas e Ficcionistas Negros Brasileiros (org.). *Criação crioula, nu elefante branco*. São Paulo: Imesp, 1987.

FERRÉZ (org.). *Literatura marginal: talentos da escrita periférica*. Rio de Janeiro: Agir, 2005.

FERRÉZ (org.). Entrevista: a periferia de São Paulo pode explodir a qualquer momento. *Caros Amigos*. São Paulo: out. 2009, ano 13, n. 151.

FILHO, Hermógenes Almeida S. Reflexões sobre a literatura negra na realidade política brasileira. Em: I Encontro de Poetas e Ficcionistas Negros Brasileiros (org.). *Criação crioula, nu elefante branco*. São Paulo: Imesp, 1987.

FOUCAULT, Michel. *O que é um autor?* 4. ed. s/l: Vega, 2000.

FRANÇA, Jean M. Carvalho. *Imagens do negro na literatura brasileira (1584-1890)*. São Paulo: Brasiliense, 1998.

FREYRE, Gilberto. Negritude, mística sem lugar no Brasil. *Boletim do Conselho Federal de Cultura*. Rio de Janeiro: abr./jun. 1971, ano 1, n. 2, p. 16-23 (reprodução de entrevista ao jornal *O Estado de S. Paulo*).

FREYRE, Gilberto. A experiência afro-brasileira. *O Correio – Unesco*. Rio de Janeiro: out./nov. 1977, n. 5, p. 10 e 13-8. Fundação Gilberto Freyre. Disponível em: http://bvgf.fgf.org.br/portugues/obra/artigos_cientificos.html#1970. Acesso em: 8 nov. 2010.

FREYRE, Gilberto. *Casa grande & senzala: introdução à história da sociedade patriarcal no Brasil*. 43. ed. Rio de Janeiro: Record, 2001.

FRIOUX-SALGAS, Sarah. Présence Africaine, une tribune, un mouvement, un réseau. *Gradhiva*, Paris: 2009, n. 10. Disponível em: http://gradhiva.revues.org/1475. Acesso em: 10 nov. 2010.

GOFFMAN, Erving. *Estigma: notas sobre a manipulação da identidade deteriorada*. Rio de Janeiro: Zahar, 1980.

GOLDMANN, Lucien. *Le Dieu caché: étude sur la vision tragique dans les pensées de Pascal et dans le theatre de Racine*. Paris: Gallimard, 1959.

GOMES, Heloísa Toller. *O negro e o romantismo brasileiro*. São Paulo: Atual, 1988.

GONZALEZ, Lélia; HASENBALG, Carlos. *Lugar de negro*. Rio de Janeiro: Marco Zero, 1982.

GUIMARÃES, Antonio S. A. *Raças, classes e democracia*. São Paulo: Fusp/Editora 34, 2002.

GUIMARÃES, Antonio S. A. A recepção de Fanon no Brasil e a identidade negra. *Novos Estudos Cebrap*. São Paulo: jul. 2008, n. 81.

GULLAR, Ferreira. Somos todos irmãos. *Folha de S.Paulo, Ilustrada*. São Paulo: 17 set. 2006.

HALBWACHS, Maurice. *A memória coletiva*. São Paulo: Vértice, 1990.

HALLEWELL, Laurence. *O livro no Brasil: sua história*. 2. ed. São Paulo: Edusp, 2005.

HOLLANDA, Heloisa B. de et al. *Anos 70: literatura*. Rio de Janeiro: Europa, 1979.

HOLLANDA, Heloisa B. de; PEREIRA, Carlos A. M. *Patrulhas ideológicas, marca reg.: arte e engajamento em debate*. São Paulo: Brasiliense, 1980.

HOLLANDA, Heloisa B. de. Depois do Poemão. *Jornal do Brasil*. Rio de Janeiro: 13 dez. 1980.

HOLLANDA, Heloisa B. de. *Impressões de viagem: CPC, vanguarda e desbunde*. São Paulo: Brasiliense, 1984.

HOLLANDA, Heloisa B. de. (org.). *26 poetas hoje*. 4. ed. Rio de Janeiro: Aeroplano, 2001.

IANNI, Octavio. Literatura e consciência. *Estudos Afro-Asiáticos*. Rio de Janeiro: Ceao, 1988, n. 15.

JESUS, Carolina Maria de. *Diário de Bitita*. Rio de Janeiro: Nova Fronteira, 1986.

KIBUKO, Oubi Inaê. Lamentos, ressentimentos, vingança... Ou um alerta de resistência e sobrevivência? *Estudos Afro-Asiáticos*. Rio de Janeiro: 1983, n. 8-9.

KIBUKO, Oubi Inaê. 1955-1978: 23 anos de Inconsciência. Em: QUILOMBHOJE (org.). *Reflexões sobre a literatura afro-brasileira*. São Paulo: Conselho de Participação e Desenvolvimento da Comunidade Negra, 1985.

KIBUKO, Oubi Inaê. Batendo numa velha tecla, pela criação unificada de um espaço próprio e independente para os escritores negros. Em: II Encontro de Poetas e Ficcionistas Negros Brasileiros (org.). *Corpo de negro, rabo de brasileiro*, Rio de Janeiro, 1986.

KIBUKO, Oubi Inaê. *Cadernos Negros*: um reduto de escritores quilombolas desafiando um país, também literariamente racista. Em: I Encontro de Poetas e Ficcionistas Negros Brasileiros (org.). *Criação crioula, nu elefante branco*. São Paulo: Imesp, 1987.

KÖSSLING, Karin S. *As lutas antirracistas de afrodescendentes sob vigilância do Deops/SP (1964--1983)*. Dissertação (mestrado em História Social) – FFLCH-USP, São Paulo: 2007.

KOWARICK, Lúcio (org.). *As lutas sociais e a cidade*. Rio e Janeiro: Paz e Terra, 1988.

KUCINSKI, Bernardo. *Jornalistas e revolucionários nos tempos da imprensa alternativa*. 2. ed. São Paulo: Edusp, 2003.

LAFETÁ, João Luiz. *1930: a crítica e o modernismo*. São Paulo: Livraria Duas Cidades/Editora 34, 2000.

LAJOLO, Marisa. Poesia no quarto de despejo, ou um ramo de rosas para Carolina. Em: JESUS, Carolina Maria de. *Antologia pessoal*. Rio de Janeiro: UFRJ, 1996.

LEITE, José Correia; CUTI. ... *E disse o velho militante José Correia Leite*. São Paulo: Secretaria de Cultura, 1992.

LINS, Paulo. Sem medo de ser. *Caros Amigos*. São Paulo: maio 2003, ano 8, n. 74.

LOFEGO, Sílvio L. *IV Centenário de São Paulo: uma cidade entre o passado e o futuro*. São Paulo: Annablume, 2004.

LOPES, Nei. *Dicionário literário afro-brasileiro*. Rio de Janeiro: Pallas, 2007.

MADEIRA, Rafael Machado. Integração regional e fragmentação partidária: uma análise de carreira política dos deputados federais da Arena em São Paulo. *Sociedade e Cultura*. jul./dez. 2004, v. 7, n. 2.

MAIO, Marcos Chor. *A história do projeto Unesco: estudos raciais e ciências sociais no Brasil*. Tese (doutorado em Ciência Política) – Iuperj, Rio de Janeiro: 1997.

MARANHÃO, Salgado. Prefácio. Em: *Ebulição da escrivatura: treze poetas impossíveis*. Rio de Janeiro: Civilização Brasileira, 1978.

MARCOS, Plínio. *Histórias das quebradas do mundaréu*. Rio de Janeiro: Nórdica, 1980.

MARTINS, José de Souza. *Florestan: sociologia e consciência social no Brasil*. São Paulo: Edusp/Fapesp, 1998.

MARTINS, José de Souza. *A sociedade vista do abismo: novos estudos sobre exclusão, pobreza e classes sociais*. 2. ed. Petrópolis: Vozes, 2003.

MARTINS, José de Souza. *Exclusão social e a nova desigualdade*. 4. ed. [1. ed. 1997]. São Paulo: Paulus, 2009.

MATTOSO, Glauco. *O que é poesia marginal?* São Paulo: Brasiliense, 1981.

MAYA-MAYA, Estevão. Um caminho para a literatura afro-brasileira. *Estudos Afro-Asiáticos*. Rio de Janeiro: 1983, n. 8-9.

MENDES, Erasmo Garcia. Paulo Duarte. *Revista de Estudos Avançados da USP*. São Paulo: 1994, v. 8, n. 22.

MENDES, Miriam Garcia. *A personagem negra no teatro brasileiro (entre 1838 e 1888)*. São Paulo: Ática, 1982 (col. Ensaios, v. 84).

MENDES, Miriam Garcia. *O negro e o teatro brasileiro (entre 1889 e 1982)*. São Paulo: Hucitec; Rio de Janeiro: Ibac; Brasília, DF: Fundação Cultural Palmares, 1993.

MENEZES, R. de. *Dicionário literário brasileiro*. 2. ed. [1. ed. 1969]. Rio de Janeiro: LTC, 1978.

MICELI, Sergio. *O que ler na ciência social brasileira (1970-1995).* v. 1. São Paulo: Sumaré/Anpocs; Brasília, DF: Capes, 1999.

MICELI, Sergio. Prefácio: modernidade precária. Em: ARRUDA, Maria Arminda N. *Metrópole e cultura: São Paulo no meio século XX.* Bauru: Edusc, 2001.

MILLIET, Sergio. *Quatro ensaios.* São Paulo: Martins, 1966.

MILLS, Charles Wright. *A imaginação sociológica.* Rio de Janeiro: Zahar, 1972.

MINKA, Jamu. Literatura e consciência. Em: QUILOMBHOJE (org.). *Reflexões sobre a literatura afro-brasileira.* São Paulo: Conselho de Participação e Desenvolvimento da Comunidade Negra, 1985.

MORICONI, Ítalo (org.). *Os cem melhores contos brasileiros do século.* Rio de Janeiro: Objetiva, 2001.

MOTTA, Carlos Guilherme. *Ideologia da cultura brasileira (1933-1974).* São Paulo: Ática, 1977.

MOURA, Clóvis. *O preconceito de cor na literatura de cordel.* São Paulo: Resenha Universitária, 1976.

MOURA, Clóvis. Organizações negras. Em: SINGER, Paul; BRANT, Vinícius Caldeira (org.). *São Paulo: o povo em movimento.* Petrópolis: Vozes; São Paulo: Cebrap, 1983, p. 157-9.

MOURA, Clóvis. Prefácio. Em: FERRARA, Miriam N. *A imprensa negra paulista (1915-1963).* Série Antropologia. v. 13. São Paulo: FFLCH-USP/Fapesp, 1986.

MOURA, Clóvis; FERRARA, Miriam N. *Imprensa negra.* São Paulo: Imprensa Oficial do Estado, 2002.

MOVIMENTO Negro Unificado. *1978-1988: 10 anos de luta contra o racismo.* São Paulo: Confraria do Livro, 1988.

MULLER, Ricardo G. (org.). *Revista Dionysos: Especial Teatro Experimental do Negro*, Rio de Janeiro: Funarte, 1988.

MUNANGA, Kabengele. *Negritude: usos e sentidos.* São Paulo: Ática, 1986.

NASCIMENTO, Abdias do. *Dramas para negros e prólogo para brancos: antologia de teatro negro-brasileiro.* Rio de Janeiro: Teatro Experimental do Negro, 1961.

NASCIMENTO, Abdias do. *O Quilombismo: documentos de uma militância pan-africanista.* Rio de Janeiro: Vozes, 1980.

NASCIMENTO, Abdias do. *O negro revoltado.* 2. ed. Rio de Janeiro: Nova Fronteira, 1982.

NASCIMENTO, Abdias do (org). *Thoth: pensamento dos povos africanos e afrodescendentes* v. 2. Brasília, DF: Senado Federal, ago. 1997.

NASCIMENTO, Érica Peçanha do. *"Literatura marginal": os escritores da periferia entram em cena.* Dissertação (mestrado em

Antropologia Social) – FFLCH-USP, São Paulo: 2006.

OGUIAM, Edu Omo. Por uma literatura dinâmica e participante. *Estudos Afro-Asiáticos*. Rio de Janeiro: 1983, n. 8-9.

OLIVEIRA, Américo Lopes. *Dicionário de mulheres célebres*. Porto: Lello & Irmãos Editores, 1981.

OLIVEIRA, Eduardo de. *Banzo*. São Paulo: Obelisco, 1963.

OLIVEIRA, Eduardo de. A presença do negro na literatura brasileira. *Estudos Afro-Asiáticos*. Rio de Janeiro: 1983, n. 8-9.

OLIVEIRA, Eduardo de. *A cólera dos generosos: retrato da luta do negro para o negro*. São Paulo: Sonda/Meca Ltda., 1988.

OLIVEIRA, Eduardo de. (org.). *Quem é quem na negritude brasileira*. v. 1. São Paulo: Congresso Nacional Afro-Brasileiro; Brasília, DF: Secretaria Nacional de Direitos Humanos do Ministério da Justiça, 1998.

ORTIZ, Renato. *Cultura brasileira e identidade nacional*. 2. ed. São Paulo: Brasiliense, 1986.

PAIS, José Machado. *Sociologia da vida quotidiana: teorias, métodos e estudos de caso*. 3. ed. Lisboa: ICS, Imprensa de Ciências Sociais, 2007.

PAULINO, Jorge. O pensamento sobre a favela em São Paulo: uma história concisa das favelas paulistanas. Dissertação (mestrado em Habitat) – FAU-USP, São Paulo: 2007.

PEREIRA, Carlos A. M. *Retrato de época: poesia marginal anos 70*. Rio de Janeiro: Funarte, 1981.

PERRUSO, Marco Antonio. *Em busca do "novo": intelectuais brasileiros e movimentos populares nos anos 1970/80*. Tese (doutorado em Sociologia) – UFRJ, Rio de Janeiro: 2008.

PINTO, Ana Flávia Magalhães. O que você sabe sobre o primeiro deputado negro republicano? *Irohin*. Brasília, DF: mar. 2009, ano 13, n. 24.

PINTO, Regina Pahim. *O movimento negro em São Paulo: luta e identidade*. Tese (doutorado em Antropologia Social) – FFLCH-USP, São Paulo: 1993.

POLLAK, Michael. Memória, esquecimento e silêncio. *Revista Estudos Históricos*. Rio de Janeiro: CPDOC, 1989, v. 2, n. 3.

POLLAK, Michael. Memória e identidade social. *Revista Estudos Históricos*. Rio de Janeiro: CPDOC, 1992, v. 5, n. 10.

PRADO, Antônio Arnoni. Elucubrações dramáticas do professor Oiticica. *Estudos Avançados*. São Paulo: dez. 2000, v. 14, n. 40.

PRADO JR., Caio. *Formação do Brasil contemporâneo: colônia*. São Paulo: Brasiliense, 1971.

QUEIROZ JR., Teófilo de. *Preconceito de cor e a mulata na literatura brasileira*. Coleção Ensaios. São Paulo: Ática, 1982.

QUILOMBO: *vida, problemas e aspirações do negro*. São Paulo: Fundação de Apoio à Universidade de São Paulo/Editora 34, 2003.

RABASSA, Gregory. *O negro na ficção brasileira: meio século de história literária*. Rio de Janeiro: Edições Tempo Brasileiro, 1965.

RAMOS, Graciliano. *Memórias do cárcere*. v. 1. 8. ed. São Paulo: Martins; Rio de Janeiro: Record, 1975.

RIBEIRO, Esmeralda. Literatura infantojuvenil. Em: QUILOMBHOJE (org.). *Reflexões sobre a literatura afro-brasileira*. São Paulo: Conselho de Participação e Desenvolvimento da Comunidade Negra, 1985.

RIDENTI, Marcelo S. *Em busca do povo brasileiro: artistas da revolução, do CPC à era da TV*. Rio de Janeiro: Record, 2000.

ROMANO, Luís Antônio Contatori. *A passagem de Sartre e Simone de Beauvoir pelo Brasil em 1960*. Campinas, SP: Mercado de Letras/Fapesp, 2002.

ROSA, Daniela R. A. *Teatro Experimental do Negro: estratégia e ação*. Dissertação (mestrado em Sociologia) – Unicamp, Campinas, SP: 2007.

ROSENFELD, Anatol. Literatura e personagem. Em: CANDIDO, Antonio et al. *A personagem de ficção*. 10. ed. São Paulo: Perspectiva, 2004.

ROWELL, Charles H.; SILVA Luiz. (Cuti) Luiz Silva: uma entrevista. *Callaloo*. The Johns Hopkins University, outono, 1995, v. 18, n. 4.

SANT'ANNA, Luiz Carlos. *Breve memorial do movimento negro no Rio de Janeiro*. Rio de Janeiro: Ciec/UFRJ, 1998 (série Papéis Avulsos, n. 53).

SANTOS, Ivair Augusto A. dos. *O movimento negro e o Estado (1983-1987): o caso do Conselho de Participação e Desenvolvimento da Comunidade Negra no Governo de São Paulo*. São Paulo: Prefeitura Municipal de São Paulo/Coordenadoria dos Assuntos da População Negra, 2007.

SANTOS, José Francisco dos. *Movimento afro-brasileiro pró-libertação de Angola – "um amplo movimento": relação Brasil e Angola de 1960 a 1975*. Dissertação (mestrado em História) – PUC-SP, São Paulo: 2010.

SANTOS, Myriam S. *Memória coletiva e teoria social contemporânea*. São Paulo: Annablume, 2003.

SARTRE, Jean-Paul. Prefácio. Em: FANON, Frantz. *Os condenados da Terra*. 2. ed. Rio de Janeiro: Civilização Brasileira, 1979.

SAYAD, João. Bob Dylan. *Folha de S.Paulo*. Tendências e Debates. São Paulo: 20 nov. 2007, p. A3.

SAYERS, Raymond. *O negro na literatura brasileira*. Rio de Janeiro: O Cruzeiro, 1958.

SCHWARCZ, Lilia M. *O espetáculo das raças: cientistas, instituições e questão racial no Brasil (1870-1930)*. São Paulo: Companhia das Letras, 1993.

SCHWARCZ, Lilia M. Questão racial e etnicidade. Em: MICELI, Sergio. *O que ler na ciência social brasileira (1970-1995)*. v. 1. São Paulo: Sumaré/Anpocs; Brasília, DF: Capes, 1999.

SCHWARZ, Roberto. *O pai de família e outros estudos*. Rio de Janeiro: Paz & Terra, 1978.

SCHWARZ, Roberto (org.). *Os pobres na literatura brasileira*. São Paulo: Brasiliense, 1983.

SCHWARZ, Roberto. *Que horas são?* São Paulo: Companhia das Letras, 1987.

SCHWARZ, Roberto. *Sequências brasileiras*. São Paulo: Companhia das Letras, 1999.

SCHWARZ, Roberto. *Ao vencedor as batatas: forma literária e processo social nos inícios do romance brasileiro*. 5. ed. São Paulo: Duas Cidades/Editora 34, 2000.

SELLIGMAN-SILVA, Márcio (org.). *História, memória, literatura*. Campinas, SP: Editora da Unicamp, 2003.

SEMOG, Éle. A corrupção da cor. Em: II Encontro de Poetas e Ficcionistas Negros Brasileiros (org.). *Corpo de negro, rabo de brasileiro*, Rio de Janeiro, 1986.

SEMOG, Éle. A intervenção de poetas e ficcionistas negros no processo de participação política. Em: I Encontro de Poetas e Ficcionistas Negros Brasileiros (org.). *Criação crioula, nu elefante branco*. São Paulo: Imesp, 1987.

SEREZA, Haroldo C. *Florestan: a inteligência militante*. São Paulo: Boitempo, 2005.

SILVA, Joana M. F. da. *Centro de Cultura e Arte Negra: trajetória e consciência étnica*. Dissertação (mestrado em Ciências Sociais) – PUC-SP, São Paulo: 1994.

SILVA, Jônatas Conceição da. Histórias de lutas negras: memórias do surgimento do movimento negro na Bahia. Em: MOVIMENTO Negro Unificado. *1978-1988: 10 anos de luta contra o racismo*. São Paulo: Confraria do Livro, 1988.

SILVA, Mário Augusto M. da. Esboço de análise sociológica da ideia de literatura negra no Brasil. Em: XIII Reunião da Sociedade Brasileira de Sociologia, Recife, UFPE, maio 2007.

SILVA, Mário Augusto M. da. *Os escritores da guerrilha urbana: literatura de testemunho, ambivalência e transição política (1977-1984)*. São Paulo: Annablume/Fapesp, 2008.

SILVA, Mário Augusto M. da. Literatura negra como literatura marginal: Brasil, 1980. Em: XI Congresso Internacional da Associação Brasileira de Literatura

Comparada, São Paulo, USP, jul. 2008b.

SILVA, Mário Augusto M. da. Resenha: ... E disse o velho militante José Correia Leite. *Estudos de literatura brasileira contemporânea*. Brasília, DF: UnB, 2008c, v. 31, p. 239-45.

SILVA, Mário Augusto M. da. Aproximações entre as ideias de literatura negra e periféricas contemporâneas? Em: II Simpósio de Pesquisa de Pós-Graduandos, São Paulo, USP, 2009.

SILVA, Mário Augusto M. da. Oswaldo de Camargo e as representações do negro em São (1950-1970). Em: XIV Simpósio da ANPUH, Rio de Janeiro, Unirio, 2010.

SILVA, Mário Augusto M. da. Reabilitando Virgínia Leone Bicudo. *Revista Sociedade e Estado*. Brasília, DF: UnB, abr. 2011, v. 1, n. 26.

SILVA, Mário Augusto M. da; CHAGURI, Mariana M. Sentidos da crise: literatura e processos sociais em *Fogo morto* e *Cidade de Deus*. Em: XIV Congresso Brasileiro de Sociologia, 28-31 jul. 2009, Rio de Janeiro. *Anais da XIV Congresso Brasileiro de Sociologia, GT Pensamento Social no Brasil*, 2009a.

SILVA, Mário Augusto M. da; CHAGURI, Mariana M. Duas visões de uma crise: literatura regionalista e literatura negra no Brasil (1930-1960). Em: X Congresso Luso-Afro-Brasileiro de Ciências Sociais, Braga, Portugal, Universidade do Minho, 2009b.

SILVA, Zenaide Cecília P. da. Reconciliação. Em: I Encontro de Poetas e Ficcionistas Negros Brasileiros (org.). *Criação crioula, nu elefante branco*. São Paulo: Imesp, 1987.

SILVEIRA, Oliveira. A produção literária negra (1975-1985). Em: I Encontro de Poetas e Ficcionistas Negros Brasileiros (org.). *Criação crioula, nu elefante branco*. São Paulo: Imesp, 1987.

SILVERMANN, Malcolm. *Protesto e o novo romance brasileiro*. São Paulo: EdUFSCar, 2005.

SORJ, Bernardo. Estratégias, crises e desafios das ciências sociais no Brasil. Em: MICELI, Sergio. *História das ciências sociais no Brasil*. v. 2. São Paulo: Sumaré/Fapesp, 1995.

SORJ, Bernardo; ALMEIDA, Maria H. T. de. *Sociedade e política no Brasil pós-64*. São Paulo: Brasiliense, 1983.

SOUZA, Florentina de. *Afro-descendência em Cadernos Negros e Jornal do MNU*. Belo Horizonte: Autêntica, 2005.

SÜSSEKIND, Flora. *Literatura e vida literária*. Rio de Janeiro: Zahar, 1985.

TANAKA, Marta Maria Soban. A vivência da realidade e a prática do fazer: Movimento Universitário de Desfavelamento. *Cadernos de Pesquisa do LAP*. São Paulo: FAU-USP, maio/jun. 1995, v. 6

TEIXEIRA, Paulo Iumatti. *Caio Prado Jr.: uma trajetória intelectual*. São Paulo: Brasiliense, 2007.

TIETRA, Marise. Avaliação crítica da produção literária dos últimos 10 anos. Em: I Encontro de Poetas e Ficcionistas Negros Brasileiros (org.). *Criação crioula, nu elefante branco*. São Paulo: Imesp, 1987.

VALLADARES, Licia do P. *A invenção da favela: do mito de origem a favela.com*. Rio de Janeiro: FGV, 2005.

VAZ, Toninho. *Paulo Leminski: o bandido que sabia latim*. Rio de Janeiro: Record, 2001.

VELHO, Otávio G. Processos sociais no Brasil pós-64: as ciências sociais. Em: SORJ, Bernardo; ALMEIDA, Maria H. T. de. *Sociedade e política no Brasil pós-64*. São Paulo: Brasiliense, 1983.

VILLA, Marco Antonio. A destruição de uma biblioteca. *Folha de S.Paulo*. São Paulo: 2 jun. 2004, p. A3.

VILLAS BÔAS, Gláucia. *Mudança provocada: passado e futuro no pensamento sociológico brasileiro*. Rio de Janeiro: FGV, 2006.

WRIGHT, Richard. *Filho nativo*. Rio de Janeiro: Best-Seller, 1986.

XAVIER, Arnaldo. Dha Lamba à Qvizila: a busca dhe hvma expressão literária negra. Em: I Encontro de Poetas e Ficcionistas Negros Brasileiros (org.). *Criação crioula, nu elefante branco*. São Paulo: Imesp, 1987.

ZALUAR, Alba. *A máquina e a revolta: as organizações populares e os significados da pobreza*. São Paulo: Brasiliense, 1985.

SOBRE O AUTOR

Mário Augusto Medeiros da Silva é sociólogo, escritor e professor do Departamento de Sociologia da Universidade Estadual de Campinas (Unicamp). Como escritor de não ficção, publicou *Os escritores da guerrilha urbana: literatura de testemunho, ambivalência e transição política (1977-1984)* (2008); e *A descoberta do insólito: literatura negra e literatura periférica no Brasil (1960-2000)* (2013), este último finalista na categoria Ciências Humanas do Prêmio Jabuti de 2014. É ainda coorganizador de *Polifonias marginais* (2015), com Lucía Tennina, Ingrid Hapke e Érica Peçanha, e de *Rumos do Sul: periferia e pensamento social* (2018), com Mariana Chaguri. Já no segmento de ficção, é autor dos livros *Gosto de amora* (2019), finalista do Prêmio Jabuti na categoria Contos, e *Numa esquina do mundo* (2020), semifinalista do Prêmio Oceanos de Literatura em Língua Portuguesa.

Este livro foi impresso em maio de 2023, na Dsystem Indústria Gráfica Ltda., nos papéis Pólen Natural 70 g/m² (miolo) e Supremo Alta Alvura 250 g/m² (capa). Foram utilizadas as famílias tipográficas Halyard da Darden Studio, Turnip da DJR e Terrorista da Just in Type.